The New Cambridge Modern History

VOL.3: Counter-Reformation and Price Revolution, 1559-1610

新编剑桥世界近代史

反宗教改革运动和价格革命 1559—1610年

[英]R.B.沃纳姆(R.B. Wernham) 编
中国社会科学院世界历史研究所组译

CAMBRIDGE

中国社会科学出版社

图字：01-2018-7951号

图书在版编目（CIP）数据

新编剑桥世界近代史. 第3卷，反宗教改革运动和价格革命：1559—1610年/（英）R. B. 沃纳姆（R. B. Wernham）编；中国社会科学院世界历史研究所组译. —北京：中国社会科学出版社，2018.12（2020.7重印）

书名原文：The New Cambridge Modern History Vol. 3, Counter-Reformation and Price Revolution, 1559—1610

ISBN 978-7-5203-2589-9

Ⅰ. ①新…　Ⅱ. ①R…②中…　Ⅲ. ①世界史—近代史—1559—1610　Ⅳ. ①K14

中国版本图书馆CIP数据核字（2018）第242313号

出 版 人	赵剑英	
责任编辑	郭沂纹	
特约编辑	张　湉	
责任校对	王佳玉	
责任印制	李寡寡	

出　　版	中国社会科学出版社	
社　　址	北京鼓楼西大街甲158号	
邮　　编	100720	
网　　址	http://www.csspw.cn	
发 行 部	010-84083685	
门 市 部	010-84029450	
经　　销	新华书店及其他书店	
印刷装订	北京市十月印刷有限公司	
版　　次	2018年12月第1版	
印　　次	2020年7月第2次印刷	
开　　本	650×960　1/16	
印　　张	45.75	
字　　数	728千字	
定　　价	168.00元	

凡购买中国社会科学出版社图书，如有质量问题请与本社营销中心联系调换

电话：010-84083683

版权所有　侵权必究

This is a Simplified-Chinese translation edition of the following title published by Cambridge University Press:

The New Cambridge Modern History, Vol. 3: Counter-Reformation and Price Revolution, 1559 –1610

ISBN 978 –0521045438

© Cambridge University Press 1990

This Simplified-Chinese translation edition for the People's Republic of China (excluding Hong Kong, Macau and Taiwan) is published by arrangement with the Press Syndicate of the University of Cambridge, Cambridge, United Kingdom.

© Cambridge University Press and China Social Sciences Press 2018

This Simplified-Chinese translation edition is authorized for sale in the People's Republic of China (excluding Hong Kong, Macau and Taiwan) only. Unauthorised export of this Simplified-Chinese translation edition is a violation of the Copyright Act. No part of this publication may be reproduced or distributed by any means, or stored in a database or retrieval system, without the prior written permission of Cambridge University Press and China Social Sciences Press.

出 版 前 言

英国剑桥大学出版的世界通史分为古代史、中世纪史、近代史三部。近代史由阿克顿勋爵主编，共14卷。20世纪初出版。经过几十年后，到50年代，剑桥大学出版社又出版了由克拉克爵士主编的《新编剑桥世界近代史》。新编本仍为14卷，论述自文艺复兴到第二次世界大战结束，即自1493—1945年间共400多年的世界历史。国别史、地区史、专题史交错论述，由英语国家著名学者分别执笔。新编本反映了他们最新的研究成果，有许多新的材料，内容也更为充实，代表了西方的较高学术水平，有较大的影响。

为了供我国世界史研究工作者和广大读者参考，我们将这部书分卷陆续翻译、出版(地图集一卷暂不出)。需要指出的是，书中有些观点我们并不同意，希望读者阅读时注意鉴别。

目　　录

第 一 章
导　　言
牛津大学伍斯特学院教授和荣誉研究员

R.B. 沃纳姆　著

第 二 章
1559—1609 年的欧洲经济
达勒姆大学经济史荣誉教授

F.C. 斯普纳　著

国际经济在卡托—康布雷奇和约以后的复苏 …………………… (15)
经济活动有其自己的特点 ………………………………………… (16)
历史地理的影响 …………………………………………………… (17)
当时人们对通货膨胀的看法 ……………………………………… (19)
1471—1598 年法国的价格情况 …………………………………… (20)
不同部门价格的差别 ……………………………………………… (21)
工资水平难以估计。生活水平下降 ……………………………… (23)
通货膨胀的影响程度各不相同 …………………………………… (24)
饥馑和疾病：瘟疫 ………………………………………………… (24)
黄金与白银的平衡。对经济的影响 ……………………………… (26)
西班牙金银锭的进口和出口 ……………………………………… (28)
记账货币。通货的调整 …………………………………………… (31)
通货膨胀对信贷的影响。向北欧转移 …………………………… (33)
人口作为一个经济因素。城市的发展 …………………………… (36)
谷物和牲畜供不应求。渔业 ……………………………………… (39)

工业：奢侈品和地方产品 …………………………………………… (41)
增长可观但仍然不足 ……………………………………………… (43)
对该世纪的评价 …………………………………………………… (46)

第 三 章
教皇，天主教的改革和基督教的传播
前牛津大学附属学院神学与近代史研究员、牧师及高级讲师
T. M. 帕克 著

确立了规制而无革新的特伦托宗教会议 ………………………… (48)
反对异端与阐释教义 ……………………………………………… (49)
对弊端的改革不足以同新教徒和解 ……………………………… (49)
取得进步和成就的障碍 …………………………………………… (51)
对教士生活的整顿 ………………………………………………… (52)
权力集中：教皇权力的增长 ……………………………………… (53)
世俗权力对德意志教会的控制 …………………………………… (55)
法国与欧洲其他地方的政教关系 ………………………………… (56)
在新世界的传教活动 ……………………………………………… (59)
国家在新世界的影响 ……………………………………………… (59)
对皈依基督教的估计 ……………………………………………… (61)
天主教在德意志、波兰、匈牙利的情况 ………………………… (62)
16 世纪末的信仰复兴 ……………………………………………… (64)
信仰复兴的原因：民族主义与宗教裁判所 ……………………… (64)
西班牙宗教裁判所与教皇 ………………………………………… (66)
传教士与教师在信仰复兴中的作用 ……………………………… (68)
耶稣会的教育工作 ………………………………………………… (70)
大学教育的作用 …………………………………………………… (71)
关于恩典与拯救的争论 …………………………………………… (72)
圣德的成果。灵性文学 …………………………………………… (74)

第 四 章
新教思想与宗教斗争
T. M. 帕克 著

一　路德之后的路德宗

路德与梅兰希顿的性格 …………………………………………………… (78)

分歧的加深 …………………………………………………… (80)
与天主教和解的努力 ………………………………………… (81)
路德宗内部的分裂：梅兰希顿的地位 ……………………… (84)
关于不置可否论的论战 ……………………………………… (84)
关于拯救灵魂与自由意志的问题 …………………………… (86)
路德宗因论战受到威胁 ……………………………………… (87)
加尔文派的阴影 ……………………………………………… (88)
恢复团结的努力 ……………………………………………… (89)
协议的产生。对路德神学的明确阐述 ……………………… (90)
路德宗在德国得以存在的原因 ……………………………… (91)
斯堪的纳维亚的新教与天主教 ……………………………… (93)
路德宗的主旨 ………………………………………………… (96)

二　加尔文主义的发展和传播

加尔文派的圣城日内瓦的特点。日内瓦学院 ……………… (97)
加尔文和路德之比较 ………………………………………… (98)
加尔文主义在法国的发展过程。组织机构 ………………… (99)
胡格诺派和吉斯家族 ………………………………………… (102)
俗人的权利 …………………………………………………… (104)
胡格诺派成为国中之国 ……………………………………… (104)
宗教与暴政：著述 …………………………………………… (105)
加尔文主义在尼德兰 ………………………………………… (108)
作为一个体系的加尔文主义：面临困境的教规 …………… (110)
起义与暴力行动 ……………………………………………… (111)
两个同盟。宗教忠诚的根源 ………………………………… (112)
加尔文主义者关于教义的争论 ……………………………… (113)
在玛丽女王时期的流亡者中间的发展 ……………………… (115)
他们作为主教回到英格兰的处境 …………………………… (116)
教会改革：清教徒的希望和挫折 …………………………… (117)
苏格兰的政治背景 …………………………………………… (122)
约翰·诺克斯的早期经历 …………………………………… (122)
珀斯和爱丁堡的危机 ………………………………………… (124)
苏格兰教会的收入 …………………………………………… (125)
1560—1561年的解决方案。会众大会 ……………………… (126)
向长老制发展的步骤 ………………………………………… (127)

詹姆斯国王与苏格兰教会 …………………………………………（128）
加尔文主义在德意志、波兰和东欧 ……………………………（130）
加尔文主义的一些特征 …………………………………………（132）
再洗礼派与家庭派 ………………………………………………（134）
索齐尼主义 ………………………………………………………（136）

第 五 章
以西欧为典型的社会结构，官职和政治
J. 赫斯特菲尔德（已故） 著

人口与价格形成的压力 …………………………………………（137）
对经济的不规则的影响 …………………………………………（138）
社会服务供不应求。劳动力的稳定 ……………………………（138）
财政拮据的政府所采取的措施 …………………………………（140）
德国宗教改革的政治影响 ………………………………………（141）
贵族政治的矛盾功能：与国王的关系 …………………………（141）
法国的政府危机 …………………………………………………（143）
英国贵族的经济处境 ……………………………………………（144）
贵族在政治体制中作用下降 ……………………………………（145）
英国和法国的税收：国王与三个等级的关系 …………………（146）
英国的关税 ………………………………………………………（148）
西欧王室收入微薄 ………………………………………………（148）
在法国和西班牙为控制政治而进行的对抗 ……………………（149）
欧洲各国政府的财政对策 ………………………………………（151）
出卖官职和经济控制权 …………………………………………（151）
对官僚体制日益增强的需要 ……………………………………（153）
任期和对职位的处置 ……………………………………………（153）
来自专门设立的官职的收入 ……………………………………（154）
英国的间接税与监护权 …………………………………………（155）
"腐败现象"面面观 ………………………………………………（156）
庇护制度与政府 …………………………………………………（156）
职业文官的成长：一个新的贵族阶层 …………………………（158）
这一时期的特征 …………………………………………………（159）
英国议会的得救 …………………………………………………（160）

第六章
国际外交和国际法
G. 马丁利（已故） 著

意大利战争的结局：西班牙和法国 ……………………………… (161)
外交与军事并行发展 ……………………………………………… (162)
外交活动的四种方式 ……………………………………………… (163)
国王们面谈的风险。其他渠道 …………………………………… (164)
为经常性接触而设立的机构 ……………………………………… (165)
联系减弱。布尔堡会谈 …………………………………………… (167)
由于宗教争端造成的分裂 ………………………………………… (167)
新教使节离开意大利和西班牙 …………………………………… (169)
英国和西班牙关系的恶化 ………………………………………… (170)
伊比利亚人在新世界的垄断权受到限制 ………………………… (171)
宗教，比民族主义更强大的力量 ………………………………… (173)
影响大使们的主要因素 …………………………………………… (174)
采取非常规的外交手段 …………………………………………… (175)
与俄国和土耳其的联系 …………………………………………… (176)
在欧洲以外毫无建树 ……………………………………………… (177)
17 世纪初外交关系的恢复 ………………………………………… (177)
国际行为的准则 …………………………………………………… (178)
基督教世界的习惯法 ……………………………………………… (178)
思想方式的改变 …………………………………………………… (180)
行为的合理化：对近期历史遗产的弃绝 ………………………… (180)

第七章
陆军、海军与军事艺术
伦敦大学附属学院意大利史教授
约翰·黑尔 爵士著

坚持战争及其合理性的主张 ……………………………………… (184)
为战争的正当理由所下的定义 …………………………………… (185)
科学和艺术被用来支持战争 ……………………………………… (188)
征募新兵的困难。服役的条件 …………………………………… (188)
在安全上的困境：宣传 …………………………………………… (190)

军事著作及其作用 ……………………………………………（191）
数学对战争的基础作用 ………………………………………（193）
征兵的方法及弊端 ……………………………………………（193）
影响军事效率的障碍 …………………………………………（194）
兵员的流动 ……………………………………………………（195）
赞成和反对召募雇佣军之争 …………………………………（196）
常备军问题 ……………………………………………………（197）
军队的组织与指挥：西班牙的优势 …………………………（198）
后勤单位与战术单位 …………………………………………（199）
军队的管理：军法 ……………………………………………（200）
维持士气 ………………………………………………………（201）
铠甲的使用、发展和装饰 ……………………………………（202）
武器：火绳枪、滑膛枪、手枪 ………………………………（203）
炮：加农炮、长炮、臼炮 ……………………………………（204）
军火的国际贸易 ………………………………………………（206）
炮兵、骑兵、步兵的组织 ……………………………………（206）
古罗马的榜样 …………………………………………………（208）
战术与操练 ……………………………………………………（208）
步兵和骑兵的战术队形。炮兵 ………………………………（209）
防御的理论和实践 ……………………………………………（211）
为防御工事筹款的方式 ………………………………………（212）
围城术。帕尔马对安特卫普的围攻 …………………………（213）
对战略的忽视 …………………………………………………（215）
和平时期与战争时期的私人行动 ……………………………（216）
海军的附属地位 ………………………………………………（217）
划桨战舰、桨帆并用战舰和大帆战舰 ………………………（218）
海军的武器和战术。船舶设计 ………………………………（219）
海军的战略与组织 ……………………………………………（221）
战争气氛 ………………………………………………………（222）

第 八 章
1559—1569 年的不列颠问题
R. B. 沃纳姆（已故） 著

不列颠群岛的战略重要性 ……………………………………（225）
争夺王位继承权和控制权的角逐 ……………………………（226）

伊丽莎白的地位。她的大胆而独立的政策 …………………（227）
苏格兰的革命。"圣约同盟长老团" …………………………（229）
法国的利益。伊丽莎白的反措施 ……………………………（229）
在对待苏格兰独立和英格兰—苏格兰和好问题上态度不明确 …………（232）
苏格兰和法兰西的动荡局面 …………………………………（233）
玛丽·斯图亚特返回苏格兰 …………………………………（234）
新教的长老和牧师们。莫里的政策 …………………………（234）
玛丽对英格兰王位继承权的要求：伊丽莎白的态度 ………（236）
伊丽莎白对法国宗教战争的反应 ……………………………（238）
伊丽莎白患病和由此造成的压力 ……………………………（239）
影响玛丽婚事的事态发展 ……………………………………（240）
玛丽嫁给达恩利伯爵 …………………………………………（241）
婚后的危机：她向欧洲大陆发出呼吁 ………………………（242）
她转向里齐奥和里齐奥被杀 …………………………………（245）
玛丽宠信博思韦尔。达恩利之死 ……………………………（246）
不利于玛丽和博思韦尔的种种推测 …………………………（247）
玛丽失去王位。莫里成为摄政 ………………………………（248）
英格兰人的政策推迟了不列颠的统一 ………………………（249）
伊丽莎白的遮掩支持了玛丽的同党 …………………………（250）
玛丽成为英格兰北方不满分子的中心 ………………………（250）
叛乱失败。不列颠安全得到加强 ……………………………（253）

第 九 章
西欧与西班牙的势力
伦敦国王学院历史学荣誉教授
H.G. 柯尼希斯贝格尔 著

宗教对立的加剧 ………………………………………………（254）
宗教感情与政治。"第五纵队" ………………………………（257）

一 西班牙和意大利

西班牙和帝国的观念 …………………………………………（257）
统一：议会。信件 ……………………………………………（259）
公职人员：副王和总督 ………………………………………（260）
腓力的遥控：格朗维尔的洞察力和建议 ……………………（261）
咨议：行政官和秘书们的权力 ………………………………（263）

腓力的优柔寡断和难以接近 …………………………………………（264）
派系斗争 ………………………………………………………………（265）
新教在西班牙 …………………………………………………………（265）
摩里斯科人的处境 ……………………………………………………（266）
导致摩里斯科人起义的事件 …………………………………………（267）
起义与安置 ……………………………………………………………（268）
葡萄牙：王位继承问题 ………………………………………………（269）
腓力吞并葡萄牙：阿尔发的战役 ……………………………………（271）
统一的进程与条件 ……………………………………………………（271）
西班牙东部：加泰罗尼亚地区 ………………………………………（272）
阿拉贡的暴乱：其前因后果 …………………………………………（272）
地中海上的西班牙人和土耳其人 ……………………………………（274）
庇护五世的神圣同盟。勒班陀海战的深远影响 ……………………（275）
实现停战 ………………………………………………………………（276）
西西里、那不勒斯和米兰的形势 ……………………………………（277）
热那亚的贡献与繁荣 …………………………………………………（280）
西班牙同教皇的关系 …………………………………………………（281）
博罗梅奥的挑战 ………………………………………………………（282）
皮埃蒙特-萨伏依：埃马纽埃尔·菲利贝尔的专制统治 ……………（283）
美第奇家族在佛罗伦萨的统治 ………………………………………（284）
独立的威尼斯的贸易和文化 …………………………………………（286）
威尼斯的政治：法国，教皇，西班牙 ………………………………（287）

二　1585年前的尼德兰与法兰西问题

尼德兰：腓力驻留时期 ………………………………………………（288）
帕尔马的玛格丽特的任命：她的任务 ………………………………（289）
宗教问题 ………………………………………………………………（290）
腓力改组尼德兰教会的计划 …………………………………………（291）
奥兰治的威廉及其朋友们出场 ………………………………………（292）
财政危机与反对格朗维尔 ……………………………………………（292）
格朗维尔离去后的形势 ………………………………………………（293）
失业与饥荒导致骚乱 …………………………………………………（294）
阿尔发取代玛格丽特。血腥委员会 …………………………………（296）
他的管理和财政方面的问题 …………………………………………（296）
威廉与路易的计划、筹备和挫折 ……………………………………（298）

加尔文宗的"海上乞丐"在荷兰和泽兰取得的进展 …………… (299)
雷克森斯接替阿尔发。更加深刻的财政危机 ……………… (300)
阿尔绍与政略派。根特和约 ……………………………… (301)
唐·约翰任总督 …………………………………………… (302)
反对西班牙：存在分歧的统一 …………………………… (302)
帕尔马的到来 ……………………………………………… (304)
两个联盟。安茹公爵 ……………………………………… (305)
帕尔马着手重新征服 ……………………………………… (306)
威廉之死。评价 …………………………………………… (306)
法兰西：卡托-康布雷奇和约以后的形势 ………………… (307)
加尔文派组织的建立 ……………………………………… (308)
法国的贵族：吉斯、波旁、蒙莫朗西 …………………… (309)
弗朗西斯二世统治时期情绪的激愤 ……………………… (311)
卡特琳·德·美第奇：她的目标 ………………………… (311)
内战：第一回合。孔代的作用 …………………………… (312)
卡特琳的权力得到增强。第二次战争 …………………… (313)
第三次战争 ………………………………………………… (314)
卡特琳和科利尼 …………………………………………… (315)
圣巴托罗缪之夜大屠杀。第四次战争 …………………… (317)
政略派。贵族在战争中的既得利益 ……………………… (318)
胡格诺派和天主教徒。"大人和约" ……………………… (319)
天主教同盟：其目标和条款 ……………………………… (320)
重启战端和贝尔热拉克和约 ……………………………… (320)
妥协与阴谋 ………………………………………………… (321)

三 法国的王位继承以及与英格兰的战争

为继承法国王位而施展的计谋 …………………………… (322)
腓力对英格兰的企图。战争变为欧洲大战 ……………… (323)
腓力的财政状况：借款 …………………………………… (324)
莱斯特伯爵对尼德兰的远征 ……………………………… (324)
北方各省的独立倾向 ……………………………………… (327)
入侵英国的准备工作 ……………………………………… (327)
腓力与吉斯派 ……………………………………………… (328)
无敌舰队的覆灭和腓力的反应 …………………………… (329)
亨利除掉吉斯。"同盟"与国王 …………………………… (329)

巴黎的骚乱。亨利三世之死 ……………………………………（331）
那瓦尔的亨利的特点与他的声明 ………………………………（331）
腓力与教皇 …………………………………………………………（332）
马耶讷。天主教同盟内部的分裂 ………………………………（334）
那瓦尔皈依天主教并进入巴黎 …………………………………（334）
16世纪革命运动的特点 …………………………………………（335）
欧洲国家体系的出现 ………………………………………………（336）
西班牙的国外形势的变化 …………………………………………（337）
西班牙与英格兰的战争。爱尔兰的叛乱 ………………………（337）
西班牙人在尼德兰的处境 …………………………………………（338）
分裂：大公的统治 …………………………………………………（339）
北方的经济扩张。东印度公司 …………………………………（340）
西班牙政府经济上的衰弱 …………………………………………（341）
腓力二世统治时期取得的成就 …………………………………（342）
法兰西：南特敕令 …………………………………………………（343）
经济和政治的重建。官职 …………………………………………（344）
西班牙，法兰西和西班牙大道 …………………………………（346）
亨利的介入。被刺 …………………………………………………（347）

第 十 章
奥地利哈布斯堡家族和帝国
牛津大学圣埃德蒙讲堂荣誉研究员
G.D. 拉姆齐　著

斐迪南得到的遗产及其状况 ………………………………………（349）
对斐迪南、马克西米连和鲁道夫的评价 ………………………（350）
领地的分割与哈布斯堡家族的团结一致 ………………………（351）
土耳其威胁的影响 …………………………………………………（352）
哈布斯堡各国的宗教状况 …………………………………………（353）
历代皇帝的宗教政策 ………………………………………………（353）
反宗教改革的进程 …………………………………………………（355）
皇帝的称号和选举的程序 …………………………………………（357）
帝国中的各等级 ……………………………………………………（357）
帝国议会的组成及其实际权力 …………………………………（358）
帝国的法院 …………………………………………………………（360）
行政管理与实施的基础 ……………………………………………（360）

德意志公国及其统治者 …………………………………………（361）
奥古斯塔斯一世和克里斯提安一世统治下的萨克森选区 ………（362）
巴拉丁领地：腓特烈三世及其继任者 ……………………………（364）
巴伐利亚公爵统治下的宗教与政治 ………………………………（365）
德国政治局势紧张的若干原因 ……………………………………（367）
教会公国和教会保留圣职 …………………………………………（367）
和平局面被破坏：格伦巴赫事件 …………………………………（369）
富耳达修道院院长和符茨堡主教 …………………………………（369）
围绕科隆选区的斗争 ………………………………………………（371）
大主教格布哈德的婚姻与战事 ……………………………………（372）
德意志西北部反宗教改革的成功 …………………………………（373）
自由城市的动荡 ……………………………………………………（375）
结论 …………………………………………………………………（376）

第十一章
1566—1617年间的奥斯曼帝国
V.J.帕里（已故）著

苏丹的禁卫军：招募和训练 ………………………………………（377）
西帕希：他们的编制和奖赏 ………………………………………（379）
衰败：哈桑·阿卡菲和科丘·贝伊的评论 ………………………（381）
稳定的边界代替了扩张 ……………………………………………（382）
塞浦路斯战争与勒班陀战役 ………………………………………（382）
西班牙和奥斯曼在北非 ……………………………………………（384）
奥斯曼与波斯的对抗 ………………………………………………（385）
俄国的进逼和阿斯特拉罕战役 ……………………………………（386）
在东方作战的困难 …………………………………………………（387）
波斯的国内危机 ……………………………………………………（387）
波斯战争：穆斯塔法帕夏和第一次战役 …………………………（389）
奥斯曼帕夏的战绩：撤退到杰尔宾特后的情况 …………………（390）
后期战役和战争的结束。波斯重新分裂 …………………………（390）
奥斯曼帝国与奥地利。防御体系 …………………………………（391）
匈牙利战争。在多瑙河流域的得失 ………………………………（393）
奥斯曼人的挫折和复元 ……………………………………………（394）
围攻战，最后的战役与媾和 ………………………………………（394）
和谈地点与和约条款的意义 ………………………………………（395）

战争对于奥斯曼制度的影响：近卫步兵 ………………………… (396)
经济领域中的新因素 ……………………………………………… (397)
英国商人进入地中海 ……………………………………………… (398)
战争物资的贸易。反对英格兰的宣传 …………………………… (399)
奥斯曼帝国的财政困难。"价格革命"的起因 …………………… (401)
财政困难的后果 …………………………………………………… (402)
不满和怨恨导致起义 ……………………………………………… (403)
叛乱的年代。穆拉德帕夏 ………………………………………… (404)
与萨非王朝重新进行战争 ………………………………………… (405)
引人注目的衰落 …………………………………………………… (407)

第 十 二 章
波兰和立陶宛
前伦敦大学斯拉夫及东欧研究学院中欧史高级讲师
P. 斯克瓦尔琴斯基 著

西吉斯孟二世去世时王国的疆界和人口 ………………………… (408)
贵族的地位、差别及其分布 ……………………………………… (409)
教士。农民和农村 ………………………………………………… (410)
城市。但泽的特权 ………………………………………………… (411)
信仰和语言的差别 ………………………………………………… (412)
选举国王：壁垒分立的场合 ……………………………………… (412)
瓦卢瓦的亨利，斯蒂芬·巴托里，西吉斯孟·瓦萨：
　　他们的政策和问题 …………………………………………… (414)
亨利的来去。斯蒂芬与但泽市民 ………………………………… (415)
对西吉斯孟的挑战。与哈布斯堡王朝的条约 …………………… (416)
王权的概念：权力与特权 ………………………………………… (416)
西吉斯孟倡导的改革引起了叛乱 ………………………………… (418)
宗教信仰：天主教会和东正教会 ………………………………… (419)
加尔文宗，路德宗和其他新教宗派 ……………………………… (421)
不同教派之间的关系：温和的政策 ……………………………… (423)
外交政策：俄国和斯摩棱斯克问题 ……………………………… (425)
哈布斯堡家族觊觎波兰王位 ……………………………………… (426)
普鲁士和霍亨索伦家族 …………………………………………… (427)
波兰与土耳其的关系 ……………………………………………… (428)
国防：军队和雇佣兵的使用 ……………………………………… (429)

经济。农业和工业。采矿业 …………………………………（429）
大庄园的重要性 ……………………………………………（431）
贸易和运输。但泽和东方公司 ……………………………（432）
奢侈与贫困。宫廷 …………………………………………（434）
赞助和艺术。历史著述 ……………………………………（434）

第 十 三 章
瑞典和波罗的海
前瑞典学会会员、前斯德哥尔摩国家档案馆馆长
I. 安德森 著

地中海国家与波罗的海国家的差异 ………………………（436）
经济与战略：瑞典优势的背景 ……………………………（437）
古斯塔夫·瓦萨和埃里克十四的外交政策 ………………（439）
与丹麦的战争：初期 ………………………………………（441）
七年战争与什切青和约 ……………………………………（442）
与俄国的战争。波兰牢固地占领利沃尼亚 ………………（443）
约翰三世的对外政策 ………………………………………（444）
内乱。约翰之死 ……………………………………………（446）
西吉斯孟与瑞典王冠。查理公爵与政务会议 ……………（447）
公爵与平民：与波兰的破裂。俄国 ………………………（448）
查理九世作为国王的特点及其政策。利沃尼亚战争 ……（449）
俄罗斯的动乱。战争转移到俄国土地上 …………………（450）
瑞典，波兰和俄国：推进与抵制 …………………………（451）
丹麦与瑞典。战争与查理之死 ……………………………（452）
古斯塔夫·阿道夫继位以及新体制 ………………………（454）
与丹麦的和约：对瑞典的苛刻条款 ………………………（455）
与俄国的和约：得与失 ……………………………………（456）
赎取埃尔夫堡以及与荷兰的协议 …………………………（457）
经济与行政。展望 …………………………………………（458）

第 十 四 章
教育和学术
R. R. 博尔加（已故） 著

普通教育：读、写、算 ……………………………………（460）

学徒教育：本国语训练和各种手册 …………………………（461）
大学：人文主义者的反抗 ……………………………………（462）
注重道德教育 …………………………………………………（463）
宗教改革的推动。斯图谟的工作 ……………………………（463）
罗耀拉和耶稣会的学校 ………………………………………（464）
中小学的发展以及与大学的调整 ……………………………（465）
文法学校（低等）：方法与教科书 …………………………（466）
文法学校（高等）：科目与书籍 ……………………………（469）
希腊语作为辅助课程。学校课程评价 ………………………（471）
大学变为地方性学校：神学的压力 …………………………（472）
高等教育幅度不大的发展 ……………………………………（473）
教育对学术的影响 ……………………………………………（474）
神学争论。对圣经的研究和翻译 ……………………………（475）
哲学的发展 ……………………………………………………（476）
政治思想与历史写作。史学方法 ……………………………（478）
法学研究。民法。国际法 ……………………………………（480）
古典著作的研究。原著考订。西塞罗主义。亚里士多德的诗学 …（481）
考古学和语言学。学究式的人文主义者 ……………………（483）
对欧洲和亚洲语言的研究。科学 ……………………………（483）
教育设施和学术研究的分布 …………………………………（485）
总结。本国语文学和文化的传播 ……………………………（487）

第十五章
科　　学
前伦敦大学帝国学院科技史高级讲师
玛丽·博厄斯·霍尔　著

一个过渡时期：从传统到创新 ………………………………（489）
科学的普及。学者与匠师 ……………………………………（491）
关于机械与航海的著作。制图学 ……………………………（492）
游记文学 ………………………………………………………（493）
数学的发展。代数 ……………………………………………（494）
天文学：哥白尼的影响 ………………………………………（496）
英国人对哥白尼的兴趣 ………………………………………（498）
教会的反对：布鲁诺事件 ……………………………………（499）
第谷·布拉赫：他的经历、信仰与体系 ……………………（500）

天文学和历法 …………………………………………………（503）
航海：新设备。测程仪的发明 ………………………………（503）
罗盘的磁偏角。磁倾角 ………………………………………（506）
海图、表格、地图。墨卡托投影 ……………………………（507）
物理学 …………………………………………………………（510）
植物学和动物学 ………………………………………………（510）
医学：血液循环 ………………………………………………（511）
医学实践。化学。手术 ………………………………………（512）
法术：其性质与规模 …………………………………………（514）
磁学：天然磁石 ………………………………………………（517）
这一时期的成就。转变中的世界观 …………………………（518）

第 十 六 章
政治思想以及宗教宽容的理论与实践
前伦敦大学贝德福德学院历史学讲师
M.J. 图利女士　著

个人的选择。"异端"问题 …………………………………（521）
宗教法庭。塞尔维特被处以火刑 ……………………………（522）
宗教迫害受谴责。真理与个人信仰 …………………………（523）
索齐尼：神学与伦理学的分离 ………………………………（525）
卡斯蒂莱：真理与异端 ………………………………………（526）
博丹谈信仰之必需。《西普塔普罗梅赫》……………………（527）
宗教迫害之无效 ………………………………………………（528）
宗教争论的政治结果 …………………………………………（530）
国家主权：博丹和马基雅弗利 ………………………………（531）
法兰西和德意志的君权 ………………………………………（532）
英格兰：调整信仰自由与国家秩序之间的矛盾 ……………（532）
信仰与行动。耶稣会的困境。分离主义者 …………………（533）
国王至尊：英国人关于国家主权的观点 ……………………（534）
比尔逊，卡特赖特，惠特吉夫特 ……………………………（535）
胡克：政府与对宗教的管理 …………………………………（537）
加尔文主义者和抵制的学说 …………………………………（541）
世俗的国家理论。贝扎。《宣言》……………………………（542）
布坎南的平等观 ………………………………………………（544）
政体的形式。博丹 ……………………………………………（545）

代议制度。奥特芒 …………………………………………………（546）
从义务向权利的转变。个人主义 ……………………………………（547）

第十七章
欧洲以外地区殖民地的扩张和国际的抗衡

一　美洲
J. H. 帕里（已故）　著

西班牙征服者的探险。扩张的限度 ……………………………………（549）
葡萄牙人的殖民地 ……………………………………………………（550）
西班牙人扩张减慢 ……………………………………………………（551）
腓力二世的帝国政策 …………………………………………………（551）
文官管理。岁入 ………………………………………………………（554）
人口与劳动力问题 ……………………………………………………（554）
食物短缺及其对经济的影响 …………………………………………（556）
庄园。对印第安人政策的改变 ………………………………………（557）
西班牙和西印度的经济危机和人口危机 ……………………………（558）
海盗活动和非法贸易。约翰·霍金斯的计划 ………………………（559）
佩德罗·梅嫩德斯。防御工事与护航制度 …………………………（561）
弗朗西斯·德雷克的计划与成果 ……………………………………（563）
1585—1586年"西印度群岛航行"。攻占圣多明各 …………………（564）
随后的几次袭击取得了有限的成功 …………………………………（565）
英国和法国不愿建立定居点 …………………………………………（567）
开拓殖民地的新动机：吉尔伯特的纽芬兰 …………………………（568）
格伦维尔和雷利。在罗阿诺克和圭亚那的探险 ……………………（569）
不利于英法两国开拓殖民地的形势 …………………………………（570）
一个变化中的概念。政治、经济和社会的原因 ……………………（570）
对西方拓殖的宣传。哈克卢特 ………………………………………（571）
英国的拓殖：理想与现实 ……………………………………………（572）
法国的贸易与拓殖。尚普兰 …………………………………………（574）

二　亚洲和非洲
前伦敦大学东方与非洲研究学院南亚史高级讲师
J. B. 哈里森　著

葡萄牙的东方问题。印度公司 ………………………………………（576）

以安特卫普为基地的商业活动的萧条 …………………………（577）
对香料贸易的竞争 ……………………………………………（578）
印度公司的工作和防卫 ………………………………………（580）
印度公司的收入。私下的贸易 ………………………………（582）
葡萄牙在非洲和阿拉伯半岛的权益 …………………………（583）
在印度的发展 …………………………………………………（585）
葡萄牙人在马六甲的困难和收益 ……………………………（586）
王室与香料贸易。印度公司的失败 …………………………（587）
与中国和日本的贸易。澳门。白银 …………………………（588）
印度公司的攻守能力 …………………………………………（590）
征服锡兰：反抗与恢复 ………………………………………（591）
沙廉、德那地、安汶 …………………………………………（592）
在印度和中东的传教活动 ……………………………………（593）
在日本和中国的耶稣会士 ……………………………………（596）
西属菲律宾。贸易和传教 ……………………………………（599）
俄国向东方的扩张 ……………………………………………（602）
英国对亚洲贸易的兴趣 ………………………………………（602）
荷兰加入角逐。联合东印度公司 ……………………………（604）

索　引 ……………………………………………………………（606）

第 一 章
导 言

从1559年至1610年之间的半个世纪，无疑应归之为近代欧洲史上最为残暴而又充满宗教偏执的时期之一。在巴黎发生的1572年圣巴托罗缪日的大屠杀；在尼德兰发生的阿尔发公爵的"血腥委员会"蓄意策划的暴行和加尔文派乞丐党人的狂暴举动；在西班牙发生的对摩里斯科人的迫害——这些只不过是一个时代的最令人触目惊心的野蛮行为；这个时代就其残暴性而言，迄今为止是无与伦比的。

然而，在16世纪后期的历史上，与人对人的残酷无情同样引人注目的，乃是人在事态面前的无能为力，他无法控制其环境或支配其命运。因此，在政治领域内，当时最强有力的君主，西班牙的腓力二世，竟不能征服一个衰弱的英格兰或一个四分五裂的法兰西；对于他的叛逆的尼德兰，只能控制其一半疆土；而且，到他统治终结时，也像他登极时一样，处于破产状态。[①] 他的最高尚的对手，沉默者威廉，临死时已知道，要以彼此敌对的各派宗教互相容忍为基础，把他所热爱的祖国统一起来，那只是一个梦想，其渺茫程度并不亚于爱德华·凯利爵士和马可·布拉加第诺要把贱金属变为黄金的愿望。对于其他一些人来说，抱负和成就之间的差距要小一些，但那仅仅是因为他们确定的抱负较低。而且，这一时期大多数统治者确定的抱负，的确比他们的上一代低得多。他们之中最有成就者之一，英格兰的伊丽莎白一世，不是首先以她的经常踌躇不决和巧于避免行动而著称的吗？

[①] 关于腓力二世的叙述参阅本书第239页及以下各页（本书中参阅某页均指原书页码，见本书边码。——译者注）。

然而，如果说16世纪后期欧洲的统治者和政治家们显得比他们的父辈稍逊一筹的话，这恰恰是因为他们的父辈目标过高而且企求过多。那个世纪之初，一系列幸运的——或许可说是不幸的？——联姻，使那位年轻的尼德兰统治者在1516年成了西班牙国王，继而在1519年成了奥地利哈布斯堡王室的首脑，并通过选举成了神圣罗马帝国皇帝。于是，在此后40年间，这位查理五世皇帝，几乎连续不断地，而且通常作为主角，卷入欧洲各个角落的几乎每一场冲突——匈牙利、地中海地区和北非的基督徒与穆斯林之间的冲突，主要以德意志为中心的新教徒与天主教徒之间的冲突，主要以意大利为中心的法兰西君主与西班牙人之间的冲突，甚至还由于他的姊妹与丹麦国王联姻而卷入了争夺波罗的海霸权的斗争。因此，每一场地方性的争端，都很容易影响到整个欧洲；而君主们的雄心，也很容易膨胀到觊觎整个大陆。查理五世非常认真地看待他的皇位，而法兰西国王也怀着统治帝国的幻想，甚至英国的亨利八世也梦想将他的女儿嫁给那位皇帝，从而把"整个基督教世界君主国"作为他们的遗产。

君主们追求的目标固然越来越高，而且越来越大；然而，达到那些目标的手段所需的费用也逐年大增。单是新扩展起来的外交和情报机构网的费用本身，或许除了财力极弱者外，各国都能相当容易地负担起来。但是，由于火器的使用日增，新式陆军和海军耗资甚巨，以致到了这一世纪中叶，皇帝和法兰西国王也濒临和陷于破产境地。当苏莱曼大帝于1566年去世时，土耳其人也几乎已经力竭财尽，而一些次等的强国则早已放弃了同哈布斯堡王室和瓦卢瓦王朝并驾齐驱的一切企图。例如英格兰，由于亨利八世和摄政萨默塞特竭力要控制苏格兰而被弄得匮乏不堪，先是在诺森伯兰控制下陷入了同法兰西附庸相差无几的地位，继而在半西班牙籍的玛丽·都铎统治时期，几乎陷入了被并入哈布斯堡联合体的命运。

由于逐鹿者们一个接一个地衰竭下去，16世纪上半叶使欧洲纷扰不宁的那些巨大冲突也随之平息下来。在东面，基督徒和穆斯林土耳其人之间的长期战争逐渐冷却，变成一种舌战和仍具有爆炸性的共存关系。在中部，即神圣罗马帝国范围内，1555年的《奥格斯堡和约》，在路德教诸侯、天主教诸侯和哈布斯堡皇帝之间，确立了一种三方均势；这种均势虽不甚稳定，但受到各方珍重；而哈布斯堡皇帝

第一章 导言

的权力就当时的状况而言，日益有赖于帝国最东部的边陲地区，有赖于奥地利的王公领地和波希米亚。在西面，1559年4月签订的卡托—康布雷奇和约，承认了法国君主同哈布斯堡王室的西班牙支系之间的一种粗略而不稳定的均势。这两个庞然大物，仍然高踞于其他所有强国之上，它们之间的长期争端，现在得以暂时休止，但并未终结。

这些冲突中的每一项冲突，当其平息下去时，就留下了自己特有的政治体系；而且，在1559年以后，每一项这样的政治体系都日益脱离与其他体系的联系而越来越自行其道。这些体系相互脱离联系的趋势，由于下述事实而进一步加强，即查理五世于1555—1556年退位时，把他留下的不易控制的庞大产业做了分割：他的儿子腓力二世获得了西班牙、西属意大利、弗朗什孔泰、尼德兰和美洲大陆；他的兄弟斐迪南一世获得了波希米亚、奥地利领土和皇帝的称号，由他尽其所能去拯救德意志境内和基督教帝国东部边陲的帝国权威。这一分割，消除了各个体系和冲突之间的联系环节，而那样的环节曾使得查理五世时代的政治史具有统一性；1559年以后的50多年间，再也没有一个焦点或一个人物，可以使我们据以把欧洲的事件视为一个互相联系的整体。这一变化也减少了促使当时的政治家们好高骛远的那种诱惑，鼓励他们把自己的雄心限制在欧洲大陆上属于自己所有的那片领土范围之内。

其他一些情况进一步促进了，而且几乎是强行施加了这种限制。各国政府由于从事战争和推行野心过大的对外政策，使自己面临濒于破产的财政困难；由于通货膨胀，这种财政困难在该世纪中叶以后不但持续不断，而且往往更加恶化。我们不再把"价格革命"看作单纯是由于1543年波托西矿山开发以后，白银从美洲突然涌入而产生的结果；犹如不把文艺复兴视为因1453年君士坦丁堡陷落以后希腊学者突然涌入而引起的一样。然而，美洲白银的洪流，倾注在其他更为深刻而长期的人口、贸易和金融方面的运动的浪头之上，确实加速并加剧了价格的上涨，对于政府和所有收入比较固定的人们，造成一个空前困难的时期。

战争的平息，使得许多贵族缙绅不能从事他们中的大多数人唯一受过训练的职业，即打仗的职业，这就使得困难更为加重。那些贵族缙绅现在指望他们的政府派给肥差，或至少给以补助和酬偿，使他们能够按已经习以为常的方式继续生活下去。当政府未能履行或未充分履行期待它承担的贵族供应者的职责时，贵族和缙绅们就毫不迟疑地转而反对它。玛丽·都铎的许多臣属，就是这样转而反对玛丽，并对推定的继承人伊丽莎白满怀着期待之意。因为伊丽莎白在取得王位之前，被认为是"一个开明的女人，不像她姐姐那样薄情寡义"。法国贵族对瓦卢瓦诸王和尼德兰贵族对他们的西班牙封君的大部分不满，都来自类似的缘由。贵族的不满，实际上几乎成了每个国家局势紧张的一个主要原因，至少西欧国家是这样。

使这种不满变得更加危险的是：政府虽然对外偃旗息鼓，但对国内事务却日益加紧干预。它越来越多地介入地方事务，而土地贵族长期以来一直把那些事务视为他们自己专有的利益，视为自己的特权，朝廷的命令只有在他们同意时才能实际生效。由于政府的干预往往还威胁到其他一些地方利益以及其他的阶级，并总是引起市民和农民苛捐杂税的加重，土地贵族和缙绅就常常觉得他们自己是作为民众领袖挺身而出反对中央政府的扩张而维护地方排他主义和古老的特权。

情况还不仅如此。由于政府的活动不断增多，政府公务员的数量也就需要不断加大。必须支付合适的薪俸，才能确保他们效忠和工作有效率。然而，没有几个政府有足够的岁入能够给它们的公务员支付适当的薪俸，而那时也没有几个政府敢于像从前那样大量任用僧侣充当他们的文职人员。于是，比以往任何时候都更加司空见惯的做法是指派人们担任官职时带有一种默契，那就是，只要他们的良心许可而那些有求于他们的人又甘愿解囊，他们就可以收取酬金、馈赠或赤裸裸的贿赂，作为他们微薄薪俸的补充。由此向前只迈一小步，就是出售官职、垄断权、特许权和职权，而购买者牺牲公共利益使自己得到补偿，也不会引起过多的追究。再往前只迈更小的一步，就是为了公开承认的目的——甚至是唯一的目的，即为了弄钱而设立官职，甚至设立世袭的官职，以供出卖。卖官鬻爵，出售政府专有的权利和特权，在整个大陆司空见惯，虽然程度各不相同。卖官售权的做法极易滥用，因为它本身就是由于极度困窘而采取的权宜手段。这种买卖即使在其滥用还远未达到臭名昭著程度的国家，也可能激起强烈的愤慨，1601年英格兰议会对垄断专利权的吵嚷就表明了这一点。而且，围绕着这种制度，还滋生出一种保护者和"被保护者"之间的错综联系,这种联系极易演化成为相互冲突的派别集团,这也在伊丽莎白统治英格兰的晚年,在埃塞克斯—塞西尔的倾轧中显示出来。

可是,共同的负担和共有的怨愤,同样可能把地方性的和贵族阶层的不满,扩大成为全国规模的不满,并把这些不满融会成为某种全国性的对抗。当统治的王朝当局是外来者而且又不常驻当地时,这种局面尤其容易出现。例如,在尼德兰发生的反对西班牙的腓力的斗争,在瑞典发生的反对波兰的西吉斯孟的斗争,就是这样;或者,当一个女性君主的婚姻使她的王国面临被并入一个更大的政治联合体的危险时,这种局面也极易出现。例如,玛丽·都铎统治下的英格兰和玛丽·斯图亚特统治下的苏格兰就是这样。正是在这样一些地方,自古传袭下来的、主要是消极的仇外心理,极为容易而且可能迅速地转变成为某种近乎新的积极的民族主义精神。① 而且,这种新的精神到处都开始程度不等地显示出它本身的力量;无论它在什么地方出现,都赋予人们一种新的觉悟,促使他们把对国家和民族的热爱同个人对君主或王朝的忠诚区别开来。威廉·莎士比亚所说的"英格兰这块神圣的土地",沉默者威廉所说的"整个的祖国",已开始在人们心中激起热爱和忠诚,其强烈程度并不亚于一位"圣洁的女王"或一位"最高的天主教君主"所能激起的这种情感。这种区别越鲜明,对中央政府的反抗也就越容易爆发,而且越加具有危险性。

再说,在那样的情况下,不但心怀不满的贵族能够为由于政治上的不满而引起的广泛运动提供领袖人物;而且总是有饥饿的穷人为那些运动提供具有威胁性的无纪律的群众队伍。人类的大多数总是生活在饥饿的边缘,16世纪后期也不例外。的确,当时的人口增长看来已超过了工农业生产的增长。贸易的发展,即使能够比以前更为经常地利用一个地区的多余产品去缓和另一个地区的匮乏,但同时又使为数更多的人受到市场波动的摆布,使实际工资被压低或受到抑制,使贫富差距增大。16世纪40年代后期和50年代在英格兰发生的许多骚动,起因于安特卫普纺织品市场供应过剩而带来的经济和社会方面的反响;16世纪60年代中期在尼德兰发生的剧烈骚乱,至少其中有一些是起因于波罗的海战争引起的谷物匮乏和与英格兰的争端引起的

---

① 然而对此尚有不同看法,参阅后面第6章。

纺织业的失业。实际上，无论在什么地方，要发动一场骚乱都绝不是很困难的。德国农民起义和明斯特城过火行动引起的社会革命恐慌，由于1566年尼德兰发生的破坏圣像暴动或以后的巴黎群众暴乱以及法国其他地区的农民暴动这类事件而继续保持着强烈的影响。对暴民统治的恐慌，无疑有助于最终促使有产阶级转而支持中央政府——在尼德兰和法国，我们都可以看到这种情况的发生。然而，正是这些有产阶级或他们中的某些部分同中央政权的对抗，才打开了裂口；通过这些裂口，底层的社会不满才得以爆发出来，而这种爆发又进一步加剧了使政府结构遭到破坏的紧张局面。

引起君主们不安的最后的但不是最无关紧要的一个问题，是宗教上的对抗，特别是加尔文教派的对抗。因为在当时，尤其在西欧，无论是保守、妥协而且通常是亲君主的路德派新教，还是无政府状态的、分裂的再洗礼过激派别，都已被激进的、不妥协的加尔文教排挤到一边去了。富有生气的新教的领导权，正转入那些不信赖君主而信赖自己教会组织的力量和活力的人们手中。他们不顾加尔文本人的犹豫，越来越急于运用武力维护自己的地位。这种战斗性的信仰，从其发源地——加尔文的日内瓦传播出来以后，就沿着政治阻力最小的路线，通过那些政府极为脆弱或受到严重挑战的地区迅速地扩展。这样，它的成功就主要是在政治上四分五裂的莱茵兰；在低地国家的反西班牙统治的全国性反对派之中和苏格兰的反法兰西统治的全国性反对派之中；以及在法兰西本身。在法兰西，由于统治者的孱弱和王室力量单薄，这种战斗性的信仰有可能同贵族和地方派别不断增长的宿怨相结合并使之加剧。对于法兰西的胡格诺派，苏格兰的"圣约同盟长老团"和尼德兰的乞丐党，加尔文教提供了一种凝聚力和推动力，而单纯的政治、经济和社会的不满是不可能提供那样的力量的。因为信仰的纽带比任何血统、利益或派系的纽带更强韧，通过它可以把贵族、市民和农民联结起来，把一个省同另一个省的人联结起来，去从事一项超越阶级区别和地方本位主义的共同事业。它给那些已经着手采取暴力手段去达到政治目的的派别，提供了一种前所未有的有效组织和一种不妥协的信仰的自信心。[1]

---

[1] 参阅后面第9章。

第一章 导言

但是，暴力总是引起暴力。加尔文教派的强有力的行动不久就引起了强有力的反行动。德意志的路德教诸侯憎恨加尔文教派的神学理论，害怕加尔文教派在他们的臣民中进行布道工作，担心它的战斗精神可能会破坏奥格斯堡和约以后在帝国境内取得的不稳定的和平。在德意志，路德派和加尔文派之间的纷争，很快就变得比新教同天主教之间的纷争更为尖锐。在英格兰也是如此，伊丽莎白一世尽管不愿监视人们的心灵，也不得不让安立甘教会的主教和最高委员会裁判所去对付那些"想要剥夺女王［宗教］权威，并将它交给人民"的清教煽动者。在苏格兰，詹姆斯六世在抵制长老派教会企图把他当作"上帝的蠢臣仆"对待的过程中，得到了很大的支持，而且这种支持还不只是来自北方的保守势力。甚至在提倡宽容的波兰，罗马教会在该世纪末也发动了它的反攻，并要求政府给予协助。

然而，宗教影响显得最为恶劣，而且对加尔文派暴力行为的反行动也最激烈的地方是法兰西和尼德兰。在1566年的破坏圣像暴动中，加尔文派诉诸武力和亵渎教会的行动，引起了天主教的反行动；这种反行动摧毁了初期的尼德兰反抗力量，并为阿尔发率领西班牙军队和血腥委员会未遭抵抗而长驱直入开辟了道路。天主教方面对加尔文派10年以后发动的攻势的惊恐，导致了根特和平协定遭到破坏，并在1579年使暂时统一起来的尼德兰分裂成为对立的阿拉斯同盟和乌得勒支同盟。在法兰西，巴黎和其他城市的民众，在1572年几乎不需要什么诱因，就发泄了他们对胡格诺少数派的愤怒，因为胡格诺派的势力似乎已超过了天主教多数派所能容忍的程度。后来，由于一个胡格诺派的人有可能要继承亨利三世的王位，引起了法国为时最长也最激烈的最后一场宗教战争，即那瓦尔的亨利与天主教联盟之间的战争。这场战争招致西班牙军队在法国的反叛者邀请下进驻巴黎，几乎要以法国的独立作为牺牲，奉献于宗教狂热的祭坛。

从16世纪50年代起，对所有这些各种各样的紧张和激愤因素的警觉，再加上明显的金钱匮乏，使大多数君主在对外政策方面的野心受到限制。在最北边，瑞典国王和丹麦国王还在梦想"控制波罗的海"，并为此而进行战争；波兰国王在同立陶宛联合以后，还企望首先同瑞典然后同俄国建立范围更大的联合，以此作为实际的目标。但是，波罗的海国家比南边一些国家遭受的战争损伤要小，而且在瑞典国王和波兰的西吉斯孟国王方面，总是极易表现出瓦萨家族的妄想狂倾向。大多数的欧洲统治者都更多地受到环境的限制，在气质上也较少冒险性。深深感到他们对付自己统治区内日益增长的紧张和不满的手段极其有限，他们大多数人都极力避免让一场大规模的对外战争来加重他们的负担，或给他们的国外对手提供任何机会来帮助他们自己的反叛者。1560年英格兰对苏格兰的干涉，1572年和1578年英法两国在低地国家的插手，16世纪90年代初期西班牙对法兰西天主教同盟的援助，都极其清楚地表明，外国敌对势力同国内反对派的结合，可能造成多么严重的危险。

于是就出现了一种广泛的愿望，在许多年间实际上几乎是一种普遍的愿望，就是希望避免重新爆发在该世纪前半叶曾经屡见不鲜的全面的大规模战争。王朝和民族之间的嫉恨现在当然并未终止；商业上的竞争仍时有爆发；战略上的利益仍然像以往那样敏感；君主们在涉及个人和王朝权势时仍然耿耿于怀。而且，一个国家内部的不满情绪和有组织的反对派的存在，对它的邻国是一种经常性的诱惑。由于每一个欧洲国家几乎都程度不等地存在着不满情绪和反对势力，因此，16世纪后期的各国政府几乎总是能够指望从他们的敌对营垒里找到朋友，甚至或许找到武装的同盟者；这种情况在上一代人中则是罕见的。因此，培植"第五纵队"，暗中支持反叛者，就成了16世纪后期治国之术中常见和公认的手段。它们之所以越加迅速地成为常用的手段，原因在于一个政府很容易对另一政府的反叛者给予非官方的支持，而不必采取任何公开的战争行动。然而，它们恰恰又是危险的手段，因为暗中支持反叛者同政府间的公开战争之间的界限是那样的模糊不清，以致最审慎、最谙练的政治家也极可能不知不觉地越过了这条界限。

因此，一种焦躁不安的谨小慎微情绪，强烈地影响着大多数政府的对外政策，而且突出地反映在它们的执行人的许多外交函件之中——阿尔发在1567—1573年从尼德兰发出的一些函件，至少就其担心同英国发生公开破裂的危险而言，就是一个明显的实例。反之，在对内事务方面，却越来越倾向于轻率地采取引起恐慌的措施和暴力的解决方式——如腓力二世派遣阿尔发和他的军队于1567年开进尼德兰，卡特琳·德·美第奇断然决定除掉海军大将科利尼，此举导致圣巴托罗缪日的大屠杀；英国议会制定反天主教传教士的苛法；莱茵兰和南德意志的天主教会为了坚持他们在科隆、亚琛和多瑙沃特所追求的那些受到威胁的目标而日益诉诸武力。然而，这些不顾后果的补救措施绝非总能解决问题，而且几乎总是促使内部冲突大为加剧，更加不可和解。因此，这些措施所起的作用，常常只是促使反叛者更加打定主意去求助于外国势力，并为外国势力响应他们的要求增强了诱惑力。

更糟的是，有了一种现成的途径，它使得一些政治派别很容易把他们自己同相当的国际宗教派别联合起来——如法兰西的吉斯集团同罗马教会、低地国家的乞丐党同加尔文教会就是如此。当然，这种倾向并不是在任何地方都占上风，因为宗教信仰仍是一种比政治的或政党的联盟更为坚强的力量。因此，天主教的葡萄牙人在1580年以后反对天主教的西班牙的斗争中，不愿接受新教的英格兰的援助；而反叛的阿拉贡，在1591年对于法兰西的胡格诺派国王也不感兴趣。然而，这种倾向使得所有的新教反叛者——法兰西的、尼德兰的、苏格兰的——都日益向新教的英格兰求助；所有的天主教反叛者——法兰西的、英格兰的、苏格兰的、爱尔兰的——则指靠天主教的西班牙。到16世纪80年代，新教保护者的角色被推给了极为勉强的伊丽莎白一世；天主教保护者的角色则被推给了直到不久前还几乎同样勉强的腓力二世。非官方的和暗中的干涉，此时逐渐转变为公开的战争；各种地方性和民族性的争端，开始汇合成为一场新的全面冲突。

不过，在本卷所涉及的这段时期内，直接卷入这一冲突的还只是西欧，也就是由1559年的卡托—康布雷奇和约规定的那一部分大陆。中部的奥格斯堡和约地区，大都暂时安于享有不稳定的和平。波罗的海国家也还在自行其是，没有受到西欧纷争的太大影响——虽然德意志北部的汉萨同盟城市的新教势力，曾由于他们同西班牙进行的海军用品和谷物的有利贸易遭到英格兰的干扰，在16世纪90年代受到了严酷的考验。不过，这种纷争已开始波及德意志西部边境，波及莱茵兰；在那里，加尔文教会在巴拉丁选帝侯领地的建立以及好斗的特伦托天主教会①从巴伐利亚的传入，正在爆发出火星，很容易造成燎原之势。危险增大的原因还在于，那个地区对尼德兰境内的西班牙军队

---

① 指遵奉1564年特伦托宗教会议颁布的信誓的天主教会。——译者注

的交通联络极为重要。莱茵兰的麻烦,不仅极可能迅速地向东波及德意志的其他地区,还可能向西蔓延到西班牙和它的对手那里。

这些情况,直到1618年三十年战争爆发之前,还没有真正发生。因为16世纪末西欧的冲突提供了一些颇为明显的例证,表明欧洲的政治家和将领们无力按照自己的意图去支配局势。在1588年,西班牙人未能使自己的一兵一卒踏上英格兰的土地,而英格兰的水兵也未能在战斗中击毁半打以上的无敌舰队的战船。英格兰在次年进行反击,它的一支军队曾先后在科鲁尼亚和葡萄牙境内登陆,但是最后终于撤退,未能拿下任何一座重要城市。英格兰企图切断西班牙的美洲白银供应线的努力,也像西班牙人企图利用爱尔兰的起义的努力一样,未能得逞。那瓦尔的亨利在阿尔克和伊夫里对天主教同盟取得的激动人心的胜利,也像帕尔马在1590年参与营救巴黎、1592年参与营救鲁昂一样,并未获得决定性的效果。在尼德兰,战局同样也在各大河流沿线陷于僵持状态。在海战中,不必登上敌船而依靠炮火去消灭敌人的带帆战船组成的新式舰队,确实是一种新的作战手段,它的用法和战术需要一定时间才能充分掌握并使之奏效。同样确实的是,那瓦尔的亨利和帕尔马未能最终得到胜利果实,并不单纯是由于军事上的原因。虽然如此,这场旷日持久的战争——即使对于英格兰,它也持续了19年之久——的一个引人注目的特点,乃是它的胜负不分。到头来,所有的逐鹿者都精疲力尽而不得不暂时罢休。然而,正因为停战是彼此无力再战的结果,所以,1598年的法兰西与西班牙的和约、1604年英格兰与西班牙的和约以及1609年的荷兰与西班牙的协定,对大多数重大问题都悬而未决。列强相继撤出了战斗,但对于他们中的大多数(詹姆斯一世统治下的英格兰也许是一个例外)而言,这仅仅是为了养好他们的创伤,充实他们重新厮杀的力量。

因此,在整个这一时期内,各国内部和国与国之间的紧张局势,虽然在许多年间曾遏制各国政府去冒险发动战争,但这些紧张因素却在不断增加,孕育着一场新的欧洲冲突。这些紧张局势使人们产生一种惶恐不安而又焦躁暴烈的精神状态,这往往导致举措失当,并常常过多地为一些眼前的麻烦和短期的问题所困扰。这就严重削弱了人们解决根本性的、长期性的问题的能力。他们被表面上的紧张局势缠住,没有足够的时间和精力去解决更深层的问题,如人口增长和通货膨胀;

由此而引起的商业的变迁和工业的发展；政府的财政及其人员的补充和酬劳方式；协调的国际关系体系的建立、公认的国际法原则的制定以及有效的外交事务机构的建立，等等。尤为迫切的问题是如何说服不同宗教信仰的人民至少要和平共存，如果还不能友好相处的话。

在处理这些更深层的问题方面，某些地方确也有所进展。没有一个国家在控制物价上取得很大成就，虽然英国人成功地改革了他们的货币，建立了济贫制度；当他们未能使安特卫普成为他们的货物集散中心时，又另外开辟了他们的海上贸易。然而，即使伊丽莎白一世施政节俭，也未能真正解决政府经费拮据问题，而当政府在西班牙战争期间力求收支相抵时，就引起了第一轮的宪政冲突，这场冲突以1642年的内战而告终。荷兰人的商业繁荣兴旺，而且扩张得比英国人还要显著；然而，这个联省共和国的三级会议在建立一套真正有效的政府体制方面所取得的进展却是微乎其微。西班牙人设法大量增加美洲矿山的白银产量，并能安全地横渡大西洋将白银运回来；然而他们未能阻止西班牙经济由上升转为下降，而这一转折标志着它长期衰落的开始。在德意志，虽然奥格斯堡和约确定的"教随国定"的原则，使路德派的和天主教的诸侯与城市基本上能够在一个帝国之内和平相处；但是天主教的和路德派的臣民被允许在一个诸侯统治下共处的情况，却极为罕见。1598年的南特敕令虽然迫使天主教徒同胡格诺教徒分享法兰西的权利，但也不得不让胡格诺教徒作为一个武装的、有组织的少数派存在于法兰西境内。

16世纪后期的人取得的成就如此有限这是不足为奇的。他们所面临的问题，其本身确实是很难解决的。由于它们是一些全新的问题，解决起来就存在加倍的困难。前一个世纪，特别是前半个世纪，在欧洲人面前展现了可供征服的新的大陆，给他们提供了新的、不仅耗费颇巨而且甚为复杂的用于征服的武器；这样，那个时期不但扩大了地理界限，促成了军事艺术的革命，而且经济、社会的发展和政治的演进，也得以达到更快的、罕见的速度。人类的每一项活动和制度在那个时期都发生了变化，遇到了挑战。尤为重要的是，在那个时期发生了新的或经过更新的宗教观念的一次真正的核爆炸。在这样一个革新和扩张的时代之后，继之而来的只能是一个消化和巩固的时代。

我们已经看到，在1559年以后一个时期的政治事务中，大多数欧洲列强在对外政策方面表现出野心有所收敛，并日益集中力量在比较有限的内部治理方面来维护权威和改进统治方式。欧洲以外的情况也是如此：发现和征服的伟大时代，已被一个定居和开发的时代所接替——至少在西班牙和葡萄牙的殖民地是这样；而英格兰、法兰西和荷兰的冒险家们还热衷于抢夺殖民地而不是效法西班牙和葡萄牙人的做法。我们还看到，士兵和水兵们在力求掌握他们的新式武器、领会使他们成为有效兵员的战术运用方式方面，也面临着许多课题。经济活动领域也是如此。虽然从15世纪中叶开始的经久不衰的扩张，还一直在推动着实业的发展，但是，到16世纪90年代，其速度也显著放慢。使实业界（也使政府）感到困窘的那些问题，大部分仍然是在前半个世纪已经呈现出来而又还几乎没有开始回答的问题。16世纪后期的人还由于缺乏必要的技术发明和科学成就，不可能回答人口增长、需求增加和物价上涨所提出的挑战。因此，在这个领域也出现了一些迹象，表明接踵而来的收缩，已经露出了端倪。

他们究竟为什么未能像他们18世纪的后裔们那样去迎接这些技术和科学上的挑战，这一点难以说清。技术和科学也像艺术一样，当然遵循着它们本身特有的发展周期。这些发展周期同当时的经济、社会和政治的发展周期可能是大相径庭的。在这个时期，科学或技术肯定都还没有达到它自身的一定发展阶段，因而还未曾做好准备去解决时代提出的问题。同样确实的是，在大学以及整个教育领域里，主要的注意力都集中于整理和应用前几代人倾泻出来的潮涌般的新见解；因为在这个领域也同样处于消化吸收的时代。然而，科学、技术的自然发展，实际上，在大多数非宗教课题领域（与军事有关的那些领域也许例外）里的思想和实验的自然发展，显然受到了阻碍，因为人们几乎普遍地全神贯注于宗教上的激烈争辩。由于那些时代的大多数人思想上最关注的是宗教，如果我们仅仅从经济和政治方面试图对他们的思想和行动加以分析，那我们就绝不可能理解那些思想和行动。

当然，在宗教领域，新思想迸涌的高潮也随着茨温利、路德和加尔文的先后谢世而衰落下去了。这方面也像其他领域一样，现在主要关心的是消化和阐释——这种关心在加尔文的日内瓦和特伦托的天主教会议上都同样明显。甚至路德派教徒也被驱使去写作他们自己教派的信仰告白书。互相对抗的教会，已经选定了他们的战场，并沿着设防日益周密的阵地掘壕据守，准备进行长期的神学壕堑战；在那样的神学战中，已很难看到该世纪中期以前存在的辽阔战场。现在，大多数人所向往的，是断然无疑的教义，渴望在对宗教提出的所有疑惑和挑战中，找到一种可以接受和遵奉的权威。而断然无疑的教义，最容易在封闭性的教会团体里取得。那些封闭性的教会团体，通过越来越严密地规定的信条和仪式，使彼此之间的隔阂日益加深。但是，隔阂孕育着敌视。尤其是因为所有的教派——除了少数几个人数不多而且遭到轻视的教派以外——都从中世纪基督教承袭了一种信念，认为只能有一个教会是真的，而那个真正的教会有权利而且也有责任运用暴力去维护和强制推行它的信仰。

这样一种互不相容的唯我独尊态度和轻易地诉诸武力的做法，促使几乎每一个教会都或迟或早地去同世俗政权结成紧密的联盟，并最终依附于世俗政权。这种情况不仅发生在英格兰的安立甘教会和德意志各诸侯领地内的路德派教会里；西班牙的天主教会也是如此；而且，在很大程度上，苏格兰加尔文派的长老教会也是如此。在法兰西，"一种信仰，一种法律，一个君主"被当作理想的目标而为人们所普遍接受，虽然在大多数时间，国王都太软弱，不能强制执行信仰或法律。教会与国家合为一体的一个必然结果，就是把异端与叛国等同看待——由于被视为叛国者，天主教传教士在伊丽莎白统治下的英国，就受到绞死、剖出脏腑和肢解的野蛮酷刑。我们已看到，教会与国家合一如何把宗教上的仇恨注入了国与国的争端之中，从而使其加剧；如何促使国家内部的派别纠葛复杂得几乎不可调和；加尔文教派和特伦托天主教会所具有的国际性，又如何使得局部地区的争端很容易汇合成为整个大陆的全面冲突。

教会与国家合一产生了另外一种结果：教会和国家的联合压力，使得知识界的力量过多地被驱使或吸引到神学和教派的狭隘领域之中。教育和学术被偏执地认为主要是造就信仰纯正的新教英国人或信仰纯正的天主教西班牙人的工具。最能直接而明显地服务于这些目的的学科，就最受青睐和得到最优厚的捐赠。这样一来，神学就取代了法学和医学的地位而成为大学中的主要系科；教义问答的学习，成了学校的重要必修科目之一。而且，神学的研究越来越受到教派正宗教义的束缚，常常把精力白白消耗在无聊的争辩之中。虽然这种争辩有时也激起一些对比较广阔的领域的探索,例如马格德堡的编年史家和巴罗尼乌斯①的情况就是这样;然而,那些争辩所激发起来的学问不可能是完全公正无私的,探讨也不可能是完全自由的。当然,所有这一切并不意味着独立思考已完全被窒息,或知识的进步已被遏止。如果这样来谈论博丹和胡克的时代,第谷·布拉赫和真蒂利的时代,那自然是荒谬的。不过,在一个科学和魔法与纯粹妖术之间的界限还难以划清的时代,非宗教的学术成果通常得不到丰厚的报酬,却往往要冒相当大的风险。只有当学者们的思想和知识被实业家和商人、航海家和工程师这样一些从事实务的人们所吸收的时候,才可能达到理论和实践的结合;这种结合在后来首先产生了"科学革命",继而促成了"产业革命"。16世纪后期的学者和教师们,大都潜心于从事比较初级的工作,即力图对那些思想做出鉴别,对那些知识加以传播。他们的精力主要是用于普及和描述;用于说明和提出问题,而不是加以突破以获得新的解决方法。

在这个时代,特别是它的晚期,有一个领域的成就,远远高出于一般水平之上;考察出现这些成就的原因,是令人神往的事。在富于想象力的文学和戏剧领域,在那些给人性提供一面镜子的领域,16世纪后期和17世纪最初一些年里达到了一个高峰,而在其他领域中,这样的高度是那些时代的人们根本达不到的。在民族语言的文学、戏剧以及音乐方面,塞万提斯和莎士比亚,以及帕莱斯特里那和伯德,还有他们的同侪,把上一代人的努力,推进到了充分成熟的程度。绘画和建筑方面也是如此。文艺复兴极盛时期的灵感,通过提香和埃尔·格列柯传到了17世纪。本卷书内所能做到的,只不过是对这些成就略加提及。但那个时代所拥有的创造精神,主要地正是在这些发挥想象力的领域里,得以表现出来。至于那个时代的精神生活的其他方面,也像它的政治和经济活动领域一样,那是一个问题很多而答案甚少的时代,是问题超过人们的解决能力的时代。

(庞卓恒 译)

---

① 马格德堡的编年史家,指1559—1574年间编写的《马格德堡历代纪事》一书的作者们;巴罗尼乌斯,16—17世纪之交的梵蒂冈神学家、教会史家。——译者注

第 二 章
1559 — 1609 年的欧洲经济

　　1559 年的 4 月 2 日和 3 日，西欧列强在卡托—康布雷奇再次同意媾和。经过旷日持久的斡旋和犹豫之后达成的这一和解，必然要在欧洲历史上的一些重大和约中享有其地位。历史学家们已经承认了它的这种地位，并以一般只有遇到结束欧洲长期争端的重大媾和行动时才会有的那种大张旗鼓的声势来确认其重要性。他们那样做是有充分理由的。

　　首先，这一重大政治事件标志着一个转折点。虽然查理五世已经在上一年，即 1558 年的 9 月 21 日去世，但卡托—康布雷奇和约才是他的戏剧性统治的真正结束。随着腓力二世的掌权和即位，一个新的时代开始了。无疑，它在戏剧性方面并不逊色，但却具有不同的而且是更为严酷的性质。它像是一个过时的旧式帝国，正在由一个更加讲求现实而又更加暴虐的人统治，这个帝国按其性质来说基本上是中世纪的，而且这是合乎情理的，它是由难以估量，历史悠久的传统来维持的。因此，这样的帝国缺乏政治上的存在理由，并且不易显示其真实目的。卡托—康布雷奇和约在政治上的重要性就是如此。我们能否认为，它在经济上也具有同等的重要性呢？

　　可以肯定，一致之处绝非微不足道。和平使得国际经济恢复了它的活力，这就带来了显著的利益。由于法兰西与哈布斯堡王朝之间这一主要冲突到将近半个世纪以后的 1595 年 1 月 17 日为止一直没有正式地恢复为公开的战争，西欧的经济活动享有了一个持久的安定和恢复时期。在这个时期，正像伴随着军队复员而常常发生的情况那样，出现了和平的欢乐景象：南方的美酒再次经常地大量销往北方。如果不是 1559 年或稍后的国际经济克服了直接面临的战后问题，进入一个建设的阶段，并导致了长期的繁荣高潮，谈论这些细节就没有多大意义了。这样简单化地看待现实，会带来许多危险；不过，显而易见的是，在这些年间，出现了与查理五世时代所特有的那种状况截然不同的变化。价格继续上涨，但生活费用膨胀的同时，工资率也在提高。这一点在低地国家、佛罗伦萨、西班牙、德意志、奥地利、英格兰都已被证实，而且，正如将要论及的那样，它具有重要的含义。

而且，在卡托—康布雷奇和约——本卷探讨的上限——之后，我们还可以转向另一个政治分段点，即1609年4月西班牙与起义的联省共和国之间的停战协定。这一协定在政治领域是一重大事件自不待言，而且在经济领域也是如此。它意味着从根本上恢复到更为正常的和平状态。它是以另外三个和约为前奏的最后成果；那三个和约是：1598年5月2日西班牙与法兰西之间在韦尔万缔结的和约；1601年法兰西与萨伏依之间的和约；以及1604年西班牙与英格兰之间的和约。这一回合的媾和过程或许具有更为深远的影响。随着各商业国家以多少堪称和平竞争的方式争夺世界资源，和平扩展到了七大海域，远远超出西欧事件的风暴中心，而且摆脱了种种惊恐、犹豫和障碍。

然而，绝不能认为，国际经济活动仍旧完全从属于政治事件的传统节奏。政治事件的重要性不能否认，但政治是一回事，经济却是另一回事。

像政治领域中的情形一样，欧洲经济的发展是以一系列引人注目的年份为标志的：1557年西班牙王室的破产就是一例，尽管这主要是西班牙人的事件。随后发生的1575年和1597年的两宗破产事件，都引起了深刻的震动，使欧洲经济的基础本身发生了动摇。随后不久又发生了另一宗破产事件，即1607年的破产事件；此次破产当然应由腓力三世宫廷的惊人花销承担大部分责任。但是，正像条约、战争和事变构成政治史的主要因素一样，这些破产事件只不过是经济变迁的一种前兆。经过更加深入的考察，就会看到比较长期的运动，时而朝着一个方向，时而又朝着另一个方向，形成一种衰退与扩张交替出现的旋律。关于这种周期变化的序列存在的证据还远非确定无疑。然而明显的是，总的生产情况是有升有降的。物质生产的这种消长情况，对于研究那个时代的经济事态具有根本的意义。这种情况的发生很可能在欧洲的一端与另一端并非一样。例如，法兰西的经济从大陆和地中海地区转而向大西洋投资，这样就在1536年到1564年左右的年代里经历了方向上的改变。低地国家直到1590年左右才恢复过来。如果我们观察较早的一个时期，就可以清楚地看出，发生于1540年到1560年左右的16世纪中期的深刻危机，在英格兰就特别严重，而在查理五世末年和腓力二世统治初年的西班牙，则几乎没有感觉到它的存在。如果根据现在的研究所证明的这些分期上的差别是正确的，那么这些差别对于基本趋势的分析研究就具有深刻的意义。至少，主要的特征一般说来是显而易见的，而且已经显示出与政治史的分期不相同的标志。遵循这些标志的经济史家，不会以1559年为其研究的开端，而宁愿从1565—1566年左右开始；也不会以1609年的十二年停战协定为其研究的终结，而宁愿截止到1619—1620年的商业危机；或者甚至截止到三十年战争的结束。那时，长期的衰退已表明是不可避免的，而且这一次波及整个欧洲经济。除此之外，我们还可以说，经济扩展的这些阶段本身并无明确的界限。在这些表面的运动之上和之外，总的经济活动因一种长期的上升趋势而得到加强，这是一种由其自身的动力所支持的趋势。的确，很少有人会否认，这一时期构成了欧洲普遍复苏的一部分；它从15世纪中叶聚积力量，一直延续到17世纪中叶的突然事变。1559—1609年这些年处于一个长得多的时间跨度里，从费尔南·布罗代尔所说的"加长了的"16世纪这一更加广阔的角度来看，这段时间从15世纪中叶直到三十年战争的祸乱。

不过，作为这一经济年代史的补充，还有历史地理上的考虑。要讲清楚16世纪后半期欧洲的复杂局面，是一项困难任务，因为欧洲各个不同地区具有局部的独立性，所构成的经济体系在发展过程、内容和动因方面都极不相同。在南部和东部，意大利正在摆脱意大利战争的长期折磨而处于崛兴的起点上。意大利战争既带来意外的收获，也造成了破坏。对意大利半岛来说，卡托—康布雷奇的号角预示着一段长期的和平。毋庸赘言，那里的重建需要集中的投资。在西南欧，西班牙和葡萄牙还只拥有比较幼弱的经济。15世纪末期，它们投入了有利可图的殖民开发的冒险之中。大西洋所提供的许多致富的可能性，使它们在谋取财富的竞争中处于领先地位。里斯本港（在一个短时期里），然后是塞维利亚，成了整个欧洲的主要中心和发展的焦点。在北部，另一个海港安特卫普，有力地延长了西班牙的隆盛时期。在北部诸国中，南尼德兰和北部的意大利，以拥有众多的商人、工匠和富裕城市为其特色。到16世纪中叶，它们的黄金时代已经暗淡起来。不得不效法低地国家模式的英格兰，则显得它拥有的资源相对较少。1543年到1544年之后，低地国家成了反对法兰西的战场，极易成为别国冲突的场所；而那些参与冲突的国家，好像是受到报应一样，不久就陷入了它们自己的内乱之中。战争在欧洲的一个地区被平息下去后，似乎随时都可能在另一个地区爆发起来。在该世纪中叶以后，在1555年的奥格斯堡宗教和约以后，意大利和德意志成了比较和平的地区。另一方面，法兰西和低地国家很快就陷入了内战。它们成了欧洲的战祸频仍之地，几乎同16世纪前半期的意大利一样。争端从来没有完全保持在地方范围以内，又为邻国的干预提供了借口。由此引起的入侵，不可避免地赋予了法兰西和低地国家的历史以一种特殊的性质。在德意志和低地国家以北和以东，是欧洲的边界地带——斯堪的纳维亚和波兰；这些国家也是分隔开来的经济地带，所拥有的人口、中心城市以及自由的或几近自由的土地都比较少。欧洲文明只是稀疏地传播到这些辽阔的边陲地区。在这里，战争的进行比西欧更为残酷，并形成了一种处于抢劫和经常性警戒之下的生活方式。波兰作为欧洲的堡垒，比前已提到的德意志受到更大的损耗。

这样一幅历史地理简图远远不是完整的。欧洲不是孤立的。这个大陆并不是自给自足的。随着海上贸易开发世界资源程度的日益发展，欧洲越来越作为世界经济的一部分而生存并发展。葡萄牙人和西班牙人用很大的力量夺得了殖民帝国。欧洲靠着这些帝国的扩张而兴旺起来：1557年，葡萄牙人在经过一段被默许的占领时间以后，正式占有澳门。1565年，米格尔·洛佩·德·莱加斯皮把阿卡普尔科同马尼拉联系起来，这样就为新大陆的白银与中国的丝绸和瓷器之间的贸易开辟了一条非常重要的通道。这些都是帝国开创过程中的重要事件，但还有其他许多事件，因为并不仅仅是西班牙人和葡萄牙人在扩展欧洲经济活动的范围。1553年，英国人的船只在他们的"总领港员"理查德·钱塞勒率领下，驶抵北极圈，在阿尔汉格尔建港，向沙皇表示敬意。通过沙皇的保护和照顾，1555年获得特许状的莫斯科公司得以插足俄罗斯的陆路和河道，并由此而染指波斯和东方的财富。

第二章　1559—1609年的欧洲经济

确定了这些时期和地理范围以后，我们的研究就可以转向1559年至1609年之间的欧洲的经济生活了。对物价、货币、生产和人口的一般考察，有助于勾勒出一个发展过程的突出特征的轮廓，而其全部复杂性则难以估量了。

一

首先谈物价与工资问题。从一开头就应指出，这种包括两个侧面的、传统的史学甚至在过去近30年左右的时间里进行了大量研究之后，也还未能充分解释这一多样化的欧洲经济发展过程。对工资水平总的来说还没有充分精确的了解；有时工资以实物支付，有时又以货币支付，这样就难以估量其真正价值。而且，物价系列代表着供求之间的平衡点的系列，由于没有掌握所有的情况，各种力量之间的相互作用只能从推论中得知。根据现有的材料，将物价与工资的历史结合起来研究所提出的问题，比有希望能解决的问题要多得多。这样说并不过分，这种研究至多不过是对不断演进中的经济现实做初步的估量，而这种估量大家已经比较熟悉。在从1559年到1609年的这一时期里，物价和工资都是逐渐上升的。虽然在16世纪中叶以前的一个世纪左右，物价就是一直上涨的，但在16世纪50年代以后，上涨的速度快得多，也明显得多。这使当时面临长期经济困难的人们有着深刻的印象。

猛然认识到那些现实情况，实际上是这一时期的一个显著特点，而且历史学家们已经正确地运用16世纪的"经济学家们"的反响来说明这种缓慢的通货膨胀。新大陆的贵金属（首先是黄金，1519年以后又加上白银）通过西班牙首次进入欧洲，而西班牙则首先遇到了这一难题。随着该世纪中叶以后白银涌入的新浪潮的到来，持续通货膨胀的影响就特别明显了。马丁·阿斯皮利奎塔·德·纳瓦罗于1556年发表了《论利息》。这位萨拉曼卡学派的学者，很可能是把通货膨胀原因直接归之于输往欧洲的贵金属的第一人。问题的症结在于贵金属太多。在1566—1568年，即阿斯皮利奎塔的论文发表10年以后，法国爆发了西厄尔·德·马尔斯特罗瓦（Siewr de Malestroit）与让·博丹之间的那场著名论战。前者坚持的论点是，虽然按账面货币额来看物价上涨了,但按黄金和白银来计算物价实际上仍旧保持不变。博丹在他所写的《答辩》一文中,巧妙地推翻了对手的逻辑。他在该文的1568年的版本中说道:"我认为,我们所见到的高涨的物价,是由三个原因造成的。主要的而且几乎是唯一的原因(这一点至今还没有一个人提到),乃是金银太多,在这个王国里,今天的金银数量比400年前要多……物价高涨的第二个原因,部分地来自于垄断。第三个原因是物资短缺,而物资短缺的引起,既来自于贸易,同样也来自于掠夺。最后一个原因是国王和大贵族的奢侈,这种奢侈使得他们所喜爱的那些物品的价格上涨。"在英国,出现了《关于英格兰王国公共福利的对话》,该文显然是在1549年秋天写成,但发表于1581年。内容是关于同类问题的对话。

[商人说]我感到,我们不是更富了,而是更穷了;这种情况要延续多久,我说不清楚,因为所有的东西都短缺,我从未见到过那样一种普遍的匮乏,不只是本国产的东西短缺,而且我们从海外买来的所有其他商品,诸如丝绸、酒、油脂、大料、茜草、铁、钢、蜜蜡、亚麻、亚麻布、麻纱布、绒料、床单、地毯;以及各种挂毯和缀锦、各种香料、各种杂货,如白色和棕色的纸,以及玻璃饮器、镜子和用于玻璃窗的玻璃;钉、针、刀子、短剑、有檐帽、无檐帽、凸花织品、纽扣和花边等等,全都短缺。我十分清楚,现在所有这些东西,比7年以前都要足足多花费我1/3的钱。而且,所有的食物也都是那样昂贵或者更加昂贵,而就我所知,这里并无货物方面的原因;因为我从来没有见到过比我们现在拥有的更多的粮食、牧草和各种牲畜,而且年年都拥有这么多的东西,真得谢天谢地。

他们全都面临同样的难题,而且迟早都必然会得出同样的结论。
除了关于16世纪"经济学家们"的看法的这一简略概述以外,我们还必须补充历史学家们的看法。路易吉·伊诺第对博丹和马尔斯特罗瓦之间的那场争论所做的估价和观察,很能说明问题。的确,他的研究所考察的是这场争论的实际舞台法兰西的物价,包括"加长了的"16世纪(即从15世纪中叶到16世纪末)的大部分时间。他的估算固然还值得商榷，但一般说来是有确实依据的。那些估算试图分别显示每一项目对通货膨胀所起的作用。

表 1　　**1471—1598 年间法兰西"实际上"和"名义上"的价格上涨分析**（参照路易吉·伊诺第的著作）

时　期	1471—1472	1473—1486	1487—1514	1515—1554	1555—1575	1590—1598
价格指数 （1471—1472 = 100）	100	111.5	106.6	161.6	265.2	627.5
按金银计算的记账图尔币①实际价值指数 （1471—1472 = 100）	100	91.0	78.8	65.5	51.4	47.7
仅按图尔币贬值计算的价格指数 （1471—1472 = 100）	100	109.8	126.9	152.7	194.6	209.6
按保持与贵金属等值的图尔币并估计到其他作用的因素计算的价格指数 （1471—1472 = 100）	100	101.5	84.0	105.8	136.3	299.4
按图尔币贬值计算的价格上涨的百分率（马尔斯特罗瓦的名义价格论）	—	86.73%	—	90.09%	72.27%	35.47%
按包括从美洲输入以后的贵金属贬值在内的其他因素计算的价格上涨的百分率（博丹的实际价格论）	—	13.27%	—	9.91%	27.73%	64.53%

然而，这种计算虽有明确的结果，但 16 世纪后半期的通货膨胀这样一个根本问题仍未解决。通货膨胀所涉及的领域要广泛得多，因而归根到底，那样一种说明实际上并不恰当。这无疑正是卡洛·西波拉在探讨"所谓的价格革命"时力图要加以证明的；他主张尽量缩

---

①　记账图尔币：(livre tournois) 在图尔铸造的古币，一个记账单位相当于一古斤银（古斤在巴黎为 490 克，在各省为 380 克至 550 克不等）。——译者注

小通货膨胀的影响。正如我们已经提到的，如果把1559—1609年这段时期看作一个孤立的独自存在的时期，那的确是言过其实的。它实

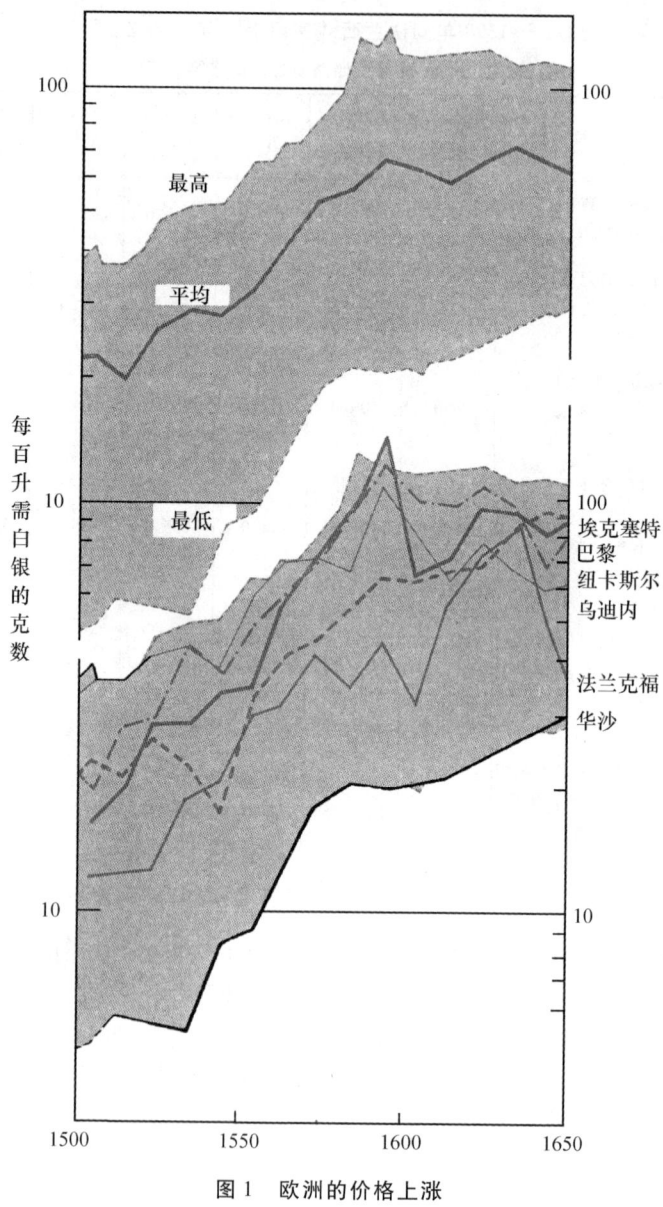

图1 欧洲的价格上涨

际上从属于远远超出这一时限以外的一个更为广阔而且也更为普遍的运动。这一时期独有的特点在于，各个不同领域的通货膨胀迅速地遍及整个欧洲。在这些年代里，一切都被价格运动所搅乱。在16世纪，这个世界大概是头一次遭遇到规模异常大的持久的通货膨胀。我们必须牢记这一事实。的确，正像从《剑桥欧洲经济史》中复印出来的图1的两组曲线简括而明了地显示出来的那样，欧洲不同地区的物价上涨情况是各不相同的。而且，各种物价并不是遵循着同一种趋势：金属、纺织品和一般工业产品、燃料和一般照明材料、饮料和谷物，各有其单独的价格变动趋势。工业产品的价格和农产品的价格之间，存在着十分明显的差别。这是一个主要的特征——也许是该世纪整个经济的试金石。一切供人们食用的东西，首先是粮食，遭受了最沉重的通货膨胀压力。欧洲这些困难问题的解决，导致了结构和生活习惯两方面的变化，对那些变化将在下文中考察。在这里仅指出不同方面之间显示出来的差异就够了：一方面是食物费用，对通货膨胀极为敏感；另一方面是"工业"产品的价格，相对来说，对通货膨胀不那么敏感。

归根到底，所有这一切都归结为生活水平问题。同我们所知道的多少还算比较清楚的价格变动情况相比，关于工资方面的材料则是远不能令人确信无疑的。仅仅根据以货币支付的日工资率的材料来估算就业率和个人收入的任何尝试，都必然是难以成功的，在雇佣劳动时而以货币付酬时而以实物付酬的情况下尤其如此。在这一复杂问题上，E. H. 费尔普斯·布朗和希拉·霍普金斯得出的结论是非常值得注意的。在估量价格与工资的相互影响以揭示由此引起的实际工资和生活水平的下降方面，他们比前人更为谙熟。16世纪中叶开始的物价暴涨，导致了广泛的工资调整。但是，这些调整根本跟不上、或者很少跟得上物价的上涨。由此就有理由推断，生活水平是普遍下降了。例如，这一事实已从英格兰、法兰西、阿尔萨斯、巴伦西亚、维也纳、奥格斯堡和威斯特伐利亚境内的明斯特的史料中得到证实。在大多数情况下，生活水平的不断下降一直延续到17世纪初。这一事态同另一进程——商业资金的积累和贸易利润的增大密切地结合在一起。这一矛盾现象笼罩着整个16世纪，那时的繁荣往往是通过损害广大人民的利益来实现的。

除了对工资和生活水平的估量以外，经济史方面的一个重大问题仍然是：这一运动对欧洲大陆的普遍影响达到了何种程度。首先，它意味着一种促使欧洲形成更密切的经济统一的压力，而且，这种统一虽然还未完全形成，但在大西洋沿岸各不同地区无疑是已经更为明显了。可以说，这种统一还没有遍及整个欧洲。在先进的西班牙与相对落后的东欧——例如波兰——之间，按白银计算的小麦价格水平的差异在15世纪末为7∶1，到17世纪初还没有达到6∶1甚或5∶1的程度。然而，由价格水平暴涨所推动的趋于统一的压力，刺激了商业活动的全面扩张。这意味着商业资本的集中，而过去商业资本并不享有同样的投资机会。这种统一是价格水平的差异直接引起的，正是那种差异使得有可能从一个市场到另一个市场进行大规模的商业活动。的确，这种推动作用是十分明显的。经济史家们已经证实，国际贸易差额常常是用金银来平衡的。西班牙由于从新大陆运进金银，使自己处于极为有利的地位。商业网络在西班牙半岛遇到了一个货币高压脊，那里按白银计算的价格比较高。在其他国家，首先是西欧边缘的国家——波罗的海国家、巴尔干国家、地中海东部沿岸诸国（及其以外的东方国家）——同样商品的价格，就相对低一些。当时存在着一个按冯·廷南（Von Thünen）的模式分区的辽阔的价格体系，在该体系中，按白银计算的商品价格，随着商品距离西班牙愈远而递降。这一情况经常引起旅行家和作家们的注意。当一位来自圣东日的新教绅士雅克·埃斯普连夏尔于1597年到达克拉科夫时，他注意到了波兰的生活费用只有法兰西的1/4。价格水平的差异刺激了商品的贸易，而且实际上还刺激了劳动力的流动。让·博丹曾观察到，奥弗涅的劳工为了追求较高的工资而向西班牙迁徙。而且，较晚一些的历史学家们也说到小手工业者、小贩和流动农民流向西班牙的运动的规模。正是这些农民们使那些荒芜的阿拉贡土地重新有人居住。在卡斯蒂利亚，来自法兰西的劳工据说与宗教裁判所当局发生了矛盾；那些宗教裁判所的记录常常表明，这些可怜的老百姓既成了他们自己的信仰的牺牲品，同时也成了他们为对付生活费用的急剧上涨而采取的对策的牺牲品。

然而，如果说16世纪的物价是在连续不断地上涨，那也过于简单化了。这一长期趋势曾由于各种原因而多次被打断。前面已提到，在16世纪中期就出现过40年代和50年代的价格下降。即使在1560年以后，物价上涨趋势实际上也不是平稳地、连续地上升的。例如，歉收和时疫就使得长期趋势受到短期灾害的破坏。在尼德兰，根据W. S. 翁格尔的研究，1556—1557年出现的饥荒，是16世纪内经历的一个最糟糕的冬季；它还使得丹麦、英格兰和德意志西北部均遭受其害，但在瑞典受到的影响就没有那么严重。在锡耶纳，由于受到意大利战争结束阶段的损害，在1557年也出现了灾难性的因货物短缺导致的高价。在法兰西，严重的饥荒出现于1573年，即紧随着一年前的圣巴托罗缪日的仇杀和屠戮之后；在1586—1587年，然后在天主教同盟时期，即1590—1591年又出现匮乏。1595—1597年间出现的因缺货导致的高价，在整个欧洲的广大地域内引起了抱怨。这些匮乏虽然不如下一世纪那样严重，但对国际经济的广大部分仍是严峻的考验。

随着饥荒而来的是疾病、传染病，特别是瘟疫。对饥荒所做的评论在这里也适用：尽管存在着繁荣，但欧洲人的一般的健康和福利却处于风雨飘摇的状态之中，拥有繁华城市的人口稠密地区，往往成为牺牲品。在意大利，1576—1577年在西西里出现的瘟疫，很快波及意大利半岛。估计因瘟疫而死亡的人数是很多的：米兰死了17329人；热那亚28250人；威尼斯47721人；帕维亚16000人——不过必须考虑到这些数字有某种程度的夸大。根据报道，在1580年，瘟疫在巴黎夺去了12万人的生命，在马赛夺去了3万人的生命。在1565年，汉堡失去了1/4的人口；1597年又使它失去了6213人。吕贝克在1597年死了7737人。据约翰·斯托的计算，伦敦在1563年的死亡总数20372人中，有17404人死于瘟疫，而且，后来在1593年，在死亡总数17844人中，有10662人死于瘟疫，这些数字大体上是可靠的。这的确是沉重的打击。

除了这些短暂的危机及其对发展趋势的影响以外，欧洲的商品体系在该世纪末已开始显露出紧张的征兆，表现出不能保持同样的发展速度。在1590年以后，即无敌舰队溃败以后，结构上的弱点开始变得明显起来。西班牙遇到了根本性的危机；这个在经济中占主导地位的国家，在很大程度上由于16世纪90年代高峰期之后，金银的输入减少，面临着威力衰退的形势。那样一种危机必然要引起发展速度的减慢，而且必然要对商业体系和挤满欧洲市场的商人的贸易网络产生严重影响。所有这些问题都需要更深入地考察。

二

价格水平的变化问题，必然引起货币和信贷问题。虽然这已引起了历史学家们的注意，但是显然它并不只是单纯的金银和货币问题，而且包含着更重要的信贷问题。为了更清楚地观察这些进程，我们必须返回到本章所讨论的时期以前去，至少应回溯到15世纪。早在那个时期，欧洲经济已经经历着一个缓慢的、几乎难以觉察的黄金升值过程。黄金这种最昂贵、最稀有的贵金属，是用原始的但却是有效的淘采技术生产出来的。在欧洲许多地方都发现了黄金，例如，在莱茵河和塞纳河一带都有发现，甚至在18世纪，这些地方都还继续吸引着小股的淘金者。然而，最重要的产地是非洲。在那里发现的沙金更为丰富；黄金由穿越撒哈拉沙漠的商队运到地中海沿岸，或者通过沿尼罗河河谷的另一条商路运到那里。当葡萄牙人于1474年到达几内亚海岸并通过圣若热达米纳要塞（1481年）保卫他们的利益以后，非洲的黄金贸易部分地但不是全部地被葡萄牙人转移到了大西洋。所有这些因素，在1497—1498年和发现绕过好望角的航路以前的一段时间里加强了葡萄牙的经济势力。

然而，欧洲的货币周转并不是完全依赖于黄金，它还靠白银来维持。虽然白银价值较低，但它的生产却较为困难。它的价值随黄金的相对充裕而增长；此种情况又反过来刺激了白银的生产。这尤其在15世纪末给中欧带来了利益，并给奥格斯堡的富格尔家族和韦尔瑟家族那样的商业金融家带来了惊人的财富。虽然银矿开采带来了可观的收益，但要挖掘新矿井和运用新的提炼方法，都需要巨额的投资。1451年，萨克森公爵准许用铅从铜银混合矿石中提取白银时，德国境内银矿的年产量没有一个能达到1万马克以上的重量。在1530年，有8个银矿声称其年产量达到1万至1.5万马克。这一成就的规模，从乔治乌斯·阿格里科拉的《冶金学》一书中多次被复制的版画可以见其大概。该书约写作于1533年左右，但1556年才在巴塞尔出版。重银币的铸造和流通是这一工业发展的另一证据：塔勒（Taler）

银币于 1484 年在蒂罗尔出现；1500 年在萨克森出现；1524 年在奥地利出现；而且，并非最不重要的是 1518 年在约阿希姆斯塔尔出现，著名的约阿希姆斯塔勒（Joachimstaler）银币就是在那里铸造的。

这样，形势基本上是一目了然的：黄金充足而白银相对稀少。这一形势直到 16 世纪中期的衰退到来以前，没有发生逆转；而那次衰退标志着一个转折点。它显露了国际经济的不同地区之间贸易条件所发生的变化，这类相互关系的变化完全出人意料，并充满着个别的灾难。这类变化在那些长期习惯于来自德国的白银与来自西班牙和葡萄牙的黄金进行交易的市场上显得特别严重；那些黄金，更确切地说，是西班牙和葡萄牙的商人从非洲，而后又从美洲（它最初以供应黄金为主）转运来的。来自美洲的黄金数量甚大，足以夺取来自几内亚的较为昂贵的黄金的市场。然而，随着 16 世纪后半期的到来，银矿在新大陆也开采起来，首先是在墨西哥北部的不毛之地：在萨卡特卡斯（1546 年）、孔波斯特拉·德·拉·瓜达拉哈拉（1553 年）、索姆布列特（Sombrete）、杜兰戈（1555 年）、特雷斯特里罗（Trestrillo）（1562 年）、帕拉尔（16 世纪末）。然后，在秘鲁，波托西山脉的惊人的丰富矿藏于 1543 年被"发现"了。用水银处理矿石的方法［混汞法，或者如墨西哥人所称的帕提奥（Patio）法］从 1556 年起在墨西哥开始采用（实际上有效地采用是在 1562 年以后），1572 年以后在秘鲁采用（有效地采用是在 16 世纪 80 年代）。这一方法的采用，使得运到塞维利亚的码头和库房的白银数量不断增大。如图 2 所示，白银数量确实增加了；该图是根据厄尔·J. 汉密尔顿的经典著作绘制的，他把这些输入的最大值置于 1591 年至 1600 年的 10 年之间。然而，于盖特和皮埃尔·肖尼却把这一峰值置于下一个 10 年，即 1600 年到 1609 年。这可能是对的，但还没有被确定无疑地证实。

简言之，在本章所讨论的时期之内，国际经济处于白银升值的阶段，它的第一个后果是使德意志矿山的繁荣遭受严重的打击；它们实际上再也没有从 16 世纪 30 年代就已十分明显的困境中恢复过来。其次，从整体来说，它刺激了欧洲的经济。最后但绝不是最不重要的一个后果就是它使得黄金价格迅速上涨。这两种贵金属实际上改变了地位，现在黄金逐渐从流通领域中消失。黄金价格的上涨是一种长期性事态，它对国际经济的全部影响，直到下一世纪开始时才被人们感觉到。然而，情况的变化在安特卫普的市场上很快就敏锐地反映出来了，因为那里的市场涉及这两种金属之间的调整。这一形势在其转折点上的特征，已被安特卫普的英国皇家商人托马斯·格雷沙姆注意到。他在 1553 年 12 月 20 日写道："这里没有金英镑，这是在安特卫普的市场上从未见过的最奇怪的事情，这里除了西班牙人的里亚斯（ryalls）银币以外没有别的支付手段，至于安吉尔（angelles）金币和索弗林（sovereynes）金币，这里是得不到的……因此兑换价非常高。"

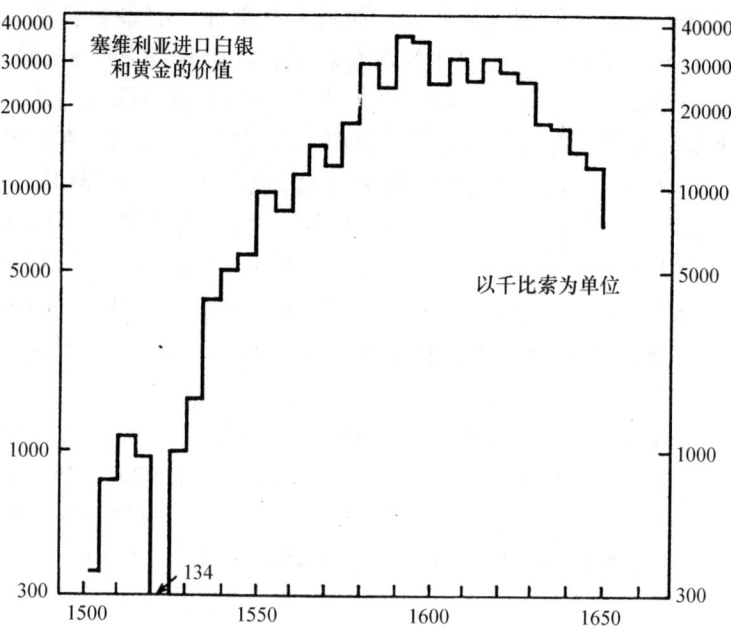

图 2　塞维利亚金银锭的进口（据 E. J. 汉密尔顿的著作绘制）

在这个阶段，西班牙成了贵金属周转中的无敌的主宰。它从海外获得大量的白银，还有黄金。虽然它所获得的黄金在重量上与来自新西班牙和铁拉菲尔梅的白银不能相比，但那些黄金毕竟使西班牙得以保持其欧洲黄金主要供应国的地位。西班牙实际上成了欧洲的金银保险库。与它形成对照的是，在经济上占有相当地位的其他国家，不论远近，都面临着如何参与争夺从西班牙再出口的金银锭的问题。为了把新大陆的财富保留在自己手里，西班牙原则上关闭了它的边界，但只不过是原则上关闭而已。黄金和白银很快就找到了外流的途径，一个相当重要的原因，是出现贸易逆差。对于这一点当代人仅仅有一些模糊的认识。西班牙在肉类、小麦、衣料和其他制成品方面都不能自给自足。它的食盐、羊毛和油脂的输出，不足以补偿它为自己和为饥饿的殖民地购进的商品。

这种矛盾现象在那些表面上获益最大的国家表现得最为严重。在17和18世纪，不仅在西班牙而且在其他国家，都引起了经济学家和顾问们的极大注意。他们无休无止地探讨这个问题：金银并没有创造财富。不过，还不应把西班牙的情况描绘得过于暗淡。在塞哥维亚、科尔多瓦和托莱多，甚至在像昆卡那样的一些农业中心，西班牙的纺织业在16世纪末以前还没有丧失活力；到了大约1590年，西班牙才终于不得不打开它的国库，允许金银外流。如果我们采纳费利佩·鲁伊斯·马丁（Felipe Ruiz Mortin）的结论的话，就可以说，从那时起，从前曾把一部分利润投资于经营西班牙工业品的国际大商人和金融家，改为以硬币甚至金银块的形式输出他们的利润。白银的输出已变得十分方便了。

这些输出增加的原因，可以在西班牙的帝国政策里找到。由于1580年占领了葡萄牙，西班牙更深地卷入了广泛而费钱的大西洋政治活动之中。无敌舰队溃败以后，西班牙逐渐丧失其制海权。它不得不收缩活动范围，在成为欧洲大战场的低地国家去巩固它的力量。在这种形势下，它的前途被卷入欧洲强权政治的困扰之中，被卷入在德意志、波罗的海国家、英格兰、爱尔兰的角逐之中；在动乱的法兰西也同样被卷入。为了支持这一场巨大的争夺，它不得不筹划向低地国家支付巨额款项。在那里，安特卫普仍然是欧洲的巨大银行业中心之一，尽管已笼罩着战争的徒劳无益和胜负不定的阴影。那样的贷支，只有不断以巨额白银偿付军队费用并偿付市场到期应付的汇票的情况下才能实现。实际上，不定期地运到塞维利亚交易所的金银，很快就按照一种预定的时刻表扩散到包括安特卫普在内的一些欧洲市场。这些不定期的舶来金银，通过借贷和汇兑转而连续不断地外流，特别是根据合同，即马德里的商人与西班牙国会之间的借贷合同。要维持这样的往来，就只能靠着汇票的"流通"和将白银从巴塞罗那护送着穿过地中海运往热那亚销售，因为1569年以后通过英吉利海峡的航线对西班牙实际上已是半关闭的了。热那亚的银行家对于这种金融活动颇为擅长。他们控制了使用硬币和纸币的巨额交易，组织了与此相关的贸易安排。大约在1570年以后，热那亚人的鼎盛时期开始了，[①]由此发端的一个世纪内，他们取代了富格尔家族的优势；富格尔家族在金融业方面的主导地位在1530年以后已随着德意志矿山繁荣的消退而衰落下去了。

白银从西班牙流出的途径，除了上述那些以外，还有走私。无疑，走私长期起着作用，这样说并未夸大其所占的重要地位。走私金银通过走私者的真正乐园比利牛斯山道从西班牙流入法兰西。驮着金银的骡队，翻山越岭，来到图卢兹、圣让—德吕兹和那个著名的仓库城巴约讷，那是一个巨大的走私中心；这样就使走私成了一项重要的活动。黄金和数量更大的白银，通过那些途径经常不断地流动着。

其结果是使得欧洲的货币体系坚挺起来。原来，特别是从1540年和16世纪50年代初期以后，由于硬币成色降低，由于铜银混铸的小硬币的泛滥而造成的困难，所有或几乎所有那些货币体系，都曾遭到灾难性的损害。这些劣币充斥市场，把成色较高的硬币排挤出了流通领域。这种局面曾十分严重，例如在汉堡地区就特别明显。在法兰西，著名的退斯通银币变成了成色低得多的杜赞（douzains）合金币。英格兰在亨利八世在位时也遭到货币成色大为降低的损害；爱德华六世在位时，这种损害甚至更具有灾难性。随着西班牙白银支付量的增加，这些紧张局面普遍得以缓和。在法兰西，1553年以后恢复了退斯通银币的铸造；随着银法郎在1575年出现和1/4埃居在1577年出现，16世纪后期重银币普遍流通起来。联省共和国虽然与西班牙敌对，仍然愿意接受它的白银：联省共和国的里吉克斯达耳德（rijksdaalder）银币重29.28克，出现于1583年。不过，正如可以料想到的那样，最突出的成就仍旧属于西班牙的硬币。同1537年首次流通的埃斯库多（escudo）或皮斯托勒特（pistollet）金币一起，里尔银圆也大量出现，那是一种分量最重的著名的西班牙银圆，流通于

[①] 参阅后面第257页。

整个欧洲。保罗·拉沃（Raveau）的研究表明：在普瓦图，从 1575 年以后，里尔银圆在那里大量流通，虽然那个时期法兰西的货币体系特别有利于银币流通。而且，同样的银币还随着西班牙的军队为了给腓力二世赢得人们的忠顺而进行的征战，涌流到了低地国家，既涌进了效忠的地区，也涌进了反叛的地区。从意大利的一些大港口——热那亚、里窝那、威尼斯——而且不仅从意大利，还从大港口马赛，那些银币渗流到了黎凡特（地中海东岸各国）的市场，并从那里流到远东：在中国，商人们对那些银币欣然加以接受。

然而，这些硬币无论是投入流通领域的还是存入金库的，都并不代表 16 世纪的整个货币体系。除了实价硬币外，所谓记账货币也占有重要地位；同许多历史学家的看法相反，记账货币的作用绝不是微不足道的。实际上，它是一个特别重要的因素。

这些虚值的信用性记账货币在不同国家有其特定的名称——在英格兰是英镑，在法兰西是记账图尔币，在意大利是各种里拉，在新卡斯蒂利亚是马拉沃迪，在佛兰德是盾。通常都用这些货币单位记账。当然，这些记账货币可以换算成实际的金银硬币，但兑换率并不固定。简言之，它们的实含价值是可变的。任何变更都必然标志着深刻的经济活动和结构的变化。

那时，理论家们已觉察到这个问题，1566—1568 年在西厄尔·德·马尔斯特罗瓦（Siewr de Malestroit）和让·博丹之间的争论提供了这方面的充分的例证。人们通常归功于博丹，认为是他明确地提出了详尽的货币数量理论，并断定来自新大陆的大量贵金属是物价上涨的直接原因。另一方面，马尔斯特罗瓦也并不全错。应该说，在开始时，记账货币的膨胀，并不完全是紧随按贵金属计算的价格上涨而出现的。两者之间，有一段距离。名义价格确实比其他价格远为敏感。实际上，必须把记账货币看作是代表着一个地区的交易水平，一种有着某种生活方式和活动方式的经济体系的水平，并且代表着其收入能够抵偿其消费的程度。如果在某一特定经济中，其收入和消费之间的平衡在国际上失调，其货币体系就会产生一个脆弱的因素，贬值也就接踵而来。因此，不同的记账货币，按白银之类的国际通货来衡量，如果发生相对地位的变化，就明确无误地表明，已发生了失调和内部经济局势的恶化。这些变化说明，欧洲经济的不同部分不仅已紧密地联系在一起,而且还经历了一个不断调整的过程。这种相对地位的变化,最终形成了一种等级体系:居于主导地位的经济仍然是稳定的,其余的则发生了货币贬值。表2列举了若干种主要货币地位的变化,对这一重大问题提供了一个粗略的概观:

表2　　1530—1614年欧洲若干种按白银计算的货币贬值指数

地　区	所计货币名　称	1610—1614年银价指数(以1530—1539年为100)
新卡斯蒂利亚	马拉沃迪(Maravedí)	98.03
符兹堡	结算盾(Rechnungsgulden)	91.87
那不勒斯	卡尔里诺(Carlino)	87.34
法兰克福	结算盾(Rechnungsgulden)	84.06
奥格斯堡	结算盾(Rechnugsgulden)	83.02
奥地利	记账盾(Rechengulden)	76.33
波兰	格罗希(Grosz)	75.71
英格兰	英镑(Pound sterling)	72.59
威尼斯	里拉(Lira)	69.72
热那亚	里拉(Lira)	67.71
法兰西	记账图尔币(Livre tournois)	66.57
斯特拉斯堡	镑(Pfund)	62.97
荷兰	盾(Guilder)	60.13
西属尼德兰	盾(Florin)	46.55
土耳其	阿斯贝尔(Asper)	44.19

西班牙的货币直到该世纪终结时仍相当稳定。但是,法兰西和低地国家(包括南北两部分)的币制则受到更为严重的影响;它们为内战的动荡付出了沉重代价。奥斯曼帝国长期以来就常将白银的价格定得很高,因而在16世纪后半期,随着来自新大陆的白银增多而引起的变化,必然大为失利。

然而,经济活动范围的扩大所需要的黄金和白银越来越多。但是，正如前面已提到的，黄金和白银运达塞维利亚交易所的数量，在1591—1600年这10年间达到了最高点。不过，金银大量流动的迟滞，比其实际数量的影响甚至更为重要。在这方面还必须充分估计1581—1590年这10年间的情况；那个时期，以10年为期而计算的运进金银块数量的增长率，已经达到了峰值。换言之，从1590年前后的困难年代起，运进的金银数量已停止增长了。

这一点是很重要的，因为随着16世纪末经济变化速度的放慢而在欧洲开始出现的货币状况在17世纪是很常见的。当经济仍以较低的速度继续发展并且所需要货币量仍在不断增长的时候，货币的供应却开始迟滞起来，然后竟衰落下去。出现了一种迫切的需要：要求弥补现存流通手段的不足，采取一种新的态度对待信贷手段，并转而采用低质硬币；先是铜银合铸的，后又变为纯铜的。这种货币的流通量日益增大。在阿姆斯特丹建立了著名的维塞尔银行，部分原因就是为了克服各种低质币的混用而引起的困难，因为这种混乱状况已妨碍了大规模的贸易。

这种新形势首先在西班牙明显起来。在1596—1597年的危机和破产之后，政府转而铸造铜币。在1599年到1606年之间，价值2200万杜卡特的铜币从西班牙的铸币厂发放出来（每个杜卡特相当于375个马拉沃迪）。对经济体系的这一干扰，产生了直接而严重的后果，甚至一个世纪以后，西班牙人还把这一货币政策视为一场最严重的灾难。欧洲其他国家也未能免遭同样的困难，不过在西班牙产生的影响使它们较为谨慎起来。法兰西就是一个实例：它从1577年以来已在铸造纯铜币，但在1608—1609年，面对新的形势，王室官员们对这一问题持审慎态度。同样的经验也提醒了瑞典、北德意志、低地国家的主管当局；其他一些国家——英格兰、威尼斯、葡萄牙（1640年前属伊比利亚集团）——面对铜币膨胀的局面更加无比地审慎。

信贷是一种更为重要的通货膨胀的力量，虽然它并不总是有成效的。欧洲的信贷规模自然是交易水平的一个函数。货物的流通、贸易收支的不断结算，全都需要信用，最终需要信贷，虽然正如考察记账货币的贬值时已经指出的那样，信贷体系向来离不开巨额的金银储备。16世纪末在欧洲流通的大量流通汇票，就是这一事实的证明。这些需求因更加广泛地使用较为先进的手段而得到满足，如汇票背书、再贷款协议（在汇票兑现前的流通期内提供短期信贷）和公共银行。这些发展，虽然在本章所述时期之末已经明显，但确切地说它应属于17世纪初期。

从另一方面来看，信贷的范围同贸易的网络，同遍及整个欧洲的港口、市场和集市上的商人的交往，是紧密相连的。热那亚的商业金融家们的活动是一突出实例。他们立足于欧洲的传统中心意大利，并卷入了西班牙在大西洋的大规模的冒险事业；通过其遍及整个大陆的代理人，他们形成了一些沟通的渠道，国际经济重心从欧洲的南部向北部和大西洋的转移，就是通过这些渠道实现的。这样，他们就为荷兰的非凡成功开辟了道路。

荷兰实际上成了欧洲的一个有名的避难所。1579年的乌得勒支盟约第十三条宣告了宗教宽容，这是一个极为重要的特征，因为到荷兰来的避难者自动地带来了早已建立起来的遍及整个欧洲的关系网。来自伊比利亚半岛的饱受劫掠的西班牙和葡萄牙籍犹太人，是很能说明问题的一个突出实例。葡萄牙的犹太人首批直接抵达阿姆斯特丹，是在1598年或1597年末；到1609年其数额达200人。到1630年，阿姆斯特丹大约共有1000犹太人。他们带着自己的财富和经商的才干增添了北欧商业国家的繁荣。但确切地说，那样一种迁徙已成了整个欧洲范围的现象。从里斯本的有钱的门德斯家族的经历中，可以看到这一巨大运动的一个实例；他们于1536年途经伦敦、安特卫普、里昂、威尼斯和拉古萨，最后在君士坦丁堡的商界和金融界立足，其中一人就是后来的纳克索斯公爵，他闯出了一番惊人的事业。犹太人的扩散和其他人的迁徙有助于建立起一个出色的遍及大陆的家族和商业关系网。

三

虽然价格、工资和贵金属问题有其特别的重要性，但本章所要讨论的主要是总的供求关系问题。总的有效需求，首先是在一个传统的和相对稳定的社会结构中表现出来的一套需求和需要，而那样的社会结构不容许有什么变化。其社会结构的特点是存在不足之处、没有灵活性，而且发展中的障碍也很少得以克服。确切地说，这些结构总是使得人口的流动成为需求结构中的主要因素。在整个时期，人口因素起着决定作用。

从现有材料来看，欧洲的人口从 15 世纪中期到 17 世纪初期甚至中期，肯定是增长的。大约到 17 世纪中期，一个普遍的衰减过程开始了。在本章所讨论的一个短时期内，不可能对人口的增长做出一个精确的估计，特别是由于数量上的比较是极为概略的。按照历史学家们的估计，1450 年左右，欧洲人口有 5000 万—6000 万；1600 年左右有 8000 万—8500 万，不过约瑟夫·库利舍估计乌拉尔山脉以西的欧洲人口高达 9500 万。这样，这些估计提供的增长数字是一个半世纪里增长了 3000 万人口（也就是说大约增长了一半），亦即年增长率只有大约 0.3%，小到几乎觉察不出来。然而，那是一个累计递增的数字。它给人们的物质生活甚至非物质生活中所取得的进步提供了力量。实际上，人们已经指出过，大约在文艺复兴时期的两三代人之间，欧洲增加的人口约在 1000 万人。这里所说的欧洲仅限于这样一个狭窄的大陆，即从大西洋到通常所说的界线乌拉尔山脉，从斯堪的纳维亚到地中海，不过它只从理论上说是一个整体。除了这个区域外，还必须加上土耳其的欧洲领土，其人口在 1600 年时按保守的估计大约有 800 万。总起来看共约有 9500 万或至多 1 亿人口。这就是说，平均密度约为每平方英里 25 人。在当时，这样的人口密度是非常高的。这就意味着欧洲人口堪与衰落的中国相抗衡而有余；那时在明朝统治下的中国，据估计约有 5600 万到 6000 万人口。按一种确有夸张的估计，欧洲约占世界人口的 1/5，这些人口构成了一个稠密而富有生气的人群。

虽然不能说人口的密度和规模在人类历史中对一切都起着决定作用，但毕竟在很大程度上取决于这个因素。首先，经过一个世纪的增长以后，到 16 世纪末期，欧洲在世界上呈现出一种普遍的活力。欧洲的人力是充裕的，城市、战争、殖民帝国以及甚至 16 世纪后半期的扩张，都是靠着这一人口资源来支持的。较多的人就意味着有较多的工作人手，意味着在分配货物与人力的道路上有更为频繁的流动，不断地从一个地方运送到另一个地方。在这一发展过程中，信贷也显著增长起来。在整个 16 世纪期间，价格水平可能增长了 5 倍。而价格的上涨和贵金属支付量的增加，在一定程度上毕竟是由于人口显著增长的结果。

在经济发展的这一特定阶段中，人的劳动能够成为价值的衡量尺度。欧洲诸国可以按照这个尺度来加以分类。尤利乌斯·贝洛赫已对16世纪末欧洲不同国家的人口规模和密度做过估量。首先是人口规模。1600年左右，人口最多的国家是德意志（约2000万）；然后是法国（其面积比现在稍小），有1600万；意大利为1300万；西班牙和葡萄牙（1580年合并）至多1000万。英格兰和威尔士占的数字甚小——450万；苏格兰和爱尔兰为200万。斯堪的纳维亚诸国为140万，其中丹麦占60万。波兰的四个省，按贝洛赫的估计约拥有300万居民，不过，对一个面积较大的波兰（包括立陶宛）的人口所做的较晚些的估计，认为有800万。

然而，从不同国家的人口密度，又得出另一种分类。意大利名列前茅，每平方英里为114人；其次是低地国家，104人；法兰西为88人；英格兰和威尔士为78人；德意志为73人；西班牙和葡萄牙最低，只有44人。从西班牙人和葡萄牙人的世界霸权角度来看，这最后一个数字是最引人注目的。不过该半岛山峦重叠，气候干燥；向外迁徙对降低人口密度必定起了作用。威尼斯驻里斯本大使于1572年给元老院写道："在葡萄牙省，只要该地人口还在流向印度，人口就很难超过现有水平。"这种看法同样可以适用于西班牙。

这些关于人口密度和数量的数字似乎不大，至少从现代眼光来看是这样。但是，对16世纪的价格革命也同样可以这样说，如果按20世纪的眼光来看的话。一切都是相对的，16世纪必须首先按它自己的范围和活力的限度来判断。这样来看，拥有1600万人口和每平方英里88人密度的法兰西，显然就是一个人口过多的国家，蕴蓄着一种爆炸性的力量。意大利的情况也与此类似，它的人口密度更大。这意味着人口压力通过移民只是部分得到缓和，虽然压力的程度难以估计。这些较小的数字绝不能视为无关紧要（16世纪期间从西班牙到美洲的移民每年为1000人）。这些数字标志着普遍增长过程中所固有的紧张状态，这种紧张状态在城市中并非最不严重。

在1500年的欧洲，大约有五个城市拥有10万左右或更多的人口，它们是巴黎、那不勒斯、威尼斯、米兰和君士坦丁堡。到1600年，巴黎和那不勒斯已跨入拥有20万以上的人口的行列。在拥有10

万居民以上的城市中，除了威尼斯和米兰，还有另外七个：伦敦、里斯本、罗马、阿姆斯特丹、巴勒莫、塞维利亚和安特卫普。这些城市在这个世纪期间起着决定性的作用；几乎所有这些城市都是港口，特别是其中五个位于大西洋海岸。至于君士坦丁堡，则是一个特例，在该世纪末，它宣称约有 40 万人，实际可能多达 70 万居民。

关于欧洲大城市的其他情况，见地图 1 和 2。这些大城市的发展，促进了 16 世纪的长期而繁荣的经济活动。另一方面，必须指出，这些城市都还没有达到大都会的水平。伦敦的大兴旺只是随着 19 世纪的到来才开始出现。

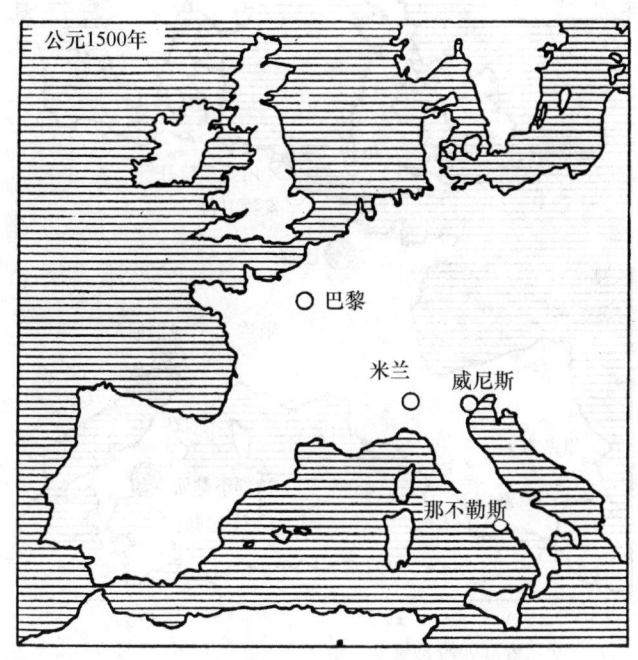

地图 1　公元 1500 年欧洲的中心城市

关于城市这一复杂问题，还有许多可以谈的。城市并不都是属于同一等级。在 16 世纪，巴黎和伦敦从木材建筑的城市变成了砖石建筑占优势的城市。据传詹姆斯一世曾说，发生了"从木头到砖头"的变化。仔细研究一下这些城市的出色成就，我们就会看到伦敦是怎样成功地推行了宗教改革；并看到尽管1594年亨利四世凯旋进入巴黎，而巴黎仍然占了上风，因为那位国王已经"接到了训令"，接受了"绝对必要的条件"，即天主教会。这些生机勃勃的城市，乃是它们为之服务并起主导作用的那些巨大经济体系的极好明证。里斯本的居民很快达到了10万，然后，像皮埃尔·肖尼指出的那样，从该世纪中叶就平稳下来。与此相反，在1530年据称有73522人而在1594年有114738人的塞维利亚，在17世纪还在继续发展，直到它再也不能阻止在美洲的大好时光的消逝和流入西班牙的金银之河干涸为止。

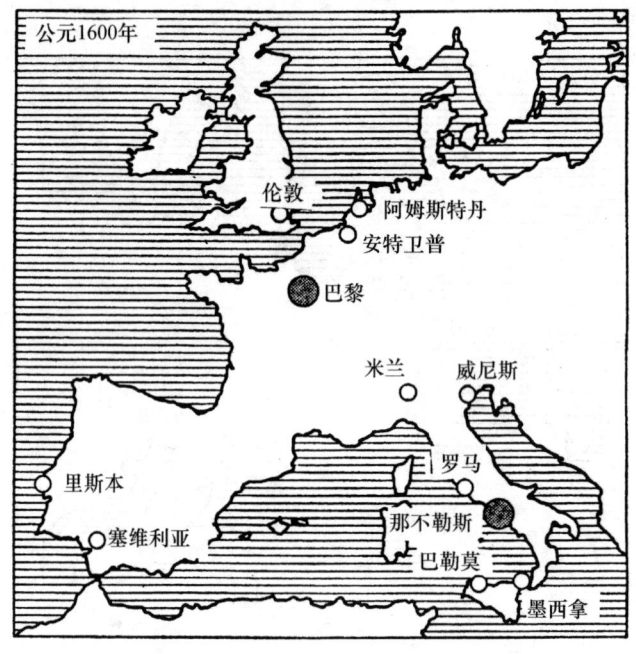

○ 居民逾100000的城市
● 居民逾200000的城市

地图2　公元1600年的欧洲中心城市

然而，人口的变化并不总是像最初所想象的那样有利于经济发展。人口增多就会使流浪者和盗贼也增多，他们在社会和法律的边缘上生活；人口增多还会使得对就业的需求增大，而这又产生出另外一个难题。简言之，人口的增长带来一系列的好处，但也掺杂着负担和不便。可能正像阿尔弗雷德·索维（Sauvy）所说的那样，在一定的时期内，人口的增长（速度）遵循报酬递减率，经历一个减缓的过程。在17世纪，欧洲的人口集中过程在不同地区都或迟或早地遭遇了严重挫折，西班牙尤为突出。在16世纪末，欧洲已成了人口相对过剩的地方，最稠密最富足的西欧国家尤其如此。像产业革命那样的技术革命也许能够拯救这一局势，但它发生在两个世纪以后。换言之，可能是生产水平未能达到所要求的高度，不能满足人口的需要。其结果是，供应不能适应不断增长的需求。

四

归根结底，16世纪国际经济的症结在于生产如何能适应急剧增长的需求。这就需要对欧洲的生产量和生产率做一考察。

首先就农业这个第一部门来说，对生产数量的估计是不完备的。此处或彼处有一些样例，但它们只具有地区性的意义和重要性。较新的成果之一，是汉斯-赫尔穆特·韦希特尔对16和17世纪东普鲁士一些地产的研究。它显示出不同种类谷物所占的相对地位：小麦仍旧是奢侈品，黑麦是基本的商品，大麦和燕麦是具有次等地位的春季作物。每公顷（略小于两英亩半）的平均收成是：小麦870公斤；黑麦760公斤；大麦700公斤；燕麦仅370公斤。较高的收成无疑是存在的，但那一般是例外情况。总的来说收成是中等的，因为谷粒一般比今天的小，播种较密，而取得的收成也比今天的低。实际上，如同对东普鲁士的研究结果所表明的，收获量与播种量相比一般是很低的——4∶1，5∶1或6∶1。而且，由于需要留给下一季播种的种子量大，这就大大减少了可用于直接消费的粮食。微薄的收成是农业的真正障碍。耕种面积可以扩大，但每当收获总量由此而增加时，平均产量却总是随之而降低。汉斯-赫尔穆特·韦希特尔的研究，对这一情况揭示得十分清楚，正如根据他的研究而做出的图表所显示的那样，它着重耕种面积与收获率之间的对照，也提示了增加谷物产量的困难。

谷物——面包毕竟是欧洲的基本需要——方面显示出来的情况，

同样也适用于畜牧业方面的情况，这一部门在没有人工培植的牧场的情况下，也不能满足对肉类的不断增长的需要；在16世纪大都还不知道培植人工牧场。因此，除了东欧和巴尔干的平原以外，欧洲的畜群稀少也就不足为奇了。不过，有一个方面在16世纪时的情况是良好的：养猪业有了巨大发展，因此，以各种方式保存起来的猪肉的消费量，也大为增长。

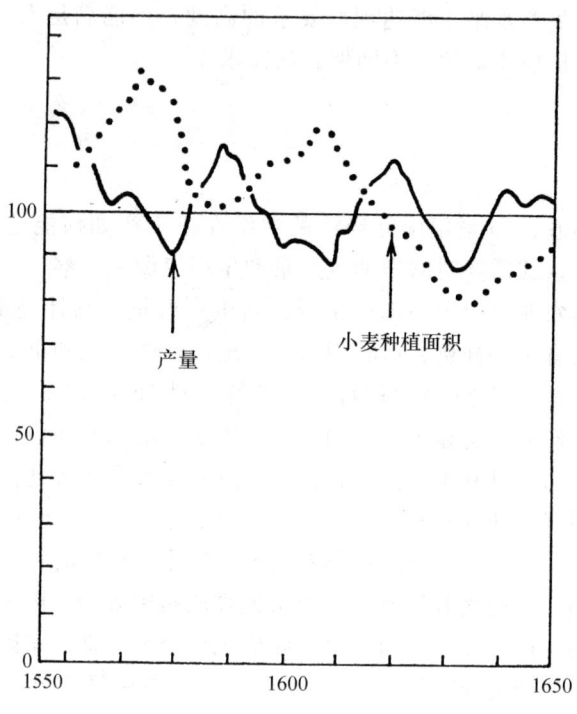

图3　在东普鲁士粮食产量

（根据 H-H. 韦希特尔）（基数：1549—1697 = 100）

总之，无论从农业还是从畜牧业都可看出，16世纪明显地受到种种局限和障碍的阻滞。按一般常规来看，如果每人每年的粮食——小麦或黑麦、或小麦和黑麦的混合粮——最低消费量为300公升，那么欧洲每年约消费300亿公升谷物。或者，如果采用欧洲人口为8500万这个较小的数字来计算，则消费量为255亿公升。同样也很明显，欧洲的需要经常得不到满足，因为这个时期的记载，充满了对饥荒和高价的怨言。粮食产量显然不能充分满足需求。

在过去，历史学家们曾付出很大的精力去研究小麦的巨额交易，16世纪的趋势促进和扩大了这种交易。在16世纪期间，大批的小麦和黑麦船货从波罗的海输出，运往低地国家、葡萄牙和西班牙。1590年的危机之后，从北欧输出的粮食渗入地中海地区，从直布罗陀到热那亚，到里窝那，到威尼斯。这一交易由巨额的白银来支付，通过安特卫普的交易所结算，安特卫普是这些金融业务的中心；而阿姆斯特丹则承担了这一大宗货物的贮存和装运业务。小麦还从普罗旺斯和朗格多克输出。这些粮食的长途和短途运输，在许多文件中都有记载。这种运输是极为重要的，但其总量只占欧洲需求的一小部分。海路的装运量大约占粮食总消费量的1%或2%。粮食问题仍旧主要是一个地方性的问题，城市和乡村所需粮食一般都是在短距离范围内解决。引人注目的小麦货运量，与欧洲的总需求相比，终归不过是一种无关大局的现象。然而，歉收和饥荒的年代就会使这种情况发生巨大的变化。这种压力在17世纪要大得多，简直无法比拟。

类似的形势也存在于石勒苏益格－荷尔斯泰因和联省共和国的显著成就之中，这些地方专门从事肉牛和食用脂肪的生产。咸肉、奶油和干酪是一些地区大产业的基础。从地理范围和社会影响来看，这项生产的规模仍旧是有限的。对于捕捞青鱼和鳕鱼的远程渔业，也可以做出同样的结论。捕青鱼在多格滩进行，捕鳕鱼在纽芬兰近岸海域进行。这些鱼确是一项重要的食物来源，虽然助长着奢侈，但即使在欧洲内陆的斋戒期内也是颇受青睐的。纽芬兰近海渔业的发展增加了某些食品的供应，不过在17世纪以前鳕鱼的消费似乎还未显著扩大。

至于工业——手工业和手工工场——我们也仅仅知道一些局部情况。矿场，铸造场和钢铁锻造场的总产量仍不清楚。甚至纺织业那样的著名行业，使用的原材料和织出的布匹的总量也无从知晓。对农业所做的估计也适用于工业。虽然可能对欧洲的粮食消费总量做出一些合理的估计并得出一个近似的数据，但是这只是适用于那些需求弹性相对较低的商品。广大群众对铁和衣料的消费情况则不相同。人们常常喜欢依据那些对特别成功的实例所做的研究结果来估计，这样做是靠不住的。例如呢绒生产虽然拥有集中的工匠和手工工场，但也由遍布乡间的家庭工业来进行——如英格兰的许多地区就是这样。而且，他们生产的往往都是高档产品。16世纪末，威尼斯年产2万匹纺织品都是奢侈品。塞哥维亚（1580年左右年产1.3万匹）或科尔多瓦（1566年左右年产1.7万匹）的纺织品，像坚挺的英格兰织物一样，都是优质产品。冈纳·米克维茨（Gunnar Mickwitz）指出，在16世纪末期的里加，来自英格兰和荷兰的纺织品，尤其是丝织品，都是供有钱的顾客享用的，农民则只能满足于粗劣的当地织品。同样，在西班牙，整个16世纪期间流行着农村织成的阿拉贡布（即提花灯芯绒），而且像位于曼卡地区中心的小城昆卡产的纺织品那样的本地衣料，用量不断增加。几乎不可能对社会较底层的各种不同的顾客加以重视，他们总是习惯于穿着本地产的甚至家庭织的亚麻布和大麻布。在法国，农民只是在18世纪才开始使用粗呢绒。这样就很难对欧洲居民消费的毛织衣料或棉毛混纺衣料的总量做出估计，尽管对有限的奢侈性纺织品市场情况知道得比较清楚。工业还没有真正为群众性的消费而进行生产。工业还无法提供处于生存线边缘的穷人也能买得起的较低的最终价格，而处境暗淡的人民群众在当时是被限制在生存线边缘的。虽然这一论断主要只适用于所考察的那些方面，但在很大程度上具有普遍意义。

其次，这些工业还没有集中起来。每个经济区域大体上能自给自足。以西班牙为例，它本身拥有矿山和铁工场，白银矿和水银矿，盐场，造船场，硝石、火药和军械制造业；还有一整套纺织工业，既有农村的也有城市的，甚至像塞哥维亚、托莱多和科尔多瓦那样的大城市也从事纺织业。然而，某些需要不能从当地得到满足。海盐为南方诸国所垄断，有大量的盐销往英格兰（那里的盐价高昂无疑鼓励了煮盐业），销往尼德兰、德意志和波罗的海国家，这些盐是从塞图巴尔或圣卢卡尔启运，或者从法国境内的"港湾城"布鲁阿日启运，经海路到达那些地方。与此相似，锡、铅和铜则是北欧诸国和德意志（它的白银财富在1530年左右达到极盛期）的垄断商品（匈牙利除外）。腓力二世甚至认为可以通过食盐封锁迫使反叛的低地国家就范，但其结果只是迫使反叛者从委内瑞拉海岸的阿拉亚开发美洲食盐。①

所有这些产品在重要市场上竞争激烈，除非它们特有的质量事先就决定了特定的顾客范围。威尼斯生产精呢绒和优质丝绸，铁拉菲尔梅却生产次等的纺织品。英格兰的粗呢经由威尼斯行销到地中海东岸诸国，但通常并不与威尼斯的精美呢绒竞争，因为后者具有另一种特色。佛兰德境内的翁斯科特产的斜纹哔叽和细布也是这样，它们虽然与南德意志产的麻棉粗斜纹布一起在市场销售，但并未取代后者。16世纪的发展可能扩大了工业的分布，同时保存和恢复了旧工业。然而例外情况却证实了这样一条规律：欧洲工业分布的范围很广。后来，在17世纪，工业——我们的评述只限于这个部门——逐渐集中到一些比较有限的地区。

到处都在发展工业已成为规律，这是怎样发生的？我们可以从某些实例中逐年地追溯这一形势。例如，伦敦的短纤维呢的出口，在亨利八世和爱德华六世降低币值时期曾特别兴旺，到该世纪末又恢复到了同样的水平：在1598—1600年间平均年输出量为103032匹。威尼斯的呢绒，1540—1549年平均产量为8563匹，1600—1609年上升到22428匹（见图4）。在联省共和国的莱登，有另一桩可观的增长事例：1587年产斜纹哔叽23047匹，1610年增长到45557匹；1589年产粗斜纹布1200匹，1610年上升到14522匹；1600年产平滑短绒布2389匹，1610年上升到2726匹；1574年产床单布250匹，1610年上升到1422匹；1584年产台面呢3033匹，1610年上升到8202匹。实际上，莱登的总产量在1/4世纪里增长了1倍。

表3　　　　　　　　　　威尼斯纺织品平均年产量

年　　代	匹　　数
1540—1549	8563
1550—1559	13240
1600—1609	22428

① 参阅后面第532页。

41

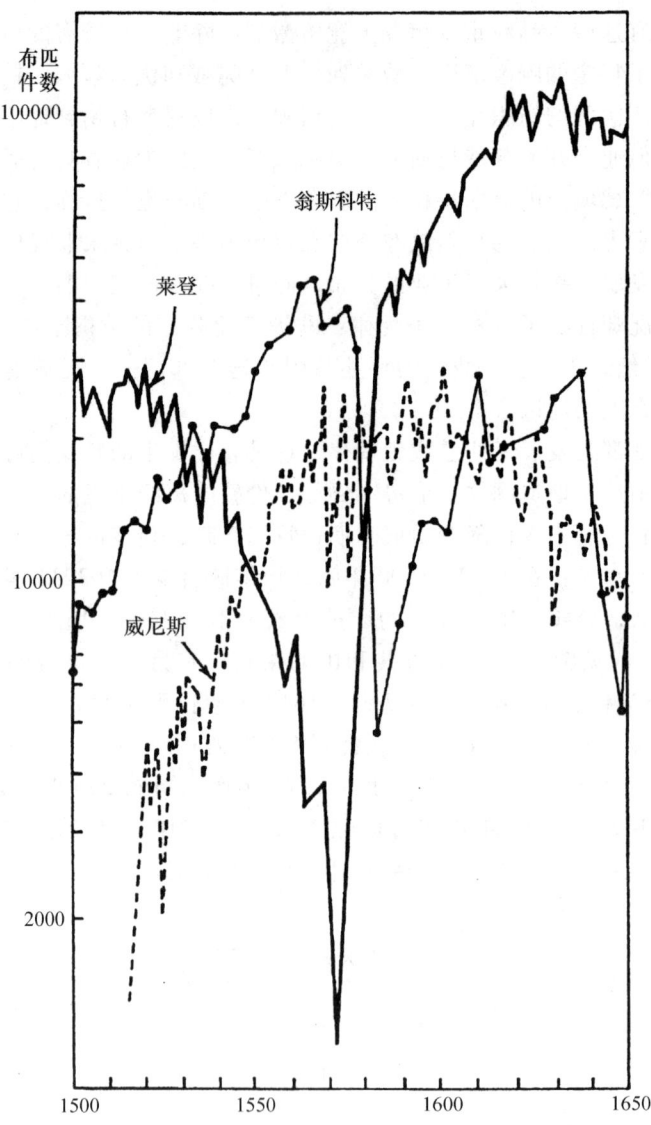

图 4 威尼斯、莱登和翁斯科特的纺织品产量

表4　　　　　　　　伦敦短纤维呢平均年输出量

年　代	匹　数
1500—1502	49214
1542—1544	99362
1545—1547	118642
1550—1552	110148
1598—1600	103032

这些当然都是孤立的数字。还有16世纪后半期德文和康沃尔的稳定的锡产量，秘鲁波托西的银产量。翁斯科特的织布业在16世纪80年代下降了，不过在该世纪末显出了恢复的迹象。但是，生产的总的运动才是必须注意的。有两个特别长的数据系列，即尼那·班格（Nina Bang）和克努德·科尔斯特（Knud Korst）编纂的松德海峡通过税数据以及于盖特和皮埃尔·肖尼发表的塞维利亚港的数据。这些数据当然都是关于贸易的而不是产量的。然而，贸易的变化多半同欧洲总的经济活动水平相联系。对通过丹麦的松德海峡的流通量的计算是不完备的，因为走私规模仍旧是一个不清楚的因素。不过，如果我们认为所用船只类型的排水量没有减少（这是很可能的，因为船只的规模在该世纪末显著增大起来），那么，所记载的通过松德海峡的船只的数量从1550—1600年就增加两倍。我们还发现塞维利亚与新大陆之间横越大西洋的贸易也增长了两倍。皮埃尔·肖尼估计，在1550—1610年这60年间，来往于新大陆的船只吨位增加了3倍。

然而，尽管这些明显成就给人以深刻印象，但生产总量仍旧是相对不足的。显然缺乏潜力去克服分配过程费用高和群众消费水平低的障碍，去把市场扩展到有限的奢侈品范围以外，并达到能产生适应生产规模所需的经济效能那样一种企业水平。于是，破产现象在该世纪末期出现了。对于西班牙来说，无敌舰队的溃败和1590年后的困难年代标志着它在经济中居于主导地位的时代的结束，而意大利和17世纪的整个国际经济也遇到了大体上相同的困难。整个商业体系受到了束缚，受到了一种无希望的前景的压抑，并且在某种程度上因缺乏创新精神而受到阻碍。在扩大信贷设施、建立和改进公共银行方面取得了部分成就，但那是在贵金属的供应已经出现衰减的不利时机才取得的。共同所有和共同控制的大公司的出现——例如英国东印度公司（1600年）和荷兰东印度公司（1602年）——至少从一个方面来说，是国际经济体系本质的深刻调整的外部标志。无须提到其他方面就很清楚，这一国际经济是与总的国际生活共命运的；在那样一种国际生活中，荷兰却从一个走向成熟和衰退的广泛运动过程中奇特地崛起，呈现出一种突兀而鲜明的对照。

我们能否提出一种评价来进行总结呢？16世纪在许多领域取得了成就，而且它显然是在经济活动扩展过程中度过的。但这种扩展注定有一定限度。巨大的高潮已开始衰退，似乎它的兴起缺乏必要的势头来克服扩展本身产生的障碍和阻力。大规模贸易对于作为潜在消费者的广大群众显然未能起什么作用。很少有可能加强前进势头的新技术改革。经济活动逐渐转向分散、紧张并出现挫折。这些现象在16世纪晚期当然是并不鲜见的。无论如何，在16世纪90年代以后，破产增多了，既有公司和商人的破产，也有国家的破产。在西班牙，特别是在意大利，经济成熟化的标志和衰退的阴影增多了，预示着17世纪停滞的来临。整个欧洲经济遇到了强大的阻力，好像已走过了奋进的顶峰，开始经历下降的、勉强维持下去的回头路程。

在信贷方面，未来的形式已开始显露出来，不过所采取的权宜之计并不总是能够克服国际经济中固有的困难。人们对金银的大量流通越来越习以为常，而且在力图扩大信贷体系过程中，实际上提出了一项巨大的改革。流通汇票，不是17世纪的发明，只是在17世纪里增加了数量。这一方式填补了或试图填补由于硬币或金银不足而留下的差额。在建立公共银行过程中还出现了其他一些方式。威尼斯在1587年建立了里雅图广场银行；西班牙于1604年、法兰西于1607年试图建立同样的银行，但都未成功。然后在1609年，即本章研究的最后一年，在阿姆斯特丹，著名的维塞尔银行建立起来了，这是荷兰势力正在扩张，其贸易、金融事业兴旺的标志。兼有进取和谨慎特色的另一个标志，出现在英格兰，那就是扩大利用有限制的联合股份公司；1581年建立了黎凡特公司，它又自然地促成了东印度公司的建立（1600年），这是殖民地贸易的有力工具。荷兰人、英国人、丹麦人、法国人的公司以及其他一些公司，在17世纪初越过大西洋开辟了西印度群岛的贸易，并在北美大陆建立殖民地。这些机构同巨大的商业世家的传统背道而驰。

这样,这一时期结束时,欧洲的商业领域出现了某种灵活性,但也同样清楚地预示着困难时代的来临。30年的战火即将冲击欧洲的基础。然后,所有的国家都陷入了困境,连小小的联省共和国这个国际经济枢纽的黄金般的机运也面临同样的困难;全都陷入了缓慢而冷酷的困扰之中,而这乃是17世纪的特点。

(庞卓恒 译)

第 三 章
教皇,天主教的改革和基督教的传播

"他们到处都体现着令人厌恶的特伦托宗教会议的教义",这是赫里尔·弗劳德对19世纪初期罗马天主教会做过的描述,他的这类断语都很简练,但往往也相互矛盾。认为特伦托宗教会议创造了近代罗马天主教的说法,其真实程度究竟如何呢?从某种意义上说,这样的结论是必然的。自从特伦托宗教会议于1563年结束后,直到1869年,罗马教会再未召开过大会,这个事实本身就很说明问题。这300年间,情况确曾有了很大的发展。种种教义上的论争,多次引起教皇对某些类型的神学理论加以谴责。注定要在1918年编纂成为法典的教会法,尽管基本上没有改变,教廷利用罗马教会以行使监督权这一发展却是特伦托会议后的一件新事。在欧洲和远远超出欧洲的传教活动大大扩展了罗马天主教所影响的地区。然而,直到我们这个时代的第二次梵蒂冈会议为止,天主教在教义和实践方面一直未再做过堪与特伦托会议相比拟的那种全面的修订或改革。(1869—1870年第一次梵蒂冈会议的目标有限,而且无论如何那次会议是中断了)因此,特伦托宗教会议肯定具有重大影响。那么它是一次革新的会议吗?在很大程度上,它只不过是编纂和阐释了中世纪的教义和实践,人们对此极易忽略。这在教义方面非常明显,当时许多人认为教规的改革是革命的,以致引起天主教国家的猜疑,他们唯恐失去有利可图的对教会的控制权。但是这些改革在本质上往往只是恢复过去的原则,这些原则,例如主教对下级教士和信徒的控制,曾被中世纪的豁免权和特权所破坏。仅在宣布没有教士主持的私下婚姻无效方面,特伦托会议看来是放弃了传统的原则。对此问题,它倾向于东正教的态度,虽然或许是无意识的。东正教认为举行宗教仪式是基督徒的婚姻必不可少的条件。

的确，特伦托的神父们不像我们时代的教皇约翰二十三世那样，认为他们首要的任务是"使教会现代化"。相反，他们把新教看成是对历史上的基督教的一次背叛。天主教的教义和实践必须从破坏圣像者的手中拯救出来，而不能迎合新教所提出的批评。在这点上，他们与新教改革者恰好针锋相对，后者认为几个世纪以来真正的福音被曲解和掩盖了，如他们所宣称：这主要是由于教廷的篡权而使教会蒙受"巴比伦之囚"的苦难。在新教徒们看来，中世纪天主教及其特有的教义和习俗是"教皇制度"，它应由重新发现圣经真谛的人们加以反对和摧毁。这一观念，在一次由教皇召集的、由其使节主持的会议上，怎能得到赞同，甚至与之妥协呢？南欧高级教士占绝对优势的特伦托宗教会议也不可能对确实吸引了一些北欧人头脑的新教义感兴趣；在南欧诸国，新教不是未能就是不被允许扎根。值得提到的是开幕式仅有两名法国主教和一名德意志主教出席；而且据估计，在冗长的会议结束时，全体成员的 3/4 来自地中海区域，而其中大部分来自意大利。只是在会议结束的前一年，由于以洛林枢机主教为首的有身份的法国主教代表团的参加，才加强了会议的力量；在此以前，法国实际上是对它加以抵制的。正如阿方斯·迪普隆（Alphonse Dupront）所说的，为了对付来自北欧和西欧的危险而召开的这次会议，结果变成了一次南欧的会议。

于是，大部分与会者认为特伦托宗教会议的任务是谴责异端，并以与异端相对立的立场阐释有争议的教义。他们并非不了解实际存在的弊端，这些弊端除了对教会起毒害作用外，还为新教徒批评者提供了论据，卡拉布里亚的圣马可的主教在 1546 年 1 月 7 日第二次开会的开幕弥撒后的布道中，就说了这样的话。随后枢机主教波尔又发表了著名的劝诫词，这是在其同事们的要求下写的，由会议秘书宣读。其中，把异端的兴起和基督徒道德的沦丧直接归罪于主教团。"我们像是失去了咸味的盐。"对这样公开的认罪，在场的主教们并未加以反驳。

然而，这并不意味着神父们接受了许多世俗人士、特别是查理五世皇帝所赞同的似乎很有道理的观点：清除弊端，就能与新教徒和解。因为这种观点忽略了新教徒特有的神学激进主义。新教徒认为这

45

些弊端只不过是中世纪对福音的曲解而产生的病患的表征而已。事实上，正如最初关于会议程序的辩论所显示的那样，意见的分歧就在于此。多数人与皇帝的态度一致，主张改革应优先于教义的阐释。但是，保罗三世命令其使节采取相反的程序，而此计划亦不乏支持者。最后，由费尔特雷的主教托马佐·坎佩基奥首先提出了一个折中方案：教义和改革一并进行讨论。这个方案几乎获得了一致的通过，然而在取得教皇的同意时则大费周折。此后，在整个会议漫长的过程中，每制定一个关于教义的法令，都要同时制定一些关于实际改革的法令。

任何一次大会的时间都没有像特伦托会议持续得如此之久。它开始于1545年末，最后一次开会是在18年之后的1563年12月，而且还违背了西班牙国王的意见，因为他要求会议继续开下去。会议拖得这样久，首要原因并非辩论的时间长，而是欧洲动荡的局势迫使会议两次中断了很长时间。1547年3月，会议地址移至波伦亚，官方的（但也许是真正的）理由是特伦托出现了流行性斑疹伤寒。查理五世对此十分恼怒，他的支持者们认为此种借口实属荒谬。他们认为真正的原因是要把会议迁出帝国的领土，当时查理五世已在米尔贝格击败了新教叛乱者，因而认为这些新教徒在厄运当头的时刻将会派代表参加会议，并接受一致同意的宗教改革。少数西班牙主教公然反抗教皇并继续留在特伦托，迫使保罗三世不得不阻止波伦亚的神父们通过任何法令，而且在1549年他去世前不久，正式宣布中断会议。他的继任者尤利乌斯三世与皇帝达成协议，于1551年重返特伦托召开会议，稍后，允许新教徒的代表列席会议并陈述意见。

有些人认为，新教徒与特伦托会议之间的对话将使他们恢复统一，这种理论在逻辑上难以成立，正在此时暴露了出来。因为拥护改革的人无意妥协，这一点很快就清楚了。事实上他们要求会议的全部工作重新开始，宣告以前的决议无效；符腾堡人希望由中立的法官们解决争端，而不是由出席会议的神父们解决。这种态度是可以理解的，只要记得前面已经说过的，会议成员中，来自地中海区域的成员占了绝对优势，而且以前的会议，已经拒绝了新教的重要核心教义：唯信得救；至少在新教徒读到这些法令时是如此看的。再有，早在

1520年，路德就已否认了教皇所召集的大会的权威；新教的原则是完全依据圣经行事。并且从新教徒代表要求给予安全保证可以看出，康斯坦茨会议如何对待胡斯，在他们脑海里记忆犹新。僵局清楚地说明了那种认为只要做些实际的改革，就会消除新教徒对天主教制度的不满的观点是肤浅的。真正问题之所在是教义，对于宗教争端中的这一事实，从君士坦丁以来，具有政治头脑的世俗人士总是认识得很慢。今天，主张和解的神学家很可能认为16世纪的许多神学争端是由误会引起的，有时仅是辞藻之争。而当时，那些认为自己重新发现了福音的人，以及那些坚持一贯传统的人，都很难从这个角度考虑问题。再者，如果要正式召开的宗教会议抛弃其庄严做出的决定，无异于破坏作为天主教基础的教阶制理论；归根结底，这是个人判断与接受教会权威之间的矛盾，而不能视为一种交易，就像奥地利的斐迪南手下那些在文艺复兴外交传统中成长起来的大使们认为的那样，他们极力主张接受新教徒的要求，让会议从头开始。对话的时机应在会议之初，而此时由于种种原因，对话的机会已经丧失了。因而，1551—1552年以这种方法谋求宗教和平的尝试注定要失败。

果然，时隔不久，由于战事重起，连会议本身的存在都受到了威胁。1552年3月，第二次施马尔卡尔登战争爆发了。萨克森的莫里斯，以前曾是皇帝反对新教徒的同盟者，现在参加了新教徒的叛乱，并与法国国王亨利二世结盟，共同作战，击败并几乎俘获查理五世，到5月，迫使他缔结了帕绍条约。由于担心新教徒军队可能向特伦托推进，教皇敦请会议暂停，尽管一些西班牙的和其他国家的主教反对，会议还是决定于1552年4月28日休会。10年之后才重新开会。在这第二个短暂的活动期间，会议确实做了大量的工作。它阐释了圣餐中的圣体实在论，不顾新教徒的反对，坚持化体说（不过对于针对这项教义的任何一种哲学解释均不加可否），并且还解释了告解（忏悔）与终传（临终涂油礼）。在改革方面，会议加强了主教的惩戒权，并试图限制对教会封地的世俗授予权。但是，如果要解决一切需要阐释和纠正的问题，尚需做大量的工作。看来，在相当长的一个时期里，要想获得更多的进展，不是没有希望，但必须加以推迟。尤利乌斯三世死于1555年，经过马尔塞鲁斯二世的短暂任期后，保罗四世继任教皇。这个暴躁的不稳重的加拉法①早就以改革派中严厉而坚决的领导人闻名。他反对以过去孔塔里尼提倡的方式与新教徒进行任何妥协或谈判。保罗为一些野心勃勃而又寡廉鲜耻的亲属所累,他们利用他达到自己的目的(特别是他的侄儿查理,教皇允许他掌握教廷的世俗政策),致使保罗卷入了与西班牙国王腓力二世的斗争;最后他发现并且被迫承认其侄儿们的胡作非为,因而大失体面。他对改革真诚而又粗犷的热情,由于他仅应负间接责任的丑闻而失去了光彩。他在教皇任内,没有认真地试图复会,这对会议的名声,或许是件幸事。1559年保罗四世死后,新的美第奇教皇庇护四世几乎立即着手恢复宗教会议。他将由一个截然不同的侄儿任秘书,即枢机主教圣查理·博罗梅奥,后来成为著名的主张改革的米兰大主教。

此时,政治背景发生了变化。1555年,查理五世已被迫放弃在德意志重树天主教信仰的全部希望,并根据奥格斯堡和约容许每个王侯国家由其统治者决定其宗教信仰,因而正式承认了帝国的宗教分裂,此种状态一直延续至今。他于翌年逊位,由其子腓力继承西班牙王位,其弟斐迪南继承皇位,后者自1522年以来就已经统治着哈布斯堡家族的领土。于是,西班牙与帝国之间的联系中断了;西班牙本来就明显地倾向于埃拉斯都的民族主义天主教,如今,这种倾向进一步加强了。斐迪南虽然利用耶稣会士在其领土上改革并复兴天主教,但他绝不赞同重新召开特伦托会议,认为这将刺激新教徒的感情。他一度要求在特伦托以外的地点召集一次新的会议,后来只是勉强地同意教皇的计划。法国因为一直猜忌特伦托会议并面临着胡格诺教派的问题,因而也采取了同样的路线。教廷费了很大周折才制止了她自行召集一次法国天主教会议。

通过持续的外交活动,障碍终于排除,宗教会议于1562年初在特伦托重新召开。最后的一系列会议持续不足两年。在那段时间里,它解决了以前悬而未决的有争议的问题,包括圣餐仪式中的饼与酒只限于主持圣餐式的神父享用以及弥撒的牺牲教义等问题。令人奇怪的是,从宗教改革之初就成为风暴中心的这两件事竟搁置了如此长的时

---

① 加拉法是保罗四世的原姓,其全名为 Gian Pietro Carrafa (1476—1559)。——译者注

间而未予解决。现在面对着将圣餐杯重新给予受圣餐人的强烈要求，使用饼与酒的圣餐都被禁止作为通常的仪式，而弥撒是真正的牺牲这一教义也被肯定下来。这两个法令加深了与新教徒的裂痕。但是到此刻，人们才确实认识到，通过宗教会议在欧洲恢复宗教的统一，纯属空想。特伦托的闭幕会的主要工作是对改革方案做最后的修正，希望根据这个方案使改革后的天主教会能把持异议的教徒一个个地争取回来。考虑到耶稣会士以及其他人在中欧已取得的成功，这也并非幻想。值得注意的是，德意志天主教的主要使徒圣彼得·迦尼修虽然坚决反对在教义上对新教让步，但是他认识到皈依的主要障碍是当地教士生活放荡、愚昧无知和缺乏责任感。难怪特伦托宗教会议的第二十二次会议通过了一项关于教士生活守则的综合法令。接着，会议制定了一项原则，规定教士应在主教管理的神学院中精心地接受关于神学、灵性和生活法规方面的训练。虽然这项原则的全面贯彻费了很长时间，但是它对特伦托宗教会议以后的天主教产生了很大的影响。中世纪的教士训练工作杂乱无章，事实上这可能是发生教士丑闻以及教区管理水平和工作效率低下的主要原因。经过改革的教士队伍甚至不容许有意图纯正但缺乏训练者，更不容许有半改宗的没有明确使命感的动摇者或者贪婪地追逐名利者。但是，正如后来大量历史事实所表明的那样，什么也未能完全防止这样的人渗入教士队伍的危险；不过精心的训练能在授圣职前清洗他们中的许多人，更重要的是，可使热心的供职者得到适当的训练，否则他们将不知如何做教导工作以及如何履行教士的职责。

在整顿教士生活的进程中，与神父们相比，主教们同样需要或者甚至更加需要获得如何行事的指令。在下达上述命令的过程中，特伦托会议从未充分正视的根本性问题，即教皇权威与主教权威之间的关系问题，在会议快结束时出现了，就像从前以间接的方式出现一样。刻不容缓的任务是防止主教们经常地、习惯性地离开他们的主教区，就已成为中世纪晚期的一个特点。其实，这与他们当中许多人对政治与世俗的事务发生兴趣密切相关。其主要根源在于早先教士对知识的垄断，这曾使他们成为国家有知识的公务员的唯一来源；但是，就像在许多情况下那样，尽管此种传统已无存在的必要，但仍然延续不废。主教有义务驻节于其全体教徒之中，这一点不可避免地被承认为一项原则，但它是否具有神圣的法律根据则引起了争论。这个问题又引起了一个神学上的争端，即主教的管辖权是否像许多（特别是西班牙的）主教所坚持的那样，直接来自上帝，还是实际上代表教皇的权威。在会议的不同阶段经过多次激烈的争论后，这个涉及天主教全部理论的争端只得留作悬案。在1870年的第一次梵蒂冈会议上，这个问题再次提出，在此期间经过多次辩论后，直到第二次梵蒂冈会议全面阐述了主教和教皇职权的"一体性"，才算最后解决了这个问题。正是这种奇特的情况又引出了另一件异乎寻常的事：尽管关于教皇权力在当时新、旧教对抗中是一个辩论十分激烈的问题，但是特伦托会议却没有就此做出全面的声明。这个问题被搁置了，仍然维持1439年佛罗伦萨会议所作的笼统解释，那时正在辩论与东正教合并的问题。在实践方面，特伦托会议的改革大力肯定并进一步确立了中世纪逐步建立起来的罗马教会的中央集权制，诚如腓力二世夸张的说法，他的主教们作为主教去往特伦托，却作为教区的教士回来了。再者，会议未及处理的许多问题都正式提交教皇做最后的决定。如有关礼拜式的改革问题，其目的主要是大大减少具有中世纪特点的主教区之间的差异。1568年与1570年，庇护五世发表了保守的罗马公教祈祷书和弥撒书修订版，强制一切教区和宗教团体使用，凡其特殊的礼拜式的历史不超过两个世纪的都必须照这两部书的规定行事。这项措施在实质上很难达到完全的一致。更加重要的是由同一教皇于1556年发表的罗马教义问答，它是特伦托教义的简易读本，并发给教区教士作为标准教义传授给信徒。为了对特伦托会议的改革作权威性的解释，于1564年建立了教皇的枢机主教会议，它在1566年和1587年获得广泛的权力，成为罗马教会的一个常设机构，特别是根据特伦托教规法担负在特殊情况下发布特许令的重大责任。早在1542年，保罗三世已建立了主持最高宗教法庭的枢机主教会议，它以中世纪以后的宗教裁判所的形式出现，除追捕与惩罚异端外，还拥有对教义做出裁决的广泛权力。这种权力于1587年因审查禁书目录的枢机主教会议的成立而得到充实，后者从它那里接管了禁书目录的审查权，这是禁止天主教徒阅读的被认为是不道德和异端的书刊目录，并于1564年由庇护四世根据特伦托会议的决定公布。罗马教廷凭借这些官僚机构对教会的全部工作逐步建立起以前未能做到的更严密的控制。

特伦托会议后的罗马体制所实现的集权在我们当代受到许多批评。但不管其长远效果如何,对它所做的历史评价都必须考虑到它想要克服(至少是部分地克服)的对改革的障碍。教皇从罗马进行监督和发出指示的做法日益经常化,这并非完全出于贪图权力。至少一个多世纪以来,明眼人都能看出,教会恢复秩序和效率的主要困难之一在于世俗政权控制地方教会。从黑暗时代"私立教会"的年代起,认为教会财产和机构最终应由建立和资助教会的世俗达官贵人所支配的看法从未真正消失。在英国,14世纪的"圣职立法"最能说明问题,1533年的"亨利上诉法规"也表现出同一观点。在法国,1439年的布尔日国事诏书也包含着这种观点,它实际上排除了教皇对法国教会职务的控制。1516年弗朗西斯一世交出在教皇衰弱时期以此种方式取得的管理法国教会的权利,换取了一项条约,实际上给予法国国王任命法国一切高级圣职的绝对控制权,这真是历史的讽刺。魏拉尔特把1516年条约恰当地比作以扫为了一碗红豆汤出卖了他的长子继承权。① 教皇得到正式任命主教的批准权,但必须以接受君主所选中的人为代价。魏拉尔特公正地总结条约的后果为,王室除了也偶尔任命合格的高级教士外,"根据阴谋或偏爱任命了不合格或无能的执事和修士;主教区变成野心勃勃的家族的世袭领地;主教管区和宗教团体放弃了灵性;本应用于慈善事业的巨额收入被滥用,实际上花在可耻的奢侈生活上;简言之,杰出人物在教会生活中反对麻木与冷淡的斗争只收到有限的效果"。后果之一是往往将大修道院交给这样一些院长管理,他们并非修道士,只是有名无实的传教士,他们靠修道院的收益过着完全世俗的生活。这种行为在词汇中留下了痕迹,法国把非本堂神父的世俗教士称为"阿贝"(意为"修道院长"——译者注),这种称呼沿袭至今。正如德国的侍者都被有礼貌地称为"掌柜的"一样。

世俗社会把教会职务主要视为赠予其仆人和宠幸者的奖赏,因而很自然地不欢迎特伦托会议提出的那种改革:只限那些为其神职受过良好训练和考核的教士担任教会职务。神学家的评论提供了关于谙熟

---

① 以扫是以撒的长子,将继承权卖给了弟弟雅各,见《圣经·旧约全书》"创世记"第25章第21—25节。——译者注

现存制度的教士们如何看待特伦托会议方案的一个好例子。这些神学家就特伦托会议拟定的改革主教选举和设有主教座位的大教堂的教士团组织的计划向皇帝斐迪南提出建议：新主教要由教士团决定并通常从他们当中选出。在1563年5月的一份文件中他们指出了该计划在德意志将会碰到的困难。他们看到：某些德意志的设有主教座位的大教堂的教士团只接纳公侯、伯爵和男爵，主教也就只能从他们当中产生。在其他教士团中，其成员仅限于贵族和军界成员，而排除"平民博士"；有些教士团虽然吸收非贵族的博士参加，但其数目实际上比贵族成员少，而且他们的投票权受到限制。再者，贵族成员反对在他们担任主要圣职前接受考核。神学家们同意，此种教会习俗应该受到批评，并认为拟议中的改革是非常正确与恰当的。但他们又提出了一个中肯的问题，即改革如何付诸实行？当时缺少能够贯彻改革的人物。贵族们把大教堂视为他们的儿子们的栖身之地，哪怕他们还只是幼童，也不同意把他们排除于教士职位之外。因为由教士团当选为主教的那些人将成为帝国的选帝侯或公侯，所以贵族认为平民博士获得这些职位是不适当的。最后，改革的全部后果将是教会失去他们迄今一直从德意志贵族那里得到的保护。神学家们早就在他们的评论中指出，在一些大主教区的教会中，许多贵族已受到异端的影响，他们对世俗事务和军事比对神职工作更感兴趣。如果试图加强对教士团中担任主要圣职者的考核，这一改革将会激起愤怒，大主教和地位较高的主教将不愿进行考核，一些教士团，或其中的大多数成员，宁愿投奔新教，也不愿接受考核。

当然，这里所反映的是德意志宗教社会的特殊情况。在这里，部分地由于类似小型教皇国的公侯—主教统治领地占优势，致使教会上层神职人员绝大多数是贵族。但是，此种情况说明，在整个西欧，无论在理论上世俗社会与神职人员的界限是如何分明，他们之间在亲属关系上以及在政治与社会责任方面的联系则是十分密切的，而且在经济上也是互相依赖的。德意志的情况是个极端的例子，但并非独一无二。

特伦托会议后的事态进程确实表明，实现改革的障碍既在于那些将长期存在的不正常现象和丑行视为正常的教士，同样也在于天主教当局的既得利益者。在这方面，法国是个突出的例子。从前面已提到

第三章　教皇，天主教的改革和基督教的传播

的法国王室对教会实行的控制情况来看，这是不足怪的。法国还必须解除胡格诺主义和宗教战争所造成的对民族统一的威胁。加尔文派坚定地相信，他们所理解的教会有权依靠牧师和世俗长老的教务评议会实行教会自治。如果能够成功的话，他们将建立起能向国家进行有效挑战的教会政权，就像中世纪教会那样忠于超越国家权威的罗马教皇。随着世态的发展，这一点变得越来越明显了。另一方面，集结在吉斯家族周围的天主教极端主义者，为了进一步实现反宗教改革的目标而谋求与西班牙结盟，这些人对国家、王权同样是一种威胁。在反对这两支力量的过程中，形成了一种称为"政治思想"的心理态度，它确信为了维护国家统一，信仰自由是必不可少的。不难看出，这种态度几乎不可避免地伴随着希望保持国家对教会的控制，以便抑制狂热主义；这种态度也同样能够很容易地使世俗人士想分享教会收益的愿望合理化。诸种因素造成了称为高卢主义①的现象，它在法国发展成一支强大的力量，一直延续到19世纪。高卢主义者追溯中世纪法国的国王们曾决定不承认教皇在世俗问题上对他们的权力进行任何控制的历史，再加上15世纪主要集中于法国的教会会议运动②和反对教皇的民族主义倾向，高卢主义得到了进一步的加强。16世纪高卢主义所持的立场主要是维护高卢教会的所谓"特权"，声称这种"特权"起源于教会的早期时代；还要求给予法国教会在很大程度上不受教皇控制的自由。这种教会史观一举两得，既可激发起民族主义情绪，又可取悦于憎恨教皇的胡格诺派。有两个现成的特殊工具可用来传播高卢主义：一是巴黎议会，这是王室法官们对外封闭的集团，他们已经建立了法国王权的司法垄断，这时他们自称居于看守者的地位，防止国王本人放弃其任何权利。第二个工具是久负盛名的巴黎神学院，如今自认为是法国教会的教义权威。议会曾反对1516年与教皇的协定，因为无论该协定给予国王在与教皇的合作中多么大的管理教会权，该协定似乎是以出售根据1439年国务法令取得的民族教会权利来做交易的。特伦托会议后，法国议会反对在法国颁布该会议的法令。理由是这些法令提高了罗马教廷的权力，并且使教会的管辖权

---

①　Gallicanism，即教会独立主义。十五六世纪法国国王与部分天主教徒主张限制罗马教皇在法国扩张势力，并欲脱离教皇的控制。——译者注
②　主张教会之最高权威应属于教会会议而不属于教皇的运动。——译者注

摆脱了国家的控制。这种态度经常得到议会里权威人士和巴黎神学院某些神学家的支持。的确，直到1615年，法国教士会议才不顾世俗的反对，正式接受了特伦托的行政改革，并命令各行省的宗教会议接受。神学院和议会同时反对耶稣会，这就说明了全部问题，把耶稣会视为罗马教廷的近卫军和世俗控制教会的主要反对者是有道理的。担心耶稣会可能侵犯他们垄断神学教育和认为耶稣会是民族主义和君主制之敌的人们都反对耶稣会，它完全是顶着强大的反对力量才在法国立足并维持下来的。

这一切的结果是，直到大革命时代，法国教会一直是反对特伦托会议所极力促进的罗马教廷中央集权的中心；但同时，法国教会又由于特伦托会议曾谋求克服的许多行政的和教会的弊端而受到损害。法国的这种情况并不是唯一的。事实上，在欧洲的各个天主教国家中，情况大同小异。一直被视为反宗教改革的先锋的西班牙，事实上却是同教皇疏远了。特伦托会议闭幕不到一年时间，它确实接受了会议的法令。但是，在国王和国家的权利问题上都有所保留。恢复行省宗教会议是特伦托改革的一项基本内容，但行省宗教会议在王室派员监督后，到1582年就完全销声匿迹了。教皇的训令必须在得到王室的同意后，才能在西班牙得到贯彻；研究圣德肋撒和圣十字架的约翰对圣衣会进行改革的人们会记得，除非腓力二世同意，任何事情都无法进行。认为西班牙的埃拉斯都派天主教徒阻碍改革的程度和法国一样是不公平的，但他们也并未使改革更为顺利。国家的政策更难抗拒，因为西班牙教会在特伦托会议以前很久已由斐迪南和伊莎贝拉与枢机主教希梅内斯合作进行了许多改革。在西班牙的欧洲领土米兰和那不勒斯，国家对教会事务的干涉像在西班牙一样，也是强硬的，而且有时做得不像在西班牙那样明智。

总之，无论特伦托会议的意图如何，教皇国以外的罗马天主教会在实现其改革计划方面到处仰赖国家的扶助，在宗教上分裂的欧洲更是如此，天主教似乎只有得到天主教国家的武力支持，才能得以幸存。在这些国家看来，宗教主要是国家政策的一个方面。与13世纪的英诺森三世的拉特兰改革不同，特伦托的改革不能由一个主教团根据来自罗马的命令贯彻执行。幸而存在着一种限定的因素。从天主教作为一种国家护符这层意义上说，不能有太多的污点，因为在那个时代任何一个污点都会被持异端者抓住，作为论战的武器。个别的改革者至少能公开向信奉天主教的君主们请求支持，以便将君主们声称给予保护和促进的宗教改革得为人们所尊敬。那些能取得统治者信任的人，像巴伐利亚和哈布斯堡领地的圣彼得·迦尼修等人，在这方面能做许多工作。

这一点在新世界也许更是如此。新世界的发现开辟了天主教的传教活动，忠于天主教的国家西班牙和葡萄牙是传教的先锋。在该地区，探险者和征服者最早打的旗号就是传播宗教信仰。起初，许多方面都不顺利。对加勒比海地区印第安人的剥削引起过拉斯·卡萨斯的愤慨；圣方济各·沙勿略发现，他在印度工作的最大障碍之一是在果阿的葡萄牙殖民者们不体面的生活。然而有意义的是，传教士可以提出抗议，并且在某种程度上这种抗议能够奏效。而且，无论如何，教会海外机构的发展，教区的形成，教堂的建筑，传教基地的建设都得到了国家的赞助和支持。西班牙半岛的神学复兴是16世纪末年的显著特征。这一复兴在新世界起到了它的作用：大神学家们振振有词地论述征服的权利；而像维多利亚和苏亚雷斯那样的伟大导师则根据自然法为非基督徒土著的权利进行了有力的辩护，对于已经成为基督徒的土著就更不待言了。他们根据人类之间应该团结和友好的理论，允许进行殖民，因而排除了独占性；但是同样的原则意味着殖民者有义务与土著居民共享美好的东西，特别是信仰，因此在某种意义上说，传教是合法帝国主义的一个条件。

当然，这并不意味着西班牙和葡萄牙的殖民地的社会与宗教状况是完美的。尽管遭受谴责，但对土著居民的剥削仍然继续。虽然教皇、主教们和教会会议坚持主张印第安人具有自然的和精神的权利，以及在原则上对奴隶制加以谴责，但仍未能防止暴行和虐待。然而，如果没有这些责难和主张，情况很可能更糟，至少当局和殖民者不能凭借教会的权威去为他们的恶行辩护。再者，可以设想，有些人可能通过对教会的物质支持来解脱良心上的不安，从而有助于天主教信仰的传播。

在此期间，传教事业在教皇监督下进行集中管理还仅是开始。直到1622年，格列高利十五世才建立了传信部。他的继承者乌尔班八世在1627年建立了传信学院训练传教士，该学院拥有可印数种文字的印刷所。然而，教皇深深地意识到对外传教的极端重要性，仍旧在各方面尽可能地加以赞助。传信部有其前身，1568年7月，庇护五世在圣方济各·博尔吉亚的建议下，建立了一个枢机主教会议，以便在异教地区传教，同时建立了一个与其平行的组织，从事对欧洲持异端者的改宗工作。然而，实际上在最广大的天主教传教区，即西班牙和葡萄牙的海外领土，国家是支配的力量。并且，必须记住的是，从1580年起，葡萄牙被西班牙国王统治，他们把西班牙的埃拉斯都传统带到新领土，以支持业已存在于葡萄牙的此种传统。拉图雷特（Lataurette）总结了西班牙王国对传教活动的绝对控制。

全部传教士的选拔权属于君主，没有王室的许可，任何传教士不得前往或在一旦到达后离开新世界，当然，王室的许可通常是通过西印度群岛会议或与其有联系的一个局给予的……教皇把殖民地所有圣职人员的指派权授予君主。在理论上罗马保留了批准上述人选的权力，但是实际上新主教往往不等教皇的训令下达，就上任管理其教区。所有的主教、宗教团体领导人和教区神父均由国王提名。国王设立新主教区和划定它的管辖范围。有时，一个教区已经建立，人员已经指派，教皇尚不得而知。没有王室的许可，任何教会、女修道院或学校均不得建立……尽管罗马提出强烈抗议，但除非持有国王的许可证，教廷信函不准下达殖民地教会。西班牙美洲的主教的信件，未经过王室检查不许发往罗马。美洲教会会议的决定，均需提交总督审查。这些王室官员有权撤销这些决定，或将其提交西印度群岛委员会采取该委员会选择采取的行动。

因此，特别在新世界，传教的成功与否，不仅取决于教会，也取决于国家。当然，从事物的表面判断，16世纪天主教的海外传教活动几乎是取得了一连串的成功。像欧洲黑暗时代那种规模的集体受洗非常普遍，不过更为耸人听闻的洗礼是在16世纪中叶以前举行的。即使数字夸大了一些，但数字肯定是很大的。1541年，特拉斯卡拉的主教宣称，他每周施洗礼和坚信礼达300人之多，听到格兰德河以南的墨西哥居民到17世纪初估计大部分都成了基督徒，这是不足为怪的。

这些事实很自然地引起一些问题，像许多世纪以前在欧洲一样，皈依基督教的人接受洗礼是屈服于强权还是希望得到政府的照顾呢？他们新建立的基督教信仰有多大的真实性？对于这样的问题尚不能作出有把握的回答，但是某些事实使人在做出犬儒主义式的回答以前，不得不三思。成批受洗是圣方济各·沙勿略传教活动的一个特征，经常是在葡萄牙政府尚未有效控制的地区举行的。在有些情况下，他的活动依赖于非基督教头人的善心。他在写到印度南部一个乡村时说，当他劝头人们接受洗礼时，他们回答说：

> 如无他们的领主——王公的同意，他们不敢成为基督徒。在该村有一名王公的官员，他来此为其主人征收捐税，我找到了他。当他听完我肯定要说的话后，他同意说成为基督徒是一件好事，并向村民们宣告准许他们接受基督教信仰，但他自己却不愿按照他对别人的劝告而接受它。我随即给当地的头人们及其家族施洗，然后让其他的人受洗，老少均有。

因此，不能认为凡是基督教政府直接拥有权力之地，全部或大部的皈依者乃是出于畏惧或抱有世俗的希望。再者，大量事实表明，讲解教义的必要性得到了认识和满足。教义问答和信仰要略以当地方言大量出版无疑产生了效果。拉丁美洲至今保留着具有基督教外衣的印第安人异教习俗，这一点诫告人们对改宗的彻底性不要抱天真的想法；但是另一方面，印第安人按照他们的理解继续保持基督教信仰这一事实，同样使人不能轻易地认为天主教传教士在新世界或者在东方的工作全是表面的。完全可以认为这也是一种与欧洲相似的情况：尽管查理曼的传教士实行成批的洗礼是征服的直接结果；尽管中世纪的欧洲有大量或多或少地受洗为基督徒的异教徒，从而在很大程度上造成了日后为16世纪的改革者们强调指出的迷信行为，但是，如果谁认为中世纪的欧洲在任何实际意义上都不是一个基督教的大陆，他就是一位鲁莽的历史学家。的确，伟大的格列高利曾向坎特伯雷的奥古斯丁建议赋予古老的异教习俗以基督教的解释，16世纪天主教的传教士在某些地区可能程度不同地执行了这一战略。即使是非基督徒也未必会认为基督教对曾信仰原始的、有时是粗野的宗教的人们不可能有吸引力。有人已经指出：在北欧海盗时代，斯堪的纳维亚半岛的异教徒已经把异教视为过时之物，而且海盗们愿意考虑基督的教导，如同13世纪接受黄教的蒙古人一样。很可能，在16世纪的新世界，同样的因素起了作用，而且，同时在东方也是如此，尽管那里存在着印度教、佛教的势力以及伊斯兰教的竞争。

无论如何，天主教传教工作的显著成绩以及大批奔赴海外的主要出自新的、改革后的宗教修会的传教士们虔诚的英雄主义，对恢复与提高天主教的声望并恢复由于宗教改革而打乱了的均势起了很大的作用。在传教方面，天主教比新教早得多，并且在以后的几个世纪中，新教在这方面也从来没有完全超过天主教。在双方的斗争中，由于天主教在海外开辟的地区比它在北欧丧失的地区越来越广阔，所以就领地而言，新世界弥补了旧世界的均势。

旧世界的情况如何？16世纪晚期，天主教在此地区取得了许多进展。我们把特伦托会议行将结束时与16世纪末期的情况做一粗略的比较，就可以说明这一点。到1563年，尽管耶稣会士和其他天主教传教士已用了一些时间在天主教和新教的力量对比时有变化的地区进行工作，但是，改革的潮流看不出有逆转之势。奥格斯堡和约显然断送了查理五世为在德意志恢复宗教统一而做的努力，而且，路德宗教信仰在帝国的许多重要的邦中得到了保证。甚至在哈布斯堡的领地上，也不大明确官方是否照旧实行天主教的政策，同时教会本身受到许多居民的反对。自1522年开始统治哈布斯堡的斐迪南一世，1556年即皇帝位，1564年去世。他的政策尽管是谨慎的，但基本上遵从天主教；其子和继承人马克西米连二世被合理地怀疑为欲与新教和解，并打算在其父死后立即驱逐维也纳的耶稣会。加之德意志的天主教会，甚至在其继续拥有权力的地区，在道德方面无所改善，依然是群众的笑柄。1564年3月，一名教区神父马丁·艾森格赖因写信给耶稣会会长莱奈茨，感谢耶稣会在德意志所做的工作，他本人由此重新皈依了天主教。但是，他描绘了一幅关于天主教教士的阴暗的画面。

> 德意志的其余教士们似乎是睡熟了，并且高枕无忧，好像对我们面临的浩劫和许多灵魂的可悲堕落，他们丝毫没有责任——

样。尊敬的教父阁下不能不含泪目睹一些教区和如此众多的教士的卑劣的状况，他们的穷凶极恶使天主教徒对他们极端憎恶，并招来持异端者的嘲笑。至今，他们不顾天主教徒的憎恶和持异端者的嘲笑，死抱着其恶习不放，甚至宗教的毁灭也不能促使他们改过自新。更确切地说，他们罪上加罪，日甚一日地惹怒了上帝……以著名的雷根斯堡教堂为例……你可以说雷根斯堡教区是一个罪恶的渊薮。在那儿你不仅能看到教士与情妇同居，而且有通奸和乱伦的以及犯有强奸和杀人罪的教士。在那儿，由于他们的罪恶，许多人被吓得脱离天主教的信仰，并使得一切持异端者更加坚定地信仰异端，有谁来指出他们的罪行呢？

直到1585年，德意志的情况是："教士团的大部分由持异端者、买卖圣职者、纳妾者、酗酒者以及具有某些其他恶行的人组成。"此种例证不胜枚举。

在法国，尽管在特伦托会议时期勉强避免了与教皇的分裂，但是加尔文派发展了，得到了有影响的人物的支持，并且组织了起来；宗教战争开始了，1562年发生了瓦西镇的大屠杀。在尼德兰，虽然查理五世企图通过宗教迫害全力镇压新教，但当腓力二世于1555年在那里继承父位时，新教在南方和北方不断壮大，并且日益成为加尔文派，并具有加尔文派所特有的全部组织力量和目标。在波兰，在构成1569年国会一部分的参议院中，新教的著名人士占有该院133个席位中的58席。1570年，路德派、加尔文派和波西米亚兄弟会形成的政治联盟，使他们于1573年正式获得信仰自由和在法律面前与天主教徒平等的地位。国王西吉斯孟二世极其勉强地被说服接受特伦托法令，而且直到1564年，耶稣会才开始在波兰活动。匈牙利于1547年国土三分，出现了一个由哈布斯堡家族统治的西部狭长的新月形地区，一个土耳其的匈牙利，以及一个臣属于土耳其人的特兰西瓦尼亚公国。从此，匈牙利在宗教上也分裂了，土耳其的占领引起了混乱，这使新教得以传播，虽然格兰的大主教尼古拉·奥拉胡斯引进了耶稣会，但是由于从1564年至1576年期间统治这一地区的马克西米连二世实行妥协政策，而且在1568年尼古拉死后未能指派新的格兰大主教，致使多数大贵族皈依了新教。

因此，在特伦托会议行将结束之际，北欧、东欧和中欧的天主教一蹶不振；同时，在英格兰，伊丽莎白统治时期的新教复兴取代了玛丽时期的反动；法国看来很可能注定要归属胡格诺派。意大利和西班牙似乎是平安无事，但是在这两国，宗教异端已露出苗头，需要进行宗教迫害才能扼制其生存和传播。

到16世纪末，局面大为改观。在法国，那瓦尔的亨利早已看出巴黎是值一台弥撒的，或者更明确地说，唯有天主教的王朝能够保住王位，并且既能使胡格诺派得到信仰自由，又能抑制天主教联盟反民族的狂热。在尼德兰，腓力二世由于执行愚蠢的政策，丧失了北方，但是最终使天主教在比利时的地位巩固下来，而且在联省共和国也未完全消失。在德意志，天主教会至少重新获得了一定的社会地位，新教的传播被扼制。新教徒的团结也由于路德派内部的神学争论以及他们对加尔文派的厌恶而严重削弱，后者以其纯粹的形式与作为隐蔽的加尔文宗引起了瑞士新教徒激进主义的传播，而路德曾毕生反对此种激进主义。哈布斯堡家族与巴伐利亚的维特尔斯巴赫家族在他们的领地上实行了强硬的政策以支持受到压力的天主教。在匈牙利，哈布斯堡家族的政策也开始导致潮流的变化。在波兰，斯蒂芬·巴托里与西吉斯孟三世先后统治的时期，尽管不得不准许新教信仰自由，但仍产生了天主教的复兴；同时，在1596年，由于布列斯特—立陶夫斯克联合协议，更加强了天主教的地位。这项联合协议使相当大的一部分乌克兰的东正教会并入罗马教会，不过仍然保留其礼拜式和习俗。甚至在瑞典，娶天主教徒为妻的国王约翰三世（1568—1592年）曾设想与罗马重新联合的可能性，不过最后一无所成。而在英格兰和苏格兰，虽然天主教传教士只是坚定了日益减少的少数信徒的信仰，但是他们至少防止了16世纪60年代似乎真有可能的罗马天主教的彻底绝灭。靠这股力量，詹姆斯一世足以玩弄信仰自由甚至重新联合的概念。在意大利和西班牙，新教实际上已被消灭，难怪17世纪初可以见到几乎所有地方的新教徒都处于一种类似歇斯底里的状态，唯恐宗教改革最后有可能逆转。一种导致为生存而战的三十年战争的局势已在形成之中。

什么原因引起了这种命运的变化？在本章开头已从另一角度论述过，最明显的答案是天主教国家持信仰与国家政策相一致的政治态度。天主教国家就整体来说毕竟比新教国家更强大，至少当时从表面看来是如此。在帝国及其东部毗邻地区，天主教如无政治上的支持，不可能取得胜利，这是千真万确的。正如以前路德宗如无信奉它的德意志诸侯的支持将会失败一样。对天主教和新教具有同样影响的"教随国定"的原则，必然是将宗教上的不同意见与叛乱（如果不是与叛国）等同起来，并且确保国家可以根据防止发生叛乱的需要，来迫害与折磨反对国教的人。尽管基督教诸侯的职责是支持他们认可的真理并克服错误这一观念一直存在，但在16世纪一般情况是，宗教迫害的主要动机是政治原因，即担心宗教上的分歧将破坏国家的统一与权力，而且会导致少数派与外国政权结成叛国的联盟。经验似乎证明了这一点。德意志帝国的施马尔卡尔登同盟寻求与反对查理五世的其他国家联盟。在法国，天主教联盟和胡格诺派，双方都从各自的教派中谋求国外的援助。在伊丽莎白时期的英格兰，一部分不信奉国教的天主教徒与西班牙共命运。在天主教方面，这一点既可解释为什么政府如前所述对教会事务保持严密控制；也可说明为什么他们坚信支持教会的宣传和教育工作是政府的职责。同时还可以说明为什么新教政府并非仅仅出于狂热的原因而认为天主教的宽容是不可能的，至少没有强有力的保证。16世纪后期天主教与民族主义的关系必定是十分密切的，在天主教国家，它受到民族主义的支持；而在新教国家则受到民族主义的反对。现代的观察家们能够看得出这对天主教的生命力和发展的危害，但是当时大部分天主教徒似乎认为是很自然的和不可避免的。

这并不意味着如无国家的支持天主教会将会容忍与和解。即使在像圣徒一样的人士当中，由于对严格的正统教会的感情太强烈，以致和解也是不可能的。根据特伦托会议所做的改革，宗教裁判所是教会机构的一个组成部分，这一事实正说明了和解之无望。特伦托会议没有做出关于宗教裁判所的立法，也没有必要这样做，因为这个中世纪的机构已于1542年由教皇保罗三世改组为"神圣的罗马会议和普世的宗教裁判所"或称"最高宗教法庭"。这是一个枢机主教委员会，他们在罗马教会控制的全部地区，在世俗政权准许的范围内，担任一切信仰问题和监督搜索与惩罚异端的最高法官。在这方面，埃拉斯都主义规定的限制也起了作用；世俗统治者宁愿在不受罗马干涉的情况下自己进行宗教迫害,在这种倾向中,臭名昭著的西班牙宗教裁判所是最典型的例证:这个名义上依赖于教皇的机构,实际上被一个国家的政府所攫取。在西班牙,世俗对教会领域的侵犯可追溯到15世纪,由于西班牙与穆斯林持续斗争的中世纪历史,加之伊比利安半岛是中世纪犹太教的主要中心之一,世俗干涉教会就很自然地从这种状况中产生出来。一位近代作者曾说:"在中世纪的西班牙,种族和宗教迫害的根源是半岛三大信仰(伊斯兰教、基督教和犹太教)共处的问题。"在1391年反犹狂热主义大规模地爆发并导致大屠杀之后,那里产生了改宗的问题,那些慑于暴行或工于心计的犹太人接受了洗礼。改宗,特别是在引起改宗的上述情况下,一向不能消除基督徒的怀疑,反而由于犹太人的富裕和他们在民族经济和行政管理中举足轻重的地位而加剧了。另一种因素是,与犹太人通婚对傲慢的西班牙贵族所产生的影响的程度。由此相应地产生了一种为20世纪所熟悉的假科学的种族主义,即西班牙的"纯洁血统"概念,它助长了由西班牙历史所产生的宗教狂热主义。在这种易于引起歇斯底里大发作的气氛下,自14世纪在阿拉贡已暂停活动、在卡斯蒂利亚已不复存在的宗教裁判所在斐迪南和伊莎贝拉的请求下,根据教皇西克斯特斯四世的训令,于1478年重新建立,主要目的是搜索被认为仍在继续秘密实行犹太教礼拜式的犹太改宗者。它于1480年开始活动。不久,就声称发现了地下犹太教的流传及其危害性的证据,结果遍及全国的法庭网建立起来了。其行为之残忍从一开始就震惊了罗马。早在1482年,西克斯特斯四世就发出了另一训令,减轻准许使用的审讯程序的残酷性,并准许向罗马上诉。斐迪南提出抗议,迫使西克斯特斯将此训令暂时搁置起来。1483年,多明我会士托马斯·德·托尔克马达(他的名字将成为一个笑柄)被任命为阿拉贡宗教裁判所总监,在此以前,他已经担任了卡斯蒂利亚的同一职务。值得重视的是,如前所述,这个托钵僧成了"半岛上其命令可通行全西班牙的独一无二的人",因为当时卡斯蒂利亚与阿拉贡仅由它们的君主联姻才建立起松散的联合。

由于西班牙的宗教裁判所一开始就是在一个谋求统一的国家内与现实的国家问题(如果夸张地说)有着十分紧密的联系,所以它依然既是一个宗教机构,又是一个国家机构就不足为奇了。在理论上,它的最终权威来自教皇，但实际上它受一个最高委员会的控制，其成员由国王任命，宗教裁判所总监是最高首脑，他虽根据教皇的训令任命，但事实上也由王室指定。尽管教皇从未放弃斗争，以便保持他对这个当初被迫成立的机构的一些权威，尽管教皇有时得到某些成功，但在大多数情况下不得不听任西班牙王国政府来控制这个所谓保卫该国信仰的主要工具。西班牙政权蔑视罗马的最惊人的事例见于西班牙的首席主教、托莱多大主教卡兰萨案。具有十足讽刺意味的是，卡兰萨在腓力二世作为玛丽·都铎之夫占有英格兰王位期间，于1554—1557年在英格兰从事扑灭异端的工作。1557年他刚刚被任命为托莱多的大主教，就被宗教裁判所总监巴尔德斯攻击为异端。巴尔德斯是多明我会士，也是伊拉斯谟主义以及新教的大敌。他根据与卡兰萨不和的另一多明我会士梅尔乔·卡诺的告发就提出了抨击。卡兰萨于1558年出版过一本关于评注教义问答手册的书，他并非才学出众的神学家，他的不明确的表述为对手提供了一些根据，同时也因为他早就有伊拉斯谟主义的嫌疑，并且在特伦托会议上以改革者的面目出现。然而令人吃惊的是，宗教裁判所于1559年将他逮捕后，竟然不顾特伦托会议对他的评注正式表示同意，以及教皇庇护四世的抗议和威胁；直到1566年，庇护五世才得以使卡兰萨离开西班牙宗教裁判所的控制，送至罗马由教皇处理。西班牙甚至把手伸到了罗马。到1576年，格列高利十三世才做出判决，尽管没有正式宣布这位大主教为异端，但仍将他的评注作为危险书籍列入禁书目录，并判处已经驯顺地公开收回其被判为错误的言论的卡兰萨流放至奥尔维耶托的多明我修会，为期五年。不过判决宣布之后18天，他就死于罗马了。[63]既然西班牙国王利用宗教裁判所能在教皇与西班牙最高教士之间插手如此之久，那么看到宗教裁判所惩罚王家海关官员，指责他们准许马群出境是为了供法国胡格诺派使用，也就不足为奇了。西班牙的宗教裁判所可能按照它的理解促进了天主教的信仰，但是它是带着显著的西班牙特点这样做的，和西班牙一切其他的教会机构一样，均紧密地与王权相结合。

或许还值得提到的是，玷污了这一时期天主教历史的大屠杀，特别是圣巴托罗缪大屠杀，也与政治上的民族主义紧密相连。约翰·尼尔爵士对于卡特琳·德·美第奇在暗杀科利尼的企图失败之后采取的态度所做的评论是十分恰当的。

    处在这种局面下的人们往往求助于内心更深处的刺激。在绝望中，卡特琳突然想起了一条妙计。在她的女儿举行婚礼时，全国各地主要的胡格诺贵族都将被请到宫廷来，这真是将他们一网打尽的绝好机会；这是通晓其古典历史和记得高傲者塔克文及罂粟花的故事的一代人不会不察觉而且果真察觉到的一个机会。卡特琳采用的就是这个计划。换句话说，这个狂热的女人决定，要将胡格诺派在巴黎的领导人全部杀光，以便将她自己和法国从致命的宗教纷争中挽救出来。

  在16世纪的欧洲，合法的与非法的宗教暴力都是与政治原因联系在一起的。的确，在当时的宗教战争、大屠杀和迫害中不易区分宗教狂热与民族主义狂热的动机。确如我们所处的世纪的经验所表明，意识形态和政治上的打算形成了一种心理学上的混合物，历史学家要想加以分析，即使不至于劳而无功，也很困难。

  那么，我们是否应该把16世纪末天主教的突出成功完全归之于政治的或军事的因素呢？任何了解情况的人也不会把问题如此地简单化。信仰从来不能以政治手段为基础，也从来不能完全或主要依靠政治手段来发展。无论托马斯·霍布斯会怎样想，反正人们不会简单地相信国家命令他们信奉的都是真理。反宗教改革运动的成功，即使在很大程度上应归功于天主教的统治者，但仅靠他们的努力是不可能成功的，正如他们自己在支持天主教的教育、传道师和传教士时认识到的那样。诸如圣彼得·迦尼修（1521—1597年），他被描绘成德意志的使徒和第二个圣·卜尼法斯；[①] 再如圣弗朗西斯·塞尔斯（1567—1622年），在新教的沙布莱传教，后为日内瓦主教，他不得不流亡在外，住在萨伏依的阿讷西。但他对新改宗的亨利四世的宫廷和全法国具有深刻的影响。他们这些人肩负了恢复天主教的主要重任。但他们仅是一大批传道士中的杰出范例，其中大部分，并非全部来自宗教修

---

① St. Boniface（约675—754年），英国传教士与教师，公元8世纪两度去德意志北部传教，任德意志总主教和教皇使节，最后被起义人民杀死。——译者注

会，其中只有一部分名垂青史。他们孜孜不倦地工作，经常以巨大的勇气吸引着新教徒重返天主教的行列，并且做了一件同样必要的工作，即教育和增进了传统的，但是不热心的、或者丧失了勇气的天主教徒的信仰。这些人，即使也具有那个时代的流行看法，认为在宗教问题上使用武力是合法的，但是不把他们的信仰主要寄托在武力的功效上。圣弗朗西斯·塞尔斯亲自写道："我经常谈到，不管是谁，只要是以爱心传道，都是有效地传播反对异端之道，即使他没有说一句反对异端的话。"并非所有的天主教传教士都像这位日内瓦主教一样不愿引起直接的争论，但所有的传教士都认识到了正面教育的重要性。中世纪天主教的重大缺陷是世俗人士在宗教上的愚昧无知，这样既滋长了迷信，又使他们容易受异端传教士的影响；造成这种情况又大都是因为多数传教士知识浅薄，而且往往不善于传道。特伦托会议力求用神学院立法来克服上述缺陷的事前面已经提到。这方面的工作缓慢地产生了效果。教皇庇护四世在 1565 年初带头为罗马教区开设了神学院。1560—1584 年的米兰枢机大主教圣卡洛·博罗梅奥，为其广大的主教区创立的神学院达三所之多。他在许多方面都是特伦托改革的模范主教，在改革的最后阶段起了显著的作用，他的伟大目标是按特伦托树立的典范改革他的教区。他本身的事例就可以说明多么需要进行改革。作为庇护四世的侄儿，他自 12 岁起已有修道院长的头衔，21 岁就成为枢机主教，同时又是米兰大主教区的管理人，但直到 1563 年，他才被授职为神父，并祝圣为主教，到了 1566 年，其叔父去世后，他才被允准辞去自 1560 年以来主持罗马教廷的重任，并得以驻节于他在此以前不得不靠其代表进行管理的主教区。到主教区后，他不仅过着俭朴的生活，从事施舍和教牧工作，在 1576—1578 年的大瘟疫中亲自照顾病人，而且精力旺盛地开展巨大的改革工作，因而引起了西班牙统治者[①]和无所作为的教士们的反对。他对卑微派宗教修会做了许多强制性的必要改革，以致该修会的人企图谋杀他。关于特伦托"新政"面临多么大的障碍，圣卡洛的业绩是最好的具体例证。（值得注意的是，当他 1566 年到达米兰时，他是 80 年来第一个常驻米兰的大主教）他的政策和活动还说明需要着重改

---

① 参阅后面第 258—259 页。

革的方面。除了清洗行为卑劣的教士和提高整个教士的教育和灵性水平外，他还认识到需要更好地对世俗百姓进行教育，并且不仅要强制教士必须使用问答法传道，而且要建立基督教义协会，如经常指出的，它是200年以后由罗伯特·雷克斯创立的英国主日学校的原型。这种学校据说有740所，3000名教师和40000名学生。

在意大利以外的地区，为克服相同的或其他的障碍，人们也进行了类似的工作。甚至在动乱的德意志也于1564年在艾希城建立了神学院。在法国，卓有成效的教区神学院的建立尚待下个世纪，但在西班牙要快得多。在这种情况下，各宗教修会，特别是耶稣会，取得了许多超过单个主教区范围的效果。的确，耶稣会对教士和世俗百姓的教育工作在各方面都与他们的教牧活动和传教工作处于同等重要的地位。因为耶稣会直属罗马教廷，所以他们的学院称为"教皇学院"；而且只要能得到世俗当局的支持，他们的工作就不会受地方教会的惰性和因循守旧的习尚干扰。耶稣会士的教学内容与其组织一样至关重要。他们为未来的教士们提供了传统的经院式神学方面扎实的基础课程，并补充以对教牧直接有关的研究，诸如道德神学、布道和教育的技巧等。他们对处于早期训练阶段的未来的教士和预定要过世俗生活的人，充分利用文艺复兴的人文主义思想和人文主义者提倡的教育方法。耶稣会于1599年出版了《理性学习》，取代了1591年的初版，而初版又主要是由六名有经验的学者组成的委员会编写的。该委员会于1584年由伟大的耶稣会会长阿奎维瓦建立，并于1586年提出报告。《理性学习》包括适用于初级和高级教育的完整的规章，理论和经验并重；直到1773年耶稣会被查禁以前，一直被认为无须进一步修订，可见其质量之高。它包括教育的各个环节，从课堂方法到纪律，连同娱乐和体操的设备，直到学习的内容。根据《理性学习》的设想，最初的几个教学阶段都是一般思想训练，开设的各种课程都是达到这个目的的手段。"《理性学习》所规定的训练不是专业化的或职业化的训练，而是一般训练，要为专业学习打下基础。"通才教育是最初阶段的目的，对于耶稣会士和未来的教士以及未来的教会在世俗界的骨干都是如此。这种教育方法所取得的成绩，不仅表现于从耶稣会内部在数学、天文学、历史学、语言学和其他学科以及神学领域所培养出来的一批著名学者，而且也表现在所培养出来的一些卓越的世俗人士，如卡尔德隆、塔索、伽利略和笛卡尔等。不论新教在教育领域的成就如何伟大，耶稣会和其他天主教教育家的工作即使没有超过他们，也可与之匹敌。

现在有必要转向在天主教复兴中大学所起的作用。不可避免的宗教改革使中世纪大学的国际联合①发生裂痕。魏拉尔特指出了一个值得注意的情况，当时欧洲对立的天主教与新教大学的分界线与罗马帝国沿莱茵河和多瑙河的古老界线相一致，天主教方面的卢万、科隆、美因茨、迪林根、因戈尔施塔特等面对着新教的莱登、爱尔福特、马堡、蒂宾根及其友邦，这是学术界的分裂在地理上的标记。北部的天主教大学在保持与发展天主教的神学方面肯定起了作用，然而，天主教思想家最兴旺之地多在西班牙，如萨拉曼卡、阿尔卡拉、巴利亚多利德与在葡萄牙的科莫布拉均令人难忘。这里不像那些宗教冲突妨碍了公正的学术思想的地区那样，经院的传统没有受到新教反对派的猛烈抨击。如科普尔斯顿所说：

> 人们或许会预期，遵奉亚里士多德的经院哲学的生命和活力由于两种因素而最终枯竭：其一，14 世纪唯名论运动的兴起与扩展；其二，文艺复兴时期新思想的产生。然而在 15 世纪和 16 世纪经院哲学的复兴是引人注目的，并且某些在经院哲学方面最伟大的名家均属于文艺复兴时期和近代之初。

他进而指出西班牙人在复兴中的优势，并列举出了伟大的维多利亚、多米尼克·索托、梅尔乔·卡诺、多米尼克·巴内兹、加夫列尔·巴斯克斯和弗朗西斯科·苏亚雷斯的名字。由于宗教改革运动而产生的学术界的分裂，这些堪与中世纪的伟大经院哲学家相比拟的巨人所做的工作，至今在罗马教会以外很少有人知晓。例如，苏亚雷斯是一位多产的作家，在 19 世纪的巴黎版中，他的著作多达 28 卷，他不仅了解一切以往的形而上学家，从希腊到文艺复兴的思想家，而且在综述中归纳和批评了他们的体系，在此过程中以他自己的天才增添了许多创见。此外，他的研究和作品已超出了纯粹哲学，进入了神学、道德

---

① 参阅本卷第 14 章。

哲学和政治思想领域。由于在国际法领域所做的先驱工作，维多利亚或许是这些西班牙的伟大人物中今天最知名的一个。他死于1546年，的确是16世纪早期的一位人物。在宗教改革的进程使伊拉斯谟被猜忌并引起宗教裁判所迫害西班牙的伊拉斯谟派以前，维多利亚确实介绍了他非常钦佩的伊拉斯谟的人文主义观点；但是他在很大程度上属于西班牙神学复兴的作家，并且是梅尔乔·卡诺和索托等人的导师。这两个人都死于1560年。下一代的杰出人物是巴内兹（1528—1604年）、巴斯克斯（约1551—1604年）、苏亚雷斯（1584—1617年）以及莫利纳（1535—1600年）。我们也不应忽略在西班牙以外讲学和写作的著名人物，他们与专门性神学的总复兴密切相关，特别是圣罗伯特·贝拉明（1542—1621年），他自1570—1576年在卢万讲学，其余时间几乎全部在罗马度过，起初是耶稣会罗马学院讲授神学争论的教授，以后担任教皇的神学顾问。1599年他成为枢机主教，短期担任卡普阿大主教后，在罗马教廷任职期间去世，在此期间他被卷入了英王詹姆斯一世与教皇的争论和伽利略事件。他的全部生涯放在应用神学领域的时间多于纯神学领域，并且是天主教神学中过分纠缠于当时新教与天主教辩论倾向的突出代表。此种倾向使天主教神学的纯理论创造性比本来可以做到的要逊色一些。

的确，理论创造的内容之一注定要在16世纪结束之前在天主教阵营内部播下争论的种子，并且在下一个世纪发展成为关于詹森主义的激烈争论。宗教改革运动的争端基本上全部起源于有关神的恩典及其在人的拯救中的作用的不同观点。其起因可以追溯到中世纪的争论以至更远。因为这些观点起源于希波的圣奥古斯丁之教导，他的教导自5世纪以来对西方基督教思想已产生了非常深刻的影响。对路德神学发生了如此深远作用的正是圣奥古斯丁对圣保罗的解释，虽然路德也以个人经验得出的信念发扬了它；从而"唯信得救"成为所有新教徒共同的中心思想，实际上一切其他新教派别的信念都能直接或间接地溯源于此。由于这一点部分地代表了反对中世纪晚期的神学以某种形式缩小上帝在人类得救过程中的作用的倾向，以致在反对新教时，有些天主教的思想流派很自然地倾向于重返更严格的奥古斯丁主义。奥古斯丁是牢固地树立在西方传统中的一位非常伟大的人物，因而不能被忽视或明显地让给新教。正如魏拉尔特所指出的，在16世纪，新教与天主教争夺奥古斯丁这面旗帜。在我们论及的时代，这一争夺表现为对贝乌斯学说的争论。贝乌斯是自1541年到他去世的1584年间卢万大学的一位头面人物。这里不准备探讨他的观点的复杂细节，可以认为他的观点起源于一种感觉，即认为中世纪神学已经文饰了早期教会领袖们的学说，特别是圣奥古斯丁的学说；求助于"在异端信徒中依然享有一定声誉"的早期教父们，就能够很好地纠正和驳斥新教的学说，而无须求助于经院哲学。贝乌斯在此基础上得出这样的见解：强调堕落之人的无能为力，把这种人的自由意志缩小到最低限度，并把上帝的恩典仅仅理解为控制情欲的一种力量，而不是积极改变这种人的本性的一个源泉。在反对者看来，他的看法在实质上很难与新教的拯救观区分开来。1567年，他的观点遭到庇护五世不指名的谴责。起初，贝乌斯与他在卢万的同事共同接受了教皇的训令，但后来声称训令并非真正谴责他的观点。贝乌斯耍了各种复杂的手段，他口服心不服，1580年教皇格列高利十三世强迫他明确地公开认错。但贝乌斯主义并未消亡。他在卢万创立了一个学派，在他去世后，其追随者们实际上在那里建立了一个讲座，与认为是其观点主要对手的耶稣会的学说抗衡。詹姆斯·詹森是该讲座的第一个主持人，他是更为著名的科尼利厄斯·詹森的导师，詹森主义正是后者的遗产。这个世纪罗马教会内部无休止的关于神的恩典、得救预定论和自由意志问题的争论并没有就此结束，它们自奥古斯丁时代以来在西欧神学界已成为如此具有魅力的问题，以至于西欧神学界对逻辑的热衷和对个人宗教信仰的实际问题的关注，似乎都与这些深奥的问题密切相关。旧的多明我修会和新的耶稣会之间经常的潜在的竞争由于莫利纳主义的争论而公开化。莫利纳（1535—1600年）是葡萄牙埃武拉大学的一位耶稣会的神学家，他发展了一种非常微妙的理论，目的是要将人的自由意志与神的全能的力量协调起来。这一观点在他的名著《协调》中，于1588年在里斯本首次充分表述，此书1595年在安特卫普刊印了第二版。在这中间由多明我会士挑起了一场激烈争论，他们坚持托马斯的学说。此学说就其主要方面而言肯定是属于奥古斯丁派；宗教裁判所与西班牙国王都参与了其事。罗马注意到此事，但拒绝谴责任何一方。并非意外的是，莫利纳的观点于1587年在卢万被批判，甚至没有得到他最杰出的朋友、耶稣会士贝拉明和苏亚雷斯的完全赞同。但涉及的问题与耶稣会的实际教牧学说关系十分密切，所以莫利纳主义在耶稣会必然受到欢迎。耶稣会在其创立者圣依纳爵·罗耀拉发表《灵性的操练》一书后，非常强调一个人如果希望获得拯救，就需要持有坚定的信心；但新教徒、贝乌斯派以及在某种程度上传统的托马斯主义者恰恰不同意这一点，他们认为，若无上帝的全能的恩典，人是无能为力的。西班牙大学中的激烈争论，终于迫使教皇采取行动，于1598年由克莱门特八世建立了著名的枢机主教咨询会议，开始调查这场争论。调查工作延至保罗五世任内，他于1607年以一项敕令结束了这一争论，允许双方保留意见，在教廷做出最后的判断以前，禁止他们互相攻击和责难，但教廷从未做出这一判断。有些人认为能够用人间的词汇阐释上帝的权力和他所创造的人的意志之间的确切关系而不涉及最终的秘密，除了这些人之外，对于所有的人来说，整个争论必定显得枯燥无味。但是这场争论生动地表明了这个时期罗马教会对神学的探究是极为活跃的。思想肯定没有停滞，或许有人感到本来可以把精力用于更加具有建设性的目的，而不必消耗在激烈的争论中，然而，争执的问题，如前所述，并非与实际的宗教无关。令人深思的是：与此同时，新教世界几乎也卷入了同样的争论，例如研究英国清教的人会看到，得救预定论概念对于加尔文派的宗教和政治活动具有深远的影响。

这些事件也显示出，如在中世纪一样，大学在天主教生活中仍然起着重大的作用，并且成为教牧训练的坚强后盾。与大学密切相关的神学院的建立，并未削弱大学的影响，倒是往往提高了这种影响，因为一般教区的教士几乎没有文化，与学术生活脱节的时代已一去不复返了。还与中世纪时代一样的是宗教修会在传播福音和专门的教区工作方面起了相当大的作用，但宗教修会与大学的生活紧密相连，并且在某种程度上控制了大学生活。伟大的神学家几乎全部都是这个或那个修会的成员。因此，宗教教育通过正规的或世俗的教会人员从大学普及到世俗人士，这种宗教教育远比宗教改革以前更为系统和深入。然而，这个制度的建立是缓慢的，无知并非在各处都已消失，或者并未立即消失。事实确如圣文森特·德·保罗于17世纪在法国建立其教区传教团时所发现的那种情况一样。但是到了16世纪末年，在使宗教通俗易懂和生动活泼方面，某种类似革命的东西，在罗马教会所属的广大地区完成了。

在这后面还存在着更为深刻的事物。如果对于给一般人不仅带来知识而且带来虔诚的那些力量不加考察，那么对这个时期的叙述将是不完整的。宗教修会和教区教士尽力传给世俗人士的不仅仅是通俗的神学，真正领悟了改革原则的宗教修会和教区教士希望让世俗人士做祈祷、重视圣礼、实现基督徒的美德，并通过这一切达到圣德和正统。反宗教改革运动的最终力量在于灵性的复兴，这在 16 世纪中期以前就已开始了，但后来其活力继续增长。说明其目的最适宜的例子或许在于圣腓力·内里（1515—1595 年）的毕生工作。这位佛罗伦萨人从 1533 年直到他去世，一直生活在罗马，于 1551 年成为教士，并且建立了奥拉托利会，此会尽管不发愿，但它是一个像修士那样生活的教士团体。他传道的全部目的是引导一般人不仅生活得体面，而且生活得圣洁，其手段一部分是通过忏悔；一部分是通过召集世俗人士举行非正式的会议，进行祈祷、讨论和娱乐。他的影响扩及教廷，尽管他不接受任何官方职务，但他有时能够并确曾影响了教皇的行动。他几乎为罗马的一切关心天主教复兴的人士所熟悉与推崇，因为对于像圣腓力·内里所拥有的这种影响力来说，罗马是最好的战略基地，但他十分谦逊，无意控制教会的复兴。

圣腓力·内里在罗马所从事的工作，也被一连串像圣徒一样的人物在其他地方进行着。当时，这些去世后将被谥为圣者的、数量可观的教士与非教士，必然使每一个了解这个时期的人所感动，特别是因为特伦托会议后罗马的谥圣标准，如官方原则所显示，绝不是低水平的。"崇高的圣德"是基本的要求，它必须是严格的"崇高"，远远超过一般的虔诚和善功。与其他时期相比较，把 16 世纪晚期描述为圣者的时代并不过分，在此期间天主教所取得的成果，真正的秘密就在于此。

毫无疑问，这种圣德的增长一部分可归因于每个团体中由于其生存和生活方式受到挑战而经常表现出来的崇高的反应。"教会在危急中"的口号可能与"国家在危急中"具有同样激励人心的作用。但那些了解以往各时代中灵性的实践与理论之间的关系的宗教史家们则欲寻找一种更深刻的原因，并使之与这个时期天主教生活的另一显著的特征相一致，即禁欲主义和神秘主义传统的复兴与发展。16 世纪后半期是阅读灵性读物的时代，这与这个时代的许多杰出人物以及无疑还有其他许多我们了解较少的人士能进入一种更为真实和更为深刻的灵性生活有密切的关系。一个有名的故事讲到，圣依纳爵在潘普洛纳负伤后进行调养时，房屋里找不到一本他最喜爱的骑士传奇故事，觉得百无聊赖，于是不得不去读关于基督的故事和一系列圣人的故事，结果使他转而从事教会工作。在阿维拉的圣德肋撒的自传中，她清楚地表明：她之所以能超越16世纪早期修道院的马马虎虎的虔诚，应归功于奥苏纳的圣方济各会修士弗朗西斯科的《礼拜初步》一书。这本书为她开辟了沉思祈祷所可能开辟的新鲜视野。这个时代还是一个创作灵性文学作品的时代。虽然它仅仅产生了圣德肋撒本人和在改革圣衣会过程中她的同伙圣十字架的约翰的作品，但是他们的作品是公认的对神秘生活最深入的分析，超过所有这方面的著作。因此，这个时代是灵性理论著作极为突出的时代。事实上这些作品只是一大批灵性文学的群山之巅，它们都可与荒漠的教父时代和中世纪的古典作品相媲美，而且有时还要更高超一些。特别是圣十字架的约翰，在伟大的西班牙神学传统的中心萨拉曼卡接受教育，并在他的作品中显示了对经院神学的精深知识，这一事实说明了西班牙的大学在神学领域中能产生出比枯燥无味的强词夺理的争辩更好的作品，与前已提到的关于神恩与自由意志枯燥的争论的结果是完全不同的。像一切在西班牙明显的新奇事物一样，神秘运动受到宗教裁判所的怀疑。考虑到流行的光照派异端团体号称得到特殊的神启，并认为不道德的行为不会玷污灵魂，宗教裁判所的怀疑在一定程度上是可以原谅的。但是神秘运动得以继续存在并重新被确立为正统的事实更说明，西班牙的宗教不完全是过去常被认为的那种与盲从结合在一起的好斗的狂热主义。

　　16世纪晚期的天主教，就像今天受现代派天主教的攻击一样，在过去则是受新教和持不可知论的人文主义的攻击。最流行的是把它贬为"巴洛克[①]式的天主教"。的确，它最喜爱的建筑形式存在浮夸的现象。但是并非所有的美学派都否定巴洛克式或者认识不到巴洛克式与"洛可可"[②]式的区别。在巴洛克式浮夸的装饰下，存在着一种

[①] 巴洛克，特指1550—1750年间流行于欧洲的一种建筑风格，其特点是过分地雕琢与怪诞。——译者注

[②] 洛可可，为欧洲18世纪建筑、艺术等的一种风格，其特点是纤巧、浮华、烦琐。——译者注

力量和坚实，因而不能藐视它。同样，反宗教改革的人们的严格的自我牺牲精神（尽管可能表现为近乎自鸣得意地夸示对特伦托会议无条件肯定的态度）与巴斯噶在下一世纪加以嘲讽的那种感情用事的虔敬主义也是有区别的。虽然 16 世纪晚期的天主教被狂热与残酷所玷污，经常过度地囿于马基雅弗利的民族主义，而且现在看来似乎是缺乏目前所说的普遍的基督教精神，但是它具有深度和现实主义精神，最重要的是它具有深沉灵性所激发的热情，这一切使得历史学家不可能将其作为一种基督教的失常现象而忽略不谈。

（于　可　译）

第 四 章
新教思想与宗教斗争

一 路德之后的路德宗

在《新教史》这部巨著的第二卷一开始，埃米尔·莱奥纳尔将马丁·路德的去世描绘成对路德主义的沉重打击，并用此方法来对比加尔文之死对加尔文主义的影响。这种对比不无贴切之处。因为路德宗过去是，并且在很大程度上仍然是某个人物的宗教，这种人常常是一个激烈而又古怪的天才，但也是一个能够在几乎无与伦比的程度上影响并激励其信徒的天才。马丁·路德的影响能够延续到他死后，显然是由于他在欧洲和美洲的信徒们源源不断地撰写了关于他的思想的书籍。凡是听过某位庄重的路德宗信徒在决定某个问题时使用虔敬的字眼儿"马丁·路德说"的人都不会对路德宗的影响产生半点儿怀疑。尽管如此，与加尔文宗对于那位日内瓦的改革家于1564年（特伦托宗教会议结束不到一年）去世所做出的相对平静的反应相比较，莱奥纳尔把马丁·路德的死看成是他所创立的信仰的一个灾难也并不为错。因为加尔文创立了一个体系；他活在他的著作中，也活在他在日内瓦所建立的特征明显的教会政体中，这一教会政体为所有的加尔文教会建立了一种模式。路德则不是一位自成体系的人。人们几乎可以说他和阿西西的圣方济各一样憎恨体系和组织。的确，按照他所理解的福音，路德的原则主要就是人类仅靠信仰即可释罪；这一原则得到完整的宣讲而且与之一致的是，教会举行的礼仪，教会的组织以及礼拜的细节是一些无关紧要的事，可以在不同的地方根据当地和当时的喜好和需要做出不同的决定，这一原则说明了至今在路德教会中存在着的差别。

然而，与圣·方济各相比，还可以进一步说明这个问题，因为他刚一去世，在他的教团内部很快就出现了争吵和分裂，其实，这种分歧甚至更早就已经处于萌芽状态了，1546年路德的死也同样加速并恶化了路德教派中已在发展中的分裂趋势。路德本人和他最重要的门徒梅兰希顿两人气质上和智能上的不同在路德在世的时候已导致了他们之间观点上的歧异，只是由于彼此之间的友情才防止了分裂。马丁·路德一直认为梅兰希顿对所有的对立面都过于仁慈。"我像以赛亚，腓力像耶利米；他总是担心自己训斥的太多了，这正是腓力！"[73]然而，他对于梅兰希顿的温和态度怀着一种默默的尊敬，犹如暴风雨中的海燕常常怜悯和平中的人们，"腓力在温和中前进，而我则在信仰中前进。腓力招致自己被吞噬，而我要吞噬一切，不放过任何一个人"。这些只是部分说明了不仅这两个人之间，还有他们的政策之间的区别；例如，在1530年宗教会议讨论《奥格斯堡信纲》时和后来在1541年雷根斯堡会谈（当时天主教与新教似乎接近于达成一项协议）中，这种区别已变得十分明显。在这两次会议上，路德认为梅兰希顿背叛了过去。对于主要反映梅兰希顿立场的《奥格斯堡信纲》，路德起初表现为热烈赞同。他在写给萨克森选帝侯的信中说："我对这篇文章非常满意，它无可挑剔……因为我做不到如此的温柔与和气。"他一直认为实现和解是梅兰希顿的长处，并将此作为对自己的强硬态度的纠偏补遗。正如他在为同侪对《歌罗西书》的评论而撰写的前言中所讲的那样："我非常粗鲁、暴躁、激烈，总的说来非常好斗。我生来就是要和无数的魑魅魍魉战斗。我一定要清除残根和砾石，斩断乱丛和荆棘，整理荒芜的森林：但腓力先生却轻柔、和气地走来，以上帝慷慨赋予他的智慧将幸福播种并浇灌。"然而路德对梅兰希顿政策的再认识就不那么亲切了。在奥格斯堡，梅兰希顿曾自愿做出更多的让步企图换取与教皇特使坎佩基奥达成协议，他甚至表示：至少在一次宗教会议召开以前，只要允许圣餐中饼酒同领，允许教士结婚，他愿意承认教皇和主教们的权威。路德在从科堡写来的信中指责让步，理由是旧教徒只愿做出最低限度的让步，他明确地补充说："我们越来越搞不清楚他们是否同意我们的观点，让他们自行其是吧。"毫无疑问，如果路德参与了《信纲》的撰写，它就不会是那样一份温和的文件,而且肯定他也就不会超越这份文件一步。1541年在雷根斯堡,当与旧教徒就一份更为温和的声明展开争论时,两人之间的分歧表现得更为明朗了;当时,梅兰希顿作为新教代表之一出席了这次宗教会议。令人吃惊的是:虽然双方就争论的关键问题——唯信得救——达成了协议,但路德本人却拒绝承认这个协议,认为它是一个"勉强拼凑的东西",要求旧教徒明确改变其在主旨上的教义。而梅兰希顿则认为:双方同意的信条虽"不如提出的主旨重要",但还算折中,并不太坏。

追述一下本卷历史时期之前的事件对于我们理解梅兰希顿的思想以及它与路德的思想之间的分歧是必要的。因为梅兰希顿这位路德的门徒比他的老师多活了14年,死于1560年,因此他痛苦地经历了路德宗信徒内部一直多少处于隐蔽状态的分裂。全靠其领导人公认的威望,才没有在他生前就演成分裂。除了和再洗礼派以及茨温利派这些激进分子的争论以外,路德还要对付自己门徒在教义上的偏离。一方面是"反律法论",它将路德关于获救的人"永远公正,永远有错"这一矛盾的概念推进到坚持认为人的罪恶与上帝有关,因此,基督徒无须认真服从道德律法。另一方面,有一种后来被称作神人协作论(Synergism)的观点,它怀疑路德对自由意志的绝对否认,并设法为拯救过程中人的合作寻找一席之地。前者由阿格里科拉和申克所创,路德于1537—1538年对这种立场进行了攻击。后者主要以纽伦堡的改革者奥西安德尔为代表,他相信得救与承认基督为拯救者的那些信徒心中内在的基督紧密相关。路德对此没有加以攻击,也许正像莱奥纳尔所说的那样,这是因为他心爱的门徒腓力·梅兰希顿也被指责持有类似的看法。梅兰希顿无疑清算了他最初与路德一致的观点,即人在自己的得救过程中绝对无能为力,而是变得不那么信奉得救预定论了。有一次,路德在桌旁说:"上帝拯救他希望拯救的人",而梅兰希顿反驳道:"不,拯救那些希望被拯救的人。"

梅兰希顿所背离的不仅是这一点。1540年对《奥格斯堡信纲》加以修订时,他更改了路德一直坚持的圣餐圣体说,在一定意义上有利于瑞士对"真在论"的否认。的确,到路德的晚年,他们之间的关系变得紧张起来。有人提醒路德说,梅兰希顿暗地与他的看法有分歧,事实上等于在背后批评他,甚至还与旧教徒有通信来往,但路德不愿介意此事。而在梅兰希顿一方，由于惧怕路德那随着年龄的增长而变得越来越暴躁的脾气，也保持沉默。

事实上，无论路德与梅兰希顿过去关系如何密切，他们毕竟是两个具有不同气质和观念的人。梅兰希顿始终是一位学究，严谨的学者，注重说教的严密性的先生，一位人文主义者，他对公共秩序的重视，比路德认为的上帝为震慑邪恶者乃立君主的概念更加深刻。正如他所说：他之所以愿意在奥格斯堡宗教会议上做出让步，主要是为了"维护、加强和建立和平、和谐，以及教会秩序的权威"。也还是出于这个原因，在路德晚年，他急于一方面与旧教徒，另一方面与瑞士的改革者实现和平。弗兰茨·希尔德布兰特列举了使他偏离路德宗的让步是对传统、理性、律法、权力和对立面做出的让步。另一方面，天性易于激动、性情暴躁的路德是从学究变成的先知，这总是一种危险的改行——尽管可以像他那样强化个人对他人的影响。我们已经看到路德认识到了他自己同他的既喜欢又猜疑的朋友之间在气质和观念上的区别。正是这一点再加上认识到梅兰希顿在任何方面都不适于继承他来维持路德宗的团结，也许使他于1538年写信给梅兰希顿时说出了下面这些话：

> 下个世纪将有多少个不同的教主？这种混乱将会更加严重。没有哪个教主会愿意顺从别人的观念和权威，每个人都要树立自己的"拉比"：看一看奥西安德尔和阿格里科拉已经在干些什么……而且还会有多么可怕的诽谤！太放纵了！君主们避免这些邪恶的最好的途径是召开一次宗教会议，但旧教徒却逃避这一步：他们太惧怕光明了！

在路德宗的范围内，这的确是一个正确的预见。路德死后一些年，也是路德宗内部冲突剧烈的一段时间。在冲突中，不幸的梅兰希顿注定要迫不得已地成为中心人物。分裂的开始恰恰是由于梅兰希顿对和平的热忱，这是临时敕令的结果；1547年（路德死后两年）查理五世在米尔贝格击败信奉路德宗的施马尔卡尔登同盟后，企图把这个敕令强加给帝国。正如敕令的名称所示：它是一次妥协，企图在旧教与新教的分歧可以由某次宗教会议彻底解决之前，暂时维持两者之间的均衡。旧教对新教在某些方面做出了让步，但要求他们保持，或更正确地说重新引入大量的旧教礼仪和庆典。这一做法引起了强烈的愤慨，并导致许多在信念上不能接受这一主张的重要的宗教改革家自愿流亡——这也是克兰麦为什么能够成功地将他们中的一部分吸引到英国进行爱德华时期的宗教改革的原因。这一做法也遭到大多数新教诸侯的抵制。但梅兰希顿和他的同伙们却迎合了萨克森公爵莫里斯制订的计划。莫里斯公爵虽然也是一个新教徒，但在施马尔卡尔登战争之前与皇帝结成了联盟，而且从皇帝那里得到了包括维滕贝格在内的萨克森选帝侯的地位，这是从他的亲属约翰·弗雷德里克那里剥夺来的。1547年，约翰·弗雷德里克夺回了选帝侯地位，但在米尔贝格战役后再次丢失，这次战役使他成了阶下囚。在宗教信仰上持灵活态度的莫里斯在战后曾望过弥撒，并自愿接受了教皇允许他保留还俗了的教会财产的决定。但他深知，要说服他的萨克森臣民接受皇帝1548年的临时敕令将会面临的困难，因而开始努力促成一种妥协，一种可能为萨克森宗教会议愿意接受的他自己的临时敕令形式的妥协。这是1548年莱比锡临时敕令的来源，这样称呼它是为了与已经论及的帝国奥格斯堡临时敕令加以区别，后者已于前一年5月经教皇批准后公布。由于施马尔卡尔登同盟的崩溃以及那些不妥协的新教徒的反抗，似乎为莫里斯寻求的妥协提供了可能的出路。以阿姆斯多尔夫和弗拉希乌斯·伊利里库斯为首的一些顽强的改革者躲到了自1521年以来一直作为路德宗堡垒的马格德堡，这座堡垒将于1551年被莫里斯以皇帝名义攻占；在攻占以前，像1689年在伦敦德里的情况一样，经过了一次成为新教英雄史诗的守城战。这一事件值得注意的另一个原因是它第一次打破了路德宗遵循的消极服从统治者的理论，因为被围困的牧师们发表了一个庄严的声明论证抵抗无罪。

梅兰希顿与他在维滕贝格的支持者进行的合作正是在莱比锡临时敕令方面，梅兰希顿在这件事情中成了选帝侯的宗教顾问。他可能因莫里斯主要的世俗顾问是克里斯托弗·卡尔洛维奇而在良心上感到坦然一些，此人是一位伊拉斯谟主义者，在宗教事务中一贯持中立的立场。这是梅兰希顿能够理解的一种态度，人们还必须记住路德宗遵守的要顺从敬神的君主这一原则。再者，正如在1548年4月的一封信中揭示的那样，梅兰希顿受到一种反对路德的暴力和不妥协的思想的影响，在路德的领导下，他曾处于被他现在描绘为盲从者的地位。他说他过去的老师时常不顾自己的尊严，人们可以清楚地想象到有文化素养的梅兰希顿常常对路德的粗暴的争论无可奈何地耸耸肩。而且，值得注意的是，他还说路德不关注公共福利。（如前所述，梅兰希顿对公众的安宁具有学者般的热爱）当他对福音派教会的建立感到遗憾，同时否认自己对分裂负有责任，而且公开承认毕生喜爱天主教仪式的时候，也许并不是假话。他的其他许多语言和行动表明了这种心理特点，不过，他并不总是首尾一致，在一封私信中，他曾批评奥格斯堡临时敕令，并说这一敕令所倡导的仪式是愚蠢的。（当这封信未经他的允许付印发表后，他当众撕毁一份印件，以示他与这封信毫无关联!）当局势需要让步时，不仅他一人感到不必遵循路德改革的每一个细节，他还得到了其他著名的路德宗信徒的支持，如布根哈根和乔治·马约尔的支持。后者从1536年起便是维滕贝格的教授，后来他强调：为了最后得救，善行是必不可少的。

莱比锡临时敕令是一份包括15篇文章的文件，目的在于从信念和著作、教会的权威、圣礼、圣像的使用，按教规进行定时祷告的时间，为死者和斋戒者进行祷告的祈祷文这些方面促成旧教和新教在教义上的融合。它对萨克森的实际影响似乎很小。梅兰希顿本人写道，在那里的教堂中，人们继续做着20年来一直在做的事情，谁也没想到要改变一下。梅兰希顿似乎也不真正相信这个敕令，一位批评家把它描绘成与魔鬼的共谋，对此，梅兰希顿曾经说过这是真实的。但一个人除此而外还能做些什么呢？不管怎样，就连妥协的思想都难以长久。尽管1550年查理五世在奥格斯堡宗教会议的第二次会议上说服新教徒派代表到特伦托宗教会议上陈述己见，但他们1552年在会议上的出现，对于使神父们接受他们的要求没有产生任何影响。他们的要求集中起来说就是：在以《圣经》作为唯一真理标准的基础上重新开会，俗人拥有投票权，反对教皇主持会议并享有否决权。1551年萨克森的莫里斯断绝了与皇帝的关系，并与其他新教诸侯结成联盟，这个联盟接受法国亨利二世的帮助。莫里斯向因斯布鲁克的推进导致特伦托会议匆忙中断并在以后10年中再未复会。同年8月，查理五世在帕绍被迫接受新教徒的条件。第二年，萨克森的莫里斯在一次反对勃兰登堡的阿尔贝特·阿基比阿德的行动中被杀。1555年，奥格斯堡和约承认各个领主在领地内有权决定其宗教事宜，从而使所有的临时敕令全部成为废纸。

尽管如此，因查理五世暂时胜利而暴露出来的路德宗内部准备妥协者与原教旨主义者之间的分裂，对于路德生前即已存在的观点上的分歧又增加了怨恨并导致了1548—1580年这32年间路德信徒之间激烈的争吵。不过，这些争论虽因其分裂特性而在关键时刻削弱了路德宗，却因一部明确解释路德教义的文集的诞生而结束，并因此而导致一种在路德死时似乎绝不可能实现的团结。但需要指出的是，许多人从后来路德宗的历史中为自己找到部分根据，认为这种团结的益处大可怀疑，它势必把一种依靠虔诚态度多于依靠教义等等的宗教僵化成一种学术的形式，丧失了早期的锐气和吸引力。

如前所述，梅兰希顿发现自己不幸地成为目前正在激烈进行的这场争论的中心。在一个方面，这是不可避免的。因为梅兰希顿由于他那有影响的《恳谈录》（*Loci Communes*），已成为路德派宗教改革的有理论系统的神学家。此外，他还是已经成为路德宗信仰依据的《奥格斯堡信纲》的主笔。人们已经注意到了那样一种自相矛盾的情况，即从长远来看，梅兰希顿对系统化的追求与路德本人易动感情而且有时不顾逻辑的特性是相互对立的；由于环境的力量，梅兰希顿的反对者最终接受了那种自相矛盾的情况，他们被称作真正的路德派（Gnesio Lutherans），曾极力反对在他们看来可能引起变化的观点。梅兰希顿作为路德弟子中之巨擘以及发起运动的主要学者，是一个不可忽视的人物。但同时，人们又怀疑他动摇不定、三心二意，积极的革命者几乎总是把这归因于知识分子的特征。正如前面已经看到的那样，在这些人眼中，上述怀疑并不是毫无根据，对于这些人，路德主义过去是，并且必须永远是与天主教会旧制度截然对立的。

由于再也没有路德这样一个开山祖式的人物靠强调对其个人的忠诚从中发挥仲裁者的作用或强制实现和平（如果路德给人留下的那个幻想破灭了的、固执而且越来越暴躁的形象真能做到这一点），这时出现了一系列的争论，一开始就是关于不置可否论的论战，它因1549年弗拉希乌斯·伊利里库斯发表其《不置可否的真与假》（*De veris et falsis adiaphoris*）而爆发。要记住，在那些向北撤到马格德堡以对抗《奥格斯堡临时敕令》的不妥协的新教徒中，弗拉希乌斯是最重要的一位。对他们来说，莱比锡临时敕令与奥格斯堡临时敕令同样该诅咒。当梅兰希顿和他的支持者们为莱比锡临时敕令辩护时，弗拉希乌斯等人激烈反对，梅兰希顿的理由是：莱比锡临时敕令所认可的天主教礼仪是"不置可否物"，即无关宏旨的东西；这些礼仪完全基于人类的传统，因此，与之妥协也就不是对上帝的谕旨的背叛。在弗拉希乌斯等人看来，在上帝与魔鬼、真理和荒谬之间没有中间位置可取。必须指出的是：他们是在攻击这样一种主张，这种主张不是说这些不置可否的事物本身是好的或有价值的，而是说它们是一些无关紧要的做法，虽然并非必不可少甚至也许应加以反对，但出于和平的目的，却是可以允许的，很像加尔文在另一场合下把安立甘宗祈祷书的某些细节描绘为"可以容忍的蠢话"一样。为这种态度辩护的人可从路德的传统中寻求支持，因为路德早期在维滕贝格曾反对过卡尔施塔特和其他人在他离开瓦尔特堡期间提倡的激进主义，当他返回后又恢复了被他们抛弃的，而且其中大部分路德自己后来也放弃了的礼仪。进一步说，只有以圣经为中心和唯信得救的路德宗原则以及这一原则派生出来的圣礼观才是应该恪守不移的。除此以外，几乎所有的宗教礼仪和组织都是次要的，可以随着环境变化。对16世纪中叶维滕贝格的神学家们起草的临时敕令的强烈反对，不仅显示出一个决心不再重复已经走过的道路的宗派的发展过程，而且说明了激进的路德主义的成长，此派远离在一定程度上标志路德一生的保守倾向，同瑞士改革者的态度倒更为接近。的确，这种激进主义也许标志着瑞士人在精神上（如果不是在实质教义上）慢慢地从西南部向信仰路德宗的德意志扩散，瑞士人的思想很早就在西南部的宗教改革中占据了统治地位。值得注意的是，在关于不置可否论的争论中，不仅那位符滕堡的路德宗改革家，在圣餐问题上坚决反对茨温利和加尔文的布伦兹，而且还有加尔文，都站到了反对维滕贝格派一边。的确，研究这段历史的人们立即就会发现这场争论与发生在英国的胡克与激进的清教徒之间就是否唯有圣经中明确证明了的东西才是合法的这一问题所进行的争论十分相似。

梅兰希顿在圣餐问题上对瑞士人的圣礼观表示赞同乃是一个极大的讽刺。瑞士人否认饼和酒被祝圣后发生任何变化，因而与布伦兹对立。根据路德的观点：基督的仁慈将属于神性的普在特征转到了圣餐中，因而可以在圣餐中真在，布伦兹以非常精确的形式提出了路德宗的真在论的教义。宗教改革的确到了这样一个阶段，思想上的互相启发和天主教的反动的压力正在组合出奇怪的合作者。

1552年，梅兰希顿同以往一样在对立面的压力下抛弃了他对不置可否论的辩护，而且实际上，正如以前所指出的，由于查理五世1547—1548年暂时胜利的影响随着新教的复苏而渐渐消失，这个问题已经不太重要了。但这一争论势必将路德的观点分裂成"腓力派"和"真正的路德派"这两大派，两派分别将以维滕贝格和新的耶拿大学（1548年创建）作为自己的营垒。这一事实在继不置可否论以后的争论中变得更加明显。这场争论的焦点转到了路德关于拯救、关于必然得救或善行得救的概念上（事实上是过去的反律法论问题稍微变换了一下形式），也转到了自由意志问题上。路德坚持用以反对伊拉斯谟的概念是：人类具有或者屈从上帝或者屈从魔鬼的劣根性；而在关于自由意志的争论中，那些把路德这一概念推到极端的人遇到了"神人协作论者"（Synergists）的反对，他们希望承认人类在得救过程中有与上帝协作的某些权利。很难说腓力派在每件事情上都像真正的路德派所认为的那样站到了修正者和背离者一边，但后者这样认为也不无道理。这的确和我们今天的马克思主义者之间的争论有相似之处，一方不容许偏离马克思的语句，而另一方则被说成是偏离了他的语句。这种相似性还不止于此，就像今天有一些看似超越了马克思的马克思主义者那样，当时也有一些准备超越路德的路德宗信徒，如阿姆斯多尔夫，他想要声称善行对于得救是绝对的障碍。

这里不需要强调这一切对路德宗的团结的影响，甚至在政治方面的影响。路德认为：虔诚的君主应该关心并维护宗教的纯洁性。萨克森家族内恩斯特与阿尔贝特两个支系的长期争吵就这样于16世纪中期转到了神学方面。被阿尔贝特支系的莫里斯夺走选帝侯资格的恩斯特支系的约翰·弗雷德里克支持极端的路德派反对受到莫里斯的兄弟和继承人奥古斯塔斯选帝侯青睐的腓力派。约翰·弗雷德里克于1559年授权发布了《魏玛驳斥书》，不仅驱逐了所有路德宗的反对者，而且还驱逐了同情梅兰希顿及其朋友们的立场的人，旨在反对1558年另一些新教诸侯在法兰克福同意组建的联盟。值得庆幸的是，神学争论的错综复杂阻止了完全可能发展成为真正的政治分裂的进程。甚至在耶拿大学也出现了与反对自由意志的极端分子针锋相对的力量。从1557年便在耶拿大学担任教授的激烈的弗拉希乌斯·伊利里库斯因其观点认为人在上帝手中是被动的、犹如木头和石子一样而遭到了施特里格尔（Strigel）的抨击，后者是梅兰希顿的学生，也是一位教授。耶拿大学校长撤销了《魏玛驳斥书》并将争斗中的牧师们禁闭六个月，只是在得到新教诸侯和皇帝斐迪南一世亲自支持的大学中普通师生们的要求下才将他们释放。争吵继续进行，施特里格尔被免去教授职务。1560年他与弗拉希乌斯的关于《魏玛驳斥书》的长时间争论的结果不过是促使约翰·弗雷德里克公爵采取了中立的态度。弗拉希乌斯和他的同伙继续猛烈攻击他们的对手，而公爵则采取了埃拉斯都式的解决办法，他成立了一个宗教法庭，从牧师们手中接管了革除教籍和审查书籍的权力。弗拉希乌斯与他的大约40名支持者被免除职务。1561年施特里格尔被耶拿大学召回并复职，但翌年又去莱比锡任教授，这也许是明智之举。

　　面对加尔文主义在德国的传播，这些激烈的争论直接威胁到路德宗的生存。诸侯们对此都有察觉，并且，当皇帝斐迪南提出要将自己的儿子马克西米连作为罗马国王的候选人和自己的继承人时，诸侯们看到了恢复团结的时机。斐迪南本人赞同向新教徒做出让步，但他那被路德宗老师们教育出来的儿子才真正与新教诸侯们进行了谈判，他应允：只要新教徒实现了内部的团结，他就支持《奥格斯堡信纲》。1561年在瑙姆堡召开的诸侯会议上，未能做到这一点；主要原因是黑森的腓力成功地使大多数与会者接受了梅兰希顿的圣餐观，对于严格的路德宗来说，这一观点与瑞士人的看法太相近了。他们甚至没有一致支持马克西米连当选，加尔文宗的支持者巴拉丁伯爵反对他，因此他不得不对天主教徒装作完全与他们信仰一致才在选举中获胜。甚至连约翰·弗雷德里克公爵被夺去萨克森领地也没有在路德宗内部带来和平。他被终身监禁，因为支持威廉·冯·格伦巴赫暗杀符茨堡天主教会主教的阴谋；阴谋者把公爵卷入了一个狂妄的革命计划，即要在瑞典以及尼德兰的和法国的头面人物的支持下使这位公爵成为皇帝，一个名叫陶森茨舒恩的疯狂的预言家以伪造的启示支持了这一计划。

　　当恩斯特支系的领地落入支持腓力派的阿尔贝特支系的选帝侯奥

古斯塔斯的管辖下之后，公爵的兄弟和继承人约翰·威廉就始终支持耶拿的神学家们，直到他死于1573年。奥古斯塔斯怀着刻骨的仇恨追踪弗拉希乌斯，使他从一个又一个城市中被驱逐，但弗拉希乌斯在各处仍支持人类彻底堕落的极端观点，坚持认为罪恶已成为人性的真正本质。这场论战的激烈程度确实几乎难以想象，弗拉希乌斯的一个同伙维干德代表了它的精神，他认为"非狂热者不会爱基督"。1568年，阿尔滕堡的神学家们在一场当着约翰·威廉公爵的面，而且这位大人物也参加进去的辩论中，真正的路德派和腓力派之间的谩骂变得如此的声名狼藉以至于人们普遍认为：连上帝也感到震惊从而通过异兆的显示将此告知了人类。（在16世纪路德宗思想里，从未远远地摒弃对天启和占星术的兴趣；梅兰希顿本人对占星术就很有兴趣，甚至连路德都难以使他放弃这一兴趣）

路德宗内部的斗争也日益同路德宗信徒们对加尔文主义的恐惧和厌恶联系在一起，这可以追溯到路德本人与茨温利的对立。1549年，茨温利的继承人布林格与加尔文宗在《蒂古里诺协议》中取得一致以后，那种厌恶必然明显地增强了。《协议》否认在圣餐的饼和酒中的真在论，真在论是彻底的路德主义者与天主教一致的地方，不过他们反对变体论。《协议》把那些拘泥于基督说过的话——"这是我的身体，这是我的血"——的人描绘成"迂腐的注解者"，路德在1529年的马尔堡宗教会议上就是那样做的，当时，他在饭桌上用粉笔写出："这是我的身体"这句话并且拒绝从其字面的意义上做任何细小的引申。"宁做天主教徒也不做加尔文教徒"变成了路德宗的口号，而原教旨主义者把那些在他们看来其圣礼教义靠不住的路德宗信徒描绘成"隐秘的加尔文主义者"。反对这些人的势力非常凶猛。1574年，腓力派的约阿希姆·库里乌斯就圣餐发表了一篇论文，提出了瑞士人的教义而得到维滕贝格神学家们认可并用来讲道，对此感到担心的选帝侯奥格斯塔斯似乎看不到反对真正的路德派的教派打算走多远，于是在《托尔高条款》中查禁了这篇著作。他还把隐秘的加尔文主义者的首领们付诸审判，一人被拷打致死，另一人被长期监禁。事实上，新教徒对新教徒的迫害变得越发普遍了。当曾在海德堡庇护过加尔文宗的巴拉丁伯爵弗雷德里克三世于1576年死去后，他的儿子路德维希要求其臣民恢复信奉路德宗，并从他的领地内驱逐了500

或 600 名拒绝改宗的加尔文宗首领。巴拉丁伯爵此后一直信奉路德宗，直到 1583 年路德维希的兄弟约翰·卡齐米尔为他年幼的侄儿弗雷德里克四世管理领地时，才恢复信奉加尔文宗。

这里需要强调提出，皇帝马克西米连（1564—1576 年）本人名为天主教徒，实际赞同路德宗，甚至在其奥地利领地内鼓励路德宗，对加尔文宗则不予支持。1566 年，他在奥格斯堡召集了一次宗教会议，旨在排斥天主教和路德宗以外的一切宗教派别，但当他竭力使巴拉丁伯爵弗雷德里克放弃加尔文主义时未能得到大多数路德宗诸侯的支持。在萨克森选帝侯奥古斯塔斯的领导下，他们坚持认为弗雷德里克除了关于圣餐的观点以外，还是忠于《奥格斯堡信纲》的。无疑，马克西米连对弗雷德里克的敌意起源于 1562 年后者反对他当选为罗马人国王，但马克西米连也由于他接受了他的路德宗老师们的教育而相信只有路德宗才具备的优点，也许他认为帝国中有两种宗教就足够了，尤其是如果新教左翼得势，他所追求的新教右翼与天主教的和解就会遭到破坏。

1567 年马克西米连死后，他的儿子鲁道夫，一个彻底的天主教徒继承了皇位，这件事很可能是迫使路德宗整顿内部、实现团结的一个原因。而弗雷德里克三世之死使加尔文宗在巴拉丁伯国被推翻一事，也肯定使这个时机显得十分有利。整顿的第一步曾经迈出过。符滕堡公爵克里斯托夫是一位虔诚的路德宗信徒，在他的领地上，流行的争论造成的烦扰也不如在萨克森领地上严重。对于他的蒂宾根大学校长、热衷于团结工作的詹姆斯·安德烈埃，克里斯托夫公爵给以积极支持。安德烈埃于 1567 年制定了五项条款以求建立团结的基础，这些条款同时得到了腓力派和真正的路德派的支持，但由于克里斯托夫公爵于 1568 年去世以及与他有着共同的团结愿望的黑森－卡塞尔的威廉对安德烈埃的疏远，没有取得深远的进展。1573 年，安德烈埃重新执行这一任务，并发表了六篇倡导和平的讲道书，这使他得到了一些重要的北德意志路德宗神学家们的支持，其中值得注意的有得到世俗统治者不伦瑞克的尤利乌斯重视的马丁·克姆尼茨；结果，安德烈埃根据讲道书形成了有 11 项条款的《士瓦本协议》，不久得到下萨克森公国的响应。1576 年，萨克森的奥古斯塔斯迈出了独创性的一步，他的神学家们撰写了《毛尔布龙教义》。同年晚些时候，他又在托尔高召集宗教会议,将《士瓦本协议》与《毛尔布龙教议》合并成为《托尔高教义》,这项工作的很大一部分是梅兰希顿的朋友和门徒们完成的。它的篇幅太长,不适用,这部《托尔高教义》被安德烈埃缩编成最后一版的《教义条款》的《梗概》,1580年在德累斯顿以德文发表,以此恰当地表示了对1530年的《奥格斯堡信纲》50周年的纪念。对《托尔高教义》一书的评论后来编成了《贝尔根书》,它又转而发展为构成了《教义条款》第二部分的巨著《明信详解》。

对路德神学的明确阐述就这样产生了。由奥西安德尔翻译的第一个拉丁文本被认为有缺陷并加以修订,最后于1584年在莱比锡发表了权威性的拉丁文版本。这是一部长达17000字的大型文献,书前附有由路德宗诸侯、贵族及市政当局署名的长篇前言。由于随处可见的圣经引文,它显得冗长累赘,而且,它一面宣称除了圣经本身和传统的三大教义以外,最初的未曾更改的1530年《奥格斯堡信纲》构成了路德教义的准则,同时详细记载了自1530年以来出现的论战,这些论战尽管可以不同的标准划分,但近期一位作家在论述《教义条款》时列举了不下10次。正如我们已经见到的那样,论战的次数很多,相互交错而且十分激烈;没有必要为了弄清这一时期路德宗的命运而详细描述所有这些争论。在很大程度上,《教义条款》本身就进行了描述,按莱奥纳尔的话说,"它是用历史学的语言表述出来的,因而对于历史学家具有很高的价值,它在回答宗教改革的进程遇到的问题时,每一个问题前面都加上一个不偏不倚的对环境背景的解释,这些解释对于各种相互对立的论点都给予了冷静而又确切的界说"。正是由于这部著作不偏不倚的特性,才在某些事情上谴责了不同的宗派而没有颂扬其中任何一方;不过,诚如所料,它在抨击加尔文宗时极为严厉,而且,有趣的是,其最严厉的部分不在圣餐问题上,而在它对加尔文的"得救预定论"教义的批判上,说这些教义"都是虚假的,可怕的,渎神的"。"所有本应从圣经和圣礼中得到的慰藉,都被他们从虔诚的心灵中夺走了,因而在上帝的教会中无论如何也不能容忍。"在权威的路德主义那里,对"得救预定论"的信仰无论多么坚定,它都是慰藉的教义而不是潜在的绝望的教义。

从路德的信徒们自他一去世就爆发出来的,确切地说是在他生前就开始了的这场激烈论战所造成的纷攘喧嚣中,能够产生如此全面而又如此详细的协议,而且想不到还是在16世纪结束之前的20年,这看起来一定不亚于一个奇迹。争论当然没有立刻平息下来。从德国各地传来了神学家们批判这部《教义》的声音,迫使泽尔内克尔、克姆尼茨以及基希纳对此撰写了《辩解》并于1584年在德累斯顿发表。① 但是最终这部《教义》得到德国和斯堪的纳维亚大多数路德宗教会的承认。它受到了加尔文主义者的猛烈抨击,这也是它越来越被视为继《奥格斯堡信纲》之后条顿式新教的第二个理论基础的部分原因。条顿式新教虽然没有能在其他地方取得重大进展,但吸引并打动了如此众多的德国人以及几乎全部斯堪的纳维亚人,而且一直维持至今,甚至当条顿人迁移到其他环境中仍一如既往,近代美国路德主义的活动说明了这一点。

如果有人问(人们肯定会问)什么原因使得路德宗度过了这段困难时期并仍然以最重要的新教形式兴起于德国,也许答案的一部分恰恰在于路德主义和条顿人心灵之间心理上的亲缘关系。路德在1517年到1521年间很快就获得全国性的声望,这一点说明无论他的优点还是缺点都总是被看作德国式的。他不仅有意地并且直接地激发了德国人的民族感情,更重要的是他十分清楚如何做到这一点。即使他在后来失去了民心,特别是在农民战争期间;即使他最后没有能够使不止一部分德国人站在自己一边,但是他毕竟始终对德国产生着影响,而且更重要的是不在其他任何地方产生影响。不是路德本人,而是路德的思想影响了欧洲的其他部分,一个简单的历史事实是,在德国和斯堪的纳维亚之外,加尔文主义摘取了路德主义所播种的全部果实。我们一直在加以描述的路德宗内部的紧张状态无疑有助于说明这一点,德国的路德宗信徒变得内省了,他们埋头于理解本宗派的争论之中,它也就很难成为一种广泛传播的宗教。但任何一个体验过路德宗那种独特的、确实无与伦比的对路德崇拜和虔信的气氛的人,哪怕体验的时间不长,都会想到更深刻的原因。路德宗信徒们就习惯于在这些东西中寻找自己的信仰的精髓,与东正教徒非常相似。他们反对加尔文宗不仅出于对其教义的厌恶,同样还由于加尔文主义者那种冷

---

① 参见后面第333页。

漠、理智的特征，而且正如前面引用《教义条款》中关于"得救预定论"的那段话所揭示的那样，这种情绪主要来源于一种感觉，即典型的加尔文神学是冷漠无情、墨守成规、唯理主义的，对于那些热忱地信仰在基督身上显灵的上帝的人毫无裨益，而这种信仰正是真正的路德宗信徒对宗教的态度中最深层的东西。路德宗从来不像天主教或加尔文宗那样苦修苦练。路德宗关于圣洁的观念大部分是其独有的，对于其他环境中的人来说，很难理解。

还有一点值得注意的是：无论解释得如何新颖，路德宗其实保持了许多中世纪德国天主教的虔敬传统。与茨温利宗和加尔文宗不同，路德宗不是破坏圣像者，这在今天德国部分地区和斯堪的纳维亚更广大地区的路德宗教堂中都可得到证实；而且，他们没有笼罩在其他宗派的新教徒心中的对于感官崇拜的畏惧。路德宗保留下来的一些中世纪礼仪令人吃惊。它不仅在许多地方保留了中世纪的法衣，这使那些熟知加尔文主义者狂热地反对"教皇的破衣裳"的人感到惊讶；而且，路德宗并不总是严格地恪守在礼拜仪式中使用方言的原则，直到18世纪，在一些路德宗的大教堂里仍然可以看到使用拉丁语的宗教仪式。此后，拉丁语仪式被放弃了，但也不是由于任何新教的原则，而是受到启蒙运动的影响。这些只是见微知著的表象。路德主义植根于德国历史传统中，这一点也许是人们没有完全意识到的。人们不可能想不到，路德宗保留真在论教义的心理原因至少部分在于中世纪德国对于圣饼的突出的崇拜。当时，对圣餐原理的解释可以说是无止境的，教堂的形象就是一所精致的"圣餐之屋"。在其他新教徒看来，真在论严重地抵消了路德对弥撒圣餐的全面反对，并确实妨碍了与瑞士宗教改革者结为同盟。从另一角度观察，德国天主教和路德宗在吟唱欢愉的通俗赞美诗以及把讲究仪式与朴实无华结合起来这些方面相似的情况，与其说是保留了专属于天主教或新教的东西，还不如说保留了德意志的东西。如果确实如此，人们就能理解为什么至今在旧世界和新世界中路德宗仍然是条顿民族的宗教，其理论和实践一直未能广泛地引起其他民族的共鸣。人们同时也可以理解路德宗之所以能够度过被说成是其历史上最严重的一场危机的16世纪晚期，最重要的原因也许在于其被民族意识所支持的崇拜观和虔信观。与之俱来的当然还有这一历史时期明显表现出来的在教会与国家的关系中神学家们很少感到压抑这一事实；自从路德在他的选帝侯那里找到他主要的赞助者和保护人之后，这种关系就成为路德宗的一个特点，而且，正是通过路德宗诸侯才在《教义条款》中重新建立了和解后的统一。

如果人们简单了解一下这一时期的斯堪的纳维亚国家，就会得出同样的结论。的确，他们在很大程度上远离在德国降临的风暴，其余波也不算强烈。很能说明问题的是，直到1686年，《教义条款》才正式在瑞典的教会法规中体现出来，因为在那里，对《教义条款》的需要并不感到急迫。在丹麦，甚至连《奥格斯堡信纲》直到1574年才被接受，而在瑞典还要晚些。在斯堪的纳维亚国家中，中世纪的残余比在德国的路德宗那里表现得更加明显，然而在礼拜和虔诚的信念上斯堪的纳维亚国家追随着路德宗的模式，而且感到与其德国弟兄之间有一种强烈的亲近感。虽然瑞典国王埃里克十四（1560—1568年在位）是在加尔文宗信徒影响下接受的教育，但加尔文宗始终未能在斯堪的纳维亚人中站住脚。著名的乌普萨拉大主教劳伦蒂乌斯·佩特利在他1566年发表的《论教会的仪式和庆典》一书中极力赞扬路德宗的原则，反对加尔文宗的信念。在埃里克的兄弟下一位国王约翰三世统治时期（1568—1592年），一场企图与罗马重新统一的运动同样未能取得成功，约翰在1568年废黜埃里克之前，曾是芬兰公爵，并于1562年与波兰的天主教教徒凯瑟琳结婚，他也在波兰接受了乔治·卡桑德的神学，这种神学把天主教和新教双方的基本原理结合在一起。一位波兰耶稣会会员斯坦尼斯拉斯·沃尔泽维奇于1574年访问了斯德哥尔摩，会见了瑞典国王并给国王留下了深刻的印象。其结果似乎是约翰于1576年试图采纳一本名为《红书》（*Red Book*）的新祈祷书，继一年前出现的《新教规》，它表明了国王倾向天主教的趋势。1576年又有一个耶稣会布道团到达斯德哥尔摩，其首领劳伦蒂乌斯·诺维古斯原为斯堪的纳维亚人，被国王任命管理神学院，即他正在创建中的斯德哥尔摩神学院。在他的帮助下，国王强制推行了他的新祈祷书政策。1577年一位更加著名的耶稣会士安东尼奥·波塞维诺来到斯德哥尔摩，直到1578年他一直作为教皇的特使住在那里，在他离开瑞典前正式接纳国王加入罗马教会。

然而，这种信仰上的转变并不持久。约翰试图把瑞典的宗教恢复为罗马天主教，但阻力很大，而且罗马教廷一直不应允国王认为必不可少的让步。波塞维诺被任命为斯堪的纳维亚及北欧和东欧许多地区的教皇代表，于1579年返回斯德哥尔摩。但当约翰知道罗马方面不会像他所希望的那样可以通融，即为了瑞典的皈依而放松天主教在某些问题上的原则时，他改变了主意。所以，就在波塞维诺返回斯德哥尔摩之际，约翰宣布回到路德教会的团体之中。一个天主教的布道团在瑞典一直停留到1583年，而且取得相当大的成功，但在1583年国王约翰的妻子死后，他驱逐了这个布道团。此后，直到1592年死去，他不顾重重阻力继续推行他那使瑞典教会半天主教化的总方针，但后来，他的失败很快就十分明显了。第二年年初，摄政王南曼兰的查理公爵在乌普萨拉召集了一次宗教会议，在这次会议上正式接受了《奥格斯堡信纲》，恢复了1571年的《教会法规》（大主教劳伦蒂乌斯·佩特利的先于国王约翰的《新教规》的著作），并选举亚伯拉罕·安德烈阿·安格曼努斯为乌普萨拉大主教，他原为斯德哥尔摩语法学校的校长，反对《红书》的教会方面的主要人物并流亡达十余年之久。这一段历史实为一场政治上的大转变，因为王位继承人是约翰的儿子西吉斯孟，他从1587年起被选为波兰国王。他是在母亲所信奉的罗马天主教的环境中接受教育的，虽然父亲极力想使他成为一个路德宗信徒，但他始终忠于天主教。在波兰，他是反宗教改革运动的促进者和耶稣会士的亲密朋友。另一方面，国王约翰的弟弟查理公爵、古斯塔夫·瓦萨（在其当政期间在瑞典开创宗教改革运动）的小儿子，却是一位热忱的新教徒，并且坚决反对他哥哥的宗教政策。这个问题与欧洲同时期的其他问题一样，既是一个宗教问题，又是一个外国统治问题。在1593年宗教会议的开幕式上，王家事务总管尼尔斯·于伦斯蒂纳在指出法国和尼德兰显示出来的宗教分裂的危险性后，以下面的这段话作为其讲演的结尾：

> 即使波兰国王来到这里，也绝不能让他凌驾于我们的信仰和意识之上，而我们亦必须遵守我们在这里达成的关于教义的协议。无论根据上帝的真言和意愿，在这里达成什么协议，它都必须以一种基督教的方式陈述出来，并为大家所赞同。最后，我祈求显灵的上帝成为我们这次宗教会议的最高主宰，求他决定会上的一切，使之变为对上帝的赞美和崇敬，并成为对我们以及我们

的后代的坚强的支持和永恒的福祉。

在逐字逐句详细审阅了《奥格斯堡信纲》以后，在得到所有在场的贵族、主教和教士接受以后，大会的宗教事务主席尼古劳斯·奥赖·波特尼昂西斯宣布："现在瑞典已成为一个人，我们都有一个共同的主和神。"

一项为使全国服从这个乌普萨拉箴言的决定的计划，通过向各省分发副本的方式切实有效地贯彻下去了，在保存到今天的副本上还可以看到1934个显赫人物的签名。当西吉斯孟来到瑞典摘取王冠时，瑞典人要求他宣誓承认乌普萨拉决议，以此作为瑞典主教们为他加冕的条件，尽管决议中包含着不能容忍天主教礼拜的内容。西吉斯孟企图用波兰的大臣们统治瑞典，但遭到了抵制，1595年，瑞典议会违反西吉斯孟的意愿，承认查理为摄政王。查理与瑞典的声称有权与他分享权力的贵族政务会议发生了争执，他鼓动下层阶级反对这个会议，最后致使会议大多数成员逃往波兰。西吉斯孟于1598年入侵瑞典企图恢复他的权威，但在斯坦吉布罗（Stangebro）被查理击败。1599年，瑞典议会废黜西吉斯孟；1600年，查理当选为瑞典国王，是为查理九世。① 他表现出具有加尔文主义的倾向。他试图改变祈祷书，并根据糅合了腓力派路德宗观点与加尔文宗观点的1563年的海德堡《教义问答》提出一种教义问答。早在摄政期间，查理已经与大主教亚伯拉罕·安格曼努斯发生冲突，因为他显然反对后者用强暴的手段推行教会的规则——对犯人先用桦树条抽打，然后或者泼之以冰水或者对比较严重的罪行课处罚金。1599年，曾经支持西吉斯孟反对查理公爵的亚伯拉罕被教会停职，而后被投入监狱。教会不愿意剥夺他的主教职位，但是世俗当局使尼古劳斯·波特尼昂西斯当选为大主教；然而，他没有来得及被祝圣便死去了。1601年瑞典议会挑选欧劳斯·马提尼去接替他的职务。乌普萨拉教士会承认了这次选举，他得以被及时祝圣并在这个职务上一直待到1609年去世。他是

---

① 他在1604年以前一直没有真正登基，因为他的侄儿、约翰三世国王与信奉新教的第二个妻子所生的儿子约翰尚未成年，当时郑重其事地决定，当约翰成人后应把王位交还给他，但约翰明智地加以谢绝了，只是接受了一个公国。查理于1607年加冕，王位限定由他的后裔继承，但继位者必须是新教徒。

查理的加尔文宗化政策的强烈反对者，抨击王家的神学著作，反对苏格兰的加尔文主义者约翰·福布斯（1605年因抵制皇家的教会政策而被詹姆斯一世放逐）。1608年，查理在他的加尔文宗牧师米克罗尼乌斯的影响下，邀请约翰·福布斯参加在乌普萨拉举行的辩论。虽然福布斯声明无意将瑞典转变到加尔文宗，并说他仅仅想为苏格兰的加尔文宗信仰进行解释和辩护，但他仍然不得不面对组成这次会议的大主教、教授、贵族和学者们的普遍的敌意。他宣称的绝对的得救预定论招致了憎恶，欧劳斯·马提尼表示，与会人的耳朵因为听"这个陌生人说出的对上帝的亵渎之词"而疲惫不堪了。又说"让我们祈求上帝来转变这个迷途者吧"。对此，福布斯谦恭地、但以真正的苏格兰人的顽强回答说："求上帝转变我们大家吧！"国王显然发现他的卫道士走得太远了，因而让他离开瑞典。他于1610年重返瑞典以求重新联合路德宗和加尔文宗，但未能取得任何进展。查理九世在1611年去世以前，显然未能使瑞典改宗成加尔文派。

瑞典宗教史上的这些事件与英格兰和苏格兰出现的政治—宗教斗争惊人地相似，说明了路德主义不仅在德国内部而且在外部都确定是一派不同于天主教和加尔文宗的有着自己精神的宗教。加尔文宗信徒喜欢认为路德主义是一个介于罗马天主教与严谨的新教之间的事物，但它并非如此。尽管人们很容易就会想到它的突出特点是埃拉斯都主义，但在瑞典，它却成功地顶住了一个国王的天主教倾向和另一个国王的加尔文宗倾向，成为这一时期国家团结的中心。祈祷书问题在这些争论中居于中心地位，证实了前已提出的看法，即路德宗真正内在的力量来自其礼拜方式和热忱的虔敬。它是一个实践的而非理论的教派。

由此看来，16世纪末期出现的神学危机，虽然已经证明是危险的而且几乎是毁灭性的，但毕竟无损于一种将命运依靠信徒们的虔诚而不是依靠他们的理智的宗教。研究路德宗的历史学家们不无道理地倾向于认为因前面描述的论战而得名的"学究式的路德主义"时期是一种对于路德宗教改革的真正精神的歪曲并且是对路德的原则进行的干巴巴的转述。下一世纪出现的虔敬派运动极大地挽回了这种局面。但那就是另一段故事了，而且它仍然只是说明：路德宗在反宗教改革运动和加尔文主义这上下两块磨石中生存了下来，而且其破损还是由于内部的争斗，这也许是历史上罕见的成功地反对似乎占压倒优势之敌的最惊人的实例。

二 加尔文主义的发展和传播

最近一位名叫阿兰·杜福尔的历史学家写了一本《日内瓦的神话》，他在书中认为加尔文派信徒将日内瓦视为天堂，用一位英国人威廉·惠廷厄姆的话来说，就是"真正的宗教和真正的虔诚的明镜与楷模"，而苏格兰人约翰·诺克斯的名言则把日内瓦描绘成"使徒时代以后人间最完美的基督的学校"。在这层意义上它当然是一个鼓舞着各地加尔文宗信徒的神话。对他们来说，日内瓦乃是新教的罗马，而且实际上日内瓦之于他们比罗马之于天主教徒更为重要。因为无论天主教徒怎样坚定地相信彼得座堂的灵气，诚实者总不得不承认罗马作为一个城市，即使在天主教的宗教改革奏效以后，仍旧发生的那些丑闻；而日内瓦则颇为理直气壮地宣称：它不仅提供了纯粹的教义，而且提供了道德和虔诚的楷模。尽管如此，正如杜福尔指出的那样，另外存在着一种反神话，它把日内瓦说成是荒谬和狭隘无情的教规之首恶。这些教规影响了天主教徒和那些因1553年烧死塞尔维特而被唾弃的新教徒。这种反神话憎恨日内瓦教规对福音自由的限制，并认为这座湖畔城市是骚乱之渊薮，在这里传播着有害于教徒忠顺的教义。

在神话背后的确凿事实中有一个核心的事实，即日内瓦作为一个宗教中心达到了路德的维滕贝格以及茨温利和布林格的苏黎世从未达到的程度，尽管它们也都有影响。日内瓦的确不仅是加尔文的《原理》一书中讲到的一种系统的新教神学的发源地，而且是一种教会组织结构和教规的发源地，人们越来越认为它们与加尔文所宣称的一样：乃是根据新约全书和原始教会的模式建立起来的。在相当程度上，日内瓦是世界性的，而且在加尔文时代，它主要被一批从法国来的流亡者所控制，这些人长期受到日内瓦当地人的妒忌，被视为改变了这座老城的风范的外国侵夺者。日内瓦同时还挤满了从欧洲各地到此避难的新教徒以及人数日增的求学者，他们来到福音真理的发源地学习他们认为形式最纯洁的福音真理。在加尔文的要求下，日内瓦城于1559—1563年在俯瞰湖面的圣安东尼山上建造了日内瓦学院。学校的师资于1559年已配备齐全，它的第一位校长是加尔文的当然继承人狄奥多尔·贝扎，他于同年6月5日在圣彼得大教堂举行的盛大仪式上正式就职。这个学院最初至少有162名学生，3/4来自法国，只有四个日内瓦当地人，余下的来自西欧其他国家。到1564年，学院共有1200名学生和300名高等生；因为当时学院分为两部分，一部分适合初学者，称作学院或私立学校，而另一部分是培养高年级学生的，称作学院本部或公立学校。在学院中，经典著作在七个级别不同的班里依次讲授。学院的学生可以从学院提供的一系列课程中选择自己要听的讲座，这些课程包括：神学、希伯来文、希腊的诗人和伦理学家、辩证法、修辞学、物理和数学。同耶稣会的学校一样，教育将文艺复兴的人文主义与神学相结合，这种结合确保学生受到时人的崇敬，与耶稣会教育相似的还有：知识的灌输同虔敬的训练同时进行。大学的根本目的是培养一批受过训练的牧师，不断有人向加尔文提出派遣这种牧师的要求，尤其是来自法国的要求，但受欢迎的是那些具有世俗才学的牧师。随着学院的发展，又增设了医学和法律专业。正是从这所学院，不仅向法国而且向欧洲许多其他地区输送了训练有素的加尔文主义的精粹分子，他们是整个16世纪晚期加尔文主义那令人难忘的扩张的最终根源。由他们做媒介，加尔文主义才确保得到对于新教的原则和最严密的组织形式深信不疑的信徒；因此，加尔文主义才能在欧洲各地对当地条件做出最小的让步或适应的情况下保持信念与组织上的独立。难怪除了在德国，加尔文宗能够把该世纪初路德宗宣传所散布的含混得多的改革倾向纳入自己的网络，并能有效地抵制那些激进的派系，这些派系虽因受到迫害而大量转入地下，但在对传统的宗教不满的人们当中还可以吸引那些头脑简单和比较天真的人。

由于法国与日内瓦邻近而且语言相通，加尔文主义在加尔文的故乡法国取得最迅速的发展就是十分自然的了。加尔文曾经直接了解法国宗教改革的初期阶段，而且从他逃往国外避难以来始终与那里的新教徒保持着联系。他的宗教反映了法国的理智主义和对明确定义的追求。确实值得怀疑的是：即使根本没有加尔文，法国的新教徒是否会永远满足于大体上是不系统的路德主义？要知道在本章前一部分所描绘的论战高潮中，路德主义向任何一种神学体系的发展都非常缓慢。法国还是一个在其发展过程中法律和律师起了而且一直起着巨大作用的国家，加尔文的神学反映出他本人早期研究法律的效果，因而引起了天性追求秩序和纪律的法国人的共鸣。关于宗教事务中的法律思想，对于路德来说，因受到保罗将旧约的律法与新约的意志自由和精神力量对比论述的影响，从而深感怀疑；对于路德的某些欢迎反律法主义的追随者来说，则全盘否定；而对于加尔文来说，则是不言自明的公理。在《原理》中，他将上帝的道德律法的作用理解为三方面：首先，显示上帝要求我们为人正直，明镜般地晓谕我们：我们靠自己达到这个要求是无能为力的，随之而来的是沦入犯罪的处境，还有律法所暗含的降临到我们头上的灾祸；其次，以惩罚的恐怖来抑制我们的邪恶；最后，为正直的信徒指出一条上帝期望他们走上的神圣的道路。路德并不一定全盘否定所有这一切，其实，其中一部分与他在《论基督徒的自由》一书中所讲的话非常一致；他说："每当一个人知道了戒律并意识到了自己的无能，那么他将急于知道怎样才能恪守这些戒律，因为除非他严格恪守，否则将堕入地狱。"再者，加尔文比路德更为强调圣恩的作用，认为圣恩具有改变命运的作用，这种看法很接近天主教。但侧重点不同。对路德来说，道德律法首先是写在信徒心上的，他不像加尔文那样重视用教会法规来强制推行道德律法。这也许是加尔文更能引起法国人共鸣的原因之一，法国人的气质就是反对无政府状态，他们开始认识到强有力的政府是一个强大国家的先决条件；对他们来说，一个给个人过多主动权的教会看起来是值得怀疑的。

也许有人认为：在日内瓦明显表现出来的加尔文宗纪律的严酷性与高卢人的气质格格不入，他们总要反抗那些看起来毫无道理的禁忌，而加尔文宗的纪律不仅要压制明显的罪恶，甚至还要压制那些偶然才会成为罪恶的娱乐，即使没有完全把罪恶与娱乐等量齐观，也几乎这样做了。但是如果这样看问题就会忽略高卢人性格的另一面，即他们强烈的现实主义。在战争时期，法国人将会同意限制自己的自由，而加尔文主义倾向于认为精神生活，尤其是在放荡年代里的精神生活，就是某种神圣的战争。事实上，法国的加尔文主义几乎从其诞生之日起，就注定要投入实际的战争，因为它一开始就要面对法国宗教迫害的挑战，这种迫害后来导致了宗教战争。弗朗西斯一世统治的最后几年以及亨利二世当政期间都是以不断加剧对新教徒的迫害为标志的。1547年又建立了"火焰法庭"，仅其名称即可反映出它的目的。1551年那些被指控为异端的人被从市政和司法机构中清除出去。如果不是担心遭到总是妒忌教会力量的国家机构的反对，亨利二世和他的顾问们可能已经设立宗教法庭了。然而，新教仍在不断壮大，在贵族中甚至在王室中赢得了重要的改宗者。1557年圣康坦战役后，未来的胡格诺派领袖加斯帕德·德·科利尼海军上将在荷兰囚禁期间最终接受了新教。他的兄弟弗朗索瓦·德·昂德罗在1556年前后改信新教，他们的另一个兄弟，枢机主教、博韦的领主和主教奥代·德·科利尼于1561年作为"新教的枢机主教"而引起轰动，因为他没有即刻辞去天主教头衔。1557年新教徒在巴黎郊区圣雅克街上的一所房子里召集了一次约400人的会议，大部分与会者是贵族，这次会议遭到突然袭击并被冲散，逮捕了130人。第二年5月，多达4000名新教徒在卢浮宫和杜伊勒里宫俯瞰下的塞纳河彼岸举行了连续三个晚上的露天会议并高唱赞美诗。其领导人为那瓦尔国王安托尼·德·波旁，他又是弗朗西斯一世的姐姐玛格丽特的女婿。一年以后，在巴黎又举行了一次新教的宗教会议，并起草了一份信纲，一些胡格诺派的首领希望将这一信纲完整地呈送国王，以对他施加压力；不过事实上，出于谨慎的原因，这份信纲被秘密地保存起来，随时准备在适当的时候出示给统治当局。据说这次会议成立了全国性的加尔文教会的正式组织，但实际上它的范围似乎没有那么广泛。

尽管如此，就在过去一些年间，法国各地按照日内瓦的模式成立了大批地方教会，而且常常得到加尔文从日内瓦派来的牧师们的帮助。① 到1557年，在巴黎出现了一个有组织的教会，而在其他地方，如图尔、布尔日和昂热，教会出现得甚至还要早些。加尔文亲自关注着这些发展，不过他那谨慎的心理使他对于发生在巴黎的那种公开显示力量的做法持反对态度。圣雅克街事件发生后，他劝告巴黎的加尔文宗信徒保持隐蔽。当他得知召集1559年宗教会议的计划后并不高兴，认为这样不够明智，但得到消息太晚以至于无法更动其计划了，

---

① 参见后面第282—284页。

不过他还是同意派三个代表参加这次会议，他们于会议即将结束时才到达。无疑，即使没有后来认识到的重要性，这次会议仍是影响深远的。因为，不仅会议的信纲是彻底加尔文主义的，同时它还根据日内瓦模式采纳了一项关于教会组织的计划，重要的是，鉴于法国不仅仅是个城市国家，它还规定设立省的和总的宗教会议，以便调整和控制地方上的世俗长老和牧师的宗教会议的工作和决议。即使这次会议没有建立一个全国性的加尔文教会，但它指出了建立的方法。在这方面，它是建立在1557年或1558年（确切时间有争议）召开于普瓦捷的一次宗教会议的成果之上的，那次会议的召开是为了裁决发生在那里的一场围绕永恒的主题——得救预定论——的地方性争论，但也抓住时机起草了一个教规方案以防止类似事件发生。尽管这一方案赋予在日内瓦处于属员地位的执事们以一些本堂牧师才拥有的权力并且允许由公众选举执事、世俗长老以及牧师，但这个方案基本上是加尔文主义的。在日内瓦，牧师们由那些已有圣职的人推选，然后再由民众机构批准选举结果，最后由人民在听了他们的布道之后对他们加以确认。加尔文曾希望世俗长老由俗人选举，但他不能一意孤行，不得不同意长老的人选应从管理该城市的三个市民会议中产生。因此，在普瓦捷采纳的那个方案反映了在一个天主教国家内，少数人的团体中可能存在更广泛的民主，这个方案在1559年未做重大修改。1559年采纳的《教规》保留了公众选举执事的制度，但让宗教会议来选择本堂牧师，如同在日内瓦一样，将最后确认权赋予俗人。重要的是，巴黎宗教会议拒绝同意经常举行全部由牧师参加的宗教会议，这一点是日内瓦教会的根本特征。在每次宗教会议上，一方会众中的经过祝圣的牧师必须与其同侪中一个以上的长老或执事同行，他们在宗教会议上有发言权。

  法国的加尔文派坚决反对任何有天主教教阶制度色彩的东西，如主教区汇合在省里大主教的权威之下，它们又都臣服于罗马教廷等等。1559年发表的《教规》中的第一篇文章便主张"任何教会不得声称对另一教会拥有主权或统治权"，在下一篇文章中继续主张，各省或全国宗教会议的主席的权力要随着会议的结束而解除。同时，《教规》同普瓦捷会议早已做过的一样，坚决主张：任何地方教会都不得"在未经省宗教会议批准的情况下做出任何有益或有害于其他教会的重大事情"。这样一来,加尔文宗的组织体系就适合了国家的规模,而且还避免了教阶制度和教派自治主义。下面将要论述到,所有这一切都建立在牧师和俗人相互审议这一设想之上,加尔文宗坚决反对任何主教制度,它使主教们成为一个独立的僧人集团,而且就教会管理来说,加尔文宗不允许经过祝圣的牧师们享有绝对垄断的权力。这就是加尔文在《原理》中宣称《新约全书》所提倡的体制,它经过诸如法国出现的地方性调适以后,将在加尔文宗取得自由行动权的各个地方建立起来。即使这个体制像任何以争论和审议为基础的体制一样,有可能导致宗派的形成和激烈的争论,但它给虔诚的信徒们所带来的力量和团结意识是不言而喻的。在一定程度上,法国就出现了这样的局面,因为1562年在奥尔良召集的宗教会议不得不解决对于更广泛的民主的要求。这时,对于胡格诺派的命运十分重要的政治事件出现了。[①] 1559年7月,亨利二世在一次马上比武的意外致伤中死去,随后由15岁的儿子弗朗西斯二世继位。直到宗教战争结束一直是狂热的天主教徒领袖的有权势的吉斯家族发现了这个攫取权力的时机并且做到了这一点。他们机智地宣称:严格说来,这个少年国王已够法定年龄,在与太后卡特琳·德·美第奇达成协议后,他们通过自己的侄女、苏格兰女王、弗朗西斯二世的妻子说服国王将管理大权委托给了他们。家族之间的角逐和对新教的明显威胁迫使孔代亲王路易·德·波旁宣称应当有一个摄政期,并宣称他的兄长、那瓦尔的国王暨一旦瓦卢瓦家族直系绝嗣便成为法国王位继承人的安托尼·德·波旁有权成为摄政王。但他未能说服他那怯弱的兄长安托尼采取任何有效的行动。于是,吉斯家族的一部分反对派就转而从事被称做昂布瓦斯阴谋的策划。这个阴谋的目的是,想逮捕国王和吉斯兄弟——弗朗西斯公爵和洛林枢机主教查理;然后由一支在昂布瓦斯周围秘密集结的军队将使孔代夺取权力。但阴谋败露了,政府得以将阴谋者的军队一支支地肃清。

虽然这次阴谋从人员到动机都不仅仅是胡格诺派的,但除了它在导致宗教战争的事件中起到的作用外,它还带来了宗教方面的重要结果。这次事件提醒了吉斯家族,并促使他们把自己的宗教政策修改到

[①] 对于这些事件更全面的阐述,参见后面第283—285页。

减轻迫害,甚至倾听胡格诺派提出的由一次法国主教和三级会议组成的宗教会议解决全国性宗教问题的要求。这一方案在弗朗西斯二世去世(1560年12月)以及卡特琳·德·美第奇掌握摄政权之后取得了进展。1561年,实际召开了三级会议而且第三等级还呼吁召集一次全国性的宗教会议,在其中俗人也有投票权。在这次会议进行的同时,还举行了天主教和新教神职人员之间的普瓦西会谈,贝扎担任了加尔文宗一方的领导人。卡特琳想通过这次会谈求得宗教统一,但失败了。在这次失败后,1562年通过敕令的方式对胡格诺派采取一定程度的宗教宽容,但不久之后吉斯公爵在瓦西镇对胡格诺派的屠杀断送了这个让步的计划,而且当这位公爵挟持了年幼的国王查理九世,并迫使卡特琳·德·美第奇接受了他的政策后,第一次宗教战争爆发了。这一阶段的战争于1563年好不容易才以昂布瓦斯和约①而告结束。

所有这些事件明显地表明了法国的政治和宗教紧张状态之间的密切联系,而且向那些比较虔诚的加尔文宗信徒提出了这样一个问题,即包括暴力、革命和战争在内的政治行动与他们的原则在什么程度上是完全一致的?在策划昂布瓦斯阴谋的过程中,他们就此请教过日内瓦的顾问。而且,人们发现贝扎为此写信给布林格,这对1549年将加尔文宗和苏黎世的茨温利宗联合在一起的《蒂古里诺协议》的效果是一个有意义的证明。尽管加尔文后来竭力否认曾支持过这项方案,但他本人起初曾以不要出现流血事件为条件而谨慎地应准了这个方案;而且起事的首领拉勒诺迪得以在日内瓦征集了六七十名法国的"十字军战士"来执行这一方案。使加尔文恼火的是,让·莫雷利·德·维利耶四处报告说加尔文曾经应准过这整个的计划,莫雷利还应对1562年在奥尔良召开的全国性加尔文宗教会议上有关俗人权利问题的辩论负责,他这样做很可能是因为他憎恨加尔文和贝扎在昂布瓦斯阴谋期间对法国政治的干涉。一年前,他发表了一本书,意在表明早期基督教教会管理一直非常民主,而且要求恢复这一原则。当他在出版之前把稿子交给加尔文时,他得到的答复是,日内瓦的体制符合上帝的旨意。在这本书发表后,日内瓦对此书进行了公开的焚毁,书

---

① 关于该和约的条款,参见后面第286页。

的作者被开除教籍,这本书还遭到奥尔良宗教会议的谴责。

而莫雷利在这里只是表达了相当一部分法国加尔文宗俗人的感情,他们同后来的弥尔顿一样,开始认识到"新长老不过是为弊更甚的旧教士",他们不仅憎恨天主教里的教权主义,同样憎恨经过改革后的教会里的教权主义。科利尼同情他们,尽管他像其他胡格诺贵族一样践踏少数俗人拥有的权利。这只是有关这一问题争论的开始。争取俗人权利的人们得到了两位学术界重要人物查理·杜穆兰和皮埃尔·拉米斯的支持。大多数现代逻辑学家认为:这两个人是一种新颖但不适宜的逻辑体系的创始人。在1576年,即皮埃尔·拉米斯死于圣巴托罗缪大屠杀之后的第四年发表的书中,他支持通过与布林格的友谊直接了解到的茨温利宗的原则,并反对加尔文宗。他要求被加尔文力图排斥在宗教事务以外的民事官员享有在教会事务中发言的权利。然而在此之前,拉米斯已经对教权主义开始了猛烈的口诛笔伐,这一争论使得贝扎亲自访问了1571年在拉罗谢尔召开的宗教会议,在这次会议上,对《教规》重新做了修改,进一步削弱了俗人选择牧师的权力。这场争论喋喋不休,直到圣巴托罗缪大屠杀,它使胡格诺派痛切地意识到分裂的危险。此后,宗教战争的加剧使得最初的问题似乎变成了生存下去的问题。1578年召开的圣福瓦宗教会议是大屠杀后的第一次宗教会议,几乎全部议题都涉及军事;重要的是,它是16世纪最后一次由全国各地教会代表组成的会议,此后,地方教会对于宗教会议式的体制就不感兴趣了。继这次宗教会议之后的六次宗教会议(最后一次于1598年在蒙彼利埃召开)从未有一次能够拥有所有省份的代表参加,而且每一次代表都超不过30人,虽然《教规》为俗人提供了与教士同等的代表权,但每次参加会议的教士都在一半以上。

正如罗米耶(Romier)指出的那样:事实上,从1560年以后,必然成为一个军事团体的胡格诺派在各地都日益由建立在半封建基础上的作为"保护人"的俗人贵族所管辖。这一制度在1572年的惨案后已强化为一个由地方公民团体组成的胡格诺之国,它由一支军队和形式上是宗教会议的类似国会的民众会议统一起来。胡格诺主义变成一场俗人控制下的运动,但又与那些起初争取俗人在教会事务中享有同等权利的人们所理解的运动有所不同。它与受迫害的韦尔多派在

17世纪将自己组织起来的宗教军队以及印度的锡克族人的宗教军事兄弟会十分相似。加尔文的政策在地方上没有被放弃，但起初那种通过宗教会议发挥作用的全国性教会的想法则由于宗教战争中为了生存迫切需要坚强的政治结构而被搁置一旁。这个体制在某种意义上说已同1598年南特敕令时的法兰西国家机制并行不悖。已经于1593年个人放弃新教的亨利四世，发现在一个独立于罗马并由国王控制的高卢教会中将天主教和新教重新团结在一起的目标是不可能实现的。这一目标在1598年南特会议上曾加以讨论。所以，在1598年，根据南特敕令，除授予信仰自由和担任公共官职的权利外，亨利四世又允许加尔文宗信徒可在大约150座城市避难，其中大部分由国家供养的新教军队戍守，并由新教地方官负责管辖，就这样保留了将被黎塞留认为非常危险而要加以摧毁的国中之国的胡格诺派。正如前面一再指出的那样，胡格诺运动从一开始就既是宗教的也是政治的。这个运动的领导者为一部分贵族和一些城镇，这两种势力都憎恨15世纪末和16世纪初法国政府日益强化的中央集权和君主越来越多地收回从前由贵族和地方社区行使的权力。君主对新宗教的压制只不过是进一步刺激了一种随时都可能引起暴乱的怨恨情绪而已。既然如此，胡格诺主义越来越成为一场俗人的运动，其中相当大的一部分人决心摆脱教士的保护并且反对日内瓦自诩为法国加尔文宗信徒必须向它寻求详细的精神启示的神圣教廷的倾向，这一切也就不足为奇了。

　　然而，如果认为胡格诺主义作为一场全国性的叛乱正在抛弃加尔文宗的教义，那也是错误的。加尔文在昂布瓦斯阴谋问题上的态度可能显得捉摸不定。事实上，他面临着一种因自己的说教而造成的两难处境。他从路德那里继承来的教义建立在圣·保罗的《罗马人书》以及圣·彼得书信第一篇中那些关于基督徒有义务顺从统治者——即使他们是非基督徒或暴君——的说教上，对此，加尔文在他的《原理》中加上了两个例外条款。他不仅坚持认为，上帝有时特别激励像摩西和俄陀聂这样的个人去领导人民与暴君进行斗争，他还承认：对于在其体制中存在着那种与斯巴达的掌政官相似、有权利和义务规范国王行动的官员的国家来说，这种官员可以合法地领导其人民反对暴君。这样一个主张很容易被站在胡格诺派前列的贵族和市镇当局所接受。在他死后，接替他成为日内瓦宗教领袖的狄奥多尔·贝扎又在很大程度上扩大了这一反抗的权利。在 1576 年那篇匿名的但可以蛮有把握地认为出自他手笔的论文《行政官员对其属民之权利》中,他即允许反对暴君也允许反对崇拜偶像的统治者,只要这种反对是由有义务维护国家健全的下级官员们领导的。他还进一步谈到在统治者和代表人民选择统治者的下级官员之间的契约问题。一旦统治者由于管理不当而破坏了契约,立他为王的权力机构就应该将他废黜。这篇文章写作的时间当然非常重要,它发表于圣巴托罗缪大屠杀之后,作者认识到当时摆在胡格诺派面前的唯一选择就是或者进行军事抵抗或者灭亡。这种局势与路德宗牧师在马格德堡由于抗拒 1548 年的临时敕令而遭到围攻时所处的局势很相似,[1] 几乎可以肯定地说,贝扎论文的一部分是根据他们的《教义的讲授与规劝》一书而来的。这部 1550 年发表的著作主张:如果一个国家的最高权力机构(the Hohe Obrigkeit)企图毁灭真正的宗教,那么其权力也同样直接来自上帝的下级权力机构(the Unter Obrigkeit),不仅必须撤销它对最高权力机构的支持,而且必须支持虔诚的信徒去反对最高权力机构。(这当然很符合德国的情况;在那里,皇帝极力推行一种天主教的政策,而路德宗的诸侯们则支持并保护新教)西蒙·古拉特在他出版于 1576 年的《查理九世统治时期法国状况论文集》中收入了贝扎的文章,将它说成是 1550 年由马格德堡人发表的,现在又根据一些理由和例证加以修订和补充,但事实上这是两本完全不同的书。

马格德堡牧师们的观念无疑对新教后来的思想产生了很大的影响,由于在德国以外的其他国家中,不是消极地服从和死亡就是反抗和可能生存的两难处境正在自行显露出来,情况就更是这样;因而,从玛丽统治时期的英国流亡出来的约翰·波尼特、约翰·诺克斯和克里斯托弗·古德曼都在 1556—1558 年撰文批驳无条件服从的教义,这种教义受到路德的推崇又由早期英国路德宗信徒约翰·廷代尔[2]在他的《论基督徒之服从》一书中所极力倡导并于英王亨利八世和爱德华六世统治时期在英格兰广为传播。在法国,贝扎作品的流传只不过是一系列为胡格诺派反抗而辩护的加尔文主义者出版物的一部分,

---

[1] 参见前面第 76 页。
[2] 应为威廉·廷代尔,原文此处有误。——译者注

其中除了其他内容，社会契约的理论常常与为了信仰而奋起反抗的权利联系在一起。这些著作中最著名的有1573年奥特芒流亡日内瓦期间发表的《法兰克高卢》，1573年和1574年分成两部分发表的匿名著作《法国复兴之始》以及1579年发表的匿名著作《反暴君宣言》（它常常被认为是迪普莱西-莫尔内的作品）。[①] 前面已经指出：1584年以后，由于安茹公爵之死，胡格诺派的领袖、那瓦尔的亨利变成了王位继承人，从而发生了一场异常的盟友关系的瓦解。正如菲克斯所说，从那时起，胡格诺派便成为正统原则的彻头彻尾的支持者。"从此，世袭的权利和萨利克法典成了他们的口号。而我们必须在其他地方才能找到他们对从前关于自由的理论的继承。"在法国事务中，倒是耶稣会的作者们根据同样的人民主权和社会契约理论，主张持异端的国王没有权利继承王位，而"罗骚"（Rossaeus）（可能是英国天主教流亡者威廉·雷诺兹）在他1592年发表的《基督徒契约共和国的合法性》中坚持这一理论并将法国的亨利三世列为与尼禄和伊丽莎白女王相等同的暴君。这样就出现了奇怪的思想上的巧合，一方面是加尔文的思想，另一方面是赞同教皇之绝对权威的天主教，从而使下一个世纪的菲尔默在攻击民众主权教义时讥讽他说："枢机主教贝拉明和加尔文先生都对这条路备加注意。"

在尼德兰起义时期，虽然起义在开始时和在很长一段时间里并不完全是一场加尔文主义的运动，但仍然必须解决同样的关于反抗权的问题。1581年，北方诸省废黜腓力二世的《誓绝法令》可以说是与1776年美国独立宣言同属一类性质的文件。与后者谴责乔治三世侵犯诸殖民地的权利因而援引"自然法则和自然神明法则"一样，尼德兰人援引自然法则并谴责腓力二世损害了他们的特权，特别是他们补充说以前腓力二世只是在接受了他们习俗的前提下才得到他们的忠顺的。他们没有援引神学的观点，而且由于起义者的宗教忠顺观十分复杂，他们也确实很难这样做。起义所产生的唯一一份重要的政治性论文，即阿尔特胡修斯的《政治韬略》（1603年），不仅在过了16世纪、当荷兰的自由已得到巩固以后才出现，而且在基调上也是世俗的，甚至没有给有别于国家的社会集团——教会留出一席之地。它的

[①] 参见后面第500页。

作者虽然对神学做过研究，但主要是一位律师。此外，他虽然成为一个埃姆登城的公民，却不是荷兰人，而是德国人；该城在宗教上是荷兰加尔文教会的德国人大教区，臣属于尼德兰总宗教会议。虽然阿尔特胡修斯的论文重新提出人们熟悉的反对暴君的观点，还包括他认为建立偶像崇拜是那种制度的标志，而且在论文中为人民废除暴君的权利进行了辩护，但他对于详细解释关于国家社会理论的兴趣要浓厚得多。皮埃尔·梅斯纳尔把阿尔特胡修斯描述为"加尔文政治思想最杰出的代表之一"也许是正确的，但这位作者也承认阿尔特胡修斯的观点更多地是来自奥特芒（其《法兰克高卢》一书的观点几乎完全建立在从法国宪法史中汲取的观点之上），而不是来自神学气味较浓的胡格诺派小册子的作者。"在《政治韬略》中有数千条圣经引文，然而人们在里面几乎嗅不出一点加尔文的、甚至迪普莱西-莫尔内的宗教思想。"正如梅斯纳尔指出的那样，《圣经》引文中出现的错误以及有时意想不到的用法，使人想到这些引文会不会转引自第二手著述。总而言之，圣经对他来说主要是一种历史例证的宝库，而不是政治—神学原则的权威性来源。他是新一代世俗的政治理论家的开创者之一，这些政治理论家一直发展到霍布斯那里；十分凑巧，霍布斯也是一个大量引用圣经的人。无论尼德兰起义对阿尔特胡修斯的思想产生了多大影响，这场宗教因素较弱的起义竟成为阿尔特胡修斯思想的真正启迪仍是令人难以置信的。事实上，尼德兰的加尔文主义者部分由于他们不必像从前法国的胡格诺派那样面对一个传统的本民族的自称拥有神圣权利的君主，而是在一个具有城市和地区自治的悠久传统的国家里面对一个被视为外国人的统治者，所以，他们在为自己的反抗寻找神学依据时不必做到他们的法国兄弟所做的那种程度。

　　无疑，尼德兰是加尔文主义流传至今的第二大地区。加尔文主义是在16世纪40年代当查理五世将其残酷迫害的政策稍加减缓时传到尼德兰的，不过那场迫害主要是针对再洗礼派而不是针对较为正统的新教徒的。（据统计，从1523年至1555年，在尼德兰南部1500名至1700名殉道者中，约1000名为再洗礼派信徒；而北部240名殉道者中再洗礼派信徒占178人）这样，加尔文主义就是在风暴再次卷起之前，在可以使自己站住脚跟的相对和平的时期进入尼德兰的。加尔文主义并不是进入了一块处女地。路德宗已经很快地扩展到了这些在政治历史、语言和经济关系方面与德国紧密相连的地区。早在1523年，第一批路德宗殉道者就已被杀害。但尼德兰的路德宗很快便开始具有自己的形式。莱茵河作为一条贸易水路为上游地区的瑞士和尼德兰之间提供了比较便利的交往，也许正是莱茵河的这种重要性说明了瑞士的宗教改革思想向尼德兰传播的原因。不管怎样，我们知道到16世纪40年代布林格的作品在尼德兰非常畅销，而且盖尔认为在纯洁形式的加尔文宗到来之前，尼德兰的新教已具有自己的特点，即主要在圣餐教义上主张饼和酒并非基督的血和肉，主要是一种象征，他的这一看法也是有道理的。的确，在1549年的《蒂古里诺协议》以后，从发展起来的布林格的茨温利主义到完全成熟的加尔文宗两者之间只有一般相对来说很小的距离。他们之间的区别主要在于加尔文宗的"教规"。由于这主要来自斯特拉斯堡（加尔文曾于1538—1541年在那里度过离开日内瓦的流亡生活）的布塞尔的体系，可以相信，布塞尔的影响能够通过莱茵河非常早地直接到达尼德兰。人们肯定还记得加尔文对低地国家所抱有的特殊的兴趣。他本人出生在距离低地国家边境不远的努瓦永，母亲来自康布雷，他在斯特拉斯堡与之结婚的妻子伊德丽特·德·比尔（Idelette de Bure）是一位从列日流亡出来的再洗礼派信徒的遗孀，而且他有许多尼德兰朋友。他甚至可以在写给布林格的信中这样讲："我是比利时人。"1544年，我们发现他与从里尔逃到斯特拉斯堡的流亡者普兰以书信的方式谈论过有关人们隐瞒自己为新教徒的做法，即"尼哥底母主义"，① 这一现象在当时的低地国家相当普遍。加尔文对这一做法的谴责在那里被认为过于严厉。根据普兰的请求，加尔文还撰文抨击再洗礼派，他们在尼德兰的宗教分歧中起了十分重要的作用。他们这样通信接触的结果之一是将卢森堡人皮埃尔·布律依（Brully）派往比利时，他曾接替加尔文担任斯特拉斯堡的法国公众的牧师。皮埃尔·布律依根据在斯特拉斯堡与加尔文的接触中了解到的模式为图尔奈和瓦朗谢讷的教会奠定了基础，但他在这两个地方的牧师任职期很短，因为他很快就被逮捕并于1545年2月被烧死在火刑柱上。但他已有时间与激进教派进行斗争，而且他的出现与相当一批从尼德兰南部迁移到日内瓦以汲取加尔文教

---

① 尼哥底母：《圣经》中人物，曾于夜间秘密拜访耶稣。参见《约翰福音》第三章。——译者注

然而，加尔文主义作为一个体系得以建立起来，这主要归功于居伊·德·布雷斯。他生于蒙斯，曾于爱德华六世时期侨居英国，从玛丽的反动统治下逃往瑞士并在那里结识了加尔文和贝扎。他返回到比利时，首先居住在安特卫普，后于1560年定居在图尔奈。在那里，他在布律依的成果之上建立了一个羽翼丰满的加尔文宗教会，在此基础上，其他一些加尔文宗教会，如引人注目的里尔和瓦朗谢讷教会也相继建立起来，并由他担任整个教区的监督人。1561年他写了《比利时信纲》，或称《瓦隆人与佛兰德人改革后教会的信仰告白》。第二年，他天真地把它呈送给腓力二世，请求批准或批驳，同时声称它代表国王统治下"决不诉诸武力也不筹划阴谋反对其君主"的10万名臣民的信仰。这一做法可能是为了把加尔文宗与低地国家更为狂热的教派区别开来，还可能为了与反对腓力二世的统治方式的天主教派区别开来。这个天主教反对派1559年在根特召开的三级会议上已经崭露头角。这一切对于极为正统的腓力二世来说，自然不会留下任何印象，但这份文件很快成为低地国家中加尔文宗信徒教义与教规的标准，取代了1550年从伦敦的瓦隆人会众那里借来的那些定式。1566年，这份文件经过修改后在安特卫普召开的宗教会议上得到确认，而且最后在1571年的埃姆登宗教会议上被定为必须遵守的教义。这份文件虽然对于1559年法国信纲有些增益，而且忠实地阐述了加尔文的教义，但它还是紧紧追随那个信纲的。但是，它提出管理各个教会的牧师、长老、执事的宗教法庭应由会众选举产生，从而反映了民主的思想。后来，它成为整个尼德兰加尔文主义公认的标准。

这一切使我们看到，在欧洲的这个角落中，真正加尔文主义的故乡是尼德兰南部，即现代的比利时，而不是后来只由加尔文宗与之发生排他性联系的尼德兰北部，这种联系是为了争取自由而与西班牙长期斗争过程中历史事件的结果。在尼德兰北部，从边境以外传入的加尔文主义的普遍影响中，有一个独立的中心，即上文论及阿尔特胡修斯时提到的埃姆登教会。它是16世纪40年代发展起来的。其组织者是一位名叫约翰·拉斯基的波兰人。他在查理五世推行临时敕令时逃往伦敦，在玛丽·都铎即位后返回埃姆登，不过后来移居到法国北部另一地区。拉斯基虽未与日内瓦进行过直接的接触，可他赞成加尔文的教规，而埃姆登的教会就是按照那个模式建立的。所以，这个地区成了"北方的日内瓦"，而且是加尔文宗向北部尼德兰传教的中心。但在1566年以前，完整的加尔文宗教法庭和宗教会议系统尚未延伸到尼德兰北部。

1566年发生的事情改变了所有这一切。① 1565年因签署协议而形成的贵族同盟此时向腓力二世的总督、帕尔马的玛格丽特施加压力，抗议腓力早先拒绝召开三级会议，拒绝赋予当地贵族更多的权力，这些当地贵族反对在低地国家宣布特伦托宗教会议的敕令，反对迫害异端。那份请愿书的呈送对象——腓力对于异端法做了一个姑息妥协的回答，但断然拒绝召开三级会议。这无疑激起了民众的不满情绪；不过，毕竟是狂热的牧师们的偏激的说教鼓动了一次群众暴力事件的发生。从1566年8月至9月初，破坏祭坛和圣像的暴力从南部扩展到所有低地国家。这场暴动在多大程度上是预谋的，在多大程度上是自发的，对此尚无定论，但其结果有二：一是从民族运动中挤走了迄今为止一直进行合作的许多天主教徒，二是还激起了他们对加尔文信徒的敌意，向加尔文信徒发出了谴责。这些最终导致1567年腓力派遣阿尔发到尼德兰，并导致了阿尔发到达后立即建立起来的"血腥法庭"的暴行。在阿尔发到达之前，大多数作为加尔文宗信徒的好斗的同盟贵族举行了武装起义，但被挫败了；他们知道虽然自己没有直接卷入这次破坏圣像的暴动，但会被视为难逃责任者。他们没有得到已经对暴动表示不满的全国性领袖奥兰治的威廉、埃赫蒙德伯爵和霍伦伯爵的支持。总督很快就恢复了对国家的控制，而奥兰治的威廉由于预先已得知阿尔发前来的消息，隐退到了拿骚。

尽管如此，这场表面上看来似乎是新教事业的灾难却促进了加尔文宗教规的发展，牧师们无疑已认识到面对即将到来的更多的困难就必须组织起来，所以为其会众建立起了宗教法庭。由于被大部分"乞丐"所抛弃，由于那些出于爱国热忱而非宗教原因加入联盟的贵族的背离，也由于与路德宗的联合无法实现，而且奥兰治的威廉在与萨克森的莫里斯的女儿结婚以后也倾向路德宗，加尔文宗信徒显得十分孤立，因此自然要极力完善其教会组织。

---

① 关于这次起义的详细论述，参见后面第264—281、297及以下各页。

由于阿尔发在1568年杀害埃赫蒙德和霍伦，从而把尼德兰投入到血雨腥风中，这使局面再次发生了变化。奥兰治的威廉第一次武装进入尼德兰并发动它来反对西班牙人的努力失败了。但在1572年，由于信奉加尔文宗的"海上乞丐"攻下布里尔城，起义开始了。法国的胡格诺派开始给予援助，结果英国的新教徒也给予了援助；在荷兰历史上被不太准确地称为反对西班牙的"八十年战争"（1568—1648年）已经在进行中。奥兰治的威廉绝不希望这场起义成为宗教战争。直到1573年他本人才正式接受了加尔文宗的信念，而且他一贯要求出于民族利益对天主教实行宽容政策。但是1572年起义在荷兰和泽兰以外地区的失败，以及这两个省份中信仰加尔文宗的"海上乞丐"们坚持下来的抵抗，他们一直在掠夺教堂和修道院，杀戮教士，驱逐被认为亲天主教的官员，这些都加强了认为民族的事业与加尔文主义的暴力可以合为一体的倾向。我们在这里不必涉及斗争的细节，而主要注意它对尼德兰宗教事务所产生的影响。1576年，由于西班牙哗变的军队对安特卫普的洗劫震惊了其他一些省份，使它们愿意与荷兰和泽兰签署和约，这时好像出现了一个宗教上停战的大好时机。根据根特和约，所有的外国军队都要撤离，反对异端的法律暂缓执行。加尔文宗的统治地位得到了默认的荷兰和泽兰保证不攻击在其他省份已经确立起来的天主教信仰。新的西班牙总督、奥地利的唐·约翰在他1577年2月的《永久敕令》中虽然不情愿，但也还是同意撤出西班牙军队，恢复尼德兰的特权，并且在三级会议的同意下进行统治。而各省则应回报以承认他为总督，遣散自己的部队并保持天主教信仰。荷兰和泽兰的信仰加尔文宗的统治者当然不能接受这些条件，因为其中只字未提容忍他们自己的信仰。而且，不久以后由于唐·约翰的急躁，战争很快又重新爆发，西班牙军队又返回了尼德兰。即使到这时，威廉仍对宗教和平抱有希望，并通过1578年提出的"宗教和平"建议几乎得以实现，这个建议将保证所有地方的信仰自由。然而，由于瓦隆的天主教贵族的疑虑和佛兰德的加尔文宗信徒的好斗与强硬，这个计划破产了；加尔文宗信徒中尤以在根特者为甚，他们无情地在根特和在佛兰德的其他地方尽可能地毁坏各种看得见的天主教的标志。

在这种局面下，1579年形成了两个对立的同盟——一个是天主教的瓦隆省份（阿图瓦和埃诺）组成的阿拉斯同盟，另一个是加尔文宗统治下的包括佛兰德和布拉班特在内的北方省份组成的乌得勒支同盟。1579年这个最早的划分大致同荷兰—佛兰德语和瓦隆—法兰西语之间语言的界限一致，正如海尔观察到的那样，这一事实说明：两个文化集团之间对立的感情已经形成，无疑因宗教的区别又进一步恶化，这种区别指的是现在新教已统治了北方，天主教统治着南方。但是，这并没有加强不久前颇为流行的进一步推断；当时，不成熟的种族论在一些历史学家头脑中占了主导地位，从而认为在天主教和罗马语族之间，在新教与条顿语族之间存在着某种天然的亲缘关系。即使语言可作为种族的一种可靠的标志（种族本身不是一个科学的概念），这种理论在法国仍会受到驳斥；在那里，新教始终未能铲除天主教，而且概括说来，历史上那些受斯拉夫人杂居影响最小的一些地区，正是天主教最强盛的地区。对于低地国家来说，这种理论就更难成立了。因为甚至到1587年，加尔文宗信徒也只不过占荷兰总人口的1/10。再有，南北两方的最后分界线是根据西班牙一方的亚历山大·法尔奈泽及其继承者们同北方的拿骚的莫里斯之间此消彼长的军事命运和勇武胆略决定下来的。在有些地区，宗教分界已大大超越了语言的界限，值得注意的是，今天操佛兰德语的比利时人比他们的瓦隆族邻居更接近天主教；而在荷兰，天主教在南部和西部仍占统治地位，所以目前人口中大约1/3为天主教徒。对于宗教信念来说，历史环境比语言或遗传基因所产生的作用要大得多。

在尼德兰和在法国一样，战争削弱了加尔文宗牧师们的权力。奥兰治的威廉向来不希望教士对国家事务享有更多的发言权，还由于他一生中绝大部分时间对路德宗的同情比对加尔文宗多一些，情况更是如此。甚至虔诚的加尔文宗信徒腓力·马尼克斯·德·圣阿尔德洪德也对教士的统治很反感，一次在提到牧师时说："他们可以大提建议，但不能下命令，不能让他们统治，他们应该让人们的心灵得到自由。"所以，联省共和国的建立以及他们最终摆脱了西班牙的束缚并没有给加尔文主义的宗教带来胜利。这样，1581年米德尔堡的宗教会议就对莱登的一位教授和执事加斯帕尔·柯莱进行了谴责，因为他拒绝接受《比利时信纲》，并且在与一位严格的加尔文宗伙伴、教授和执事朗伯·达诺进行争论时批评了加尔文主义的教规。莱登议会干预了这个事件，一位议员表示他将像抵制西班牙的宗教裁判所一样抵制日内瓦的宗教裁判所。其结果，那位曾经企图以严格的加尔文教义对在自己管辖下的莱登的瓦隆人教会进行调整，并企图将同一教义推行于整个教区的达诺离开了莱登。1591年，三级会议指定了一个委员会起草了一套新的教规，根据它，地方官员在选举牧师的问题上应与宗教会议享有同等的权利，而且牧师的人选每次都应得到市长的同意。一次，拒不同意一个官方信纲和教理问答的阿尔克马尔的五位牧师得到了他们所在的地方政府和荷兰三级会议的保护。

的确，在联省共和国里向正统加尔文主义提出的第一次大挑战将以阿明尼乌主义的形式出现，它否认绝对的得救预定论的教义。这个教派以雅各布·赫曼德松命名，他在日内瓦受业于贝扎并于1588年在阿姆斯特丹获得牧师圣职。他以其拉丁文形式的名字"阿明尼乌"广为人知；在被阿姆斯特丹教会请来驳斥那位针对已被接受的得救预定论教义提出挑战的科尼尔特的观点时，阿明尼乌得出结论认为他赞同人们指望他加以谴责的那些观点。在受到彼得·普兰修斯的攻击以后，阿明尼乌否认自己既违反了比利时信纲，又违反了海德堡教理问答；但同时，他明确表示：他觉得不一定要毫无疑问地接受加尔文对《圣经》的所有解释。阿姆斯特丹的市长想以召集牧师会议的方式解决这一争议，但他所能做到的只是要求双方不要进行公开的争论。随着争论的继续，阿明尼乌要求普兰修斯把针对他的非难明确化，以便他能够给予答复，从而取得了和解。但阿明尼乌对得救预定论这种过激教义的怀疑有增无减，他甚至乐于引用像贝拉明和孔塔里尼这样的天主教神学家来论证自己的观点。1603年，他在莱登被任命为教授的事引起了一场新的辩论，他当时主要的对手为弗朗西斯·戈马尔。这场争论把双方教会的和国家的最高当局都卷了进来，1608年，阿明尼乌在海牙举行的三级会议的一次专门会议上为自己的说教进行了辩护。第二年，阿明尼乌去世，但争论仍在继续，而且牵扯到了荷兰的政治。荷兰的政治局势因拿骚的莫里斯与约翰·奥尔登巴内费尔特之间的争斗而被扰乱了，前者是奥兰治的威廉之子，荷兰总督，他反对1609年与西班牙签订的12年停战协定，后者是荷兰检察官，赞成该项协定。奥尔登巴内费尔特支持被称作抗议宗的阿明尼乌派，而莫里斯则反对抗议宗。这次事件在一次加尔文主义信徒的全体大会上得到解决，这次大会于 1618 年在多德雷赫特召开，又称多尔德宗教会议。在这次会议召开之前，奥尔登巴内费尔特已因私通西班牙的罪名而被送进监狱，还有一个阿明尼乌派的信徒、著名的格劳秀斯也和其他观点相同的人一起被关进监狱。这次会议谴责了阿明尼乌主义，会议结束后的第三天奥尔登巴内费尔特被处死。就教义而言，这场争论的全过程表明加尔文宗的正统观念现在受到了怀疑，特别是受到那些对教士统治国家持有反对观点的人的怀疑。从历史的角度观察，它显示了在联省共和国中教会与国家之间极其复杂的关系，以及（和法国一样）俗人在何种程度上关注着宗教事务。加尔文在日内瓦所进行的使教会独立于国家的斗争勉强获胜，当他发起的这个运动发展到一些面临复杂的国家管理问题的大国时，国家对教会控制越来越紧的局面几乎是不可避免的。在很大程度上加尔文宗同样经历了当时天主教所经历的处境，即不得不依靠全国性政府的保护，而反过来又不得不服从它的控制。

　　这一事实可以从加尔文宗在英格兰和苏格兰的命运得到进一步的说明；在那里，加尔文宗又一次卷入了民族主义所造成的旋涡。严格意义上的英国的加尔文主义是在 1558 年伊丽莎白继位后，玛丽时期的流亡者返回英国才开始的。加尔文对爱德华时期的宗教改革并非没有任何影响，特别是他在斯特拉斯堡的教师布塞尔此时结束了因为信仰而流亡英国的生活；同时，彼得·马特、约翰·拉斯基等应克兰麦邀请来到英国的人以及英国的一些宗教改革者都通过不同的途径受到了加尔文主义者的影响。然而，加尔文在日内瓦的体制是在 1541 年加尔文返回日内瓦以后才建立起来的，因而在 1541 年到爱德华统治时期之间基本没有时间使其影响超过一般的程度。正是在玛丽统治时期，英国的流亡者与日内瓦的接触才产生了真正的影响，因为这时，英国人得以直接看到加尔文的体制是怎样运转的。特别是当法兰克福的英国逃亡者中恪守第二部爱德华祈祷书的人与赞同进一步改革祈祷书的人之间发生了矛盾，致使后者移居到日内瓦并发现他们在那里更加自由的时候，加尔文宗的影响就更大了。但有时人们往往忽视法兰克福的积怨不仅仅是由于祈祷书问题。从一开始，由于英国人在大陆的教会没有受到即使在爱德华六世统治时期仍然在英国保留的主教制度对教会组织的束缚，因此接受了一种他们在英国时看到的外来流亡者的教会体制，它在基本点上与加尔文主义的体制非常相似。1554年，他们选举了一个牧师和一些执事来"服务一段时间"，同时起草了一个大家发誓必须遵守的教规章程，其中包括成立一个由俗人长老和牧师组成的长老会，同时还规定罪恶昭彰者必须公开赎罪，并规定将桀骜不驯者革除教籍。这都是斯特拉斯堡—日内瓦教规所具有的特征，同时与克兰麦时期在已经确立的英国教会中采取的所有做法格格不入。由于法兰克福这座城市信奉路德宗，所以虽然在争论期间双方都确实寻求市民力量的介入，但在所有这些事件中，市民的力量发挥不了任何作用。值得注意的是，长老会的体制在反对祈祷书的一派，即约翰·诺克斯和他的追随者们于1555年离开法兰克福以后仍旧延续下去了。看起来，长老会体制正在取代其他一切教会体制已经没有问题了。事实上，在1556年制定的新《教规》中，唯一的改动就是把最终的权力给予了全体会众，人们批评前一个教规是"将一切都给了牧师"。他们明确宣布，新的安排并非不可更改，因为并不是要建立这样一种体制，在其中，"人的欲望"将像天主教徒那样"被加以压制并不可变动"。这里已经向更加民主的方向迈进了一步，正如我们所看到的那样，这种更加广泛的民主是加尔文主义在日内瓦之外进一步发展后的特征，同时也是后来公理会教义的基础。同时必须加以提醒的是，甚至就连对爱德华祈祷书恪守不移的人们也不是在每一个细节上都与它一致，其中部分原因在于他们感到祈祷书的某些地方会冒犯法国会众，而法兰克福的官员们是允许英国人使用法国人教堂的。

  这些情况之所以值得强调是因为有时人们得到的印象是：只有在日内瓦的流亡者在1558年以后重返英国时，才赞成后来被称作清教主义的东西。相反，无论在哪里的流亡者，好像没有人对失去了主教制度感到非常遗憾；而且实际上，都在不同程度上准备进行一场比1553年英国所达到的程度更为激进的宗教改革。结果，当1559年国会讨论解决宗教问题时，返回的流亡者甚至连争取立即恢复1552年的祈祷书都遇到了困难，它违背了女王要谨慎前进的愿望；然后，对祈祷书作了轻微的但是重要的改动，使之更加符合那些仍然相信圣餐中的"真在论"的人们的口味。在废除主教制度方面不会有什么问题。1559年，政府很快就着手充实空缺的主教职位以及那些由于剥夺残余的玛丽时期的主教而造成的空缺。令人费解的是，虽然马修·帕克能够就任坎特伯雷大主教，不过在大多数情况下正是伊丽莎白所不得不依靠的那些流亡者设立了新的主教职位；而且，就像后来他们说的那样：他们非常不情愿地接受了这个人们希望他们加以实施的解决方案，他们觉得：如果自己拒绝高级教职，也许天主教已经卷土重来了。这样一来，当有人希望他们强制推行祈祷书的规程以对付那些拒绝遵守这些规程而又不受高级职务的约束的激进分子时，他们的地位已被削弱了。这是一个在16世纪60年代关于法衣问题争论中非常明显的事实，那时，不得不认真对付这样一些人，他们拒不穿戴1559年祈祷书规定必穿的"教皇的破衣衫"，或者抗拒祈祷书规定的其他礼仪。在伊丽莎白统治时期，尽管对神职人员中的一些顽固分子加以剥夺，但始终未能实现完全遵守规程；这部分地由于主教们总是面临缺乏合适的牧师人选的问题，所以对那些热忱的牧师，即使在遵守规程方面做得不够，只要不是无法无天，就不再求全责备。但随着时间的推移，甚至就连那些最倾向于加尔文宗的第一批主教们，在他们的权力受到抵制后，也失去了对逐渐被称作清教主义的同情感；而没有从流亡生活中切实接触过加尔文宗的后来的几代人，认为加尔文宗的组织结构（加尔文宗的神学理论长期被奉为至高无上）是一种不适合英国国情的外国体制。

这一点随着国会不断努力引进新的礼拜仪式和加尔文宗教规而更加真实了。在这里，人们又一次看到：加尔文宗在其他地方的发展过程中，出现了已经被注意到的那种俗人的优势，只是方式有所不同。教士会议由于被组成其上院的主教们控制，而且下院也不完全是清教徒，因此不适于充当引进加尔文宗信仰和教规的媒介，不过在坎特伯雷1563年的下院里，关于根据清教精神修改祈祷书的六项条款的建议被对方以一票之差的微弱多数所击败。正是这个挫折似乎对于清教徒把意向转到国会起了很大的作用，国会已经制订了最初的解决方案，而且有权否决教士会议的决定，除非女王对它加以认可。经验证明，这个附加条件在事实上是最根本的障碍，因为女王可能一直对国会下议院在1559年把一个关于祈祷书的解决方案强加给她的做法心中不快。这个方案的新教色彩比她当时所希望的要浓一些，下议院阻挠恢复国王至尊地位的议案，直到这一议案与一个强制推行爱德华时期第二部祈祷书的议案同时通过为止。在所有的问题上女王从来没有表现出任何同意进行进一步改革的迹象。① 尽管如此，清教徒们总还可以依赖下议院中一批坚定的清教绅士，他们随时准备为改进祈祷书，为引进加尔文的教规或加紧迫害抗拒国教的罗马天主教徒而提出动议。仅仅在最后一点上，他们取得了成功，因为当时政府被天主教徒与西班牙进行合作的危险所警觉，本身也愿意强化惩罚。对于所有其他关于宗教的提议，女王都置若罔闻，尽管她的一些顾问对清教表示同情。

正是由于早先对僵局的体验使一些清教徒采取了更加直接的行动。对于第一代清教徒来说，不管他们对日内瓦的教规如何羡慕，并不认为必须严格遵守它。然而到1570年，又出现了一种新的风气，它是近期以来一个在贝扎控制下的日内瓦对年轻人进行灌输所形成的，那里的人们倾向于认为加尔文的体制甚至比加尔文本人所认为的还要重要。他们认为那不仅是《圣经》中所宣示的，而且是《圣经》所命令的；所以，违反它就是背叛了上帝的箴言。在英国持有这种绝对观念的领导人物是托马斯·卡特赖特，他于1570年在剑桥成为"玛格丽特夫人神学教授"，② 然后立即开始攻击存在于英国教会中的主教制度在原则上是错误的，因为教会应由宗教会议管理。他以他所讲授的《使徒行传》为其观点的依据。十分奇怪的是，他从来没有流亡过或见到过日内瓦，这件事说明了加尔文宗信徒通过印刷和口述进行宣传的功效。只是在他被未来的坎特伯雷大主教、当时的三一学院（卡特赖特所在的学院）院长、那年的副大法官约翰·惠特吉夫特剥夺了职务并被禁止布道以后，他才一度离开英国前往日内瓦以便在加尔文主义的发源地汲取其真理。清教徒要在1571年的国会中推行他的政策的企图失败了，由于在1572年再次遭到挫折，结果使这些人转而发动了一场笔战。开始的轰击是由他们的《告国会书》点燃的，它是在1572年国会仍未闭幕时发表的，导致了一长系列的文字交锋，以惠特吉夫特对《告国会书》的《回答》为开端。

正是在这个阶段，清教徒看来得到一些利用教会当局来实现自己

---

① 还可参见后面第212页。
② 英王亨利七世的母亲玛格丽特在牛津大学和剑桥大学设立的神学教授职称。——译者注

目的的机会。政府对于抗拒国教者的力量因在大陆神学院受训的英国教士们的到来而不断加强这一情况十分关注，而且十分自然地打算更多地依靠清教徒，他们虽然是些不顺从和好争辩的臣民，但毕竟是教皇制度的激烈的反对者。还有，自从1559年成为大主教以后一直极力维护伊丽莎白的解决方案的帕克于1575年去世。第二年，约克大主教格林德尔接替了他的职务。他与帕克不同，他曾经是位流亡者，而且虽然不是一个彻底的清教徒，但赞成在教会中进行实际的改革。除了其制度和祈祷书，伊丽莎白的教会不受清教徒欢迎，这并不是没有道理的，因为它存在许多管理上的弊端，其中大部分是陈陈相因的中世纪恶习的残余。如果格林德尔的纲领得以贯彻，极端清教徒借以立足的大部分理由也许就消失了，而温和派则多少会感到满意。但事实却并非如此。格林德尔在"代神发言"（prophesyings）问题上与女王发生了冲突。"代神发言"是一种颇受清教徒欢迎的教士与俗人的经常性集会。会上，教士们解释《圣经》中的部分章节并相互驳斥对方的解释，而由俗人倾听。对于这些活动的看法自然不一致。对于清教徒来说，透彻地了解《圣经》是最为重要的，牧师们正是通过这种方法获得透彻的了解并且学会怎样才能从《圣经》中引申出教义，同时，俗人则从他们的解释中得到教益。另一方面，争论的危险也明显存在，一个文化程度不高或没有受过教育的俗人（都铎时期文化并不普及）很可能会被搞得不知所从，误入歧途或骇异反感。从国王的观点来看，"代神发言"是这样一种场合，它很可能被用来制造即使不是政治的也是宗教的混乱。格林德尔转移到坎特伯雷任职不满一年，女王便命令他对这种集会进行压制，同时减少各郡内特许传教士的数目。格林德尔拒绝服从，并根据自己所见，指出了传教和"代神发言"的价值；同时，他采取了一种正统的加尔文主义的态度（和传统的天主教的态度一样），即世俗的君主不能支配宗教事务，倒应被其牧师所指引和限制。这在国王至尊被视为现存教会之关键的英国是一条危险的教义，肯定不会受到专横的伊丽莎白的欢迎。女王的反应是命令国王特许的主教们压制"代神发言"的集会，将格林德尔软禁起来并于1577年6月将他停职。他仍然坚持自己的观点；最后提出了辞呈，但未等到辞呈被接受便于1583年死去。

继承他的不是别人，正是当时伍斯特的主教、反清教论战中的首要人物惠特吉夫特。他在爱德华时期到达剑桥，并在那里成功地度过了玛丽时期，这似乎部分地由于彼得学院（他在此于1555年成为牧师会成员）的院长波尔内的保护。他劝惠特吉夫特在玛丽的特使们来到大学时对自己的观点保持缄默。惠特吉夫特虽然不是随波逐流之辈，但显然非常谨慎，而且对尊重当权者这种义务有一种强烈的意识，这在都铎时期是一种宝贵的财富。这种态度正是他当大主教时所推行的政策的标志。他所要求于清教徒的就是服从宗教法规。他与他们一样相信加尔文的神学理论，虽然没有采取其极端形式；但是他已经明确表示，对于那些坚持认为加尔文的教规是教会制度的唯一合法形式的人绝不同情。由于一个新的宗教事务委员会拥有强大的权力以行使王室至尊的管理权，它加强了惠特吉夫特本人对大主教区巡视的权利；在这个委员会的辅佐下，惠特吉夫特抵制了王家会议，因为其中一些重要成员在企图阻止他的行动时是出于对清教的同情。虽然他也想采取一些实际改革教会的政策，但却打击那些不顺从的教士。他得到了女王的恩宠，女王常常把他称作她的"穿黑衣的小丈夫"。在女王的帮助下他抵制了国会将清教政策合法化的企图。在这里受到挫折后，比较坚定的长老派清教徒尝试采取直接的行动。受到压制的"代神发言"被称之为长老监督会的半秘密会议所代替，它势必最终成为被严格的加尔文主义者视为教会政府之正确形式的宗教会议或长老会。在他们能够发挥这种作用之前的这段时间里，他们便在已建立起长老会组织的地区在自愿的基础上行使长老会的职能。威斯敏斯特教堂牧师会成员、后来成为惠特吉夫特的得力助手并接替他担任了大主教的理查德·班克罗夫特于1589年在圣保罗十字架会堂所做的一次布道引起了广泛的注意。主教团早已对1588年开始出现的马丁·马尔普雷莱特小册子感到恼火，它们用一种机智但恶毒的方式对各位主教指名道姓地进行攻击。第二年，出版这些小册子的秘密印刷所在曼彻斯特附近它的第四个隐蔽处被发现，结果是对这件事负有责任的人受到追查和起诉，只是作者一个也没找到。卡特赖特和其他人一起被捕入狱，罪名除了进行非法布道和抨击祈祷书之外，还有他知道小册子的作者却不肯说出他们的名字。虽然卡特赖特拒绝在谴责长老会的悔过书上签字，但他和其他被监禁的清教徒领袖在宣称他们信奉国王至尊后最终于1592年获释。他们曾经是长老监督会运动的领袖，这个秘密被班克罗夫特发现了，秘密一经发现，运动自然消亡。1593年，曾在苏格兰避难而后失策地返回英格兰的约翰·彭里被处死，这违反了按照当时的标准应对极端派清教徒领袖人物持宽容态度的政策。

到伊丽莎白统治末期，清教主义已不再能够向她的政府提出挑战。清教的力量并没有消耗殆尽，17世纪的历史事件将证明这一点；但它早期屡受挫折以及惠特吉夫特对它的强硬政策驱使它采取被事实证明是自取失败的冒险行动。一些坚定的加尔文宗信徒组织了脱离国教运动，试图完全弃绝国家教会，在某些情况下，这些人像其玛丽时代的前辈一样，要以移居国外来对抗迫害。然而，他们的态度在多数清教徒看来是错误的，因为大部分清教徒严格地恪守加尔文的原则，即无论国家教会中腐败的现象有多少，只要它确实没犯教皇派的罪过，一个教派就没有理由与之分裂，就像那些谴责旧约教会的腐败现象的先知们没有理由离弃圣殿一样。讲到这里有一点不可忘记的是："清教徒"这个名词包含了差别很大的许多观点。并不是所有要求改革英格兰教会的人都像卡特赖特那样完全按照长老会的原则行事。他们都是激烈反对教皇政治的坚定的新教徒，几乎所有人都厌恶祈祷书的某些特征，不过有些人主要的动机也许是不无理由地厌恶那些有损于伊丽莎白时期教会形象的确实存在的管理和财政方面的弊病。如果这些弊病得到革除，在他们的信仰中很可能会接受他们所厌恶的仪式和祈祷文，或至少容忍它们。虽然他们的神学理论都来自加尔文，但只有少数人极为严格地坚持加尔文关于教会制度的观点。

加尔文主义在16世纪的确没有能够征服英格兰。到16世纪末，作为一种神学和教会理论的加尔文主义正在丧失立足之地。在许多人看来，胡克那著名的《论教会体制的法则》损毁了加尔文的教会学说并为安立甘宗的体系赢得了坚强的支持。与此同时，在16世纪后期，主要在剑桥大学，对加尔文宗的得救预定论的批评逐渐加强，这与发生在尼德兰的阿明尼乌运动没有关系。正如 H. C. 波特博士所写的那样："剑桥学派是土生土长的；所以在1610年以前将英国的任何一位神学家称为'阿明尼乌派'都是不恰当的。"① 加尔文主义确实

---

① H. C. 波特：《都铎时期剑桥大学的宗教改革与反动》（剑桥大学，1958年），第408页。

在16世纪晚期对英国产生了巨大的影响,而且在17世纪造成暴烈的和革命性的结果。但它始终未能征服全国性的教会,主要原因与在法国一样,即虽然没有采取战争的方式,但毕竟与拒绝接受它的全国性的君主发生了冲突。

在苏格兰则是另外一种情形——虽然其结局在16世纪末期显得并非完全不同。那里的决定性因素是:比之于英国君主,苏格兰君主是软弱的,而且也没有像法国国王那样建立起专制主义的传统,尽管那种传统在宗教战争期间有所削弱。可以毫不夸张地说,苏格兰的国王是在贵族的允许之下进行统治的,这就是为什么苏格兰的宗教改革从一开始就是一场从下面发起的运动,而不像在英国,是一个由国家控制的事件。后来,在詹姆斯六世当政时期,国王开始执掌权柄,出于理论上对独裁统治的热望,詹姆斯本人可能过高地估计了他取得的权力。人们必须把苏格兰加尔文主义的变化放到这一政治背景下考察。苏格兰和法国之间的"老盟友"关系的影响也具有明确的重要性。距离苏格兰最近的新教邻邦和在宗教改革中可能结成的盟友是世仇——英格兰,因此,苏格兰的新教徒不得不在民族主义的爱国立场和宗教的合并这二者之间做出自己的抉择。还有一个更为复杂的问题:即詹姆斯五世的女继承人玛丽是一个法国籍母亲——洛林的玛丽——的女儿,这位母亲出自法国天主教的领袖之家——吉斯家族,她不仅是一位虔诚的天主教徒,而且是法国的皇太子妃,并曾短期担任法国的女王。当约翰·诺克斯打开苏格兰宗教改革的决定性局面时,在选择法国还是英国的问题上左右为难已不是一种新情况了。亨利八世曾设法引导他的表弟詹姆斯五世走向与罗马决裂以及解散修道院的道路;他还通过贿赂贵族的手段,在苏格兰建立了一个赞同他但又不大可靠的团体;同时还设法缔结未来的爱德华六世与年幼的玛丽之间的婚姻。亨利八世死后,摄政王萨默塞特继续推行这一政策,他计划将这两个王国真正统一成为一个大不列颠王国。摄政王于1547年发动的平基(Pinkie)战役以及亨利八世生前发动的一些战役,由于它们导致破坏修道院甚至向苏格兰人散发《圣经》,从而确实对苏格兰的宗教改革产生了影响。

1547年战役使约翰·诺克斯脱颖而出。他已经转变为宗教改革者,而且正在为自己建立一个传道者的名声。和在英格兰一样,路德宗的观点最先从欧洲大陆通过东海岸港口传入苏格兰，它的第一位殉道者帕特里克·汉密尔顿早在 1528 年就被烧死。一些更早的证据说明英国的罗拉德派在苏格兰西南部有某种程度的渗入。宗教改革很有可能成功，因为苏格兰天主教会的道德腐败与财力衰竭更甚于欧洲其他许多地方，原因在于其大量的教士淫荡放纵，很大一部分高级教职被利用来维持王室与贵族的私生子们的生活。的确，俗人对教会收入的侵占已成为一种传统，从而阻碍了后来经过改革的教会的正常捐赠。到 16 世纪 40 年代，新教的观点赢得了一部分贵族和地主的支持，这两个阶层一直是苏格兰宗教改革的真正的堡垒和实权控制者。来自城镇市民的拥护几乎是同等重要的；那些穷苦阶层由于受教会勒索财物之苦而且眼见教会花费之奢靡，对于旧教也不会有深厚的依恋。然而，考虑到已经讲述过的上层阶级对教会财产的侵夺所达到的程度，我们切不可认为那些将成为"圣约同盟长老"的人，仅仅出于获取钱财的考虑就被驱动了。他们早已大量侵吞了教会的财产。

诺克斯本人在信念上的转变主要是受到乔治·威沙特的影响，诺克斯曾于 1545 年同他一起在洛锡安进行过一次布道旅行。此后不久，威沙特就被逮捕并于 1546 年在圣·安德鲁斯被烧死在火刑柱上。诺克斯从他那里汲取了瑞士的思想，因为威沙特在被指控为异端后曾于 1538 年逃离苏格兰。而且还有可能在他约于 1543 年在剑桥做一次短暂逗留后即返回家乡之前曾访问过德意志和瑞士。他曾翻译过 1536 年的瑞士信纲，其中有布林格的手笔。业师的殉道对诺克斯确有影响并通过他著的《苏格兰王国宗教改革史》反映出来。这位一直相信在宗教上以暴力回敬暴力的诺克斯参与了对枢机主教比顿的刺杀活动。就在威沙特被处死的同一年比顿遇刺身亡，这部分是为威沙特而进行的报复。然后他们于 1547 年的复活节被围困在圣·安德鲁斯城堡内。他们所期待的英格兰为支持他们而进行的干预为时太晚，诺克斯和许多其他人一起被法国人抓获，法国人是七月份攻陷这个城堡的。在以后的两年中，诺克斯沦为一个法国的划桨奴隶。1549 年获得释放后，他前往英格兰，并在爱德华六世时期宗教改革的左翼运动中起了积极的作用。他在玛丽时期流亡法兰克福的英国人中间的活动前已论及。这使他退到了日内瓦并终生信奉加尔文宗，不过，由于他支持为了宗教要进行革命和战争的原则使得加尔文并不喜欢他。在他离开苏格兰期间，宗教改革有了进一步的发展。贵族集团支持改革，"圣约同盟长老"正在迫使摄政女王——吉斯家的玛丽——进行宗教上的改革，他们正在得势并几乎控制了这个国家。1557年，部分贵族邀请诺克斯回到苏格兰。他曾于1556—1557年在那里暂住，从事布道和建立教会的活动，在他建立的教会中，圣餐可以根据他认为正确的原则加以进行。但使他烦恼的是，当他来到迪耶普时，发现另一些信件劝阻他不要回来，对此，他解释为宗教改革的支持者们三心二意的迹象。伊丽莎白继位后，使他同样烦恼的是，由于他在被视为天主教拥护者的玛丽·都铎、苏格兰女王玛丽和吉斯家的玛丽统治时期曾写过一些针对女性统治的"可怕"的小册子，因而不受伊丽莎白的欢迎。这一来，要重返英格兰是不可能了，甚至不许他途经这个国家。这进一步促使他接受了1558年末收到的再次请他重返故土的邀请。他取道海上并于1559年5月在利斯登陆。

不管诺克斯是否意识到，他所面临的政治形势对于一场革命来说已经成熟。在他到达后的第十天，即5月12日（"搬家星期五"），修道士们根据年初张贴在他们门上的所谓"乞丐敦促书"的非官方文告，已到了离开其住所的期限。那些文告已预先告诉他们到这一天把住所让给穷人和弱者。再者，英国的《至尊法令》和《统一法令》已获通过的消息也传到苏格兰。吉斯家的玛丽命令新教传教士到斯特灵露面，显然想采取针对他们的法律行动。邓迪城的市民以及附近的地主们决定和他们的传教师一道前往，以便保护他们。他们行至刚刚接受新教的珀斯，那里的市长——领主鲁思文接到摄政王要求予以镇压的命令后拒绝执行。这样，正是在5月11日星期四这一天，即新教传教士们应该在斯特灵报到否则不受法律保护的那一天之后，诺克斯在珀斯的圣·约翰教堂对胸中已经燃烧着革命火焰的会众进行了说教。正如他本人所说，他"强烈地反对偶像崇拜"，这个具有诺克斯讲话时常见的暴烈口吻的声明意味着许多东西。紧接着，正如他所预料的那样，为了贬抑他，一名神父开始做弥撒。一个男孩大声抗议并被这名神父敲打。为了报复，男孩向高高的祭坛上扔了一块石头，打碎了祭坛上方的一座神像，于是，会众立即打碎了教堂内所有的神像。随后，被诺克斯称作"大群无赖汉"的人们攻击了方济各会的修道院，首先砸碎神像，然后洗劫全院；根据诺克斯的说法，他们愤怒地发现方济各会虽自称以贫穷为天职,其修道院却陈设豪华,库藏奢侈。同样的遭遇也降临到多明我会和加尔都西会的修道院中,因此,两天之内,这些令人惊叹的建筑物只剩下四壁萧然了。一场大起义接踵而来,起义者在向爱丁堡进发途中,造成了更大的破坏。双方达成了一个停战协议,同意城市自行选择其宗教,同时在偶像崇拜被废除的任何地方均不得加以恢复,条件是不得进一步破坏教堂。这时吉斯家的玛丽调来法国军队以保护其政策,而新教徒则在英国秘密地与塞西尔进行会谈以寻求援助。对于支持反叛者心怀犹豫的伊丽莎白装做对此一无所知。10月间,起义者开始采取军事行动,向爱丁堡进军并占领了它。然后,以沙泰勒罗公爵詹姆斯·汉密尔顿为首的贵族们以苏格兰国王和女王、法国的弗朗西斯二世和他的妻子苏格兰女王玛丽的名义正式废黜了吉斯家的玛丽的摄政王职位。但是由于缺少金钱(从英格兰送来的钱在途中遭到拦截),他们的军队瓦解了,只得忍辱撤到斯特灵。然而不久以后英格兰即开始插手,起初在海上后来扩展到陆地,迫使法国人签署了爱丁堡协议,并使他们撤出苏格兰。宗教改革受到了保护。吉斯家的玛丽刚好在协议签署之前死去,将新教作为一种民族宗教的道路现在已经开通了。①

　　1560年8月,苏格兰议会接受了一份信纲,禁止做弥撒,并同教皇断交。第二年,一个神职人员的宗教会议采纳了一本《教规手册》,随后有许多贵族和地主在上面签了名。然而,他们规定:所有教士都应终身保持他们现有的俸禄,条件是他们必须支持那些现正从事实际的牧师工作的新教牧师,这表明他们对自己所占有的教会俸禄感到担心。(这本《教规手册》已规定:教会的收入应该用于对新任的牧师给予足够的支持,维修教堂建筑,救济穷人以及教育儿童)于是出现了一种持续很久的奇怪现象,旧的教会俸禄体制保留下来了,但绝大多数不掌握在业已成为国家教会的手中。1562年,玛丽女王在她丈夫死后返回她的王国(她从1550年后一直住在法国),此后,领有圣俸的教士和王家枢密院之间进行了协商,第二年年初决定全部圣俸收入的1/3应用来资助王室和新教教会,其余部分被正式确认给予圣俸的占有者。由于这1/3由王室征收,随着时间的推移,

---

① 参见后面第215—216页。

王室所占的份额有所增加，而新教教会的份额有所减少也就不足为奇了。所以，改革后建立的教会几乎从一开始便难以摆脱财力缺乏的困扰，由于一些多少有些相似的原因而与英格兰伊丽莎白时期的教会几乎一样。它在财政方面的处境在1573—1574年有所改善，摄政王莫顿促成了对教区进行的调查，揭发出一些隐秘不报的收入，而且将那1/3中给予教区牧师的份额进行了更为合理的分配。以切实的步骤剥夺那些不适于进入改革后牧师团的圣俸享有者的努力失败了，但早在1566年就已规定领圣俸者出现空缺时，应将该圣俸分配给改革后的牧师。

这一切表明了在苏格兰和在其他地方一样，加尔文宗的纯理论在何种程度上屈从于俗人的愿望。从表面上看，苏格兰在1560—1561年就已成为第一个完全信奉加尔文宗的国家，但实际上并非如此。诺克斯与回国后的苏格兰女王玛丽之间的对立，她想在超出自己私下信仰的范围以外保留天主教时的无能为力以及甚至她私下信仰天主教也仍然受到抨击，这些都是人们常常讲述的故事了，还有使她丧失王位并不得不于1568年逃亡英格兰的一系列失策和意外事件也同样常被人们提起。尽管如此，她在苏格兰并不是没有自己的支持者，而且如果他们取得成功，始终很可能出现宗教上的反动，特别是如果她在英格兰的天主教支持者使她对英国王位的要求得以实现，情况更是这样。直到玛丽的已经被击溃的党徒于1573年因爱丁堡城堡被一支英格兰—苏格兰联军攻陷而最终覆灭以后，这种危险才似乎消失了。即便在这以后，詹姆斯六世似乎还在不时地向罗马以及苏格兰的天主教徒献殷勤。苏格兰的宗教改革无论看去怎样基于民众的支持之上，它从来没有感到十分安全，特别是在一个如此严重地依赖贵族们的不同倾向的国家里；对于这些贵族，机敏的诺克斯一直持有戒心。

1560—1561年的解决方案大体说来是加尔文宗的。信纲不仅用激烈的语言弃绝了罗马教会，并称之为"可怕的娼妓，恶毒的教会"，而且陈述了加尔文宗有关圣礼以及教会性质的教义，但对于得救预定论没有大加强调。尽管如此，《教规手册》虽然在布道和举行圣礼时坚持改革的观念，在教会制度方面则并不过分武断，而是反复讲到它为了管理而进行的安排是"权宜之计"。它规定了人们熟悉的加尔文主义的牧师体制，设置了长老和执事，不过与晚期长老制明显不同的是，这两种产生较晚的教职要每年选举一次。同其他的加尔文宗地区一样，一种反对教权主义的因素明显存在，特别是在长老和执事有权训诫和纠正他们的牧师并在必要时征得监督的同意将牧师解职时更是如此。监督的管辖范围大体上与以前的主教教区一致，设立监督本身就破坏了加尔文主义普遍的做法，因为在许多方面监督发挥着从前的主教的职能。他们在检查会众推选出的牧师候选人方面起了重要的作用，而且如果某个教区出现牧师职位空缺且在 40 天内未能选出牧师时，靠辅佐他们的委员会的帮助，他们自己就能选择牧师。虽然如此，他们并没有被看作一个单独的牧师团或举行按手礼时必不可少的主持人。在选举和审查以后，允许一名牧师到某一教区服务的也还是他们。教会中的最高权力机构是会众大会，但这一机构中不仅有监督和牧师，还有贵族、男爵、自治市镇的代表。依照惯例，牧师们无权参加会议，而且也不鼓励他们在没有充分理由的情况下为了开会而离开教区。那些正式前来参加会议的牧师是由于会议处理的事情关系到他们本人，或者由于其监督者命令他们参加会议。结果会议上世俗人士的人数往往大大超过神职人员的人数。但考虑到新的教会在形成过程中俗人领导人物所发挥的关键作用，这一点也不足为奇。不过应当加以补充的是，地方宗教会议的情况是可以接受的，如同在法国一样，每个牧师由本教区的一位长老或执事陪同参加会议。

　　这并不是人们后来所理解的长老制，那种变化是因 1574 年安德鲁·梅尔维尔到达苏格兰而发生的。他在日内瓦度过了此前的五年，与贝扎保持着直接的联系。贝扎在教会制度上的观点变得比加尔文更为严格，加尔文允许在不同的地区可以有教规上的区别。梅尔维尔和卡特赖特具有同样的观点，他很可能在日内瓦会晤过卡特赖特，而且和后者一样，是比较年轻和比较激进的一代信徒的领袖人物。那些和他具有共同想法的人都对由国家任命将要取代监督的主教（实际上就是这样称呼）特别不满。由国家任命主教这一方案经会众大会在 1572 年确认，条件是保留大主教、大执事、副主教等称号不意味着赞成教皇制度；不过他们提出：从严格的宗教职能来说，大主教只应被看作主教。（必须强调指出的是，在 1561 年，这些称号并没有消失，而且一些享有这些称号的人接受了改革后的信仰，并参加了改革后教会的工作）这对梅尔维尔这类相信"牧师地位平等"原则的人来说是一种讨厌的事情。1578 年，会众大会同意接受《教规手册第二编》从而使梅尔维尔取得了胜利，但苏格兰议会拒绝批准大会的决定，并且只在一定程度上实现了建立标准样式的长老会的目的，即为执行教规成立牧师和世俗长老的法庭。1584 年，政府做出了反对梅尔维尔观点的反应。当时议会通过的"黑色法令"强化了主教的权力，而且从长老会的观点来看，更加糟糕的是：这些法令声称长老们应服从的是国王而不是会众大会，同时肯定了议会的权威高于"近年来引起一些怀疑的"教会。1586 年，一个妥协方案出台，内容为主教只应在牧师委员会的建议下行使管理权并应服从会众大会，而且允许建立长老会，会众大会勉强接受了这个方案。从这个时候一直到议会的法令正式承认长老会体制的 1592 年，形势朝着主教的权力逐渐缩小的有利于长老会的方向发展，但即使是在 1592 年以后，长老会的体制实际上也没有得到普及，而主教体制也没有被废除。1603 年，詹姆斯六世继承英格兰王位，称作詹姆斯一世，在 1604 年的汉普顿法庭会议上，他激烈地表示他憎恶长老派，认为他们是与君主政体势不两立的，此后，他意图建立一个比较接近英国模式的主教体制。

的确，安德鲁·梅尔维尔纲领的基础是认为教会与国家即使由同一些人组成，也应成为两个分开的共同体，而且否认国家有权控制教会。他不仅为争取建立长老会而斗争，同样还为争取会众大会对教会所拥有的至高无上的权力而斗争。1596 年他与愤怒的詹姆斯六世在福克兰所进行的著名会晤概括了他的观点。当时，他是一个委员会的成员之一，这个委员会抗议已被驱逐的天主教伯爵亨特利和埃罗尔返回苏格兰。对于詹姆斯六世提出的未经他的允许牧师们无权召集会议的说法，梅尔维尔揪着国王的袖口作答，他称国王为"上帝的头脑简单的仆人"，同时在一大段高谈阔论中告诉国王"在苏格兰有两个国王和王国：一个国王是耶稣基督，他的王国便是教会，詹姆斯六世国王只是他的一个臣民，在这个王国中詹姆斯六世不是什么国王，也不是君主或首脑，只是其中的一个成员而已"。这是加尔文在日内瓦适用于一个君主国的原则。在这个时期许多问题的背后起作用的命题与反命题中的一个方面从来没有被阐述得这样清晰，这对命题与反命题是：一方面国家声称有权决定或至少管理其臣民的宗教；而另一方面教会声称有权根据上帝的谕旨做出决断并指望即使是统治者也应顺从其决断。具有浓厚的君权神授意识并对国王在教会中地位至尊的原则十分迷恋（这一点他后来在英格兰明显表露出来）的詹姆斯，必然把梅尔维尔感情的爆发不仅视为无礼，而且视为异端邪说和亵渎神灵。

从某种意义上说，詹姆斯拥有最终决定权，尽管几乎与此同时，圣安德鲁斯学院的牧师戴维·布莱克不仅讲道"所有的国王都是魔鬼之子"，而且称英格兰的伊丽莎白为无神论者，这样就引发了一场国际事件。伊丽莎白向詹姆斯抗议，詹姆斯把布莱克召到了枢密院，布莱克认为枢密院无权审判他的案件，但他还是被流放到苏格兰高地。在其他事务上国王也很难与教会相处。教会人士因他那骂人的习惯和他妻子的爱慕虚荣对他加以指责。11月间，他们要求对国王的国务大臣们加以谴责，因为他们对于听讲道一事漫不经心；12月，教会的监督人员坚持要不离国王左右，因为他们担心国王可能会改变宗教信仰或"至少把信仰自由引进来"，这大概是一个针对据说詹姆斯愿意容忍天主教的主张的讽刺。所有这一切激怒了政府，它宣布会众大会监督人员的权力是不合法的，命令他们离开首都；规定凡被指控有煽动罪的牧师必须在枢密院受审；并且恢复了一项禁止反对国王和枢密院的言论的法令。爱丁堡出现的一场暴乱，给政府提供了一个进一步行动的机会。12月17日，一伙暴民大肆谣传说天主教徒举行叛乱并要杀害国王和政府人士以及制造混乱。詹姆斯国王迁到了林利斯戈并命令法庭也迁出爱丁堡，这将使该城不再是首都。城市当局慑于国王的震怒，将牧师都囚禁在城堡内，并且保证将来在未经国王允许时不让他们回来或接纳其他牧师，另外还缴付了一笔巨额罚金。1597年1月1日，詹姆斯得意扬扬地重入爱丁堡，后来议会承认国王有权在他认为必要的任何时候禁止教会法庭召开或禁止牧师布道。但这并不意味着斗争的结束，1600年便发生了神秘的高里谋反案。高里伯爵是一个坚定的新教徒，很受长老派的信任，在此案中，国王声言高里和高里的兄弟把他诱骗到了他们在珀斯的家中，企图绑架他。高里兄弟被那些援救国王的人所杀，五位明显不相信这一过程的爱丁堡牧师拒绝按照国王要求的措辞为他的幸免于难做谢恩祷告。这五位牧师中有四人最后屈服了，剩下一位——罗伯特·布鲁斯坚持到底，因而被流放到苏格兰的北部。这样，詹姆斯在他离开苏格兰去英格兰的前夕，在与一个不服从国家控制的教会相抗衡的过程中似乎已经占了上风。后来，他在这方面变本加厉，甚至要由他的儿子来收拾因他的政策而丧失人心的后果。

已经有人指出：苏格兰的改革教会"以反对国王的造反开始，并且一直与废除君主的革命联系在一起"。人们可能会认为：至少在这里加尔文宗摆脱了国家的控制；但正如我们已经看到的那样，不仅这个世纪以教会受挫而告终，而且事实上它早期的反对君主政体的一些胜利也是在俗人领导下取得的，没有他们，这些成功是不可能的。考虑到苏格兰贵族的力量，这里的形势就与德意志大体相似。在德意志，宗教改革的成功完全是由于得到了一些反对皇帝的诸侯的支持。即使在苏格兰，加尔文宗也摆脱不了伦纳德所说的"宗教改革的世俗化"。

在本章前面已经论述了一些德意志的加尔文宗的情况，也许这使我们在此只能稍加补充。如前所述，加尔文主义在德意志的胜利得力于"秘密的加尔文主义"在路德宗内部的渗透，就像得力于加尔文教会实际的发展一样。加尔文宗面临着一个更早的而且更得人心的改革运动，它不得不顺应这场运动，至少要默默地顺应。正如我们已经看到的那样，即使在巴拉丁领地上，加尔文宗突出的成果——"海德堡教理问答"虽然成为加尔文主义者仪式书的标准，但还是与梅兰希顿的信徒们合作写成的。然而，虽然没有一个德意志城市在加尔文生前皈依加尔文宗，甚至连加尔文主义真正的发源地斯特拉斯堡在布塞尔于1549年辞职回到英国后，也变得坚信路德宗而反对加尔文宗并拒不接受"临时协议"，但加尔文宗确实在一些邦流行开来。前面已经提及：弗雷德里克三世统治时期，加尔文主义在巴拉丁领地取得了胜利，只是不彻底，弗雷德里克三世的继承人驱逐了加尔文主义者。还是在这个地方，那位注定要将自己的名字赋予一种自己并不真正同意的信仰的埃拉斯都，于1568年针对加尔文提出的教会有权不经行政当局批准即执行破门律的主张提出抗议。的确，在路德宗的"神圣的君主"这一教义如此盛行的国家里，加尔文主义总是要受到怀疑。尽管如此，在1583年路德维希六世死后，约翰·卡齐米尔成为他的侄子弗雷德里克四世的摄政王，他将加尔文宗恢复成为巴拉丁领地的国教，而且一直保持到弗雷德里克长大成人。德意志的其他邦和城市也接受了加尔文宗。16世纪结束之前，在被路德维希六世从巴拉丁领地驱逐出来的布道者以及被萨克森选帝侯从维滕贝格驱逐出来的梅兰希顿的信徒们的影响下，加尔文主义赢得了拿骚、不来梅和韦瑟尔，而安哈尔特和黑森也有这种趋势。但加尔文宗要到下一个世纪当勃兰登堡选帝侯接受它之后才算获得最大的成功。它比路德宗教改革的成果要小一些。实际上可以这样讲，德意志的加尔文主义主要成了那些对于保留了路德宗的真在论教义的《协议声明》不满的路德宗信徒的避难所。结果，那些成为加尔文宗的教会常常保留着梅兰希顿1540年改写后的奥格斯堡信纲，它在圣礼问题上修改了1530年最早的信纲的教义。尽管它至少在一定程度上具有加尔文教会制度的特征，但德意志的加尔文宗在某种程度上是自成一格的。

在欧洲更靠东的地区，加尔文宗取得的进展大得多。它传入了波兰，[1] 虽然波兰国王奥古斯都·西吉斯孟二世（1548—1572年）从来没有接受加尔文于1554年提交给他的计划，但他与加尔文有过通信来往并读过《基督教原理》。加尔文计划的内容是建立一个大主教和若干主教领导下的改革教会，这就是加尔文并不反对按照他的观念加以理解的主教制度的许多表现之一。波兰的加尔文主义再一次势必成为融合诸说的信仰。加尔文宗教会自16世纪50年代起在小波兰有了很快的增长，1555年他们与大波兰的胡斯派波西米亚兄弟会共同召开了一次宗教会议，后者从波希米亚逃到波兰，承认兄弟会的信纲为共同的信仰声明并与兄弟会发生了联系。1556年约翰·拉斯基返回波兰，加强了加尔文宗的力量。他曾为加尔文宗与兄弟会和路德宗之间的联合而工作，虽然在他生前没有取得成功，但在1570年结出了果实。这一年，通过《桑多梅日协议》，加尔文宗、路德宗和兄弟会在相互承认彼此信纲的基础上实现了联合，在棘手的圣餐问题上，接受了萨克森教会于1551年提交给特伦托宗教会议的信纲，那次宗教会议已经觉察到了它那种圆滑的模糊性。这次联合的动机在很大程度上产生于反宗教改革的压力，这种压力在1564年耶稣会进入波兰后显然加强了。来自索齐尼主义和其他左翼派别的另一方面的竞争也

---

[1] 还可参见后面第12章。

促成了这次联合。

在波希米亚,加尔文主义是由曾经到过日内瓦和其他加尔文宗大学的出身贵族家庭的学生们传入的,它也发现在1575年波希米亚信纲的基础上与路德宗、新饼酒同领胡斯派和胡斯派的兄弟会的联合是可取的。那个信纲与其说是纯粹加尔文宗的还不如说是梅兰希顿的。在匈牙利,加尔文主义于16世纪中期传入,它在这里有不受日耳曼主义影响的有利条件;对于日耳曼主义,马扎尔人出于政治原因很不欢迎;但也许是由于同一个原因,加尔文宗发现在那里与路德宗合作是不可能的。1564年,政府同意两派分离,建立加尔文教会,它采纳了加尔文的《教理问答》和《瑞士信纲之二》。1576年的宗教会议接受了与苏格兰教规非常相似的教规法典,其中规定教会在监督或主教之下组织起来,以由所有教会组成的一个宗教会议为最高权力机构。地方教会有带着加尔文宗特点的普通宗教会议的组织,但俗人的影响很大。介于地方教会和监督二者之间的有区域性组织机构,在这种机构中,教会的和世俗的官员并肩担任领导,每个主教也都有一个世俗的"监护人"作为其同事。在特兰西瓦尼亚,索齐尼主义是加尔文宗的重要对手,它正在获得(1564年终于获得)与天主教、路德宗和加尔文宗一样的法律保护。(必须牢记的是,匈牙利的很大一片地区处在土耳其君主的控制之下)在哈布斯堡王朝控制下的匈牙利,反宗教改革运动盛行,而且在皇帝鲁道夫于1576年继位之后,宗教宽容也没指望了,甚至连他的前任马克西米连二世虽然赞同路德宗,但对加尔文宗也并不友好。

当时,除了匈牙利,正统的加尔文宗在中欧和东欧几乎不存在。它的影响虽然很大,但不能使自己免于和其他新教传统混合。在某种意义上说,这很可能是他们坚强有力的原因。与贝扎继任以后日内瓦传统所表现的加尔文主义相比而言,加尔文本人对于地区的差别曾经要宽容得多,与其他新教派别寻求合作和联合的愿望也强烈得多。不管加尔文宗由于贝扎的态度在内部团结上取得了多大成功(阿明尼乌派挑起的争论表明这种团结并不稳固),它毕竟在西方失去了许多建立一个联合的可以在任何地方与特伦托会议后的天主教相抗衡的新教教会的机会。不管在教义方面还是在教会制度方面,过于严格的正统化都会在情况不利时导致失败,伊丽莎白时期英格兰激进的清教徒的失败说明了这一点。断然拒绝妥协成了卡特赖特领导的运动走向失败的主要原因，而梅尔维尔在苏格兰的纲领可以说与此非常相似。事实上，加尔文宗对新教教义表现出最不容忍的态度；从加尔文本人那个时期开始，该教派的显著特征之一便是坚持国家有义务惩罚异端。它那日益增强的诉诸战争暴力的倾向起初是在宗教迫害的逼迫下产生的，但从长远的观点看，这种倾向严重损害了加尔文宗，因为暴力招致暴力。如果说法国的天主教联盟反对宗教宽容，胡格诺派也如此，而且荷兰的加尔文主义者只要取得权力也是这样做的。加尔文宗的这种气质很容易使观察者忽略加尔文宗在其最佳状态下所能产生的真正的崇拜和虔诚的气氛，正是这种气质再加上它坚持要求信徒恪守的严格的教规使加尔文宗的形象成为一种生硬、严格、冷酷、淡漠的宗教。无疑，加尔文宗有时就是这样的宗教，由于在它经常教授的"得救预定论"和"弃民说"教义中使用的冷酷的逻辑，这种形象更为突出了。然而，所有这一切不过是一种能够而且确实产生了英雄主义和自我牺牲精神的教义的另一面，这种教义的成功大部分就靠这种英雄主义和自我牺牲精神。然而，即便这样，留给历史学家进行最后反思的事实也许是，就连这样一个毫不妥协的、在它出现的任何地方人们都看到其发展的宗教最终都不可能顶住民族主义的国家管理机构对它的控制，一点也不比天主教和路德宗更能顶住这种控制。这是16世纪欧洲的国家干涉主义权力的又一例证。后来霍布斯所写的《利维坦》，① 在他加以描述之前很久就以君主政体或共和政体形式存在于实践之中了。

有两条途径，即使最终行不通，仍有可能使宗教团体摆脱这种与国家的对立；一条是根据自己的意愿建立一个乌托邦，即自我满足的教会国家，其中宗教和政治合为一体；可供选择的另一条途径是通过不在国家事务中发挥作用并尽可能拒绝国家赋予的义务而努力退缩到国家领域以外。这两种措施都曾由宗教中与国教分离的左翼团体在16世纪的不同历史时期进行过尝试；其中的一些团体与新教思想的核心距离甚远，以至于把他们描绘成新教可能是完全错误的。他们形成了所谓的激进的宗教改革，其中有许多不仅仅是宗教分裂的运动，

---

① 霍布斯所写的书名，意为权力集中的国家。——译者注

而且是社会改革或社会抗议的运动。不对这些运动加以论述，1559年以后的宗教观点的任何论述都是不完整的。

这些左翼团体中最主要的是一系列当时被人们称作再洗礼派的派别和团体，这个名称源于他们大多数否认婴儿时期所受洗礼的合法性。认为对于真正的洗礼来说，亲身的应答是必不可少的。因此，他们对那些在懂事之前已经受过洗礼的皈依者再施洗礼。这个名称并不恰当，既因为在这些团体中，从未达到这个名称所意味的团结和一致，又因为再洗礼的主张并不是他们信仰的核心。他们信仰的核心通常建立在相信圣灵对个人的启示之上，因而贬低了圣经的文字和表面的礼仪的价值，用一个严格的专门意义的术语来表述，他们的态度常常被称做"狂信主义"。在这一时期，"再洗礼派"一词确实成为一个被其信仰天主教和新教的敌人大量滥用的词汇，就好像1917年以后"布尔什维克"一词被普遍使用一样，而且有一部分原因是相同的。在天主教徒和新教徒看来，正是1531—1536年在明斯特发生的再洗礼派革命最终败坏了再洗礼派的声誉，作为同样类型的狂信主义，把它与早些时候的德国农民战争联系起来，情况就更是这样。不仅他们表现出来的暴烈与狂热，还有他们采取的财产公有以及后来的多夫多妻的做法都震惊了整个欧洲。当革命被镇压下去，明斯特在天主教和路德宗联军的帮助下恢复其诸侯—主教制度以后，这种震惊仍留下了长久的回忆。此后，再洗礼派更加不得不成为地下运动，当局对其信徒的迫害也比对当时任何其他派别的信徒的迫害更加残酷，而且这种迫害被几乎所有宗教舆论认为是正当的。

我们已经在较早成为再洗礼派主要中心的低地国家看到了类似的情况。明斯特革命中一些比较激进的领袖人物确实来自尼德兰。也正是在那里，这一时期最值得注意也最引人注意的再洗礼派领袖门诺·西门进行了他的一部分传教活动。西门生于弗里西亚西部，1524年被任命为天主教司铎，直到1536年他一直在这个职位上——尽管他早已不相信变体论并因此而不再相信婴儿时期受洗的合法性。他对变体论的怀疑自他被授予司铎的那一年就开始了。颇为矛盾的是：最后使他把自己的命运和再洗礼派联系在一起的事件恰恰是使他感到震惊并撰文加以反对的他们在明斯特的暴行。他认为他们缺乏适当的引导，而他这位可能提供这种引导的人正因继续作为罗马教会的传教士而继续过着骗人的生活。起初，他在讲坛上极力传播自己认识到的真理，但到 1536 年，他就离开了自己的教区开始了作为一个再洗礼派牧师的生涯，他不停地巡回布道并将尼德兰和北德意志那些分散的再洗礼派信徒组织起来。他们心灰意冷，有许多人因明斯特发生的过火行为而感到震惊。1540 年他发表了他的《基督教教义基础》一书，这是一本用荷兰语写的教导手册，1554 年和 1558 年又两次再版。在看待已被接受的"道成肉身"教义方面，这本书表现出了非正统的观念，他认为基督是圣父从天上派下来的人，他通过玛丽亚降临世间，但没有从她身上带来血肉。根据这一点，西门强调将所有不合格的陪餐者排除在圣餐之外的重要性，因为在圣餐中，虔诚者所食的是基督在天上的血肉。即使门诺·西门强调可以重新接纳悔悟者，但再洗礼派必须是一个脱离尘世、排除所有罪人的社会。西门于 1559 年死去，但其著作的生命力在延续，因为主要地正是由于他的著作才使再洗礼派在任何意义上说都以一个有组织的运动生存了下来。尽管如此，即便是他也无法在其根本特征为分裂倾向的运动中保持团结。与他的信徒相竞争的是亨利·尼古拉（1502—约 1580 年）创立的家庭派。亨利·尼古拉最早在阿姆斯特丹，后来在埃姆登从事教学活动。不过他也游历了许多地方。他创立了"爱的家庭"，非常强调个人的虔诚体验并将礼仪和庆典放在较为次要的位置上，不过，他们建立了严密的组织，这些组织处于被认为具有高层次的精神启迪能力而被推选出来的长老们的控制之下。还有，门诺·西门死后，他的那些主要居住在莱登和哈勒姆之间地区因而被称作"水地派"的信徒，不仅在信仰上接受了一种非常自由的观念，而且放弃了再洗礼派同普通社会分离的特征，他们在 1579 年决定不开除任何人的教籍，哪怕他对任何信仰条款的解释都没有明确的《圣经》中的依据。1572 年他们慷慨地向奥兰治的威廉为反对西班牙人的战争而设立的基金进行捐赠，同时准备履行国家赋予他们的义务。他们采用了与众不同的名字浸礼宗，而英国 17 世纪产生的浸礼会就源于他们，因为他们与避难于尼德兰的英国布朗派分离主义者的接触后来鼓励了一些"水地派"移居英国。

正如我们所看到的那样，那些因为在三位一体和道成肉身问题上接受异端观点从而与传统基督教决裂最彻底的派别正是在东欧得到了最有力的支持和最安全的庇护所。这些观念往往来自南欧。在那里，讲求严谨的意大利人和西班牙人一旦在思想上与天主教决裂，找不到任何理由不对教会最持久的传统提出质疑。加尔文的受害者胡安·德·巴尔德斯和塞尔维特都来自西班牙，前者接受正统理论，但认为信仰的条款是主观的，只有通过经验才能理解；而后者则认为无论是三位一体的教义还是基督二性论的教义都在《圣经》中找不到依据。

然而，还是意大利人莱利奥·索齐尼（其拉丁文名字为索齐努斯）开创了被称作索齐尼主义的反三位一体运动，在所有这类倾向中，它的影响最大，因而这类倾向便以它命名。1563年，他从避难地苏黎世发表了《对话三十篇》，首先抨击了加尔文关于圣餐的教义，继而抨击了得救预定论；他的著作否认了人们笃信无疑的三位一体教义，不过他的另一种解释也并不确定，并不清楚。这本书导致的诽谤迫使他离开苏黎世，最后在波兰诸侯尼古拉·拉济维乌那里找到了避难所，他的《对话》一书就是献给这位诸侯的。由于一道反对异端的法令，他又被迫离开了波兰，来到摩拉维亚寻求避难，在那里他于1565年死于奥斯特利茨。在本书里，要想用一章的篇幅阐述索齐尼主义的复杂历史以及它与再洗礼派运动的关系是不可能的。我们已经看到，在欧洲中部和东部各地，索齐尼主义成了一个具有相当规模和重要性的宗教派别，而且在西欧也始终影响着一些个人和团体。作为证据之一，它说明这样一种情况：对中世纪正统学说的反叛一旦开始，即使大多数异端分子将其异端观点严格控制在一定范围内，但在某些人看来，那种学说中绝没有任何一个方面是不可怀疑的。再洗礼派表明：许多人（尤其是社会底层中的人）在何种程度上把他们对社会——中世纪宗教在其中兴旺隆盛——的不满加在了对中世纪宗教的不满上面；同样，另一些教派则认为：早期教会的教义决定没有任何理由比中世纪继承它们的教会做出的教义决定受到更多的尊重。从广义而言，一切新教都具有革命性，但正像在所有的革命中一样，存在着不同程度的激进主义，这一次革命的大范围包括从右翼的路德宗经过加尔文宗直到左翼各派。整个形势对于下一世纪欧洲的和平与统一是不祥之兆，而且经验证明：这种忧虑将成为现实。

（苏立昌　施青林　译）

第 五 章
以西欧为典型的社会结构，官职和政治

　　宗教改革后的欧洲，其表面在很大程度上呈现出政治的多样性。很明显，普遍的教会分裂结束了持续几个世纪的政治分裂的进程。由于中世纪自然法的腐朽和大量的现代主权国家当时还没有诞生，西欧各国为了寻求一种将它们从混乱和无政府状态中解脱出来的政治制度，陷入了难解难分的内部冲突（也有与邻国的冲突）之中。然而，一般说来，给观察16世纪末叶的西欧的历史学家们留下深刻印象的，不是形成过程中的政治制度的多样性，而是它们惊人的相似性。在它们面临的立宪问题和它们处理问题的方式上，那个时代所有的政府具有很大的共同之处，因为它们所受到的压力多少是相同的。普遍存在的经济和社会力量的压力冲破并超越了新民族国家的边境。

　　这个时期，整个欧洲都在大小不同的程度上遭受双重不断上涨的压力，即价格的压力和人口的压力。人口增长远远地超过了生产力的增长，日用品价格不可避免地被迫急剧上涨。例如在西班牙，16世纪40年代经历了凶猛的价格上涨，在随后的数十年间，我们看到它的整个形势发生了悲剧性的衰落，这是由于其沉重的海外负担：在尼德兰的消耗性的战争和一场海上的持久战，这一切使西班牙的经济体系日趋委顿。在法国，当她正置身于40年内战的时候，通货膨胀加剧了自身的严重危机。在英格兰，16世纪中叶的通货膨胀给社会的动乱提供了一个契机，此时也正是宗教和立宪实验最棘手的时候。从那以后，通货膨胀的步伐放慢了。但是在16世纪最后的12年里，通货膨胀又恢复了先前的势头，就在那个时期，它与西班牙不稳定的政治关系恶化了，以致为了自身的生存而进行了一场战争。通货膨胀延续到了17世纪30年代。

如果说那时比较不发达的欧洲经济不能与人口增长的要求相适应，那么这里还有其他的一些不容轻视的社会后果。例如，伦敦在16世纪后半叶期间，尽管受到风土病的严重影响，它的人口还是翻了一倍。这对城市和农村都造成了压力。"感谢上帝"，威廉·兰巴德在1594年写道："不论是杀戮还是疾病，都没有使我们遭受到极度的大量死亡，它们本来是可以减少我们过量增长的人口的。"但是，即使在屠杀和疾病以灾难性的力量介入时，人口的增长仍然没有大规模的减弱。欧洲大多数地区都证明，战争、饥饿和疾病的联合作用不足以筑成一道社会堤坝以阻挡人口集聚的浪潮，直到17世纪40年代潮水才开始退落。

人口对贫乏的和低度开发的欧洲资源的压力是不规则的；一些地区不得不忍受圈地地主的强行冲击，另一些地区则依旧与这种不稳定的土地所有制的变化完全隔绝。英格兰的西部和北部，在传统的农业技术和目的方面，几乎看不出发生了什么改变，与此同时，地处中心的平原地区和伦敦附近各郡对当时的经济需求，特别是对内地的羊毛、首都周围地区的牛奶场和供应蔬菜的市场颇为敏感。这些变化不像当代人所欣然相信的那样迅速和广泛，但是它要比历史学家迄今所承认的社会情况更为不稳定和更为激进。在法国，经济压力比较小，这里既没有耕地变牧场运动的经历，也没有为满足土地所有制结构改变的要求而掀起的驱逐佃户运动。但是，在它的进程中，政治起了相当有力的作用。经过百年战争的长期蹂躏后还没有得到完全的恢复，内战又再一次把法国河山置于军队的残暴践踏之下，特别是在它的东北部和南部。此后，在和平的间隙中，是领主们自己企图使人们重新回到离弃的土地上来。就像一段时期以前英格兰已经出现的情况那样，原先的租地使用权变得越来越难以实行了。新人是较为自由的——至少从租地使用权的意义上讲是这样。然而，一直到17世纪早期即内战结束的时候，这个过程才得以具有重要的意义。在16世纪后半叶期间，压力正在以另外的方式发生作用。战争把人们从土地上赶走。

但是，无论是经济的原因还是经济的后果，其社会作用是十分明显的。人口在不断流动。对于人口"推"和"拉"的因素在西欧大多数国家里都有表现。"推"是把人口从土地上推走：或者是由于改耕地为牧场的变化使得土地对劳动力的需求锐减；或者仅仅是由于人口的增长超过了地力所能承担的负荷。对人口的"拉"，来自因工业的发展而产生的对劳动力的需求，这种需求有时发生在老城市，有时则在新城市。那种拉力——一种不断增长的力量——的扩张超过了接纳城市的社会服务能力所能承受的程度。因为，如果许多人由于希望寻找工作而被吸引到城市的话，那么就会有相当一部分人找不到工作，或者找不到长期的工作。当然，还会有一些人完全不需要工作。[128]这样，欧洲的大城市和小城市一样，都面临着解决不断增长的人口问题。这里短缺工作，短缺房屋，短缺食品，短缺社会救济。这个问题不受国家的疆界或教会的教义的限制。它以相当大的规模出现了，不管修道院是解散了还是原封未动。巴黎不亚于伦敦，伊普尔不亚于约克，它们都发现其社会机构与人们对这些机构的要求是不相称的。与此同时，哲学家和神学家们同样地在寻找使社会得到改善的原则。同这些原则相比，更引起我们关注的是引发这些原则的基本事实：人口的流动性很大，不可能把流浪的穷苦人控制在地方的约束下。这一切都显示出了统治阶级的恐惧，他们害怕人员的流动和社会的动乱会把他们内部政治安定的薄弱之墙打开一道缺口。巴伦西亚的兄弟会反叛，明斯特的再洗礼教徒起义——这些事情发生在 16 世纪中叶那些中年掌权者的一生之中。这个世纪后半叶发生的法国内战愈加深了他们极其严重的社会忧虑。

　　这些忧虑在那个时期的立法上得到了反映和重申。在英格兰，1555 年的织工法规和 1563 年的徒工法规回顾了一个被赋予一定的想象色彩的过去，即人口定居，不在社会上流动和人口不增加的过去。这个凭想象展现出的过去是用来为一种实际上行不通的、经济上的保守主义辩护的。英国法律全书展示了不断增多的经济立法和社会立法，这些法规旨在反对纺织业资本主义的冲击；反对无控制的流动，即从一种职业转向另一种职业，从一个地区转向另一个地区，在某种情况下甚至从一个阶级转向另一个阶级的流动；反对服装穿着的奢侈——丝绸是社会上地位低于骑士身份而又有所追求的人们的象征，而骑士也在一心模仿比他们地位更高的人。德国和法国一样，社会要求骑士阶级以合乎他们身份的方式生活；而在西班牙，社会的划分如此坚固，以至于筑起了一道不可逾越的壁垒，一边是世俗和教会的有闲阶级，另一边是所有忙于从事商业和工业的人。

出现了一种自相矛盾的状况。一种扩张性的经济——纵令是缓慢的扩张，它总是要求一个流动的劳动力的储备库，况且劳动力的自由流动将减少对失业救济的需求；然而此时政府却总是对这种无法控制的经济扩张抱有敌对态度。而在这种敌对态度没有充分显示出来的那些地方，低劣的道路和缺乏交通设施又成为不可克服的障碍。这一切都阻碍了充分开发人力和物力资源的道路。与此同时，失业和动乱互相纠缠在一起，陷入了当代社会的恶性循环。

当然，在社会动乱和政治动乱之间没有根本的区别，但是他们互为恶化的原因。16世纪期间，清楚地留下了这个痕迹；在所有阶级中，欧洲诸侯是那个时代破坏力量的最大受害者。因为剧烈的通货膨胀运动，既刺激了工业和贸易，也搅乱了那个不景气时代的秩序和稳定。它冲击了各国君主，而且，是在对他们损害最烈的财政方面。面对军费和内政外交开销的不断增长，他们发现，从土地上获得的岁入和从他们的议会上通过的税收与他们宣称的需要很不相称。从此，政府不惜付出丧失民心和施行恶政的高昂代价，采取了种种阴谋诡计，混淆视听，歪曲真相，有时甚至搞非法行径；从此，他们对那些被剥夺公权的贵族的财产实行严厉的没收，同时，只要有可能，也对教会财产实行同样的政策；从此，要求节俭的虔诚呼声十分微弱而且极少反响。整个欧洲各国君主日益窘困的悲惨情景都是一样的。苏格兰年轻的詹姆斯六世为了筹措足够的金钱去丹麦迎娶他的新娘，曾经历了十分困难的时刻；在规定的时间里，他儿子的洗礼不得不推迟举行，因为他没有钱去支付一个合乎他身份的典礼仪式。在英格兰，谨慎的女王有着较好的供给，但是对她的约束则更加难以忍受。当她查看战争费用和王室开支时，她与大臣们发生了严重的正面冲突，一次与莱斯特伯爵，另一次与王室审计官，她的震惊达到了极点。在法国，苏利认真地试图推行一项财政改革政策；英国在詹姆斯一世统治时期，罗伯特·塞西尔也进行了同样的改革。然而在英国，面对着奢侈过度的富有吸引力的宫廷和没有责任感的国王，一个大臣能做些什么呢？瑞典的模式是一个例外。这里的财政通货膨胀轻微而且发生得较晚。对于教会岁入的没收，其价值是无法估计的。尽管在欧洲宗教改革前瑞典君主比苏格兰君主还穷，但在改革后他却比英格兰君主还富。因为教会的财产到了瑞典国王手中以后,就不再流动了——至少一直到进入17世纪以后很长时期为止。在苏格兰和英格兰却不是这样。西班牙君主接受教堂的实物税,他还从没收印加人的财产和开发美洲的银矿中使财富得到巨大的增加。但是,这些财富从来都是流动性的;到这个世纪的末期,西班牙的君主是欧洲所有君主中最强有力的一个,同时也是最贫穷的一个。

在德国,出现了一种复杂的危机。这里,教会财产的再分配没有给哈布斯堡家族带来任何好处,并且它使得中央集权的瓦解又往前发展了一步。因为它出现的时刻正值整个体制都在呼唤着改革,帝国统治的全部观念都在受到抨击。尤其对于德国北部的诸侯来说,宗教改革使它们在反对教会和反对皇帝这两个各自独立的方面的力量得到了加强。在这个世纪的早期诸侯们经历过的那种德意志民族联合在一位心向德国的皇帝周围的场景消失了。相反,因诸侯强大而造成的离心过程更加快了。随着宗教改革在德国的展开,它对一个统一的罗马教会的敌意不断地强化着对一个声称全面统治的皇帝的敌意,这种声称无论多么微弱,都搅乱了德国民族主义的目标和成果。但是,富有侵略性的天主教西班牙给皇帝一个比全德意志的总和要大得多的财源和强得多的力量储备,这使他极容易做出这样的抉择:宁可要罗马,而不要改革。新教改革本应该在反对教皇的斗争中使德国统一起来,但事实上,它却在反对皇帝的斗争中分裂了德国。奥格斯堡"教随国定"的原则把各邦政治上的独立扩展到了宗教领域。在三十年战争的前夕,德国分裂得就像一幅由诸邦组成的镶嵌画,就差《威斯特伐利亚条约》给予这些邦以继续维持下去的合法权利了。然而,在此以前,德国各政权遭受了长达一个世纪的毁灭性的动乱。

王权的不稳定,反映了其命运与国王息息相关的那些阶级的更严重的不稳定。因为,如果说新的君主政体只有竭力苦斗才能维持和扩张其权力,那么旧贵族发现,他们的基础处于更严重的威胁下。统治阶级中的这两部分,以一种奇妙的关系携起手来。确实如此,国王发现抛开贵族去施行统治是困难的,然而,他们还发现与贵族一道进行统治同样也是困难的。苏格兰的发展充分说明了这一点。例如,苏格兰最高司法官的职位是在贵族中间世袭的,因而很难实现公正。但在整个西欧,贵族在社会中的作用一开始就自相矛盾。作为贵族,他们有传统的野心和竞争心，这常常与国王的和平利益背道而驰。然而，作为世袭官职的担任者——贵族中间的许多人都是如此——他们应维护一种法律和政治的制度，而该制度的延续又取决于对贵族自身力量的遏制。在波兰，王室的权威一直处于贵族的威胁之下，这对于任何一个其效率堪与波兰国民议会主持下的政府相比的好政府都是一个障碍。在瑞典，贵族们专心致力于靠损害王权来扩张自己的特权。在16世纪最后若干年中的法国，重现了一个世纪前英国玫瑰战争中诉诸武力的派别冲突，只是环境残酷得不可比拟。在英国，1569年北方伯爵们的反叛，在某种意义上讲，就是被都铎王朝的专制王权剥夺了政治权力的旧贵族集团的反叛；而1601年埃塞克斯伯爵的造反，从许多方面讲，是新贵族领袖们的起义，他们未能再承袭第一代人即他们家族的创建者们所享有的特权。但是，如果相信新的君主对较老的贵族抱有敌意，那么对君主态度的认识就过于简单化了，甚至歪曲了真相。现在已经证明，即使都铎新王朝的第一位国王也绝没有消灭旧贵族，而是雇用他们在国家供职。都铎王朝的最后一位国王仍然明显认为，稳定的贵族是她的政权的基本部分。女王拒绝用随意封授贵族的方法使贵族队伍膨胀和庞杂，她尽可能地在国家的主要官职中保留一些贵族，这是女王固有的传统主义的全部内容。神圣的女王宝座周围需要一些高等贵族做装饰，但这必须是一些解除了武装的贵族。女王向莱斯特的伯爵宣称英格兰只有一个女主人而没有男主人的话，也许曾对全体贵族讲过。不过事实仍然是，像郡长兼首席治安官这样的要害官职倾向于变成在某个郡最主要的贵族家庭里世袭。赫伯特家族从16世纪50年代到内战，除了一次间断外，一直担任威尔特郡的郡长兼首席治安官。多数贵族始终不渝地保持着对斯图亚特王朝的忠诚；然而，或许是作为贵族二元性和矛盾作用的一个象征，正是那个赫伯特——威尔特郡的郡长兼首席治安官，在17世纪40年代率领他的军队倒戈反对国王。

　　在这个时期，法国君主和贵族之间的紧张关系骤然演变成长期的流血斗争。人所共知，诱发法国内战的强大的世俗原因不亚于宗教原因，不过介入了当时斗争的强烈的宗教情绪把世俗原因掩盖起来了。法国的加尔文主义运动，在16世纪中叶首先吸引了商人和工匠；它早期的殉教者，像在玛丽统治下的英格兰一样，其出身都是最卑微的。但是到1562年内战爆发的时候,不论是上层贵族还是外省贵族,都参加到运动中来了,并且实际上接管了对运动的控制。① 当时的法国人就认识到了区别这一运动两翼的重要性,他们把一部分人描绘成"宗教的胡格诺派",把另一部分人描绘成"国家的胡格诺派"。后者的主张远远超出了宗教异议。他们代表了长期以来法国地方上占统治地位的家族对巴黎政权,对王室和它的同盟军——天主教会的仇恨情绪;最主要的是对吉斯家族的仇恨情绪,这个家族最密切地与教会保持一致,最严厉地反对这些外省的而且常常是日趋衰败的贵族们的目标和利益。("外省贵族"这个措词的传统用法部分地混淆了这样一个问题:这个阶层的绝大多数成员如果在英国就不会被认为属于贵族,而会被认为属于骑士阶级和乡绅家族)毫不奇怪,他们中的许多人——政治上的异端——变成了以地方上新教宗派的形式出现的宗教异端学说的保护者。鉴于王权对教会的控制相当重要,王权也当然要抵制把教会系统改变为自治的宗教会议。法国像英国一样,在那里可以认为"没有主教"就意味着"没有国王"。16世纪后半叶的法国国王和英国国王一样,从新教革命中一无所得,然而所失甚多。

对于加入胡格诺教派的许多外省贵族来说,意识形态大概不如这样一个简单的事实重要:他们变得贫穷起来,因此他们要把自己的命运与这个或那个大贵族保护人的命运联系在一起。同样的事情也发生在苏格兰(就像一个世纪前发生在英格兰那样)。不过,在苏格兰,对地方贵族的威胁不是来自像吉斯家族那样的极其强有力的天主教重要人物,而是来自像加尔文教会那样的一个假民主的组织。因此,在苏格兰,旧贵族和旧教会之间形成了一个天然同盟,以反对加尔文教会。法国的趋势恰好相反,即使在法国人的宗教情绪极深地卷入的时候,对事态中心影响最大的还是政体方面的紊乱。法国在瓦卢瓦王朝统治下的最后数十年间,这种粗劣的封建制度演变出了一场内战。一个世纪前,英国的内战是在两个敌对的家族中间进行的,现在法国的内战是在三者之间展开的:吉斯家族、蒙莫朗西家族和波旁家族;还有卡特琳·德·美第奇那虚弱的政府,它企图控制局势但终属徒劳。争夺权力的斗争,从本质上讲,变成了争夺王位的斗争。最后,它也

---

① 参见后面第282页。

变成了维护法国独立的战争，特别是当吉斯家族企图把法国纳入西班牙势力范围的时候。自从16世纪60年代起，面临着法国统治体系可能完全瓦解的威胁，像让·博丹这样的人便寻求将所有的权威都集中到至高无上的统治者父王一个人身上。博丹强有力呼吁的目的也在于将各种信仰之间的差异缩小到最低程度。对于教徒们来讲，这种态度似乎是对信仰本身的贬抑。大法官洛皮塔勒提醒他的听众们不要忘记他所描绘的法国古谚："一个信仰，一个法律，一个国王。"正是在这个时候，亨利·奥塞尔写道："国家要像诸侯那样，坚持奉行信仰一致的原始教义。"在寻求国家统一的过程中，人们付出了高昂的代价。

像苏格兰贵族一样，法国贵族的贫困化，怂恿他们或者说是驱使他们进行军事上的冒险。纵观法国进行的这些战争的各个方面都有通货膨胀和贫困等经济问题在起作用，不过把经济原因与社会变化的其他原因分隔开来是不可能的，对于经济问题在瓦卢瓦王朝所追求而由波旁王朝所实现的大幅度削减地方自治的过程中所起的作用进行一番估价也是不可能的。在英格兰，部分贵族的经济衰退同样是明显的。但是鉴于目前关于英国社会结构的认识状况，我们不可能证实贵族经济在多大程度上发生了衰退和发生衰退的主要原因是什么。无疑，像最近劳伦斯·斯通教授通过翔实的证据所指出的那样，他们的吃、喝、结婚、盖房以至死亡等开支，把整个财产都耗尽了。据说，声名狼藉的牛津伯爵在对自己的妻子和岳父——杰出的伯利勋爵进行严酷的和反常的报复的过程中挥霍掉了所得的遗产。另一些贵族因土地管理方面的无能而丢掉了财产；还有一些贵族牺牲了私人地产，是由于在公共事业的服务中耗费了精力，或许还耗费了钱财。这后一部分人究竟有谁，很难明确地证实。因为，如果为王室服务而枯竭了他们的收入，那么这种服务同时还是他们财产、庇护和权力的源泉。莱斯特伯爵关于战争资金的处理受到严密的审查时，他抱怨说他被派到尼德兰去为女王作战，却没有给他任何物资，这怨言读来令人疑窦丛生。埃塞克斯伯爵被女王赐予了大批土地，并且从官职中得到很多收益，例如一个制造甜酒的农场，但他还是贪得无厌。牛津伯爵也曾受到女王的奖赏，不过那次是以牺牲伊利主教的利益为代价的。最近有人提出这样的观点，认为这些贵族之所以衰落，其社会原因往往大于经济原因。例如，如果一个贵族不幸地拥有一群都到了出嫁年龄的女儿，嫁妆就是一项沉重的负担。宗教上不服从国教以及伴随而至的罚款，也可以使一个贵族完全破产。当然，无论贵族衰败的原因如何，他们还有继续发展的一些有利因素，比如在领地上幸运地发现矿藏；在土地上应用新技术和新式的管理方法，这些技术和方法绝不是那些从城里出来的不断革新的商人和律师所能垄断的。但是毋庸置疑，在某些情况下，还是出任公共官职给那些能够得到这些职务的人带来的收入最为丰厚。官职在靠庇护关系获得后，它本身又成了庇护的工具，庇护就意味着有能力组成和掌握一批追随者，这种关系意味着可以从那些私下的请求者那里获取钱财，而且可以不公开地将公共财富攫为己有。如果一切顺利，通过求得庇护，就铺设了一条通向财富和权力扩张的道路。不过它是政府手中的一个微妙而又复杂的工具。既然它能够增强某个伯利的力量，那么剥夺它也就会使某个埃塞克斯愈加软弱。它对于西欧贵族的全部作用还有待做出充分的估计。不过，在法国，亨利四世有意识地竭力把地方贵族置于牢固的中央集权控制之下，这一政策最终由他的后继者路易十四完全实现；在英国，詹姆斯一世将贵族的庇护制摒拒于政府的制度之外；像伊丽莎白时代那样，把庇护制变成了朝廷的恩宠。表面上，庇护制和恩宠似乎大体相同。[134] 但在事实上，庇护制是一种在它的时代恰当适宜并行之有效的统治制度，而恩宠则仅仅是一种用公共财产对一些不相干的个人品质进行的奖赏。恩宠是在完全堕落的情况下的庇护制。然而贵族作为一个阶级兴起和衰落的原因，仍然是模糊不清的。托马斯·威尔逊写于16世纪末叶的一段笼统的摘要，也许是我们至今所能了解到的最大限度："一些人一天天衰落下去，另一些人按照世界的发展进程而发展起来。"

尽管其原因不明，但是贵族在政治体制中的作用逐渐下降，这是再清楚不过的。从16世纪末叶到17世纪初，我们可以在英格兰看到一个连续的发展过程，这个过程可以追溯到1529—1536年的宗教改革国会（Reformation Parliament）。修道院长们从上院消失，主教们的地位下降，为削弱世俗贵族而大规模地增封新贵族——所有这些都发挥了作用。托马斯·威尔逊认为，专制王权故意以牺牲贵族为代价，帮助中产阶级上升，从而打击贵族的目空一切的傲慢态度。威尔逊的这种事后认识将问题过于简单化了。它更多地反映了当时呈现的一种形势，而不是引起这种形势的政策。关于贵族衰落原因的另一个评论家走得更远，以至于这样说：在伊丽莎白时代初期，王权和下院单独构成了国会。即使这是一个极端的、确为悖谬的观点，竟然认为一个下院的议员比一个贵族更加重要；但是接下去，到下一个世纪，据更为现实的观察发现，下院能够控制的财富为上院控制的3倍。更有意义的是，弗朗西斯·培根在1593年争辩说：只有经选举产生的下院才有权征税。这个原则只是到了16世纪，而且还经过一些困难，才最终被写进了英国宪法。

税收是问题的关键，它把英国的宪法史同法国的宪法史区分开来。因为，正当英国国会议员抓紧控制岁入制度的时候，法国的三级会议成员却被迫放松了他们的控制。英国的征税制度，至少从理论上讲，是坚定地立足在国会同意的基础上的。然而在法国，仍然存在着大量的含混不清之处。克劳德·德·西塞尔于16世纪初期写作时争辩说：王室必须征收的赋税无须等待公众的同意。君主和人民由于相互的义务而如此紧密地结合在一起，所以王室必须征收的赋税以及因此而来的王室征税权，可以凌驾于国民的财产权之上。当然，国王应当谨慎从事。但是，政治上的慎重是一个无从捉摸的定义。在英格兰，所谓特别赋税，即在王权按照惯例征税以外的赋税，属于国会的权限范围。特别的要求必须经过国家专门的同意。在法国，诸如沙斯诺这样的理论家所维护的观点与此恰好相反。他们声称，特别税由当时的特别的条件决定，这就论证了国王具有的不经过国会同意即可征税的紧急权力是合法的。他们认为，这样做并不是任意征税。沙斯诺相当清楚：只要有必要性就能使国王行使紧急征税权成为合法的行动，否则这种行动就没有可以辩护的理由。但是既然存在这样的机会，即可以宣称已面临紧急状态，此时君主拥有全部权力，那么反对任意征税的宪法堤坝就可以被冲垮。英国国会议员非常清楚地看到了这种危险性。所以，约翰·贝茨在1606年的庆典中，事实上抵制了国王不经国会便决定有必要征收特别税的权利。贝茨失败了，但是当时机来到的时候，国会议员们还是赢得了这场斗争。在法国，用宪法来抵制君主财政特权的斗争被粉碎了。在英国，宪法上的抵制造成政治上的僵局达半个世纪之久，而后反对宪法者取得了胜利。确实，

1614 年举行了法国革命以前的最后一次三级会议,它也是召开了"腐败国会"的那一年。(它所以被看作是"腐败"的,因为它甚至比斯图亚特王朝早期的其他国会更为腐败)但是,在英国,国会表现出强大的恢复能力,并且在 25 年以后,进行了英国历史上最伟大的宪法革命。在法国,三级会议既不为财政目的而工作,亦不履行对财政的控制,它在 1614 年后再没有召开。它的终止使波旁王朝的专制主义旧制度得以成长,而 1789 年三级会议的重新组成又象征着旧制度的结束。

就是这个征税问题,西欧各国国会的存在和力量皆赖于此。因为,如果不是国会具有征税的权力,国王就不会有召集国会的动因。然而,如果国会掌握了这个权力,它就能够运用这个权力强行分享一份君主统治的权力。国王只能是或者损失金钱,或者损失权力。关于 16 世纪君主和国会的资产阶级之间紧密结合的说法,在教科书以外很难找到,充其量只是个波折重重的蜜月。西班牙从未出现过这种合作,德国也是如此。法国地方议会经常响应王室的要求,但三级会议召开的时候却没有权力审批资金,会议结束时没有君主致谢,君主也没有表示再度召开会议的任何意愿。即使在英国,伊丽莎白一世和她忠诚的下议院之间被人称道的"爱情"表演,也往往以女王的眼泪而告结束。王权和诸等级之间的合作最好时是一种不稳定的亲戚关系,最坏时则是一场不体面的争吵。

为了付清行政管理开销的账单和付给官吏们薪水,政府可在两件事当中做一件:或者寻求增加全国的税收;或者以一种或另一种方式听任官吏们从民众那里搜刮他们自己的费用。或者政府可以试着把两种方式结合起来。增加直接税,在各个阶段都会遇到十分严重的问题,不论它是否得到各等级集团的同意。因为,直接税的冲击力的不平衡性和巨大的数额,常常极为沉重地落在最没有能力承受的那些人肩上。在诸如法国和西班牙那样的国家里,国王的需要不依靠等级会议批准,相当大一部分的税收来自国民中抵抗最薄弱的阶层,例如农民阶层,但他们的财力也同样是薄弱的。从全局来看,税款来自对商业和工业的征税,例如西班牙的过境税。这是浅薄的权宜之计,目光短浅,缺乏远见,它对国家经济有害无益。英国的直接税制度尽管有许多弊端,但广泛地落在全民族肩上。这里,包括不受豁免的贵族,也包括免税的农民中最贫困的人。不过，征税事宜是紧紧地掌握在国会手中的。这样，英国政府也不得不转而依靠间接税了。

伊丽莎白时期和詹姆斯一世早期间接税制度在这个国家比直接税有着更长的不间断的历史。但是它已经变成了一种不固定的混合物，由一些中世纪的权宜的税制组成，它们在后来的年代里以一种并未经过认真的更新的方式发挥作用。关税就是一个明显的例子。可以追溯到1275年的古代关税，对羊毛、兽皮、锡和皮革的出口规定了关税。在此之上，再加上14世纪中叶的特别税，比较著名的是对酒和其他日用品进出口征收的吨税和镑税。从15世纪早期起，实际做法是将这种税收用于君主的生活开销。这本身就是一个妥协方案，因为商人和贵族们组成的反对派反对国王未经国会同意而不时地对这些商品征税。通过这个妥协方案，国王承认国会的同意是必要的，同时国会承认王室为了生活而享受这些关税的必要。然而，这个制度仍有疏漏。汉萨同盟有一项特殊权益，他们支付的税额低于英国人。也就在这个时期，由于关税的缘故，商品的价格被普遍地低估。在1558年，玛丽统治结束前不久，出版了一本新的价格比率书，由此，估价变得现实一些了。但是直到1608年以前，价格没有发生重大的上涨。同时，除了走私以外，整个的关税制度还充满了管理不善和贪污腐败。此后，关税承包制度发展起来，国王把这些间接税的一部分让人承包，每年从承包人收取一笔款项，并且听任承包人从关税中追求比国王迄今所能获得的更大的收益。伊丽莎白统治中期就曾实行关税承包，尔后多少有所收敛，到她统治的晚期又恢复起来，詹姆斯一世时得到广泛的应用。到了1625年，时值查理一世统治开端，国会打破了一项古老的惯例，只准国王征收一年的吨税和镑税。查理对此不予理睬，但是整个税收结构基本政策的弱点已暴露无遗，有目共睹。

在对商业课税问题上两派力量的集结，仅仅是特征之一，这些特征表明：下院和王室都认识到了早期斯图亚特王朝薄弱环节的中心在于其岁入制度。其余的商业税收不甚重要。王室食物征收权和先买权（王室一家以优惠的价格获得运输工具和购买食品的权利）使王室获得有限的收益，却激起了普遍的愤懑。一些税收还来自把某些工商业的垄断权授给私人。这些在伊丽莎白一世的最后一届国会上产生了严重的宪法危机，并且煽动起了反对派在下一代君主统治时期自始至终的不满情绪。同时，一方面是抵制，另一方面是无能和腐败，这些都使得政府仍对间接税抱有的无论多么适度的指望都被急剧地破坏了。除此之外，严重的商业萧条，例如发生在 16 世纪末叶和 17 世纪 20 年代的情景，使来自商业的原本不足的税收资源枯竭了。在西班牙，税收负担更为沉重，它以恶名昭著的过境税的形式进行：从几乎所有的商业交易中都要抽取 10% 的税收。在不同的时期，它已经变为每年交付一次的总金额——户籍税（encabezamiento）；在腓力二世统治时期，其价值高达 50 多万英镑。它榨干了西班牙王国里最多产的地区——卡斯蒂利亚。1572 年一个类似的制度被强加于尼德兰，从而使尼德兰完全无法继续忍耐。造反的加尔文教派已经在一些工业和商业中心扎根，包括安特卫普在内；而且在过境税的征收中，整个商人阶级认识到他们的经济本身的生存已受到威胁。于是，自由、自治和繁荣都处于共同的危险之中，从而引发了猛烈的、不可征服的抵抗。结果，战争和维持远方军队所耗费的巨额开支，使得尼德兰从西班牙财政收支表上的进项变成了出项。尼德兰的团结抵抗是短暂的，但是它对西班牙资源的耗费却延续到了下一个世纪。

　　在法国和在作为宗主国的西班牙一样，对王室岁收的限制，与其说来自宪法的约束，不如说由于王室本身确确实实地无力征收。三级会议既不能批准也不能阻止税收，只能把地方三级会议批准的数额做一推荐。国王甚至没有从 1560 年的三级会议得到一句提供这种帮助的诺言。相反，国王从第二等级和第三等级得到一些善意的劝告，即可以号召第一等级——僧侣——在解决国家债务问题中承担较大的责任。僧侣接受了这一告诫，并且做出了实质性的贡献。国王也推导出了他自己的结论，既然不能获得三级会议的爽快的同意，干脆以行政决定强行征课酒税，同时，继续征收人头税。1576 年的三级会议重新列举了它的前任的教训，确实向前跨出了一大步。但是，它使自己陷入了自相矛盾的困境。它自称奉行扩张性的天主教观点，并且专心致志于一种消灭胡格诺派势力的政策，但在建议拨配用于这一目的的专款时却没有表现出相应的热情。（在这里，三级会议的成员像 17 世纪早期英国国会议员一样，这些议员要求一种扩张性的对外政策，但却不批准用于维持这种政策的经费）在一次集会上，面对着这种两难处境，让·博丹作为第三等级的发言人表示了第三等级少数派反对靠暴力强行维持宗教一律的意见；同时也表示了第三等级中多数派反对贵族和僧侣享受的豁免纳税的意见。如果说博丹在他提出的第一个目标中未能使第三等级和他站在一起是一种失败，那么在抵制税收方面，则是成功的。他有礼貌地拒绝了王室筹款的要求，并且用这样的语言无可争议地阐明了宪法的立场，"代表们没有权力采取其他行动"。这是一次明白无误的宣称：不可能！

即便如此，也有其价值。三级会议与英国国会相比，无论从哪方面看，从来没有真正成熟起来。相反，深深地植根于法国的社会结构、历史和心理中的各省自治显示出地方上的选举人不愿意允许他们的代理人发挥任何比代表更大的作用，从而剥夺了三级会议赖以生存的权力。因此，由于缺乏批准拨款的权威，三级会议也就从来没有获得与王权做政治交易的能力或分享任何政治统治权。由于无权拨款，所以它从来没有获得发号施令的权利。特权领域遭受到巨大冲击，这是伊丽莎白晚期和詹姆斯一世早期英格兰的特征；这在当时的法国是不可能的。相反，在16世纪最后1/3的时间里，护卫与反对法国王权的斗争发生在战场上；当波旁家族赢得胜利后，建立切实可行的国家自治政府的希望熄灭了几个世纪。17世纪的中叶，英格兰的问题也在战场上表现出来，但是其目标在长期国会的最初几个月里已经实现。英国的胜利走的是另外一条道路。

在西班牙，宪法斗争采取了另外一种形式。不论在卡斯蒂利亚，还是在阿拉贡，西班牙国王面对的议会所提出的要求比法国三级会议提出的要多得多。卡斯蒂利亚的议会根据传统宣称：没有它的同意，不得征收任何新税。然而，一般来讲，它不是个障碍，不过有一伙代理人也许会宣称，他们不支持在自己的行省里征收新税。然而，尽管卡斯蒂利亚议会比法国三级会议的代表性要小得多（它只是一些城市的代表，贵族和僧侣实际上未被召集），但它的代表们仍然能够约束选送他们来的城市。无论如何，经过议会同意而征收的款额与西班牙王室所要求的金额比较起来，总还是相应的小一些。阿拉贡与此形成了鲜明的对比。在它的议会里有四个等级（贵族分为较大的和较小的两部分），议会是相当强有力的。在精力旺盛的、有着政治常识的贵族的领导下，议会顽强地而且很快成功地抓紧了它的特权和它的钱袋的口绳。但是，到了这个世纪的末叶，在1591—1592年的佩雷斯惨败①后，议会势力一蹶不振。由于叛乱的败北，使王抓住这个机会削弱了阿拉贡的自决权，总之，侵蚀了贵族的利益。贵族的投票权——尽管还不是代表权，在议会里被削弱了。更为重要的是，议会对于国家使用税金的控制——它是对任何政策进行控制的基础——减弱了。②

　　16世纪的欧洲各国政府发现它们面对着日益增多的需求和相对枯竭的财源。腓力二世实际上是以一个破产声明开始其统治的，法国的亨利二世也同样地由于他税收上的巨大亏额才加紧缔结卡托—康布雷奇条约。英格兰的伊丽莎白一世从她姐姐那里继承了一大笔债务，而一种丧失信誉的通货则使局势愈加恶化。在她的统治中期，只能把国内严重的经济状况与在国外做出最低限度的承诺结合起来，但是，即便如此，收入和支出之间的平衡仍然是很脆弱的，而且未能幸存到她统治结束。然而，就连这样有限的成功也使其他君主望尘莫及。法国内战逐渐消耗了王室有限的资源，使君主政体元气大伤；西班牙国王的帝国负担远远重于来自新大陆的源源不竭的白银。为了寻求现金，各国政府左冲右撞，抛出了一条条最原始类型的权宜之计，他们不得不拍卖自身的统治机器以寻求解脱。为了国库的收入而败坏公职，这种现象在整个西欧司空见惯。这是饮鸩止渴式的破产的策略，它部分使政府的费用降低，部分使统治者获得必需的利益，但不是赞誉。如此笨拙的策略是不可避免的，因为欧洲政府面临着这样一种形势：中产阶级不能够，或不情愿为本国政府的开销承担主要部分。

　　但是，如果中产阶级表示不合作，那么在与中产阶级的相处中，王权自身的态度却在一定程度上颇为暧昧。在法国，国王有时候反对行会寡头的势力，目的在于将他们更直接地置于国家的控制下。然而这项政策仅仅得到很不均衡的贯彻实施。而且在另一些时候，王权又极为草率地出卖行会证书，这实际上是赋予人们建立作坊成为行会师傅所必需的资格。西班牙梅斯塔（养羊者的强有力的团体）的历史在16世纪末叶提供了一个有趣的例证。这里，一方是政府，一方是强有力的绵羊贸易行会，他们都尽力牺牲对方以获取利益。例如，梅

---

① 参见后面第250—251页。
② 关于西班牙拥有的意大利财产，参见后面第253—258页。

斯塔从国库全部地买下了绵羊税——这是为王室征收的一种税。当通货膨胀的时候,这样的协议给梅斯塔带来了可观的收入。从日益贫穷的国库买来的其他各种特权也同样获得了好处。但是,在把特权卖给梅斯塔后,政府现在又继续出卖特权反对梅斯塔,那就是将特权再卖给独立的绵羊主人们。同时,在把豁免旧税的特权卖给梅斯塔后,政府又对绵羊强征新税,这样,要求购买豁免权的整个过程又需重新开始。这种做法在最初是有效的,但是在可见的将来,它无异于杀鸡取蛋。17世纪早期梅斯塔彻底地衰落了,而在这个团体之外的农业也没有进行补偿性的改革以取代它的位置。

这些花招只是一些例证,说明了遍布欧洲各地的一系列靠狡诈的手腕向经济活动征税的企图,这是把运行中的商业和工业过程当作一块财政海绵来榨取。它们势必导致经济的畸变,而且它以庞大的规模继续发展着。这里最主要的表现形式就是普遍地卖官鬻爵。这个术语本身的范围是相当广泛的。它包括为了各种不同的目的而设立的各种不同的程序。按其最简单的形式,它意味着由政府出卖现有的公职,或者出卖完全是为出卖而设立的特殊的官职。它还能够采取更迂回的形式,即出卖经济控制权。例如承包关税或专卖权——承包人以一大笔款项或收入作为担保,然后他们便可以任意地利用行政和管理手段尽其所能地榨取利润。最后,还可以采取通过大臣或他们的属员转让官职的方式开辟财源,这些大臣或其属员因让渡官职而索要报酬。报酬的形式五花八门,随便举几例,如礼品、酬金、津贴、贿赂。如果说出卖官职这一种方法可被描绘得如此散乱和多变,那么在实践中,现存制度所采取的方式往往不止一种。它的重要性主要表现在其双重目的上:它既把岁入带给王室,同时又把管理的重担加给私人。例如,关税制度的效能之低是声名狼藉的,政府不得不依赖于关税承包。于是,在1570年承包给卡斯特莫·史密斯先生的关税扩展到伦敦和它周围一些港口的所有进口税。这种情况延续了将近20年,事实表明,它对王室和史密斯都是一种进项。但是批评包税制度的人认为,政府没有得到足够的报酬,包税制在1588年被取消。随之而来的是一个令人完全失望的由政府直接控制关税的时期,结果,在这个世纪末叶,关税承包制度又重新恢复了。这等于明确地承认,间接的民间管理比政府本身经营对国库更有好处。当然,这不是指增设闲职或者许可贵族拥有专利权。他们挣得收入，但却没有用服务来报答。

对于官僚体制的需求，当然不是什么新东西。但是在宗教改革后的那个阶段，这个问题却表现得很紧迫，并且官僚的比重增大了。像以往那样，中世纪的国王总有一个官僚储备库供其支配。但是，官吏们的供给和薪水却来自别处，即由教会颁发。军人阶层的报酬大抵不是这样，它主要来自封建土地或国王岁入，或者来自被征服的人民。管理阶级由神职人员组成，并由教会供给；没有这个行政机构的基本框架，国王的统治从来不可能继续下去。但是到了16世纪，不论是天主教国家还是新教国家都经历了教会的严重衰退。只有旧教方面的西班牙和新教方面的日内瓦是例外。管理者的天然储备开始减少了，而且无论如何，时代的心理也一点都不能容忍教会垄断政府官职这种想法了。换言之，王权不能再指望靠一个由教会出资维持的行政机构来管理国家了。也就是在这个时候，随着政府在国内与国外，在教会里和国家中，在地方和中央所承担的责任的扩大，行政管理的工作量急剧增加。因此，16世纪出现的国务秘书遍布欧洲。通过他们，国王的大量指令传达到王国的各个角落，整个大陆各个部分的大量情报又反馈到他们那里。英国在这个世纪的后半叶，国务秘书的办公处变成了一个高度复杂和精心建制的机器；在法国，由于秘书们过着一种可怜的、劳累过度而又入不敷出的生活，这一机构仍然十分落后。同时，公文的产量达到了惊人的程度。如果西班牙的腓力二世可被恰当地称做文牍主义国王的话，那么英国公共档案馆和巴黎的国家档案馆里保存下来的文件对西班牙以外的地方所发生的情况可给予某种程度的说明。行政管理机构本身在增长，日益复杂化、专门化，而且费用高昂。每一个政府都依次遇到这样一个骇人的任务：以古老的、受限制的政府岁入来满足那种对人力和金钱挥霍无度的要求。这确实是16世纪晚期政府的危机。它构成了那个时代政治危机的内在因素。

大概十分自然的是：一个公共职务的占有者，如果被许可终身任职，或者长期地担任该职，他逐渐地总有一天会把他的职位几乎视为一笔财产，一种他可以传给继承人的完全保有的不动产。尽管有议定书，有文件规定的极为复杂的形式，但是当这件事情的重要部分事实上不拘形式地在君主和大臣之间或大臣和受信任的助手之间私下进行时，情况更是那样。这就是法国和英国的国务秘书们的情况。对于卡特琳·德·美第奇时期的法国来说,这是一个惯例:国务秘书把他们的亲戚带进来,委以某种行政管理的重任,训练其成为继承人。在英国伊丽莎白统治的晚期,伯利勋爵把他的小儿子罗伯特·塞西尔爵士带进来,帮助处理一般的行政管理工作;同时,在监护法庭(Court of Wards)的一些更特殊的岗位上任职。作为一个才学兼优的学生,罗伯特·塞西尔在1596年晋升为国务秘书,在他父亲死后,他于1599年成为监护法庭的推事。就是在这同一个机构中,黑尔家族将办事员的职位保持了几代。在一些情况下,对于这种子承父业的方式可以有辩护的理由,因为一个家族积蓄了经验就能更有效地处理事务。但在16世纪,这种"让渡"的使用日益增多,官吏们把他们的职位安排给其他一些出了大价钱的人。这种行为的泛滥使国王们警觉起来。他们看到,任命官员的控制权,实际上已经从他们手中溜走,而对于继任者的能力和廉洁又得不到任何确实保证。伊丽莎白嫉恨这种行为,却无力制止。在法国,尽管颁布了限制性法案,但是这种现象仍继续蔓延。① 在确实无法制止后,政府决定在这样的活动中分享一份利益。例如查理九世就是这样做的,他在1568年对让渡官职的行为征税。但是比政府在私下搞的交易中获得的任何一份都更重要的收益是,政府本身出卖——和为了出卖而设立——大量的国家官职。1604年的官职税并不是一个发明,而是这样一个过程的完成,即许多官职的担任者实际上被保证有继承权,作为回报,他们每年向王室纳税。既然从官职中所获的利润大部分来自公众,因而这是国王在这个变迁的时期向国民征税的又一例证。但这个过程对当时社会的经济和结构有着相当大的影响。这个煞费苦心的创造对那个自私自利的官僚圈子是有利的,但是却往往无助于王权。它对17世纪早期发展专制统治的国王们必然是个束缚;法国国王被迫在现存的官僚之外去增设新官吏和新税收。总督这一官职的出现就是一个反映。17世纪中叶强征新税是已经形成的官僚阶层在这一时期的国内斗争中转而反对国王的原因之一。

在西班牙,那里的国王在从中央到地方广阔的范围内出卖官职(但是不出卖高级行政管理官职和任何司法官职),为了出卖,他们

---

① 还可参见后面第316页。

简单地设立了大量的不必要的职位。同样，在法国，这一进程的范围变得如此广泛，以致卢瓦索竟声称：城市里一半以上的市民都是职员。在英格兰，王室出卖地方官职的事有待调查；但在瑞士，格里松的执行官们是花了为数可观的钱买下他们的职位的，然后，他们便滥用这些职位以追求收益。在行政管理权上的交易深入到了政府自身的心脏里：法国的亨利三世以每个席位1.5万法郎的价格卖掉了国务会议的四个席位。而且，穿袍贵族上升为这个王国里确实享有免税权的第四个等级；在西班牙也是如此。同时，贵族专利权的出卖，是为了眼前利益而卖掉将来的又一个灾难性措施。（另一方面，在西班牙，向教士们的孩子出卖合法性的专利至少对财政是无害的）在英格兰，出卖贵族头衔直到詹姆斯一世登基的时候才开始，结果为了岁入而设立了世袭的从男爵头衔。但是这些出卖没有牺牲长远利益，因为英格兰贵族不免税。的确，出卖从男爵身份的意义委实不小，它恰恰在1611年开始，当时以财政复兴为主要目的的"伟大的契约"刚刚瓦解。但是，如果说英格兰政府从来不把国家的高级官职交付拍卖，但在整个低级官员和政府准文职人员的圈子内私下的买卖官职活动却很猖獗。

　　政府和私人在财政事务方面的冒险精神相互作用的鲜明例证，表现在英国王室享有监护权和与此相关的封建义务问题上。中世纪的结束当然不是封建主义在欧洲的结束；在各种不同的程度上，封建权利的占有者还有那些买得头衔而加入到他们行列里的人，在他们所能施展的任何地方，从这些古老的占有权中榨取不断增长的、额外的收益。但是，唯有在英格兰，国王作为封建领主的权利在岁入体制中占有相当重要的位置，并设置了一个特殊的法庭以发展并保护这些权利。主要由于骑士服役而形成的仅仅对土地的占有，其继承人即使未成年也要承受封建监护权强加的全部负担，其中包括这样的义务：结婚要遵照王权或买到监护权的那个人的意志，拒绝将意味着毁灭性的罚金。这样，封建婚姻权利超越了封建环境而残存下来，并且在不同的情况下，加在了大量的土地持有者的身上。这主要是一种国王的权利，一些疏疏落落的遗迹残存在其他领主身上；这个权利在许多时候卖给一个陌生人以换取一大笔金钱和一笔追加于监护人的土地的租金。在一些情况下，它导致严重的社会弊端和引起强烈的愤懑。但是它给王室带来金钱，并给王室的工作人员带来更多的酬金和好处。在很多情况下，王权干脆把支付文职人员薪水的任务转让给地主阶级。但事情远不只是如此。在开发这些间接的财源和未经国会同意的税收中，王权正在避开对立面不断增长的、试图把政策和大臣们置于国会控制下的努力，尤其是在17世纪早期。王权在财政方面做如此变通，对于英格兰这类国家尤为必要。在那里，征收直接税和新的商业税必须经国会同意。因此，这种隐蔽的间接税征收的重要性日益增大，垄断提供了其中一例，监护权则是另一例。

由于私人控制权在公共管理事务中的扩张，下一个结果便是公共行政管理的本身受到不信任。因为，它似乎是以破坏公共利益来达到私人目的的，简言之：腐败。但是"腐败"一词的含义很少被限定，它被当时的人们不分青红皂白地使用着，也被历史学家轻率地谈论着。当然，正义被欺骗行为和暴力所破坏的例证是大量存在的。当代的一首押韵诗写道："朋友相勾结，法治就毁灭。"这样的例证的确存在：召来为王权服务的人却剥夺了王权。这些行为当然是腐败的；一个不成熟的或者报酬太低的行政机构在世界任何地方、任何时候都会清楚地展示出这些特点。但是"腐败"一词在16和17世纪使用时所表达的含义被扩延并适用于一整套官员的额外津贴、礼物和各种好处，因而社会和政府的结构显得昏暗不清。因为，在许多情况下，送礼实际上是交费，不过是政府所依赖的、效能低下的间接税收的一个方面。在任何情况下，它们都具有双重标志，一是表明王权对其文职人员的控制只是初步的、不完全的；二是表明公共岁入严重的不足，无法提供足够的税款来以直接的薪金维持国王的文职人员。确实，许多赠礼的目的是从牺牲公共利益中获得好处，但是更多的是常规的报酬，所有的人都赠送，所有的人都收取。这不是腐败，而是那个时代弊端丛生的税收制度中固有的一些事情。在任何一个近代时期的国家里，这种有缺陷的制度残留的程度与政府向全民族征税取得成功的程度恰成反比。

但是当赠礼的接受者不是文职人员们，而是国王的宠臣，如法国亨利三世的嬖幸或英格兰詹姆斯一世的卡尔斯和维利尔斯们的时候，那又将如何呢？只有此时，这个制度才确实被歪曲而变得腐败了。只有此时，这些间接岁入才渗进了奢侈与贪婪那干涸的土壤。这时，该

第五章　以西欧为典型的社会结构，官职和政治

制度才变成无益的和畸形的，国家的利益牺牲给了一个颓废的朝廷。结果，正是"朝臣"这个词具有了腐败的含义。但是，这还可能把整体与部分混淆起来。因为在人治政府的时代，"朝廷"意味着两种东西。从狭义上讲，它意指贵族和被召来从事宫廷直接服务的王室仆人，和那一切奢侈、仪礼和矫饰。在这个环境下，个人的宠幸盛行起来。但是"朝廷"也意指整个大臣和文职人员的实体，他们被召来担任王室公职。有时一位个人的宠臣同时也是一位大臣，英格兰伊丽莎白时期的莱斯特伯爵就是这种情况。许多当时的人对这一点理解得很正确，就像 18 世纪提出"朝廷"和"国家"这两个概念的报界人士一样。对于"朝廷"，他们简单地意指那个时代的公职机构，对于"国家"，他们意指公职机构以外的那部分。"朝廷"意指在威斯敏斯特的宫廷，但也意指白厅的行政机关。

集权政治这种模式在地方上以较小的规模再现出来。一个地方权贵拥有巨大的力量和利益资源，在他领地上的官员都要受他控制，他还为首都推荐公职人员。伊丽莎白一世统治时期的第一个 10 年中的诺福克公爵就是这样一个人；但在他于 1572 年被处决后，英国东部没有一个贵族能代替他。与此相反，庇护制度变成了地方上的上层绅士们相互仇恨的战场，这是由于他们重视威望并不亚于重视收益。例如，被任命担任或被解除治安法官的职务，鲜明地标志着一个人社会地位的沉浮。西部地区彭布罗克郡的伯爵们，一直受到请求官职的人们的压力。另一方面，在某些地区，副职官员的职位为人们求之不得，而在另一些郡该职位又很难满员。英国地方社会庇护制实行的程度很难估计，但很明显，它分布的范围很广，它以地域为基础，服务于一种灵活而又稳定的关系。这一点不仅从政治方面也可以从宗教方面观察出来：在上层人士的乡间宅第成为宗教异端（无论是英国的天主教还是法国的胡格诺派）在当地的中心地方，庇护制不仅从政治上、也从宗教上显示出来。地方经济结构对这一特征的反应不亚于社会结构。西欧在这个阶段远比东欧和更远的地区有更大程度的耕作自由。在后面这些地区，一种新的、较顽固的封建主义的土地形式正在出现，也正是在这个时候，西欧却在抛弃封建主义的许多顽固的特性。不仅如此，在西方，地方乡绅势力依然残存下来，有时还发展得比较强大，但这种力量的维持是靠他们作为租金收取者的地位，靠一

种新的社会组合。确实，租金的压力有可能像早年的人身奴役制一样冷酷并难以负担，然而社会的性质正在发生变化。采邑的领主正在变成村庄里的乡绅。

在法国的那些在官职上有既得利益的人们中间，至少在其上层，出现了一个完全不同的阶级，这就是穿袍贵族，但他们仅仅是行政机关的一部分。对于广布于整个法国各地的无数低级官吏来说，不可能与穿袍贵族联合为一个阶级。在英格兰，甚至在中央，政府的公职人员缺乏那种持久的兴趣和态度，这是不论在国会还是在全国为确保一批枢密院的坚定追随者所需要的。国会里庇护者的身份和官职授予权都不能保证一位要人在下议院就一些使国家产生对立的重大宗教问题或其他问题进行辩论时，得到确定的支持。伯利男爵在他的那些被保护人中搜罗了如詹姆斯·莫里斯那样的人，而莫里斯后来却以持少数派观点而使政府难堪。在17世纪前半叶连续数十年间，当忠实于王权还是忠实于原则之间的冲突加剧时，许多官吏违反国王的意愿而追求了原则或利益。法国也同样如此，在投石党运动时期，由于一种传统和利益的混合原因，许多官职的担任者认为他们自己与地方上的人民在反对政府方面是一致的。这些年的教训和前面所提到的情况证实了担任官职者的社会复杂性。欧洲各国政府官职的担任者们既没有组成一个有着广泛利益的、紧密结合的集团，也没有组成一个统一的阶级或封闭的阶层。在英格兰，地方政府掌握在非职业官员的手里，最高为领主的代理人，然后是负责地方司法的治安官和教区的总管。在法国，自总督以下的地方政府官员的职业化程度高得多。但是，在这两种情况下，国家的指令都不能蔑视地方的利益，否则就会失去官员们的忠诚。而且，没有途径从官职获得好处的那些人，更是有理由加深他们的不满；他们特别强烈地反对朝廷的宠臣，这些人只是由于巧言令色才得到宠幸的。然而，在没有政党政治的情况下，庇护制毕竟提供了行政指挥的广阔渠道，尽管是不适当的。

人们习惯于把这个召集来为政府服务的庞大而且不断增长的官僚集团说成是属于中产阶级。中产阶级这个术语很不准确，但它仍有一些可取之处，因为它把它的成员与旧贵族做了区别；那些旧贵族根据正在迅速衰落的传统而要求参与统治和充当顾问的世袭权。这个术语也把官僚与工匠和农民阶级做了区分。但是，它基本上是个开放的阶级，不是一个封闭的等级。其结果，一方面是它常常使人相当迅速地升入贵族的行列（往往靠婚姻强化关系）；另一方面，它给那些出身卑贱但才干超群的人提供了一条晋升的途径。中世纪的教会经常提供这种途径，如枢机主教沃尔西的生涯就是英格兰最好的也是最后的一个典型。但是到了 16 世纪末叶，政治势力世俗化的进程已经有了长足的发展。17 世纪中叶，像劳德和贾克森那样的教士在新教国家里被擢拔到很高位置以及枢机主教们在天主教的法国掌权，都还是有可能的。但是在大多数高级官职中，教士已让位给律师和商人。在沃尔西之后，出现了托马斯·莫尔、托马斯·克伦威尔、格雷莎姆、西摩家族、达德利家族和塞西尔家族。在法国，国务秘书中诸如德·劳比斯班、皮纳尔和维勒鲁瓦等人都是世俗人士。塞莱斯坦的约翰·梅特兰在 1587 年被任命为苏格兰的大法官，他是担任这个官职的第一个非主教亦非大贵族的人。反对这种进程的呼声不是来自软弱的教会，而是来自较老的贵族以及他们的扈从。英格兰北方的伯爵们于 1569 年起事，他们宣称的目标之一，就是清除像塞西尔那样的暴发户所产生的腐败的影响，这就重复了一代人以前的格雷斯朝圣者事件的口号：清除暴发户克伦威尔。在瑞典，查理九世因依靠出身卑微的大臣而受到贵族的责难。确实，瑞典这个国家的律师、商人和企业家的数量与英格兰的和尼德兰的相比要少得多；职业官僚在那里也就迟迟成长不起来。瑞典更像天主教的西班牙而不像新教的英格兰和荷兰。但是在西欧，形势正在清楚地朝着有利于职业化的中产阶级的方向发展。与此形成鲜明对照的是像波兰那样的国家，由于没有一个官僚中产阶级可供政府支配，国家只能主要地依靠不负责的贵族发生作用，其结果是众所周知的。

　　整个西欧各国的王权都经历了严重的财富衰竭，相比之下，商业的、工业的和占有土地的上层人士的财富则绝对地或相对地增加了。当政府发现它们正被迫承担更为沉重和耗资更大的国内管理、外交和战争事务时，这种差距就愈发加大了。16 世纪的后半叶，英格兰、法国、西班牙和尼德兰都承担着军事开支的重负，在这个世纪的最后 20 年里，它们不断地处于战争状态。通过使用这种或那种手段，税收不得不一再增加；无论如何，间接税（或者征收商业税，或者利用过时的手段——例如监护权——征税）提供了最富有灵活性的财源。从低地国家对过境税的反应来看，税收有可能超过人们所能忍受的程度，这种情况又可能更快地走向耗费巨大、灾难严重的战争。在西班牙，对间接税的抵制是软弱的，但是这个国家的整个经济已经衰败了，而且社会也扭曲为优先考虑非生产性事务——最重要的是教会和军役。而且，如果说这个阶段是西班牙经济衰落的开端，那么它也是西班牙议会衰落的最低点，因为国王使自己从议会对税收的批准权中解脱出来了。法国也发生了同样的事情。在英格兰，宪法仅仅承认君主在税收领域内有限的机动权。因而，1585年战争的到来以及战争对金钱的需求就给予国会一项日益增强的、影响政府的政策的权力——一项再也无法否认的权力。伊丽莎白试图靠节约开支来与之抗衡，早期的斯图亚特王朝则靠把暧昧的特权政策使用到极限来与之抗衡。确实，早期斯图亚特王朝的财政特权是如此之软弱，以至于只需1638—1639年苏格兰边境上一次小小的战争便把它粉碎得无法复原。

在英格兰，贵族从来没有变成一个封闭的等级，掌握土地的绅士们也从来没有变成小贵族。因此，中产阶级和上层社会的相互关系比起他们与国王的关系来要亲密得多；在危机到来时，他们相互间共同之处比起他们与国王的共同之处也多得多。在各个郡里也是如此；同样，他们这些人在下议院里也都彼此相处融洽。弗朗西斯·培根说，治安推事会"把贵族和绅士结合在一起，其他任何地方都不像在英格兰有这样紧密联系的贵族和绅士。海外其他国家，贵族不参与任何司法程序，但是参与军事活动；司法事务属于穿长袍礼服的人；正是这一点使得那些贵族更加无知和暴虐；然而在这里，在我们中间，他们是和那些从事司法的人结合在一起的，作为武士他们同时也是和平的工具；这使他们堪称高贵"。

当然，这是一幅理想主义的画面；但是，像以往一样，培根触及到了事物的关键。毋庸置疑，英国社会各阶层的结合在这个时期比欧洲大多数国家要紧密一些。这是一个重要的社会事实。与之并驾齐驱的另一个重要的关于宪法的事实是，直接税需要国会的同意，而间接税相对来讲较为固定。当其他的国家的宪政机构正被逐步废弃的时候，这两个重要的事实挽救了英国国会。

（侯建新 译）

第 六 章
国际外交和国际法

　　1559年4月2日和3日，于康布雷市郊主教城堡签署的卡托—康布雷奇和约标志着欧洲外交史上一个时代的断然终结和另一个时代的开始。和约签署者代表了三个主要的大西洋强国——西班牙、法国和英国。解决的主要争端是自1494年以来左右着欧洲强权政治的问题：谁应是意大利的主宰？意大利的命运最终决定于会议桌上，但桌旁既没有意大利的代表，甚至也没有教皇的代表；而一些利益攸关的方面，诸如佛罗伦萨、曼图亚和威尼斯的使节和密探却在70英里外的布鲁塞尔宫廷外边搜寻着零星的消息，这就是新时代的预兆。神圣罗马帝国皇帝虽然和教皇以及意大利各邦一样，始终对意大利的命运极为关注，甚至即使下一个最重要的议题是梅斯、图勒和凡尔登三城市的归属问题，帝国的代表却也未能参加会议。帝国的称号转属哈布斯堡家族的兄弟支系以后，皇帝便以东部边界守护者的姿态警戒着多瑙河，此后70年内只是偶尔稍许地介入西部事务。西班牙的腓力二世企图在必要时不经其叔父斐迪南同意即解决梅斯、图尔和凡尔登的归属问题；用这三个城市换取法国撤出皮埃蒙特和萨伏依，这两个地方也是帝国的领地，而不是西班牙领地。这是一个最初的迹象，表明腓力二世确信：无论谁执掌帝国权杖并受领神圣罗马帝国选帝的称号，基督教世界的世俗权力——查理大帝和腓特烈·巴巴罗萨之剑——都已由他的父亲传到他的手里。这个西班牙人确信帝国的实权以及与之相应的皇帝捍卫天主教信仰的主要职责已经转移到西班牙，这是新时代的又一个预兆。

　　以卡托—康布雷奇和约为分界，并从此前和此后的国家角度来观察，1494—1559年这65年内的西欧外交史，呈现出基本的一致性；

它使细节上的歧异所产生的影响大为减少。尽管人们以各种方式提出问题，尽管直接争夺的地区时而在这里，时而在那里，但1559年以前，实质性的问题一直是：谁将成为意大利的主人？在从前的混战中，参战者始终出没无常，而且角逐各方时常改变立场；一系列的王朝事变使早先的混战转变为哈布斯堡王朝和瓦卢瓦王朝之间长期而又残酷的斗争。皇帝查理五世所负的多种职责使得他与各种外部牵扯的斗争复杂化，其中包括德意志僧侣的神学争论，英国国王在国内给他制造的麻烦，法兰西与勃艮第之间由来已久的争端，以及总是更为凶险的奥斯曼土耳其人的不断入侵。然而，自从贡萨尔沃·德·科尔多瓦越过墨西拿海峡以后斗争的主角就一直是西班牙和法国，而他们争夺的战利品始终是意大利。因此，把查理八世远征那不勒斯后的整个65年定名为意大利战争时代似乎既合情合理又很恰当。

无论是西班牙还是法国在对意大利的征服中都得不到任何合理的利益；而且，无论鹿死谁手，外国统治都将是意大利的祸根，而对胜利者也毫无益处。但这些都无关紧要。当时，像后来一样，不存在任何合理的战争根源。战争是一种生活方式，一种封建社会晚期根深蒂固的习俗。几乎在各国都占据统治地位的地主贵族除了进行战争没有任何其他正经职业；并且，的确也没有任何其他正当的生存下去的理由。君主们不断率领他们逐鹿疆场，以此防止他们互相残杀。除了欧洲的最诱人的战利品以外，欧洲这两个最强有力的君主还能为什么而战呢？他们厮杀拼搏，直到双方精疲力竭，这时，卡托—康布雷奇和约把意大利永久地奖给了西班牙。

意大利战争时代经历了主要对手及其重要盟友之间40余年的公开战争，与之相对，近20年的时间处于动荡的勉强维持的和平状态。在此期间，战争艺术当然得到了长足发展。查理八世麾下翻越阿尔卑斯山的那支军队，因其瑞士矛手的密集方阵、能快速进攻的加斯科涅轻装步兵、重炮队伍以及以这一切为补充的主力部队——列队重骑兵，从而在向近代化作战能力发展的道路上远远走在了参加福尔米尼战役的军队前面，而福尔米尼战役中的职业兵又走在阿让库尔战役中的封建征集兵的前面。但是，16世纪50年代曾在梅斯、圣康坦、格拉沃利纳和锡耶纳周围谷地参战的军队更为先进，以至于仅仅60年前在福尔诺沃交战的军队看起来就像中世纪的军队一样。在此期间，

第六章　国际外交和国际法　　　　　　　　　　　　163

火器得到了应有的重视,堑壕阵地和围城战术也发生了彻底变革。火炮变得机动灵活了,骑兵也开始废弃长矛而依赖手枪。① 这种变化也许可以归纳为:此时,决定性的兵种不再是骑兵,而是步兵,结果头等军事强国不再是法国,而是西班牙了。

在整个意大利战争期间,谈判发挥的重要作用绝不亚于舰队和军队。在频繁的间歇期,战争被和平条约或休战协定所中断,没有一场战争能持续很久,盟友关系的宣告破裂,新联盟的缔结,新的"神圣同盟"宣告成立以及寻求永远解决这样那样问题的会议的召开,常常中断战争的进程。整个战争期间,与盟国的外交联系始终不断,而与举棋不定的中立国也常常联系,敌对国之间的对话也时有发生。在这种紧张的外交活动的促进下,外交艺术获得了发展,至少像同一时期战争艺术的发展一样突出。

到中世纪晚期,西欧人已经发展起外交活动的四种方式。首先,他们使用非官方和半官方代表进行广泛的、多少属于试探性的接触。这些代表可能纯属间谍,表面上是私人身份,必要时,可加以完全否认;就像詹加莱亚佐·维斯孔蒂和此后路易十一以及阿拉贡的斐迪南在意大利的某些随员一样。他们或者由私人委派,像尼科代莫·达·庞特雷莫利在佛罗伦萨居住的最初阶段那样;或者可能拥有某种公开的准外交官资格以充任合法代理人,甚至可能充任信使。他们可以被派出传递各类机密信件或进行各种预备性谈判,加固旧联盟或探索建立新联盟的可能性,消除友邦的疑虑或留心潜在的敌人。这种方式的主要优点在于机密(因为代理人和信使,其公开使命可能掩盖其真正使命,而官方代表即使运气好也很少能完全掩盖其意图),不拘礼节和行动迅速。其最严重的缺陷则是这些代理人在路途中或在其驻扎地引起怀疑时容易受到攻击。而且,他们缺少迫使国内同意某项协议的权威。

这些缺陷被第二种,也是最普遍的外交活动方式所弥补,即派遣公使团,其中的一名或几名使节持有赋予其相应特权及外交豁免权之特殊地位的文件,并被授权谈判某项特殊事务或传送特别信件。一般认为,组成这类使团对于解决争端、缔结和约是必不可少的,而对于

---

① 参阅第2卷,第16章。

表示官方祝贺之意、呈递非常正式的信件或提出非常郑重的要求也是很适宜的。

15世纪时,通过非正式的代理人和通过委任使节进行的这两种外交活动方式常常为另外两种更高级的外交方式所补充。为解决争端、缔结和约,或制订共同行动计划,人们召集会议。例如实现法国与勃艮第之间和平的阿拉斯会议,又如庇护二世为组成针对土耳其人的十字军而呼吁召开的曼图亚会议。有时则致力于举行利害相关的各方势力的会议;诸如意大利的各种势力,或基督教世界各国,或卷入有待解决之争端的全体盟国,有时只有主要争端国派代表出席会议。会议通常由一个被认为是中立的调停者主持,但也并非一贯如此。不过,各方照例派出一个4—8人的代表团,配有自己的秘书、译员、信使和能干的助手;在预备性会谈中,代表们就日程安排取得一致意见;然后,会议就以公开会谈和私下磋商这两种方式交替进行。

最后是国家首脑间面晤会谈。对于这类会议不存在任何定则。它们既有可能像路易十一和爱德华四世的皮基尼桥会谈那样因礼节和戒心而刻板生硬,也有可能像豪华者洛伦佐访问那不勒斯那样随便和不拘礼节,既有可能像大胆查理前往特里尔谒见帝国皇帝时那样富丽堂皇、隆重盛大,也可能像腓特烈三世在同一场合出现时那样简陋寒酸。会谈最初可能相当谨慎含蓄、不着边际,以至于同样的事情如果由使节们处理则要迅速得多;会谈或者私下进行,相当机密,致使历史学家们时至今日仍只能猜测事实上做出了什么决定。关于这类会谈,唯有一点是确定无疑的,即君主们担着极大的风险。我们尚无充分的理由认为他们的人身会受到威胁,不过这一点也可能是真实的,像路易十一在佩罗讷发现的情况那样。更普遍的缺点是那种必定与这类会晤伴随而至的过分的公开,它使会晤的失败比其他外交方式的失败所造成的损失大得多,而且它诱使双方做出无法实现的诺言,达成模棱两可的协议。自愿接受含糊不清、带有偏见,结果经常引起严重误解的决议。此外,还有这种可能性,两个各自抱有敌对目的的政界老手,在察觉到各自都不可能向对方让步时,必定会以比从前更为激烈的仇视态度结束会晤。因此,科米纳建议那些希望相互保持友谊的君主们永不相见。

15世纪的人们是知道这些风险的。但是,对于自己的聪明才智,政治家们持始终不渝的乐观态度，统治者们也有永不动摇的信心，这使他们到 16 世纪时，仍然在利用其他所有传统的外交方式的同时，继续寻求私人会晤。在 16 世纪国王间的各次会晤中，人们首先想到在"金衣原野"①那灿灿金光下的重大失败，和查理五世两次出访英格兰的辉煌成功。然而这种成功却播下了烦扰的种子，未来的危害甚于在法国那次明显的失败。但是，尽管上述会晤的后果不到 10 年便显示了出来，亨利八世仍想跨过英吉利海峡与弗朗西斯一世对话；弗朗西斯和查理也都能够一度说服自己：通过他们在艾格莫尔特的面谈，无须各自谈判代表的耐心和教皇的机巧，出路已经找到了。而且查理五世几乎到了临近退位的时候，仍然确信，只要他能与法国国王会晤，就可以赢回外交和军事未能夺回的东西。

　　国际会议比国王会晤更不成功。然而，这半个世纪的开端毕竟是一次宣称以全面和平为宗旨的召开于康布雷的会议，尽管其全部成果只是成立了一个反对威尼斯的同盟；而这半个世纪的结束还是在同一地方举行的另一次谋求普遍和平的会议。同样，意大利战争时代目睹特使们的频繁往来，它们有时像 1527 年夏天沃尔西出使法国那样张扬矫饰，有时则平淡无奇、悄无声息。16 世纪的外交活动像更早时一样，使用非官方和半官方代表弥补公使们在微妙的谈判时的不足，或者在公开活动有危险或不适宜的场合代替公使。托马斯·斯皮内利爵士在尼德兰的头一年中可能就是这类人物。更为典型的例子是吉安·贾科莫·帕萨诺，他代表路易丝（萨伏依的）前往英国与沃尔西会谈；还有为托马斯·克伦威尔去德国刺探路德宗诸侯动向的克里斯托弗·蒙特。在 16 世纪上半叶，或者说在近代欧洲强国的斗争中，相互敌对的君主们发现，他们从中世纪继承下来的所有外交手段都是有用的，但是，这仍然不能满足他们受野心驱使的任务的需要。

　　查理八世入侵意大利以后，欧洲事务中持续紧张的局势迫使较大的强国寻求常设的外交机构。非常幸运，这种机构是现成的。早在一百年前，维斯孔蒂家族为统治意大利半岛所做的最后努力造成了持续紧张的局势，意大利各邦被迫结合在一起；为了对付面临的压力和危

---

① 1520 年 6 月英王亨利八世和法王弗朗西斯一世在法国的几讷和阿德尔之间会晤，亨利八世以大量金色饰物装饰其临时宫殿，因此得名。此次会晤成果甚微。——译者注

险开始互设常驻使团。起初只是为了同盟之间便于进行外交联系，洛迪和约于1454年订立以后，除了战争造成的中断以外，在所有强大的邦及其主要的附庸邦之间这就成为惯例了。查理八世翻越阿尔卑斯山以前，意大利各主要的邦互派常驻使节已将近40年；而且，第一批意大利驻外使节也已经开始在阿尔卑斯山以北各国宫廷中出现。各强盛王朝的内阁只需要把意大利的外交制度运用到他们那些与之并无太大区别的活动和需求中，从而在来自意大利的代表16世纪文艺复兴运动的许多进口项目中再增加一项。在意大利战争最初的35年间，他们就这样做了。西班牙带了这个头，它通过阿拉贡完整地继承了意大利的外交经验；法国在帕维亚之辱①以前一直过分相信自己的实力，结果落后了。最初，与100年前的意大利一样，只有同盟国之间才互派常驻使节。但是，如同意大利的经验所表明，同盟的格局变动无常，因此，1559年以前，在欧洲强权斗争中具有主要利害关系的君主之间，只要处于和平状态，就在各自宫廷中保留常驻使节的现象似乎已经很常见了——正像洛迪和约时代的意大利，这种情况开始成为定则一样。

卡托—康布雷奇和约以后，人们可能指望阿尔卑斯山以北各国的外交制度能与意大利外交下一阶段的发展相一致，建立起遍布西欧的驻外使节网。因为卡托—康布雷奇和约毕竟是一个比洛迪条约更有约束力的和约。它的领土条款几乎沿用了一个世纪，它开启了一个在主要欧洲强国之间36年无正式宣战的和平时期。尽管它使西班牙上升到明显的优势地位；在它原有的地中海和比利牛斯半岛的领土以及新大陆帝国的基础上又增加了勃艮第、尼德兰、弗朗什孔泰、米兰、托斯卡纳诸要塞和那不勒斯各省，但法国也没有处于根本无望的劣势地位，强固的领土主体并未缩小，而且由于获得了梅斯、图勒和凡尔登这些要塞，以及收复加来而得到了加强。再者，独立的萨伏依—皮埃蒙特公国的重建、神圣罗马帝国和奥地利世袭领地与西班牙的分离使西欧分裂为两个势不两立的地区，似乎预示着外交活动更为自由以及某种类似洛迪和约以后的意大利那样的均势政治的时期即将来到。

---

① 1524年弗朗西斯一世侵入意大利，次年在意大利北部城市帕维亚战败，被西班牙军俘虏。——译者注

但这一预兆没有应验。外交活动的范围不是在扩大，而是不断缩小。也许这并不完全是个损失，因为君主之间亲自会晤的时代也突然结束了。伊丽莎白女王从未离开英国，腓力二世从尼德兰回国后，也从未离开西班牙。在很长一段时间里，查理五世是哈布斯堡家族的皇帝中越过阿尔卑斯山和莱茵河的最后一位。卡特琳·德·美第奇在1564—1565年恢复个人外交的努力并不比她在巴约讷与阿尔发公爵的会谈成果更大，其努力既无成效也无结果。同样，大规模的欧洲和平会议的时代似乎结束了。如果说卡托—康布雷奇和约之后36年中大国间不存在正式宣布的战争的话，那么却存在着日益紧张的外交局势；但是，以意大利战争时代那种外交风格，通过正式的全面的讨论消除紧张局势的唯一努力几乎只有反常的英国—西班牙会谈，这次会谈于1588年初春在布尔堡召开，一直延续到西班牙无敌舰队的炮声轰响在英吉利海峡。这次流产谈判的过程清楚地表明了时局的演变。会谈没有选择任何中立调停人，甚至没有认真考虑过这件事。双方都明白，不存在任何中立国家。英国人从一开始即对达成任何协议持悲观态度。西班牙人——更确切地说是帕尔马公爵指派的代表们——认为整个会议是一场骗局，故在谈判中始终毫无诚意，而且他们甚至从来就没有得到应有的权力或委任。荷兰人的利益是会谈的焦点，他们却始终轻蔑地拒绝参加会议。但是，思想对立的两国代表之间的对话延续得如此之久，以至于整个欧洲都以极大的兴趣关注着它。双方的狂热分子都攻击谈判等于致命的自认软弱，明显背叛了双方君主各自维护而又彼此对立的原则。

整个16世纪下半叶，外交衰落了；意识形态的争端，即天主教和新教之间的分歧，把欧洲分裂为两大阵营；同过去哈布斯堡王朝和瓦卢瓦王朝为首的任何对立相比，天主教与新教之间的对立更激烈得难以调和，壁垒也更加分明。雷根斯堡会谈破裂和加尔文重返日内瓦之后，双方的阵线开始进一步巩固。此后发生的每一事件，诸如施马尔卡尔登战争、教皇党人在特伦托的胜利、以萨克森公爵莫里斯为首的德意志诸侯的反攻倒算和爱德华六世统治时期的英国宗教改革的急剧左转，甚至一个出于虔诚和道德的行动都加宽了裂痕，僵化了对立。而过去，天主教信徒与加尔文宗信徒围绕米歇尔·塞尔维特的火刑案曾表现出在虔诚和道德问题上的完全一致。

在日内瓦人及其改宗者和在英国及欧洲大陆的同盟者中，新教已经找到了自己的斗士。他们关于自己是上帝之选民的意识驱使他们为尽早把上帝的王国带给人间而忘我地工作。这种意识还赋予他们早期基督教殉道者或耶稣会传教士那种一往直前的勇气。从苏格兰、英格兰、法国和尼德兰来到洛桑和日内瓦并在此受训成为牧师的任何一个流亡者都不仅仅是一个学识渊博、口才流利、其行为举止看上去适于向其母邦传播福音的人，还是一个随时准备为其使命献身的人，因为他坚信上帝选中了他去拯救至少是同胞中的一部分人，使之脱离谬误和偶像崇拜。加尔文骄傲地拒绝让教会服从世俗官员的专横统治，重申了格列高利七世的基本主张：人类社会结束之日即是众灵魂得救之时，上帝指定通过加尔文宗教会达到这一结局，它必须独立自主地发挥作用。这样他认定：无论哪里，只要他的少数追随者有足够的力量这样做，他们就要恢复灵性反对俗权的古老斗争。

由于奠定了这一基础，加尔文创立革新教会的行动就比他通常口头解释《罗马书》中要求每个信徒服从"在上有权柄者"那一节说教的行动更为重要了。这个革新教会的组织简单、严密、灵活，即使离开那些有权柄者的支持甚至同他们对抗，仍足以渗透到其他国家。每个加尔文宗选区都有自己的牧师、教士、长老和执事。它就像一个自给自足的"细胞"，能通过分裂成倍增长，能在孤立中长久维持自身的存在，但也能够通过紧密、广泛得如同有人在精心指挥的宗教会议系统和通信网络使自己与任何特定地区同样的"细胞"联系起来，而且无分界内外。到16世纪60年代初，这些"细胞"一面到处都对损坏其联系网的任何打击都做出反应，同时在苏格兰则已经推翻了政府和教会，在法国试图实现同一目的，在尼德兰准备做某种类似的事情，在英国影响着公共政策，向东的渗透远及波希米亚、波兰和匈牙利。日内瓦作为这张网的中心，成为培训潜在的革命者的学校和失败者的避难所。它总能否认对于在其狭窄疆域以外发生的运动的责任，与此同时，却向其活动分子提供作为精神支柱的思想和鼓励，提供书籍和小册子，为了推动共同的事业，只要时机到来，有时还提供武器弹药。

这个教会组织成熟而生机勃勃，它以政治手段推动宗教革命，并且有自己的共同主张和自成体系的教义；在特伦托最后一届会议闭幕前，罗马已经能够以一支在教义体系中同样坚定并在实际政治中同样灵活的反革命力量与之对抗。与日内瓦一样，罗马随时准备在有可能时利用世俗统治者，或在迫不得已时否认并推翻他们。无须日内瓦提醒，重新振作起来的罗马教会知道：基督的教会是普世的，与基督徒的社会处在同一边界之内，而且每个基督徒的灵魂都应当首先忠于它。卡托—康布雷奇和约签署以前很久，加尔文的日内瓦和反宗教改革的罗马就已经远远地超过了条顿人的虔信派和寂静派，超过了文艺复兴运动中的怀疑主义和信仰调和论以及普遍存在的对世俗政权的服从，这种服从，在路德前往沃尔姆斯之后和雷根斯堡会谈之前的这段时间里，几乎每年都为可能实现的妥协和最终和解开辟前景。但是到16世纪50年代，无论是罗马还是日内瓦都不能设想双方斗争存在着任何结束的可能性，除非对方彻底覆灭。当他们尚未被革除教籍时，承认妥协和宽容只是为了获得喘息之机并寻找新的立足点。由于宗教问题支配了政治问题，任何与信仰上的敌人进行的谈判看上去就越来越像是异端和叛国。凡是导致天主教与新教分裂的问题已经没有谈判的余地。结果外交接触不是像洛迪和约之后的意大利那样有所增加，而是减少了。特使团仍然时常来往于信仰对立的各大国之间，但不如从前频繁，而且常驻使节系统网没有扩大，而是实际上缩小了。

使永久性外交联系网遭到破坏的主要原因是使馆礼拜堂问题。在16世纪前半期，甚至像托马斯·怀亚特爵士这样坚定的反对教皇和僧侣的人物仍然能够怀着没有什么不协调的感觉拜倒在巴利亚多利德高大的圣坛前，就像他的敌手优斯泰奇·加佩斯从一个顺从亨利八世的主教手中领受圣餐时没有什么不协调的感觉一样。1551年，爱德华六世派驻帝国的大使坚持使用新的"英国公祷书"，而查理五世对于在自己宫廷中举行异端礼拜式的恼怒几乎导致了外交关系的中断；这时，使馆中特殊礼拜仪式问题才第一次变得尖锐起来。八年以后，使馆礼拜堂问题成为导致英国和威尼斯中止互换常驻使节的重要的、也许是决定的因素；而威尼斯是英国在1533年后与之保持永久性外交关系的唯一的意大利城邦。玛丽一世在她统治后期，利用其丈夫的代表，即西班牙驻威尼斯的常驻使节作为她自己的大使。伊丽莎白一世登基后不久，就准备任命一名她自己派驻威尼斯共和国的使节，这时教皇郑重警告这个城市的议会，要他们严禁英国大使的随员中包括任何安立甘宗僧侣；而且，即使在使节驻地的密室里也绝不允许举行除天主教礼仪之外的任何礼仪。女王政府当然也不能给予威尼斯常驻英国大使那种威尼斯拒绝给她的使节的同样的特权；结果，女王在位的整个时期，双方都没有互相派遣常驻大使。当时，反宗教改革的教廷似乎并不像后来的许多历史学家那样坚信意大利人天生就属于天主教，并对新教的宣传具有免疫力。总而言之，教皇坚决反对在意大利土地上建立任何新教礼拜堂。西班牙真诚地拥护这一点，结果，整个16世纪后半期，在意大利任何地方都没有一个新教国家的常驻使节。

1568年，因为就这个问题争执不下，导致了英国驻西班牙使馆被关闭。约翰·曼博士是个既不机智也不冷静的人，而在他所处的位置上，机智和冷静却是最基本的要求。而且，英国—西班牙关系是如此恶化，以至于似乎无论什么事，曼博士都显得是故意使自己卷入与腓力二世政府或与宗教裁判所的纠纷，不久以后又同时面对后两者。然而，争端的实质在于可否允许使馆雇员参加那些只允许使节及其直系亲属和正式家庭成员参加的礼拜仪式。在这一问题上，教廷和西班牙官员表现得像曼博士一样专横而惹人恼火。曼的反应相当狂暴，招致被判处惩罚性拘留，后来又被驱逐出境。腓力二世谨慎地表明他并不想拒绝批准英国驻西班牙使节得到西班牙驻英国使节已获批准的特权，而仅仅是想限制这类特权，以避免对正统教会的反感，避免异端对他的天主教王国可能产生的影响。然而没有人接替曼博士，可能是因为女王的顾问班子相信曼本人的意见，即他遇到的麻烦是精心策划的骚扰英国使馆的政策的一部分，而且继续保留使馆必将招致更多的麻烦。

即使刁难英国使馆是一个精心策划的政策，它也不是腓力二世的政策，就像对西班牙驻伦敦使馆进行的刁难也不是伊丽莎白一世深思熟虑的政策一样。16世纪后半期国际关系最突出的演变大概就是英格兰和西班牙之间关系逐渐的、显然不能逆转的恶化，尽管两国的统治者都是强大的君主，都拥有指导自己外交政策的权利并得到国民承认，并且都真诚地急于实现相互间的和平。作为君主，无论伊丽莎白一世还是腓力二世都没有任何充足的理由向对方开战，却有充分的理由不这样做。双方都担心战争的开支浩大。伊丽莎白是因为她的财力不足而且不愿对臣民征税，腓力则因为继承来的重负而步履蹒跚。双方都有直接而迫切的理由继续维持他们先辈旧有的反法联盟：腓力是因为尼德兰的叛乱始终给法国提供干涉的口实，伊丽莎白则因为她的推定继承人——苏格兰女王玛丽。在天主教看来，玛丽应是伊丽莎白王位的合法占有者，她有一半法国血统，而在文化和心理方面则是一个完全的法国人，为了她的利益，她那姓瓦卢瓦的夫弟，吉斯家的舅父们和表兄们向英国动武的危险始终存在。从战略上看，英国和西班牙互相依存。如果没有西班牙军队拱守着尼德兰南部，这里迟早会被法国吞并，英国还将看到，从乌尚特到斯海尔德河口的整个海岸被其宿敌占领，这是难以忍受的威胁。西班牙如果没有英国与之结盟，或至少保持中立，就不能从海上与尼德兰保持联系，就将被迫依赖经过阿尔卑斯山隘口和阿尔萨斯，或经过弗朗什孔泰这两条曲折遥远、花费昂贵、根本无法护卫的交通路线。同时，英国和西班牙彼此是最好的贸易伙伴。英国的布匹、锡和谷物在西班牙找到了现成的市场，并通过腓力国王在安特卫普的"商业冒险家们"到达西欧各个市场。与此同时，卡斯蒂利亚的皂碱和美利奴羊毛对英国纺织工业中的某些行业是必不可少的。即使对毕尔巴鄂刀剑的需求不像以前那么多了，英国顾客们仍旧急于得到西班牙的油、水果以及赫雷斯的葡萄酒。对于西班牙商人，英国可能是这样一个欧洲国家，在那里他们一般不必用硬通货付账。

宗教最终使天然盟友变成势不两立的敌人。这种情况是怎样发生的，从伊丽莎白继位后，以西班牙声称独占美洲贸易为焦点而发展起来的对抗中可以看得一清二楚。历史学家们一直指出：以此为开战理由值得商榷。把1558—1585年，在桑卢卡尔—德巴拉梅达①的英国商人所获平均年利润同此后18年在加勒比海和沿南美洲北海岸进行私掠和非法贸易所获的平均年利润相比，如果想肯定地说出前者比后者大多少，尚需进一步研究关税记录以及塞维利亚和其他地方的公证人档案；但是几乎毫无疑问的是，那些英国商人的平均年利润更大。因为他们对塞维利亚的贸易一直大赚其钱，而私掠性远航的资助者则大破其财，如果继续干下去，最终必将破产。②但是，完全用不着深

---

① 西班牙南部一海港。——译者注
② 关于某些不同观点，参见 K. R. 安德鲁斯《伊丽莎白时期的海盗》（1964年版）。——编者注

入研究就可以指出：英国的清教徒及其胡格诺盟友对如下看法负有责任，即西班牙垄断西印度商业和葡萄牙垄断东印度商业这一状况的维持乃是出于对教皇敕令的畏惧，反抗教皇敕令需要一种特殊的新教式的勇气。

事实上，正像那些重要的天主教法学家、民法学家和神学家们一致同意的那样，教皇有权授予西班牙和葡萄牙的所有东西只是对新发现的土地上的教会机构和传教活动的监督权。甚至，所谓的"分界线"本身，即亚速尔群岛以西370°子午线和加那利群岛中的费罗岛纬度线（显然北半球始终被排除在外），在根本没有任何基督教权威介入的情况下，就被这两个世俗强国在托德西利亚斯条约中以明示或默示的方式承认了。后来，教皇对"分界线"的认可，赋予该条约的约束力同任何其他类似的自愿在教廷备案的协议一样，既不大些也不小些。16世纪上半叶，西班牙最伟大的法律神学家非常清楚，教皇无权授予西班牙任何统治西印度人民或控制西印度各海域商业和航海活动的权力。弗朗西斯科·德·维多利亚坚持认为，对新大陆土地唯一正当的主权（所有权）要求，必须立足于对以前空白领土的有效占领。至于宣告商业非法或禁止商业活动，任何人在任何地方都没有任何权利这样做，因为按照自然法和"万国法"（国际法），贸易在任何地方都是自由的。事实上，这是中世纪晚期普遍的情况。16世纪的宗教法学家和民法学家均表赞成，而且，当弗朗西斯一世拒绝了西班牙和葡萄牙针对法国进入美洲以及南下非洲海岸提出的抗议时，他一度具有充分的法律依据。在哈布斯堡—瓦卢瓦战争期间，法国坚持认为"分界线"只是卡斯蒂利亚王室和葡萄牙之间的私下协议，绝不是基督教世界的公法的一部分，而法国的船长们否认伊比利亚人的垄断权，无论双方的君主处于战争还是和平状态。在卡托—康布雷奇，法国代表顽固拒绝签署以任何方式承认西班牙和葡萄牙对南部海域要求的合法性的任何文件，这种要求实际上是把"超越此线即无和平"确立为国际法中的一个原则。1559年以后，西班牙在新大陆的对手主要是新教徒，头10年以胡格诺教徒为主，此后是英国人，这完全是政治上的意外事件。

然而，到16世纪80年代，欧洲公众舆论开始忘记加勒比海的冲突并不总是宗教冲突的一部分。"非法的路德宗"几乎已成为一个西班牙语单词,而那些为自己的海盗活动不断充实人员、资金的英国船长们经常追逐的是双重利益:异想天开、很少实现的红利和以否定罗马教皇蛮横禁令的方式维持自己的新教信仰的机会。从某种意义上说,英国侵入西印度群岛确实帮了新教徒的忙。他们并没有使腓力二世陷于严重的穷困,而德雷克 1585—1586 年的大劫掠给教皇西克斯特斯五世带来的喜悦似乎远远超过给他带来的烦恼。但是每一起类似事件都推动英国和西班牙更接近公开的战争。

促进英国和西班牙之间的公开战争是清教活动家以及英国和欧洲大陆上所有共济会(Common Cause)狂徒们的主要目标。1569 年以后,还是英国天主教流亡分子的主要目标、教皇庇护五世及其继承者们的主要目标之一,也是耶稣会士和所有其他反宗教改革的天主教活动家们日益重要的目标。在 16 世纪行将结束时,两派宗教狂徒为实现这一目标已经能够使用越来越可怕的手段。此时,双方都可以调遣一批具有阴险才干和殉道欲望的间谍,都有适于做达官的幕僚和君主的阁臣的学者和绅士为之效劳。16 世纪 50 年代和 60 年代,天主教徒在利用印刷报纸和公众布道坛时,已经学会了与宗教改革者同样娴熟的技巧和不择手段。结果,双方都能制造强大的舆论潮流,最终足以将发展道路上不顺从的政府和统治者裹挟而下。

宗教在 16 世纪时仍然是一种足以调动民众并压倒各个王朝和寡头统治者们的私利的强大势力,10 世纪以来西方基督教世界各国一直如此。在封建的君主国家里,贵族甚至平民都间或承认负有对君主个人效忠的义务。但是还不存在民族意识,甚至不存在作为人们挚爱、矢忠对象的抽象统一体——国家的意识。但无论如何,这是意大利以外的情况。虽然人文主义者谈论着"祖国"(patria),并在这一时刻涌起某种对抽象的所谓"法兰西"或"英格兰"的盲目崇拜,如同古罗马人所说他们对罗马的情感一样。但是,对于大多数人来说,在 16 世纪大部分时间里,他的"祖国"只是"故乡",他的国家不是法兰西或英格兰,而是安茹或德文郡。除了被汹涌的大海包围起来的英格兰以外,没有一个较大的领土国家曾明确划定过边界;而且,绝对没有任何一部分居民产生过"自然疆界"的概念或者与统治者的王朝利益及与其直接臣属有关之利益不同的"民族利益"的概念。

强烈的宗教情感会以两种方式之一影响各国社会。它可能会把他们团结在各自的君主周围,使他们或他们的主要部分统一起来,赋予他们一种原始的民族主义。大多数英国人(据传说是"全部")就是这样由于天主教十字军的威胁而团结在伊丽莎白一世周围,而大部分西班牙人,或至少是大部分卡斯蒂利亚人则团结在腓力二世周围,因为他们的光荣使命是:像前辈从摩尔人手中恢复西班牙一样从异端者手中收复基督教世界。这种情况只有在国家君主顺应当时流行的宗教思潮时才能发生。当君主不顺应时——亨利三世在位时的法国就是典型例子——国家就会以严重分裂取代统一,因申明信仰而形成的团结将取代对王室的忠诚。在整个西欧,宗教对立的全部后果是形成了两个敌对的阵营,一个是天主教,一个是新教,他们都决心在不可调和的意识形态方面战胜对方。

意识形态冲突对外交事务的影响最明显地表现在对新的驻外大使制度的看法上。常驻大使如同常备军一样,从制度上体现了控制着新型的、以自我利益为中心的主权国家的权力。而且在习惯于把外交官员视为整个社会的公仆的社会里,驻外使节一直在某种程度上是被怀疑的对象。基督教世界的分裂使这种怀疑增强为确认。人们普遍认为,如果一种宗教礼仪举行的方式违反了那个国家的法律和民俗认可的方式并大大地触怒了上帝以至于该判死罪的话,不能仅仅因为它是在使馆紧闭的大门内举行的而减轻对上帝的冒犯。再者,既然与黑暗势力不可能和平共处,甚至不可能真正停战,那么异端国家的驻外使节在驻扎国除了从事间谍和颠覆活动外还会有什么别的目的呢?伦敦狂热的清教徒和马德里、巴黎、罗马狂热的天主教徒就是如此推论的,在那些他们的压力尚未导致外交关系彻底断绝(有时他们做到了这一点)的地方,他们使尚未撤离的常驻外国使节的处境极为艰难。

不幸的是,公众的看法并非毫无根据。如果说约翰·曼博士在被驱逐出西班牙以前并没有和西班牙新教徒密谋策划,那只是因为他在西班牙根本找不到新教徒与之共谋。从思罗克莫顿到斯塔福德期间各任英国驻巴黎大使与胡格诺派领导人来往之密切,超过今天任何政府所能够容忍的程度,甚至在胡格诺教徒公开叛乱时仍旧如此;又如西班牙驻伦敦的每位大使在整个伊丽莎白女王统治时期深深卷入叛国阴谋活动中，按现代标准足以将他们驱逐出境；如果按照中世纪晚期法律，他们当中除了圆滑的德·西尔瓦以外，每个人都足以被判处极刑。唐·贝纳迪诺·德·门多萨曾因参与刺杀伊丽莎白女王的阴谋而被逐出英国；此后被任命为驻法国大使，并在法国帮助组织"神圣同盟"，策划"障碍日"（Day of the Barricades）事件，最后以巴黎暴民公开首脑的罪名结束了他的大使生涯。他是宗教战争期间在外交界发生了什么事情的绝好例证。甚至那些被视为政治家并如此超脱了宗教混战的法国使节们也被公开的陷阱所坑害。沙托纳夫在伦敦主要因为他是天主教徒而被怀疑参与了巴宾顿阴谋；在他被召回以前几个月，实际上已被软禁，完全失去了作用和联系。几乎与此同时，朗利在马德里因为其君主愿意和异端者谈判而受到极大的不信任，以至于在吉斯公爵的谋杀案使他被完全隔绝以前，已经几乎找不到任何人可与之交谈，也没有任何重要的事情可做。到了伊丽莎白一世和腓力二世由于其臣民们施加的压力而把他们推向彼此开战的时候，天主教和新教世界间的外交联系几乎完全中断了。

在三个世纪中发展起来的外交联系中断和外交机构逐步废弃的同时重新出现了更早时期的非官方的外交活动方式。伊丽莎白女王在与欧洲大陆各国的联系中愈来愈多地使用只具有准外交官资格或根本没有外交官资格的代理人。她这样做有时是因为有关国家不愿意接纳受到异端君主正式委任的使节，如佛罗伦萨和威尼斯；有时是因为女王实在不能承认那些她不得不与之交往者是与自己主权平等的国家，如荷兰三级会议、布永公爵和巴拉丁选帝侯。她的代理人的地位有多种差别，上自常驻海牙的使节和派往德意志诸侯邦的公使（他们除名称外，其他方面完全是大使），下至她只加以默认的驻威尼斯和佛罗伦萨的"领薪者"。与此同时，虽然她与法国和西班牙保持和平，但却接纳了法国胡格诺派和荷兰起义者的代理人——就像这些集团之间保持着联系一样。尽管他们的代理人来往穿行于荷兰和法国南部，但没有被他们必须穿越其国土的天主教君主承认为外交官。

天主教方面的办法多少有些不同。腓力二世本人只派遣公开的大使或秘密的间谍；不过，随着"秘密战争"的紧张局势不断增强，他越来越乐于利用他委派的使节所建立的与从事反叛和颠覆活动的集团之间的联系。但是，他的总督和代表，特别是在米兰和荷兰的代表得到允许（有时是接到命令）利用半官方的或私人的代理人与友邦或敌国进行联系。腓力和伊丽莎白在他们统治结束时业已恢复的外交技巧，不像是亨利八世和查理五世时的方法，倒更像爱德华三世和残酷者佩德罗时的方法。

分裂的拉丁基督教世界内部外交联系的中断，并未被它外部联系的任何重要扩展所弥补。英国商人们在取道北角以外的北极水路寻找中国时，却找到了去莫斯科的路线和一位急需西方货物、急于与西方结盟的基督教统治者。伊丽莎白统治时，"莫斯科公司"开创了一系列对沙皇的半外交活动，目的在于确保商业特权和垄断。公司通常选择使节，并支付其开销，而使节则受女王委任和指导。在莫斯科，英国的外交比英国的商品激起了更为活跃的反响，其明显的成功促使英国的竞争对手荷兰和法国的商人也极力敦促本国政府与俄国进行谈判，然而伊凡雷帝及其直接继承人真正急于追求的是西方的支援以对抗波兰和瑞典，这使同盟协议未能形成，甚至没有交换任何常驻使节。从莱茵河和英伦海峡到波罗的海东部和波兰平原毕竟太遥远了，而莫斯科的习俗和价值观与西方的差距也太大了。俄国在很长一段时间里没有被纳入西方外交界。

土耳其也是如此，虽然它能够通过其地中海平底船舰队和驻扎在匈牙利的陆军对占优势的哈布斯堡王朝施加最重要的军事压力，虽然它的先辈自从14世纪以来就一直与法兰克人进行谈判或战斗，虽然弗朗西斯一世在帕维亚遭到失败以后曾与立法者苏莱曼订立了牢固的同盟，并在伊斯坦布尔设立常驻大使以确保这种同盟，土耳其仍然没有被纳入西方外交界。实际上，16世纪40年代以后，在推动或阻止土耳其海陆军行动方面，法国驻土耳其帝国大使的活动越来越少。16世纪60—70年代在希腊诸岛和北非沿海地区频繁发生的战争根本不是西方政治的反映，而完全是新月和十字架之间长期斗争的继续。1578年塞巴斯蒂安国王在阿尔卡萨-厄-克比尔去世以后，西班牙在伊斯坦布尔的外交活动就像法国一度表现过的那样活跃，而且在若干年间腓力二世的代表几乎不断地出现在那里。他的大使们谈成了一项休战协议，使土耳其和基督教世界之间保持了十几年和平，因为这一外交上的胜利他们在西方受到了赞誉。但是看来，他们得到的赞誉应像英、法外交官受到的责难一样少，因为1593年，土耳其重新向哈布斯堡王朝发起了进攻。1578 年,像西班牙被引向葡萄牙和大西洋一样,土耳其被引向波斯和大草原,而后又像西班牙一样把对异教徒的战争转变为对异端者的战争。正如费尔南·布罗代尔曾指出的那样:土耳其人转向东方和 15 年后又掉头转向西方反映了土耳其人一段历史周期,其跳动的节拍与西方的不一致,如果不在土耳其档案馆内进一步做大量的研究,这种历史的模式就无从理解。西方驻土耳其帝国的使节们受到的反复无常的冷遇,苏丹一贯拒绝回复驻扎使馆的问候,对于这一切的解释也许有比野蛮的妄自尊大或拜占庭式的傲慢更充分的理由。

如果西方的外交活动在俄国人或土耳其人心中没有留下永久印象的话,那么在欧洲以外的其他地方就根本没有留下任何印象。1559 年以前,西班牙人和葡萄牙人的船舰已经划破了地球温带和热带的全部海面,造访了每一块有人居住的土地,而且在后来的半个世纪里,法国人、英国人和荷兰人也尾随其后。但是,虽然他们努力与更强大的东方君主建立外交渠道,却一无所获。尽管在印度的莫卧儿皇帝和中国明朝皇帝这些最强大的君主看来,欧洲人的价值肯定非常小,但欧洲人在东方强权政治中也并不是无足轻重的。只是因为没有足够的相互了解以提供对话的基础,更不足以进行任何形式的合作。文化差异甚至超过了人体的差异。与"敌人之敌交朋友"这一原则在伊斯兰世界得到的充分理解,与在欧洲外交界一样,但是,尽管以这一原则为基础,西班牙和奥地利试图与波斯国王订立同盟的努力仍然毫无结果。航海者亨利的幻想——使最西方和最东方的基督教国王联合起来——在 16 世纪后半期似乎一度即将实现,但最终归于破灭。结果,葡萄牙和埃塞俄比亚分道扬镳了,究其原因,土耳其人占领马萨瓦从而切断了葡萄牙人去往阿比西尼亚高地的通道只是次要的,更重要的是:罗马教士和阿比西尼亚教士见面越多并且越是从学术上和内心里寻求使他们的礼仪和教规一致,拉丁教会和科普特教会的鸿沟就显得越宽。如果共同传统的继承者内部的宗教分歧给西欧建立已久的外交界带来分裂的威胁,那么不同传统的继承者之间的鸿沟,在当时通过外交途径显然是无法逾越的。

时至 17 世纪初,勉强而又松弛的西欧外交关系开始重新组合。亨利四世以一台弥撒赢得了巴黎以后,经验丰富的维勒卢瓦开始着手恢复从前法国外交活动的那种高效率。"在英国的冒险事业"的失败、英国对爱尔兰的征服和尼德兰无可挽回的分裂在马德里和罗马唤起了对于宗教战争的得失重新估价的清醒认识。因此，当倾向和解的詹姆斯一世继位时，他能够重新设立以前英国在西班牙和意大利的常驻大使馆。与此同时，西班牙的常驻大使也出现在伦敦，并第一次在丹麦和瑞典的宫廷里鞠躬致敬。然而宗教战争造成的相互猜疑并没有消除，直到威斯特伐利亚条约订立以后，现代风格的外交才在欧洲各地稳固地建立起来，正如将近200年前的洛迪和约以后，意大利各地确立的外交风格那样。欧洲只能缓慢地重新组建自己的外交界。

将要指导新型外交界的原则，即我们称之为"国际法"的原则，其形成过程更为缓慢。若在1610年以前谈论"国际法"为时过早；甚至在一直被称为国际法创立者的胡果·格劳秀斯发表其《战争与和平法》（1625年巴黎版）一书以后，谈论国际法仍为时过早；可能在1675年以前的任何时候谈论国际法都为时过早。国际法的系统化必须等到欧洲人已经习惯在许多独立的、充分自治的、完全自尊的主权国家中的这一个或那一个里生活，并养成了适应这种生活方式的语言和处事习惯后才能实现。因为，尽管一个笛卡尔主义流行的社会也许愿意相信，用一部从建立公理和推导结论的过程中产生出来的法典就能管理社会，但社会实际需要的却是对人们普遍的行为和感情的形式进行可以接受的合理化。既然没有任何机构能够强制执行国际行为准则，国际法的任何体系可在何种程度上被人们接受都取决于它与流行观念协调一致的程度。显然，直到有关的人们在国际关系问题上明确地意识到他们正在做什么以及感受如何以前，任何一种针对西欧的国际法体系都不可能同现实产生多少联系。

这并不是说西方社会以前缺少一批合理而充足的、与我们将称之为国际公法和国际私法相一致的规则。只是西方没有把这些规则视为一个独立的法律群体——它适用于作为局部社会的一定阶级之间的关系，或适用于当一个阶级暂时受另一阶级管辖时其内部的个人之间的关系——而是简单地视之为拉丁基督教世界习惯法的一部分。例如，从1250年到1500年间，教规法学家和民法学家就战争的正当理由、宣战的合理性、战争行为应遵守的限制以及中立国的权利等等问题谈了很多，但是他们很少在专门的关于战争法的论文中谈论这些事情。

对于这些事情的大部分内容，他们都是在这样一些标题下谈论的，诸如战争带来的争端、纠纷和磨难，自卫的权利以及将妇女、儿童、僧侣、善良的商人卷入解决争端之暴力行为的不合理性等。对条约的讨论是以对契约的说明和评论的方式进行的。在一桩赔偿案中，当人们协商佩鲁贾城的责任问题时曾援引一桩有关王室首脑的案例和另一桩有关制革匠行会的案例，似乎二者作为例证具有相等的作用。它们的确如此。基督教世界的习惯法尊重特权，尊重等级森严的社会，也尊重地方和地区的习惯；但是它认为，或者更确切地说它形式上认为每个人以及每个法人社团在某些场合中应服从教会法，而在其他场合中应服从民法。结果，只是在某些特殊问题上人们才像是找到了一些能够直接认做围绕我们所谓的国际法的论述，例如关于捕押外国船只特许证和报复性捕押特许证的问题，大使的特权和外交豁免权问题等。

详细阐述基督教世界的习惯法，即教规与民法系统的结合，其大部分工作是由意大利法学家，尤其是巴尔特鲁斯学派完成的，但是在像英格兰这样的其地方性习俗被强大的王家法庭加以归纳和维护的国家中，这种习惯法作为国际法的作用表现得最为明显，在教会法学家们的理论中，有时在实际上，教会最关注的是遵守条约，维持基督徒之间的和平以及管理同异教徒的交往；但是教会法庭的主要业务却与教会财产、特权以及圣礼仪式有关。人们只是偶尔注意到圣礼制度把英国同一个更大的社会联系了起来，至于类似在布来克弗利阿斯①的那次著名的审判中教会法庭公开以国际法庭的面目出现的情况，则更加少见。

随着15、16世纪君主制度的日益强盛，那些受过民法和教会法训练的王家官员们为了加强王权，并消除使习惯法的实施受到歪曲和阻滞的不公正现象以及有害的延误，使用罗马的司法程序是自然而然的。但是，除了类似"星法院"那样的在国内借用并滥用民法的法庭以外，有时，代表国王个人的法庭仍不得不借用民法的原则，因为这些法庭的职能与中世纪类似国际法法庭的职能一样。例如，国王的法律顾问团的一个分支——"海事法庭"在执行航海法时与欧洲其他地方一样，其依据就是民法的程序和后人对民法的诠释。国王的法

---

① Blackfriars，英国伦敦市中心一区名。——译者注

律顾问团的另一个分支——"骑士法庭"把关于优先权和纹章的案件，关于雇佣兵和军需品的契约的案件，关于投降、人质、赎金的案件都合在一起，全部根据这样一些原则来裁决，牵涉到的法国人、意大利人和德国人对于这些原则的熟悉程度和英国人完全一样。某些民事案件则留待国王亲自处理，而不是授权顾问团解决，其中包括所有关于大使及其随员的案件，还有无法向其他地方起诉，涉及法律冲突并因而可按照罗马民法加以解决的各种诉讼。

　　整个中世纪晚期，在欧洲国家之间，处理这些事务的方法并没有多大差异。一个共同的法律制度，对于西方来说，早在需要确立的时候就已经存在了。它是由北意大利的法律学派提供给西欧以应付任何紧急情况的，这是这些学派的学者们的看法。到1559年，这种共同的法律制度在连绵不断的强权斗争及其伴随物——常驻大使制度二者导致的紧张局势下，已经顽强地生存了半个世纪了，对于这种紧张局势，它那些苦心孤诣的缔造者们是始料不及的。它还经受住了路德叛离造成的震动。此后，在1559年以后的半个世纪中，它逐渐消逝；在再后来的一百年里它被遗忘得如此彻底，以致人们竟把中世纪的国家关系说成完全以弱肉强食为公理的一种无政府状态，似乎指导欧洲事务的理性原则是理性时代的发现。

　　让我们强调这样一点：消逝了的东西是思维的模式而不是行为或感情的模式。在这期间的大部分时间里，国家和个人仍在活动，庞大的西方社会似乎处在法治之下，而大多数负责执行并解释各项法律的法庭仍在继续运作。为了适应压力和机遇的变化，特别是为了适应国家增长着的权力和自立能力，国际行为的模式确实发生了变化。然而，这是一个逐步变化的过程，没有突然的飞跃或停顿，而且总的来说，这种变化比人们可能期待的要小一些，除非人们认识到人类的行为通常比判断这种行为的标准更难改变。从长远看来，感情比实际行为变化更大，因为在任何特定时间内，感情必然是比较一致的，但正是由于这个原因，感情的变化总是要落在使它改变的事件后面。发生剧烈而又突然变化的是关于国际关系的思维模式，更确切地说是语言表达模式。较为困难的并不是了解特定环境下人们应该做什么，而是说明人们为什么应该这样做。

　　在14世纪期间，巴尔特鲁斯学派曾面临同样的难题。当时和后来一样,对国际关系领域中法律的尊重,依赖于合理的说服;因为,无论教皇还是皇帝都无力强制人们服从。为了劝导人们,巴尔特鲁斯学派从罗马法学家的武器库中拾取了一系列后来又为17世纪的人们使用过的同样的武器:笃信斯多噶的自然法,使全人类思想充满了基本相同的道德准则;还有随之而来的吸收异教民族习俗的愿望,以弥补武器总数的不足,但是巴尔特鲁斯学派还拥有两件其后继者没有的辅助性武器。他们能把自己的主张建立于这样一个不容置疑的假设上,即无论把教会的和世俗的权力分割得多么细,拉丁基督教世界是一个具有共同目标和共同价值观的整体,整体的利益压倒任何局部的利益。宗教改革从法学家手中打掉了这一武器。另一件武器是:巴尔特鲁斯学派能够通过求助于拉丁基督教世界近期历史传统证明有用的那部分异教民族习俗,来加强自己的论点并丰富在《民法大全》中关于调整国际关系的零星材料。到15世纪后半期,法律指南的编纂者们已经能从诠释、评注、评价、判决、先例的丰富库存中找到借鉴去解决国际关系中几乎任何难题——无论多么细小,多么微妙。从卡托—康布雷奇和约到比利牛斯和约①之间这一个世纪的过渡时期的法学家们自愿放弃了这一已经掌握的强有力的武器。

那种促使建筑师、哲学家、语法学家、神学家、物理学家和画家们背弃各自的中世纪历史的逻辑也打动了法学家。他们还没有放弃从中世纪历史继承来的行为模式和技术,否则,他们就会不知所措、孤立无援,法学家、外交家以及建筑师和画家莫不如此。但是,他们却在尽力忘却自己的习惯和技术得自何处,尽力使自己直接立足于古代文化,故意闭起眼睛,跳过中间这几个世纪。新教坚持《圣经》,而且把《圣经》作为唯一的神学权威,这只是崇尚古典和渴望追本溯源的文艺复兴运动的夸张做法的一面。这样,过渡时代的法学家,诸如艾罗尔特、真蒂利、布朗、基尔赫纳、沃尔泽维奇、阿亚拉、塞尔登、格劳秀斯和朱什,在他们试图涉及史无前例并且即使无人阻挠仍十分困难的问题时遇到了一种特殊的障碍。在欧洲,那些随着有自我意识,有充分权力的绝对主权国家的出现而提出来的问题,由于宗教战争的苦难更加复杂化了,其中有外交方面的问题。常驻大使作为主

---

① 1659年法国和西班牙订立之和约。——译者注

权国家的代表，靠宗教狂热而使自己的良心摆脱了没有这种狂热时可能产生的一些顾忌，他们过于频繁地滥用其特权和豁免权，这些权利是他们的前辈们在完全不同的另一种场合中得到的。他们能在何种程度上证明其行为的正当性？他们必须受到多么严厉的谴责？怎样才能惩罚他们？真蒂利、奥特芒和帕斯卡利乌斯都曾尽力研究这一问题。其中也有战争法问题。在什么情况下暴乱者被赋予交战者的地位和外交代表资格并且得到普通战争法关于战俘、休战条款的保护？而且，究竟应和异端者保持多少信义？阿亚拉、基尔赫纳和沃尔泽维奇在同一个10年期间各自得出不同的答案，其中还有商业问题。一个众所周知的异端分子能否依契约要求付款或索取贷款的利息？世界各海域应在多大范围内对各国商人都是自由的？在多大程度上可以用强力维持贸易垄断？卢万、萨拉曼卡和日内瓦的神学家们看到了这些问题十分棘手，塞尔登没能解决，格劳秀斯也没能解决。

  当然，法学家们正在尝试去做的是：使欧洲各国政府的一般行为合理化，或是证明诉讼委托人或赞助人在争端中地位的合法性。然而，他们对欧洲中世纪历史的否认使他们不能引用真正贴切的先例和根据。虽然他们大部分人可能对这些先例和根据十分熟悉。他们不能求助于波塔辛、贡萨尔沃·迪·比利亚迭戈或杰森·曼那德；却不得不引用西塞罗、普鲁塔克和李维的话，不管多么不适用。他们不能以明智者阿方索、路易十一，甚至查理五世皇帝的行为说明自己的观点，却需要辛辛纳图斯、莱喀古士和以色列王大卫的支持。无怪乎，即使他们当中的佼佼者似乎也总是空话连篇、吞吞吐吐、文不对题，无法与那些干脆利落、质朴无华并且稳重扎实的晚期法律注释家同日而语。

  如何证明欧洲各国及其代表的行为具有合法性这一问题的全部争论在理查·朱什的《外交法》(Jus Feciale)发表(1650年)以前几乎没有公开爆发。也正是朱什，首先使用"国家间的法律"(jus inter gentes)一词，说明他注意到了14世纪以来发生了的变化——法学界已经给万国法（国际法）一词注入了新的含义。但是，尽管如此，也许胡果·格劳秀斯才确实应该得到国际法创立者的荣誉，像他的大部分同代人一样，他只是努力证明人们正从事的活动的合法性或者思考他们应该做什么。他为之辩护的标准、价值尺度和国际行为规则，像其他大部分人一样，主要来自他从未提到的中世纪历史。然而，是他第一个认识到了或明确表达了这样一种令人信服的观点：争论之展开，绝不能以一个凌驾于基督教诸国君主以及各共和国之上的一元整体的利益为出发点，而必须以各个独立的、以自我为中心的绝对主权国家自身延续的利益为出发点，正是这些国家的集合体组成了多元的并且各具特色的西欧国际社会。这就是未来将呈现出的图景，而为了迎合未来，人们就必须忘记中世纪的梦幻。

（陈志强　译）

第 七 章
陆军、海军与军事艺术

在1559年卡托—康布雷奇和约以后两代人的时间里,欧洲的士兵们每年都在某些地方进行着战斗、冲杀和围攻。这些行动很少有大规模的,而且无一是决定性的。在陆地和海上,基督徒与土耳其人,天主教势力与新教徒之间的战斗在进行着;法国被30年之久的内战所困扰,而尼德兰的内战则长达40年。然而,战斗平息以后,国界仍按地理、经济活动、宗教和爱国情绪来划分,而不是用刀剑分割出来的样子。战争的花销在持续增长,筹集到的款项不足以使以前的战术课程或技术改进奏效,更不要说实现新一代军事专家提出的无数建议。定期支付军费的需要,使人们认识到必须有更多的专职人员和某种类似永久性的机构,但在这方面很少作为。朝廷中制订的雄心勃勃的计划在到达前线以前一次次地因公款被侵吞和效率低下而受到损害。这不是一个有建树的时代,也不是任何真正意义上的变革的时代——尽管在以前的任何时代,战争从未如此严重地威胁着人们的生命,并通过布道坛、舞台、美术作品和书籍如此阴森地进入人们的想象力。

人们对战争的一再爆发习以为常。托马斯·迪格斯写道:"在这个竞争的世界里谈论持久的和平,无异于亚里士多德的《幸福篇》,色诺芬笔下的居鲁士,昆体良论及的演说家或托马斯·莫尔爵士的《乌托邦》,那仅仅是人们的期望,在这个严酷的时代里,战争是如此根深蒂固,以至于除非同宇宙一道毁灭,否则根本就不可能消除。"[①] 但是同16世纪上半叶相比,如果说反战主义减弱了,那么关

---

① 《四篇悖论或政治论文》(伦敦,1604年),第109页。

于战争是否合法的自觉意识则增强了，要求说明正义战争与非正义战争的区别的呼声更加广泛了。另一部军事入门书指出：虽然《圣经》竭力劝诫基督徒不可残杀，一边脸挨打时送上另一边，但基督并不是要抹杀必然的战争和国内战争的正义性，而是要伸张这种正义；并且，对于私人的复仇与执行国家官员的命令，为维护正义和带来和平而进行的民众的复仇这二者之间的区别必须划清。认为上帝利用战争来执行其判决的观点被这个主张反击的时代里的教皇们欣然接受；在特伦托会议上，人们一边谴责个人之间的决斗，一边默许了国家之间的决斗。新的军事性的宗教团体成立了，虽然没有公开地承诺，军事文献却提出：为保卫信仰倒下的战士有特别优先的机会使灵魂得救。归根结底，上帝是军队的主宰。而一篇意大利文章竟然颂扬说军事艺术高于所有其他的学问，理由有四：战争中瞬息万变的情况需要机敏智慧；它对于人的价值和荣誉是最好的考验；它带来尘世不朽的名声；瞬间的壮烈牺牲后，它可使灵魂上天堂——"而上天堂正是我们来到世间的唯一目的"。① 对于这种容忍战争的观点，人文主义传统又加以富有哲学色彩的支持。它认为战争与和平交替出现，承认西塞罗的"军事上的美德高于一切"和沃尔特·雷利爵士的观点："战争是历史学常见的主题和重点。"这位纯粹的观察者认为：战争之所以必然发生是因为君主们野心勃勃的本性。如果他注意到普遍流行的强调战争益处的三种观点，就会更加乐于接受战争源于君主野心的说法；这三种观点是：战争减少了多余的人口；战争激发了公民松懈的斗志；而且，用丹尼尔的话说，战争对于一个国家，就像"令人厌恶的清洁剂"一样清除着政治肌体中那些更令人厌恶的东西。如果再加上博特罗（Botero）的关于对外战争是控制公民政治激情的安全阀这类赞扬，卢肯所说的"战争的诸多用途"深得人心就是可以理解的了。

　　文学与戏剧对于战争这一主题进行了越来越多的宣传。几乎所有严肃的史诗研究者都承认战争不仅是史诗最重要的主题，而且可以说提供了大量真实的细节。另一方面，民歌作者在写出如下歌词时对于掌握多少听众是有把握的：

---

① 阿农（Anon）：《骑兵操典》[佛罗伦萨，《佛罗伦萨新丛书》第19种，142（1）第一]。

> 你们这些人如饥似渴，
> 想在这里寻找欢乐；
> 这里有真正的战争，
> 再请听战场上血流成河。①

关于围城与战斗的记事在军事新闻简报中以诗歌或散文的形式发表出来，这种书在这一世纪里越来越受欢迎。戏剧有时也报道时事，但在更多情况下主要表现的则是战争的魅力与恐怖，忠勇之士的情操和贪生怕死者的可耻，还有参军报国的高尚。就连和平也取代不了人们心目中的战争，事实上，人们普遍认为和平只不过是得之不易的停战状态而已。

即使战争被认为不可避免，光荣神圣并且颇有裨益，但认为进行战争应有正当理由的这种情绪依然存在。当莎士比亚让他笔下的亨利五世在进攻法国以前问大主教：做这件事是否"名正言顺，对得起自己的良心"的时候，他是在附和代表王室的牧师们对于1585年英国打算入侵尼德兰的企图提出的疑问。到16世纪末，阿奎那的"正义战争"的概念包括如下情况：为了维护土地、信仰、财货或自由；为了报复海盗行为；为了替受辱的使节雪耻；为了保护朋友和盟友；为了惩戒另一方撕毁条约的行为；为了阻止其他国家向敌人提供人员、军火和食物；一个合法成立的政府可以诉诸战争。作为这些条件基础的指导原则是：战争只有在作为一种自卫手段时才是合法的。这种图景因欧洲分裂出敌对的宗教集团并出现了某种类似实力均衡的东西而复杂化了。正义战争的概念被放宽到可对其他国家中的信仰相同者提供军援，可通过预防性战役在实力均衡的变化中抢先一步。当拉扎鲁斯·冯·施文迪（Lazarus von Schwendi）提出：只要一个君主断定其国家的基本补给受到威胁并且必须靠军队保护，他走向战争就是正义行为的时候，"正义战争"这一概念几乎被扩大到了极限。西班牙神学家莫利纳和格里高利乌斯·德·瓦伦蒂亚把原则放宽到如果一

---

① G.G. 兰萨姆：《来自佛兰德的消息》，引自《军事著作与都铎时期的诗歌》（纽约，1951年），第141页。

个君主的理由可能是正义的,即使无法证明,他也可以挑起战争;而国际间的律师们,由于认识到事实上很少有明显正义的理由而且对立面的理由有可能同样正当,认识到战争的胜负并不证明理由的曲直,因而把战争的合法权力赋予正式宣战并适可而止的一方。正是由于下一世纪的战争缺乏节制,才打动了格劳秀斯,使他再次提出正义与非正义的理由之间的区别问题。但是,尽管人们普遍认为:"看来每个人都能使自己的理由公正,并且不做无正当理由之事",[1] 各国政府仍旧小心翼翼地为自己的战争决定辩护,而军事手册的作者们向普通的士兵解释说:如果他的君主命令他为了一个他怀疑为非正义的理由而战时,作为个人,他可以不必考虑这些。这样,这些作者们就恢复了古老的价值观念。正如莎士比亚使他笔下的英国士兵培茨在阿金库尔之战的前夕说的那样:"只要我们知道自己是国王的臣民,那就够了。即使他是站在理亏的一边,我们这些人是服从我们的国王,那么也就消除了我们的罪名。"我们听到痛恨战争之残酷的抗议声,听到对那些不问缘由只为战争而生活并且除了戎马生涯蔑视所有其他职业的人的谴责,听到为铸剑为犁那一天的到来而进行的呼吁,但是除了从再洗礼派那里,我们听不到人们这样来反对战争本身,即否认允许基督徒拿起刀枪的理由。

任何针对使用火药而不断进行的抗议都没有强烈到足以形成切实的限制。枪炮仍被指斥为邪恶和残忍,不仅《堂·吉诃德》的作者还有军事教科书的作者都在讨论枪炮对骑士的威胁(好像从很久以前的克雷西时代以来,那些无名的抛射物未曾降低骑士的作用一样)。没有任何明确的事实可以说明一种新的或改进了的武器由于道德的顾虑而遭到禁止。围攻安特卫普期间,詹贝利那著名的凶残的机器炸死了大约800人;人们对此的反应却是一种惊骇过后的赞赏。在一个充斥着有意无意的残忍或暴行的时代里,在一个高度重视工艺技巧的时代里,对枪炮在更大范围内的使用,唯一有效的阻拦只能来自军事上的保守派。他们是一些白刃战英雄,为了一种豪侠但落伍的对弓箭的维护,他们靠冲击战术而不靠也许很有价值的另一种东西来阻挡过分使用抛射物的行为。在堡垒里和野外战场上,在和平时期的仪

---

[1] 马修·萨克利夫:《军队的行为、诉讼与法律》(伦敦,1953年),第2页。

仗队和文学的想象中,枪炮都受到欢迎,它们不仅对军事计划起着重要的作用,而且强烈地吸引着人们的感情。尽管它们效力欠佳,价格昂贵,但在16世纪的战争中它们所起的作用越来越大。

在都灵的美术馆里挂着一幅那个时代最误人的讽寓画。作者为卢卡斯·德·希尔,它描绘了"战争时代'七艺'的命运"。她们横七竖八地睡在山坡上,下面的山谷里一场战斗正在进行。从天庭一次诸神的聚会那里,墨丘利送下来一个和平的信息准备告诉"七艺":她们可以再次醒来了。冷酷的事实是他发现山坡上空无一人了,而他那些可爱的同侪们正置身于激烈的战斗中。修辞学正以滔滔的训导和大幅的印刷品鼓动军队;数学正以平方根为军队设防;音乐(在视战争为一曲和弦这一概念的鼓励下)正用横笛和战鼓振奋军心;建筑学正对侧翼的堡垒进行最后的整修;天文学正把她的望远镜借给自己所偏爱的将军;语法正为胜利者的庆祝活动做记录;哲学则正在论证其合法性。战争与艺术,战争与学术,即使作为茶余饭后争论的话题,也不再是矛盾和冲突的了。

然而,尽管有教会和世俗两界思想家对军事行动的认可和科学与艺术对军事行动的欢迎,在这种行动的吸引力面前,社会广大民众的反应则是冷淡的。各国政府都知道要建立一支军队颇为困难,除非招募各阶层的反叛分子、国际性的业余冒险者集团和职业性的雇佣兵组织。在法国和西班牙还可招募贵族阶级,不过这两个国家的那种认为军人是教会以外的最高尚职业的传统也在迅速地失去力量。西班牙越来越不得不提拔外国人,而苏利则决定建立贵族的军事学校重新灌输尚武的情操。一次次企图从城镇和农村招兵扩大以国民军为核心的军队的尝试都失败了。杰弗里·盖茨哀叹:英国到处都是"高枕无忧的庄稼汉和娇柔挑剔的市民",他们不择手段地逃避服兵役。同样,法国大法官米歇尔·德·洛皮塔勒抱怨说他的国民正在放下武器去经营他们的园圃和实业。从理论上说,战争对于高尚者仍然是高尚的事,但是每次战役都更增加了伊拉斯谟对《从未经历过的愉快的战争》一书附言那严厉的批注的力量。报酬是不固定的,食宿则更是没有着落,因为陈旧的补给方式竭尽全力仍难以满足在规模和复杂性方面已远远超过后勤工作所能胜任的军队。正常收入以外的物质刺激非常少。军需承包人以及雇佣军团队的供应者也许能发财,① 那些向他们自己的小部队投资的人也至少有利可图。但除了这些人,参战可能是得不偿失的。士兵们不再带着用战利品发的财退伍,释放俘虏的赎金也不易获得了,尤其是因为许多士兵是作为富有的"娇柔挑剔的市民"的替身去作战的。一旦战争正式开始,掠夺在理论上说是合法的,但是由此造成的行军时的纷乱,以及在一项军事行动完成之前使士兵们离开编队的诱惑导致了对掠夺加以管理的迫切要求。(就因为掠夺,新教徒于1562年输掉了德勒之战,基督徒输掉了1596年与土耳其人的刻利兹特斯之战)另外,城市通常经过长期的围困才陷落,这使市民们有时间藏匿他们的贵重物品,而运输的困难也使士兵们只能以极低的价格把战利品处理给平民商人,这些商人就是为此目的而尾随着军队的。

　　报酬低而伤亡率高。精确数字难以获得而且总是不可靠;许多人是因为医疗护理的不善而在战后死去的,真正的阵地上的伤亡只是物质匮乏导致的一长串死因和病因的一部分。在英国远征里斯本和不列塔尼期间,据估计从前一处生还者不到一半,从后一处生还者约1/2。另外,对于上战场的人们来说,比阵亡更可怕的是他们的福利缺乏保障。正如博特罗所说的那样:"人们躲避战争的危险往往主要不是因为害怕死亡,那一般并不造成多大的痛苦和折磨,而是因为害怕受伤和事故造成的残废和不幸。"他继续说:"如果一位统治者能使他的士兵们相信,一旦他们遇到不幸,他们将得到优待,不仅如此,一旦他们阵亡,他们的妻子、儿子、姐妹或其他亲戚都不会被遗忘,那么这位君主就为说服士兵们直面炮火、箭矢和死亡做了一切他能做的事了。"② 接近这一理想的唯一国家是土耳其,它有一套年金制度,并且允许国外的驻军享受带薪假期。它在阿尔及尔的标准营房使欧洲旅行者们赞许不已。在法国,士兵的遗孀和子女可以免税,并且于1601年在巴黎为年老和病残的士兵建立了基督教慈善院;但在整个宗教战争期间,人们被动员入伍并随着战斗结束而被遣散,始终得不到任何帮助去恢复平民的生活。伊丽莎白的政府也被迫对付这一问

---

① 详见弗里茨·雷德利克《德国的军事企业家及其劳工》(威斯巴登,1964年)第1卷。
② 《国家之理性》(P. J. 与 D.P. 韦利翻译;伦敦,1956年)第10卷,第11章,第192页。

题。当时,退伍兵逐渐成为那些身强力壮的乞丐行列中的危险分子。对这些乞丐,国家欠下了许多社会立法方面的保障。雇主们接到命令召回他们原先的工人;一套证件制度建立起来以区别真假退伍兵,目的是允许退伍兵进医院(如果他能找到一所医院),并靠教区征集的地方税得到一笔年金。但是效率的低下和对公款的侵吞再加上那些无权享受特权的人们滥用各项特权,使这微薄的福利并未给问题带来任何真正的缓解。在《伯里克利》中,当玛丽娜责备博尔特不该做妓院老板时,博尔特答道:"你让我干什么?上战场吗?一个人在那儿干上七年,如果丢掉一条腿,到头来连为自己买条木头腿的钱都不够。"国家在精心挑选战士,正确训练他们并定期向他们偿付报酬,使他们确信战争结束后可得到某种程度的保障这些方面的失败造成了这种状况,即甚至那些深知一个国家是怎样地离不开军队这一职业的国家官员也会说出反对军人的话。伊丽莎白的重臣伯利在一封就养家问题垂训其子罗伯特的信中说:"依我之见,你断不可在战争中培养他们,因为靠那个职业为生的人几乎不可能是个诚实的人或一个好的基督徒。另外,战争是一门用完就不再需要的学问。所以和平时期的战士就和夏天的壁炉一个样。"①

因国民不愿参军同时政府又无法强迫他们参军而忧心忡忡的教会和出版界敲响了警钟。传教士们大谈懒惰的尼尼微城受到的天罚。军事著作的作者们谈起罗马军队因陷入致命的淫荡而在卡普阿战斗中无法御敌。西班牙军队对安特卫普的劫掠在英国激起了一场警告式的宣传,其高潮为一出效果粗俗的戏剧《警告伦敦》的上演。这出剧的情节不过是低劣的充满血腥气的对话。试看这一段:当劫掠正凶的时候,两个小孩子——马丁和伦基跑上台来,商量如何藏身;两名西班牙士兵冲进来,手执出鞘的剑,高喊,"宰了他们"。

马丁:求求您,西班牙老爷,别伤害我们。我们是可怜的孩子,什么坏事也没干过。

伦基:好心的大伯别杀我小弟弟。

---

① 乔尔·赫斯特菲尔德引自佩克的《渴求的珍本》,见《女王的卫兵》(伦敦,1958年),第257页。

西班牙士兵甲：Fuora villiaco, sa, sa, sa, sa.

马丁：欧，西班牙老爷，别杀我姐姐，我爸爸是个可怜的瞎
　　　子，要是杀了姐姐，他也会死的。

西班牙士兵乙：割断这两个小杂种的喉咙！

无敌舰队也引起了同样的仇恨的宣传。托马斯·德洛尼（Delony）以一种扰乱人心的笔调描绘无敌舰队装载的货物中有一种特殊的鞭子；西班牙人带着它是为了在英国妇女的丈夫们眼前蹂躏这些妇女，然后再用来收拾男人们。这些鞭子

　　　用黄铜箍在头上加固，
　　　看着细长但不滑溜，
　　　每当一鞭抽上去，
　　　血如泉涌止不住。①

英国海军的胜利，与之俱来的军事准备，对于女王在蒂尔伯里检阅凯旋的军队的宣传，这一切并没有带来一支常备军能够带来的安全感。不过，人们在希求保护的同时，对一支这样的军队又确实担一份心，因为它有可能成为暴君的工具。还担心任何自愿过戎马生涯的人有可能在离开战场回来时成为一个无法无天的人或与社会为敌的流氓无赖。有人以创造性的方法尝试着解决这种两难的处境，他们出版了一类书籍，如同杰弗里·盖茨1579年的著作的题目那样，都以《替军人的职业辩护》为内容。在书中颂扬的主要不是现实中的士兵，而是理想中的战士。他忠诚、坚毅、谦逊、勇敢、虔敬、聪颖、健壮，能读会写，口若悬河，相貌英俊，吉星高照；这样奇妙的战士同那些被强拉到战场上去的不适合当兵的人——用像约翰·法尔斯塔夫（Falstaff）爵士这样的上尉们的话说是"当炮灰的材料"——相比，显得不可思议。但是这样一种模式的存在，时不时因某位类似德拉努（de la Noue）或西德尼的人物的功勋而熠熠生辉，确实有益于保持戎马生涯及其目标的魅力和严肃性，而且从当时的战争来看具有某些真

---

① 兰萨姆引自《军事著作与都铎时期的诗歌》（纽约，1951年），第132页。

实性。

的确，16世纪下半叶以军事题材发表的书籍比下一世纪甚至更长时间内发表的还要多。军事行动仍未标准化，而且因为没有常备军，军事训练就不得不部分地依靠书籍。再者，有一种留在国内的军人非常喜欢以阅读战争书籍为消遣，并且不冒风险地掌握操练、战斗队形以及扎营那令人神往的复杂性。人们感觉到了某些微妙敏感的东西，因为这些书直接涉及军事这样一个实践的部门。作者和译者们小心翼翼地加强这些书籍对士兵的实用性。他们讲述自己的作战经历，嘲笑那些在操练士兵时如果不中断下来向仆人高喊"喂——伙计，我的书本在哪里？"就不会继续操练的军官。①

要推测军事著作对战争实践产生了多大影响是困难的。可以肯定地说：某些国家完全没有受其影响，尤其是那些其作战方式与罗马方式大相径庭的国家，而大部分军事文学作品的共同点就是罗马方式。波兰就是一个这样的国家，在那里，战争书籍拥有广大的读者，但是在实践方面，占统治地位的却是在其广袤的平原上利用骑兵为主的军队抵御凶悍的鞑靼人。值得疑问的是，那些有权改变自己国家军队的作战方式的人们是否大量阅读这类书籍？但不容置疑的是：马基雅弗利的《论战争艺术》仍有可以感觉到的影响力，而且古典时代的作者们，或者在自己的著作中，或者通过诸如尤斯图斯·利普修斯的《罗马的军事》（1598年）这样的译介，对于埃里克在瑞典和拿骚的莫里斯在尼德兰的革新起到了部分的推动作用。在人数更多、影响更小的读者中，这种著作的效果似乎是：以一种视战争为某种有定则的、复杂的职业性事物的观点取代了陈旧的视战场为个人勇武表演场的观点。这类著作引人入胜，它们解释了越来越常见的对战斗持犹疑和审慎态度的原因；解释了人们日益偏重精心运筹的战役而放弃猛打猛冲的原因；换言之，解释了不仅放弃投枪和长矛并越来越依靠发射物，而且越来越依靠日益成熟的推断的原因；这种解释正反映了军事著作的题目——战争是一门艺术。起初，"战争艺术"是一个古典词汇，在16世纪上半叶鲜为人用，到下半叶就比较常见了。这期间还常用到"模范士兵"和"标准防御工事"这些词汇。而且，虽然战

---

① 罗伯特·巴雷特：《近代战争的理论与实践》（伦敦，1598年），第6页。

争在过去与狩猎有类似之处，现在则常常把战争比作下棋。

尽管直率的雅各可以轻蔑地把卡西奥称作"伟大的算术家"，军事著作无疑助长了这样一个概念：战争需要数学知识。人们认为：要计算枪炮的射程，确定布雷点，测量并在地图上标出敌军的位置、设计防御工事、给军队布阵以及决定弹药、矛、戟在所需要的战术单位中如何分发，这都离不开数学知识。因此，吉罗拉莫·卡塔内奥关于防御工事论著的第一篇就让读者了解欧几里得几何学的基本原理，亚历山大·范登比斯克的《军事算术学》（1571年）讲的是士兵有可能遇到的实践性的算术题。而伦纳德·迪格斯另一部著作的题目就足以说清其内容：《以统计学命名的一篇军用算术学的论著：摘要讲授数字以及分数和整数，还有方程式和代数的法则和数字代数的艺术，是职业军人的必修课程》（1579年），在如此吓人的题目之后，又让人不必惊慌的是：在讲给军需官的一章里发现了某种小学生常见的问题：如果1200夸脱谷物可以使400个士兵维持9个星期，请问2500个士兵维持40个星期需要多少谷物？指挥官的权杖以计数器的形式出现，上面标明：占据任一既定地区需要多少人，或者反过来说，一定的人数可占领多大地区。这种情况说明：依靠数学来指挥军队的做法不单纯是教科书中的游戏。在1588年入侵的惊恐以后，伦敦城采取的措施之一就是为志愿军官开设一个民办的数学讲座。还应该记住：荷兰最伟大的数学家西蒙·斯蒂文同时写过一部颇有影响的关于防御工事的著作，而伽利略在帕多瓦讲授过防御工事的理论。也许除了对于弹道学研究有所促进以外，战争给予数学家的东西肯定不如得自数学家的东西多。但是同样肯定的是：军事教科书使数学深入人心而且通过强调测量学、统计学，强调使用象限仪、望远镜这类仪器，有助于使更多的人接受科学思想。

合格的士兵，检阅场上的队形，教科书里的战术以及高昂的斗志，这一切在文学作品中都是胜利的因素，而且似乎注定了只在文学作品中如此。从建立一支军队的第一步——招兵开始，理论与实践之间就存在着巨大的差距。政府并不准备为一群有作战能力的人出钱；更有甚者，政府旨在利用招兵的机会整肃社会；地方上负责征兵的当权者们利用这个机会使自己摆脱流浪汉和可疑分子。他们确实不愿意从固定的雇工中招兵，因为很难在他们复员时为他们找到工作。当志愿者在当地应征时，谁也不去甄别适于当兵或不适于当兵的人。由于规定所有家道殷实的公民提供军事装备的立法比规定提供操练和武器使用的课程的立法更有效力，新兵往往是只有武器却没经过任何关于其用法的训练。

军事服役无诱人之处，这种情况使许多人当逃兵，政府赖以征集新兵的地方当权者和获准做这项工作的民间人士公开受贿并信心十足地坐等贿赂。有人尝试通过把最原始的花名册与送到转运站或营房里的新兵对照检查的办法来进行某种程度的控制，但可能发生的顶替情况是如此之多，以至于部队在路上似乎经历了一场人和物方面的巨大变化。由于政府根据花名册提供薪饷、给养和装备，掌管钱粮的发饷官员和兵营长官只要使名单保持不变而在队列中造成尽可能多的空额就有利可图。为达此目的而施用的伎俩——从收买战士当逃兵到当管理名册的上级巡回检查时雇替身顶空额——其花样之多如同应分给连队士兵的钱和给养可能被其长官挪用的方法之多一样。政府发给的薪饷本来就十分微薄，而公务员和军官在分发之前又克扣一部分，处于夹缝中的士兵们只想着当逃兵或买到假的离队证明，或者投降敌人换得可靠的回乡证明。这样一来，在国家对一支部队的支出保持不变的情况下，这支部队的人员和素质却在持续地下降。更严重的是：由于指挥官无法弄清他能把多少人带上战场，也无法弄清在一次围攻的过程中或从过冬的营地出来以后还能剩下多少士兵，致使长期的计划无法制订。

这时，政府被迫起用三级人员来行使后来政府可以自身行使的职能：地方当局负责完成当地的征集任务并靠法律的效力迫使人们提供武器和装备；公务员把这样征集来的连队送到前线；承包人负责转运并为他们提供衣服、食物，还组织薪饷的运送和分发。从地方行政官的办事员、连长到战地会计每一层都克扣一部分。公众对于国家的部队也毫无敬意，每个平民都对军队抱有敌意；物价上涨了，运输的货物神不知鬼不觉地消失了，款项也越来越难以筹集。

缺少训练有素的军官以及更多地把出身而不是把军事经验作为得到最高级军衔的重要资格的倾向更进一步降低了军事效率。在危机到来的非常时期征集军队而在危机过后将其遣散的情况意味着没有稳步晋升的时间，从连级军官〔中士（sergeant）、掌旗官（ensign）、中尉（lieutenant）、上尉（captain）］到团级军官［军士长（sergeant-major）、上校（colonel）或营区长（camp-master）］还不算这上面还有总军士长（sergeant-major general）、军械长（master of the ordnance）、总营区长（camp-master general）、骑兵总司令（captain general of the cavalry）或步兵上将。从连级到团级或从团级到参谋本部每一级升迁时，对于所要求人选的类别都有不同的观念，越来越强调任职所需的管理能力和政治素质。所以，虽然上尉的军阶没什么辱没人的地方（上校们在他们指挥的团队里仍保留自己的连队，而上尉则依旧是最高的领正薪的官阶），但一个军阶向另一军阶的升迁绝非易事，结果是：在团和参谋本部这样的级别上严重地缺乏训练有素的人。要任命一个出身高贵、政治上成熟而且富有军事经验的将军也绝非易事。只有西班牙军队基本解决了上述问题。他们一上战场就是几代时间而不是几个月，并且以职业兵、雇佣兵的方式进行管理。正是西班牙人的经验通过军事教科书传到了军事职业较为落后的国家。另一方面，他们的最高将领是根据其政治能力任命的。人们怀疑任何纯粹的军事将领能否处理得了在战场上长年维持一支世界性部队所遇到的管理方面的问题，能否离开训练有素的文职参谋的出谋划策而做出必须做出的政治决定。

　　欧洲被分成两类国家，一类处于战争状态但征集不到战争所需的足够的部队，另一类处于和平状态但有大批的人渴望投入战斗。从第二类国家中，尤其是从意大利、德国和瑞士不断地有人流入第一类国家，尤其是流入法国和尼德兰。1573年阿尔发围攻哈勒姆的军队中有西班牙人、意大利人、德国人、勃艮第人和南部尼德兰人，而守军中则有苏格兰人、法国人、德国人、英国人和沃伦人。1610年拿骚的莫里斯在尤利尔的营地花名册显示：组成他的军队的是19个法国连队，6个德国连队，16个沃伦连队，8个弗里斯兰连队，35个英国连队和29个苏格兰连队。1569年，在蒙孔图尔，天主教一方的25000名士兵中有6000瑞士人，约4000意大利人，3000德国人还有几个沃伦人连队借自阿尔发。1578年葡萄牙的塞巴斯蒂安入侵北非的军队中有葡萄牙人、西班牙人（在卡斯蒂利亚秘密征集而来）、德国人、沃伦人以及在一个名叫托马斯·斯蒂克利的英国人指挥下的教皇军队。尽管政府为自身利益不时地企图加以阻止，自愿从军者仍不断流往国外。法国人无视法国与土耳其的联盟前往北非或匈牙利同异教徒作战,德国人无视帝国禁令到法国参战。苏格兰人参加了波兰统治者的卫队,而在尼德兰,交战的双方都有英国人并不时倒戈。雇佣兵制和志愿兵制的结果是:在法国的内战中不仅同胞们同室操戈,德国人也在那里为双方而战,而按条约应为法兰西国王作战的瑞士人却按私下的约定为法王的敌人作战。从反对胡格诺教徒的瑞士新教徒到为阿尔及尔贝伊①作战的背教的基督徒,雇佣兵不断扮演着受到马基雅弗利指责的角色:将利益和个人的方便置于国家或信仰之上。

因为马基雅弗利的政治名声变得比较响亮,对他的军事思想的推崇也在不断增强。在英国、法国、德国和瑞典,他对雇佣军的尖刻的攻击以及对国民军的提倡推动人们围绕三个题目热烈地争论:国民军将取代雇佣兵吗?常备军比临时召集的部队更好吗?志愿兵比义务兵更受欢迎吗?通过一位意大利作者于1558年写给一位法国读者的总结,② 人们可以看到反对雇佣兵的论点:国民军士兵作战最勇敢,因为他们是为某种事业而战;他们忠于信仰并在困境中表现得更为坚韧不拔;他们不愿参加哗变或不忠的行动,因为其财产和家眷处于君主的统治之下;还可指望他们少干那些抢劫和掠夺的勾当;他们不会像雇佣兵那样带着"妻子"和孩子从而加重营地的负担;他们比较服从命令;战役结束后也较易遣散;他们的薪饷可以留在国内。还可提出一些理由来倡导国民军:雇佣兵契约普遍期限过于短、无法制订任何长期的计划,他们的团队军官把每一个契约都视为尽可能地攫取个人利益的途径,因而比国民军团队又多了一层贪污者。而且同一个国家的雇佣兵以敌对双方的身份相遇在一个战场上的事情是可能发生的,其后果实难逆料。

另一方面,由于投枪和火器已被证明是成功的,而这些武器只有在纪律严明的情况下使用才有效,又由于某种先天的特殊气质确实使某一民族被视为某种武器最好的使用者,军队变得越来越专业化了。看来,理想的军队是一支这样的军队,它在轻型和中型骑兵、突击和掷弹步兵、炮兵和工兵等各个兵种中都雇用了有专长者,并配备本国

---

① 贝伊是土耳其官职名称,参见第11章。——译者注
② 加布里埃尔·西莫尼(Gabriele Simeoni):《再生的恺撒》(巴黎,1558年),第114—116页。

的最好的武器。然而，在实践中，当国民军与雇佣军对阵时看不出前者有多大优越性。像瑞典以及德国的一些诸侯国那样的试图建立大规模国民军的国家，由于管理上的困难，由于人民不愿服役而被迫修改或放弃了他们的计划。面对着把农民变成训练有素的士兵所需要的时间和钱财，花钱雇佣现成的士兵就完事大吉的做法是有吸引力的。

在提倡军队完全或大部分由国民组成的人们中间，围绕军中来自国民的部分是否应该成为常备军的问题存在着分歧。没有人反对常备的卫戍部队，例如法国沿海陆边界者；尽管他们数字可观，但是过于分散，不构成危险，而且他们对于国民的爱国热忱是必不可少的。有些人一听到别人提倡常备军，顿时就回想起古罗马皇帝卫队的故技，而另一些人则认为武装部分民众无异于煽动他们造反。另一种观点认为：如果一定要武装民众，也应选自穷乡僻壤，就威尼斯而言，应到达尔马提亚和阿尔巴尼亚去征兵。还有一种观点认为：只要可能建立一支由事实上与国家息息相关的绅士组成的常备骑兵，对于其社会性靠不住的步兵就只应在战争时期给以武装和训练。有人提出某种类似国民义务兵役制的建议，如英国的亨利·尼维特爵士于1596年在《保卫国家》一书中阐发的那样，但是没有结果。在法国，像德拉努、维热内尔（Vigenère）和迪普莱西-莫尔内这样的改革者建议以常备的步兵和骑兵骨干为基础，战时补充以征集到的兵员和雇佣军。但在韦尔万和约以前，这些建议一点也未实现。此后，亨利四世维持了一小支常备军的组织核心，但由于战士们随着战争与和平的交替出现而被征集或遣散，其效率不稳定。拉扎鲁斯·冯·施文迪建议把雇佣军变回到他们的老样子——国民军步兵和反对职业骑兵为了收入不经特许就为外国人服务，并建议用强迫的军事训练，尤其是到土耳其威胁下的东部边界这类危险地区的训练增补这个职业性的核心。他的计划于1570年部分地被德国国会所接受，但是财政困难以及缺乏适当的管理机构使这个计划未能实现。然而，出于对雇佣兵的厌烦，古斯塔夫·瓦萨在16世纪中期在瑞典为真正的国民常备军树立了一个典范。① 在短期内，它先由志愿兵组成，然后是义务兵，这代表了欧

---

① 米歇尔·罗伯特在《古斯塔夫·阿道夫》第2卷第191页称这支军队为"近代第一支真正的国民常备军"。

洲的总趋势：即宁要义务兵，而不要人数又少又不可靠的志愿兵。但到16世纪末，人们发现雇佣兵的地位比以往更稳固了。由于军队的规模不断扩大，而在以火器为主的战术中士兵的稳定性又成了极为重要的问题，人们发现雇佣来的有专长的士兵比最清醒的义务兵都更靠得住，更能使自己适应变化。古斯塔夫·瓦萨的继承人埃里克重又使用雇佣兵，而"在所有不利于义务兵军队的证据中，最重要的是荷兰的经验：拿骚的莫里斯进行的伟大改革，在贯彻时依靠的是（当时的人们相信这些改革只能依靠）一支定期发饷的雇佣军"。[1]

在指挥方面，人们从意大利战争中汲取了一些教训。军事首长被文职特派员掣肘的事不常发生了，分头进行军事指挥的思想被视为不容置疑的邪魔。但是，一支军队一旦被政府组建起来，如何防止它不受控制地自行其是这一问题仍然是严峻的，尤其对于像英国那样的国家，它有时不动干戈、有时又进行野心勃勃的长期的两栖战役。只有在尼德兰，这个问题得到了解决；在那里，西班牙军队的总司令（captain general）同时就是那个国家的总督。此外，它还拥有其他国家的军事首长所缺少的东西：一个能够牢牢控制其军队的全部管理和军事机构的参谋本部。参谋本部的首长——总营区长（camp-master general）在营地、行军途中和战场上管理部队。他和他的参谋们有责任知道每个人在每一时刻应该在什么地方。在他之下是一个营房长（quarter master）管理一个建立起来的营地。还有一个宪兵官，他和手下人负责调解纠纷、维持秩序、监督食物的价格和出售。在每一团队中，这些人及其代表的素质对于冬季和围攻时期必须长期驻扎的战役的成败至关重要。他们的组织能力甚至把管理随军妓女的事情也包括在内。每100个士兵应配备8个军妓。一位本身就是营地长官的西班牙作者写道："首先要承认这样一个事实：即在组织良好的情况下允许这种人的存在是为了避免更糟糕的混乱；因为，在任何一种情况下都不像此时必须允许她们存在。否则，这些肆无忌惮的，身强力壮而且精力旺盛的士兵可能危害当地人民，骚扰他们的女儿、姐妹和妻子。"[2] 附属于总司令的参谋部的更活跃的特种部队由军官中的精英

---

[1] 米歇尔·罗伯特在《古斯塔夫·阿道夫》第2卷，第203页。

[2] 桑索·德·朗多诺（Sancho de Londono）：《论士兵消费的方式与途径，如何把军纪整饬得更好以及从前的状况》（布鲁塞尔，1589年），第35页以后。

组成，有些因功勋卓著而被直接任命，并不完全靠贵族出身。他们被派去执行特殊的任务，从掌握检阅直到领导特别危险的侦察工作。靠这个参谋部再加上一个传递命令的快速骑兵队，将军就能够对于营区长（camp-master）及其下属带到战场上的力量进行控制、指挥和休整。

西班牙军队的高效率举世无双。其纪律和士气一度堪称楷模的土耳其军队的战斗力衰败了。土耳其近卫军的效率降低了，混乱却加重了。由于把采邑给了那些找替身代替自己作战的平民，来自采邑的马匹质量更糟了，又由于骑兵仍是主要的武装力量，在位于帝国东部边界陡峭的山谷地带的一次围攻战役中，土耳其军队只能是停滞不前。

然而，西班牙人并不是无可指摘的。在分队编组这种重要事情上，他们曾经处于领先地位。要把士兵编成规模与旧式的随意组成的战斗单位——"营"基本一样的单位，大约3000人的团队曾经是一种合理的编制。从后勤管理上看，它是一个单位，通常作为一个整体投入战斗，而激励其士兵的是一种比任何部队都更接近团的传统的东西，只有像法国国王的苏格兰人卫队那样的精锐小部队除外。从后勤的角度来看，团的规模无关宏旨，但从战术的角度来看，在16世纪早期密集的步兵纵队声望正高的时候形成的大规模编队已经过时了，因为决定作战方式的已是火绳短枪、滑膛枪和马枪，而不是重骑兵的标枪和长矛。既然步兵的队形很少需要抵挡大规模的冲击，处于密集纵队中心的大批战士就降到了无能者的地位。人们要求另一些可以使每名士兵都发挥其战斗力的队形。在编队规模的另一端，西班牙团队与英国和法国的团一样，由每队大约100人的一些连队组成，这些连队就是团队的缩影，它们把标枪手、戟兵和枪手混合编组。为了沟通连队与团队之间的断层，这些连队可按照要求联合成战斗队形。无论如何，多亏了一种天然的保守倾向和处于连级的上尉与团级的上校之间环节军官的短缺，战术单位才往往与后勤单位一致，而且值得注意的是：随着西班牙团队先后被法国的军团（légion）和英国的团所仿效，这些单位每一次都比前者缩小了一些。从征兵和训练的观点看，每个连队100人是适当的，把团队作为一个后勤单位也是适当的。那个时代的改革者，值得注意的有瑞典的埃里克和拿骚的莫里斯，保留了小的连队和大的团队，但在两者之间建立了一个战术单位——营。

在瑞典，一个营包括525人，在联省共和国，一个营包括550人，并且培训了一类新军官来训练并指挥这些营。最后，军队有足够的人手掌握所有能够得到的武器，并有了能够经受严峻考验的潜力。

然而，尽管有这一切努力去改善军队的组织状况，军队仍然缺少训练和军官，还缺少一致性。类似团队制服的东西根本没有，更不要说一支军队统一的服装了。如果某些单位看上去一致，那是由于有钱的上尉或贵族一时高兴，或者由于地方征兵部门的命令或一个军队的承包人成批购买了某种特别的服装。虽然在各种各样的盔甲、制服和武器中，国家的标志还能够区别出来，但当同一国籍的雇佣兵为双方而战时情况就复杂了。为了作战，人们使用围巾或军上衣作为区别的标志。这些情况又使伪装十分容易，并因此而导致许多次成功的突然袭击。由于战场更加嘈杂而且士兵的语种更多了，用军鼓向步兵发布命令，用军号向骑兵发布命令时也更加精心。齐步行进时"准确、一致而又雄壮、华美的步伐"① 使部队的外观越来越统一。人们花费更大的努力去使每个战士服从为战役期间约束他们而制定的法规。这些法规由军事参议院颁行，从将军传达到上尉并通过他们传达到士兵当中。它们禁止战士赌博，渎神，把未得到允许的妇女带到军营里，酗酒，为寻找食物或饮料离开行军队伍或军营，抢劫宗教建筑或用来寄宿，杀害或洗劫非战斗人员，擅自改换连队或者离开连队，点名时不到场或者使用假名，聚众谋反或对长官缺乏应有的尊敬。人们制定了法规来防止哗变、开小差或不履行军事义务，并且预防不同国籍的士兵之间的纠纷，预防传染病（使用厕所，埋葬死畜），制止因不加控制的抢劫而导致的混乱，并且为了预防士兵骚扰平民百姓，甚至不允许他们借住民房和购买当地的物资。这些原则上通行于所有国家的军事法规甚至在海外扩张时也发挥了作用，在那些地方，军事纪律不仅仅有助于征服，而且有助于维系民心，例如在弗吉尼亚，一位当时的作者报道说，假如托马斯·盖特爵士和托马斯·戴尔爵士没有在尼

---

① H. G. 法默引自威廉·加勒德《战争艺术》（1591年），《16世纪与17世纪的行军》，载《军事史研究会刊》（1950年），第49页。

德兰学到的军事法规,"我看不出来怎样才能防止全面的崩溃"。①

　　士兵缺乏训练而且不同国籍者混杂一起的现状使人尝试着以提高士气来弥补军法在维持一致性时约束力的不足。在阿尔卡萨尔之战前夕,土耳其大臣的决定无异于拙劣的表演,他把刚去世的苏丹用担架抬着走遍军营,同时,苏丹的亲随们装模作样地一直与死者谈着话。但在北方,人们也使用了同样的伎俩,直到给将要出发进行袭击的士兵分发绞索,嘱咐他们不要带回活的战俘。教科书强调说当士兵学会仇恨敌人并坚信他们自己的事业时作战最勇敢;教科书还提出一个军事指挥官有必要掌握的能力之一是用以鼓动士兵的口才。长篇大论的演说,无论是将军所做并通过上尉们传达给士兵,还是在某些紧要关头向一小股动摇者发表的,无疑有助于使部队感到目标明确而又自信,还有助于使他们感到与那些地位高不可攀的人——他们的将军——产生了联系。这些讲给其情感极易被别人的话打动的人听的长篇大论内容各异,从诡谲的乞求到轻率的许诺或威吓。这类演说距离纯粹的文学如此之远,以至于文学的演说,例如在龙沙乞求天主教徒保卫巴黎免遭胡格诺教徒侵害的诗句中,其感染力倒来自对于战场实战的反映:

　　　　战士们、步兵们,你们放心,
　　　　孕育你们的贝娄娜是战争女神;
　　　　经过高卢弘扬了蓬勃的勇武精神,
　　　　你们是马尔斯的青年子孙。
　　　　如同地里钻出手拿武器的提坦,
　　　　胡格诺是树木把树叶变幻,
　　　　他们在准备战斗,
　　　　你们不必胆寒。

　　　　你们有钢制的铠甲、利剑长枪,
　　　　盾牌坚、护胸硬、合身的好军装,

---

① A. L. 罗斯:《伊丽莎白时代的人与美洲》(纽约,1959年),第76页。引自拉尔夫·哈默《弗吉尼亚,当前情况的真实说明》(1615年)。

187　弹药、手枪，火力猛，头盔闪闪亮，
　　都不如你们的脸，瞪眼敌胆丧。

　　你们不再像过去那样，
　　为了国王拓土开疆；
　　今天你们腰佩利剑，
　　为的是圣战和上帝的荣光。

　　尽管出现了火器，大多数士兵仍身披铠甲，而且就像这首诗所提示的那样，铠甲之所以有助于保持斗志，不仅由于其保护作用，还由于它在敌人眼中闪闪发光，使人惊慌。后一个原因使军事著作者提倡把铠甲擦得亮闪闪而不应弄得黑漆漆。然而，面对火器的威胁，人们改造了铠甲。身体的要害部位被造得可以抵御手枪或火绳短枪，为了减少日益增加的重量，不属于要害的部位，尤其是腿部的铠甲则被省去了。骑兵铠甲的变化不如步兵大，后者觉得片片铠甲是如此沉重以至于一有可能就脱下铠甲，这又使那些记得罗马人就曾因此而轻易地被哥特人击败的人们发出了警告的呼声；同时，另一些人尽管也为这种做法痛惜，但忧虑地表示经常披挂铠甲会使人驼背并使战士们在30多岁时就精力衰竭。皮革被用来保护不致命的部位，各种形式的紧身铠甲上衣也被广泛穿用。但是，如果说火器往往使铠甲简化，那么其他影响，如马上的长矛战、阅兵式，则往往使铠甲复杂化。只有很富有的人才能为平时的检阅和战时准备不同的铠甲，并且由于有些部位——如头盔——无法替换使用，某些非常漂亮的检阅用的铠甲同时也是为战时使用而设计。

　　这一代人已经见到16世纪晚期意大利文学艺术的其他表现形式日益深入人心，他们对于这一时期过分装饰的铠甲可能会持宽厚的态度，对于偏爱哥特式或马克西米连式铠甲的人来说，这让他们非常痛心疾首。铠甲在任何时代都未曾如此具有实用性以至于无法随着艺术潮流而发生变化。一方面，为了获得复杂的装饰性效果而过多地雕琢和重新加热会损害金属的强度，同时，16世纪晚期甲胄制造者技艺的成熟程度仍和从前一样，而且，在设计那将要抵御弹丸而非刀剑的甲片时，他能让光滑的表面因装饰而变得粗糙。在奥格斯堡、兰茨胡

特、因斯布鲁克、米兰和格林威治这些大的生产中心，需求是如此之大以至于简化产品——例如金属片重叠较少者、分为左右两部者以及分两半制作然后在中间合为一体的头盔——都开始生产以满足巨大的市场需要。为挖掘攻城的坑道时戴的头盔以及其他为攻城专用的厚重甲片的需求量也在增加。另一方面，对于阅兵和游行用的漂亮甲胄以及君王或城市的卫兵用的特殊装备的需求，导致对于精心装饰的成套铠甲进行类似批量生产的工作，尤其在意大利北部。尽管成套穿破的铠甲数额也许没多大变化，但铠甲零片的总生产额却在稳步增加。人们仍然喜欢把铠甲作为外交礼品馈赠，并在当时的陪葬品和肖像画中给铠甲以殊荣，在这种行为背后决不仅仅是对一个没有枪炮的时代抒发怀古之情。

　　以同样的方式，白刃武器的数量和品种因战争、体育运动和游行的需求而增加了。在战场上，主要的武器是矛和剑——后者的护手变得精致了，以此弥补越来越少的用金属片保护手臂的情况——而戟和骑兵长矛的数量则减少了。在运动场上，军刀、双剑和标枪更受欢迎。为了仪式上的用途，人们使用一种样子像戟的古怪复杂而且有柄的武器，它使场面顿时显得豪华而又充满尚武精神。

　　虽然弩在马耳他被用来抵御土耳其人，并被有些西班牙部队用于尼德兰；虽然莱斯特在1585年曾带领一支长弓手连队到低地国家，而且人们直到16世纪末仍在用它对付爱尔兰人，弓箭毕竟成为一种逐渐废弃的武器了。在战术上，弓箭优于枪械，因为它发射速度快，便于在潮湿的气候下使用，分量轻因而可使士兵多穿铠甲，这些有利于弓箭的论点不如这一事实更有说服力，即弓箭已经大量存在，调换时费钱少，训练时不花钱，而火器的训练则要耗费弹药。然而，这时的军队中不可能保留在攻击或防守的作战中无足轻重的兵种。标准的步兵使用的发射武器有两种：一种是经过改进的、标准膛腔的火绳枪；另一种是较长、较重的滑膛枪，它只能凭借依托发射。尽管16世纪最初1/4时，轮式枪栓已经发明，而且将近16世纪末又发明了更可靠的用弹簧击发的装置，但这两种武器仍旧依靠火绳引发。火绳那粗糙但是简便的特点弥补其缺陷绰绰有余，这些缺陷是耗费火柴多，怕雨淋，夜间不便隐蔽，难以修整到适当的长度，重新装填弹药时要费事地去把持它。16世纪60年代后期，滑膛枪进入尼德兰，此后不久又进入法国。从此，滑膛枪逐渐取代了火绳枪——除了在马背上以及步兵完成侦察任务时，在这些场合，16—20磅重的滑膛枪及其依托是太沉重了。尽管有时使用现成的装有火药与弹丸的子弹，火绳枪和滑膛枪的发射速度缓慢，结果人们发明了退后的做法，即允许每一排士兵退后并重新装填弹药，同时原先的后一排向前移动以占据前排的位置。在200码的距离内，除了最坚固的防弹甲以外，滑膛枪可以射穿任何东西，但人们普遍传说它在500码内都具有杀伤力。然而，它的准确性非常低。在作战现场上用模子制造的弹丸，不标准的火药，弹丸直径与枪筒直径之间的差额过大，这些是难以准确命中的部分原因。尽管有故事说：天主教徒昂布鲁瓦兹·帕雷伸手出墙去引诱攻击布尔日的胡格诺教徒，那只手马上就被射穿了，但准确的枪法只有可能属于极少数为狙击而装备有来福枪的战士；属于那些有钱的民间运动员，他们使用的是自己的有来福线和轮式枪栓的枪。德国骑兵从16世纪40年代开始使用手枪，此后这种枪越来越受欢迎：它的命中率更低，从短短的枪筒中喷射出的子弹是如此的飘忽不定以至于直接瞄准的射程超不出三步以外。尽管如此，人们仍认为其杀伤力足以使手枪取代长矛，使轮式枪栓取代填药装置。除了大批具有实战价值的长短枪支，人们还生产了其他用途的，尤其是为体育用途的枪支。这些枪支的装饰和机械巧夺天工。德国的制枪匠，尤其是奥格斯堡和纽伦堡的制枪匠，处于领先地位。手枪被做成多枪管、双枪机，它们被暗藏在钉头锤或战锤的把柄里，或精巧地与弩、剑和匕首合为一体。但是，这些有钱的体育爱好者或收藏家的玩具，尽管在一个方面显示了火器的魅力，却与发展那些构造简单而杀伤力强大的军事武器没有关系，这种武器的制造工艺和准确性在19世纪击火帽以及便宜的刻制来福线的工艺这些发明以前没有多大的改进。

土耳其人在1565年进攻马耳他时使用了投石机，意大利军事机械师吉罗拉莫·马吉呼吁不要忘记投石机以防常规火器的短缺；尽管如此，这个时代的士兵所惧怕的重型发射武器还是只有火炮。虽然人们努力减少不同火炮的种类以减轻后勤的负担，但到16世纪末，教科书中仍能列举出大约40种火炮，从比滑膛枪重不了多少的小炮直到笨重的攻城炮和舰船炮。然而，四种主要的火炮显得最有用途，而且由于法国和西班牙王室的敕令以及其他地方的逐渐采用，使这四种火炮标准化了。它们是：大型加农炮，可以把1个重达50磅或更重的炮弹发射到最远大约2000码的地方；中型加农炮，炮弹30磅，射程比前者近200码；大型长炮，比大型加农炮炮筒长，炮身轻，可把17磅重的炮弹发射到2500码的地方；小型长炮，炮弹比前者约轻一半，射程则一样。总而言之，由于加农炮可以在近距离内进行粉碎性轰击，适于斩关夺隘，而射程远、炮身轻的长炮则用于野战。各类中小类型的炮是最常见并且还要小一些的长炮。尤其是一种相当于英国小炮的长炮。它的炮弹重5磅，在交战和防御中都受欢迎。除了极少数体积小和造型奇特的炮以外，所有这些炮都从炮口装填，这种构造上的弱点有待于后部活动弹膛的装填速度被发现后才能得到改进。越来越多的火炮用铜来铸造。火药的质量改进了，因而金属的坚固程度也提高了。铁球是最常用的弹药，投石炮从前受欢迎是因为发射石球所需的火药较少而且这种炮可以造得薄些、轻些，现在尽管有许多仍在使用但不再制造了。偶然还把草皮当弹塞作为隔热物体从而发射烧红了的铁球；在海上以及在防守时（例如为了肃清突破口上的敌人）使用了连续发射。臼炮在攻城时比以前用得更少了。能爆炸的臼炮炮弹在专门研究射击术的著作里占有显要的地位，但使用它们是危险的，而且只在很少的情况下它们才具有真正的重要性。人们并非不知道纸制的或帆布制的弹药筒，但绝大多数的装填弹药的工作是用勺子直接从火药桶里舀，然后用点燃的火种引发弹药，那火种固定在火绳杆上，火绳杆是那个时代为数不多的发明之一，它是武器与工具的结合，做成戟的样子来保留燃烧的火种。

要列举使炮手不可能命中目标的原因是件容易事。没有任何两门炮是完全一样的——因为出自不同的模子。为了保证炮弹与炮筒之间的游隙，允许出现明显的豁缝，因此，炮弹就不是在真正的中心线上出膛。火药的质量得不到保证，而装填量也不一致，尤其在刮风天。由于整个炮身的后坐力，每发射一次，炮基都要被破坏一次，有时会后退数英尺。炮弹的外形和重量也不一致。火炮都经过试验以确保它们自身不会爆炸，但未装瞄准器，也未检查其光滑性或为炮筒确立准确的圆心。当然，从攻城和交战部队的报告中，无疑可见到训练有素的只使用一门炮的炮手，能够对自己的武器熟悉到如此程度：靠他的技术和才能在很大程度上弥补了武器的技术缺陷，但问题在于要有娴熟的炮手。只有像西班牙那样的国家建立学校并为射击训练所需的弹药投资，这个问题才有可能解决。海上的射击特别地不准确，部分原因就在于弹药太缺少了，不能用来进行训练。总之，在射击中，强调射术少，强调摧毁力多，因为在绝大多数情况下炮弹的发射是用来攻坚，人们认为这时的射程是平直的，也就是说，大约 600 英尺。

枪炮是如此的不可或缺，各国政府因此都试图对生产和出口加以控制。另一方面，出售它们的利润是如此丰厚，以至于人们经常为出口特许争执不休和不断发生走私的情况。像葡萄牙和西班牙这样的没有自己的铸造业的国家从国外购买并欢迎走私者，葡萄牙蠲免了对大炮的进口税，西班牙在 1611 年塞维利亚的皇家铸造场投产以前一直大量依靠进口。荷兰是个大买主，瑞典在 16 世纪结束以前也是如此。法国也是进口国，因为大炮的铸造，无论是用铜铸还是铁铸，都是大规模的劳作并且经不起战争的动乱。出于上述原因，低地国家南部省份那一度繁盛的铸造业从 16 世纪 70 年代开始也逐步被英国、德国和意大利抢走了自己的生意。[①] 火药也被以同样的方法控制着，倒不是为了防止暴民造反，而是为了保证国家有足够的火药以满足自己的需要。正是由于对硝石的需要难以从欧洲得到满足，伊丽莎白政府不得不与摩洛哥的异教徒进行非法的贸易。无论如何，人的情况怎样，军火也复如此。幸亏靠购买（合法的或非法的）有可能弥补一个国家自身资源的不足，才没有出现因国内的生产状况影响到重大的政治军事决定的情况。

部分由于国王的关注，部分由于贵族派头在这里留存最少，炮兵在其组织效率方面逐渐超过了其他兵种。从一门最大的炮所需要的人数和服务项目上可以推算出炮兵组织的规模。要拖曳这门炮，至少需要 20 匹马，如果雨后地面黏滑则需要 30 匹。为了给它构筑工事，并在发射以后把它拖回原位需要 30 名工兵。操作需要 1 组 2—5 人的炮手。还要有木匠、铁匠、轮匠分头照管它，与炮车随行的步兵卫士保护它，而它的火药和铁球（一次装 60 个）要求 6 辆以上的大车和 40 多匹马运输，每门炮就像是一个刀尖，而服务队则构成一个巨大而又笨重的刀柄。

[①] 详见 C. 西波拉（C. Cipolla）的《枪炮与船帆》（伦敦，1965 年）。

最不服从组织的兵种是骑兵。事实上，骑兵在帝国服从的是一种独立的"绅士派头"的纪律；不过，这一兵种仍保持着最高的社会名望——尽管这种名望主要伴随着落伍的、全身披挂的战士。绅士们不再认为马背上的战斗比徒步的战斗有更大的价值。但是，出身特权阶层造成的独立不羁的传统使得把骑兵连有效地编成团队的工作进展比较缓慢。在任何战场上，骑兵都是不可缺少的兵种；当步兵单独保卫自己时，它很少能顶得住一次骑兵的进攻。尽管在东部国家，例如波兰，主要的威胁来自骑兵的袭击，尽管在奥斯曼帝国，骑兵仍是人数居多的兵种，而西欧一般情况则是骑兵与步兵的比例为 1∶3 以上。虽然全身披挂的骑士有时仍算得上一股力量，但他们的总数仍在持续地下降。最常见的三类骑兵是矛枪骑兵、手枪骑兵和卡宾枪骑兵。矛枪骑兵戎装上马以保卫后方免受敌军冲击；手枪骑兵配备有两支手枪、长剑和匕首，由于他们不必保卫后方，只是上马、射击、转移，也就无须骑乘好马；卡宾枪骑兵比其他两种骑兵的铠甲更轻，马更快，因为他们要侦察、搜索、传递消息，还要徒步作战。他们配备着长剑、匕首和一支轮栓式或燧发式火绳枪。他们用不着与敌人短兵相接。卡宾枪骑兵作为轻骑兵与徒步火绳枪手的综合，成了许多争论的焦点，一方面，因为他们作为火绳枪手骑到了马背上以躲避伤害而受到抨击；另一方面，他们作为所有骑兵中用途最广者而受到赞扬。而且，早在 16 世纪 60 年代，在仍受传统制约的法国骑兵部队中已经有了卡宾枪骑兵的精锐部队。围绕着以矛枪骑兵为一方，手枪或卡宾枪骑兵为另一方，二者功过优劣的对比，也存在着激烈的争论。这必然是一场旷日持久的争论。因为，手枪骑兵的进攻虽然在理论上应该具有决定意义，但事实上，由于他们常常射击过早从而使他们的轮番进攻失去了决定意义；而在理论上不可靠的矛枪骑兵的进攻却被证明越来越有效，因为步兵变得越来越经不住冲击。

自从 15 世纪中叶瑞士投枪手出现以后，步兵发挥的主要作用已经导致骑兵比重的下降。这使难以养活足够骑兵的国家，无力筹措作为一个骑兵所需的费用的个人和发现骑兵不像步兵那样遵守纪律的指挥官们都感到满意。在越来越以包围圈进行围困的战役中，骑兵作用较小这一事实被人们毫无异议地接受了。只有法国人仍旧觉得靠两条腿作战而不是靠四条腿作战，总归有点不符合绅士的风度；对此，他们自己的改革者提出了尖刻的批评。在这个时期,步兵逐渐减少铠甲,他们的武器也比较标准化了,长矛或滑膛枪已经取代了全部的(作为唯一武器使用的)剑和很大部分的戟。在一个西班牙的团队中,长矛与滑膛枪通常的比率是2∶1,但是长矛的比重有增加之势。在任何情况下,决定比重的都不是理论上的乐观想法而是其他原因。比如法国人就从来没有喜欢过长矛,他们总是坚持使用火绳枪和滑膛枪,并且在可能的情况下出钱使其他国家的军队提着长矛。

在一个与今天相差无几的时代,古代世界的榜样还有用吗——军事问题的作者们这样问道。不过他们发问完全是为了做出响亮而又肯定的回答。枪炮的使用并没有破坏古代榜样的有用之处。重武器的样式有可能改变,但是对高昂的士气和严明的纪律的要求是永远也改变不了的。永远不变的还有应对士兵的勇武给以嘉奖,对他们按军功而不是按出身加以提拔,用操练和体育使他们适应作战的劳累,尤其是穿戴铠甲的极度疲惫。正是罗马人说出了如此不朽的警句:居安思危!也是罗马人分析并决定抵制永远存在的诱惑——给一支部队派去一个联合的指挥机构。一个能征惯战的民族关于战士的本性所说过的话价值犹存这倒也不足为奇,有趣的是对于古代战术倾注的注意力也在日益增多。无论在哪里,只要人们研究如何最有效地使用现代武器,他们似乎都在读李维、恺撒或皇帝利奥的著作。瑞典的埃里克、拿骚的莫里斯和路易·威廉都研究过古代的军事著作。1595年,伯利勋爵说:"我们军队的布阵法就是从罗马人的dizeniers那里来的。"当亨利四世希望改进法国军队的战术时,他问苏利可否根据近代和古代世界的教科书"编纂一个对当代最有益处的文章集"。

对新战术的需要得到广泛的承认。据说,格朗维尔(腓力二世在尼德兰最信得过的大臣)在1559年曾对一个英国的使臣说:"你们的士兵是顽强、勇敢的,但这些年来他们接受了什么训练呢?而当今的战争艺术是士兵们每两年就要重新学习的。"[①] 然而,要学习它谈何容易。在以后两代人的时间里,布好阵式的会战极少见了,而且绝大部分战役规模小、时间短,作战的不是一些经过合理的计划组合起来的精锐的士兵,而是一些临时凑集的乌合之众。最为久经沙场的

[①] J.U.内夫引用,见《战争与人类进步》(哈佛,1950年),第30页。

军队——西班牙军队,在某种较小的程度上修改了自己的战术,团队的编制缩小了,并以敢死队的枪手作为其前锋。但是,老式的密集方阵虽然浪费,但却坚实;而为了把队形划得更小,伸展为单薄的线形的改革,虽然合理却好像有危险。这样做还需要逐个地对各部队进行严格的训练,才能靠退后法维持火力的持续性和准确性,并且需要各部队之间默契的配合;但是,不仅能满足这种需要的军官十分缺乏,还缺少单位之间的协作,更不必说一支军队很少作为一个整体在一起操练或演习。在关于演兵场的文学作品与战场实践之间存在着巨大的差距,这些文学作品以马基雅弗利的《论战争艺术》一书中的图形为根据,演示出楔形、剪刀形、星形、锯齿形、风磨形和交叉方块形的队形,而在战场实践中,战术在很大程度上取决于传统或构成一支军队的各方面因素。尽管总有人隐隐地抱怨说"罗马人的规则"必须恢复,尽管有拿骚的莫里斯那样的非凡的人们做出的榜样,士兵们或军官们对于经常而又严格的操练的必要性仍然认识不足,而大范围内的战术就取决于这种操练。最低限度的操练成为士兵既不固定又不必认真对待的事务的一部分,它只不过用来教会滑膛枪手如何使用他的武器,以使这些武器不至于构成对枪手本人的威胁更甚于对敌人的威胁。与教科书中的理想队形最接近的队形在战斗中见不到,但在行军途中或在秩序井然的营寨中可以见到。

西班牙、瑞士和德国步兵基本的队形是一个纵深坚固的长矛方阵,在四边,尤其在前面和拐角上由射手们加以保护,如果方阵被冲破,他们应当躲在长矛手中间。长矛方阵本身被冲破的事情很少发生,因为能做到这一点的大炮,几乎不被用在一场战斗的后期,而且只要方阵的外围和拐角处的战士经受过严格的训练,即使四面受敌,它也能打退数量占优势的敌人。或者它也许根本不参战。一位英国的观察家注意到:"在我们这个时代,很少见到战士们像在古代那样常常进行肉搏战。因为在这个时代,射手们控制并充满了战场,又有长矛手的坚强抵抗为后盾,所以,至少在士兵们进行大量肉搏战之前,绝大多数勇敢而又技艺精良的射手们通常已决定了胜利,或决定了最佳的结果,至少是明智的结果。"[1] 步兵方阵在成功地抵御进攻和在

---

[1] 罗伯特·巴雷特:《近代战争的理论与实践》(伦敦,1598年),第75页。

作为后备力量应该发挥作用那一时刻到来之前远离肉搏战这两个方面使其使用者们对它抱有好感而不顾其笨拙，不想把它拆成小得多的单位。他们致力于以更多的射手环绕外围，并在中间提供一块空地使射手们可以得到比在拥挤的长矛手队列中更有效的保护。这些方阵两个或三个并列，分前卫、主体和后备三层。在采取军事行动之前，炮兵、枪手和骑兵力图破坏这种格局，而长矛方阵则防守时坚如磐石，进攻时连续不断。

当有些国家继续把方阵作为战术单位的关键加以发展时，另一些国家，就像论及军队管理时我们已经看到的那样，正在组建一些较小的单位以求用狭长的队列面对敌人以增强火力。这些队列由小型无纵深的方块队组成。法国人部分地由于不得不利用规模小而且习惯小型战斗的组织，但也有罗马人的前例为理论依据，由大拆小的进程一直延续到亨利四世把他的步兵编成500人的营，并训练他们在横列中或变换的队形中互相支持；还有莫里斯那550人的营，每一个由分立的长矛手单位和射手单位合并而成，可最大限度地施展火力并依靠机智的合作、快速的行动和骑兵的支持加以保护。这两种编制之间没有发生大规模的冲突，要在陈旧、僵化、浪费但坚实的一方与新颖、灵活、火力更强但比较脆弱、经不起侧面进攻而且较难配备军官和加以控制的另一方之间做出抉择，那是下一个时代的事情。

当步兵的队形逐渐变得单薄的时候，骑兵的队形却变得厚实了。陈旧的呈一条细线状的墙式冲锋让位于大约15匹马一排的纵队进攻。无论靠其冲锋的势头，或者靠每一排上前者集中其手枪火力近距离射击然后闪开到一边再让后一排上前，或者双管齐下，用手枪射开缺口，然后发动一次冲锋把敌兵冲开，这种纵队都可以突破敌军的战线。人们很容易夸大早期意大利战争中骑兵的战斗力以及从长矛到手枪这一变化中包含的退化；但只要敌军队形保持纵深，骑兵的冲锋单靠长矛和勇猛是不可能奏效的，而手枪，虽然缺乏一点"武士精神"并且被当时的传统主义者所不齿，却有可能在摧毁敌人的坚固性方面效果更大。在东部欧洲，为了对付骑在马上、来去如飞的敌人，长矛仍是骑兵最重要的武器，但西欧没有恢复使用长矛——直到对机动性的追求导致部队又有可能被一次无后续的骑兵冲锋击溃为止。骑兵在战斗队形中的位置视参战人数而定，但按常规，骑兵被布置在两翼，以防备敌人的骑兵袭击步兵的侧翼,而且通常总有一支骑兵做后备。

野战炮兵发挥的作用不大但却很重要,尤其是在一场战斗的开始阶段。因为不管是骑兵还是步兵在大炮的轰击下都坚持不了多久。从理论上说,军队应该配备有进行预备性轰击的中型重炮和在战斗过程中随处提供支援的轻型炮。在实践中,一支军队在被拉到战场上时很少能拥有它的全部装备,而在作战过程中把大炮挪来挪去的事情也很少见。另外,法国战场上通常使用3—5门大炮,在有些场合这一数字至少足以迫使敌人发起违背他的本意的进攻,甚至足以影响已经开始了的行动。人们在尼德兰的尼乌波特见到关于这两种效果的引人注目的例子:来自海上的轰击迫使西班牙军队向内陆移动,而莫里斯安置在沙丘上的两门炮在战斗进行中帮助轰开了西班牙骑兵的第一排。

只有在防御方面,理论和实践才结合起来,并且证明把"艺术"一词同战争联系起来的正确性。关于构筑工事的书和理论构想的书令人难忘。意大利人仍在撰写大部分有关设防的书籍,而意大利的工程师比其他国家的同行更多地被聘用于欧洲以及海外,但是德国的丹尼尔·斯佩克尔与荷兰的西蒙·斯蒂文著作中的原则在逐渐取得领先地位。意大利派的成就在于使中世纪的围护墙适应火器的时代。办法是:加厚,尽可能使其平面图变成等边等角的多边形,并用从钝角或直角形棱堡发射出来的侧翼火力加以覆盖,这种火力又得到塔楼的加强,塔楼是一种或者建于棱堡本身之上或者建于围护墙延伸部位的高耸的建筑。德国和荷兰派以及效法他们的法国人,把这一系统变为积极进取的系统,以独立或半独立的永久性工事向外面的敌军远远伸去,施展打击力强得多的火力,减弱围护墙的规模和重要性,同时加强棱堡的规模和重要性。等边等角的多边形仍是理想的形状。防御工事看着不高,但事实上是外加了一个斜坡。攻击者在看到防御工事的任何基础部位以前不得不攀上这道斜坡。在主要的城郭外面,大部分类似半月堡的辅助工事向外扩展,拒敌于远处,使他们不能集中进攻主体防御工事,迫使他们在广阔的包围圈上分散力量。并一步步、缓慢地冲杀前进。这种尽可能提供多层火力的防御系统被认为是静止的防御。就广泛而又典型的情况而言,16世纪中期的工程师们从要保卫的地方向外修建工事;北方派从宽阔的外围防御带向内设计,把开阔地的周边作为起点。围护墙及其棱堡,外围工事及其壕沟都被设计为互掎之势；每一寸表面，每一段壕沟都将处于近旁工事的火力扫射下。斯蒂文把这一总体性原则强调为"总之，扫清再扫清，我说过，这是当今设计堡寨最主要的目标和关键"。①

斯佩克尔和斯蒂文预示了将由沃邦开创的有关防御工事的重要发展，但他们的体系包括要求进行精密的测量，和一道漫长的耗资甚巨的远离中心的野外环线。这一时期流行的还是较为简单的意大利体系。像马吉和马尔基这类工程师的军事思想通过对其著作的翻译成为国际潮流，这些思想也因到处旅行的工程师们得到传播。比如巴蒂斯塔·安东内利，他被腓力二世派到新大陆去制订一个杰出的计划以维护西班牙在那里的权益。马耳他、安特卫普、帕尔马诺瓦这些城市的非常出名的防御工事成为维护意大利学派的声誉的一系列样板。有棱堡的多边形，作为其基本原则是如此的灵活并可如此简便迅速地构筑，使它变成一种真正的国际样式，从哈瓦那到新纳瓦里诺，从莫桑比克到果阿和马考，从安特卫普到阿尔及尔，16世纪晚期的防御工事明显地属于一个派系。

新式样的防御工事不仅仅是军事上的需要，而且还是个时髦的东西。就像城市曾一度竞相建筑最大的教堂，市民要以自己的名字命名礼拜堂一样，现在城市力争在防御工事方面超过其他城市，而个人则骄傲地看到自己的名字与某一棱堡联系起来。防御工事在城市规划中是不可分的令人感兴趣的一部分，要满足和谐与比例适当这两个要求。在城市设计者与军事工程师之间并无畛域之分，同一个人通常发挥两种职能，负责从周边的半月堡直到中心广场的喷泉这整个城市的外貌。旅游者对于他们所拜访的城市的防御设施日益关注，从罗马附近的卡普拉罗拉到布列塔尼境内的克依昂，有钱的热心人在他们的别墅设计中也揉进了某些时兴的有棱堡的图样。

需要和时髦的结果造成了一次浩大的建筑与重修的工程。新的防御工事集中在三条反土耳其人的地带：一条南北走向的地带从维也纳经过卡尔施塔特、南下到亚得里亚海和爱奥尼亚海西岸直到克里特；另一条南北走向的地带包括那不勒斯王国、西西里和马耳他设防的海岸，卫护着地中海中部；第三条东西走向的地带包括沿着北非海岸和

---

① 译自 *De Sterctenbouwing*（1594年），载《建筑数学》（1608年），第658页。

西班牙南部海岸的设防区、巴利阿里群岛和撒丁。还有一些中心点，它们或者是两条防线的交叉点——如法国的东北边界，或者是占领军努力扎下根的地方——如西班牙在伦巴底和尼德兰南部。投入所有这些建筑活动的开支是浩大的，不仅要清除地面，构筑工事，还要偿付占用的土地，购买枪炮和军火，并在需要的地方驻扎一支卫戍部队。其中开支最大的是那些前沿地区，例如西班牙人在北非的阵地，它不得不靠海运来维持。为构筑防御工事筹措款项的办法各式各样：政府拨款，地方用现金、劳役、对出入城镇的商品征收的特别税加以资助；或由城市元老举债或出卖贸易特权和社会特权。在安特卫普，为了筹措建立城郭所需的100万金王冠币，所有这些办法都用上了。与这种规模不可同日而语的普利茅斯小型的防御工事，款项来自王室的一次拨款，代理长官的一笔馈赠，对小鲱鱼的一项地方税以及与此利益攸关者的捐赠，例如本地的居民，县里的绅士和与此城在贸易上利害相关的伦敦商人，但是所有这些还不够，低地国家还不得不把这个港口打入预算。像罗克鲁瓦和费罗伊登施塔特这样的新设防城市，靠许诺宗教自由、免费提供宅基地和建材，庇护某些罪行、蠲免某些赋税来吸引定居者，从而有能力偿付他们用于构筑防御工事的借款。对于这么多的防御工事造成的经济和社会的后果很少有人试图加以估算，例如其地租以及像吉尔伯特·冯·舒恩比克（他是安特卫普城防的主要负责承办人）这样的人们的精力，更不要说这些防御工事在整个军费开支中所占的比重。

　　防御工事在何种程度上重新获得了它16世纪丧失给大炮的优势地位很难估计。士气永远是一个重要的变量，它能加强弱者的抵抗力，也能削弱强者的抵抗力。总之，如果攻击始终坚持并猛烈地进行，仅仅给养的限制就能使任何一座城池都不可能强大得足以坚守到底。正是由于这个原因，防御工事的北方派旨在不仅防止敌人，还要击退敌人，并组织凶猛、集中的火力轰击敌人的火力点和部队集结处。再者，使围攻者不得不分散其兵力和对垒工事的防御圈越大，围攻者的通讯与后勤的困难就越多，并且越经不住出击和来自外面的解围部队的打击。无论如何，即便要占领很小一个地方，似乎都颇费时日。而且军队不能把敌人占领的城镇留在后面而向前推进，自信数日之内即可攻克。新的防御工事是专家的工作，围攻也不例外，越来越依靠专家们确定进攻点,设计通向防御工事的壕沟系统。仍有人不愿承认有必要进行长期而又艰苦的围攻。直到 16 世纪末,指挥官们仍不得不亲自拿起铁锹说服他的士兵把挖壕沟修掩体当作士兵的部分工作,而不单单是民工的事情。人们常常试图靠机巧或诡计而不靠实力去攻打城镇,在指挥官及其雇主们意识到新发明或选自弗龙蒂努斯(Frontinus)著作中的老把戏只有在非常例外的情况下才有可能代替那缓慢的、有条不紊的步步进逼这一事实之前,许多智力被浪费在试制特种炸弹、远距离放火台、轻便的防弹装置等等上面。

绝大多数攻击行动包括:把两个或三个炮队安置在距离城墙最薄弱部分几百码的地方并且炮轰对方炮队所在的棱堡,直到一方打开了一个突破点而另一方无法发挥侧翼的火力。但最轰动那个时代的围攻——帕尔马对安特卫普 14 个月的攻击却是独一无二的;不仅因为这次攻击采取的规模,还因为兼有方法上的坚韧和从事的试验。① 当刚刚接触到这个城市那闻名的棱堡防线和多边形城堡时,守军的命运在河水泛滥的城外旷野已经注定下来了。帕尔马对安特卫普的计谋在他向此城进军之前已经路人皆知了。可以增援这座城市的唯一方向是北方,沿斯海尔德河逆流而上;或西北方,用适当的方式决开堤坝使泛滥的河水深到足以让船驶越那高高的从斯海尔德河向东延伸的库文斯登堤。沉默者威廉的代表马尼克斯极力主张上述方案,但因屠夫行会对城市元老施加压力而归于失败;屠夫们不愿失去他们的牧草场。还没来得及再做打算,帕尔马已经移师入境了;而尽管通向北方的土地被淹没了,库文斯登堤仍旧露出水面,成为补给的障碍。现在,补给只能从斯海尔德河顺流而下到达安特卫普。为了封锁这条路,帕尔马的工程师们修筑了一座著名的桥。他们从根特开挖了一条运河(在那里初步的构件已经做好),沿着这条运河,运来了一万株就地伐倒的树木和从斯堪的纳维亚进口的 1500 根船桅。这些材料被搭成了一座近 2500 英尺长的桥,中间的部分漂浮在船上,两端河水较浅的部分建在桩上,桩子深深地扎入河底并用交叉的横木加固,横木又被大钉和锁链固定。桥上道路的两侧筑有防弹胸墙,在每一端又加宽

---

① 时间最长的是奥斯坦德的保卫战(1601—1604 年),但在这次战役中,这个城市能从海上得到补给并组织反围攻行动。

出来形成平台，从这里炮队能发射侧翼火力。在每一头的陆地上都有一座强大的炮台。为了粉碎任何来自被围城市的攻击，在上流一侧碇泊着一列船，三条一组地固定在一起，形成坚固的平台，从平台上又伸出长长的顶端包铁的木柱，其他的船停泊在下游以备反击解围部队。

针对这一庞大的障碍物，安特卫普人发射了甚至更为著名的炸弹，即意大利工程师弗雷德里科·詹贝利设计的定时炸弹。这些炸弹是两条被詹贝利做成浮动水雷的船。他把这两条船里面衬上砖，装满炸药，覆盖上一层砸碎的墓碑石和碎铁块充当榴霰弹并防止爆炸力消耗在空中。在这些上面他装上一层甲板并盖上易燃材料，以使这些炸弹看上去像是一些普通的火攻船。一条船上的引信是一根定时的火绳，另一条船上的定时装置为当地的钟表匠所造。计划是先让一队火攻船漂流下去摧毁保护桥的小船屏障，然后放出由水手操纵的定时炸弹（这些水手将在最后一刻游泳上岸）。最后，如果看到成功的信号，继之以满载士兵的船只去完成对桥的摧毁并占领两端的炮台。这次攻击在晚上进行。一条船毫无破坏力地漂到了岸边，但另一条碰到了桥并一直在那里燃烧；当时，西班牙士兵以为它是一条火攻船，没有多大警觉地试图用耙子把它上面的易燃物耙到水里。帕尔马本人还前来察看。完全出于一个幸运的机会当炸弹爆炸时他已经走开了。大约 800 名士兵被当场炸死并且带来了如此可怕的混乱以至于如果舰队从安特卫普驶出，这次围攻很可能被打破了。然而，这些混乱也影响了被派去侦察桥的荷兰水手，他们未能发出必不可少的信号。桥修好后安特卫普人唯一的机会就是占领库文斯登堤，当这也失败以后，这座城墙完好无损的城市除了投降外别无出路。①

当时的人们觉得守城与攻城在战事中的作用太大了，但事实上一定地点上的战役似乎并不具有决定意义——除了在失败的一方远离其基地的场合下，如葡萄牙人在阿尔卡萨。在欧洲，战场上的军队数额甚至很少达到 2 万人，而且，只要保障供给，把一支败军重新组建起来只是一个时间问题。结果，没有人十分急迫地要与敌人的有生力量

---

① 参见 L. 冯·德·埃森的《亚历山大·法尔奈泽》第 4 卷《对安特卫普的围攻》一节中精彩的描述（布鲁塞尔，1935 年），散见于书中。

决战，却把目标放在以占领要地迫敌退却方面以及使敌方在经济上窘困得无力继续作战方面。但是，即使像上述这样保守的说法可能比实际上采取的战略计划还要多。攻城战对于大多数军人所具有的吸引力以及它指出了明确的目标，这些事实无疑诱使指挥官们把作战就看作攻城，却不可能产生任何一点近代意义上的战略思想。因为那是这样一个时代：军事行动效率极低并且难以确保，[①] 而且财政问题与供给问题严重得无法从事长期计划。还有一种倾向认为：一支军队就是一种敌对的心理状况有形的显露，是一种武装起来的姿态，这种姿态只要一摆出来就部分地达到了目的，把它当作刺向一个明确目标的精确工具来使用是这一目的的延伸，但不是全部目的。没有人指望那些受着非战斗人员之拖累，攻打着一个个设防的欧洲城市因而疲惫不堪的小部队只靠一次辉煌的胜利或对要害地区的一次准确的行动就能决定一切，但其行动提醒人们注意：谈判已被加速推向战争。像拉扎鲁斯·冯·施文迪这样一些人的孤立的呼声强调必须集中注意力于战争结果，竭尽全力使其实现并不断地重新估计整个形势，[②] 但对于大多数人来说，战役是某种只有当它开始进行以后才看得出水平的事物。只有两栖行动才必须在开始时就窥见结果，这种行动的成功有赖于战机的选择和军需品储备与运输的准确数量。抽象的"战略"概念是一种看待军事事业的方法；由于基本上没有"战略"概念，结果，那种任随军事行动被最初遇到的一些障碍所左右的倾向得到了加强。那些声称向士兵传授全部必须学习的知识并对战术问题如此津津乐道的教科书，对于这个问题却只字不提。

不能清晰地认识军事行动的目标也反映了在战争与和平之间缺少一种明确的、截然的划分。有许多战斗是非官方的；不过，政府时常试图将其臣民留在国内，究其原因，保存劳动力的愿望与限制他们涉足于别国战争的愿望至少同等重要。参加了葡萄牙人1582年进攻亚速尔战役的法国舰队就没有得到王室的正式批准。在英国于1585年

[①] 关于一个指挥官面临的问题所做的最好的说明见对于德拉努在尼德兰为新教事业服务的描述，载于《弗朗索瓦·德拉努通信录》［由 P. 克文·德·沃克尔斯比克（P. Kervyn de Vokaersbeke）汇编，（根特，1854年）］。

[②] 克莱格雷迪斯克尔（Kriegsdiskurs）（1577年），刊印于 E. 冯·弗劳恩霍尔茨（E. Von Frauenholz）著《拉扎鲁斯·冯·施文迪（Lazarus Von Schwendi），第一个论证普遍义务兵制的德国人》（汉堡，1939年），着重参见第200、228、236页。

正式援助尼德兰之前，许多英国人已经在为新教的荷兰而战，并在英格兰征集了整连整连的士兵渡海前往尼德兰。即使当一个国家处于正式的战争状态时，仍然有余地进行私下的活动。弗朗西斯·德雷克爵士和约翰·诺里斯爵士在1589年订立的靠占领里斯本和亚速尔以重创西班牙的计划是作为民间冒险公司筹款的，女王是最大的股东。从给养的供应到战役的策划，政府以各种可能的方式急切地把它的负担转嫁到民间个人的肩上，不顾这种做法意味着放弃统一性、持久性和对全局的控制。

陆地上的志愿服役与海上的海盗行为及其孪生兄弟——报复行为是齐头并进的。由于政府无力在其臣民的船只被海盗抢劫时保护他们，就出现了这样的做法，官方允许受到损害的一方可通过抢夺海盗的同胞的船上货物来弥补自己的损失。借口报复，侵犯的行动从个人规模发展到国家规模。例如当时英国在大西洋上的私掠行为在1585年后得到鼓励，因为这种做法可代替与西班牙公开作战。海盗猖獗于各个海域：就连土耳其人也被迫建立了一支特殊的舰队以防基督徒海盗破坏他们在东部地中海的贸易。另外，武器的外流始终不断，不顾忌敌友关系也不管国家的政策。到16世纪末叶，某些战争物资被一致划定为违禁品而且各国广泛接受了这样一种思想，即一个交战国有权阻止这些物资到达敌国。但是没有确定下来的是如何执行这一点以及什么是精确的中立地位，这导致了国际行为关系中高度的宽容，即使这些行为是进攻性的，仍不完全是战争行为。一个国家可以与其敌手和平共处，而其臣民们却也许正在陆上和海上厮杀；可以向敌手的敌人出借舰船和给养，允许敌手的敌人行军通过自己的土地而仍旧不是在任何正式意义上的战争行为。

16世纪中叶的军事思想很少顾及海上作战。舰船的用处被看作运送部队并在途中护航，到处骚扰敌人的海岸，封锁其港口，但在船只设计时，尤其是圆底船（round ship）的设计，军舰与总是构成主要战斗力的商船之间很少区别。只要海军战术主要为强行登船并以士兵的方式而非水手的方式解决问题，只要海上的行动由陆军来策划并执行就无须以海军独有的方式思考问题。在此后两代人的时间里情况发生了变化。军舰逐渐以一种不同于商船的方式来设计，舷侧炮战的战术使照搬陆军的做法减少了，在策划一次行动时，越来越注意倾听经验丰富的航海者们的意见。尽管有这一切，当16世纪结束时，海军仍是陆军的一门穷亲戚。海上的战斗很少被人写入书中；即使写到，其位置总是在最后一、两章。甚至在英国这个海上利益迅速增长并在设计与驾驶战船方面独执牛耳的岛国里，也像过去一样，把重心放在向大陆运送部队或援助盟友在那里的行动，一次又一次地，人们为了陆上力量而牺牲了海军的行动，这种情况所反映出来的决不仅仅是人们在沿袭古典作家给予海战的地位。

在设计上发挥创造精神并且增加船只数量的情况从地中海移到了北方。确实，土耳其的划桨战舰力量增强了，在勒班陀海战前两年的时间里曾以280艘划桨战舰和将近50艘其他船只向突尼斯发起过进攻。但是勒班陀海战使他们的舰队威望扫地，他们也没有再尝试恢复其作战方式。意大利各邦的划桨舰队按规模大小排列从威尼斯、热那亚直到皮埃蒙特地区，但它们的责任只局限于监视海盗，而在勒班陀海战以后，意大利人没有采取任何重大的足以表示他们抵制了谨小慎微、畏首畏尾传统的行动，这种传统来自安德列阿·多里亚，也由于西班牙利用意大利牵制，但又不重创土耳其人免得使威尼斯得利的政策。

意大利各邦和土耳其都没有深入到从事其他大国正在忙于从事的漫长的横渡大洋的航行中，继续使用划桨战舰作为主要的、几乎是唯一类型的战舰。它速度快，而且当帆船因无风而停止或因逆风而受阻时，划桨战舰仍能使用。由于所有的划桨战舰在操纵上有许多共同之处，一国舰只与另一国舰只极易联合。但在北方，圆底船的海上价值更大，而且，在海上维持一艘划桨战舰的大批桨手的费用（即使作为罪犯不必付给他们工钱）构成了另一个因素，它导致对划桨舰只的使用只限于内河的巡逻。另外，人们对舷侧火力的兴趣越来越大，而划桨战舰的大炮只能安置在船头和船尾。但是，即使代表未来的是圆底船，那也是一种被划桨战舰的长形线条修正的圆底船。有一段时间，一种介乎两者之间的战舰、桨帆并用战舰似乎成为理想的战船了。它是按划桨战舰的比例造成的帆船，为舷侧火力铺有甲板，有前后船楼，必要时靠每侧大约30支桨来推进。到16世纪末，桨帆并用的时尚消退了。但是，尽管大帆战舰作为主要的新型战舰已放弃了划桨，但划桨战舰在使大帆战舰保持长形线条上仍有其作用；而且为改进大帆战舰的机动性充当了一种试验模式。

　　大帆战舰在这一时期成为北方国家主要的战舰,并且很容易发展为更先进类型的战舰。它是人们认真讨论的产物。在讨论中实践的经验和先验的计算（它比到那时为止的船舶设计中的计算方法更加科学）都发挥了作用。大帆战舰同商船相比,在长宽的比例上相对长一些；而且,即使没有平铺的甲板,它也只有退化了的前后船楼,而商船则保留着它那些甲板上的累赘。大帆战舰的体积有差异,可以是100到300吨,也可以是800或1000吨,这分别是1588年英国和西班牙最大船只的体积。（商船可能又大了一半,葡萄牙船只的佼佼者"修女迪奥号"达到1600吨）战舰龙骨的长度以及在这一时期也经过试验的帆的设计使战舰比商船更为灵活。但是,即使所有这些变化使大帆战舰特别适合于作战,它仍旧兼有商船的海上耐久力并且大得足以装运给养、军械而且还有剩余的空间可以装载战利品。它的独立作战的能力还没有达到可以使政府在战时无须让商船与之配合的程度；另外,对于建造大到足以在战时使用的船只,政府仍旧在发放津贴。仍有人在为旧式舰船辩护,这种船浮出水面更高,带有巍峨的高层结构,这样显得强大有力而且在攻击和防备敌人上船这方面确有其长处。但是从每次关于平甲板还是凹甲板,覆盖式中甲板还是开放式中甲板,要速度还是要大炮重量的争论中,那中等体积、速度快、低船舷、方形船尾或有横梁的船尾并靠风帆推进的大帆战舰越来越成型了。英国的讨论最为活跃,在这里,由于海军部（Navy Board）的高效率,讨论的结果可以最迅速地加以利用,即使如此,从丹麦到葡萄牙也在制造堪称典范的舰船。围绕着舰用炮的类型也发生了激烈的争论。1588年以前,西班牙人一直偏爱加农型大炮,它射程近但是能发射大而重的炮弹；英国人专注于射程较远但威力较轻的长炮；结果是,无敌舰队无法靠近英国舰队去摧毁它的船只,而英国人则虽能打到西班牙人,但是炮火的威力太轻,不足以造成重大伤害。此后的趋势就是增加舷侧炮的重量,尽可能使弹道接近直线。无敌舰队在驶入英吉利海峡期间炮火的不准确和效率低是惊人的。"整个行动期间,西班牙炮兵的全部战绩有赖于小艇'快乐号'船长考克斯和20—40名水手,而为了做到这些,他们燃放了近10万发重型炮弹。"① 英国的炮手们也好不了多少,他们的表现导致人们在某些方面怀疑舷侧炮战应否取代强行登船战术。马修·萨克利夫于1593年写道:"那是一种胆怯而且无效的进攻方式,舰船应为果断的登船作战装备,当然还要'航速高,拐向上风时迅速灵活'。"② 然而,另一位当代人显然感受到了进步;沃尔特·雷利写道:"在我生活的时代,英国舰船的外形得到了大幅度的改善。在计划取消中桅(这样就使得无论在海上还是在港内的大船都轻松许多)以后不久,又有了链式水泵,它的排水量为一般水泵的两倍。我们后来又有了帽帆(bonnet)和曳帆(drabbler)。在这些过程中我们还发明了翼帆、上桅帆、斜杠帆和中桅帆。用绞盘起锚也是新的,而且,我们装备的大炮也比以前好了。"③ "复仇号"能够抵挡住15艘西班牙军舰并且击沉其中4艘的作战方式,伊丽莎白的军舰没有一艘毁于风暴的事实都可进一步说明这个问题。

由行进中的舰船依次向敌舰的水上部分发射舷侧火力,在能够近距离平射以前不要匆忙射击并在射击时瞄准吃水线部位,这些已经变成帆船战术的主要内容了。早在1574年,腓力二世就受到警告说英国人用舷侧火力轰击船身而不是轰击索具已有30年左右了,不仅双方在大西洋上的小型战斗,还有1582年在亚速尔和1588年在英吉利海峡的大战的教训是,应该尽可能地不要匆忙射击,最好从编成队列行驶的船上发射,并且一次发射一侧的炮火。把队列战术编成精确的操典的工作尚有待时日,但是圆底船设计的发展说明这种战术可以最有效地用到圆底船上。另一方面,作为一种防守的队形,西班牙人的新月阵之强固是令人生畏的,任何敌船只要处于这种队形之一翼的下风方向,它就如同落入陷阱一样。但是,由于每次情况都有所不同,人们并没有从那悲剧的重演中吸取有益的教训。同北方相反,地中海在设计上仍以划桨战舰为基本类型,因此划桨战舰的战术仍是老样子。轻巧的划桨战舰其长度正好能在恶劣的天气下跨越三个浪峰,

---

① 米歇尔·刘易斯:《无敌舰队的大炮》,载《海员便览》第29版(1943年),第168页。
② 《军队的实践、行动和律令》(伦敦,1593年),第280页。
③ G.J.马库斯引自《英国海军史》(伦敦,1961年),第1卷,第58页。

第七章 陆军、海军与军事艺术

它成为西班牙、法国、意大利和土耳其所使用的主要的舰型,各国之间区别不大。威尼斯由于把批量生产的方法与造船大家族在庞大的武器库内的竞争结合在一起而占有的领先地位已经变成传统的束缚;而巴塞罗那、马赛和君士坦丁堡的造船场主们由于与国家政策的结合不甚密切,进行了更加自由的试验从而使威尼斯处于这样一种地位:现在,她不得不通过改进帆与桨的设计,改进导致颠簸的船头形状,改进座位的安排来急起直追,不过这些都是温和的变化。北方对于大帆舰的挚爱在像马修·贝克这位造船主的图画中以及哈克卢特的描述中清晰可见,南方对于划桨战舰的挚爱也同样强烈,同样真诚。正如那些最尖刻的批评家针对 16 世纪中叶威尼斯的划桨战舰所说的那样:"完美的划桨战舰在各方面都应该像一个仪态万方的姑娘,她的每个姿势都应显得机灵、敏捷、活泼,同时又不失其庄重。"① 勒班陀战役只是无数小冲突的最全面的缩影;这些冲突都受到划桨战舰所具有的一些特点的影响,即需要使炮火和冲撞力直指敌人、需要把适当的陆上战术运用到那些靠桨使自己像骑兵一样灵活的船上。在基督徒的舰队里有圆底船,尽管人们指望它们能上前加强作为主体的划桨战舰的两翼,但还是认为它们与主要的战斗队形无关。在另一场合也许成为一场陆战的主要特征就在于六艘桨帆并用舰的使用,当它们无法前进时就被艰难地拖着走,它们被每两艘并在一起停泊在基督徒舰队前方 1 英里的地方,用炮火帮助打乱用划桨从它们面前驶过的土耳其舰队的战斗队形,并像他们的敌人一样散开成为三个主要的集群。刺激海战发生变化的最重要的原因正是远涉重洋的贸易:英国急需有适于航海的远距离奔袭船,西班牙急需快速商船和专门用来通信、护航、护港的舰船,荷兰和葡萄牙需要那种能够在驶往南美或东印度的航行中保护自己的巨型货船。至于划桨战舰,由于很少驶到海克力斯之柱②以外,就没有任何动力来促其改变了。

政府仍旧急于把大量冒险的计划交给有进取心的个人,但在海上作战这个领域里,某种类似战略思想的东西显露得最清楚;是计划由英国向葡萄牙和西班牙海岸进行各种突袭,还是接受更为普遍的观

---

① 艾伯托·特南蒂(Alberto Tenenti)引自《卡纳尔的克利斯托弗。勒班陀战役以前的威尼斯海军》(巴黎,1962 年),第 29 页。
② 直布罗陀海峡南北二岬。——译者注

念，即在特别要害的通道上长年保持一支执行警戒任务的小舰队，或者出动一支作为攻击力量的主力舰队去摧毁敌舰而不是在国内等着它们来侵犯，抑或集中摧毁敌人的战斗舰只而不是连商船也不加区别地予以袭击。不过，即使对海上行动的计划比对陆上行动的计划更容易进行通盘考虑，在贯彻计划时则几乎是同样困难的。人们能发现同样的效率低下、缺乏训练、贪污挪用的现象，补充人员的方式也不是一贯的。船上狭小的空间和腐败的食物这些条件严重地降低了每一次行动的效率。而且还有两个问题：一是缺少明确的舰队体系，即那种与效果日见明显的陆军编制相对应的体系；二是如何在一个舰队里平衡士兵和水手的权利。在后一个问题上，一种变化发生了，最明显的是在英国：水手们不再被看做是一支发布命令、操纵枪炮、进行战斗的军队服务的驾驶员，海军逐渐被看做是一支自成体系、自我维持的军队，军种间的竞争要受联合行动的限制。即使在英国，后来的冒险行动每次都与西班牙进攻杰尔巴的灾难性结局相差不远，1559—1560年，在杰尔巴，由于海军和陆军之间缺乏配合，西班牙惨败在土耳其人手中。如果说仍存在一种把最高指挥权交给一名陆上军人的倾向，那么另一种日益增长的倾向就是他要依赖其海上同事们的献计献策，在那些陆战与海战技术分歧最尖锐的国家里，这种倾向也最强烈。

　　在陆地和海上，战争发生的气氛仍在变化。战争与和平的界限越来越模糊，因为人们对纸上的条约极不信任，而且国家之间的争端由于国内的和宗教的问题变得复杂化了。过去，由法律、基督教、社会和朴素人文主义混合而成的含混不清的思想基础曾有助于抑制士兵的破坏性的本能，维持这种思想基础的则是士兵们为之而战的那些直接的原因。现在，在从效率出发要求士兵更加无条件服从的同时，他的敌人也被非人格化了，成了一个异端分子或反叛者，一个没有权利的人，而士兵与非战斗人员之间的界限也变得不那么清晰了。这种改变了的气氛没有影响到战场，因为士兵在真正的战斗中的行为基本都一样；但是这种气氛确实影响到了如何对待平民、战俘以及被占领的城镇的居民，还败坏了谈判的方式。谈判的进程十分艰难，由于担心暗杀和奸诈行为，每项书面许诺都要求有人质做保证。16世纪前1/3的时间里规模空前的战争行为所导致的政治与法律的动荡尚未解决，法国的内战和信奉新教的尼德兰从西班牙分离的暴动又引起了更大的问题。再者,此时没有一场战争不能喻之为十字军。尽管宗教宽容得到为数不多的宗教派别和狂想者的倡导甚至实践,西班牙士兵则知道,他们的义务就是毁灭新教,同样,新教徒发誓要将崇拜偶像者和罗马的暴军斩草除根。携手并进的不仅有宗教和抵制,还有虔诚和征服。

  拿起武器,拿起武器,
  拿起光荣的刀枪!
  跟在高贵的诺里斯、
  常胜的德雷克身旁。
  血红的十字架,
  是勇敢的英格兰的徽章。
  在陆地,在海上,
  用你的征服之剑,
  杀出一条血路,
  把宗教的虔诚弘扬。[①]

  战争对个人勇武的否定还远未达到连侠肝义胆的姿态或慷慨大度的行为都容不下的程度,而且大部分由小冲突、小攻击组成的战役为勇猛和冒险者提供了许多机会。不过,战争的法律和惯例建立在一个共同的法律基础之上、由那些常常以个人能力而不是以政治—军事能力采取行动的人们创造的先例所形成的那种情况已经成为过去了,而且对于将领们来说,作为个人而不作为一项事业的工具去采取行动的机会也越来越少了。仍有人挑动一人对一人的战斗(职业心理最强的西班牙将领从来不干这种事),但是甚至连接受这种挑战的可能性都不复存在了。对于有条件投降的城市的处置基于一个粗略形成的尺度,即对围攻者抵抗越久,该城可以得到的让步就越少。不过,极端的顽强也可能从一个钦佩此举的征服者那里得到温和的条款。无论如何,阿尔发在尼德兰的有组织的暴行和帕尔马对城市守军及平民的残忍都是一种既定政策的结果。这种政策允许西班牙军队自行补偿薪

[①] 乔治·皮尔:《一篇告别辞》(伦敦,1589 年),第 23—28 行。

饷的不足并威慑其他城镇使之屈服。屠杀西舍的守军后，法尔内塞在一封信中向他母亲解释这是为了告诫其他城镇一听到西班牙军队的第一声炮响就要立即投降。在这里，选择的自由屈服于精心策划的暴行，就像土耳其人所追求的那样，他们杀害、拷打或奴役俘虏以散布一种可以瓦解斗志的恐怖。有时，一个城市的命运也许在一念之间决定下来。例如，苏利之所以饶恕一个固守之城的市民乃是因为替他们求情者为一绝色妇人。但总体看来，人们都认为对于异端分子或反叛者而言，处境是再坏不过的了。成千小伤痕的创痛很快就愈合了，以农业经济为主的国家复元也很快；即使草民们受苦了，军事合同却使他们的强邻发了财。法国、荷兰、英国经过各自的战争显得比从前更富足了。但是，在被如此经常地从战争史中抹去的关于平民苦难的附录中，有材料足以说明为什么这个发展的时代同时也是一个悲观和恐惧的时代。

（施青林　译）

第 八 章
1559—1569年的不列颠问题

卡托—康布雷奇和约结束了一场已经成为"疲马之间的赛跑"的战争，虽然那场战争开始时确实并非如此。这是在精疲力竭的状况下实现的和平，而和平之所以能维持下去，是因为在后来的许多年间，没有一个西欧国家感到有足够力量去冒另一场全面冲突的风险。不过，尽管全都怯于开战，但有些国家仍然怀有损害别国的意图。所有国家都苦于内部动荡的折磨，[①] 那种动荡造成消耗的局面，并随着宗教意识的危机而加剧；内部动荡又使得一切心存不满的势力反复燃起希望，试图去破坏1559年达成的解决办法所赖以建立的基础。

在该解决办法中，不列颠群岛占有关键性的地位。因为条约使西欧两大强国之一的法国几乎完全被另一强国西班牙的领土所包围。法兰西周围几乎完全是西班牙的腓力二世统治的地区：从西班牙本土，经巴利阿里群岛、撒丁岛和西西里，到那不勒斯、托斯卡纳的港口、帕尔马和米兰，还有依附的科西嘉岛、热那亚和与弗朗什孔泰接壤的萨伏依-皮埃蒙特以及尼德兰。如果不列颠群岛或者至少英格兰岛能补充进来，就像玛丽·都铎与腓力二世成婚期间（1554—1558年）那样，那么包围圈就没有缺口了，而且基本上是牢不可破的。另一方面，如果法国人不仅能够控制苏格兰而且能够控制英格兰的话，就可以把通过英吉利海峡和多佛海峡的海路对西班牙人关闭起来。尼德兰就会成为一个孤立的前哨。它同西班牙人的主要权力中心之间，就只有通过热那亚、萨伏依和弗朗什孔泰这一漫长的陆上路线才能取得联系，而那条陆上路线离法国边界不远，因而受到法国的很大威胁；因

[①] 参见前面第1章和后面第9章。

为法国保有梅斯、图勒和凡尔登三个大主教管区，可以从那里控制洛林，而且法国暂时还保有皮埃蒙特的一些要塞，因此，如果能把英格兰拉入法国人的阵营，卡托—康布雷奇和约的整个体系就会受到危害。

由于这些原因，不列颠群岛的内部动荡使得它们在随后的几年内成了危险的地区和西欧角逐的焦点。动荡不定的主要政治原因是英格兰王位继承的不确定性，以及苏格兰女王玛丽·斯图亚特声称她对王位拥有最高继承权。斯图亚特王室提出这一要求的根据是苏格兰的詹姆斯四世与英格兰的亨利七世的长女玛格丽特的婚姻（1503年）。亨利七世既已与英格兰的宿敌之一法兰西言归于好，又想通过那一联姻结束与另一仇敌之间的同样久远的宿怨。亨利八世进行的第一次法兰西战争（1512—1514年）损害了他的父亲在苏格兰的事业；不过，苏格兰人于1513年在弗洛登遭遇的灾难（詹姆斯四世死在那里）和詹姆斯五世的长期冲龄引起的混乱，使英格兰20多年间在其北部边界免除了严重的麻烦。实际上，法国一心倾注于意大利战争，使得许多苏格兰人怀疑这一"老盟友"的价值，并驱使一些人梦想与英格兰和睦相处。詹姆斯五世的成年和亨利八世同罗马的决裂，使那种梦想遭到破坏，因为正当亨利抛弃教皇之时，詹姆斯却越来越依靠教会帮助他恢复他的王国的秩序。由于害怕信奉天主教的苏格兰成为教皇对主张分离的英格兰进行十字军讨伐的基地——这种恐惧由于查理五世、弗朗西斯一世和教皇在1538年缔结暂时的联盟而具有燃眉之感——亨利乃采取不顾一切的补救措施。趁着查理和弗朗西斯再次发生冲突（1542年），他马上就进攻苏格兰。有一个时期看来胜利在望。苏格兰人在索尔韦—莫斯遭到的另一桩不幸促成了詹姆斯五世的死亡（1542年12月14日），并导致了另一个漫长的冲龄期，因为新继位的苏格兰女王玛丽·斯图亚特在她父亲去世时才出生几天。与此同时，亨利八世借助于同查理结盟，占领了布洛涅（1544年），迫使弗朗西斯退出战争（1546年），切断了苏格兰人的外援。

但是，亨利八世还未能完成他的事业，未能使苏格兰就范或确保玛丽·斯图亚特嫁给他的儿子爱德华六世就死去了（1547年1月28日）。他的死亡同样也使得英格兰陷入国王冲龄的情况，而且很快就发生了派别斗争和社会混乱。最后的胜利者诺森伯兰公爵，由于忙于国内事务而不可能示强于外，于1550年3月将布洛涅卖回给法国，

第八章 1559—1569年的不列颠问题

并从苏格兰撤退。在此以前很久，亨利八世的"粗鲁的求婚"已经把苏格兰人再次推入法国的怀抱。他们的童龄女王被送到法国王宫（1548年8月），并许配给皇太子做未婚妻，而她的母亲、吉斯家族的玛丽则在法国的军队和金钱支持下掌握了苏格兰的摄政大权（1554年4月）。

这样一来，苏格兰就几乎成了法国的一个行省，而斯图亚特王室对英格兰王位继承权的要求，实际上也就成了瓦卢瓦王室的要求。这一要求在爱德华六世死去时没有明确提出来，因诺森伯兰正为了他的儿媳简·格雷的利益而用孤注一掷的阴谋去排挤半西班牙血统的玛丽·都铎，这似乎是做着法国国王想要他做的事情。此后，玛丽·都铎取得了胜利，并且嫁给了西班牙的腓力二世，这就使英格兰处于西班牙一边，正像苏格兰处于法国一边的地位一样。但是，由于她无嗣而死（1558年11月17日），再加上她的异母妹妹伊丽莎白一世继承了王位，又使危险重新加剧起来。

由于伊丽莎白是都铎王室的最后一位君主，当然没有人还去设想她会决定"作为处女而统治并作为处女而辞世"。然而，在16世纪的卫生和医药条件下，生死之间不过咫尺，正像伊丽莎白自己在1562年的重病突出表明的那样。如果她也无嗣而死，下一位继承人按血统就该是玛丽·斯图亚特。的确，玛丽并不受英格兰新教徒的欢迎，而且经过国会批准的亨利八世的遗嘱已经把斯图亚特王族排除于继承权之外。但在王位虚悬时，血统将表明比羊皮纸文书和新教教义更有力量。这一情况在苏格兰人和法国人中间所激起的希望，从下述事实中可以看出，即英格兰的枢密院和国会提出了请愿书，极力要求伊丽莎白及早结婚。

法国人也未尝不抱着更直接的希望。伊丽莎白作为安娜·博林的女儿，很难承认教皇的权威，因为教皇曾将她母亲的婚姻宣布为私通，并将她本人的出生宣布为非法。然而，在天主教眼光看来，否定罗马就会使她不配当女王。在那种事态下，玛丽·斯图亚特就不单可以宣称她是血统最近的继承者，而且还能成为当前的君主。事实上，玛丽·都铎刚一死去，法兰西的亨利二世立即宣布玛丽·斯图亚特和她的丈夫法国皇太子为英格兰王后和国王。他们招待英格兰议和官员的宴会上使用了印有英格兰王徽的餐盘。亨利无意急切地强行实现这一要求，担心这样会危及和平谈判并引起同西班牙的灾难性战争重新爆发的危险。不过，这一要求从未被正式放弃，而且它的声明表明，法国并未完全放弃这样一种希望，就是要利用不列颠政局的动荡来使它同哈布斯堡对手之间的对抗形势发生不利于对手的变化。

这样就出现了一种使法国跃跃欲试而又使西班牙十分焦虑的形势。当然，在1559年的局面下，问题的严重性本身就是一种相当可靠的保证，可以防止局面发展到难以控制的地步，因为任何人想充分利用这种局面都必须冒另一场全面战争的风险，而当时没有一个国家想打这样的战争。即使如此，在和约签订前，腓力就已十分焦急地向伊丽莎白求婚，只要她愿作为一个天主教徒而生活。而在和约签订之后，他又急切地怂恿他的奥地利表兄弟查理大公求婚。像伊丽莎白自己的顾问们一样，腓力主要关心的是她应该尽快结婚并生下孩子。但是他还感到，为了万无一失，她还必须与教皇和解，使法国人无法以宗教借口反对她。

伊丽莎白和她的顾问们也充分意识到了危险。他们还意识到，英格兰在多么大的程度上依赖着西班牙控制下的安特卫普，它为英国的大宗呢绒输出提供市场并提供诸如武器那样的重要的进口货物。他们还知道，英格兰经历了11年脆弱的政府治理和宗教革命，这已使它纷乱不宁，加之国库空虚，军队陈旧而且装备低劣，海军已失去往昔的威风，力量日衰，因此，它无力同法兰西交战。然而，他们也同样清楚地知道，伊丽莎白要对其臣民保持控制是多么有赖于她的政策要成为——而且要明确地成为——"纯英格兰的"政策。她不能去重复玛丽·都铎的错误。她不能为了自己免遭法国反对而去做西班牙的附庸和教皇恩佑下的女王。于是，她很快就开始推行一套方针，其果敢和独立性几乎使西班牙人感到惶恐。

她的第一个重大决策，是1559年4月的宗教决定，它实际上与卡托—康布雷奇和约的签订是同时的。在这个问题上，最初的意图似乎只是重申王权对教会拥有的至尊地位，其他方面则尽可能不变。然而，她最终采取的政策更为大胆。清教徒和他们在国会中的朋友们的压力，可能推动了她进一步采取行动；或者，也许是她看到了与法国的媾和已确有保证，而西班牙又是那样急切地需要她存在下去，于是就决定比她最初认为是明智的做法走得更远。无论如何，王权至尊法案再次废除了教皇在英格兰的一切管辖权，同时，一体化方案又恢复了爱德华六世的第二部（1552 年）祈祷书，只是稍作了一些修改；所有其他礼拜式均在禁止之列。的确，一体化贯彻得十分不彻底，而且在 1563 年以前伊丽莎白一直同罗马进行着秘密谈判，因此腓力二世得以说服教皇不开除她的教籍。然而，那两个法案已经十分明确地把英格兰置于新教阵营，因而使玛丽·斯图亚特更易于以合法的天主教继位要求者的身份去反对一个非法的异教篡位者。法国人仍然十分明显地不愿把这一继位要求推行到引起战争的程度。不过，如果英格兰人的进逼严重威胁到他们对苏格兰的控制，他们就可能不得不诉诸战争。

这种可能性由于 1559 年初夏在苏格兰爆发的革命①而迫在眉睫。这场革命像尼德兰发生的反西班牙的革命一样，由于十分相似的原因而增强了势头，既带宗教性，又带政治性，还包含着经济上不满的因素。苏格兰教会的巨大财富为穷贵族和一个新兴的城市贵族阶级所垂涎，而且已经被他们大肆侵夺；他们带着嫉妒的目光看到边界那边的同侪们靠着对教会的抢夺而肥了起来。教会安然自得而又不以仁爱为怀，乃是穷人怨恨的原因，他们的怨恨在《乞丐敦促书》（1559 年 1 月）中强烈地表现出来。教会纪纲废弛，对乡镇教区事业漠不关心，这使得它失去了信徒的支持，就像它自己的领袖们在得到允许召开的最后几次省区会议上所承认的那样，但为时已经过晚。教区的信徒们在精神上和物质上都如饥似渴地期待着，但并未得到满足。于是他们许多人就热切地去倾听新教传道者讲述新的教义，那种新教义已穿过英格兰与苏格兰之间的边界和越过海洋传播过来。到 1557 年末，一些有影响的贵族人物加入到他们中去——阿盖尔、莫顿、格伦凯恩、厄斯金以及玛丽·斯图亚特的异母兄弟詹姆斯·斯图尔特勋爵。这些"圣约同盟长老"的加入，为新教的宗教改革提供了一种政治力量；若没有他们，宗教改革运动就绝不可能拥有那样的政治力量。不过，他们的加入既具有宗教性，也同样具有政治性。

因为正是政治上的不满，才使得 1559 年的革命成为可能；那种不满所针对的是女王的母亲、吉斯家族的玛丽的外来统治。她从

---

① 参阅前面第 112—115 页。

1554年起当上了摄政。1548年开进来的法国军队，以及法国的金钱，才使她得以从汉密尔顿家族的首领沙泰勒罗公爵那里把摄政权牢牢地抓过来。她一直不过是亲法派的领袖，而她企图加强其控制的所作所为，只是促成了另一个派别的复兴，那个派别长期以来就反对与法国的联系。要塞里的法国驻军在市民中间激起了爱国主义的敌忾情绪。法国人占据了国家和宫廷要职，甚至最后由迪鲁贝充当枢密大臣，实际上取代了信奉天主教的戈登家族首领亨特利伯爵的地位；这就激怒了当地的贵族以及至少是一些当地的主教。到1559年时，这位摄政显然已为时过晚地采取了一种断然的立场去压制异端的发展，却把所有贵族和平民的不满、政治和宗教的不满都汇合了起来。因此，她力图制止在珀斯召开的新教大会，就使她在1559年5月陷入了与长老和圣约会众两方面的公开冲突之中。在那年的夏季，一场迅速扩展的暴动席卷了苏格兰低地和一部分苏格兰高地。洛林的玛丽和她的法国随从被围困在利斯。约翰·诺克斯回来帮助组织了一个革新的新教教会，使它充满了加尔文教义的精神。圣约同盟长老团显然正在取得对全国的控制权。

即使是厌倦了战争，但还担心异教在他自己王国内发展的亨利二世，对于法国的势力和罗马教会在苏格兰所受到的这种威胁也很难置若罔闻。不过，就在这个时刻，亨利二世在一次比武中偶然受伤身亡（1559年7月），玛丽·斯图亚特的丈夫、年幼的弗朗西斯二世继承王位，而法国的政策决策权则落入了玛丽的两个舅父——吉斯公爵和洛林的枢机主教手中。在争夺亨利二世宠信的斗争中，吉斯是温和的蒙莫朗西的主要对手；正是吉斯，曾于1558年从英格兰人手中夺回加来，现在他又成了法国天主教徒的初露头角的保护者。他那样一个人决不会听任他的身为摄政的姐姐毁于圣约同盟长老团之手。从他掌权之时起，苏格兰人就知道，他们迟早既要对付固守在利斯的摄政的兵力，还必须对付另一支强大的军队，那支军队在吉斯家族的另一位兄弟埃尔伯夫统率下很快就在皮卡迪开始集结，他们还知道，埃尔伯夫的军队一旦开到苏格兰，革命的前景就将十分黯淡。因为他们的运动虽然来势迅猛，却缺乏持久力。在内部，那些既反对法国又反对罗马的人们同那些只反对法国的人们之间，存在着根本性的分歧。除此以外，贵族们还被家族世仇所分裂，而且无论长老还是圣约会众，都没有钱支持他们的人去长期作战，甚至也无钱供给枪炮和攻城装备去攻陷利斯城。

面对法国人大规模干预的前景，苏格兰人转向了唯一能够援救他们的强国，即新教的英格兰。伊丽莎白已经在7月间帮助过他们从一次挫折中重振起来，那次她用法国货币支付了一笔秘密的援款，而且厚着脸皮欺骗法国大使。但是现在所需要的是某种更实在而且更为公开的援助——军队，攻陷利斯的攻城装备、武器、弹药，用来截击埃尔伯夫的战舰。英格兰也许能够提供这些重大援助。在没有风暴和气候方面的意外变故的情况下，她的舰队是能够对付埃尔伯夫的战舰的。幸亏塞西尔理财有术，幸亏招募了德籍雇佣兵，还幸亏格雷沙姆从安特卫普获取军备和军需品方面的功绩，她的财政和军事资源现在足以在利斯进行一次快速的决定性打击。不过，如果第一次打击失败，就没有什么后备力量来进行第二次打击了。同法国人的战争必定会接踵而来，在那场战争中英格兰将为自卫而历尽艰辛，苏格兰人的事业必败无疑，而法国人却拥有了一切口实郑重其事地提出由玛丽·斯图亚特继承伊丽莎白王位的要求。即使西班牙认为可以去营救反对天主教保护者的新教叛乱者，西班牙人的干预也只能是把不列颠群岛变成一场新的哈布斯堡—瓦卢瓦冲突的战场，而经过那样一场冲突之后，无论是英格兰还是苏格兰都不可能期望保持完整无缺的独立性。简言之，如果伊丽莎白答应苏格兰人的请求，卡托—康布雷奇的整个安排就会再次陷入争议，而西欧的全面战争就会跟着发生。

因此，伊丽莎白的枢密院多少有点犹豫地建议她立即从海陆两路进行干预，而她于1559年12月予以拒绝，也就不足为怪了。她在陆路方面还不愿有所作为，因为派遣一支军队开进苏格兰，就意味着必定而且直接地同法国开战。不过，在她的国务大臣塞西尔的敦促下，她派遣威廉·温特爵士率领她的一部分舰队开抵福思湾。他应做的是在海上或在福思湾"对法国海军做点有实效的事情"，虽然还要"就你自己的果断"找到某种无损于他的君主的借口。至于法国政府是否会接受这种借口而不介意这种举动，恐怕没有什么把握。不过，击溃埃尔伯夫的舰队，至少就可以赢得时间，而时间将会表明具有决定性的意义——如果驻法国的英格兰大使思罗克莫顿的报告中所称在法国反对吉斯家族的势力日益增长属实的话。即使如此，伊丽莎白和塞尔西也是在冒一场风险，它使一些顾问感到惊恐，使西班牙人感到震惊。

像通常那样，好运光顾了她。温特的船只安然冲过了风暴，但是风暴却摧毁了刚出海的埃尔伯夫的舰队。在另一支舰队准备就绪之前，就发生了昂布瓦斯阴谋（1560年3月），吉斯家族忙于应付国内局势。那桩阴谋虽然因运筹失当而流产，但却显出法国国内的形势不容许法国在苏格兰作进一步的干预或同英格兰进行严重较量。伊丽莎白已经通过贝里克条约（2月27日）把苏格兰人置于自己的保护之下。现在，在3月底，一支英格兰军队带着攻城装备越过了边界。

腓力二世被这一新教独立的前景所震惊，而且十分担心它的后果；他要求英格兰军队撤退，并提议派遣一支西班牙军队去维持局面，以待达成和解。然而，伊丽莎白已经缜密地衡量了西班牙人和法国人两方的威胁，她把法国人从苏格兰赶出去并不是为了让西班牙人进来。腓力的要求和提议都被拒绝了。在没有大陆进一步干涉的情况下对利斯城进行了围困。吉斯家族的玛丽已经死去，该城于7月间投降。从法国派出的谈判使节们被授予全权去尽其所能争取最有利的议和条件，就是他们在爱丁堡缔结了和约。除120人外，全部法国军队马上离境回国，把苏格兰留给信奉新教的亲英派治理，而正是他们的统治曾引起了反叛。按照这个条约，玛丽和弗朗西斯二世许诺此后不再使用英格兰的王徽和尊称，而且放弃玛丽对这个王国的一切权利要求。在一项单独的"特许"中，他们保证了苏格兰的法律和自由，许诺永远不再把法国军队派到那里，并答应只任用苏格兰人担任那里的高级官职。

实际上，玛丽和弗朗西斯坚决拒绝批准由他们授予全权的使节们所签订的条约。不过，这个条约毕竟是走向确保苏格兰独立并建立英格兰—苏格兰和睦关系的一个重要步骤；这种和睦关系使大不列颠免遭外部势力的干预，而在过去十几年间，大不列颠一直受着外部势力的威胁。苏格兰人中的一个重要派别同英格兰联合起来，共同反对罗马；另一派也同英格兰联合起来则是由于对法国有着共同的恐惧。几个世纪以来，英格兰军队第一次作为盟军开进苏格兰，而且作为朋友离开。

然而，苏格兰的独立和英格兰—苏格兰和睦关系赖以建立的基础，并不是宽阔而牢固的。新教还不是苏格兰民族的信仰，而只是居统治地位的一个派别的信仰，而这个派别之所以得势，一半靠传教热忱，一半靠有利的政治局势。爱丁堡条约签订以后，政治局势也开始变化。老的僧侣和天主教贵族现在已鼓起了勇气，以为他们已可以维护罗马的信仰而不必因此就要支持法国人的统治。新教的首领们，特别是他们的领袖詹姆斯·斯图尔特勋爵和他们的最为足智多谋的政治家，莱兴敦的梅特兰，随着他们对法国的恐惧的消除，也开始对新的苏格兰长老会的傲慢主张感到惊恐了。

"长老"同"会众"之间或者至少是同牧师之间的不和，随着召开等级代表会议解决爱丁堡和约搁置起来的宗教问题而显露出来了。1560年8月，他们通过了一些废除教皇在苏格兰的管辖权的法案；采纳了诺克斯和他的同事拟定的加尔文主义信仰告白书；宣告任何举行或出席弥撒仪式的苏格兰人为有罪，初犯者没收动产，再犯者予以放逐，第三次犯者处死。这些法案在很少有人反对的情况下获得通过，虽然玛丽再次拒绝予以批准。然而，1561年1月的牧师《教规手册》就遇到了极其不同的对待。因为它涉及的远不只是教会的职司和教义问题。它提出了一种教会主持下的教育制度和赈济穷人与病残的方案。它主张教会对私人的道德和行为拥有广泛的管辖权，并对公共事务拥有发言权。它还要求占有旧教会的全部财产而无须向原来的僧侣或现在占有教会土地的众多俗人提供补偿。简言之，新的教会要求占有旧教会的全部财富和比旧教会拥有的全部政治和社会影响还要多的东西。等级代表会议对很多问题不准备让步。某些长老同意，如果原来的僧侣向新的牧师团体交纳补助金，就准许他们保有自己的土地。即使这一点也未能获得普遍同意或正式通过，长时间的争论只是暴露了居于统治地位的派别内部日益增长的不和。

然而，苏格兰的持续的内部动荡却为法兰西的不断加剧的内部动荡所抵消。弗朗西斯二世的死亡（1560年12月）突然结束了吉斯家族的优势。他们的对手蒙莫朗西家族和波旁家族，政略派（politiques）和胡格诺派，燃起了新的希望，一场权力斗争发生了，在两年之内就把这个国家投入了历经一代人以上的内战和宗教战争。那时，王太后卡特琳·德·美第奇作为她的次子查理九世的摄政而执掌政权。她竭尽全力想法使敌对派别团结在王权周围，劝说胡格诺派和天主教派通过和平讨论解决他们的宗教分歧，因此她不可能冒险在国外卷入不必要的麻烦。完全陷入自身权力斗争的吉斯家族，也不可能为他们的外甥女玛丽·斯图亚特做多少事情，她现在作为国王的未亡人，对于身处法国的他们来说，价值已大为减少。

然而，玛丽还可以在苏格兰为吉斯家族，为法国，为罗马做些事情。约翰·莱斯利曾将一些老的主教以及天主教的亨特利、阿索尔、凯斯内斯和萨瑟兰等伯爵的建议转交给她。其中提出，她应当在阿伯丁附近登陆，集合北方天主教徒，领导他们反对爱丁堡。然而她不大可能认真采纳这项建议。不过她并不因此就屈服于诺克斯的指令：诺克斯表示，除非她首先改信加尔文宗，就不会容许她回来。因等级代表会议曾派詹姆斯勋爵到圣迪济耶见她（1561年4月），她从詹姆斯那里得知，新教长老们已准备允许她和她的随从私下举行弥撒，只要她接受现在的宗教安排，并同意他们做她的顾问。而且，詹姆斯勋爵还清楚地表明，他们不会强迫她去屈从于伊丽莎白反复要她批准《爱丁堡条约》的要求。他们决不支持她现在就占有英格兰王位，但如果伊丽莎白无嗣而亡，他们就会全力支持她继承王位。

吉斯家族极力敦促玛丽接受这些条件并迅速返回苏格兰。他们在那里的事业几乎已被破坏殆尽，不过，如果她明智地行事，她可以使苏格兰的天主教免遭全部毁灭，还可以与法国保持某些联系。尤其是现在看来，新教长老的介入已是说明伊丽莎白承认她在英格兰王位继承中的地位的唯一希望。至于玛丽是否具有实现那一任务的头脑或品质，或许还是个疑问。她才18岁，她"认为自己并不很聪明，但乐于接受明智的顾问和聪明的人士的指引"。她既然孤身一人在苏格兰，能够不像在法国听从她的舅父们指使那样去接受詹姆斯勋爵及其盟友的指使吗？显然，这正是詹姆斯勋爵和梅特兰所希望的事。如果他们能确保她对英格兰王位的继承权利，她能够不接受英格兰模式那样的温和的埃拉斯都式的新教吗？反正许多苏格兰长老宁愿接受这种温和的新教而不愿接受一些牧师们的神权政治主张。在一个苏格兰女王和一种宗教之下联合起来的大不列颠，就能保证苏格兰人可以抵制某种重复亨利八世的"粗鲁的求婚"或吉斯家族的玛丽施行的法国统治的情况。

当玛丽·斯图亚特于1561年8月19日踏上苏格兰土地时，她自己抱着什么样的想法，对此我们就只能推测了。也许她自己的意图还远不如众多的历史学家设想的那么清楚；他们一直对那些意图进行着如此热烈而长期的争论。无论如何，在其后三年之间，她看起来是安于接受詹姆斯勋爵和梅特兰的指教，并像是在恰如其分地信守圣迪济耶的约定，虽然她也留心着不要使自己未来的行动受约束。她抵达后的第一个星期日，当一群新教徒试图阻止她举行私人弥撒以后，她发表了一个声明，其中概括说明了她的态度。该项声明以后又重新发表过几次；其中保证，一俟方便时机到来，女王就同等级代表会议解决一切宗教分歧。但是，它并未说明方便时机将在何时到来，也没保证最后的解决方式将类似于现在的方式。与此同时，它宣称不仅要对那些力图推翻现已确立的宗教形式的人们处以死刑，同时也要对以任何理由干涉女王侍从的任何人处以死刑。

牧师们继续在讲坛上大发雷霆，他们的会众则威胁着要杀掉"做弥撒的祭司们"。但是，在新教长老中间，正如诺克斯所忧虑的那样，"宫廷的圣水"不久就浇灭了这种热情。他们允许玛丽在巡游中以她的私人弥撒"玷污"斯特灵、珀斯、邓迪和阿伯丁。1561年11月，他们驳回了牧师们关于禁止这种"偶像崇拜"的正式要求，[218] 而且拒绝了关于他们没有义务服从一位崇拜偶像的女王的提议。在一个月里，他们又再次否决了通过《教规手册》的要求；而且他们虽然对所有的教会财产征收了1/3的税，但将课税所得的一半分配给国家，只留一半用于维持新教牧师团体。事实上，这场冲突很快变成了新教长老和新教牧师之间的冲突，而不再是天主教女王同她的新教臣民之间的冲突。

这并不意味着新教长老们准备同天主教贵族或那些无论信仰什么宗教都首先效忠王室的贵族们分享政治权力。詹姆斯勋爵的两次出征和博思韦尔伯爵的流放，已迫使边境居民归顺。对亨特利和他那反抗的戈登家族的镇压（1562年10月），使得北方天主教徒慑服。玛丽热心地参加了对亨特利的征讨，其高潮是她将莫里伯爵爵位授予詹姆斯勋爵（11月），这实际上意味着，他当初到圣迪济耶时所抱希望是确有道理的。第二年春天，包括大主教圣安德鲁斯在内的48人被逮捕和定罪，其中一半的人被判处监禁；他们的罪名就是举行或参加弥撒。新教力量的这种显示，通过剥夺戈登家族和萨瑟兰的权利而更加突出，但这种力量的显示却再一次妨碍了新教牧师们在等级会议召开时赢得足够的支持去通过他们强烈要求通过的《教规手册》和为取得任何成果所需要的更加充分的规定。

表面上看来，这是莫里伯爵政策的又一次胜利。他已经控制了他在贵族中的政治对手。亨特利已经死去，而且他的后嗣已不能涉足官职；博思韦尔已被流放；诺克斯的最后一个贵族支持者阿伦已完全陷入了神经错乱。现在，莫里似乎也控制了他的新教支持者，甚至控制了长老会本身。但是，他同诺克斯是不和的。由于他拒绝听命于长老会，他已经沿着丧失长老会这个同盟者的道路走得很远了。而且，宗教再次变成政治争端。在各个地区，天主教徒都日益大胆地违抗禁止举行弥撒的法律，而新教徒，特别是在西部地区，却通过"契约"和盟约团结起来贯彻这项法律。随着双方敌忾情绪的增长，莫里的中间路线遇到越来越大的困难。最糟糕的是，他日益失去对女王的控制。他可能默许过，一旦等级会议解散就释放圣安德鲁斯大主教和其他天主教囚徒。但是，看来他并不愿意答应1563年夏天为女王的侍从们在霍利鲁德举行的一次弥撒，那时女王本人已启程去西部巡游。诺克斯召集他的新教教友以压倒性优势出席了对破坏霍利鲁德弥撒的人们的审讯。当枢密院宣告诺克斯这一行为不构成叛逆罪时，玛丽怒不可遏，表露了她对莫里的监护日益不堪忍耐。

然而，使莫里的控制力遭到最大削弱的是他未能使玛丽对英格兰王位的继承权得到承认。早在玛丽于1561年8月刚返回苏格兰时，长老团就派梅特兰去英格兰提出了这个问题。伊丽莎白再次提出批准爱丁堡条约的要求作为回答。这是完全可以预料的，因为玛丽曾被正式宣布为英格兰女王，虽然她已停止使用这一称号，但从未正式放弃它。另一方面，条约要求她从此以后放弃这个称号和英格兰王徽。这一措辞形式不仅可用来否定她现在的王位要求，同样还可用来否定她将来继承王位的希望。因为经过法律确认的亨利八世的遗嘱，已排除了斯图亚特家族对英格兰王位的继承权，而爱丁堡条约中的这一条款可用来加强遗嘱中此项规定的效力。因此，如果批准条约，就不但放弃了现在占有王位的一切要求，而且也放弃了将来继承王位的一切要求。现在，正如梅特兰早在1560年12月就向塞西尔提出的那样，苏格兰人的想法是，伊丽莎白应该承认玛丽为她的继承人，如果她本人无嗣而死的话；玛丽则应该批准经过如此修改的爱丁堡条约，并成为英格兰的可靠友邦和盟邦。

然而，要达成这样的妥协，还存在着严重障碍。障碍之一就是伊丽莎白本身。她愿意修改条约，让玛丽在放弃英格兰女王称号的同时，保留继承王位的权利。但是，她极不愿意承认这位苏格兰女王做她的继承人——实际上，她不到临终时绝不允许指定自己的继承人。她曾在她姐姐统治时期亲身经历过，在一位推定的继承人周围是多么容易产生各种阴谋，尽管当时那个继承人还不敢做得太过分，而且也不是一个毗邻王国的执政的女王。正如她向梅特兰说过的那样，她担心的是，如果承认玛丽是她的继承人，就无异于在她的面前铺开自己的裹尸布。除此以外，还有另一个障碍。承认玛丽为继承人就意味着抛弃亨利八世的遗嘱。那个遗嘱是经过议会法案确认的，必须有另一个议会法案才能予以推翻。英格兰民族中有一个强大的、很有发言权的集团，他们在枢密院中有很大的影响，并在下院中居于主导地位，对他们来说，要在将来接受另一个信奉天主教的半外国籍的君主，是绝对不能容忍的。简言之，伊丽莎白不仅有理由怀疑正式承认玛丽的继承权是否明智，还有理由怀疑那样做是否行得通。

尽管如此，当玛丽本人于1562年1月将梅特兰的建议提出来时，伊丽莎白表明她并非毫不同情。如果能够设法做出确实有效的保证，使她自己能继续占有王位，她似乎是，而且也许确实是准备承认玛丽的继承权。要设法做出这样的保证，几乎困难到不可能的程度。然而，谈判虽然缓慢地却是一直友善地在进行着，到了1562年5月，还安排两位女王于初秋时节在约克或附近进行一次会晤。

正当此时，大陆事务又一次干扰进来。在法国，玛丽的舅父们再次取得了对国王和政府的控制权。因为卡特琳·德·美第奇的调和路线鼓励了胡格诺派大肆争夺优势地位，致使蒙莫朗西那样的温和的天主教徒把他们对吉斯家族的嫉恨抛到一边，并同吉斯家族联合起来去捍卫旧教信仰。波旁家族的首领那瓦尔的安东尼，出于不那么令人信服的理由，同他们联合起来。到1562年春，他们已强大到足以向那位母后的权威挑战了。孔代和波旁家族的另一些人，科利尼和夏蒂永，以及蒙莫朗西集团的另一些新教徒，不能容许对这种挑战听之任之而不加以抵抗。当吉斯的卫队在瓦西镇并非事出无因地屠杀了一些胡格诺会众时（1562年3月），双方的激愤爆发出来，导致了第一次宗教战争。

伊丽莎白最初力图不让这些事件影响她的苏格兰政策。她想帮助卡特琳在法国各派之间进行调停以达成一项和解，甚至或许通过对玛丽做出让步来促使吉斯家族妥协。但是，战争开始时卡特琳的权力就中止了，而且吉斯家族态度坚决，不为所动。于是，同玛丽的会晤不得不推迟。因为随着法国的胡格诺教派的挫折和损失的消息大量传来，一个英格兰议会势必比以往任何时候都更不愿接受那位吉斯家族的外甥女作为他们未来的君主。实际上已有迹象开始显露出来，似乎吉斯家族很快就要再次成为法国的主宰并能重新推行被昂布瓦斯阴谋和弗朗西斯二世的死亡所打断的计谋。还显示出一种可能，即腓力二世要保住他的尼德兰免遭异教传染的急迫心情（这种急迫心情已驱使他给予法国天主教徒以有限度的支持），可能胜过他对法兰西势力抱有的非宗教性的戒备之心。除非英格兰进行干预，去拯救胡格诺派并制止吉斯家族，即使西班牙宽厚地保持中立，玛丽也可能很快就获得法兰西的全部力量做她的后盾。而且，罗伯特·达德利勋爵和伊丽莎白的枢密院中的主战派认为，如果现在进行干预，她就可能像在苏格兰加强新教徒的地位那样，在法兰西加强胡格诺派的地位，使之成为对付吉斯家族的一个永久性的平衡力量和防止法国采取敌对行动的保证。她甚至还可能收回加来港，而以勒阿弗尔和迪埃普作为交换；后者正是孔代的使节正在极力加以出卖的地方。伊丽莎白同意了这一主张；她现在虽已不得不承认达德利不适于做她的丈夫，但或许较为愿意把他作为一个政治家而听取他的意见。在8月里，她答应借给孔代14万英格兰银币，作为回报，孔代将勒阿弗尔交给伊丽莎白，直到加来交还给她时为止。

甚至在英格兰军队于1562年10月占领勒阿弗尔之前，孔代向宿敌出卖法兰西国土的行为，就几乎已经使法国各派感到震惊而清醒起来。他的几位追随者抛弃了他。吉斯于9月间向胡格诺派表示，只要他们不让英格兰人进来，就对他们普遍宽待。卡特琳于12月间也向孔代作了类似的提议，如果他能帮助促使英格兰人撤出去的话。然而，孔代不愿相信他的敌人的诺言而牺牲他唯一的盟友。伊丽莎白已让野心压倒了她早先打算促成一项和解的想法，拒绝放弃勒阿弗尔，除非把加来交还给她。于是战争就继续下去，而且各方面暂时都有利于吉斯。他在德勒的胜利（12月19日），使胡格诺派的军队被逐出了战场，并清除了他的大多数对手。因为圣·安德烈被杀掉，孔代被天主教徒俘虏，而蒙莫朗西则被胡格诺教徒所俘。那瓦尔的安东尼已在一个月之前受了致命伤。这样，在冲龄的查理九世的顾问大臣中，现在吉斯俨然占据了他以前在弗朗西斯二世顾问大臣中所占有的那种优势地位。驱使伊丽莎白进行干预的那种惊恐，已经变成了眼前的危险，这种局势必然会驱使伊丽莎白更深地卷入法兰西的争端中。

玛丽希望举行的会晤，就这样被往后推得更远了。她还有另外一些不能忍耐的原因。在1562年10月，伊丽莎白由于患天花而濒临死亡，据称在枢密院讨论王位继承问题时，玛丽的名字几乎没有被提到。后来，在1563年1月，英格兰议会开会了。不能指望它会对这一重大问题保持沉默，并非不可能的是它会强使伊丽莎白做出一项对玛丽的权利要求极为不利的决定。于是，梅特兰再次被派往伦敦，去力争玛丽的继承权得到承认，并力争许可为她向议会陈述理由。作为交换条件，他可以提议由玛丽进行调解以确保与法国保持和平并归还加来，这一建议由于吉斯向英格兰驻法国大使提出了类似建议而显得更增加了一点可信程度。

不过，梅特兰既准备了进行劝导，也准备了施加压力。他曾向西班牙驻英格兰大使提出玛丽嫁给腓力二世的儿子唐·卡洛斯的可能性，并向卡特琳·德·美第奇谈及同法国的查理九世成亲的事。在这方面，梅特兰和莫里的确是在玩弄一桩非常危险的诡计。他们可能是想运用这样联姻的威胁促使伊丽莎白做出他们所需要的让步。可是，如果谈判并未使伊丽莎白改变主意，而玛丽却嫁给了西班牙的王位继承人或法兰西的国王，那时他们的地位又将如何呢？苏格兰新教和不列颠独立的命运又将如何呢？

这一冒险碰巧暂时表明有其正确性，虽然并未带来利益。1563年1月，吉斯遇刺身亡。他的兄弟中，奥马尔和大修道院副院长于几天以后死去，埃尔伯夫被围困在卡昂，洛林枢机主教则已外出参加特伦托宗教会议。吉斯家族也像波旁家族和蒙莫朗西家族一样处于群龙无首状态。所有这些大家族的首领或者只是一些幼童，例如那瓦尔的亨利和吉斯的亨利；或者是一些囚徒，例如孔代和蒙莫朗西。道路已经扫清，使卡特琳·德·美第奇得以再次掌权，把天主教和胡格诺教各派联合起来，将英格兰人逐出勒阿弗尔（1563年7月），迫使伊丽莎白通过特鲁瓦条约（1564年4月）放弃对加来的要求。

222　　不过，伊丽莎白在法国的干涉虽遭失败，却在阻止英格兰—苏格兰关系再次变成卷入大陆政治的危险关系方面起了很大作用。因为那场干涉再次提醒那些企图损害别国的政府，要发动进攻仍然是多么危险。伊丽莎白帮助新教叛乱者反对他们的天主教君主已经吃了亏。从此以后，她虽然把法兰西、尼德兰和苏格兰的新教徒视为可利用来施加压力的集团而随时准备给予暗中的鼓励，但是当她已经不可能以另外的方式去同他们的合法统治者达成协议时，才采取不顾一切的最后手段，去怂恿他们发动公开叛乱。卡特琳·德·美第奇和比较温和的法国天主教派也准备达成一项谅解，以防止英格兰人对他们自己尚不稳定的事态进行另一次干涉，即使那样一种谅解意味着对玛丽·斯图亚特不利并拒绝以查理九世做她的丈夫。而且，不管围绕着卡特琳与阿尔发公爵1565年在巴约讷的会晤产生了什么传说，卡特琳的重新掌权，已使腓力二世对法兰西由来已久的全部疑虑重新复活起来。而且在此以前，由于唐·卡洛斯的疯癫，关于他与玛丽订婚的犹豫不决的谈判已告终结。这位苏格兰女王再也不能期望许身于法兰西的国王或西班牙的王子了，而且，再也没有一个其权势足以慑服伊丽莎白承认她的权利的大陆求婚者了。

　　实际上，即使与唐·卡洛斯订婚的威胁，对伊丽莎白的触动也只不过是微弱而缓慢的。因为，虽然议会在1563年并未敦促她指定一位继承人或选择一位丈夫，却使她更加敏锐地觉察到承认玛丽权利的实际困难。那年秋天，她一面提醒玛丽，如果同"法兰西、西班牙或奥地利的孩子们"结婚，就会使承认变得不可能；同时她又带点含糊地提出，如果在国外，或者就在英格兰贵族当中，择一合适配偶，那将能使玛丽的权力得到审理，而且如果认为合适的话，还可能通过诸如长老团和下议院能够同意的措施而得到促进。1564年3月，她又往前走了一小步，提出了供玛丽选择的对象——罗伯特·达德利勋爵，为使其更为匹配，很快将他晋升为莱斯特伯爵。即使到那时，她也不愿答应完全地和无条件地予以承认。正如塞西尔于1564年12月所写的那样，她必须靠着她的国家的法律和议会的同意来实行统治。

这里存在着难题。如果做更多的许诺，就不仅会在玛丽面前铺开自己的裹尸布，还会许诺出她自己履行不了的事。如果议会是1563年表现出来的那种情绪，那么，对苏格兰人的要求的最好的指望，正像后来对詹姆斯六世表明的那样，就是寄希望于时间和伊丽莎白的善意，而不是强行做出一项直截了当的决定。然而，那就需要比玛丽所能秉有的更多的信任和更多的耐心，难怪像梅特兰那样思路清晰的苏格兰人，也抱怨塞西尔"含糊其词，支吾其言"，或者怀疑"除了消磨时光，毫无意义可言"。

玛丽于是就转向了另一个求婚者，年轻的达恩利勋爵。达恩利的父亲在玛丽年幼时曾是同沙泰勒罗争夺摄政权的劲敌，在她继承苏格兰王位以后，又是争夺首要地位的一名劲敌。他的抱负受到枢机主教比顿的阻碍以后，就变成了承认亨利八世宗主权那一派人的领袖。他在1542—1549年的战争中为英格兰人而战，因而被作为叛国者而剥夺了权力，并从1544年起在英格兰过着流亡生活。他在那里同玛格丽特·道格拉斯女士结婚，那位女士本是詹姆斯四世的遗孀、亨利八世的姐姐玛格丽特同她的第二个丈夫安格斯伯爵所生的女儿，而那位伯爵曾领导过早年的亲英格兰派别。由于达恩利年幼，他的母亲又倾向于旧教，这就使得他不适合于在1559—1660年重新承担他的父亲和祖父曾经承担过的角色，因为此时苏格兰的宗教改革运动不管怎么说也已经给伊丽莎白提供了更为有力的同盟者。不过，达恩利毕竟还能够根据他父母双方的血统，在苏格兰王位继承顺序中提出对玛丽的下一轮继承地位的要求，并根据他母方的血统提出对英格兰的下一轮王位继承的要求。玛丽如果同他结婚，就能增强她在两个王国中的权力。

并无任何十分明显的依据去推测这桩婚事曾引起伊丽莎白的反对。1562年当伦诺克斯促进此事时，伊丽莎白把他关进了伦敦塔；但是，他偕其妻子和儿子于次年被接回宫廷，备受荣宠。正如伊丽莎白向玛丽的使节梅尔维尔清楚地暗示的那样，她也充分意识到，那一设想在1564年已再次活跃起来了。然而，正是在伊丽莎白的要求下，伦诺克斯被允许回到苏格兰（1564年9月），在那里，他的地产被发还给他；也正是凭着伊丽莎白的许可，达恩利于1565年2月在那里与他相会。一个月以后,英格兰大使告知玛丽,如果她同莱斯特伯爵结婚的话,在伊丽莎白结婚或者宣布她决定永不结婚之前,不能宣告她的英格兰王位继承人的资格。这位英格兰女王除了明确敦促玛丽嫁给达恩利之外,几乎不可能再为达恩利扫清道路而做更多的事情了。那时正值达恩利出麻疹,这使得玛丽长时间地而且屡次地到他的床边看望;这样,由于政治加上了爱情,那场麻疹大概对事态起了促进作用。不过,当伊丽莎白禁止发布结婚预告时,玛丽感到她完全受骗了,而这种感情可能是十分真实的。它肯定驱使她更加下定决心嫁给达恩利,虽然她已把婚期推迟到7月底,以尽力去取得伊丽莎白的谅解。

伊丽莎白的目的这一次的确比平常更为高深莫测。思罗克莫顿曾报道有的谣传说,达恩利的婚姻并没有被女王陛下和她的枢密院看得像他们假装看得那么坏。法国大使也怀疑伊丽莎白"掩盖了她内心里实际上曾期待着它发生的那种喜悦"。的确,她的某些顾问对于鼓励那桩婚事曾表示大为震惊,因为它将为苏格兰人的王位要求和旧宗教提供支持,"苏格兰女王的权力所系的绳索,唯一就靠着它来系住"。然而,伊丽莎白的看法同她的那些较为倾向清教徒的顾问们的意见是很难等量齐观的。她从未同意过他们对她的为数较多的天主教臣民的不信任态度,因此也就很难同意这种说法,即认为"同达恩利勋爵结婚的危险……比同最有权势的外国君主结婚的危险更大"。相反,她可能真的认为那是走向使英格兰—苏格兰关系脱离大陆政治纠葛的另一步骤。因为玛丽既已结了婚,她能够做的就只是请求外国君主帮助她争得她的英格兰继承权,而伊丽莎白则能把一个王国视为她的嫁妆而伸出自己的手。还有,如果她那时已具有她在以后年月里所表明的那种想法,即认为只有一位男性国王才适宜于继承她的王位,那么,她就甚至还可能把玛丽的完婚以及那桩婚姻所给予她的英格兰祝福者们的期望,视为朝着正确方向前进的一个步骤。同时,她既然已在不顾玛丽明确表示的愿望的情况下使玛丽结婚了事,她也就能使那位苏格兰女王谋求承认其继承权的唠叨不已的要求告一终结,那种承认实际上也是不可能予以许诺的。

结果却是,那桩婚姻竟使得所有那些由它引起的期望和忧虑全都被证明并无根据。因为达恩利缺乏作为一个政治家的一切品质,而他的妄自尊大又是那样令人不堪忍受,以致在结婚之前,伦道夫就担心"他不可能在这个民族中间长久生活下去"。玛丽的迷恋只是助长了他的坏脾气。由于"凡是不能使他满意的人,就不能使她高兴",受害者首先就是那些自从她由法兰西回国就指导她的政策的顾问们。1565年4月,莫里同阿盖尔一起退出了宫廷和枢密院,沙泰勒罗为了自己的安全也采取了同样的举动。到8月间,这几位人士和另一些长老举行了公开暴动,得到了伊丽莎白秘密送来的两三千镑的援助。他们竭力为自己的暴动辩护,为此而指控达恩利企图将他们置于死地,并断言玛丽和他蔑视本国贵族顾问而宠幸诸如意大利籍秘书大卫·里齐奥那样的出身卑微的外国人,还企图取消新教。

那是徒劳的。在1559—1560年显得十分有效的攻讦之词,在1565年却没有产生什么吸引力,因为玛丽和达恩利并未做过可以证实那些攻讦之词的事情。玛丽曾在新教徒大会上拒绝了要她放弃自己的信仰的要求(6月),但她再次向他们保证,她不会压制人们的信仰,而且她将像她已经决定的那样保存他们的宗教,直到等级会议能够同意做出一项最后的和解为止。达恩利虽然是按照天主教仪式同玛丽举行的婚礼,但在举行弥撒之前就退席了,而且在其后的几周之内不时地出席聆听新教传道。博思韦尔地位的恢复和影响的增长,以及戈登的亨特利伯爵爵位的恢复,都很难说明是天主教的阴谋,因为博思韦尔那时已是一名新教徒,而戈登至少已表示要做一名新教徒。甚至对于玛丽秘密地向腓力二世祈求援助和保护(9月)以及向他和法国宫廷做出忠于旧教的表白(8月),人们也能做出合乎情理的解释。因为既然伊丽莎白已在煽起叛乱并以战争相威胁,玛丽还能向别处求援吗?于是,当莫里起事时,他的许多新教盟友——莫顿、鲁思文、梅特兰——都袖手旁观。新教会众,即使在爱丁堡,也表现出罕见的冷漠态度。到10月间,"到处追捕"结束了,叛乱的长老们流亡到英格兰,莫里显然遭到了戈登集团在三年前遭到的那种挫折。

然而,玛丽由于听任达恩利自行其是,或者如某些人宁愿说的那样,由于让她自己的真正的却长期隐藏起来的意图暴露出来,这样就把她自己置于一种冷静的政策所不能容许的孤注一掷的地步。由于她破坏了若在一个世纪以后就会被称为"新教阵线"的组织,她就抛弃了一种有组织的而且强大到足以使王室权威在她的整个王国受到尊重的力量。亨特利和阿索尔得以再度控制北方，博思韦尔控制了边界地区，诺克斯在西南部提供了一个新据点。不过，这是一个脆弱而且不相称的班子，难以驾驭那些未随莫里起事的情绪低沉的新教长老，即那些牵连较少的贵族，他们的封建本能在政府中心散发着混乱的气氛；也难以驾驭新教的会众，他们的好斗精神随着对天主教的每一次新的让步而重新增长起来。实际上，玛丽于1566年1月向教皇求援一举，甚至她的使节为求援而使用的语言都表明，若无及时而巨大的外援，她对于控制她的王国几乎已经绝望了。

固然，卡特琳和阿尔发在巴约讷的会晤（1565年6月）以及那次会晤引起的要建立一个天主教联盟的谣传，可能促使玛丽产生一种希望，认为她自己的天主教信仰那时将会给她带来那种援助。然而，即便如此，她也是很快就明白过来了，因为从那种观点来看，她的策略是极不合时宜的。这两个天主教大国仍像以往那样，互相猜忌使它们不能共同行动，互相疑惧又使得他们不能各自行动，特别是由于现在英格兰已再次成了一个必须加以考虑的因素。随着孔代就任皮卡迪总督，腓力二世极为担心法国人会在他的尼德兰诸省煽起反抗高潮。1565年10月，他告诉教皇和玛丽的使节，他只准备给少许的钱秘密地帮助玛丽反对她的叛乱者。如果伊丽莎白向她进攻，他可能稍许多做一点事，但仍旧是秘密地而且是通过教皇去做。另一方面，如果玛丽在伊丽莎白健在时就要求占有英格兰王位，他就丝毫不给支持；他还严厉地告诫她，不要让一支法国军队开进苏格兰。法国政府有些担心的是，为一位信仰天主教的苏格兰女王进行十字军征讨，会危及国内尚不稳定的宗教和平。他们告诫伊丽莎白不要向她进攻，但他们的主要努力目标是促成两位女王重归于好。简言之，除非伊丽莎白向玛丽宣战，两个天主教大国都绝不会进行有效的干预。而伊丽莎白也不愿像孔代曾把她卷入法国一样，再让莫里把她卷入苏格兰。她只是在莫里的罪恶叛乱已经过公开而又认真的按正式步骤的惩戒之后，才允许他穷困潦倒地留居在英格兰。

这样，1565—1567年的苏格兰危机，结果并没有引起外国的严重干涉，而玛丽也不得不转而去依靠她能够在苏格兰国内聚集起来的那些力量的支持。她的最明智的方针，大概就是思罗克莫顿提出的那个方针，虽然他究竟是作为她的忠实的好心人还是作为伊丽莎白的诡计多端的仆人而提出那个方针也许值得怀疑。如果她宽恕莫里,并在宗教事务上继续实行一项明确的温和方针,则她即使不能把整个民族聚拢到王权周围,也能缓和新教徒的恐惧情绪。但是,达恩利的反对,以及显然还有里齐奥的献策,排除了宽厚态度,尽管那才是真正明智的态度。她选择了或者说被促使去实行了一些只会激起反抗的措施——日益增加对莫里的死敌博思韦尔的宠幸;恢复戈登家族的地位;将天主教徒阿索尔和外国人里齐奥擢升到原由莫里和梅特兰占有的顾问职位;把原来的天主教的主教和修道院长召来参加等级会议,该会议定于1566年3月举行,以宣布剥夺流亡的新教长老们的权利;甚至还谣传,里齐奥将被弄去取代莫顿当枢密大臣。

这一切又由于玛丽日益疏远她的丈夫而加倍危险起来。随着她发现他在政治上是多么不合适而在为人上又多么靠不住,她对他最初的迷恋很快就消退了。她不敢满足他要继任莫里职位的野心,而正是他劝使玛丽把莫里从那个职位上赶走的。她越来越排斥他过问国事。她越来越依靠里齐奥提供建议,经常同他密谈到深夜。流传到我们今天的关于里齐奥的记叙,难以使人相信他们的个人关系是无可指责的,虽然一直存在着新教徒关于詹姆斯六世血统问题的嘲弄。玛丽的轻浮的举止以及她对本地习俗的漠视,从前就已引起苏格兰人的惊异,但那时没有不道德行为的证据。现在她的行为就像几年前伊丽莎白同达德利之间的行为一样,极为轻率,足以引起恶意的谣言,并使得达恩利那样一个人确信无疑。当他发现自己已被排除于政权之外,并相信他作为丈夫已遭到欺骗时,他就同新教徒莫顿和鲁思文联合起来,并通过他们同莫里联合起来。他们同意支持他剪除里齐奥,并保证若玛丽无嗣而亡,使王位由其丈夫继承。他则将采取措施恢复莫里和流亡者们的权利并最终确立新教的地位。在1566年3月9日的夜晚,这一交易的前一部分完成了。达恩利、莫顿、鲁思文和他们的同伙,把尖叫着的里齐奥从女王跟前拽走,并在她的门外将他杀死。次日,莫里和流亡者们从被到处追捕的状态下返回。

这一交易的其余部分没有履行。玛丽在表面上热情地欢迎了莫里以后,慢慢从达恩利那里探出了阴谋的原委,然后就说服他同她一起逃到邓巴(3月12日),在那里,博思韦尔、阿索尔和亨特利同他们会合。当她重新控制了国王并获得了某种程度的个人自由时,她就得以对莫顿和他的暗杀同谋者坚持实行了流放。在此，她暂时终止了复仇。在三个月之内，她将面临16世纪分娩的一切危险。3月9日至12日那种考验的任何重演，对她和她的婴儿都将是致命的，而且她并不打算让出她的道路去助长她丈夫谋求王冠的野心。因此，莫里、阿盖尔和1565年的流亡犯就得到了宽恕。接着就出现了贵族之间的全面和解，博思韦尔、亨特利同莫里，阿索尔同阿盖尔都和解了。到4月底，他们全都回到了宫廷，并一齐出席枢密院会议。这种全体和睦的外观，一直延续到1566年6月19日玛丽的儿子、未来的国王詹姆斯六世出生之后。9月间，梅特兰被允许回到宫廷，并与博思韦尔重归于好，而在圣诞节的前夜，甚至莫顿和里齐奥的谋杀者们也得到了宽恕。

唯有达恩利被排除在普遍宽容之外。直到她的儿子出生之时，玛丽还保持着某些和睦的假象，尽管不让她的丈夫过问政务，并告诫贵族和使节们不要同他打交道。此后日益明显的是她的愤怒并未平息，虽然他本人长期不在宫中，并威胁说要逃往大陆。当她长途乘车去看望受伤的博思韦尔之后，由于对她的婚姻的失望，也许还有对她儿子安全的担心，可能促成了她在杰德堡身罹疾病（10月），至少梅特兰是那样想的。他给住在巴黎的比顿写道："一想到他竟然是她的丈夫，而且她又找不到摆脱他的出路，这对她乃是一桩伤心事……多久会发生变化或以什么方式发生变化，只有上帝知道。"

这些话具有一种不祥的意味，特别是当我们想到，玛丽总是强烈地依赖于一两个宠信的顾问，而现在则已日益明显地选中了博思韦尔伯爵，就会更加感到不祥。博思韦尔可能成为"一个极端果敢的领路人"，不过他总是热衷于采取不顾一切的补救措施。没有必要接受物议中编造出来的所有情节，那种物议旨在使人们相信，博思韦尔的目标是既要取代莫里的地位，也要取代达恩利的地位，而玛丽竟然把这种取代视为一种值得欢迎的可能性。如果真是如此——试图证明她对他的宠信纯属政治性的，并不十分令人信服——那么，对于达恩利来说，她在所有的男人中竟挑中博思韦尔来给予荣耀和爱恋，那就是一个凶兆。更为不祥的是，没有一个人能够制止博思韦尔的鲁莽。他并不是得人心的人。早在7月间，他就被说成是像里齐奥那样遭到其他贵族同样愤恨的人。不过，还没有什么人打算反对他们的女王的宠臣，而且某些人可能仅仅是乐意让他自行其是地去同达恩利打交道。

当玛丽回到克雷格米拉（11月）之后，显要贵族们究竟在那里达成了什么协议；玛丽究竟了解多少并同意了多少；在其后几周究竟发生了一些什么事情——这些都是属于有待探究的历史悬案中引起最激烈而又细致地争论的问题。莫里和莫顿未签订任何协议；阿索尔不了解任何情况。对于其余的人来说，博思韦尔、阿盖尔、亨特利、梅特兰以及其他人曾同意以某种方式使玛丽"摆脱"达恩利。玛丽至少已了解到了那样的程度。1567年1月底，大约就是她给她的驻法国大使写信以尖刻的语言提及她的丈夫的同一天，她乘车到了格拉斯哥，表面上向达恩利表示了和解，那时她所患的天花或水痘已经痊愈。她带着他回到爱丁堡。他们在紧挨着城墙外边的长老教会活动场停留了几天。2月9日晚上，她和朝臣外出参加一个婚礼，让达恩利和他的一个仆人独自留在屋里。大约深夜两点钟，参加婚礼的人回来之前，一声剧烈的爆炸，炸毁了那所房屋抑或是它的一部分。人们在远处找到了达恩利和他那位仆人的尸体，几乎是赤身裸体的，而且被炸得模糊难辨了。

幸而没有必要在这里去考察那些由搜遍了证据的无数历史侦察家们对这一轰动社会的罪行所提出的各种各样的解释。它对历史进程的影响，决定于人们认为发生了什么事情，而不是实际发生过什么事情。而那时的人们——西班牙人、法兰西人、意大利人、英格兰人以及苏格兰人，天主教徒以及新教徒——都认为很难不按照压倒一切的初次印象的证据去相信博思韦尔是谋杀者，而玛丽是他的同谋。而且，玛丽在罪行发生之后的行为，只会加强不利于她的假定。她对追查谋杀犯三心二意；她对博思韦尔的宠信有增无减；博思韦尔出席安排对他本人的审讯的枢密院会议；以及那场审讯的闹剧性质（4月12日）；这一切都使得国外那些为她祝福的人们大失所望。即使当时流行的对魔法和巫术的信仰，也难以使人们相信：她是被博思韦尔"诱拐"（4月24日），以及她在与博思韦尔串通起来使他离弃了亨特利的姐妹之后嫁给他（5月间），都是在违背她的意愿之下干出来的。因为，虽然达恩利对她的侍从里齐奥的谋杀无疑是一桩严重罪行，但对出身于瓦卢瓦王族高贵传统的玛丽来说，博思韦尔对她的人身的强占，毕竟应当引起不会更小的愤怒，如果那真是在违背她的意愿的情况下发生的话。固然，巴克罗芙小姐的咒语必定发生过真正的效力，使得玛丽竟然在此后两年间拒绝牺牲她的强占者去挽救她的王位。

正是这桩婚事使她付出了王位作为代价。实际上，老百姓已经把博思韦尔看作公认的达恩利的谋杀者而强烈地予以反对。然而，在那样的情况下他们就在贵族中间找不出什么领袖人物了。一些人已经在克雷格米拉牵连得很深；另一些人，例如莫顿，曾经知道达恩利面临的危险，但并没有试图提醒他；莫里几乎过于凑巧地及时抽身到了圣安德鲁斯，后又到了法兰西，这反倒加强了而不是削弱了对他也曾"睁只眼，闭只眼"的怀疑。除了诺克斯和阿索尔以外，没有人会欢迎对达恩利的谋杀案进行充分而公正的调查。不过博思韦尔的婚事，是另一个问题。它驱使民众既恨博思韦尔也恨玛丽，而且使贵族们得以出面领导。有几位贵族——阿盖尔、亨特利和梅特兰（即使博思韦尔的威胁没有吓坏他的话）——仍然感到同谋杀案牵连太深而不能反对那桩婚事。汉密尔顿家族的人则期待着年幼的詹姆斯夭亡而继承王位，因而同他们联合起来以排斥达恩利的兄弟。但是，当新教的莫顿和天主教的阿索尔执戈而起时，他们很快就聚集起一支徒众，使玛丽的队伍没有勇气加以抵抗。1567年6月15日，她在卡伯里山被俘虏，博思韦尔则脱身逃亡。即使到那时候，如果她愿意抛弃他，联合起来的贵族也可能消除民众要她让出王位的呼声。她的拒绝，促使他们强制她逊位给她的幼子詹姆斯六世，并以莫里（从旅途中将他召回）为摄政。

新教的长老们就像在1560年那样再一次执掌了权柄，而且似乎他们将要在一个长时期内掌握权力。他们拥有广大民众的支持，至少在苏格兰低地是那样，那里是政治和经济力量的真正的中心。他们还有天主教领袖阿索尔以及诺克斯的有效的合作。到秋天，他们已迫使阿盖尔、亨特利和汉密尔顿家族的人们勉强地归顺。他们已将他们那位被废黜的女王当作囚徒控制起来。在1568年，她在汉密尔顿家族帮助下得以从洛赫利文城堡逃脱，但这只不过使她在朗赛德遭受一次更具有灾难性的失败（5月）；她由此看出，除了逃到英格兰，别无安身之地。当玛丽身为逃亡者时，国王还是一个孩子，他将被按照新教的信仰哺育成人，莫里现在已能指望完成被玛丽的焦躁和放荡行为打断了的工作。而且，由于有了年轻的詹姆斯，他就有了一个继承英格兰王位的候补人，詹姆斯可能远比他那信奉天主教的半法国籍的母亲更易于被接受；还有他那幼小的年龄，也会抑制他的支持者，使他们不至于受到用暴力手段去加速自然进程的诱惑。1567年革命乃是另一个漫长的步骤，它将使大不列颠既在地理上也在政治上成为一个岛屿。

但是，在伊丽莎白看来，它可能是最后的一步。苏格兰的新统治者除了她以外不可能在国外找到别的人支持。天主教大国不可能认真干涉。当玛丽在卡伯里山丢失王位时，阿尔发公爵正从热那亚向尼德兰进军，一心要对1566年在那里发生的暴动进行报复。由于西班牙的整个陆军为此而在低地国家陷入的实际处境，腓力二世不可能打算在苏格兰进行冒险，因为那必然要引起同英格兰的冲突，还可能诱使法国人插手尼德兰。阿尔发的进军，还排除了法国对玛丽提供任何援助的可能。法国政府眼见西班牙军队沿着它的东部边界挺进而震惊，招募了一支瑞士军队来加以保护。胡格诺派则认为这是在巴约讷策划的"阴谋"的第一批行动，因而拿起了武器，把法兰西推入了第二场内战（1567年9月—1568年3月），而且几乎没有停顿又把它推入了第三场内战（1568年9月—1570年8月）。

西欧的风暴中心正从大不列颠转向尼德兰和法兰西。从此以后，它应当是来自于那些将对卡托—康布雷奇和约体系提出挑战的大陆地区的内部动荡。如果说大不列颠并没有立刻安定下来，其原因在于英格兰的政策而不在于大陆强国的野心。正是伊丽莎白个人的政策，使玛丽的问题在苏格兰继续存在下去；正是威廉·塞西尔要负主要责任的那些政策，在英格兰本身引起了一场决定性的危机。

当玛丽倒台时，英格兰政府从自身利益的各个方面考虑，从国家和新教的安全来考虑，都必须接受她被推翻的事实，公布她的罪行，并坚定地同莫里联合起来，因为他的统治意味着新教和英格兰的影响在整个大不列颠的胜利。但是，伊丽莎白头脑中那种束缚着一位女王的神圣性观念，同玛丽一样强烈。她不能损害她的身份，也不能去同反叛者联合并宽恕废黜一位同侪女王的行为，因为那样就会给天主教君主们提供一个可以如法炮制用以反对她自己的先例。她首先试图促成一项和解，以期能使玛丽恢复名义上的君主地位，而将全部实权留归莫里执掌。这引起了苏格兰人的断然拒绝，他们反对送回玛丽，除非是为了服刑。

接着她又力劝苏格兰人到一个由英格兰的顾问和贵族们组成的委员会面前陈述他们暴动的理由。玛丽或她的代表可以作出回答，而伊丽莎白则可在那时按照她自己的方针做出决定。苏格兰人再次加以拒绝，除非确保预先做出一项有利于他们的裁决。他们送来了指控玛丽的罪状的副本和"首饰盒信件"的副本，他们断言那些信件是在谋杀达恩利时玛丽写给博思韦尔的。他们以那些副本作为他们的理由的证据。这一证据如果能证明是真的，那是可以定罪的。伊丽莎白不得不再次向苏格兰人的要求让步。在约克举行了会议，然后又在威斯敏斯特继续举行，苏格兰人提出了他们的指控和首饰盒信件的原件。那些原件在一个世代的时间里湮没失传了，因此现在没有一个人能肯定地判明它们的真实性——虽然总是有许多人试图那样做。不过，1568年的12月间，在威斯敏斯特，这些原件曾在连续三天的三次会议上被提出，并与玛丽写给伊丽莎白的确然无疑的信件做了比较，而且英格兰的委员们显然同意那是真实的；委员中包括那样一些即使信奉新教却是十分谙练而富有经验的人士，诸如塞西尔、尼古拉斯·培根爵士以及苏塞克斯伯爵，后者是文艺复兴时代"一位饱识新学的学者"。保守而学识较浅的贵族们，如诺福克和诺森伯兰也在最后一天查阅了那些信件，而且表示了信服。即使如此，会议仍以未做裁决而告终。伊丽莎白出于自己的理由而不予恢复玛丽的地位，使她过着总还算得上体面的隐居生活。除此以外，她不会做更多的事。她不愿正式宣判惩办玛丽，而且，两年多以后，起诉证据才在布坎南的半官方的《侦破》（1571年）一书中刊印出来。伊丽莎白方面的这一沉默，把玛丽的明显罪行正好掩盖在一种疑云之中，因为需要有那样一种疑云，才能使玛丽仍然被看作一个难以对付的人，使她可以被描绘成一个遭到新教反叛者陷害的无辜的天主教女王，而那些反叛者自己才是他们凭以废黜她的那些罪行的人犯。这一沉默，再加上伊丽莎白的明显的同情态度，足以使亲玛丽派在苏格兰保持活力，并使它成为吸引其他不满因素的一块磁石，那些不满因素是伴随着莫里恢复爱丁堡政府权威的努力而产生的。

而且，玛丽在英格兰北方的出现，还促成了在那里点燃一场爆炸的导火线，那场爆炸的材料早已积累起来，而且1568—1569年的特定环境又为它提供了合适的气氛。英格兰的北方，偏僻遥远，重山叠嶂，人烟稀少，经济落后，同威斯敏斯特的政府及其在北方的代表机构一直没有和解。那里的贵族和绅士一直保持着半封建的独立地位：在诺森伯兰，可以说人们只知道有一个珀西家族而不知有君主。都铎政府的整个倾向是要加强中央控制并限制地方独立性，而这同北方的精神是格格不入的。新的经济趋势，商业、工业的发展和国家调节的加强，没有给这个农业占优势的地区带来多少利益。尤其突出的是，北方在宗教上坚持旧的天主教，它震惊地看着1559年的决定牢固地确立起来，看着议会里的清教徒的活动把它推到了离天主教甚至更远的地步。女王的首席顾问官威廉·塞西尔似乎是所有这些趋势和政策的化身，因此他在北方很快就变成了像30年前的托马斯·克伦威尔一样不受欢迎的人。

到此刻为止，北方不得不怀着日益增长的失望心情注视着这些变迁。伊丽莎白避免采取极端措施，避免暴力强制，而是使旧的习俗和旧的信仰单纯由于失去滋补因素而衰竭下去。随着老的天主教僧侣的亡故，再也无人接替他们，因为在英格兰已没有任何地方能够按照天主教的信仰培养出他们的接班人。在世俗事务方面也是如此，压力继续施加着，但不是不堪忍受的。北方的生活方式慢慢地遭到暗中破坏，这一过程是如此迟缓而又无声无息，以至于无法为一种阻止这种衰落的急刹车提供迫切的理由或加以刺激。现在玛丽来到了，在某些人看来，她也许是一个逃避审判的戴着王冠的谋杀犯，但毕竟是一位逃避加尔文派反叛者的天主教女王，而他们自己的女王把她的前一副形象掩盖起来加以接待，只能鼓励他们按照后一副形象去善意地看待她。即使如此，还是需要某种刺激性诱因和取得超过地方范围的支持的某种现实前景，才能激发北方行动起来。

伊丽莎白和塞西尔在1568年底对于同西班牙的一场争端的鲁莽处理，正好提供了那样一个诱因。为了理解这一点，我们需要回溯到1567年的夏季，并转而考察尼德兰的情况。阿尔发率领西班牙陆军主力部队开到那里，乃是欧洲历史上的主要转折点之一。在此后100年间，那支军队同意大利和西班牙的联络问题，成了西班牙政策中的一项主要的考虑和法国人的一个主要的攻击目标和国际事务中的一个主导因素。法国人那时还不可能对它做出什么事情。法国政府在1568年夏季还不敢让胡格诺教徒对奥兰治的威廉粉碎阿尔发的残暴控制的初步努力提供援助；此后，至少直到1571年，又因内战而排除了干涉的可能。可是，阿尔发的出现和他的行动方式也使得英格兰震惊起来。那些行动方式成了对英格兰与安特卫普的贸易的威胁，尽管如1567年7月与汉堡达成的协议所显示的那样，代替安特卫普的贸易场所已开始找到，然而，真正的威胁是战略性的。迄今一直是无害的主要实行地方自治的尼德兰，正如塞西尔所说的那样，本是新教的英格兰的外岸，可是却正在变成基督教世界最精良最笃信天主教的军队的兵营，而那里恰恰位于从英格兰人的政府和经济生活的神经中枢延伸出来的窄海的对面。当海峡里的私掠船、西班牙港口的宗教裁判所和约翰·霍金斯的西属美洲之航所引起的争吵已经破坏了英格兰与西班牙之间的关系的时候，这使局势更为严重。因此，从此以后，英格兰人的政策的主要目的之一，就是要将西班牙军队从低地国家挤出去，并使那些省份的古老的自由权利得以恢复。

　　法兰西的衰落，使得英格兰更加急需采取行动。当载着热那亚银行家付给阿尔发军队的贷金的船只来到英格兰港口躲避风暴和私掠船的时候，机会来临了。伊丽莎白把那笔钱扣了下来（1568年12月），而且，由于按照严格的法律规定，那笔钱在安特卫普交付完毕之前仍属于热那亚的银行家，伊丽莎白就敦促那些银行家把那笔钱借给她而不是借给阿尔发。这对阿尔发是一个沉重打击，① 而且把英格兰和西班牙带到了战争的边缘。它使得同尼德兰和西班牙的贸易停顿下来，并引起双方都扣留船只和货物。虽然阿尔发曾请求他的主子不要在他的其他的麻烦之外再增加一场同英格兰人的战争，英格兰人却只知道腓力二世驻伦敦大使的愤怒的抗议和威胁。

　　在震惊之中，许多人开始鼓动撤掉塞西尔的职务，抛弃他的政策。这种鼓动为许多的不满和许多的图谋提供了掩盖物和聚焦点，其中有莱斯特对塞西尔的忌恨，诺福克要娶玛丽·斯图亚特为妻的野心，北方天主教徒的尤为激烈的反叛企图。不过，虽然全都敌视塞西尔，却只有北方贵族打算用武力反对伊丽莎白。因此，一旦弄清楚塞

---

① 关于阿尔发的困难，参阅后面第271—273页。

西尔的政策就是女王的政策,反对派就解体了。诺福克在反复犹豫之后还是奉召到了宫廷,并很快就发现自己已被囚于伦敦塔中。他的大多数盟友都已变节,甚至北方也已经心灰意冷。诺森伯兰和威斯特摩兰的伯爵在他们的妻子怂恿下起兵举事(1569年11月),但西北边的戴克不愿同他们联合。没有多久,他们就逃到边界那边去了(12月)。当戴克为时过晚地举兵反叛时,他也很快就被亨斯登镇压下去了(1570年2月)。

北方的暴乱结束了,我们所考察的不列颠问题也随之而结束了。伊丽莎白的政府和塞西尔在那个政府中的地位,安然渡过了国内的挑战。虽然玛丽·斯图亚特还活着,她的同党还能够给英格兰在苏格兰的朋友的统治带来麻烦,但他们推翻那一统治的希望已经很小了,而且还在逐年变小。要倒退到旧的道路,除了通过外国入侵,现在已经很难实现;而且,即使在天主教徒中,也只有一小部分人,愿意见到他们的国家通过外国的征服而回到罗马教会的行列中去。而且,当新教在苏格兰的得势保障了英格兰唯一的陆地边界的安全时,英格兰的日益增长的海上实力提供了抵制海上入侵的越来越大的保证。还有,"商人冒险家"集团在1569年与汉堡的贸易所取得的成功,已为西属安特卫普要求享有日益增大的经济独立性燃起了美好的希望。大不列颠已经不再由于衰弱、分裂和动乱而给大陆列强提供具有诱惑力的战场了。

紧接着卡托—康布雷奇和约之后的10年的事变,确保了大不列颠的独立和新教的胜利,并为它的政治上的统一开辟了道路。那些事变从而也给西欧第三个大国的崛起提供了可能,并使得哈布斯堡和瓦卢瓦两大帝国势力的对峙有可能最终被多极的强国均势所代替。

(庞卓恒 译)

第 九 章

西欧与西班牙的势力

卡托康布雷奇和约（1559年4月2—3日）是对已故查理五世皇帝的帝国计划的终结所做的事后承认。[①] 哈布斯堡和瓦卢瓦之间的战争的最后阶段由于80高龄的教皇保罗四世憎恨西班牙人在意大利的统治而加速到来。主要的逐鹿者几乎都曾是不情愿地进行那场战争的；但是，那场战争由于难分胜负，而且甚至比以往的战争更费钱，因而曾是十分残酷的。现在，随着腓力二世同亨利二世的女儿伊丽莎白结婚，一个新的时代露出了曙光。

诗人龙沙吟道：

啊，和平！上帝的女儿，你把欢乐带给了我们
就像是一天的黎明时辰……
西班牙和法兰西的亲密结合
这一姻缘将永远保持爱情。

变化甚至比人们当时理解到的还要大，查理五世退位（1555年或1556年）后不到10年时间，所有的政治问题都已在完全不同的水准上发展了。直到16世纪中叶，宗教改革运动只是在它同国家联合起来的地方才取得了成功。当它变成革命运动时，如它在德国农民战争和尼德兰与北德意志的再洗礼派运动中表现出来的那样，就被轻而易举地镇压下去了，因为它仅仅得到了城市和乡村的下层阶级的支持。现在，革命运动首次而且十分突然地变成了全国规模的运动，包

[①] 关于和约条款，参见本书第2卷第249、358页。

括了从工匠一直到王公贵胄的各个阶级或阶级的分子。意志坚定的少数人,竭力把他们的观点强加于整个国家。① 他们不得不建立有组织的党派去同国家政权抗衡。他们或者通过国会或等级代表会议进行活动,或者以其他方式或迟或早地变成公开的革命党派。唯有凭着狂热的信念或政治上的权宜之计而保持下来的宗教信仰,才能够把整个王国范围内的贵族、市民和农民间彼此相悖的利益拢在一起。法国的胡格诺教派和天主教神圣联盟,尼德兰的加尔文教派和"海上乞丐",苏格兰的诺克斯的兄弟会和圣约同盟长老团,都属于这样的情况。在特伦托宗教会议第三次会议之后,由于对天主教的信条和异端做了明确的规定,只有那些极端的乐观主义者,或者像卡特琳·德·美第奇那样在宗教问题上感觉迟钝的人,才会相信天主教和新教的观点还能调和起来。存在着两种选择:对反对派加以宽容或铲除。在一个长时期里,双方都不愿意接受前一种选择。

当这些巨大的力量开始崛起之际,西欧各国的政府本身正被一场严酷的危机拖住。查理五世和他的对手们之间的长期战争,过度消耗了他们的政府的资源。虽然西欧的经济生活正在发展,但它的可由赋税感触得到的那一部分却负担过重。货币的贬值降低了政府岁入的价值,同时也促使财政开支达到了前所未有的庞大数字。在五年之间,尼德兰为战争支付了 800 万杜卡特,卡斯蒂利亚则在三年间支付了 1100 万。西班牙和尼德兰的政府都在 1557 年陷于破产,不得不把它们所有的债务的利息支付降低到 5%。几个月后,法国政府不得不步其后尘。这些危机导致了第一次国际性的银行大破产。安特卫普和里昂遭到了最沉重的打击,但奥格斯堡、热那亚和佛罗伦萨也未能幸免于难。由于贷款难以取得而且代价昂贵,各国政府就指望开辟新的岁入来源。在尼德兰,新的岁入只有经过等级代表会议允许才能得到。统治者们像臣民一样指望西班牙提供救济;但是,当腓力二世于 1559 年回到马德里时,他发现那里的财政状况甚至比布鲁塞尔还糟,人们很快就明白,原来在法国,王权当局不经臣民同意也不能进一步增加税收。正像在旧体制历史上十分常见的那样,财政危机导致了政治危机。统治者需要金钱,而臣民不愿支付,两者之间的冲突,暴露

---

① 参阅前面第 155—156、160—161 页。

了政治权力面临的全部难题。

现在需要的是坚定而富有经验的领导。但是在法兰西和尼德兰，恰恰在这个时刻失去了那样的领导。在这两个国家，政府都传到了女人手中，就像几年以前在英格兰和苏格兰已经做过的那样。一个政治性的社会，它所崇尚的精神是男性的勇武精神，而它崇尚的忠诚特性也是对君主个人而言的；在那样一种社会中，"不正常的女人统治"就只会使得政治危机难以控制。只有伊丽莎白一世克服了政治危机，由于她本身的资格，作为一个执掌权柄的君主，她比卡特琳·德·美第奇和帕尔马的玛格丽特拥有巨大的优势。①

西欧的这种政府危机，必然要影响到国家关系。旧的角逐并没有随着查理五世和亨利二世的亡故而消逝。法国通过它对萨卢佐和皮埃蒙特的五个要塞的占领，还在意大利保留了一个据点。它在任何时候都能威胁西班牙人在那个半岛上的优势地位，而且像以前一样，它在意大利不乏同盟者。它同尼德兰的由来已久的边界争端休止下来了，但并未解决。西班牙和法兰西两方面在德意志诸侯中都有同盟者和追随者。英格兰既没有忘记也没有甘心于加来的丧失。尤为严重的是，英格兰和苏格兰的政府看来都没有稳定下来。法兰西和西班牙两国都能够进行干涉并严重打乱西欧的力量均势。这些就是剥去加蒂纳拉和查理五世的理想主义动机的外表后裸露出来的哈布斯堡和瓦卢瓦之间的斗争的真实内容。大臣和大使们就是那样看待的，而且是不存在幻想的。不过，没有什么人拥有足够的精神力量去始终一贯地遵循国家的严格的理性逻辑。他们和他们的君主都不免具有那种支配着他们的臣民的宗教感情。他们确信，他们的宗教上的对手纯粹是被物质和政治上的考虑所驱使的，而这些信念也迷惑了某些近代历史学家。但是，他们却同样地确信他们对自己的宗教信仰的虔诚，以之作为自己政策的推动力量，而且在这方面没有一个人比腓力二世更为确然无疑的了。因此，实际上政治动机的来由并不单纯，而政策也并不是始终如一地贯彻下去的。大国之间的国家对抗日益与各个国家内部的社会、政治和宗教冲突纠缠在一起，并日益转入国际上的宗教虔信派别之中。法兰西、尼德兰、英格兰和苏格兰，全都有自己国内的"第

---

① 苏格兰女王玛丽也是那样，但是苏格兰王室权威在她的母亲吉斯的玛丽摄政期间已大受损害。

五纵队"——这一致命弱点，是查理五世、弗朗西斯一世和亨利八世从未遇到过的，尽管偶尔也发生过反对他们统治的暴动。因此，在20多年间，大国尽管经常处于战争边缘，但毕竟怯于发动公开战争。法国的内部弱点似乎给腓力二世提供了一个他的父亲查理五世皇帝毕生谋求而未得的机会：建立一个在哈布斯堡王室领导下的、反对天主教世界的敌人的天主教列强同盟。如果说，后来奥兰治的威廉把1559年的哈布斯堡—瓦卢瓦王室的联姻看成是西班牙和法兰西国王反对他们的臣民宗教信仰自由的一桩共谋，那是把它过于戏剧化了；不过，至少他对腓力二世的宗教政策的估量是正确的。但是，要使法国保持衰弱状态，正有赖于天主教世界的敌人，即新教徒，而那些新教徒又是腓力自己的权力的致命危险。腓力二世的目标是既要保持法国的衰弱状态又要保持其天主教性质；他始终未能完全解决这一双重目标的矛盾，而这在很大程度上可以说明他在法国宗教战争期间采取两面性政策的原因。

　　西班牙还不得不对付基督教世界的外部敌人，即奥斯曼土耳其。腓力二世是在卡托—康布雷奇和约以后20多年间还一直进行着一场巨大战争的唯一的西方君主。他能够敦促法国王权同他一起去反对新教徒，但却一直未能促使法国帮助他去反对土耳其人。而土耳其人却在西班牙内部有他们自己潜在的同盟者，即摩里斯科人。如果说穆斯林的"第五纵队"从来也不可能像胡格诺教徒和"海上乞丐"那样期望夺取整个国家，但他们同当时拥有最强大的海陆军的国家结成联盟，毕竟是一个令人生畏的危险。因此，西班牙国内的政治危机与其他西欧国家的情况几乎不相上下。

一　西班牙和意大利

　　查理五世未能确保将帝国传给他的儿子，[①] 但是帝国的实际存在并未由于他的失败而改变。腓力二世仍旧统治着西班牙和它在意大利、弗朗什孔泰、尼德兰和西印度群岛的属地。这些属地曾是查理五世的帝国实力、钱财和兵员的主要来源。西班牙的政策既摆脱了中欧

---

① 参阅第2卷，第331页及以下各页。

问题的纠缠,又保持着同奥地利哈布斯堡家族支系的叔父和堂兄弟的亲密关系,① 这至少在实际上对腓力有利。他同英格兰的玛丽一世的婚姻（1554年）是那样一种政策的顺理成章的补充,而且即使在玛丽去世（1558年）之后,也还没有立刻明显地表现出英格兰已不再继续作为或再度成为哈布斯堡的卫星国。然而,由于没有帝国称号,关于腓力二世帝国的性质就成了难题。查理五世之所以持有这样的观点,即认为他的地位超乎寻常以及他的使命在于建立一个基督教世界君主国,依据的就是这个称号。留给腓力二世的是他父亲的使命的另一部分,即保护天主教会。腓力于1566年写信指示他的驻罗马大使说:"你可以使教皇陛下确信:我宁肯丧失我的全部国家和100次生命（如果我有100次生命的话）,也不愿让宗教和上帝的利益遭受丝毫的损害,因为我既不打算也不希望做异端者的君主。"然而,即使教皇们也发现,往往难以在腓力的眼里区分出什么是上帝的利益,什么是西班牙君主的利益。

对其目标的这一正式表述,还忽略了帝国本身。无论是腓力,还是他的任何一位同时代人,从未制定出一种完整的帝国理论,以取代现已过时的查理五世时代的观念。在美洲,西班牙人征服了异教人口,并使他们皈依了基督教。西班牙的神学家和法学家讨论了他们的权利和征服者的权利。西班牙政府把那些权利编成了法律。但是,在基督教欧洲,腓力本人以及几乎其他每一个人都把他的帝国仅仅看作是一个君主国,一个君主统治之下的国家集合体。从查理五世统治的晚期,它已日益成为一个西班牙人的帝国。② 腓力的继位使西班牙和卡斯蒂利亚占有了更大的优势；因为腓力只讲卡斯蒂利亚语,把他的官邸固定在卡斯蒂利亚而且在擢升要职方面使卡斯蒂利亚人比其他所有臣民都享有优先权。

卡斯蒂利亚人必然逐渐把他们自己视为帝国的统治者,虽然他们清楚地意识到其他民族的敌视情绪日益增长。米兰总督阿亚蒙特侯爵给腓力的信（1570年2月2日）中写道:"我不知道,在这个世界上是否有任何一个人,他臣属于西班牙的民族和帝国,并效忠于它们,

---

① 参阅第2卷,第302页。
② 参阅第2卷,第332页及以下各页。

而又不对它们的名称有所憎恶。"他还补充说,对于意大利人来说,这是特别真实的。他的观点得到了写在那封信上的一段未署名的批注的赞同,其中写道:"因为这些意大利人,尽管他们不是印第安人,却被当作印第安人那样对待,因此他们感到是我们在照管他们,而不是他们照管我们。"这是一种典型的统治种族的口气。

然而,腓力的帝国实际上不可能真正按那种方式统治下去。腓力像他的父亲一样,是根据他的各个附属国的法律来维护他对那些国家的宗主权的。他的驻法国大使贝纳迪诺·德·门多萨在谈及亨利三世去世后西班牙继承法国王位的可能性时,①为了竭力使法国人放心,把腓力的君主国比作那样一些大的修道僧团国家之一,在那样的国家中,虽然处在一个首领统治之下,在内部却没有一个民族支配另一个民族。在帝国的统一方面有那么一些进展,但那是用以满足防御和更有效的行政管理的需要的,并不是在实现帝国理想方面有任何进展。例如,西班牙人在他们的意大利属地里保持着对一切军事要地的严格控制。地方民兵和封建兵员的首领,则普遍留给当地人担任,因为腓力的政策就是要使意大利贵族心满意足。不过,正规的团队和城堡要塞口只能由西班牙人控制。在促进帝国统一方面的最大的行政进展,是1558年意大利附属地议会的建立。腓力并不愿意看到老的阿拉贡人的帝国作为一个独立结构在他的统治范围内继续存下去。在他看来,它受到了加泰罗尼亚传统的污损。它的最高机关阿拉贡议事会,是由阿拉贡人、加泰罗尼亚人和巴伦西亚人组成。新建立的议会则由卡斯蒂利亚和意大利的人员混合组成,起着西西里、那不勒斯和米兰的最高法庭的作用,并充当它们同马德里之间的行政联系环节。它至少在形式上比查理五世的体制是一显著进展。那时没有另一个欧洲政府那样清楚地了解其附属国的情况,也没有另一个欧洲政府监督其行政机构去那样注意细节、那样地关心其臣民的福利。然而,它的议员们几乎都是平庸之辈,对帝国面临的问题并无什么见识。一切重大的政治决策,仍然靠国王和他的最亲密的顾问们去做。直到1588年,腓力才建立佛兰德议会,虽然尼德兰人早在1574年就要求建立。看来它并不是很有效率的。建立于1582—1583年的葡萄牙议会大约也

---

① 参阅后面第303页。

同样如此。因此，即使在促进帝国统一的行政方面的进展，仍是非常有限的。

帝国中心同其各个部分之间的最有效的联系环节，仍旧是以国王及其秘书们为一方，以副王和总督为另一方的每周、有时每天通信的制度。查理五世的个人主宰体制的变化，与其说是组织机构改进的结果，毋宁说是组成人员发生变化的结果。腓力二世不如他父亲幸运，因为他父亲还能从哈布斯堡家族中任命忠诚而有能力的成员代替他去统治其管辖地。犹如一个巨商家庭那样，① 哈布斯堡家族也已经开始由于"第三代的问题"而受到损害。腓力的异母姐妹帕尔马的玛格丽特，作为尼德兰的总督，表明她本人是忠诚可靠而且不乏才智的。但她缺乏她的姑母——匈牙利的玛丽的政治洞察力，后者曾为查理五世执掌同一职务。腓力的异父（母）兄弟，奥地利的唐·约翰，在腓力继承王位时还过于年轻，不能承担官职。他那虽然古怪但十分卓越的才能，后来为这位国王取得了最辉煌的胜利，即勒班陀战役的胜利。但是唐·约翰作为尼德兰的总督是一个失败者，而且他在31岁上早逝，可能使他得以避免了在朝廷受辱。腓力试图任用他的奥地利亲戚，在他的宫廷里精心抚育着几位年轻的大公。他们的确是忠诚的，但都是那样令人失望的平庸之辈，以至于他们在政治上的作用几乎仅仅在于他们的帝王之家的姓名所具有的那种正在消退的魔力。

这位国王的最大失望是他自己的儿子们。唐·卡洛斯（生于1545年）是腓力最初与同族人葡萄牙的玛丽结婚所生的孩子，早就表现出了精神失常的征兆，也许是通过他的双亲继承了疯人约安纳的遗传基因。他的悲剧性的死亡，给后世许多历史学家、戏剧作家和歌剧作家提供了难得的浪漫情节，特别是相传这位王子对他的年轻的继母、瓦卢瓦的伊丽莎白的爱情。② 事情的真相比较简单。在若干年间，腓力曾力图引导卡洛斯对国家事务采取一种负责任的关心态度。最后他不得不承认，这位王子的罪恶的妄想狂，他的嗜杀狂，他对马德里市民和国王顾问们的粗暴殴打，以及他同尼德兰反叛者的背叛性的交往，使得他不适于执掌任何权柄，而且是国家的一个危险。腓力

---

① 参阅第2卷，第309页。
② 特别是席勒，还有威尔地的歌剧脚本作家 J. 米利（J. Méry）和 C. 迪·洛克尔（C. du Locle）。

于1568年1月18日将他逮捕起来。只要腓力还要履行一个基督教君主对其臣民的职责，就不能不那样做。他就是那样写信告诉他那身为皇后的姐妹的，而且，他作为父亲的痛苦是以一位国王的矫揉造作的散文来表达的。六个月后，卡洛斯死去了，没有证据表明他是根据腓力的命令或以其他方式被杀的，虽然几天之间就在宫廷里出现了怀疑的传闻。

腓力的唯一幸存下来的儿子、后来的腓力三世，并不疯癫。但这位年迈的国王正确地看到，不能对这个儿子的能力存有幻想。腓力家族的一个杰出的成员和他的唯一胜任的尼德兰总督是帕尔马的玛格丽特的儿子亚历山大·法尔奈泽。他的一生也像唐·约翰的一生那样，表现了腓力自己品质中的最大弱点——他那几近病态的多疑少信和反复无常。①

因此，腓力不得不退而指靠西班牙和意大利的上层贵族来充实他的副王和总督职位。他可以雇用法学家、教士和职业行政官员到他的议事会里充当国务秘书，而且一般说来，正像他父亲已经做过的那样，他也是乐于那样做的。但在任用副王和军事指挥官上就不可能那样做了。世家贵族憎恶长袍人物。胡安·德·维加写道："彼辈不知何以得为国王，亦不知君主之伟大与权力所赖者何……复不知何为豪爽与荣誉。"卡斯蒂利亚的显贵在这些职位中自然是占有了最大的份额。腓力任用的西西里9位副王中，6位是西班牙人；他的那不勒斯副王中，除格兰威尔1人以外，其余全是西班牙人；他的13位米兰总督中，10位是西班牙人。阿拉贡、加泰罗尼亚、巴伦西亚和那瓦尔的副王职位，以及格拉纳达的总司令职位，根本就不可能任用非西班牙人。乌得勒支的阿德里安的峥嵘岁月早已成为过去的事。② 不过，对于老成持重的意大利贵族来说，厚赏还是有的，如果他们选择为这位天主教国王效劳的话。简·安德列阿·多里亚担任过这位国王的地中海舰队总司令。佩斯卡拉侯爵和马可·安东尼奥·科隆纳曾任西西里副王。特拉诺瓦公爵也当过西西里副王；他还成了一名西班牙大公，并任过米兰总督。亚历山大·法尔奈泽当过尼德兰总督。在腓

---

① 参阅后面第310页。
② 参阅第2卷，第319页。

力三世在位时,安布罗吉奥·斯皮诺拉还当了总司令。

腓力二世任命来担任阿尔卑斯山以南的高级官职的唯一一个北方人,是勃艮第的安托万·佩罗内·格朗维尔枢机主教,他是查理五世的国务秘书的儿子,格朗维尔出自加蒂纳拉就过学的同一个弗朗什孔泰律师学校。他很少具有那位老国务大臣的帝国观点。不过他比腓力本人和他的所有其他大臣都具有一种更为明晰的关于哈布斯堡君主国性质的概念。腓力像他的父亲一样,力图通过他个人对官职的任命和一切形式的授予权的控制来统治他的帝国。那位皇帝试图对他统治下的整个国土经常进行巡游,以此来克服这一制度的缺陷。这样,他的臣民就总能期待他们的痛苦将会得到解救,而他们的效劳也会得到报偿。[①] 腓力不能理解这一点。他批评他的父亲在经常性的巡游中耗费了时间、健康和金钱。帕尔马的玛格丽特和格朗维尔邀请他再度巡访尼德兰,腓力找到了简便而有理的托词,予以推却。他说,如果他不带着足够的金钱和部队前往,他的权威就只会受损害而不是有所增益。但是,随着他的臣民的期待逐渐转为失望,古老的忠诚纽带也就毁坏了。人们不再相信那种由来已久的区分,即把贤明而善良的君主同他那些邪恶的、可以把一切罪恶归咎其身的大臣们分别看待。他们转而反对君主本人。于是,这种情况就在尼德兰发生了,它还在家门附近,在格拉纳达和阿拉贡发生了。[②] 格朗维尔从他在布鲁塞尔的有利地位上看到了风暴的信号。他于1563年给腓力写道,对西班牙民族的普遍不满,产生于一种疑虑,担心国王要把尼德兰降低到他的意大利行省的地位。然而,他是他们全体的共同的君主,最好是表明,他并不只是把西班牙人看作他的嫡亲的儿子;因为人民正在使用这些说法,在佛兰德和意大利都是如此。对于居住在西班牙的尼德兰人授予一些教职和进行一些委托,可以增强领受者以及他们的家属和追随者的忠诚,还可以使另外25000人怀抱着将来得到报偿的期望。某些大贵族可以被授予意大利的指挥官职。例如,奥兰治可以做一个称职的西西里副王,使其远离新教德国的恶劣影响,而且通过为国王效劳获得晋升而得到更大的满足。

---

① 参阅第2卷,第310页。
② 参阅后面第244—247、249—251页。

这也许是对腓力二世统治的整个时期帝国的性质的一种最清晰的理解。同16世纪上半期的类似的理解相反，它不是出自一个人文主义的学者或政治家对帝国提出的一种理论上的正义主张，而是出自一个杰出的行政官员对帝国面临的政治问题所作的实际洞察。结果还是像往常那样，腓力认为可以轻易地把他的大臣的建议束之高阁。他回答说，即使对嫡亲的西班牙人，他也不可能满足他们的一切企求恩赐的要求；如果把诸如意大利总督那样的要职，让那些在宗教信仰上并非绝无可疑的人去试任，那就太危险了。而且，奥兰治能够在副王职位的三年任期届满之时不会失望吗？因为腓力在这方面又与他父亲不同，他通常不愿让官员连任，他担心副王们会变得过于独立。这样，他就避免了继续任用一位将来会成为他的最有能力也最为坚决的敌手的人为他效忠和服务的机会。

实际上，这位国王并没有像他想要做的那么多地行使对任命权的控制。他的个人主政的制度是十分闻名的。全部工作都是在纸上，根据"谘议"进行的，也就是根据他的大臣们提供给他的备忘录、报告和劝谏而进行的。在马德里，或者在他那建在瓜达拉马山坡上的阴暗豪华的埃斯科里亚尔宫的修道堂中，这位国王独自一人在那间小办公室里工作，批阅报告，注视地图和数字，做出他的决定，或者像通常那样，拖延不决。即使他真有什么工作规则的话，我们也不知道他在选择文件或处理事务的先后顺序方面遵循何种规则。腓力从来不出席议事会会议，担心他出席会妨碍顾问们发表他们的见解。其结果同他所希望的相反。顾问们知道，他们的意见是由会议主席或秘书向国王报告的。他们知道，国王可能佯装采纳他们的劝谏，却做出相反的决定。于是他们就竭力使自己的看法去适应尚未宣晓的国王的愿望。他们的劝谏变得保守起来，他们陈述的看法并非出自本心，而是经过修饰的。一位强有力的卡斯蒂利亚议事会或国务议事会的主席，一位埃斯皮诺萨枢机主教或格朗维尔枢机主教，就必然控制着政策的制定。同样不可避免的是，本来就很有实力的国务秘书的职位，落到像安东尼奥·佩雷斯那样机敏的人物手里，就必定会进一步加强，因为他比别的任何顾问大臣都更加了解国王。实际控制王室和帝国的任命权的，正是那样一些人物，因为即使像腓力二世那样勤于政务而且熟悉情况的君主，也不得不依靠他们的劝谏。这一制度实行的结果是，那些提出要求而未获恩准的人责怪国王特意创设"咨议"程序以便能够更加容易地拒绝他们，而那些得其所求的人则十分感激大臣和秘书们胜于感激国王本人。腓力的大臣和秘书们只要长期任职，一般都成了富翁。

哈布斯堡王室实行了一种大概算得上欧洲最有效率的驿递和邮传制度。即使在那种情况下，国王同其管辖地总督之间的通信联络，仍然是慢得惊人。但是，除了地理上的障碍以外，更糟糕得多的是腓力自己的习性。他虽然勤劳而审慎，但在他那总是企求了解更多下情的渴望中，隐藏着他在区分轻重缓急方面的无能和做出决策方面的犹豫不决的气质。他那十分令人赞叹的镇静自若，掩盖着一种时而出现的惊慌失措的趋势。例如，在1571年，他由于担心土耳其人入侵就突然下令要将巴利阿里群岛的居民疏散一空。又如在1587年，他下令圣克鲁斯侯爵在11月间扬帆进攻英国，却不考虑气候和适于海战的船只数量。这两次他的大臣们都拒绝执行他的命令。不过，相反的情况更为常见得多。1565年，西西里副王加尔西亚·德·托莱多想解除对马耳他的包围，就因没有命令而抱怨。① 也正是由于缺乏来自马德里的明确而及时的决策，导致腓力设在尼德兰的政府的权威遭到破坏。②

运转而很少前进，是卡斯蒂利亚内政历史的固有特点，正像它是腓力的政府体制的固有特点一样。查理五世曾有效地解决了王国的一些内政问题。贵族热心地支持王权。③ 城市政权已被取消。它们在国会里的议员继续自由地讨论一切国事，从外国人对国家经济的有害影响、苛重的赋税、一直到宗教裁判所的过于广泛的权力，以至国王本人的治国方式，都进行讨论。腓力总是希望收到有关这一切问题的备忘录和申诉书，但他甚至一次也不愿意接见议员。接受或拒绝他们的请求，也完全取决于他认为是否合适。他甚至还取消了一项国会竭力要保住的具有真正重要性的特权，即拒绝同意废除以前的国会会议已经通过的法律和特权。

---

① 参阅后面第252页。
② 参阅后面第276页。
③ 参阅第2卷第314页。

枢机主教希梅内斯时代和康姆尼洛斯起义①时的政治冲突已经转化成为宫廷派别阴谋和王国的各种法庭和议会之间的管辖权上的争端。在腓力统治的前期,两个人物主宰着全西班牙国家议会:即阿尔发公爵和埃博利亲王——西班牙籍的葡萄牙人吕伊·戈麦斯·德·西尔瓦。由于威尼斯的大使们早先记述过他们两人之间的对抗,历史学家们一般都说在马德里宫廷有两个政党或派别,即戈麦斯的"主和党"和阿尔发的"主战党"。近些年来,这两个派别又被认为,一个是具有"保守的"公社传统的派别(阿尔发),一个是具有"自由的"君主制传统的派别(戈麦斯),这个看法或许是有些想当然。[参阅 G. 马拉尼翁著《安东尼奥·佩雷斯》一书,墨西哥,1947年版]它们与其说是党派,毋宁说是由家族关系和庇护与依附关系松散地联系在一起的集团。他们并不存在真正的政治冲突,只不过代表他们自己的利益和个人的倾轧。由于家族之间交错通婚和个人之间的冲突,出现了许多复杂的派系。随着枢机主教埃斯皮诺萨受国王宠信而高升,特别是在戈麦斯去世(1573年)之后,早先的派系渐趋瓦解。派别变得更为复杂,其斗争的酷烈程度并没有减弱。

这些冲突给西班牙带来的灾难性后果,与法兰西和尼德兰的类似冲突的后果不相上下。它们使得一个本已办事过于拖拉的体制中的政府职能受到阻滞,因为每个派别都竭力抵制另一个派别提出的主张。西尔瓦家族和门多萨家族,托莱多(阿尔发)家族和菲格罗亚家族,科尔多瓦家族,恩里克斯家族和古兹曼家族,这些家族集团之间的联系纽带笼罩了全国,并卷入了马德里宫廷权力政治角逐场上的每一项争端。它们日益纠缠到武将同文臣之间的权力冲突以及武将文臣同僧界朝臣的权利要求的冲突之中。在卡尔德隆的剧本《萨拉梅亚市长》中,腓力二世作为情节中的意外救星出现,去解决军队的一个贵族团长和一个小城市的农民市长之间的争端;当后者声称国王的审判权是唯一而不可分割的权力时,②国王做出了有利于市长的裁决。这肯定符合腓力自己的观点。他坚持不懈地努力使饱受贵族的特权和小暴君专横之苦的臣民得以享有有效的中央集权政府的恩泽和平等的审判。

---

① 康姆尼洛斯起义,即爆发于1520—1522年的西班牙城市公社起义。——译者注
② "全部的审判权要集于您一身。"

然而，正是由于腓力把他自己视为审判权的唯一源泉，他总是迟迟不介入他的朝臣的争端。他们每个人在法庭和国王的议事会里都有自己的代言人。腓力助长了他们之间的倾轧。他担心人们背叛他，这种担心导致他自己对他的大臣和朋友背信弃义。阿尔发公爵说道："国王们把人当橙子来用。他们榨干了橙汁，就将橙子抛弃。"他自己的经历证明他的话确有道理，尽管他的忠诚从未动摇过。由于国王不可信赖，使得朝政受到败坏并使得政治上的和个人之间的冲突转化成为争取权力和生存的生死斗争。德洛斯·贝莱斯侯爵说："没有一个正派人能够经受得住那种状况。因为如果你得不到国王的宠信，他们全都会来欺负你；如果你得到国王的宠信，他们又会来夺去你的生命和荣誉。"腓力的政府体制，对于格拉纳达的织毯匠起义和阿拉贡的起义要负直接的责任；对于尼德兰的起义，则至少要负间接的责任。

在卡斯蒂利亚之外，腓力面临着两大难题：伊比利亚半岛周边国家的独立或自治问题和这些国家内部的宗教和种族差异问题。当腓力于1559年从尼德兰归来时，宗教裁判所刚刚从一场"最可怕的阴谋"中拯救了西班牙，幸而及时发现才使得整个国家免于沦落。宗教裁判所的法官们是那样说的；他们逮捕了塞维利亚和巴亚多利德的一小批可怜的"路德派分子"，他们可能是从皇帝统治时期的比较自由的气氛中残留下来的伊拉斯谟派或启示派分子。除了这些人以外，强硬的宗教裁判所，连同其法庭和议会，它的神学家、法官、监狱和成千的俗界效命者，在1550—1600年的半个世纪之间追究了325个嫌疑者的新教观点。即使那一小批人中，许多也很难说是新教徒。整个的西班牙传统，是在收复失地运动期间进行的几个世纪的反异教徒斗争中形成的，那种传统也竭力阻挡新教的推进。在每一个纯血统的西班牙绅士和市民的眼里，异端分子带有一种摩尔人或犹太人的气味。没有另一个民族对新教的宣传仍然那样地无动于衷。①

如果说新教徒从未成为一个严重问题，"新基督徒"则不然。力图把摩里斯科人同化于西班牙人的基督教社会的政策，在征服格拉纳达之后不久就已经开始贯彻，但在两代以上的时期里，取得的进展极其有限，这在一定程度上是由于语言上的障碍以及由于西班牙政府不

---

① 还可参阅前面第61—62页。

愿花钱去建立一种有效的基督教教育体系。同化政策也没有在西班牙人中间得到普遍支持。摩里斯科人也不可能成为教士，因为他们不能进入神学学校，那是为具有"纯洁素质"的人，即家族中没有掺杂穆罕默德教、犹太教或异端血统的纯基督教血统的人开办的。摩里斯科人既不能参加军队，也不能从事法律职业。他们仍旧是二等臣民。一般说来，厌恶他们的人更多地是那些穷苦的基督教徒，而不是那些雇佣他们在其田庄上干活的大贵族们，和那些先前各代祖先已经几乎完全同犹太人和马拉娄人①的血统相混合的人们。同样地，一般说来，许许多多的摩里斯科人总是被推向犯罪和遭到放逐。

从腓力统治的初期，格拉纳达的摩里斯科人的地位就逐渐地恶化。②这最初并不是由于任何政策决定而引起的。许多摩里斯科人赖以维持生计的丝织工业，由于禁止输出而受到损害，而禁止输出又是为制止西班牙物价上涨而采取的一种徒劳尝试下的强制措施。1560—1565年，对丝织品的课税增加了一倍以上；承包税收的人们，即使根据他们的包税活动的一般情况来从宽估计，也已超越了贪污渎职的限度，而摩里斯科人则是他们理所当然的剥夺对象。在精明的圣地亚哥博士主持下，一个政府委员会决定追查所有的地契，而事实上则主要是没收了摩里斯科人的土地。16世纪60年代，土耳其人发动强大的地中海攻势时，北非的摩尔人趁机袭击了格拉纳达海岸。他们的每次袭击，都有大量从该省放逐的摩里斯科人参加。西班牙到处谣传，有一个精心安插的间谍网笼罩全国，而全体摩里斯科人在土耳其舰队支持下已策划举行起义。

格拉纳达总司令蒙德哈尔侯爵伊尼果·洛佩斯·德·门多萨是一个富有经验的人。他甚至受到了摩里斯科人的尊敬。他们把他视为自己唯一的保护者，既使他们免遭贪婪的基督徒损害，又使他们免遭嗜杀成性的谢拉内华达山上的强盗芒菲斯人的侵袭。但是，几年以来，他同格拉纳达市议会和作为西班牙南部最高法庭的王室诉讼法庭之间，就地位的高低、司法权和内华达山牧场的所有权等问题，发生了

---

① 马拉娄人（Marranos），特指中世纪西班牙、葡萄牙境内被迫改奉基督教而仍然暗自信奉犹太教的犹太人。——译者注

② 关于摩里斯科人第二次起义原因的这一段论述，主要根据 K. 加拉德（K. Carrad）著《第二次织毯匠起义（1568—1571年）的原因》。加拉德教授让我看了他的打印稿，并同意在此处加以引用，为此，我应向他表示谢意。

争端。王室诉讼法庭又在类似一些问题上同宗教裁判所不和,而宗教裁判所同那位总司令又有争端。格拉纳达的格雷罗大主教支持蒙德哈尔对待摩里斯科人的宽厚政策,但他正忙于同他自己的教堂僧会之间的一桩法律诉讼。每一方都同圣地亚哥博士和他的地产委员会有争端。像通常那样,这些地方上的争端被上交到马德里;在那里,舰队总司令的对手们找到了德·洛斯·贝莱斯侯爵做他们的代言人;那位侯爵为一些有争议的地产而对蒙德哈尔怀有私愤。

在这个关键时刻,马德里的政府决定断然行事,既解决摩里斯科人问题,又解决格拉纳达的政治危机。卡斯蒂利亚议会议长埃斯皮诺萨劝说国王重新颁布 1526 年的一道敕令,禁止摩里斯科人使用他们阿拉伯的、摩尔人的姓名、服装、饰品,禁止他们拥有武器,此外还下令毁掉所有摩尔式澡堂,这样就禁止了一切摩尔式的礼仪。尽管蒙德哈尔提出了抗议和警告,这道敕令仍于 1567 年 1 月 1 日发布。在此以前几个月,埃斯皮诺萨的门徒佩德罗·德萨已被任命为格拉纳达王室诉讼法庭的庭长。得到马德里支持的王室诉讼法庭,宣告从前由总司令行使的对摩里斯科人的司法管辖权现在应由它来行使。它自己的士兵接替了总司令的士兵,但他们并无经验。他们不能赶走强盗而只会压迫安分守己的摩里斯科农民。由总司令的部队勉强维持到那时的社会治安,现在已告崩溃。摩里斯科人眼见他们唯一的保护者总司令同王室诉讼法庭的斗争已经失败,就去同芒菲斯人共命运。他们从 1567 年开始策划举行起义。为防御海岸而加征的赋税,给 1567 年的歉收雪上加霜,使得暴动俨然成为解除西班牙人统治下的日益恶化的生存困境的唯一手段。1568 年的圣诞节,他们行动起来了,那时正值总司令的大多数部队奉命开到海岸防御摩尔人的袭击。

西班牙对待摩尔斯科人的政策,无论是同化还是弹压,都归于失败。西班牙人的分权制度,导致格拉纳达的行政机构在这最危急的时刻瘫痪无力。随后进行的镇压战争,暴露了出人意料的军事弱点。蒙德哈尔最初获胜,而且成果辉煌。到 1569 年 2 月,他似乎已弭平全省。但是,西班牙士兵的掠夺和暴行,驱使摩里斯科人重整旗鼓加以抵抗。腓力的士兵对待平民百姓的行为,特别是对待那些不被认为是善良的天主教徒的人们的行为,在西班牙的几乎所有战役中,都表明是一个反复出现的,而且是致命的弱点。蒙德哈尔的私敌们劝说国王任用年轻的奥地利的唐·约翰取代他行使最高指挥权。在他名义上的领导之下，西班牙的将军们继续争吵。战争在双方都表现出惊人的残酷之下进行下去，又耗费了两年时间和西班牙城市大量的自愿捐助，才取得了胜利。

不过，西班牙并没有完全失败。阿拉贡和巴伦西亚的摩里斯科人仍旧保持忠诚。起义结束后，采取了一种更为果断的措施，使同化政策取得成效。格拉纳达的摩里斯科人被成千地迁入内地，分成小批，散处于安达卢西亚和卡斯蒂利亚的基督教居民之间。这作为一种组织上的手段，是一个巨大的成功，在其实施过程中，它似乎还不如20世纪对居民采取的某些类似的强制迁移措施那样粗暴。许多摩里斯科人在他们的新家园似乎处得相当不错，有的甚至还同原来的基督徒互相通婚。但是，作为同化这两个种族的一种手段，这一政策是失败的。西班牙语教育和基督教教育的缺乏，仍未加以弥补，其结果是这两个种族互不理解的状况继续保持下去。双方仍然是彼此仇视的。

从15世纪末开始，西班牙王室的政策就是要把整个伊比利亚半岛统一起来。对于那些基督教王国，首先选择的办法是联姻而不是征服。只有葡萄牙还保持着独立，并没有急于改变现状，直到1580年左右，西班牙的财力完全花费于对穆斯林进行的巨大战争，还被尼德兰的暴动所消耗。葡萄牙仍旧是一个友好政权。一些西班牙大贵族宁肯让它独立；因为，一旦发生事情，他们的孩子们难道还能到别处去逃过国王的震怒吗？阿尔发曾经大胆地向腓力本人说明这一点，而那位国王也从来未曾忘记，虽然正是阿尔发最后为他征服了葡萄牙。

葡萄牙国王塞巴斯蒂安从很年轻时就决心在摩洛哥进行一次十字军远征。包括他姑父腓力二世在内的审慎而现实的劝导者们，即使竭尽所言，也不能劝阻他。葡萄牙做出了艰巨的努力，但它的海军力量和里斯本商人的财富被用去开发它的海外帝国了。这个国家本身是贫穷的，王室财政数十年来就已处于一种勉强维持的状态。[1] 塞巴斯蒂安的军队力量有限，远不足以实现他的宏图。他自己的领导能力，既不成熟，也不堪重任。1578年8月4日，葡萄牙人的陆军在阿尔卡萨-厄-克比尔战场被摩尔人歼灭。19世纪以前所从事的最后一次基

---

[1] 参阅第2卷，第608页及以下各页。

督徒征服北非的尝试,以彻底惨败而告终。这位没有子嗣的国王也成了丧命者之一。葡萄牙的王位继承问题立刻变得尖锐起来。

塞巴斯蒂安的继承者是他的67岁高龄的堂祖父、枢机主教亨利。人们不能指望亨利会久留人世。但是,很快就十分清楚的是,无论葡萄牙人还是欧洲列强,都不愿接受一个西班牙人去继承王位。腓力不得不精心准备他的论据。他把格朗维尔召到马德里,终于认识了他的政治才干和扩张主义的气魄。他同苏丹签订了一项停战协定(1580年3月21日),那本是他在三年前就开始进行谈判、原来并不热衷于达成协议的。在尼德兰和对待英格兰方面,西班牙人的政策都变得更加和解起来。在葡萄牙本身,阿尔卡萨-厄-克比尔的惨败,几乎导致了公众的士气彻底崩溃。贵族们全都有亲人阵亡。"没有亲人在战场上的商人和手艺人(然而他们中许多人本是有亲人在那里的)利用他们的财富在它(即那场战役)当中进行投机冒险。"[①] 贵族们绝大多数都由于纯粹的私人原因而分裂,有的支持腓力,有的支持葡萄牙的王位觊觎者布拉干萨公爵或支持另一个葡萄牙王位觊觎者,枢机主教国王的兄弟的私生子、克拉图的大修道院副院长安东尼奥。国会里的城市议员也发生了类似的分裂。国王亨利试图发挥自己的作用,但只是加剧了混乱。

腓力机敏地利用了这一形势。他的那些写小册子的作者们大力强调他的继承权利。他的葡萄牙代理人克里斯托旺·德·莫拉成功地把贵族和市民、主教和大学教授拉到了自己方面。当亨利的一位大臣表明对于用金钱或头衔进行的贿赂无动于衷时,莫拉就为他所建立的一个女修道院提供了圣骨。穆拉写信给腓力说,难道国王陛下能够从埃斯科里亚尔宫的修道院偷走什么东西吗?否则,他就应该把持一些尸体,并说那是圣女的尸体。腓力认为事情不必搞到那个地步就能办妥。但是,当枢机主教亨利1580年1月31日去世时,情况变得十分清楚:对西班牙人继承王位的抵制,仍旧极为强烈。腓力若不显示一下武力,就不可能成功。克拉图的大修道院副院长安东尼奥成了抵抗西班牙的公认领袖。他的宣传小册子揭示了已经降临到那些接受西班

[①] I. 德·弗朗基·科内斯塔基奥:《葡萄牙王国并入卡斯蒂利亚王权的经过》(布朗特译,伦敦,1600年),第55页。

牙统治的民族头上的灾难。普通民众和下层教士热烈支持他。但是，在卡斯蒂利亚，贵族和城市现在团结起来支持他们自己的国王。意大利各省提供了船只、金钱和军需品。组织了卡斯蒂利亚人的作战力量的格朗维尔，劝说腓力把已经退休的阿尔发召了回来。1580年6月27日，腓力最后批准他的军队越过国界，开进葡萄牙。

葡萄牙人是没有指望的。他们的军队敌不过阿尔发的指挥能力和优势兵力。他们的一些防御工事遭到了破坏，因为上层阶级中讨好西班牙人的太多了。法兰西和英格兰发表了漂亮的言辞，却无力进行干预。里斯本于8月25日陷落，波尔图于10月陷落。有组织的战斗就这样结束了。不过当它还在继续时，一直是进行得很猛烈的，而阿尔发的军队也干了他们通常干的那些暴行。

腓力现在已能够宣告他拥有征服者的权利，他发现不那样做才是审慎的。在1581年的托马尔议会上，及随后1582年的一项声明中，他许诺保留葡萄牙人的法律和特权，只任命葡萄牙人担任官职，而不推行卡斯蒂利亚的税制。他取消了卡斯蒂利亚和葡萄牙之间的关卡，使得他的新王国能够自由地输入大量必需的粮食。这是腓力在实现他的帝国的经济统一方面取得的唯一重大进展；不过，他认为它还不如许诺给他的新臣民的一项特权重要。1593年，关卡又重新设立起来，主要是由于财政方面的考虑。葡萄牙人的殖民帝国继续作为一个单独的帝国而隶属于西班牙王权之下。葡萄牙人当时对这一安排十分满意。只是到后来，从该世纪末年开始，这种分离的害处才变得明显起来。那时葡萄牙人的殖民地和货船，受到了西班牙的敌人荷兰、英格兰和法国的攻击，而西班牙人只是半心半意地予以保护。西班牙人并不是全然不乐于看到葡萄牙人被削弱，看到对他们自己的殖民地的进攻被转移到别的地方。

修道院副院长安东尼奥逃出了葡萄牙，并继续领导着一场反西班牙的宣传运动，竭力传播关于西班牙人和腓力残酷无情和不守信用的"骗人传说"。实际上，他只不过是英格兰和法兰西政治手腕中的一个卒子。然而，他的名字仍旧是葡萄牙境内反西班牙情绪的一个象征，普通人民由于推行卡斯蒂利亚的平等公正思想实际上得到了好处，因为正如威尼斯大使马泰奥·扎内所说，他们的贵族曾经把他们"当黑奴一样"对待。但是贵族们由于自己对腓力的恩惠的过分企求而感到失望；教士们仍持敌视态度，因为他们担心腓力会像对待卡斯蒂利亚教士那样压榨他们；有教养的阶级现在审慎地转而背弃卡斯蒂利亚，并开始寄希望于法国。吉尔·维森特和卡缪思曾经用卡斯蒂利亚语写过一些作品。这种兼通两种语言的风气，现在已逐渐过时。葡萄牙和卡斯蒂利亚王权的合并，并未导致那个半岛的预期的统一。1640年，即使形式上的统一，也再次决裂了。

天主教虔信者伊莎贝拉曾说，她希望发生一次阿拉贡的起义，以使她有机会在那里确立与卡斯蒂利亚同样强固的王权。腓力二世没有表示过那样的愿望。西班牙东部的一些王国是贫瘠而人烟稀少的。在巴伦西亚进行干预也太危险了，那里三分之一的居民是摩里斯科人。加泰罗尼亚是难以对付的，但还是忠诚的。它的古老的帝国传统与腓力的地中海政策十分适应。巴塞罗那的船坞给他提供了划桨战舰和熟练的海员，但是巴塞罗那在16世纪的贸易扩张中没有得到什么好处。加泰罗尼亚的贵族也未能分享到帝国的果实。他们统治自己的地产，就像统治小型的王国，总是转入宗派之争，而且常常同无处不在的强盗匪帮携手合作。由护航队护送的美洲白银船，在从塞维利亚开往巴塞罗那和热那亚的途中，经常遭到袭击，而且有时是成功的袭击。被盗的白银被用于越过比利牛斯山的获利丰厚的走私贸易。西班牙政府不无根据地怀疑，北部边界上的加泰罗尼亚强盗诸侯们可能同法国的胡格诺教徒有着密切联系。但是，腓力只不过任命了几个他最信任而且最有资格的卡斯蒂利亚大贵族去当副王，让他们尽其所能去对付那些难题。

在阿拉贡，国王甚至不可能任命卡斯蒂利亚人去当副王。这里不幸的农村居民指望国王保护他们免遭残暴贵族的专横权力之苦。腓力十分乐于对那种请求作出响应，但是贵族和市民强烈坚持他们的特权。对卡斯蒂利亚人的由来已久的憎恨没有减少。腓力一直拒绝访问阿拉贡，也无助于他的事业。当他于1585年终于去访问时，至少部分地是为了去解决里瓦戈萨这个大郡的职位继承问题，那里的居民正举行起义反对他们的封建领主比利亚赫莫萨公爵。阿拉贡的议会、贵族和"正义"法庭[①]为卡斯蒂利亚人的这一干涉所震惊。任命一个卡

---

① 参阅第2卷，第323页。

斯蒂利亚人去当副王，又引起新的争端。1585 年以后的几年里，这个王国的紧张局势迅速增长起来。

然而，1591 年暴动的发生，却是由马德里宫廷本身的事件触发的。吕伊·戈麦斯死后，他的遗孀埃博利的公主朵娜·阿娜（Dona Ana）·德·门多萨在腓力的秘书安东尼奥·佩雷斯支持下，力图在宫廷保持埃博利的影响。很难像历史学家和小说家们通常认为的那样去肯定佩雷斯和那位独眼公主是情人。不过，这位骤贵的秘书不但遭到许多大贵族的敌视，而且在西班牙文官中还遭到他的对手们的厌恶。国王的宠信是不牢靠的，佩雷斯也了解这一点。他为了自卫而同各种派别密谋勾结：同奥地利的唐·约翰及其秘书胡安·德·埃斯科韦多共谋反对国王；又同国王共谋反对唐·约翰；甚至还可能同尼德兰的反叛者勾结起来既反对国王又反对唐·约翰。腓力对唐·约翰及其浪漫野心深为疑虑。他否定了唐·约翰提出的入侵英格兰以解救苏格兰女王玛丽并同她结婚的计划。1577 年，他曾决定要在尼德兰推行一种缓和政策，而唐·约翰却再次使他卷入了战争。① 当唐·约翰派埃斯科韦多到西班牙去推进他的好战政策时，佩雷斯开始担心他对国王产生影响，还由于埃斯科韦多可能暴露他的阴谋而惊慌失措。佩雷斯就像处于类似情势下的卡特琳·德·美第奇在圣巴托罗缪日屠杀前夜所采取的行动方式那样，② 采取了反行动。要把埃斯科韦多描绘成与唐·约翰一样具有谋叛国王的邪恶天性，本是轻而易举的事。腓力也正像查理九世曾经做的那样，同意加以谋杀（1578 年 3 月 1 日）。那不是像 1572 年那样的一次大屠杀。不过，腓力决不会原谅佩雷斯借他之手以杀人的事。1579 年 7 月 28 日，他未加训诫就下令将他的秘书和埃博利公主逮捕起来。格朗维尔恰好已经来到宫廷筹划葡萄牙战役，那位国王已不再需要埃博利派了。

在此后 10 年间，佩雷斯仍旧是一个囚犯。然而，埃斯科韦多的家族和佩雷斯的敌手们要使他彻底毁灭。腓力现在又犯了他的第二个错误：他陷进了这些计谋之中；他相信了佩雷斯曾经哄骗过他，也相信了他一直在损毁经他手的文件。所有为证实这些所做的努力和一次

---

① 参阅后面第 276—278 页。
② 参阅后面第 289 页。

告解都失败了。1590年4月佩雷斯越狱逃到阿拉贡，要求"正义"法庭予以保护。在这个法庭上，佩雷斯针对腓力对他的指控，现在首次以直接控告国王谋杀埃斯科韦多作为回答。那是在20世纪已经为人们所熟悉的一种事态，即一个人被一种专横的政府体制所迫使而叛国，他本人却又在那种体制中起过主导作用。腓力还有一张王牌，可以胜过阿拉贡人的特权。宗教裁判所当时根据一项虚构的异端罪，要求将佩雷斯转交给它的萨拉戈萨监狱。令人憎恶的宗教裁判所，以前从未那样露骨地表现为王室专制主义的工具。1591年的5月和9月，萨拉戈萨的民众两次阻挡将佩雷斯转交宗教裁判所的监狱。国王的特别代表在骚乱中被杀。对阿拉贡人来说，这意味着保卫他们的自由权利；对腓力来说，它意味着一场公开的叛乱，必须用武力镇压下去。1591年11月，一支卡斯蒂利亚军队开进了阿拉贡，阿拉贡人的抵抗，几天之内即告崩溃。佩雷斯逃到法国，在那里继续进行他的反对国王的争讼。

腓力对"正义法庭"和许多暴动的首谋者进行了惩治，但他推行的法制上的改革却是相当温和的。从此以后，"正义"法庭可以被国王任意撤销；副王可以是一个外邦人，即一个卡斯蒂利亚人；多数表决通过代替了阿拉贡议会的要求一致同意通过的原则。这些改变连同司法制度上的某些非常适度的改革一起，使得西班牙王权在阿拉贡拥有了最高决定权，不过他们还是保留了那个王国的自治权。

卡托—康布雷奇和约使西班牙解脱出来，得以集中力量去对付它的最强大的敌人土耳其。查理五世皇帝的征战已经表明，基督徒不可能对土耳其人在东地中海的霸权进行有效的抗争，而土耳其人也不可能对西班牙人在地中海西部沿岸的霸权进行有效的抗争。然而，稳定的均势还没有形成。西班牙人所处的地位比他们的敌人更为不稳定得多。苏丹在柏柏里海岸的附庸和同盟者，对基督徒的侧翼总是构成一种潜在的威胁。他们对货船和意大利与西班牙南部那些不幸的渔村、小港的袭击，使人们经常感到这一威胁的存在。他们同格拉纳达的摩里斯科人的接触，使得西班牙这个强国的腹心部分也面临着穆斯林的威胁。只要柏柏里海岸的各王国处于相对孤立的状态，它们造成的威胁就有可能防止。因此，一切都取决于对地中海中部的控制，而双方也都相应地制定了它们的战略。对于西班牙人来说，那一战略必须是防御性的。他们致力于两条海上战线,即地中海战线和大西洋战线;在那两条战线上,由于技术上的原因,战船难以互换使用。如果以划桨战舰对付划桨战舰,土耳其人能够建造得更多。在为圣约翰骑士团夺回的黎波里的战役(1560年)中,曾尝试以西班牙的意大利属地和同盟者的分遣舰队加以配合,其结果是基督徒的战船损失了一半以上,而且表明,若无海军优势,就连发动一次有限的进攻行动也是危险的。因此,保存他的舰队就成了腓力的海军战略的主要目标。不利的情况是,西班牙可能在它最不愿打仗的时候被迫进行一次海战,或丧失一个致命的战略要地。这种进退维谷的困境,在土耳其人1565年围困马耳他期间,变得令人痛心地明显起来。当土耳其人收缩包围圈时,圣约翰骑士团发出了越来越迫切的求救请求,腓力自己的总司令,西西里副王加尔西亚·德·托莱多,由于马德里缄默不答而失望。没有明确的命令,他不能让他的舰队冒险去抵抗土耳其的更强大的舰队。经过几周犹豫之后,腓力决定抵抗。由于骑士团的奋勇守卫,还由于托莱多在未动用他的舰队的情况下就登陆增援的出色行动,这个岛屿得到了拯救。

那是一次险胜,但却是地中海战争的转折点。土耳其人在争夺地中海中部控制权的斗争中失败了,但这并不是立刻就清楚的,土耳其人仍然令人生畏。双方的船坞都竭尽全力建造战船。卡拉布里亚的叛教者、阿尔及尔国王乌卢杰·阿里,在格拉纳达的摩里斯科人起义时虽然没有向他们提供什么援助,却趁机推翻了依附于西班牙人的突尼斯国王(1570年1月)。腓力赢得摩里斯科战争后,不得不立刻去对付这一挫折。随着尼德兰暂时平静下来,[①] 腓力得以集中力量到地中海方面,并参加庇护五世与威尼斯的反土耳其人的神圣联盟(1571年5月)。腓力缺乏他父亲那种十字军征讨热忱。在他看来,那个联盟至少可以给他提供一次机会,使他可以在对等的或优势的条件下面对土耳其人,并确保西班牙人在地中海中部和柏柏里海岸的地位。这一赌注赢得了巨大的报偿。1571年10月7日,联盟的舰队在奥地利的唐·约翰指挥下,在勒班陀实际上歼灭了土耳其人的舰队。然而唐·约翰的著名的胜利,道义上的影响多于实质上的影响。对于西班

[①] 参阅后面第271页。

牙人来说，从普通士兵塞万提斯到总司令唐·约翰，勒班陀是他们的圣克里斯平节日，再加上一种履行了西班牙人作为上帝捍卫者反对他的教会敌人的使命的光荣感。这种情绪可以在很大程度上解释西班牙人为何会继续支持他们国王的宗教政策和扩张政策，即使面对着导致破产的费用和日益增多的灾难也一如既往。

然而，勒班陀战役的政治和战略影响是微不足道的。[①] 盟军之间在下一步的推进方向上的争吵，耗去了第二年通航季节的大部分时间。塞浦路斯陷落了，而且没有重新夺回的希望。1573年3月，威尼斯同苏丹缔结了一项和约。神圣联盟可以帮助西班牙赢得战役，却不可能保护它的属地。威尼斯的背叛使得唐·约翰至少可以把力量集中到地中海中部。1573年10月，他占领了突尼斯；不到一年以后，它又丢失给了乌卢杰·阿里；阿里指挥一支土耳其人的舰队，其实力优势竟然使得西班牙人不敢冒险同它公开交战，似乎勒班陀战役从未发生过那样。腓力能够把他的力量集中在地中海的那个短暂时期，已经过去了。他的财力资源被过度地消耗了。从1571年到1573年，小小的西西里王国就为唐·约翰的舰队支付了120万斯库迪[②]，而在1575年，腓力又不得不付出7.5万斯库迪，作为给西西里政府的直接补助，以防止它的财政崩溃。那不勒斯的财政状况甚至更糟。西班牙政府本身正蹒跚地走向它的第二次破产（1575年）。西班牙现在已深深地陷进了尼德兰。地中海的战略形势回到了马耳他被围之后的那种状况，呈现出相当程度的平衡。奥斯曼帝国的海军和财政资源虽然仍比西班牙略胜一筹，但也是处于过度紧张的状态，而且它的政府也不得不把注意力转向它的另外一些边境问题。缔结一项协定的时间来到了。西班牙人和奥斯曼人的帝国之间的巨大争夺，变成了一种"冷战"，只是伴随着出现一些偶尔的无足轻重的劫掠。它的最后结局，不是由刀剑的铿锵声来决定，而是由两个帝国的内部事态的发展来决定。

像在查理五世皇帝统治时期那样，在腓力二世统治时期，防御问题也支配着西班牙同他的意大利属地之间的关系。不过，自1559年

[①] 参阅后面第353—354页。
[②] 19世纪以前的意大利银币。——译者注

以后，处于帝国防御前沿线上的已经是那不勒斯和西西里，而不是米兰。因此毫不奇怪，正是一位西西里的副王马可·安东尼奥·科隆纳对帝国防御问题提出了最清晰的系统论点。同样毫不奇怪的是，对帝国存在依据的论证，也是由一个意大利人而不是西班牙人提出来的。诸如科隆纳、多里亚和佩斯卡拉那样资深而显赫的意大利家族的成员，不可能接受任何使自己在为西班牙国王效劳方面处于比西班牙大贵族低一等的地位。由此，他们就必然要把米兰、那不勒斯和西西里看作是在一个国际性而不是西班牙人的帝国中与西班牙人的各王国处于同等地位的国家。具有特别意义的是，科隆纳的论点集中在财政方面。他凭经验知道，西西里人对于交付给西班牙的每一个杜卡特都是斤斤计较的。然而，当土耳其人大举进攻时，这个岛屿的防御不能仅靠20万左右的杜卡特来支持。只有把国王的各个属地上的财源全部汇合起来，才能保证每一个属地的安全；因为它们全都是一个整体的组成部分，必须互相帮助。科隆纳于1582年在给腓力的信中写道："我从未见过陛下的事业由于缺乏金钱、人力和军需品而蒙受危险或损失，却由于一部分富足、另一部分匮乏而蒙受危险或损失"，以及由于大臣们的自高自大阻碍他们向自己的同伴提供充分的支持而蒙受危险或损失。

当加尔西亚·德·托莱多的舰队从墨西哥驶出去解救马耳他之围时，或者当唐·约翰的凯旋的舰队从勒班陀返航之时，西西里人易于看到同西班牙人联合的好处，他们的议会也愿意为帝国的防御做出贡献。但是，当西西里人的划桨战舰受命不再在这个岛屿的海岸防御海盗袭击，而去参加阿尔发讨伐里斯本的远征时，帝国的好处似乎就全都为西班牙一方所独占。直到1580年左右，西西里同帝国的联合，在改善其行政管理以及打击横暴的诸侯和黑手党似的强盗而伸张王权和正义方面，还起着促进的作用。从那时以后，强迫因素变得极为严重起来。例如在1588年，西西里以现金和食物形式向无敌舰队提供的金额达50多万斯库迪。行政改革方面的良好效果，被日益盛行的卖官鬻爵的做法所抵消，腓力二世曾把向贵族出售司法管辖权的做法控制在一定范围之内进行。他的儿子比他较少顾虑。1621年，贵族终于获得了得以购买他们领地上的司法管辖权的权利。向副王们发出的扶弱抑强的训令成了一纸空文。

西西里议会保留了它的特权和权力,因为王权从来不需要打击它。那个议会尽其所能地把可能从一个小国适度取得的钱财交纳给国王,而那个小国的仅有的经济资产就是它的粮食产品和生丝。与此同时,西西里也受到了它的议会的保护,使其免于蒙受那不勒斯和米兰所蒙受的那种程度的财政剥削。西班牙的统治并没有给西西里造成许多意大利历史学家所说的那种经济崩溃。更恰当地说,问题在于王权对掠夺成性的贵族和有产阶级的特权给予的默示支持,使得这个岛上的社会问题不可能得到解决。西西里仍然是一个拥有巨大宪制权利的国家,而其行政管理却处于无政府状态。这样,副王职位逐渐被看作其任职者名声的坟墓,就不足为怪了。在马德里,副王们的政绩主要根据其财政政策的成败来衡量。他们同贵族特权和农村无法无天行为的斗争归于失败。他们的对手可能经常与宗教裁判所打交道,从而逃避世俗法庭的审判。副王与宗教裁判所之间的管辖权上的争端,有时几乎导致整个行政的瘫痪。双方都诉诸马德里,而且双方都能在朝廷中找到朋友。或迟或早,腓力总会听到副王不忠的传闻,并将他撤职。①

与西西里相反,那不勒斯诉诸西班牙人的问题要少得多。② 那里不存在对副王权力的有效的抗衡力量。贵族仍然是分裂的,因为当阿拉贡集团和安茹集团之间的宿怨比以前有所减弱时,西班牙人鼓励大量的热那亚人迁居到这个王国来,其中有将近200家贵族。他们的地位和财产有赖于王室的恩宠。而且,政府暗自挑起贵族和那不勒斯城市的民众议员(Seggi)之间的不信任。政府的官员,从副王以下,都以其贪婪腐败而声名狼藉。相传密兰达伯爵在担任副王期间积聚了100万杜卡特。这个数字无疑是夸大的,不过,奥利瓦雷斯伯爵常说,一个人不应该企求担任那不勒斯副王,以求避免离职时的痛苦。

由于缺乏抵制政府财政要求的宪制保障,作为政府财源的赋税迅速增长起来,或许比物价上涨还快;在16世纪70年代,高达200万杜卡特,到1611年,几乎高达400万杜卡特。这笔款项的绝大部分,被用于防御和支付地中海舰队。但是,就像在西西里发生的情况那

---

① H.G.凯尼格斯贝格:《西班牙腓力二世统治下的西西里政府》(伦敦,1951年)。
② 参阅第2卷,第327页。

样，大约从 1580 年以后，日益增大的款额被用于支持西班牙在西欧采取的行动。副王们自己也不得不拒绝王室的金钱索求，因为已不可能从纳税人那里榨取更多了。那不勒斯像西西里一样，仍旧是一个贫穷的半殖民地国家。它的贸易控制在热那亚商人手里，它的贵族放纵其附庸横行霸道，而不理睬王室要求副王扶弱抑强的一切训令。它的农民和小商人遭到阿布鲁兹强盗的绑架勒索。然而，西班牙人虽然是那样不得人心，却统治着那不勒斯，因为他们的统治是可以接受的。威尼斯人阿尔维斯·兰多曾惊奇地写道："从来没有一个王国像这个那不勒斯王国那样；它如此经常地尚未陷落已被征服；它处于永久性的被奴役地位……却能面对它的强敌经常夸耀自由和主权。"

  米兰人的态度极为相似。伦巴第在 60 年间一直是列强的战场。面对着被毁的收成和遭劫的城市，米兰人不再愿为难以确保的政治独立的利益而战。西班牙人是不得人心的。他们继续把米兰看作西班牙的军事前哨，① 而既已有了和平，西班牙团队的勒索就深受怨恨了。但是，城市获得了它们原有的许多自治权，还在中央政府机构中拥有一些代表席位。中世纪民主的最后痕迹从城市政府中消失了，而它们的一些有权势的家族，现在垄断着全部的地方权力，指靠着西班牙国王来维护他们的地位。只有一次出现了对西班牙政权的严重威胁。1563 年，腓力决定把西班牙的宗教裁判所推广到米兰。米兰人就像尼阿波利斯人对于 1547 年的同样企图所做的那样，② 予以激烈抵制。难道米兰不是最古老的基督徒城市之一而且连异教的嫌疑也从未沾染过吗？他们这样问道。暴乱也出现了。大主教、特伦托宗教会议和教皇本人支持市民。他们为他们自己的教会权限而担心。腓力像他的父亲在那不勒斯做过的一样，不得不做出让步。

  我们没有关于这个时期米兰人财政状况的详细研究成果。看来赋税负担似乎没有增加到超过皇帝统治末年的程度。米兰是西班牙人在欧洲的霸权的一个支撑点。国王从这里控制他的意大利盟邦和保持他同奥地利哈布斯堡王族的联系。他可以从米兰挥军南下抵御土耳其人的威胁，或向北向西推进，在尼德兰或法兰西进行干预。绝不可使米

---

① 参阅第 2 卷，第 329 页。
② 参阅第 2 卷，第 328 页及以下各页。

兰人的反感达到不能忍受的程度。这个公国的绝大部分岁入和西班牙支付的巨额款项，不得不用于驻扎在伦巴第的军团。这位总督尽管在原则上拥有任意征税的权力，但在取得每一项额外征课的许诺时不得不同各个城市讨价还价。米兰政府的财政状况就这样每况愈下，但这个省份本身却从该世纪前半期的灾难中复兴起来。它的城市人口及其经济活动迅速增长。拥有10万居民的米兰，是欧洲最大的制造业中心之一，特别著名的是它的金属加工和军备制造业。一些较小的城市，如帕维亚或纺织业中心科莫，甚至发展得更为迅速。在西班牙的意大利属地中，唯有伦巴第能够从欧洲的物价上涨和市场扩展中获得利益。后来，在17世纪的瘟疫和战争年代里，米兰人竟把腓力二世统治时期几乎当作一个黄金时代来回顾。

虽然米兰人、尼阿波利斯人和西西里人对西班牙的统治从来只不过是勉强容忍，真正的谋求意大利独立的情绪，仅仅存在于那些还保持着独立的意大利人的各邦里。即使在那里，它通常也只不过是一种文学上的情感。如博卡利尼指出的那样，在意大利喜剧中，西班牙人代替尼阿波利斯人充当代表绝对空虚的木头人角色。意大利诸邦过于互相猜忌，以致不能携手合作去反对西班牙。不过，即使它们的力量联合起来，与这位天主教国王在军事上的压倒性优势相比，也是微不足道的。法国人的重新干预，为一些人所期待，又为另一些人所恐惧；而那种干预直到法国宗教战争结束以前，总是纸上谈兵而并无实际的可能性。

热那亚比任何其他邦都更加把自己的命运寄托于西班牙君主国的命运。它的银行家把他们的金钱投资于西班牙人的借贷，并代替德国人充当了西班牙王权和西班牙财政包税人的主要债权人。它的商人和贵族在西班牙、那不勒斯和西西里定居，与当地贵族互相通婚，并垄断了很大一部分西班牙与其属地之间的贸易。斯皮诺拉指挥过腓力三世在尼德兰的军队。多里亚家族指挥过西班牙人的地中海舰队，同时又在故乡牢牢地保持着对亲西班牙的热那亚贵族集团的控制。只要秘鲁还在向塞维利亚输送白银，热那亚的财阀集团就能保持兴旺。从加莱亚扎·阿莱西为他们建造的富丽堂皇的宫殿中以及凡·戴克于17世纪20年代为他们画的肖像中，人们还能领会到这个风雅、文明而又无情的社会的某些风韵。

与西班牙同热那亚的平静关系相反,它同教皇国的关系则充满了风暴。王国议会议长菲格罗亚曾说过:"在西班牙不存在教皇。"他以这句名言概括了摩擦的主要原因。不过,菲格罗亚的论点只是在一点上正确。西班牙国王拥有全部教职的任命权,其圣俸的总额,据同时代的人估计,达 600 万杜卡特以上。其结果是,西班牙的教士指望从马德里而不是从罗马求得晋升。西班牙王室的教职任命大权,是确保高级贵族、绅士和城市中有教养的中产阶级对它忠诚效命的有力手段。从斐迪南和伊莎贝拉时代开始,西班牙的国王就有意地推行一种限制教皇对西班牙教会的影响的政策,他们坚持有权阻止教皇的某些训谕和敕书在西班牙公布。他们竭力阻止西班牙教会法庭向罗马提出上诉。16 世纪上半期的教皇们在这些问题上还比较能委曲求全。但是,反宗教改革时期的教皇则力图夺回已经丧失的地盘。

第一场公开的冲突,是由于西班牙的宗教裁判所采取反对托莱多的巴托罗缪·德·卡兰萨大主教的行动而引起的。① 这一事件是佩雷斯事件在教会领域的对应产物。卡兰萨在腓力和玛丽统治期间曾促使英格兰异端分子重新归顺或施之以火刑;还以他那虔信热忱,把一些被疑为异端的人从安特卫普那比较安全的处境引诱到另外地区,使宗教裁判所得以在那里将他们逮捕;他为此而给自己赢得了名声。但是,在他升任西班牙首席主教以后,心怀嫉妒的竞争者们向神圣宗教裁判所的最高议事会对他提出了控告,他本人就成了那样一种制度的牺牲品,而他曾是那一制度的极其热心而且取得成功的首倡者(1559 年)。在西班牙本土,对这一控告的判决存在着怀疑。特伦托宗教会议最后宣告他的观点属于正宗。然而,这一案件根本的焦点不是卡兰萨的观点,而是教皇坚持一个主教只能由罗马来审判;而西班牙的宗教裁判所则坚持对一切涉及异端的案件拥有完全的自主权。王权支持宗教裁判所,因为正如枢机主教亚历山德里诺给罗马的信中所说:"这里的那些对审判权的最坚决的维护者们坚持认为,宁可惩办一个无罪的人,也不能让宗教裁判所的权力遭到任何削弱。"这一案件迁延了七年之久。然后卡兰萨被转交给罗马。这是教皇的一次重大

---

① 参阅前面第 62 页。

胜利,虽然又过了几年,教皇才敢于宣告他的实际上无罪开释的判决①。

在意大利,关于教会审判管辖权的争端,甚至更为激烈。在那不勒斯和西西里,国王对教会的控制,甚至比在西班牙本土上把持得更紧。他根据他的对教皇训谕的认可权,可以否决一切教皇训谕的公布,就像法兰西的国王根据他们的《审查法》可以做的那样。而且,在西西里,国王还行使着主宰权,即一个永远有效的教皇使节的权利和权力。这一权利要求的根据,是乌尔班二世给西西里的罗哲尔(Royer)伯爵的一项所谓的特许。教皇并非无故地要抵制那样一项权利,因为它实际上使得国王对西西里教会拥有那样大的权力,就像英格兰国王对英格兰教会享有的权力一样。这一抵制并未得到解决,而且一直继续下去,直到庇护九世于1867年正式废除主宰权为止。这是西班牙制度下的一种典型的事态:主宰权法庭逐渐强调自己的意志,不但同宗教裁判所(像它自己一样,坚持作为一个教会法庭不承认任何上司)发生冲突,而且同副王们所代表的王权发生了冲突。

教会与国家之间的大多数戏剧性冲突发生在米兰。在这里,那些冲突是特伦托会议之后经过改革的罗马教会采取反击行动的直接产物。其领袖人物是庇护四世年轻的侄子卡洛·博罗梅奥。他于1566年抵达米兰就任大主教职。在给腓力的忏悔神父的致辞中,他要求"以非常的严厉手段去迫使群众接受至高至善的目的"。像西班牙的宗教裁判所那样,博罗梅奥建立了一个令人生畏的法庭,并把这个城市和公国组织在他自己的官员控制的管区之中。他的武装卫队把那些违背他的宗教训令的冒犯者立即投入大主教监狱。但是,当他着手把他的权力从监督教士的道德扩展到监督俗人的道德时,他就开始陷入了同世俗法庭的冲突。当他不顾阿尔武凯克公爵的制止而宣示特伦托宗教会议敕令和教皇的"当我主晚餐"训谕②(它们禁止君主们向他们的臣民征课新税)时,他就同王权本身对抗起来。阿尔武凯克将大主教的代理人逮捕起来,并派军队占领了博罗梅奥的田庄。博罗梅奥以诅咒和停止教籍相回敬。他赢得了巨大的策略上的胜利。阿尔武

---

① 参阅前面第62页。
② 训谕名,当时常以训谕中的第一句话为该训谕命名。——译者注

凯克不得不乞求教皇赦免。他的继任者之一唐·路易·德·雷克森斯只是因为他离开米兰去当尼德兰总督才获得了赦免。博罗梅奥对米兰民众的影响是很大的。他在瘟疫流行期间的慈善和无畏表现赢得了朋友和对手的赞扬。但是他的贵族气派和独裁主义过于强烈，使他不可能期望成为反对现存政权的民众运动的领袖。无论罗马还是马德里都经不起把这场争执推向极端。腓力依靠教皇才取得了对在西班牙征收圣战税和其他教会税的承认。那是西班牙王权付出的代价，因为它没有像其他欧洲政府不得不做的那样，去同构成王国中一个等级的教士们商讨税收问题。这些教会税一年可达200万杜卡特之多，为了那样一笔款额，腓力对他在米兰的代表们蒙受的凌辱可以予以容忍。

到腓力统治的末年，争端再次爆发，卡洛的堂兄弟和继任者费德里克·博罗梅奥，试图效法他的米兰教区的杰出的前任，准备将总督革出教门。但是胡安·德·贝拉斯科不是阿尔武凯克，他不为威吓所屈服。克莱门特八世也不是庇护五世。这位大主教没有从罗马获得支持。但是争端继续下去，甚至1615年的一次妥协也未予以最后解决。不过，从根本上说，教皇同西班牙君主国之间的关系较少取决于管辖权上的要求，而更多地取决于双方对他们的共同敌人土耳其人和新教徒的政策。

佛罗伦萨和皮埃蒙特－萨伏依的公爵都是靠着西班牙的武力和外交维护其宝座的。萨伏依的埃马纽埃尔·菲利贝尔确实认为，他曾在圣康坦战役中征服了自己的国家；在那里他引导腓力的军队取得了胜利并迫使法国人签订了《卡托—康布雷奇和约》。然而，尽管他有这一看法，而且与法国人联姻，但他从未忘记他对西班牙的依赖。萨伏依和皮埃蒙特从法国人和西班牙人的占领下解脱出来后，热烈地迎来了他们的公爵。议会授予他巨额的赋税；用这笔钱，埃马纽埃尔·菲利贝尔能够支付他的军队的费用。从那以后，他就不再让他的议会有任何效用。原来的城市统治阶级已经被25年的外围军事占领所摧毁。贵族们被私仇缠住，他们的地产被抵押，而且许多人被法国或西班牙收买，或同时被两者收买。他们在道义上和物质上都无力捍卫自己原有的政治特权。埃马纽埃尔·菲利贝尔对他自己任尼德兰总督时遭受挫折的经验记忆犹新，于是就建立了一种严酷的体制，那是欧洲最严酷的专制政府体制之一。他的国家的行政管理由中产阶级的官吏来履行，他们完全依赖于公爵。贵族们在政治权力上的损失，由头衔和宫廷职位以及废除公爵对他们地产的任何实际干涉而得到了补偿，在那些地产上，农奴制通常都继续保持到18世纪。

埃马纽埃尔·菲利贝尔在那样牢固地控制着国家后，能够以从前任何一个米兰总督都不敢那样做的方式增加赋税。政府的财政收入从9万杜卡特左右增加到50万。公爵对于发展皮埃蒙特的工业生产曾予以极大注意，但所有这一切都不能弥补令人感到窒息的税率和他的常备军的勒索。在他统治的整个时期，威尼斯的大使们都谈到了荒芜的农田和几乎普遍存在的贫困与冷漠气氛。

埃马纽埃尔·菲利贝尔——他的绰号是铁脑袋——至少还使他的国家摆脱了战争，而且还设法使法国人撤出了他们一直驻守着的城市。他的儿子夏尔·埃马纽埃尔一世（1580—1630年）则除了在国内实行专制统治外，还推行一种想入非非的对外政策。他梦想得到葡萄牙或波希米亚、西西里或撒丁尼亚的王冠，甚至还梦想得到帝国的皇冠。法国的亨利三世死后，他荒唐地期望继承法国的王位或在普罗旺斯得到一个王国，由此而丢掉了征服日内瓦的可能性；这后一项目标本来既有某些历史的正当性，也有某些成功的希望。[①] 夏尔·埃马纽埃尔已经被视为实践国家理性的代表者而成了一个著名人物，他预示了19世纪"复兴"时期的萨伏依家族人物的特征。他的同时代人却未能以那样一种超然观点去看待他。他们只是看到：他在经济上毁灭了自己的国家；而且，即使皮埃蒙特-萨伏依作为一个独立国家而幸存了下来，那也只是由于幸运和列强的利益（正如日内瓦的幸存一样），而不是由于它的公爵们的政策。

1530年，美第奇在帝国武力援助下推翻了最后的一次佛罗伦萨共和制。佛罗伦萨的贵族阶层在共和制下已蒙受沉重打击。他们在经济上不能自立，道义上不愿同共和派和民众合作，除了依赖美第奇的支持，别无选择余地。首先是亚历山德罗，然后是科西莫·德·美第奇，巧妙地利用了这一形势。他们把这个"元首国"变成了一个公国，一个警察国家，其专横暴虐的程度不亚于萨伏依公爵们统治的国家，只是其运转效能更高。贵族阶层从城市贵族变成了文官和宫廷贵

[①] 参阅后面第305页。

族。他们中的绝大多数人，把资本从工商业中转移出来，仅仅投资于银行业，或者最为常见的情况是扩展他们在城外的地产。他们的社会地位仍然未受损害（尽管科西莫对他的全体臣民都推行了严格的法制，而且还取消了佛罗伦萨城市的特权），但是，作为一个社会集团，他们丧失了所有的政治权力。共和国的制度只是在形式上保存下来，因为公爵依靠自己的官吏避开了那些制度。值得注意的是，当那些在共和制下形成了自己的观点的人们去世以后，一些杰出的佛罗伦萨历史学家，从马基雅弗利到奎恰尔迪尼和瓦尔基都再也找不到那些人的继承者。除了乏味的宫廷阴谋和公爵们的事迹以外，已没有更多的东西可写，而那些公爵们在欧洲大国政治中只起着微不足道的作用。佛罗伦萨人的创造天才，本是同城市国家的生活紧密相连的，在公爵们严酷的宫廷社会的令人窒息的气氛中枯萎了，虽然美第奇还没有抛弃保护艺术的传统。但是，在创造性活动中出现了一种方向上的转移，从文学和观赏艺术转向了自然科学和音乐，后面这两项活动在意大利历来不是同城市国家的艺术生活联系在一起的。在这些领域，佛罗伦萨逐渐闻名遐迩，就像它一度以绘画和雕刻著称一样。①

美第奇家族的公爵们，确有家传根底，都是出色的金融家。在同时代君主中，几乎只有他们总是拥有偿付能力。科西莫一世的财政资源使他得以征服锡耶纳共和国（1557年），并对西班牙保持充分的独立，使西班牙把它当作是一个盟邦而不是卫星国来对待。超过这一限度是绝对办不到的。从1530年起，西班牙人控制了一些要塞，即托斯卡纳海岸的五个要塞，并对这个公国保持着一种军事上的制约。1570年，科西莫一世从教皇那里取得了托斯卡纳大公的称号。由于需要皇帝和腓力二世对这一称号加以承认，使得弗朗西斯一世（1574—1587年）甚至更加依附于西班牙。斐迪南一世（1587—1609年）得以较为独立地行事。与夏尔·埃马纽埃尔类似，他试图在法国同盟战争期间在普罗旺斯浑水摸鱼。最后他幸运地没有蒙受严重损失就撤了回来。

然而，托斯卡纳为支持它的统治者们的财政支付能力所付出的代

---

① 参阅 H. G. 凯尼格斯贝格《是衰落还是转移？》，载《皇家历史学会会刊》第5辑，第10页（1960年）。

价是沉重的。赋税苛重,而且几乎所有的工业都处于国家严密控制之下。谷物贸易、油脂贸易、造船和船运业,都由政府垄断。在弗朗西斯一世统治时,这些行业几乎全都被用来满足大公私囊的利益。在裴迪南一世统治时期,这个公国在一定程度上从16世纪80年代的衰退中复兴起来。里窝那这个真正的自由港口,成了北欧和西欧同地中海进行贸易的大集散地。但是停泊在里窝那的绝大多数大船都飘扬着荷兰或英格兰的旗帜。意大利航海业的极盛时代已经过去了。

意大利唯一真正独立的国家是威尼斯。正如尼古洛·孔塔里尼和其他一些威尼斯政治家看到的那样,若无一个独立的意大利,威尼斯的持久独立归根到底是不可能的。因此,这个共和国必然是敌视西班牙的,这个事实在马德里和在里亚尔托①都被同样清楚地理解到了,但是不可能发生公开破裂的问题。在土耳其人进攻时,威尼斯需要教皇和西班牙人的援助。到16世纪中叶,威尼斯从丧失香料贸易垄断权的打击中至少已部分地得到恢复。亚历山大港和阿勒颇的威尼斯商人还能够从阿拉伯商队那里购买香料,并向正在扩大的欧洲市场提供很大一部分货源。② 他们至少还能供应一些呢绒,阿拉伯和黎凡特的商人希望用那些呢绒交换他们的香料。威尼斯人在他们历史上第一次建立了庞大的呢绒纺织业。然而,色彩绚丽而且价格较低的英格兰粗呢和法国与荷兰的细毛哔叽在东方市场上比暗淡而昂贵的意大利传统纺织品更为畅销。这些产品使威尼斯的西方竞争者在黎凡特贸易中大获其利。而且,黎凡特的贸易是不稳定的。塞浦路斯战争(1570—1573年)③和穆斯林与基督徒的海盗活动使商业中断,并导致有利市场的丧失。紧接着勒班陀战役之后的土耳其—波斯战争,减轻了奥斯曼海军对地中海的压力,从而有利于西班牙,但是它阻止了威尼斯赖以获得香料供应的东方的商队贸易。其结果是,威尼斯的贵族越来越倾向于把资本从商业中抽出来,投资于他们在威尼斯本土的地产。像18世纪的英国乡绅(他们正确地意识到了与威尼斯贵族的酷似性)一样,他们增进自己的地产,并建起了漂亮的帕拉第奥式的别墅,而当商业前景看好时,又重新投资于商业或工业。威尼斯的玻璃、陶

---

① 里亚尔托(Rialto),威尼斯群岛中的一个岛屿,威尼斯共和国政府所在地。——译者注
② 参阅后面第366页。
③ 参阅后面第352—354页。

瓷、金属制品、丝绸，还有并非最不重要的书籍，都是欧洲最精美的产品。当米开朗基罗为圣彼得大教堂的圆顶画完了他的最后一幅壁画和勾出了最后一幅草图时，在意大利的别的地方已没有一个画家具有提香、丁托列托和委罗内塞那样的才干，也没有一个建筑师能与帕拉第奥相匹敌。与佛罗伦萨不同的是，威尼斯在观赏艺术未见衰落的情况下，还能够在音乐的新的发展中起到它的作用。弗朗西斯科·桑索维诺在 1581 年写道：音乐的故乡本是在威尼斯。50 年以前那样说还不确切。再也没有比这更清楚的例证来证明这个意大利城邦的持久的创造活力了。但是，威尼斯经济生活的特点已发生了变化。在 17 世纪初期，威尼斯贸易的衰落已是普遍公认的。1610 年，一项提案提交到元老院，建议给予外国商人以在威尼斯的各属地上从事贸易的广泛的权利，并允许他们获得威尼斯公民权。但是，既得利益、因循守旧，以及担心向宗教异端敞开大门，使这项提案遭到挫败，而或许也就由此断送了恢复威尼斯从前的商业优势的最后机会。

　　同往昔的佛罗伦萨共和国或同时代的西欧相比，威尼斯的政治活动仍然是沉寂的。这个时期的经济变化并未搅乱社会的平衡。即使存在这一事实，面对着西班牙和土耳其政府的陆海军实力优势，威尼斯的统治阶级在内政和外交方面的回旋余地都是很小的。促使他们分裂为"老式"家族和"新式"家族、"青年"贵族和"老年"贵族的那些分歧，是态度和策略性的问题，是在何种程度上人们可以对西班牙或教皇加以抵制的问题，而不是政府或宗教的根本性问题。塞浦路斯战争使那些垄断首领职位达一百年以上的老年贵族和"新式"家族统治集团失去威信。在 1582—1583 年，松散地组织起来的一个年纪较轻的主要来自"老式"家族的贵族集团，设法减少 10 人委员会及其常务执行委员会［即松塔（Zonta）］的权力。这个集团的领袖列奥纳多·多纳托和尼古洛·孔塔里尼是早期威尼斯宗教改革家萨多莱托和加斯帕罗·孔塔里尼的精神后裔。他们现在开始把共和国转向比较倾向于反西班牙、反教皇和亲法国的方向。1585 年，他们坚持拒绝了西班牙人向威尼斯提供的一项有吸引力的出价，即取代葡萄牙人的香料贸易。他们颇有理由地担心这个共和国将会像热那亚那样变成西班牙的一个卫星国。他们承认了亨利四世对法国王位的继承，并竭力促使教皇西克斯特斯五世将他的政策转而倾向于法国。① 1605年，他们接受了教皇为反对这个共和国对其教士的控制而发动的挑战。这是一场审判管辖权的争端，就像西班牙同教廷之间的许多争端一样。不同于后者的是，它导致了一次彻底的决裂和教廷对共和国宣告停止其教籍（1606年）。新选出的教皇保罗五世（博尔盖塞），认为他能够在意大利人的小国中断然地确立教廷的最高权威。西班牙出于它对威尼斯的传统的敌视，竭尽全力怂恿教皇干下去。这个共和国的回答就是选举多纳托任它的首领。作为教皇的最危险的代理人的耶稣会士们被驱逐出境。多纳托和孔塔里尼的朋友修士保罗·萨尔皮出色地反驳了教皇的行为在教义上的正当性。这是天主教在意大利发生的最严重的危机。但是，当西班牙以战争相威胁而亨利四世只能给予外交上的支持时，威尼斯接受了法国的调停和在直接争执点上的妥协。不过，实际上是威尼斯取得了胜利。共和国保持了使它的世俗政府不受教士干涉的充分独立。在随后的10年间，威尼斯面临了西班牙发动的一场更猛烈的攻击，这次是攻击它的政治独立的存在本身。而这次进攻也被共和国击败了。对于17世纪初期的意大利人来说，正是这个圣马可共和国②而不是萨伏依和美第奇的王公世家，挺立着捍卫了保存下来的意大利的自由权利。

二 1585年前的尼德兰与法兰西问题

1520年，当查理五世初次访问他新接收过来的王国之后离开西班牙时，卡斯蒂利亚的城市发动了起义，反对佛兰芒人统治他们的国家。③ 1559年，角色颠倒过来了。这次是尼德兰蒙受了外国对统治权的继承，并被西班牙人的统治所震惊。然而，与1520年的西班牙的情况相比，并不存在任何更为严重的外国统治。

腓力二世从他父亲退位直到1559年期间在尼德兰的驻留，并不是成功的。他对尼德兰人来说显得是一个外国人，就像他的父亲最初对西班牙人显得是一个外国人一样。他的政府为支持法兰西战争而提

---
① 参阅后面第303—304页。
② 威尼斯共和国的别称，因圣马可教堂坐落于此而得名。——译者注
③ 参阅第2卷，第304页及以下各页，第318页及以下各页。

出的金钱要求,引起了同尼德兰三级会议即各省等级代表联席会议的长期激烈的争端,等级代表会议中的贵族世家反对政府以任何努力推行一种新的而且较为公平的税制,因为那种税制不再把最沉重的负担加于穷人身上。在1577—1578年,三级会议授予了一项征税权,准许在九年之内每年可征收80万弗洛林,但一个必不可少的条件是,应由它自己的监督官监督这笔钱的征集和开支。一些省的等级代表会议,特别是布拉班特、佛兰德和荷兰,在此以前已经那样做了,而且建立了自己的财政机构。现在这种做法就应扩大到在三级会议中有其正式代表的所有13个省份。其目的本来是实用性的,在于要防止把用于支付军队费用的金钱拨来偿付政府债务。佛兰德,后来还有荷兰,反对这一新制度,因为它们担心布拉班特在这一制度的管理中占主导地位。以安特卫普的银行家安东尼·范·斯特利兰为首的新的财政机关,也没有特别尽职或诚实地工作。政府当然认为那是对它的权利的一种严重侵犯和等级代表会议权力的危险的扩大。

正当腓力要启程返回西班牙之前,三级会议要求撤走由3000名西班牙军人组成的团队。这位国王曾要求将他们留驻尼德兰,既作为抵御法国的一支有效的防御力量,也作为防止这个国家本身可能爆发的反抗的一种可靠的手段。对哈布斯堡的扩张政策,对战争、苛捐杂税和牺牲旧有特权而扩大政府权力的一切反抗,全都集中到这场争端中来了。① 腓力不得不让步,但是他做得那样勉强和迟缓。从此以后,他断定不能信任尼德兰的三级会议。

西班牙人直接统治的唯一标志现在已被撤除。腓力离开时任命的政府,几乎是一个具有勃艮第传统的纯粹尼德兰人的政府。他任命他的异母姐姐、帕尔马公爵奥塔维奥·法尔奈泽的妻子玛格丽特为新的总督。玛格丽特是查理五世的非婚生女,她本人出生于尼德兰,对她的任命似乎是沿袭了那位皇帝开创的惯例:那位皇帝曾任命过他的姑母奥地利的玛格丽特和他的姐妹匈牙利的玛丽。身为金羊毛勋章团成员的上层贵族,占据了省总督职位。其中有几位贵族,包括颇有人望的战争时期的英雄埃赫蒙德伯爵,奥兰治亲王和他的朋友霍伦伯爵,成了国务会议的委员。上层贵族早已不再局限于谋求他们单纯的省区

---

① 参阅第2卷,第318页。

利益，而是在他们的君主的宽怀大度中谋求最好的晋升机会。在半个世纪以上的时期里，哈布斯堡王室依靠他们推行了使17个省的政府实现中央集权化的政策。腓力认为他能使他们继续保持忠诚。与此同时，他并不充分信任他们。他在给帕尔马的玛格丽特的密令中，指示她在采取一切重大决策时，只能同格朗维尔、枢密院秘书维格利乌斯和绝对忠诚的贝尔莱蒙伯爵瓦隆等人商议，当然，最后的决定权保留在马德里，而这位国王，如众所周知，却又烦于做出决定。

玛格丽特的政府从一开始就面临着一场宗教和财政危机。异教迅速地传播着，这并不新奇。尼德兰的现存教会由于其世俗欲望和不能致力于满足民众的宗教需要，早已声名狼藉。伊拉斯谟和他的朋友们曾力图从内部改革教会，并逐渐向它灌输虔诚、开明与和睦的精神。他们对有教养的阶级产生了巨大影响。而且，甚至在16世纪20年代，当更激进的宗教改革家开始出现之时，他们的思想还在发挥其影响。正是针对这些激进派别，路德派、再洗礼派和后来的门诺派，查理五世的政府发布了空前严厉的《公告》。成百的人因为他们的信仰而被处火刑。不过，迫害仍旧是零星地进行的，效果也极其有限。除了路德派以外，新教派通常并不触犯贵族世家统治阶级。但是这些教派中许多人，特别是受到伊拉斯谟思想影响的那些人，对于为了宗教信仰而对他们的同胞处以火刑的做法，产生了日益强烈的反感。那个《公告》从来没有得到彻底贯彻，而主教们的宗教裁判所仍旧是极为不得人心的。

但是，从1560年前后开始，形势发生了变化。加尔文派的传道士第一次开始大量地出现。他们很快就已经能够向加尔文保证，他的著作越来越畅销。同法国的媾和导致了同法国新教徒的接触。加尔文本人写道："我也是一个比利时人。"他的学说从日内瓦、德意志和英格兰传播到尼德兰，那种传播工作几乎同在法国一样地组织得十分活跃。同样也是第一次，传道士们开始从贵族世家阶级中熏陶出了大批改宗者。在社会上，加尔文教派在某种程度上成了"受尊敬者"，而洗礼派从来未能成为那样的人。正如天主教方面的观察者正确地看到的那样，传道士们在有失业和工人与工匠对经济不满的地方，成就特别显著；但是，当他们认为宗教只是掩盖经济野心的一种伪装时，他们就误解了加尔文宗的性质。正是其宗教魅力才使加尔文宗得以成为包容所有阶级的一种运动，并把野心勃勃的贵族或饥饿的纺织工人都吸引到它那里去。正是这一特点，使加尔文主义运动对现存秩序来说比先前的异端派别更加可怕和危险。

加尔文教派组织的发展比之在法国缓慢得多。① 对传道士和新教秘密团体的威胁是实际存在着的，不过他们越来越转入公开的活动。这个国家的气氛使得政府不敢推行一项严厉镇压异端的坚定政策。看来是加尔文教派组织了一场十分有针对性的宣传运动，使人民确信国王要把西班牙的宗教裁判所引进来。腓力并没有那样的打算，他知道那样做太危险了。此外，正如他在1562年写给玛格丽特的信中所说，尼德兰的宗教裁判所比西班牙的宗教裁判所更少慈悲，因为它甚至把那些已经悔过的异教徒也判了死罪。他始终没有理解到西班牙的宗教裁判所及其审判程序在整个欧洲激起的特别强烈的恐怖和憎恶情绪。但是，甚至直到加尔文宗的危险成为燃眉之急以前，他一直决心通过对尼德兰的教会进行一场彻底的组建，来加强教会权威并进行反对异端的斗争。1561年，教皇发布了设立14个新主教职位的训谕。把选择主教的权利从主教堂的特权中分割出来，转授给了王权。一些最古老最富有的修道院，特别是布拉班特境内的修道院，应向新任命的主教提供主教岁入。

对这一计划可予评论者甚多。它使得尼德兰的教会独立于科隆和兰斯的大主教管区，那两个大主教管区都处于国王管辖权限之外；它还使得一个以涣散闻名而且人员组成情况极糟的教会有了一个较为健全的组织，但是这个计划最后表明是极为不得人心的。修道院的院长们大声喧嚷反对损害他们的独立和收入。贵族们认为本来属于他们年轻的儿子们的任命和前程的丰厚报偿已从他们手中滑掉而转交给了可恨的法学家和神学家。他们同加尔文宗信徒联合起来，向人民诉说这个计划是引进西班牙的宗教裁判所的第一个步骤。从皇帝统治的后期，上层贵族就已经看出西班牙人和意大利人对帝国权力的垄断。他们现在则拼命争取维护他们在自己国家的权力，但是腓力只让他们得到权力的幻影。现在尼德兰教会的新的首席主教，马林的大主教，将在布拉班特的等级代表会议中拥有举足轻重的发言权，而这位新的大

---

① 参阅后面第281—283页并参阅第100—102页。

主教就是枢机主教格朗维尔。

对于罗讷河下游的奥兰治小国的君主、尼德兰豪绅中的首富、拿骚的威廉来说，这不是仅仅关系到个人的问题。他的家族已有几代人为哈布斯堡王室效劳，而他本人曾是皇帝的一名大宠臣。他的政见同尼德兰的其他大贵族的政见一直没有什么不同之处。他同埃赫蒙德和霍伦一起，同荷兰省的等级代表会议为他们在该省财产的免税问题进行了几年的争执。作为荷兰和泽兰的总督，他总是支持中央政府的权威而反对等级代表会议。后来，他倾向于声称，他反对腓力二世，是从他为卡托—康布雷奇和约进行斡旋时开始的；当时亨利二世向他说到了一项计划，即那两位国王将协力镇压他们管辖范围内的异教徒。然而看来他只是逐渐地看出了腓力的政策对尼德兰的全部危险。这位狭隘的阶级利益的保护者逐渐转变成了国王的全体臣民自由权利的捍卫者。威廉的宗教信仰是一个有争议的问题。不过，肯定无疑的是，他像大多数有教养的尼德兰贵族一样，憎恶一切形式的宗教迫害。他比他的贵族朋友更清楚也更早地了解腓力改革主教管区计划的含义：王权大为加强。国王一旦完全控制了尼德兰的教会，就不但能够更加有力得多地进行宗教迫害，而且还会日益加紧地排除贵族和等级代表会议的参政。然而，奥兰治并不打算同加尔文主义者合作。他们的不宽容态度使他感到厌恶。他的教养和他与名声显赫的选帝侯莫里斯的女儿、萨克森的安娜的婚姻，[①] 使得他宁愿到德意志的路德宗诸侯那里去寻求支持。他对王权专制主义的反抗，仍然主要是那样一个大贵族的反抗；对他来说，他的国王只让他得到一点权力的幻影而不是权力的实质。正是格朗维尔，似乎就是王权专制主义的化身。从1561年起，奥兰治、埃赫蒙德和他们的同党就试图推翻这位枢机主教。

对于政府来说，由于财政危机使得玛格丽特和格朗维尔没有什么回旋余地，这一反对势力就更加显得严重。巨额的政府债务的偿付和法兰西战争遗留问题的处理，吞噬了额定的岁入和三级会议许诺的以九年为期的每年80万佛罗林的税款。军队和官员们的薪饷仍旧无力支付。政府在国内的权威下降到了危险的程度。玛格丽特不得不向等级代表会议请求予以财政援助，而每一次请求都变成了一场宪制危

[①] 参阅第2卷，第185、332、357诸页。

机,给等级代表会议和高级贵族提供了一次攻击格朗维尔和政府宗教政策的机会。腓力对此的反应是按他的禀性行事,力图挑起派别斗争,在上层贵族中拉一帮反一帮,尽管格朗维尔本人曾提醒过那样一种处事方针的危险。并不是所有的显贵都参加了奥兰治的反枢机主教的联盟。阿尔绍公爵和他的源远流长的瓦隆族①的克罗伊家族整个庞大的家族亲戚集团,以及其他几个瓦隆族的贵族,都反对奥兰治和埃赫蒙德的政治领导并且保持着对政府的忠诚。像法国一样,党派往往是围绕名门望族的个人对抗而结合起来的。②

1564年,以奥兰治亲王为首的大贵族联盟,借助于帕尔马的玛格丽特反对格朗维尔的个人阴谋而实现了他们的第一个政治目标:使那位枢机主教免职并退隐到他的弗朗什孔泰的田庄。格朗维尔再也没有回来,虽然他后来还曾在意大利和西班牙为他的主人忠实效劳;但是,对于贵族们来说,这是一次并无实际意义的胜利。这位枢机主教在政府中的同党,控告了贵族们的无能和腐败,也许不无道理。虽然奥兰治和他的一些支持者如今已是省的等级代表会议中的政府代言人,但议员们对这位贵族的财政要求,仍然像他们过去对待那位枢机主教的财政要求一样地不愿妥协。他们坚持要求一项更为自由的宗教政策,并要求召开三级会议来处理国家的一切问题。贵族们支持这些要求。所有各派都向马德里发出抱怨,而这样也就增加了腓力对尼德兰人的不信任感。早在1563年,阿尔发公爵就建议砍掉半打大贵族的头颅,然而政府除了同意贵族要求以外别无选择余地。腓力没有力量采纳阿尔发的建议,即使他有那样的愿望。终于,腓力试图真诚地(虽然带着他通常那种令人生厌的犹豫)同贵族们合作,并至少满足他们的某些要求——甚至全部要求,如埃赫蒙德在1565年访问马德里时所想象的那样。奥兰治对形势看得更清楚一些。腓力不会真正把他对政府的控制权让给贵族,他也不会在宗教问题上做出让步。在腓力于1565年10月写给玛格丽特的两封信中,他使所有的把尼德兰问题等同于昂布瓦斯公告③所解决的问题的希望都归于破灭。这位国王写道,反对异教徒的敕令必须坚决执行,尼德兰的宗教裁判所必须继

---

① 瓦隆族居住在比利时,操一种法语方言。——译者注
② 参阅后面第283—284页。
③ 参阅后面第286页。

续行使其职能。在宗教形势得到改善以前,玛格丽特不要召开三级会议。最后,既然贵族们希望增加他们在国务会议中的席位,他现在就任命奥兰治在尼德兰贵族中的最强有力的对手阿尔绍公爵为委员。玛格丽特费了整整一周的时间才鼓足勇气公布了国王的这些命令。她的估计是对的。腓力的信件成了促使革命爆发的信号。

尼德兰政府的软弱,特别是在格朗维尔去职以后,给加尔文宗的传道士们提供了利用尼德兰社会日益增长的紧张形势的机会。[①] 较低层的贵族开始大批地参加改革运动,并且很快就使宗教秘密团体具有了军事特征,那种军事特征已使得胡格诺教徒在法国成了那样令人生畏的一支力量。[②] 公开的群众集会举行起来了。妇女们在当中,男人们用一切可能得到的武器武装起来,在一名新教团体的贵族成员指挥下,站着充当守卫。布鲁塞尔的总督官邸,无疑已注意到法国发生的事件,开始担心会发生公开的起义,或至少某些重要城市可能被新教徒夺取。1565年11月,一些下层贵族组成一个"妥协"同盟,其目标是促使政府取消宗教裁判所,并修改反对异教徒的敕令。其领袖人物是一些拥有几乎同金羊毛勋章团的大贵族同样社会地位的人:布雷德罗德是个粗鲁而嗜酒的人,同情加尔文宗;还有拿骚的路易,奥兰治亲王的兄弟,有点倾向于路德派。"妥协"同盟,如其名称所示,想要把那些讨厌政府宗教政策的天主教徒吸收进来,他们也那样做了。他们从一开始就谈到如果政府不同意他们的要求,就要使用武力。1566年4月3日,骑马进入布鲁塞尔的200名贵族,呈交了他们的有400人签名的请愿书,然而,他们除了在人数众多的豪华宴会上为他们的"乞丐"新绰号而干杯外,别无作为。下层贵族的大多数人,特别是在南方各省,仍持观望态度。

真正的革命是由城市下层阶级发动起来的。手艺匠人的工资随着物价上涨而增加上去了,但那些没有手艺的工人的工资没有跟着增加。依赖外国原料和出口市场的纺织和航运业,总是时而急剧勃兴,时而猛烈衰退。丹麦和瑞典之间的七年战争(1563—1570年)和松德海峡对船只的暂时关闭,引起了其中的一轮衰退。英格兰—尼德兰

[①] 参阅第2卷,第318页。
[②] 参阅后面第282页。

之间为互相限制对方贸易而引起的争端,英格兰人在海峡的海盗活动,以及格朗维尔对英格兰商人支持安特卫普人抵制新主教管区的敏感的反应,这一切激化起来,导致尼德兰禁止输入英格兰呢绒和英格兰人把他们的主要贸易中心从安特卫普撤到埃姆登(1564年)。在安特卫普出现了严重的失业和工资的急剧下降。1565—1566年冬天又加上了饥荒,人民把它归咎于粮食投机商和政府。1566年春季和夏季,物价降下来了,但人民还是心存忧虑。在安特卫普和在瓦隆人聚居的佛兰德的纺织城市和乡村里,他们成千地聚集到加尔文宗的传道士那里,并倾听传道士们具有安慰性和煽动性的说教。上帝的选民从他们自己的城市的教堂被排除出去,而那些教堂里却充满了邪神偶像和充满了贪婪的高级教士们通过可恶的什一税从穷人身上勒索去的黄金和白银,这难道是可以容忍的吗?7月间,"妥协"同盟的激进派同意与加尔文宗的市民团体合作。8月里,出现了另一次意外的粮价上涨。8月10日那天,骚乱爆发了。在安特卫普和整个佛兰德以及其他许多地区,群众闯进教堂和修道院,捣毁了画像、雕像和祭坛。有某些迹象表明那是一场有组织的运动,不过没有定论。在市政当局稳固地存在着的地方,如在阿姆斯特丹,他们发现很容易维持秩序和保护教堂。在另外的地方,例如在根特,似乎城市的神父们宁愿让教堂被毁,也不愿使他们自己的家庭遭到可怕的劫掠。全国弥漫着一种谣传,说是武装的新教徒的成群结队的掠夺者正向城市推进,将向神父和市政长官们发泄仇恨。这种成群结队的掠夺从来没有实际发生过。

布鲁塞尔的政府犹豫了两个星期。玛格丽特没有军队,也不能立刻弄清楚她可以依靠谁来恢复秩序。但是,"妥协"同盟中的天主教徒和温和派分子被这场暴乱完全吓坏了,他们现在急于要使总督确信他们的忠诚。玛格丽特得以劝说"妥协"同盟的领袖们解散了他们的团体,其回报是答应取消尼德兰宗教裁判所并修改反对异教徒的敕令。腓力送来了一些金钱,玛格丽特现在能够征集军队了。在1566年秋天和随后的冬天,布雷德罗德的武装队伍被解散了,天主教贵族击败了瓦隆人聚居的佛兰德地区的群众性加尔文主义运动。上层贵族中的大多数人,包括埃赫蒙德在内,向国王做了一次新的效忠宣誓。只有那些最受嫌疑的人逃到国外。奥兰治认为参加到他们当中去比较安全。他试图推行一种温和政策，既支持反对派的要求，又通过击败布雷德罗德对安特卫普的进攻来维护政府权威。他的政策遭到了失败，他同时受到了天主教徒和加尔文宗信徒的尖锐谴责。

17世纪治国术中的一句口头禅，就是必须把起义扑灭于萌芽之时。苏格兰和法兰西的政府未能那样做，接踵而来的灾难，对于每一个敏锐的天主教政治家来说，都是应该注意的。1566年夏天，腓力二世决定派遣他的最有才干的将领阿尔发公爵率领一支由西班牙人和意大利人组成的庞大军队，开赴尼德兰去重新确立他的权威。像通常一样，那样做耗费了时间，玛格丽特确信她那时已经击溃了反对派，恳求她的兄长不必再兴师动众了。在马德里，有人怀疑把那样大一部分国王的兵力投入到如此远离他们的基地和远离主要敌人土耳其的地方去是否明智，尼德兰贵族在宫廷里还有朋友。但是，腓力已拿定了主意，而戈麦斯集团则希望看到阿尔发陷进尼德兰政治的流沙之中。

阿尔发于1567年8月22日抵达布鲁塞尔，而且有效地从帕尔马的玛格丽特那里接管了权力。对于这位铁腕公爵来说，要由他来解决的问题包含着三个方面：他必须惩治犯了大不敬罪的反对派领袖；他必须使城市和省的行政完全依从于中央政府；他必须确保他的政府和他的军队有一个稳定的永久性的财政基础。第一个目标很容易地达到了。这位公爵在9月份逮捕了埃赫蒙德和霍伦，尽管他们拥有金羊毛勋章的全部特权。国王本人也跟着采取行动，在马德里逮捕了霍伦的兄弟蒙蒂尼。一个新建立的法庭戡乱委员会很快就以血腥委员会而闻名。它总共审讯和判决了大约12000名参加过前一年运动的人。就像通常在那种情况下都会发生的那样，出现了许多告密者。相互信任本是任何社会的社会凝结剂，现在已开始遭到破坏。阿尔发的政策是一种蓄意制造恐怖的政策，而且暂时起了作用。当奥兰治亲王于1568年从德意志攻进尼德兰时，没有一个城市起来支持他。阿尔发趁机将埃赫蒙德、霍伦和其他几个贵族在布鲁塞尔的商业广场上处以死刑。此后，他得以腾出手来对付奥兰治的薪饷不足而又缺乏训练的军队。作为一个将军，奥兰治亲王不是阿尔发公爵的对手。

阿尔发的第二个目标遇到了直接的对抗。省总督和城市议会反对政府干涉他们的行政和无视他们的特权。公开的反对是根本不可能的；但是，即使最忠诚的天主教徒也持敌视态度，那却是显而易见的。阿尔发越来越激烈地向国王控告阿尔绍和努阿卡米，甚至控告从前唯命是从的贝尔莱蒙和维格利乌斯（Vighius），说他们是暴吏。阿尔发的政策产生了一个出乎意料的结果：一个新党派诞生了，那就是政略派，他们是天主教徒和保王派，但他们把自己国家的独立置于第一位，而把宗教置于第二位。阿尔发对腓力的政治作为不存幻想。这位国王迟早会听从他在尼德兰的对手们的意见，还会听从那些对手们在朝廷里的朋友，也就是阿尔发的政敌们的意见，就像他曾听从公爵本人而反对帕尔马的玛格丽特一样。

然而，阿尔发面临的最迫切的困难是他的财政问题。他要求按不动产价值缴纳一次性的百一钱税（即1%）。其次，他还要对一切商品征收10%的进口、出口和销售税。这项什一钱税类似于西班牙的销售税，将成为一种永久性的税收，而且使政府不受等级代表会议的制约。那是16世纪的政府在多大程度上依靠着被统治者的同意与合作的一个标志；对那些被统治者，甚至阿尔发也并不拥有单独地征课这些赋税的权力和机构。他不得不在1569年3月召开三级会议，不过三级会议预定只开一天，仅仅去确认那些新措施。

这一计划遭到了惨败。等级代表会议同意征收不动产税，但否决了什一钱税。阿尔发以严惩相威胁。那些仅仅由贵族世家代表人物组成的等级代表会议屈服了。商人们终归能够以抬高物价的方式把大部分赋税转嫁到消费者身上。但是，在布拉班特，由于那里的手工业者有代表参加等级代表会议，这些赋税被否决了。在佛兰德的大城市和瓦隆人聚居的省份里，曾经赞成征收那些赋税的代表们，开始担忧他们自己的生计，就像1520年在卡斯蒂利亚发生的情况一样。[①] 等级代表会议和城市议会在阿尔发的怒火和人民的激愤之间进退维谷，开始推行一种消极抵制的政策。与此同时，总督本人逐渐相信，10%的销售税将会给这个国家的贸易带来灾难；或者，由于国王对那个将使其臣民变成乞丐的计划的热情已经明显冷却下来，他可能对此感到忧虑。于是，阿尔发逐步修改税则，直到它开始变得更像是城市和各省本身曾经征收过的那种赋税。但是，对大多数尼德兰人来说，它仍然是不能接受的：它仍然是一项永久性的赋税，而最重要的是，它仍旧

---

① 参阅第2卷，第319页。

过于苛重。在各个地方，对赋税的抵制都加剧起来了。市参议员们在市政大厅里谴责它，商店老板们在商业广场上咒骂它，神父们在讲道坛上诅咒它。其结果是，阿尔发那著名的什一钱税虽然被许多历史学家们说成是引起尼德兰经济破产的原因，实际上即使在已经减轻税额以后，也只是在为数不多的几个小城市里极为零星地征收过，而在大多数省份里根本未曾征收。① 等级代表会议向马德里派去了代表，又按照传统的议会授权征税方式，向阿尔发提供年征收 200 万弗洛林的许诺。阿尔发意识到他正在失去国王对他自己的建议的支持，于是就同意在这个基础上谈判。他马上就陷进了所有那些令人烦恼的磋商、约定和拖延的麻烦之中，而那些麻烦给前几任总督的命运带来很大的不幸。1572 年，当荷兰和泽兰已落入"海上乞丐"之手，而根特和布鲁日就要爆发起义之时，阿尔发不得不完全放弃什一钱税和使尼德兰支付他的兵员薪饷的一切希望。这一负担如今落到西班牙和国王自己的金银库藏身上，而那时正当西班牙奋其全力反对土耳其人之际。

奥兰治从他的兄弟拿骚的诸侯领地组织了反对阿尔发的军事和外交攻势。他日益确信，腓力的独裁只有靠武力才能推翻。但是，他想要实现的目标这时还远远没有明确，也许他对那个目标本身并不完全清楚。但是他如今正在进行的是一场背水之战：站在他一边的许多人都愿意同国王妥协，他却坚信西班牙人在尼德兰的权力必须彻底予以摧毁。在以后的 16 年间，直到他于 1584 年去世之时，他抱着完全单一的意图追求这个目标。腓力认为他自己是受上帝的委托来促使他的臣民信奉真正的天主教。为了达到这一神圣目的，他感到有责任必须运用他的王权，如果需要的话，甚至实行最残酷的暴政。对于奥兰治的威廉来说，他认为自己是他的贵族权利和自由的捍卫者，是他的等级权利和自由的捍卫者；而且，归根到底，是他的国家的权利和自由以及反对政治专制和宗教迫害的个人良心的捍卫者。这两种观念之间没有沟通的桥梁。马德里的宫廷误解了威廉的动机，把这种动机看成是纯粹的野心；然而，把他看作起义后面的推动力量是正确的；若无他的决心和政治能力，起义绝不可能坚持下来。

---

① J. 克拉伊贝克斯（Craeybeckx）：《佛兰德省及其 16 世纪的地方财政》，载《根特近代史和考古学会议记录》（1950 年），还可参阅《阿尔发的什一钱税是一个秘密吗？》，载《乌得勒支历史学会稿件与文告》资料 76（D1. 76）（1962 年）。

拿骚的路易同科利尼和沃尔辛厄姆两人保持着联系,后来又同英格兰驻巴黎大使进行了接触。若无法国人或英格兰人的帮助,似乎就没有成功的希望。路易至少是毫不犹豫地把17个省中的某些地区作为贿礼许诺给了可能的盟友。从尼德兰逃出的贵族们,组建了一支海军,即"海上乞丐"。他们的船只从埃姆登、拉罗谢尔和英格兰出发,打击西班牙和尼德兰的商业。他们的活动,以及伊丽莎白扣留载有热那亚人打算交付阿尔发的8.5万镑金钱的四条船只(1568年12月)之后进行的英格兰和尼德兰之间的贸易战,大大加剧了尼德兰的经济病态和下层阶级的不满。1572年4月,"海上乞丐"占领了荷兰境内的小港布里尔。然后他们开始逐个地夺取荷兰和泽兰境内的城市。在大多数情况下,事态的进展方式十分相似。城市的贵族议事会几乎全都是天主教徒占多数,他们忠于政府,虽然他们讨厌阿尔发的宗教迫害和苛重的赋税。广大市民群众和他们一样,宁愿保持和平和忠君,而不愿有战争和革命。他们作为民兵组织成为城市卫队,自豪地坚持认为他们有足够的力量保卫他们自己的城市,因而反对西班牙驻军进城。阿尔发由于缺少金钱和部队,除了接受这一现状,别无选择。1572年5月,拿骚的路易夺取了靠近法国边界的蒙斯。由于科利尼控制着法国政府,阿尔发不得不担心法国可能进行一次全面的入侵。奥兰治正在准备从德意志向他进攻。阿尔发回到南方去首先对付这一最危险的威胁。他包围了蒙斯,并歼灭了被派去解围的一小股胡格诺军队。圣巴托罗缪日的屠杀(1572年8月24日)最后解除了他对这一战线的忧虑。奥兰治的进攻再次失败,而阿尔发现在可以脱身回到北方去了。

已经为时过晚了。荷兰和泽兰的乞丐党人已能指靠城市议会中的一个人数不多却十分坚定的狂热的加尔文宗少数派,还能指靠一部分民兵的同情。加尔文宗的传道士和组织者在城市民众中进行了工作,特别是在海员、造船工人和渔民中发展了皈依者。当乞丐党人的部队推进到一个城市时,加尔文宗的少数派就打开城门,迫使城市当局进行谈判。在大多数城市,乞丐党人是根据协议进城的。在战略形势许可的地方,一个坚定的市议会可以阻止他们进城。例如,阿姆斯特丹直到1578年还保持着对国王的忠诚,而米德尔堡抵抗乞丐党人的包围达18个月之久。它的市民在忠于腓力二世方面表现出的英勇气概,不亚于莱登市民在其反对腓力二世的著名抵抗（1574年）中表现出的英勇气概。乞丐党人一旦进入城市，很快就破坏了同当局达成的协议。伴随着改革宗教的公开说教而来的，就是把教堂改由新教徒使用，破坏圣像和猛烈袭击修道院与修女院。某些乞丐党领袖人物把恐怖作为一种有意识地推行的政策，就像阿尔发做过的那样，直到奥兰治制止他们时为止。保王的和温和的市政长官以及城市民兵队的军官被乞丐党人的军官和虔信的加尔文宗信徒取代。在一个长时期里，信仰坚定的加尔文宗信徒仍是少数。只是逐步地通过学校的工作、宣传和官方压力，才把大多数居民拉到了新教方面。1572年7月，荷兰的等级代表会议在多德雷赫特开会，承认奥兰治亲王为他们的总督，名义上是国王的代表。①

革命现在有了一个巩固的基地。荷兰和泽兰由它们的等级代表会议和总督共同统治。奥兰治承认，他的权力实际上来自于等级代表会议，而不再是来自于国王。但是，城市以及通过城市而产生的等级代表会议，仍被贵族控制着。在宗教方面，奥兰治不能像他希望的那样充分控制乞丐党人的运动及其追随的群众和确立对天主教徒充分宽容的规定。在政治和军事方面，他还能够利用乞丐党人来实现他在整个尼德兰推翻西班牙人统治的更为宏大的计划。

阿尔发在1572—1573年冬季几个月里发动的反攻，是猛烈而残酷的。他取得了一些明显的胜利，并重新征服了一批城市。他终归失败是因为他缺乏足够的海上兵力。荷兰和泽兰的腹心地区对于陆军来说仍是难以攻陷的，因为它被巨大的河流和淹没着的沼泽防护着。1573年，腓力接受了阿尔发的一再请求，将他免职。他的政策已经失败，而且他在马德里的政敌已经破坏了国王对他的信任。他再也没有重新获得那种信任，虽然他还要为他的君主去征服葡萄牙。

新总督唐·路易·德·雷克森斯立刻抛弃了阿尔发的恐怖政策。他发布了一道大赦令，并最后取消了不近情理的什一钱税。但是，腓力拒绝对宗教争端做出让步，于是反对荷兰和泽兰的斗争就不得不继续进行下去。由意大利人、德意志人、瓦隆人和西班牙人一起组成的

---

① 我对荷兰和泽兰革命的阐释，大体上采纳了P.盖尔《尼德兰起义》（伦敦，1932年版）一书和H.A.恩诺·范·格尔德关于那一时期的许多论著的观点。

保王军队，再次在陆地战场上取得了惊人的战绩，也再次在与占据优势的乞丐党海军对垒中遭到失败。在忠于国王的省份，雷克森斯遇到昔日的特权阶级日益增长的反抗，他们从政府的困境中看到了夺回他们已失去的权力的机会，他不得不日益依靠马德里提供金钱来支付他的军饷。

西班牙承受不了这项日益加重的负担。腓力自从回到西班牙后，已经通过增加户籍税（encabezamiento）① 征课新的出口税，以及增加从教士征集的补助金，把他的岁入增加了一倍。然而，上涨的物价以及地中海和格拉纳达的战争，使得政府的开支甚至增长得更快。1573 年，政府告诉国会说，它的债务总计已达到 5000 万杜卡特（查理五世退位时债务为 2000 万左右）。大约整个岁入的 1/3 被这笔巨债的利息支付所吞噬。腓力现在迫使那些表示反对的国会议员把户籍税提高到以前数额的 2 倍以上（1574 年）。但是，卡斯蒂利亚的纳税者的财源已经耗尽了。有几个城市靠着征课商品税（alcabala）来代替户籍税，但收得的税额远远不能满足政府的期望。1575 年 9 月 1 日，腓力的政府不得不停止偿付债务。

西班牙的第二次破产，在热那亚和安特卫普引起了一场金融危机，使得从西班牙和意大利向尼德兰输送货币赖以进行的整个复杂的信贷系统发生了障碍。后果是灾难性的。在尼德兰的未发军饷的部队发生了兵变。当那位总督去世（1576 年 3 月 5 日）以后，部队完全失去了控制。国王在尼德兰的权威随着他的财政崩溃而崩溃了。后来，由于从新世界运来的白银大为增加，使西班牙的财政有所改善，国王的权威也部分地得到恢复。

这当然不是全部的实情。在国务会议里，以阿尔绍公爵为其领袖的政略派取得了主导地位。他们剥夺了叛乱团队的合法地位，而布拉班特的等级代表会议建立了自己的部队。1576 年 9 月 4 日，这些部队在布鲁塞尔的城市民兵配合下逮捕了国务会议的委员。其中的政略派委员被释放，其权力转交给了更为革命的运动，即由布拉班特等级代表会议召开的三级会议。它的迫切任务是保护国家免遭叛乱士兵之害，并结束与荷兰和泽兰的内战。三级会议的这些目标中的前一项目

---

① 这里使用的这个术语，参阅第 2 卷，第 320 页及以下各页。

标显然是失败了。1576年11月4日,西班牙的部队开进安特卫普,杀了7000多人,使这个城市遭受了好几天的劫掠和屠杀。安特卫普和西班牙都再也不可能从这一物质上的打击和道德上的沦丧中恢复元气了。在此以前不几天,三级会议的代表们同奥兰治亲王已达成一项妥协。这项根特协定(于1576年11月8日公布)要求撤出一切外国军队;政府必须取得三级会议同意方可行事;取消反对异端者的敕令;以后再召开一次三级会议以解决宗教问题。这样也就默认了加尔文宗在荷兰和泽兰继续保持其统治地位,天主教在其他省份继续保持其统治地位。"阿尔绍公爵和约"类似于同一年在法国达成的"大人和约"①(又译默羞和约——译者注),是政略派的影响达到最高点的标志。

腓力面对着他近10年来政策的破产,仍然像往常那样不愿做出决策。他任命他的兄弟去做雷克森斯的继任者,希望唐·约翰的巨大威望能够促使问题得到解决。但是,从1576年的春天到秋天,他没有在尼德兰采取干预措施,甚至也没有对他派驻国务会议的西班牙代表杰罗尼莫·德·罗达予以支持。唐·约翰于11月抵达,既没有带钱也没有带军队。显而易见,至少在政治方面,他和国王将不得不做出重大让步。1577年2月,唐·约翰同三级会议签署了"永久敕令"。西班牙军队应予撤走,但是天主教应该在所有的省里恢复而无需咨询三级会议。荷兰和泽兰立即提出了抗议,召回了它们在三级会议的代表,并拒绝承认唐·约翰为总督。

在以后的几个月里,唐·约翰试图确立他的权威。然而,三级会议和大贵族们不愿放弃他们刚刚获得的权力。唐·约翰甚为明智,知道他自己绝不适合于承担他那令人厌恶的任务。他在1577年2月写道:"他们怕我,而且把我看成一个狂徒;我讨厌他们,而且把他们看成最大的无赖。"他现在已明白,三级会议和国王都不愿批准他的解救苏格兰女王玛丽的计划。1577年7月24日,他重新变得更像一个军人的角色,攻占了那慕尔。战争重新开始了。现在它看起来已不再是一场内战,而是一场反对西班牙的民族战争。

奥兰治力图把所有的省份联合起来反对西班牙这一理想是达到

---

① 参阅后面第292页。

了——但只得牺牲他的革命运动的统一性。在荷兰和泽兰，城市的贵族从来也不必同行会分享权力。乞丐党人的运动曾利用了工匠，但他们人数不多，又缺乏政治训练，难以独立地行动。贵族控制的城市议会，接受了经过改革的宗教，或者以一个贵族议员集团代替了另一贵族议员集团，他们仍旧保持着对城市的控制，并通过城市控制着等级代表会议。另一方面，在佛兰德和布拉班特的大工业城市里，工匠通过他们的行会在他们的城市政府中拥有一种固有的发言权和以革命性的行动维护政府的长久传统。他们和南方的上层贵族都不肯接受乞丐党运动的控制，也不愿接受奥兰治的有限制的革命和宗教宽容的政策。北方和南方的省份在社会和政治结构上存在着一种根本性的区别，而这预示着尼德兰的最终分裂。①

佛兰德和布拉班特的城市得以恢复了所有的特权，其中包括许多重大的行会权力。② 与此同时，城市的市政长官仍旧是原来的天主教贵族，通常是阿尔发本人任命的。1577年8月以后，布鲁塞尔、安特卫普、斯海尔托亨博斯和根特爆发了社会和宗教革命。在布鲁塞尔，市政府中的平民分子选出了一个十八人军事委员会，它很快就控制了市政府。其他城市效法这一榜样，选出了它们自己的十八人委员会。那些委员会通常被加尔文教派控制着。现在已经习以为常的事态发展方式，不断重复地发生。群众被许可或者被煽动去劫掠教堂和修道院；信仰天主教的市政长官被加尔文教派的人取代；十八人委员会任命它自己的人当城市民兵队指挥官；天主教市民被恐吓得默不作声。

没有任何地方的革命波及得像在根特那样广泛。在彼得·达西努斯的煽动性说教的激励下，在赖霍夫的能干而又雄心勃勃的首领和自封的民众保护人让·范·亨比泽的组织下，根特人把他们的革命传播到佛兰德的各个角落。在当地同情者的支持下，他们在布鲁日、伊普尔、奥德纳德和其他城市建立了革命的加尔文教派的政府。

1576年的政治革命已变成了一场社会和宗教革命，而这就破坏了反西班牙的共同阵线。在阿尔绍公爵和他的支持者看来，似乎城市

---

① 我要感谢 E. 科斯曼教授和科斯曼女士，他们提示我注意到了这一重要问题。
② 参阅第2卷，第316页。

已建立了一种政治和宗教暴政，它甚至比西班牙人的暴政更为可憎。大贵族们推翻了西班牙人在南方的统治，却发现自己不过处于与从前一样的无权地位。1577年秋天，他们邀请皇帝的兄弟马蒂亚斯大公来当总督；但是，当他们让他在布鲁塞尔就职时，却发现他宁愿同奥兰治亲王合作，三级会议已任命奥兰治为他的副手。

克罗伊和拿骚家族之间昔日的嫉恨，又重新炽烈起来。1578年1月，唐·约翰使贵族指挥的三级会议的军队遭到一次毁灭性的失败。在让布卢战役之后进行的相互指责中，贵族们不无理由地抱怨三级会议未能给他们的部队支付军饷。他们开始或者以个人名义，或者以家族集团的名义，去同国王媾和，或者采取一种独立的立场，作为"不满者"，指望法国和安茹公爵的支持。

奥兰治尽了最大努力去阻止分裂，并竭力使革命运动缓和下去。1579年8月，他带着军队进入根特，在赖霍夫和温和派的支持下，解除了十八人委员会的武装。亨比泽和达西努斯逃走了，但是伤害已经铸成。1579年1月，瓦隆贵族组成了阿拉斯联盟。6月，这个联盟同国王达成了妥协。

唐·约翰已于1578年10月死去，腓力任命他的外甥帕尔马的玛格丽特的儿子亚历山大·法尔奈泽去继任唐·约翰的职务。他第一次找到一位具备了担任这个最困难职务所需的一切品质的总督。33岁的法尔奈泽不像唐·约翰那样缺乏自信，也没有他那种解救被囚女王和为自己征服王国的任何浪漫幻想。他像腓力本人一样坚信国王事业的正义性，虽然按其气质和宗教信仰来说更像他那当皇帝的外祖父，而不像他那当国王的舅父。他对自己的能力极为自信，拒绝了腓力要任命他为总司令同时重新任命他的母亲玛格丽特为总督的提议。国王不得不让步，而且这一次授予了他的新总督充分的权力。除了国王的最高权力和维护旧宗教的问题以外，法尔奈泽可以自主地做出他认为合适的任何让步。

在南方，贵族们有足够的力量把瓦隆人聚居的省份拉到他们一边去加入阿拉斯联盟，尽管在大城市里曾有过某些抵抗。法尔奈泽不得不再次同意撤走一切外国军队并在等级代表会议认可的条件下进行统治。瓦隆贵族似乎觉得已经保存了根特协定的全部成果，而他们确实把那些成果看作他们的联盟的基础。然而，战争仍在继续进行，国王的外籍军队迟早不得不再次召回。这种不可避免的必要性以及法尔奈泽的巧妙策略，逐渐造成了绝对有利于王权的政治力量的平衡。

北方各省在同一时间（1579年1月），根据它们各自对根特协定的解释，组成了它们自己的联盟。那是一种加尔文主义的和宪政性的解释，虽然组织联盟是为了针对信奉天主教的海尔德兰的等级代表会议的反抗。乌得勒支联盟（荷兰、泽兰、乌得勒支、弗里斯兰、海尔德兰、德伦特、上艾瑟尔；还有格罗宁根——但不是那个城市，而是那个省）把政权交给了等级代表会议和奥兰治家族。然而，它们之间的力量的平衡，仍旧是在一个多世纪中引起冲突的主要问题。

奥兰治原来主张建立一个北方各省的更为紧密的联盟。实际形成的联盟最终违背了他的愿望，因为它的不妥协的加尔文宗信仰，使他最终不可能实现他要在宗教和解的基础上统一各省的理想。而且，法尔奈泽在军事上的胜利，促使奥兰治亲王再次去寻求法国的援助。为了得到这一援助，他已准备把尼德兰的宗主权奉献给亨利三世的兄弟安茹公爵，因为国王本人拒绝那样做。那样的计划在马德里被看成是犯了叛国罪。腓力宣布奥兰治是不受法律保护的人，并悬赏砍下他的首级。奥兰治以他的"辩护词"作为回答，那是反对腓力二世和西班牙的"骗人神话"的第一篇既有情操又富有想象力的声明。无论就论证的水平和语气的尖锐性来看，这时的宣传战已经达到一个新的高潮。在整个冲突中，加尔文教派和反保王派在这一宣传战中占有优势。保王派由于不愿因讨论国王对其臣民的政策而降低国王的威信，所以有口难辩。1581年，三级会议弃绝了他们对腓力二世的忠诚。《誓绝法令》这样写道："上帝创造人民不是要他们去做君主的奴隶，无论对与错都服从他的支使；而是要君主为了他的臣民，作为他的孩子们的父亲或作为他的羊群的牧人，而爱护和支持他们。"这段措词大概是有意模仿腓力常常给他的副王们的训令的措辞，因为惊人地相似。

安茹公爵这位新来的君主，各省现在已勉强向他作了一次忠诚宣誓，他本是法国政略派的领袖，但他的抱负是自私的。因此，所有的派别都能够为了自己的目的而利用他。亨利三世由于担心安茹在法国的影响，乐于使他的精力转到国外去，同时也乐于无须他自己动手就给西班牙造成麻烦。伊丽莎白也抱着类似的动机去同那位公爵进行她的开心的婚约斡旋；如果这样还能通过抬高安茹的声望而给法国造成麻烦，那就更好。奥兰治和三级会议需要安茹的名声和部队，却不愿让他在联盟的政府中拥有权力。尼德兰越来越变成了西欧一切政治和宗教斗争的聚焦点——直到那时为止，尼德兰是法兰西和英格兰敢于对西班牙的霸权进行挑战的唯一的地方。佛兰德、布拉班特和东北诸省成了国际军队的战场：站在三级会议一边的有德意志人、苏格兰人、英格兰人和法兰西人；站在保王派一边的有西班牙人、意大利人和德意志人。仅仅对尼德兰人而言，它还是一场内战。

　　法尔奈泽开始有条不紊地去完成他的征服任务。没有再发生使居民恐怖的屠杀。如果一个城市重新归顺国王和原来的宗教，总督就答应保障公民的生命、财产和他们的许多地方特权。一个接一个的城市按照这些条件投降了。安茹的军队既无战绩，又不得人心。这位公爵本人发现他与三级会议的关系处得同唐·约翰与三级会议的关系一样不成功。在法国，他由于对异端和平民所做的让步而受到嘲骂。他像唐·约翰一样采取反行动。1583 年 1 月，他试图占领安特卫普。这一次突击遭到了惨败，安茹迄今还保有的一点点威望也丧失殆尽了。

　　随着军事上一次又一次的转折，佛兰德的极端分子再次占了上风。亨比泽和达西努斯在逃走四年后回到了根特（1583 年 8 月）。独裁统治重新建立起来了。但是，正像革命运动后期常发生的情况那样，运动内部争夺权力的斗争日益变得比反对共同敌人的斗争更为重要。亨比泽和达西努斯公开同法尔奈泽进行谈判，并开始任用天主教徒取代加尔文教派的官员。这对于他们自己的支持者来说是不堪容忍的。1584 年 3 月，他们逮捕了亨比泽。8 月 4 日，这位原来的独裁者被处死刑。但是，革命失败了。六周以后，根特向西班牙人投降。1585 年 3 月，布鲁塞尔陷落，8 月，安特卫普在被围困 13 个月后投降了。

　　从此以后，起义者和西班牙人之间的争端几乎完全是军事性的了，革命时期已经结束。在南方，加尔文宗信徒和天主教徒不再在从前那种爆炸性紧张关系中混杂相处了。法尔奈泽驱逐加尔文宗的传道士，由于各种宗教上、政治上和经济上的原因，成千上万的俗人追随这些传道士前往北方各省、英格兰和德意志。一个重建起来而且清除了异己分子的教会，得以把绝大多数居民拉回到天主教中来，而且这还没有动用宗教裁判所。那个时代流行的对异端分子处以火刑的风气,可以被放心大胆地用来对付浸礼派和巫婆,而不会引起政治上的反击。新教国家在使用这种做法时,至少在对付巫婆时,也是不落后的。同时,宗教和解的理想,天主教徒和新教徒在一个政治社会里和平共处并享有平等权利的理想,也已经破灭了。那一理想的最伟大的首倡者奥兰治,丧生于一个狂信者的子弹(1584年7月10日)。他未能保持尼德兰的统一。不过他在两个方面成功了:使得反对腓力二世的政治和宗教专制主义的斗争保持了活力,并作为一个政府首脑保持了与一个等级代表会议的合作。对于一个转变成革命者的保守的贵族来说,那是一个非同寻常的成就。在对他自己的国家和对欧洲的政治力量的估量方面,以及在运用来为他自己的目标服务的外交手腕方面,没有任何其他的16世纪的革命领袖能够与他相匹敌。他并不总是能够驾驭那些力量;但在斗争的过程中,他的品格一直对他自己那一派发生影响,直到最后,一切原有的猜忌都平静下来,所有各派都接受了他的领导,虽然他们很多人可能对他的策略持有异议。奥兰治的威廉的许多动机和目的,仍旧是为他的同时代人所不了解的,正像仍旧为历史学家们所不了解一样。在这个意义上说,他那身后获得的"沉默者"绰号,是恰如其分的。但是,他所反对的目标却一直是明确的,那就是专制政府和宗教迫害。他那著名的临终之言"求上帝怜悯我的灵魂和这个可怜的国家吧"已传遍各个省份。现在所有的派别都可以声称他是他们自己的人。他的实际的成就,以及在他身后赋予他的名字的那种神话般的力量,产生出了一种政治上的范例;它使得乌得勒支联盟成为一个有生命力的政治结构,尽管还存在着组成联盟的各个城市和省份的中世纪式的地方排他性。

在法国,紧随着哈布斯堡—瓦卢瓦战争结束之后而出现的危机,发展得甚至比尼德兰的危机还要快。危机的原因本质上是相似的。亨利二世在1557年破产之后,又从他的不幸的臣民那里榨取了700万利弗尔的特别税。然而,这已经达到极限了。在诺曼底和朗格多克已经发生了农民起义。贵族们虽被免除了赋税,但在为国王服役中耗费了他们的收入,并抵押或出卖了他们的地产;圣康坦惨败(1557年)后,被俘贵族又被索取了巨额赎金。和平使得许多人失去了收入或职业。与英格兰的绅士不同,他们和他们年轻的儿子们不能靠经商发财。传统惯例和1560年的一项特别法律禁绝了那条道路。比较幸运的贵族可以进入教会；因为法国教会已经变成王权和上层贵族的庞大的职权任命体系中的一个组成部分，于是，正如人们所说，"主教职位被当作桂皮和胡椒一样出售"。然而，不幸的贵族们却加入到那些大声喧嚷着要求改革教会的人们的行列，使其数量不断增长。

在城市里，小手工匠师和小店主既苦于苛捐杂税，又遭到诸如1557年那样的歉收之后农村购买力周期性衰退的打击。帮工们目睹粮价比工资增长得更快，并发现行会日益施用权势顽固地阻止大多数人晋升为匠师。

那样一种形势为加尔文宗的传道士们提出了一个大有可为的活动场所。他们的说教和圣经宣讲，以及他们举行的齐唱圣歌的仪式，吸引了越来越多的人。极为常见的情况是，本地神职人员既敌不过传道士们的口才，也满足不了那些生存已无保障的人民的精神上的渴求。而且，正像在尼德兰一样，革新后的宗教的魅力打破了阶级区分的界限。许多富裕市民和有专门职业的人，特别是他们中的妇女，被吸引到新教那里去了。

从1555年起，日内瓦派出了越来越多的传道士到法国去。他们全都是法国人，而且有相当大一部分是贵族；因为吸收贵族皈依新教，本是加尔文的一项既定政策。无论在什么地方，新教团体一经建立，就选出它的长老和执事，以保证信徒恪守纪律，管理它的基金，而且一般说来，还照顾它的成员的物质和精神上的利益。大教区的牧师或主管一批小教区的牧师，都由狄奥多尔·贝扎或加尔文本人任命。这样，精神上的控制权就集中到了日内瓦，而整个运动既具有全国性政党的特征，又具有国际性政党的特征。从1559年以后，贵族大批地加入到运动里来，尤以南方为甚。到1562年初，大多数加尔文宗的团体都已使自己处于一个当地领主的保护之下。他的影响能够招来新的皈依者，特别是从那些还较少接触新教的农村居民中招来新的皈依者。更为重要的还在于，贵族带来了军事因素。宗教会所成了军事核心组织。武装起来的教徒的群众性聚会，在当地贵族及其家臣的保护下，开始袭击教堂，并公然蔑视政权当局和大多数天主教居民的感情而举行他们的仪式。这种情况并不仅仅发生在南方。1560年5月，他们在鲁昂举行的集会据说会众达2万人之多。这个数字可能被夸大了，但是，效忠国王的司令官带着 5000 人的军队，未能阻止人们拆毁他搭起的断头台和绞首架。

胡格诺派的骨干分子现在已按照有其省区的和全国的宗教会议的宗教团体的形式在省区和全国的规模上组织起来。1560 年 11 月，克莱拉克宗教会议把吉耶纳省划分为七个"协商区"，每个区有自己的团长。1561 年圣福瓦宗教会议决定为图卢兹和波尔多地区推举两个"保护人"。在这些人的控制之下，有了一整套教区领导人的教阶式体制，每个领导人都严格地对他的直接上司负责。到 1562 年，这套组织在不同程度上已经在吉耶纳、朗格多克、普罗旺斯和多菲内完整地建立起来，而且它至少以大致相似的形式存在于法国其他地区。这样，运动的控制权就难免总是从传道士转到了贵族那里，尽管加尔文表示忧虑，并曾竭力加以阻止。

若不是由于政府软弱无力，这套组织就不可能建立起来。亨利二世曾决心要消灭新教徒。新教徒日益得势，是他同西班牙讲和的原因之一。然而，巴黎政府发现，它同布鲁塞尔政府一样，难以敦促它的地方上的天主教官员去执行反对其信仰新教的邻里乡亲们的敕令。许多官员同情那个运动，或者干脆参加进去，更多的人憎恶迫害。在整个 1560 年和 1561 年间，朗格多克的代理总督维孔特·德·茹厄斯在写给政府的报告中，以越来越忧虑的心情，谈到他的权力正在崩溃，他的官员不堪信赖，胡格诺派的势力和影响日益增大，他们自称以国王的名义行事而凌辱忠于国王的天主教徒。

如果政府有力地支持它的省总督反对胡格诺派的斗争，形势还能够加以扭转。但是，政府恰恰已经再也不可能那样做了。亨利二世由于比武受伤，于 1559 年 7 月 26 日去世。弗朗西斯二世年仅 15 岁；虽然已到法定年龄，但显然过于年轻，不能由他本人进行统治。法国本已面临着社会、财政和宗教问题，现在又加上一重政治危机。弗朗西斯一世和亨利二世曾依靠上层贵族进行统治。借助于国王的恩宠，吉斯家族在东部积聚了庞大的地产，蒙莫朗西家族则在北方和法兰西岛积聚了庞大地产。波旁家族虽然曾由于弗朗西斯一世统治时期的侍从武官长波旁犯下叛逆罪而倒运，但还是设法保住了他们在南方和皮卡迪的大部分财产。像大臣和省总督一样，这些大贵族在地方贵族中建立了庞大的依附关系网。市级和省级官员们指望他们使自己得以发迹晋升。亨利二世在世时，这些大贵族们的不可避免的倾轧，一直是局限在宫廷阴谋的固有范围之内进行的。现在弗朗西斯二世已经毫无保留地投入了吉斯兄弟们的怀抱，他们是他的妻子苏格兰女王玛丽的舅父。吉斯家的弗朗西斯公爵是梅斯的保卫者和加来的征服者；① 他的年轻的兄弟查理是洛林的枢机主教，他们组成了令人生畏的一帮。但是，他们的飞黄腾达必然要受到挑战。作为洛林家族的后裔，他们以自己的外籍出身自夸，借以强调他们对法国王权的忠诚和他们与一切法籍亲王的平等地位。他们的对手则把它作为攻击他们的一个有效的宣传话柄。年迈的侍从武官长昂恩·德·蒙莫朗西为他被排除于权力之外而愤愤不平。波旁家族公开为自己提出掌握权力的要求。他们与瓦卢瓦家族的亲眷关系最近，是在国王冲龄时能够享有固有的摄政权利的王族成员。这个家族的首领安东尼，由于他的妻子的关系，又是那瓦尔的国王；他缺乏成为一个有影响的政党领袖的品格和意志力；他过于爱慕虚荣，也过于动摇不定。这使他不可能成为任何人的可靠工具。他的年轻的兄弟，孔代亲王路易，力图弥补他的缺陷。早在1555年，孔代就访问了日内瓦，表示了他对宗教改革的关心。然而他的动机和诚意仍然是有争议的，尤其是因为加尔文本人已变得对他很不信任。他无疑怀着为他自己和他的家族奋斗的野心，当然也意识到胡格诺运动政治上成功的可能性。当他取得法国教会总保护人的头衔时，波旁家族集团的巨大影响，就大都转加到了胡格诺派方面。当那位侍从武官长的侄子海军上将加斯帕尔德·德·科利尼至少把蒙莫朗西家族一部分扈从带入胡格诺派时，那种影响就进一步加强了。孔代就这样成了一个党派的领袖；那个党派是由贵族势力和加尔文教派团体的军事组织联合组成的，在经费上得到富有的银行家和信徒们自愿捐助的支持。这一组织的成员被一种宗教信仰激励起来：那种宗教又由于巧妙的宣传而保持着旺盛的热情；他们按照严格的共同纪律组织起来；贵族和工匠，士兵和温和的市民，都由那种共同的纪律而聚合在一个共同的目标之下。那是一个在此以前还从来没有一个"刚强超凡的人"得以利用过的政治工具。而且，胡格诺派还把科利尼看作一个绝无可疑动机的领袖。像他那位当侍从武官长的叔父一

---

① 参阅第2卷，第357、249页。

样,科利尼毕生为他的国王效劳;他是一个勇敢的军人,出色的组织者和严守纪律的人。他的皈依是缓慢的,而且表现了剧烈的内心冲突。他很少具有奥兰治那样的对专制政府的憎恶感。当他终于决定拿起武器时,那不是为一种政治制度而战,更不是为他自己的国王而战,而更多的是为他的教友获得宗教信仰自由而战;如果可能的话,还为使国王摆脱迫害真正宗教的那些邪恶的顾问们而战。科利尼的目标的单一性,使法国的胡格诺运动具有了尼德兰的加尔文宗运动从未达到过的统一性。

在弗朗西斯二世短暂统治的整个时期,政治和宗教上的激愤情绪惊人地加剧起来。出现了许多由双方挑起的地方性的暴力和迫害事件,那些事件引起尖锐的相互指责和进一步施用暴力。政府面临着4000万利弗尔以上的债务,但是为获得财政支持而召开的1560年的三级会议,表明它也像尼德兰的三级会议一样难以对付。孔代在三级会议里有许多追随者。第三等级拒绝投票赞成征税,反而要求它应当决定国家的宗教政策和政府本身的组成。从1560年3月起,政府放弃了强制贯彻统一宗教的官方政策,颁布了一系列告示,准许信仰自由,但禁止武装集会。结果是各方都不满意。没有一个人认为一个国家可以在两种宗教下生存,就连反对在宗教事务上使用强制手段的大法官洛皮塔勒也不那样看。这里也没有可以促使政略派那样一个党派发展起来的机会。那些并不持有强烈的宗教观点或那些憎恶为了人们的观点而对其加以迫害的人,仍然希望召开一次普遍性或全国性的宗教会议来解决问题。

1560年3月,胡格诺派试图发动的第一次重大的突然打击行动,即昂布瓦斯密谋,彻底失败了。孔代被认为有某些牵连嫌疑而遭到逮捕。但是,政府的软弱无能已变得十分明显。英格兰大使从昂布瓦斯宫廷报告说:"我从来没有看到一个国家比这个国家更令人吃惊。他们不知道应该怀疑谁,也不知道应该信任谁。"吉斯家族仅仅靠着给予王太后卡特琳·德·美第奇以空前多的权力来保住自己的地位。

弗朗西斯二世于1560年12月5日去世。孔代立即被释放出来,而波旁现在提出的要做10岁的查理九世的摄政的要求,要比在已达合法执政年龄的弗朗西斯二世继位之时提出的这种要求更加难以抵制得多。然而,王太后决定由她自己掌握摄政权力。卡特琳·德·美第奇具有一半佛罗伦萨一半法兰西血统；她长期以来就把她的个人利益与法兰西君主制的利益视为同一件事。她深信她应当效法圣路易的母亲卡斯蒂利亚的布朗歇的榜样，把法兰西的王权完整地保留给她的孩子。唯有君主制才能使法国稳定并使它对西班牙保持独立。每一个派别，无论它的意图怎样善良，都必然会起到危害君主制的作用。因此，绝不能让吉斯或波旁控制政府。尤为重要的是，她必须赢得时间，使激愤冷却下来，使她的儿子长大成人，这才是卡特琳始终一贯地追求着的目标——虽然在她的儿子未成年之时，甚至成年以后，她那一系列反复无常的策略令人困惑不解。为了达到那个目标，她准备采取一切手段去维护她自己的权力。这一权力在她看来要达到多大的程度才算是它本身的终点，那是无法知道的。然而，卡特琳可以回旋的余地之狭小却是令人担忧的。若无上层贵族，她就不可能比帕尔马的玛格丽特更能维持统治。像1567年前的玛格丽特和腓力二世一样，她只能耍宫廷政治手腕，因为她的政府没有钱去为它自己建立一支有战斗力的军队。卡特琳用了18个月的时间力图使亲王们和解，或者当这样做不起作用时，就使他们互相反对以使其均衡。她还不得不时时分心去盯着腓力二世，他威胁着要进行干预以反对胡格诺教徒。

1560年11月29日，在洛林枢机主教施加巨大压力之后，庇护四世终于发布了再次召开特伦托宗教会议的训谕。但是，法国的事态对于卡特琳来说是变化得过于迅速了，使她不能等待特伦托会议的结果。1561年夏天，她劝使新教和天主教的神学家在普瓦西会晤，并力图达成一种共同的见解。这次"协商"失败了，与其说是由于卡特琳把宗教视为政治的一个部分并认为神学家可以像政治家一样被敦促去采取灵活策略进行妥协，毋宁说是由于双方都想得到君主的支持但都决不愿意接受君主充当他们之间的仲裁者。那本质上是查理五世所面对过的同一个难题，而卡特琳对它的理解也同那位皇帝一样肤浅。①

1561年秋天，吉斯帮和蒙莫朗西帮那时已联合起来，他们一起退出了宫廷。卡特琳未能处理好她同那位性格暴躁的侍从武官长的关系。当这位老人面临着要在虽然可憎却信仰正统宗教的吉斯兄弟和虽

---

① 参阅第2卷，第307页。

第九章　西欧与西班牙的势力

然可爱却信奉异端的侄子之间做出选择时,他选择了吉斯兄弟。他们一起向波旁家族的安东尼许诺帮助他收复那瓦尔王国被西班牙人占领的那一部分土地,从而把安东尼拉到了自己这一方面来。天主教徒和胡格诺教徒都已武装起来,冲突日益频繁,卡特琳虽然苦思巧计,还是使得她在两个武装阵营之间无能为力。她加倍努力去促成和解。《一月敕令》(1562年)正式公布了她同胡格诺派达成的妥协协定:准许新教集会在城墙之外举行,准许新教仪式在私人住宅举行。这是迄今对胡格诺派做出的最大让步,因而也就在天主教阵营中引起了相应的愤慨。一桩更大的突然事件触发了内战。1562年3月1日,吉斯公爵的追随者突然袭击了在瓦西举行的一次新教仪式,大约杀死了30人。在这种情况下卡特琳失去了对事态的控制力。孔代的部队集结到了奥尔良,他能指靠2000个以上的新教教堂的支持。胡格诺派袭击了里昂、图尔、布卢瓦、鲁昂和其他一些城市,但是吉斯和蒙莫朗西率领他们自己的军队进入了巴黎。5月,公开的战争爆发了。

在法国已经有100年没有发生内战了,而且许多人认为内战是极为令人憎恶的事。胡格诺派领袖之一德拉努在他的回忆录中写道,双方的贵族都决心保持绅士应有的礼貌而交战。主要由于王太后的努力,谈判从未停止。战争结束后,各派都联合起来,把英格兰人从勒阿弗尔驱逐出去,那原是孔代为获得军事和财政援助而割让给英格兰人的。① 然而,双方的军队都犯下了罪行,干过蓄意引起恐怖的行动,引起的失望是严重的。昂布瓦斯协议(1563年3月19日)准许新教徒有信仰自由,但只许贵族和他们的家属举行礼拜仪式,对于中产阶级则只许在每个大法官管辖区或司法区里的一个城市内举行。加尔文和科利尼尖锐地谴责孔代接受那些仅仅有利于他自己的阶级而牺牲新教会友群众的条件。和平协议留下了比以前任何时候都更多的疑虑和恐惧。

只有王太后在摆脱战争时增加了权力和声望。她还一直是幸运的。那瓦尔已经在围攻鲁昂时被杀;侍从武官长和孔代都已被他们的对手囚禁。吉斯公爵已被一个胡格诺狂徒暗杀(1563年2月18日)。在拷问中,凶手牵连到科利尼。科利尼否认他曾唆使过刺客,但为上

---

① 参阅前面第220—221页。

帝消灭了他那信仰上的大敌而表示庆幸。九年以后，又有许多人为科利尼和他的朋友们被谋杀而庆幸，虽然这些人也没有指使那场谋杀。

由于一些大人物已退出舞台，卡特琳现在能够有效地以国王的名义确立她自己的权威了。在四年的时间里，她尽力维持和平；但是她未能消除双方的恐惧，也未能阻止不时爆发的地方性暴行。特伦托会议的决议使双方的许多人都确信，再也不可能从神学上解决宗教问题了。以卡特琳为一方，以她的女儿、腓力二世的妻子伊丽莎白和阿尔发公爵为另一方举行的巴约讷会晤（1565年），被广泛地（而且是错误地）看作是巴黎—马德里轴心的建立，认为其明显的目的就是要消灭法国和尼德兰的新教徒。

1567年夏天，当阿尔发带着他的军队从米兰沿着法国东部边界向尼德兰推进时，胡格诺派的全部疑惧似乎都得到了证实。宫廷里的心怀私愤的竞争者们在增加相互猜疑方面起了他们的作用。没有证据表明法国的天主教徒策划了一场进攻，但是孔代和科利尼认为已经作了那样的策划，并决定把国王夺取过来（1567年9月），以先发制人。胡格诺的军事组织又一次顺利推进，新教徒拿下了一批城市。但是针对宫廷的一次主要袭击失败了，公开的战争爆发了。它甚至比第一次内战更严重，变成了新教徒和天主教徒之间的全欧洲性斗争的一部分。政府得到了阿尔发的援助，并使用了瑞士人的军队。巴拉丁选帝侯派他的儿子约翰·卡齐米尔带着德意志骑兵去援助胡格诺派。他们已经成为国内战争的一个正式角色，而且大大加剧了战争的残酷性，这次战争以签订隆瑞莫条约（1568年3月23日）和重申昂布瓦斯敕令而告结束。国王同意向德意志骑兵偿付战费。

那不过是一次为时几个月的休战。在宫廷里，洛皮塔勒和温和分子失去了信用。侍从武官长已经死了。吉斯兄弟重新掌权，而且找到了国王年轻的兄弟安茹公爵（后来的亨利三世）作为他们进攻性政策的有力的同盟者。双方都不愿意遵守条约的条件。胡格诺派仍然采取攻势。当他们不能完全控制一个地区时，就渗透到官衙中去，直到在王室行政系统中安插进一整套胡格诺派的官员，但不效忠于国王，而效忠于孔代和科利尼。威尼斯大使写道："这样，他们就能够在某一天，某一特定时刻，完全秘密地，在这个王国的每一个角落发动一场起义。"这只不过是稍有夸大。它成了开战以来延续最久也最残酷的战争。安茹在雅纳克和蒙孔图尔击败了胡格诺派（1569年），但他们的组织坚固地保持下来；孔代在雅纳克的死亡又给他们带来一个有利条件，就是在科利尼主持下的统一指挥。科利尼虽然是一个平庸的战术指挥员——他指挥的大多数阵地战都失败了——却是一个出色的战略家；他以一种迅速转移的战术保存现有的部队，从而防止了保王派的优势兵力对胡格诺派进行致命的打击。而且，他还拥有一个十分有利的条件，就是他甚至能够在不付钱的情况下就招募德意志骑兵，因为隆瑞莫条约已经载明，国王最后要向他们偿付。与此相反，卡特琳的将军们却互相争吵，而且总是不愿把战争推向最后胜利，因为怕失去他们有利可图的指挥权。政府财力薄弱，不可能把大量军队继续保持足够长的时间去利用战术上的成果。而且，在胡格诺军队里有保王派贵族的朋友和亲戚。没有一方愿意使另一方彻底毁灭。

圣日耳曼和解敕令（1570年8月8日）再次恢复了现状。但是，胡格诺派第一次获得了驻守拉罗谢尔、蒙托邦、拉沙里泰和科尼亚克四个城市的权利，以作为安全保证。卡特琳再次改变了方针。腓力二世已断然拒绝了她为自己的女儿玛格丽特和查理九世提出的婚姻建议。法国驻西班牙大使报告了摩里斯科人的起义如何暴露了那位天主教国王军事上的弱点，原来对他也可以放心大胆地不予理睬。于是，卡特琳就让她的女儿玛格丽特同年轻的那瓦尔的亨利结了婚，她怀着特别的乐观情绪希望瓦卢瓦和波旁家族的联姻能平息这个王国的内部动乱。与此同时，她开始为伊丽莎白一世和安茹的婚事进行斡旋。此事并未告成，但是英法亲善导致了布卢瓦条约的签订（1572年4月19日），那是一个条件已充分成熟的防御盟约。它包括把英格兰的呢绒贸易中心从安特卫普迁到鲁昂的条款。这一计划没有实现；但十分清楚的是这个条约是反对西班牙和尼德兰的，布鲁塞尔的阿尔发政府为此大为吃惊。

1571年夏天，科利尼跻身于宫廷，并重新参加了国王顾问会议。他比卡特琳更为坚定地认为这个王国动乱问题的解决途径在于实行一项强有力的反西班牙政策。如果全体法国人都能联合起来去反对这个王国的宿敌，他们的比较晚近的仇恨就可能被忘却。从1568年起，科利尼就同拿骚的路易保持密切接触。"海上乞丐"曾以拉罗谢尔作为一个据点，并且把他们的战果与胡格诺派的私掠船的战果合起来共同享用。科利尼答应支持拿骚进攻阿尔发，乞丐党人1572年春天在泽兰和荷兰的胜利以及拿骚对蒙斯和瓦朗谢讷的占领，似乎呈现出一派大好前景。尤为重要的是，查理九世本人热心地支持这一政策。这位忧郁而富于幻想的年轻人，深为科利尼的坚强品格所倾倒。他忌妒弟弟的军功，现在梦想要为自己取得甚至更为辉煌的战果。

　　但是科利尼对国内和国际形势都做了错误判断。三次内战留下的怨恨不可能因单纯显示一项对外强硬政策而得以平息。吉斯家族永远没有忘记他在弗朗西斯公爵遇刺案中被认为确有依据的牵连。卡特琳和安茹日益嫉妒他对国王的个人影响。西班牙大使和教皇使节疯狂地反对他。卡特琳日益担忧同西班牙爆发公开战争的前景。勒班陀战役不仅仅重振了西班牙的军威。阿尔发在尼德兰指挥着一支令人生畏的陆军，而且在很短的时间内迅速解决了胡格诺派派去解蒙斯之围的一支小部队。她不能指望从英格兰或德意志诸侯那里得到什么援助。伊丽莎白已经向阿尔发做出了一个善意的姿态，用以抵消《布卢瓦条约》的影响。她于3月初把乞丐党人赶出了英格兰——此举产生了一个出乎意料的、但却使伊丽莎白十分欣喜的结果：他们夺取了布里尔，并发动了泽兰和荷兰的强有力的起义。顾问会议和它的军事专家们同意卡特琳的主张，但是科利尼依仗国王宠信而加以反对。胡格诺派开始谈论改组国王顾问会议。他们为了使自身安全和宗教习惯得到保证这个有限的目标已经打了三次内战。如今在和平时期，他们似乎打算要夺取法国政府。

　　卡特琳使出她那样一个老练政治家的全部运筹计谋，策划了她的对付手段。吉斯家族随时准备置科利尼于死地。一旦这个危险人物死去，他对国王的不祥影响就化为乌有，政治力量就会重新得到平衡，王太后就能再次具有决定性的发言权，法国也就能够从反西班牙的可能引起灾难的冒险中解脱出来。1572年8月22日，凶手刺伤了科利尼，但未能将他刺死。巴黎立刻陷入了一片骚乱。成千的胡格诺派绅士来到首都参加亨利和玛格丽特的婚礼——那桩婚事本是为结束国内冲突而安排的。他们现在要求对谋害他们的领袖的暴行加以报复。国王本人看望了受伤的科利尼，并答应惩办罪犯。情势转而不利于卡特琳，极为明显的是她和吉斯家族必有牵连，她的对策是采取孤注一掷的应急行动。

8月23日那个星期六,她促使国王相信:现在必须杀掉所有的胡格诺派领袖。顾问会议里的全体天主教徒表示赞成。似乎直到那时,卡特琳还只是想除掉比较少量的胡格诺分子。但在这个时刻她再次失去了对事态进程的控制力。安茹、年轻的亨利·吉斯公爵和巴黎商会会长,策划了当天晚上的屠杀。这件事并不难,巴黎下层社会的残忍脾性是十分闻名的。胡格诺教徒没有感觉到可疑。实际上,谁能怀疑到那样一场可怕的举动呢?不过,某种类似那样的行动在天主教中间已经议论了好几年,虽然还从来没有策划过。在小规模屠杀事件方面,天主教徒和胡格诺教徒都不是清白的。8月23—24日的夜间,圣巴托罗缪节的前夕,以及随后的几天,数千胡格诺教徒被杀。这一次,吉斯目睹了科利尼的死亡才放了心;他等候在科利尼住宅的外面,直到凶手们把那被砍得血肉模糊的尸体扔出窗外。在领袖人物中,只有那瓦尔和年轻的孔代亲王,靠着发誓放弃新教信仰,才得以幸免。屠杀扩大到了一些省份,又有数千人丧生。确切的数字一直是一个有争议的问题。①

甚至阿尔发公爵也感到震惊,但肯定不会不高兴。在马德里和罗马,群众举行了谢恩祈祷。威尼斯的元老院甚至还以162票对2票通过以一次行列圣歌来庆祝这一称心事件。威尼斯人很快就有了另一种想法。卡特琳也是那样。处死科利尼符合她的意图,大屠杀却不然,因为那些屠杀破坏了法国的政治平衡,并把她再次投入吉斯帮派的控制之中。她向腓力二世和教皇夸耀这一行动,当然是认为那样有助于使她得到信任。她向伊丽莎白一世和德意志诸侯作辩解,把那一事件说成是自卫和吉斯帮的阴谋。她几乎是马上就再次开始同胡格诺派磋商,那当然是不会成功的。于是,重开内战就不可避免了。洛林枢机主教支持发表了意大利人卡帕卢比写的《查理九世的诡计》一书(1572年发表于罗马),那是对法国王室政策所作的充满想当然成分的叙述,旨在证明大屠杀是有预谋的。洛林十分正确地估计到,该书将成为新教徒的一种魔鬼经典,会使得他们将来更加难以同朝廷合作。正像极为经常地发生的情形那样,双方的极端分子都在互相为对

---

① 最新近的估计,见于P. 埃尔朗热《圣巴托罗缪节的屠杀》(巴黎,1960年);奥布赖恩的英译本《圣巴托罗缪之夜》(伦敦,1962年)。

方的利益效劳。

第四次宗教战争主要是保王派对拉罗谢尔的徒劳的围攻,再次以妥协而告结束;当时安茹需要和平,为了去接受波兰的王冠,因为他已被选为那里的国王(1573年)。只是到了那时,胡格诺的组织才达到了充分的发展,扩展到从多菲内穿越普罗旺斯和朗格多克,直抵贝阿恩和吉耶讷这一广阔的弧形区域。像在尼德兰那样,这种取得成功的变革,总是变成地方化的,这既是由于反对中央政府干涉的共同的地方感情,也是军事形势所使然。也像在荷兰和泽兰一样,政治权力逐渐转归于等级代表会议。孔代亲王和那瓦尔亲王(分别于1574年和1575年)从宫廷逃出并返皈新教以后,等级代表会议就同他们联合起来行动。胡格诺派的宣传,现在比从前远为强烈得多地强调宪政理论,以反对法国君主制的专制主义。不过,新教运动的高潮已经过去了。除南方各省以外,它已处于衰落之中。

它得以存在下来,要归因于它同政略派(pocitiques)的联合。阿尔发的戡乱委员会在几年间所做的事,法国的大屠杀在几天之内就做到了。那些屠杀驱使许多天主教徒去寻求一条摆脱宗教恐怖和国内冲突的道路,即牺牲国家的宗教统一而不是政治统一。[①] 这个政略派或政见反对派,像法国其他一些党派一样,是一个混杂的集团,它远没有像胡格诺派或后来的"同盟"那样严密地组织起来。其中有蒙莫朗西家族及其扈从,法学家和政府官员当中的温和分子和伊拉斯谟派分子,其业务受到内战损害的银行家和商人,以及所有敌视吉斯家族的天主教贵族。他们的领袖是有权势的,但其为人则缺乏吸引力:阿朗松公爵是卡特琳的最年轻的儿子,后来又作为安茹公爵在尼德兰的干预而声名狼藉;他把政略派看作是实现他的政治野心的一个方便的工具。侍从武官长的儿子蒙莫朗西·当维尔是朗格多克总督,他关心自己在南方的权威甚于关心王室的权威。作为一个并无宗教兴趣的天主教徒,他许诺在他的统治下实行真正的宗教宽容。在政治上,他或者同国王结盟反对胡格诺派,或者同胡格诺派结盟而反对国王,总之是见机行事。他的政策中唯一具有一贯性的一点,就是他对吉斯家

---

① H. A. 恩诺·范·格尔德:《尼德兰起义和法国宗教战争》,载《乌得勒支历史学会全会文集》(1930年),第29页。

族的嫉妒。

内战断断续续地进行下去，联盟关系也不断变换。正如威尼斯的大使们所见到的那样，战争现在已深深地影响到社会和政治结构以及法国社会的习尚了。吉斯、波旁、蒙莫朗西这些亲贵豪门家族意识到战争加强了他们对中央政府的控制，或者至少也加强了对他们统治下的省份的控制。较低层的贵族由于通货膨胀和他们的地产遭到蹂躏而陷入贫困，他们只能期望在战争中和在为某个大贵族效劳中重新走运。既然每个城市和省份都成了内战的前线，原本是和善的法国居民就养成了从事战争的风气。由于掠夺成性的军队破坏了商业贸易，并使得生活没有保障，越来越多的年轻人就宁愿过掠夺者的生活，而不愿过被掠夺者的生活。

1574年，查理九世在24岁上死去，据说是被大屠杀的幽灵缠绕。安茹急忙从波兰回来戴上王冠，成为亨利三世。他虽然聪明，但没有他母亲那种对付艰难事务的坚韧和能力，要他去利用那些帮派领袖就不堪胜任了。他的挥霍无度使他在纳税人中不得人心。他的色情癖和对他的"宠儿"们的偏爱（虽然其中有些是勇敢而有能力的人），再加上他对军事的日益厌恶，使他遭到法国贵族和军界人士的藐视。虽然大贵族带着他们的随从和侍从打仗，朝廷却必须支付职业军队的大部分费用，并导致自己破产。1576年，亨利三世和卡特琳得出结论，认为胡格诺派不可能被消灭。阿朗松在斡旋中谈成了一项对胡格诺派极为有利的条约：他们可以在巴黎和宫廷所在地以外的任何地方举行自己的宗教仪式；保留八个安全保障地；参加法务院的处理涉及新教徒案件的混合委员会。

"大人（即阿朗松）和约"是法国人的"根特协定"。在尼德兰，天主教极端派的代表是朝廷。它在宗教上的不妥协态度，加上佛兰德和布拉班特的宗教和社会革命的加速发展，导致了妥协和议的破坏。在法国，朝廷现在成了许多天主教徒的怀疑对象。结果就出现了一个独立的天主教运动，它反而变成了主张改变现状和反朝廷的运动。地方性的天主教联盟或同盟，早在1560年和1562年就由地方上的当权人士、贵族和高级教士们组织起来了。"大人和约"签订后，这些地方性团体组成了一个全国范围的"同盟"或"神圣联盟"。如果说胡格诺派赖以建立的基础，是军事化的加尔文宗教团体同波旁家族派系的联合；"同盟"赖以建立的基础则是组成为地方性联盟的天主教军人贵族与吉斯家族派系的联合。胡格诺派向日内瓦寻求精神指导，并向英格兰和德意志的新教诸侯寻求物质援助，"同盟"派则向罗马寻求精神指导，并向西班牙和萨伏依的天主教统治者寻求物质援助。这样，这个时期所有主张变革现实的运动都同它们国境之外的强国和势力联系起来了。这增加了它们的力量，但也引起了运动内部的紧张关系，那些紧张关系大大强化了建立统一领导的困难。

1576年的"同盟"是作为一个天主教贵族党派而建立起来的，其目标本质上是保守的。亨利三世及其后继者应该按照他们的加冕誓言保持其权力；各个省份和等级代表会议的古老的权利应该予以恢复，这同中世纪的类似的封建纲领没有多大区别。然而，涉及"同盟"的组织方面的条款，则具有一种绝非中世纪的标记。一切成员都应该紧密联系，以互相保护；并服从他们的首领，而无须顾及任何其他权威。他们应当提供武器和人员，并惩治任何拒不履行者；"同盟"则应保护他们免遭任何报复。每个成员都必须宣誓遵守这些条款，违者逐出教门并受永远诅咒。在法国许多地区，"同盟"为了扩大组织，把教士和第三等级的人也吸引进来，正如胡格诺运动一样，吸收较低阶层入盟是为了提供群众性的支持。

这个新的党派的力量很快就在1576年的布卢瓦三级会议上明显地显示出来。它巧妙地操纵选举，胁迫选举人。"同盟"派的大法官和司法总监们试图阻止胡格诺教徒出席选举会议。在三级会议内部，他们以各等级和各省的古老特权的名义组织了一场对国王权力的巧妙的进攻。他们未能赢得对政府的直接控制权，这使得极端的天主教徒像胡格诺分子一样，变成了一个反专制主义的党派。

亨利三世十分清醒地意识到"同盟"对他的独立地位的威胁，也知道它同马德里的密切联系。为了使它不能与自己对抗，如果可能的话，还使它服务于自己的目的，他宣布自己是它的领袖，以代替吉斯公爵的地位（1577年1月）。但是，天主教贵族并不愿意以他们笼统的为国王效劳的义务换来他们对他作为"同盟"首脑而要向他承担的非常明确而又广泛的义务。当国王力图利用同盟来为他自己的目的服务时，这个本来为了钳制国王而建立的组织，就逐渐分解而落入国王控制之下了。亨利没有从"同盟"那里取得多少帮助，而且在他对新教徒进行的新的战争中，也没有取得三级会议的财政支持。既然这已经落空了，那就还是把那样一个工具让吉斯家的亨利去掌握为好。而且，胡格诺派和政略派之间在目标上的不可避免的分歧，已经使得国王的军队取得了重大胜利。在"贝尔热拉克和议"即"国王和议"中，胡格诺派失去了许多他们不久前赢得的让步。国王宣布解散所有的联盟。

  签订一项临时条约现在似乎已经有可能了。卡特琳不懈地为它而努力，她遍游南方各省，同政略派的总督和胡格诺派的首领磋商。局部地方的交火从未完全停止，不过除了一次短暂的公开战争（1579—1580 年）以外，年迈的王太后设法制止了所有其他的战争。由于亨利三世和他的兄弟即现在的安茹公爵都没有子嗣，那瓦尔的亨利如今就宁愿等待良机以期继承王位。安茹把尼德兰看成是实现其抱负的一个有希望的场所，还向往着一桩英格兰的婚姻和下一轮的英格兰王位。法国各派的好战贵族，都愿意响应他的号召，去从事对外掠夺；或者，既然在那种事情上他们早已不是特别挑剔的了，就通过自己的国家来达到他们的愿望。吉斯也眼望着国外，像奥地利的唐·约翰一样，浪漫地梦想解救他的表姐玛丽·斯图亚特。腓力二世对他好言相许，就像他对苏格兰和英格兰的天主教徒做过的那样，但却没有向他提供实际帮助。西班牙政策的目标绝不可能是帮助法国插足于不列颠群岛。只要腓力还没有强大到无须法国帮助就足以进攻伊丽莎白一世时，他虽然可以暗自图谋她的性命，却要千方百计去防止公开破裂，因为他担心出现一个反对他的英法联盟。亨利三世和卡特琳从自己方面来说极为害怕西班牙的势力。他们支持亚速尔群岛的那位克拉图大修道院副院长，还支持身在尼德兰的安茹，虽然他们在官方言论上否定他，而且因为他抱怨对他支持不够而经常同他争吵。这样，腓力出于对法国政策的不满而开始同那瓦尔的亨利商议在法国重开内战，实际上也就不足为奇了。那瓦尔十分精明，没有陷入这一圈套。

  然而，形势仍然是紧张的，实际上什么问题也没有解决。公开的战争只是在尼德兰进行，但列强们在调整阵地，并在他们对手的国土内建立"第五纵队"。在法国，没有一派满足于现状，也没有一派放弃了改善自己地位的愿望。1577 年货币改革以后，由于存在着相对的和平和货币的稳定，经济生活开始复苏，这在西部的海港尤为显著,那里经营着西班牙—尼德兰之间的大部分贸易。但是,赋税负担是加重而不是减轻了。1576—1588年,人头税(taille)增加了1倍,令人憎恨的盐税(gabelle)增加了2倍。农民、工匠和小店主破产了。大商人和银行家(其中许多是意大利人和西班牙人)、赋税承包人以及国王宠臣们则发财致富。1559年的巨大的政治和社会危机,只是这时才达到它的高峰。

三 法国的王位继承以及与英格兰的战争

与土耳其政府签订停战协定和征服葡萄牙,标志着西班牙政策的一个转折点。西班牙的最大危险再也不是在地中海,而是在大西洋了。法兰西和英格兰支持它在尼德兰和葡萄牙的敌人。德雷克和英格兰海盗蓄意非法地破坏西班牙与其殖民地的贸易,并掠夺西班牙国王和他的臣民的财富。教皇、枢机主教格朗维尔和腓力的西班牙籍顾问们强烈要求实行一项更富有进攻性的政策。国王本人逐渐确信,要保卫他自己的利益和教会的利益,就需要在西欧进行更积极的干预。

促使西班牙改变政策的直接诱因是安茹公爵和奥兰治亲王的去世(1584年)。甚至在安茹去世之前,联省共和国(即乌得勒支联盟)就向亨利三世和伊丽莎白一世提议,愿以尼德兰的宗主权相许。亨利三世再次拒绝。奥兰治的威廉的死亡和安特卫普的陷落,使联盟迫切需要援助以拯救自己。于是,伊丽莎白虽然也同样拒绝接受宗主权,却在1585年8月20日同意派遣5000人的军队在莱斯特伯爵率领下,开往尼德兰。莱斯特和另外两个英国人应在国务会议中拥有席位。扼控默兹河和斯海尔德河河口的布里尔和弗拉辛交给了英格兰人作为基地,并作为偿付英格兰政府开支的担保。伊丽莎白逼着进行一桩艰难的交易,而且一直没有同西班牙完全破裂。不过,她第一次被卷入同腓力二世的公开对抗,而且如后来表明的那样,卷入得比她曾经预料得更深。

在法国,安茹的死亡搅乱了前些年间的不稳定的平衡。那瓦尔的亨利现在成了王位的直接继承人。面对着一个异端国王的幽灵,天主教徒恢复了"同盟"。它开始是一小批人组成的秘密团体,成员为巴黎中产阶级中狂热的天主教徒,主要是神父和专业人员。它的纪律、对事业的献身精神以及对它的成员个人品德的严格要求，都同任何加尔文宗团体一样严肃认真。当这个团体在巴黎的匠师、行会和官员中发展成一个强有力的党派时，就同吉斯和天主教贵族们建立了联系。原来那个 1576 年的"同盟"，很快就在整个法国重新出现了。其标志是吉斯的爪牙、年迈的枢机主教波旁发表的一个声明；他提出继承王位的要求，以反对信奉异端的波旁的亨利。"同盟"派在一个又一个的城市里撤掉了王室任命的司令官和总督，并代之以他们自己的人，其借口是要确保贯彻一项坚定的反胡格诺政策。这并非最后一次：正在同一个革命运动作斗争的温和的政府，发现它本身被站在自己一边的一个极端派凌驾其上了。

  1584 年 12 月 31 日，腓力二世与吉斯和"同盟"签订了《茹安维尔条约》。他们同意承认枢机主教波旁的继承权，并共同协力消灭异端。腓力将向"同盟"每月预支 5 万杜卡特，并在必要时提供军事援助。作为回报，"同盟"答应帮助腓力收回那瓦尔的法国占领区，康布雷和他提出主权要求的其他一些城市，并答应胜利之后继续保持联盟关系。这样，腓力二世就达到了他父亲一直为之力争而未达到的目标：同一个天主教法国结成在西班牙领导之下的联盟；但是，他仅仅是从法国的一个党派那里取得了它。条约本身还是秘而未宣的；不过，"同盟"与西班牙大使贝·纳迪诺·德·门多萨的接触是明显的。亨利三世和卡特琳极为惊恐，并再次转向了"同盟"方面。1585 年 7 月 7 日，卡特琳和吉斯缔结内穆尔条约，国王在该条约中答应废除以前与胡格诺派和解的一切敕令。那瓦尔如今除了重开内战，别无选择余地。

  吉斯现在不仅在财政上依赖西班牙来实现他的法国政策，而且还不得不放弃他对苏格兰和英格兰的一切打算，以便使他能够集中力量对付法国的王位继承问题。这就使得腓力二世可以不受拘束地去推行他自己的计划。既然已经不再担心法国的干预，似乎最为顺理成章的事就是转而反对英格兰。那位英格兰女王已受到逐出教门的判决；她正在迫害她的天主教臣民；她把一位女王囚禁起来，而大多数天主教徒认为那位女王对英格兰王位的继承权利要比她自己的继承权利更为充分。而且，看来恰恰就是英格兰人的帮助，才使得在尼德兰造反的腓力的臣民敢于公然对他加以蔑视。宗教的、道义的和战略的动机就这样结合在一起，驱使腓力去从事"英格兰的冒险事业"；那一入侵的成功必将导致新教的决定性失败和国王在尼德兰的权力的恢复，以及西班牙对天主教欧洲的领导地位的加强。

腓力的决定把法兰西和尼德兰的内战变成了一场公开的欧洲大战。既然法国的朝廷已经把主动权交给了"同盟"，既然"同盟"又依附于西班牙，西班牙的政治上的对立面，现在就只剩下新教徒了。唯有这一次，政治上和宗教上的分野界限完全一致起来。就整个欧洲来说，似乎这场巨大斗争的决定性阶段现在已经开始了。

入侵英格兰并不是一个新想法，腓力的海军上将圣克鲁斯侯爵1583年就极力主张入侵，腓力从1585年春季开始认真筹划那一入侵。他的财政状况从1575年破产以来已得到改善。从新世界运来的白银，已增加到超过以往任何的预期量。① 西班牙政府直接抽取了"伍一税"（20％的税）和其他手续费。其余部分作为私人付款而运到西班牙，而且大部分钱流到为数不多的富商和银号手里。他们积聚了大大超过他们商业需要的巨额资本。威尼斯和荷兰的商人在他们的鼎盛时代从事国际贸易所用的资本，比鲁伊斯、斯皮诺拉和富格尔积聚的资本要少得多。安特卫普的被围攻，荷兰人对斯海尔德河的封锁，再加上新教徒私掠船在英吉利海峡和大西洋的活动，使得商路不安全，并减少了投资机会。甚至矿山也往往不需要数十万杜卡特那样的投资。这样，那些大金融商号就只能把他们的资本用于政府借贷了——那是十分有利但又有很大风险的投资形式。于是，特别是西班牙政府，就能够在国际货币市场上获得利息较低的巨额贷款。这就给这个时期陆军和海军活动的广泛增加提供了基础。1576年，弗莱明·奥德格尔斯特向腓力二世建议在他的帝国的每个部分都建立银行，并由马德里的一个董事会来协调它们的活动。就像为促进西班牙帝国经济一体化而提出的其他大多数建议一样，这一建议也毫无结果。腓力二世仍旧处于银行家和他们那些具有高度投机性的汇票兑换买卖的控制之下。②

莱斯特在弗拉辛登陆之时（1585年12月），尼德兰的形势是危

---

① 参阅前面第25页的图表。
② H. 拉佩尔：《西蒙、鲁伊斯和腓力二世的"供给契约"》（1953年），第14页以后，第103页以后。

急的。法尔奈泽——他从1586年起成为帕尔马公爵——已向荷兰和泽兰南部的防御堡垒逐个地推进。在东北部,保王派从1580年起就控制了格罗宁根,那时它的总督伦内贝格伯爵参加了政见反对派,并同国王缔结了和约。在东部其他省份,天主教派仍然是强有力的,三级会议的权力不稳固。联盟本身已严重分裂。反对国王的起义,首先是一场各省反对一个中央集权政府的起义。如今各省并不愿意把它们刚刚赢得的自治权放弃给另一个实际上的中央政府。乌得勒支、海尔德兰、上艾瑟尔和弗里斯兰嫉妒荷兰、泽兰和它们在国务会议与三级会议中的主宰角色。荷兰为整个战争的人力物力付出了2/3的费用,因而对较穷省份的敏感反应也不耐烦。新教的胜利还没有解决教会与国家的关系问题。荷兰的统治阶级,那些控制城市的贵族寡头们,已经接受了新教,但只是根据伊拉斯谟思想和宽容态度的教育与传统来接受的,而那种教育与传统正同他们在革命以前所接受的一样。与此相反,加尔文教派的传道士们却是不宽容而且唯我独尊的,要求对人民和市政长官都同样拥有宗教和道德上的监督权。他们得到来自佛兰德和布拉班特的宗教避难者的支持,还得到小市民阶级、匠师和工人等阶层的支持,而那些人正是掌权者们在1572年革命中加以利用之后已经成功地从政权中排挤出去的人们。于是,在国家和加尔文教会之间的冲突之上,又加上了寡头集团同平民集团之间的政治和社会斗争。

奥兰治本是伴随这些斗争而生存和发展起来的。通过他的个人威望和一种令人惊叹的政治上的巧妙手腕,他设法使自己得以超脱于党派冲突之上,并得以防止它们造成联盟的解体。莱斯特不理解那些冲突,竟使自己成为那些派别中的一派的领袖。最初,几乎各派都满怀热忱。三级会议任命他为总督,授予他的权力比曾经授予安茹或唐·约翰的权力更为广泛(1586年1月)。但是,很快就变得明显起来的是他的地位动摇不定。他接受那个职位超出了给他的训令规定的范围。伊丽莎白很长时间拒绝予以认可,莱斯特伯爵的权威由此而受到损害。但是还有更糟的事情就要发生。伊丽莎白还在坚持她同西班牙谈判的政策。她派莱斯特到尼德兰去是为了给腓力二世施加压力,以便为她自己和联合省取得一项适度的和解。另一方面,尼德兰人对于取得那样一项和解的可能性,已经不抱任何希望。他们想要把英格兰拖入他们同那位国王之间的战争。由于这些目标之间的分歧，莱斯特的使命陷入了绝境。

当他试图禁止荷兰和泽兰与西班牙和南方诸省之间的贸易时，他就同荷兰和泽兰发生了争吵，那项著名的同敌人的贸易（handel op den Vijand），如商人们所坚持认为的那样，使荷兰和泽兰赖以得到财力来支持战争。传道士们却认为那是一种背叛，而莱斯特同意他们的看法。1586年4月，他本人在乌得勒支驻足，那是反荷兰派的中心。他帮助推翻了那个城市的寡头政权，而使他自己同传道士和平民派结成联盟。既然有他们的帮助，又有军队，他预期可以迫使荷兰的寡头掌权者们就范。但是，他同尼德兰的军队指挥官们发生了争吵；他反对帕尔马的行动几乎全都是失败的；他的部队没有发军饷，而且有可能发生兵变。在绝望中，他请求伊丽莎白再给他送些钱去。但是那位女王已经付足了许诺过的数额，或许还超过了那个数额。她的财力是有限的，而且她谋求和平比从事战争的心情更为迫切。1586年12月，莱斯特回到英格兰，以图获得更多的钱，并恢复他在朝廷中已经动摇的地位。

1587年1月，英国驻海牙领事威尔克斯报告说："我们已开始变得使人民感到同西班牙人一样可恨；那些西班牙人统治他们征服的城市所用的手段，比我们对待自己的朋友和同盟者所用的手段还要温和一些。"当英格兰指挥官把代芬特尔和聚特芬要塞出卖给了帕尔马时，三级会议采取了行动。新任命的荷兰州长约翰·范·奥尔登巴内费尔特策划了一次对国务会议中的莱斯特党羽的清洗，并使奥兰治的年轻的儿子，拿骚的莫里斯被任命为总司令。但是，英格兰人的援助仍旧比以往更为必需，伊丽莎白也被说服而派遣勉强从命的莱斯特再次登上他所说的"最危险而又最弯曲的航程"（1587年7月）。

莱斯特继续依靠加尔文宗信徒。他同三级会议和将军们的关系也就进一步恶化起来。他们指控他同帕尔马谈判。他否认此事，但那是真的。伊丽莎白愿意对西班牙做出尼德兰人所不能接受的让步。莱斯特谴责荷兰和泽兰，并将英国军队开进了荷兰人的一批城市。现在是第三次，一位总督试图对三级会议来一次突然袭击，而且又一次失败了。伊丽莎白的谈判政策使莱斯特甚至失去了他自己那一派、即乌得勒支的加尔文宗信徒和平民运动的支持。1587年底，他离开了尼德兰，而尼德兰既由于他试图为之效力的两个国家目标互不相容而受到了损害，同样也由于他个人不堪胜任要他充当的角色而受到了损害。

莱斯特的去职决定了城市寡头与尼德兰军事指挥官的联盟的胜利。平民运动在各个地方都失败了。三级会议现在相信，向一个外国君王提供宗主权的政策并不成功。在莱斯特时期的争辩中，荷兰的政论作家们提出了三级会议拥有主权论。这个机构现在决定将它付诸实行，并决定只通过联盟关系去获得外国援助。1589 年，奥尔登巴内费尔特说服了乌得勒支、海尔德兰和上艾瑟尔的等级代表会议，把拿骚的莫里斯选为它们的总督。从 1585 年起，他已经是荷兰和泽兰的总督。他的堂兄弟威廉·路易行使了弗里斯兰的总督职权。这样，三级会议中地方分离主义倾向就被奥兰治家族特别是莫里斯所起的统一作用抵消。但是，它们之间关系的确切性质，正如教会与国家之间关系的确切性质问题一样，还没有得到解决；来自西班牙的直接威胁一旦过去，那一关系问题还会引起新的冲突。不过在当时，这一威胁还压倒了其他一切考虑，甚至压倒了荷兰人和英格兰人之间的怨怼，并使得这个不稳定的联盟继续保持着活力。

一般认为，腓力二世当时应该集中他全部资源去重新征服北方各省，并认为他本可以稳操胜券。然而，腓力已决定首先打击英格兰。苏格兰女王玛丽曾写信给门多萨（1586 年 5 月 20 日），愿将她对英格兰王位的继承权利让渡给腓力，并请求他将她置于他的保护之下。这给那位国王提供了一个为实现他的计划所求之不得的决定性的道义依据。帕尔马最初对他表示赞成。1586 年的最初几个月里，帕尔马和圣克鲁斯都提出了详细的方案，从那时以来，远征的准备工作继续进行下去。困难是巨大的，腓力和他的顾问们对那些困难也并不抱有侥幸幻想，尤其对英格兰人的海战炮术优势和英格兰人可能要采取的战术不存侥幸之心。圣克鲁斯要求配备 150 艘战舰、360 艘货船和辅助船只、9 万人以上的兵力和 2200 门大炮，预计全部费用几乎接近 400 万杜卡特。这些预算额决不可能实现；而当后来决定由驻在尼德兰的帕尔马的陆军承担实际上的入侵任务时，那些预算额就被大大压缩了。然而，它毕竟是那个时代所能设想出来的空前巨大的联合军事行动。

拖延是不可避免的，费用超过了预算。德雷克对加的斯的袭击

(1587年4月），流行病和恶劣天气阻碍了准备工作，而每拖延一天，单是支付军饷和维持部队的费用就达3万杜卡特。1587年的头五个月，腓力就给帕尔马送去了250万杜卡特，而那位公爵还拖欠着他的部队几个月的军饷。西班牙人讨厌让一个意大利人担任总司令，在腓力的大臣和将军中经常表现出反感。到1587年秋天，帕尔马已经确信，"英格兰冒险事业"并无成功的希望。腓力本人则时而对行动进行歇斯底里的指挥、时而又表现出他那更加常见的优柔寡断。1588年2月，圣克鲁斯去世。腓力有许多富有经验的将领，但他们当中没有显赫出众得足以博得其他人服从的人。格拉纳达和勒班陀战役的经验已经表明，只有一位亲王或一位极为显赫的贵族才能使人们服从。如果他像唐·约翰那样本身并无指挥经验，可以给他配备技术性顾问。正是这一考虑，而不是传说的他对任用无能之辈的偏好，成为腓力任命麦迪纳·西多尼亚公爵担任无敌舰队总司令的动机。① 这位公爵缺乏唐·约翰的气概，但眼前并没有一个唐·约翰可供差遣，而且，在果敢和决断方面，他表明自己无愧于最优秀的西班牙人的传统。

为了远征取得胜利，重要的是要使法国保持中立。因此，重新爆发的内战就对腓力起了帮助作用。从他的观点来看，那场内战打得不错。那瓦尔在库特拉击败了保王派（1587年10月20日），吉斯则在一个月后歼灭了那瓦尔的德意志盟军。只有亨利三世进一步失去了声望。1588年1月，吉斯派迫使他接受了比以前还要苛刻的条件，以作为继续保持联盟关系的代价。亨利曾答应伊丽莎白，在她遭到进攻时提供援助。他也许不会提供援助了，不过腓力必须弄清楚他是否还有可能那样做。"同盟"也并不信任他。他们后来声称，早在1587年春天，甚至更早，他们就策划了对巴黎的一次袭击。然而，袭击的时间，是通过门多萨同吉斯和巴黎的"同盟"委员们的接触，而由马德里来决定的，要同无敌舰队启航时间一致。吉斯应把国王控制起来，腓力则答应他那时将承认那位公爵和"同盟"为法国的临时政府，直到枢机主教波旁加冕为国王。必要时他还将以金钱和军队

---

① E.埃雷拉·奥里亚（Herrera Oria）：《腓力二世与"英格兰冒险事业"期间的圣克鲁斯侯爵》（1946年），第87页。

相助。

无敌舰队预定于1588年5月初启航,虽然实际上直到5月30日它才离开里斯本。5月9日,吉斯无视亨利三世的命令闯进巴黎。亨利本来有可能将他逮捕,但他犹豫了。在首都,气氛异常紧张。"同盟"分子很快加强了力量和信心。他们对这个城市干下的日益加剧的暴虐行径,被他们的死敌皮埃尔·德·莱斯杜瓦尔淋漓尽致地记载下来。已经显示过杀戮本事的巴黎暴民,被"同盟"的传道士们蓄意地煽动起来——这一次他们的口才堪与加尔文派相匹敌——直到把每一桩不幸和每一件罪恶都归之于加尔文派和政略派。人们谣传,国王宠臣埃佩尔农同胡格诺派勾结起来要火烧该城。5月11日,亨利把法国部队和瑞士人的部队调进巴黎,但下令不得对居民采取任何行动。第二天,巴黎人赶紧筑起街垒,把孤立的王军分遣队封锁起来。这一行动是"同盟"委员们精心策划并由吉斯指挥的。国王不得不恳求吉斯阻止对他的军队进行一场屠杀。次日,亨利逃出巴黎,而吉斯保持着对首都的控制。主要目的已经达到了。亨利再也不能干预无敌舰队的出征。这次袭击虽然是针对国王和巴黎进行的,却把埃佩尔农和他的势力从皮卡迪赶了出去,使"同盟"有可能占领该省并掩护帕尔马的侧翼,以预防国王可能发动的进攻。

这一胜利并未使无敌舰队免于蒙受灾难(1588年8—9月)。对西班牙来说,那不仅是一次可怕的士气上和物质上的打击:它还毁掉了同伊丽莎白达成协议的一切希望,并促使英格兰无可挽回地站到了那位天主教国王的敌人一边。他制订了再次进攻英格兰的计划;但是,他的注意力越来越集中到法国去了。在那里,似乎西班牙的一切失败都还可以胜利地挽回。腓力再次加倍地押下赌注。但是,帕尔马深信,腓力只是在加重他从前的错误。

1588年的夏季和秋季,法国的"同盟"势力一直在增长。亨利三世除了按照吉斯的条件保持同那位公爵的联盟,别无选择余地。但是,无敌舰队覆灭的消息,恢复了他的勇气。9月,他把最接近自己身边的八个顾问解除了职务。他们都是卡特琳的工具,而这次宫廷革命标志着王太后影响的结束。1588年10月,三级会议在布卢瓦召开,那是1576年以来召开的第一次三级会议。在所有三个等级中,"同盟"再次拥有一个严密地组织起来的多数。他们从广泛的侧面攻击亨利的行政管理；他们要求由三个等级共同做出具有法律效力的决定；他们敦促国王更加有力地进行反胡格诺派的战争，同时又要求大幅度减轻赋税。亨利认为吉斯应对他所蒙受的一切侮辱负责。促使事态激变的最后一个小诱因是萨伏依公爵对法国占领的萨卢佐的进攻。国王认为那次进攻是"同盟"怂恿的。他想错了。因为夏尔·埃马纽埃尔像往常一样，仅仅是醉心于他的实力政治，而且，由于引起人们的情绪急剧地转向有利于亨利三世的爱国主义，几乎毁掉了天主教徒的联盟。

吉斯曾被提醒不要相信亨利，但是他正为他的众望和政绩而得意扬扬，不把软弱无力的国王放在眼里。他以通常那种满不在乎的样子，不加防备地走进了亨利设下的陷阱，即布卢瓦的别墅，就在国王的面前被杀死了（1588年12月23日）。他的兄弟枢机主教吉斯被逮捕起来，并于次日被处死。当亨利把这一胜利消息告知卡特琳时，她正卧病在床。她对那一胜利的后果仍然表示怀疑。她于1589年1月5日死去。莱斯杜瓦尔说，她的死"并不比一只山羊的死引起更大的震动"。

立刻出现了一场反对国王的激变。索邦神学院宣告他为杀人犯和暴君，并宣告解除全体法国人对他的效忠义务。"同盟"成了一个公开的革命党派。他们认举吉斯的兄弟马耶讷公爵夏尔为枢机主教波旁（他已成了亨利三世的囚徒）的王国副长官。在普罗旺斯，法务院宣告"同盟"和各城市已弃绝它们对"杀人凶手亨利三世"的忠诚。在别的地方则不得不让"同盟"的军队出场，去威胁那些忠于国王的省法务院做出同样的宣告。几乎在每个城市的市议会里，"同盟"都有力量雄厚的同党。在马耶讷的部队或当地"同盟"派贵族的家臣组成的武装力量的支持下，几乎在这个王国的所有大城市里，都建立了革命政府。由三个等级的成员组成的秘密或公开的"同盟"委员会，监督着市议会，并把那些有保王情绪嫌疑的贵族和官员监禁起来。在图卢兹，通常由本为狂热的天主教徒的市政长官们（市长和市政厅人员）宣布支持"同盟"，而当法务院要维护国王权威时，暴徒们就闯进院里，杀死院长和法律总顾问。

在图卢兹，也像在其他一些城市里一样，法务院和市政厅之间的激烈对抗日益增长起来。内战和普遍的不安全，促使许多富裕市民撤回经商的资本。他们把自己的儿子送去学法律，并为他们购买官职。但是，高级法庭的成员，越来越不让外面的人加入他们的行列。他们的职位日益变成世袭职位。越来越多的法学家发现他们的前程已被堵绝。他们不得不退而谋求省里的王室官职或市政官职。如果说在发生内战以前城市议会由富商控制着，如今它们已被一个职业法学家阶层所驾驭，而这个职业法学家阶层怀有商人们从未向往过的政治抱负。1588 年三级会议里的第三等级中，有一半的代表是律师，他们同他们的支持者一起，控制着法国的市政府。他们成了"同盟"提出的民众政府（即非贵族的政府）主张和城市与地方自治主张的热烈支持者。

恰恰是在巴黎，革命推进到了它的最大极限。"同盟"组织在全城 16 个区的每一个区里各建立了一个委员会，担负警察职能，并监督市政官员。这些委员会又组成一个中央委员会，按照首都的区的数目称为十六人委员会，而实际的委员人数达到了 50 人。十六人委员会推行了要由巴黎来承受的第一次革命的恐怖统治。为了协调全国的运动，十六人委员会把它的代表派到各省，并吸收了各地城市的代表。"同盟"的总委员会就这样控制了法国整个的"同盟"派自治城市网。

亨利三世完全未能采取措施推进他在处死吉斯公爵以后获得的有利形势。在三个月的时间里，他的公文仅仅在卢瓦尔流域的城市发生作用。1589 年 4 月，他迫于形势，同那瓦尔的亨利结成联盟。他们依靠联合起来的武装部队向巴黎推进，并开始对首都的第一次围攻。当一个狂热的修道僧雅克·克列门特对这位国王行刺时（1589 年 8 月 1 日），巴黎俨然已丢给了"同盟"。亨利三世临死之时，认举那瓦尔的亨利为他的继承人，如果后者同意成为一个天主教徒的话。对圣巴托罗缪节的屠杀负有主要责任的三个人，都已在八个月之中死去，其中两人是遇刺身亡。

法国如今有两个国王，一个是胡格诺派的那瓦尔王，即法国的亨利四世；另一个是他的囚徒、枢机主教波旁，被"同盟"和天主教国家承认为查理十世。亨利是一位与科利尼极为不同的胡格诺派领袖。他的母亲把他培育成一个新教徒，但他并没有科利尼那般强烈而不可遏止的宗教信仰。他以一种对政治现实的领悟和一种堪与奥兰治的威廉相匹敌的对机会的敏感来充实他的信仰。如果说科利尼是靠他的目标的单纯性和他的严格的诚实来对他的追随者发生强烈影响，亨利则是以他的综合着果敢、军事才干，特别是个人魅力的个人的吸引力来赢得人们的拥护。他的举止掩藏着一种与腓力二世同样强烈的独裁气质。直到他能够放纵那种气质以前，他一直使它受到严格的克制。他甚至比科利尼更少去谋求改变法国的政治制度或削弱他本人想要继承的王权。1589年3月，他宣布同意接受天主教的教育，但拒绝单纯为了得到一顶王冠或30顶王冠而放弃他的信仰，以此来表明他的立场。他说，他永远不会把他的宗教强加于天主教的法国，但他的胡格诺教友也同样不应被人用刀剑来强迫改宗。这一宣言，对于那些为了支持"同盟"或为了保持艰难的中立地位而背弃了他的为数众多的保王派来说，是不够的。他不得不解除对巴黎的围攻。

如果天主教各派势力能够合作，那就很有可能阻止亨利继承王位。但他们在利益上的分歧太大了。腓力指示门多萨把由他自己或他的女儿伊莎贝拉·克拉拉·欧亨尼娅继承法国王位的要求提出来，同时还要求将他承认为法兰西王国的天主教保护者。然而，教皇认为这一保护者地位应属于他自己。腓力二世和西克斯特斯五世之间的紧张关系惊人地恶化了。那一关系从来就不好，因为西克斯特斯五世试图在他的整个教皇任期（1585—1590年）内，针对西班牙的压倒性优势，保持教廷的某种程度的独立。他曾于1585年认可了对那瓦尔的逐出教门令，那时他认为亨利三世和"同盟"已真正联合起来反对新教徒。但是，腓力在亨利三世死后在法国进行的公开干预，使教皇担心，那个唯一能够与西班牙抗衡的天主教大国，可能丧失它的独立。这是威尼斯人向他提出的论据，而威尼斯是承认亨利四世的第一个天主教国家。教皇被这一论据深深打动了。腓力二世从他自己方面认为，他正以其全部力量来保卫教会，相比之下，教皇自己的力量是何等微弱。作为较弱的一方，他应当追随较强的一方，那已是国王可以期待他予以满足的最低要求了。1590年初，西班牙和教廷之间比他们从保罗四世时代以来的任何时候都更加接近于彻底决裂。

西克斯特斯五世于1590年8月27日去世。为了保证腓力计划的成功，选出一个比较容易驾驭的教皇，如今已成为一个至关重要的问题。直到此时，腓力还没有直接干预过教皇的选举。他的驻罗马的使节只是曾受命要促成一位虔诚教皇的当选，并排除任何亲法国的候选人。这一次，他的大使奥利瓦雷斯伯爵向红衣主教团提出了一个名单，让他们只能在那个名单中选择。大多数红衣主教都从西班牙或其意大利属地获得津贴或岁入。他们的家庭成员依靠由西班牙的任命权谋求晋升。他们在或大或小的程度上容易受到西班牙压力的影响。无论在乌尔班七世（卡斯塔尼亚）的当选（他于当选后12天死去）问题上，还是围绕格列高利十四世（斯丰德拉蒂）的当选而进行的长期而激烈的争论中，奥利瓦雷斯都巧妙而无情地施加了那种压力。奥利瓦雷斯远远超出了给他的指令规定的范围，但腓力并不宣布他同自己无关——那是腓力三世时期的一种状况的预先尝试，那时，西班牙的政策已由那些在意大利和德意志的雄心勃勃而又坚持己见的副王和大使们来制定。格列高利十四世是"同盟"的一个狂热支持者。他向法国送去了金钱和部队，还利用他的职位向"同盟"提供道义力量的支持。他于1591年10月死去，那是西班牙的一个重大损失，但是奥利瓦雷斯再次使他自己的候选人当选了。

西班牙的策略结果还是自取失败。当英诺森九世于1591年12月死去时，在红衣主教团中出现了一股坚决的反抗力量，反对使教皇成为"西班牙国王的礼拜堂牧师"。在极为秘密的斗争和最富戏剧性的记名选举中，腓力中意的候选人落选了（1592年1月）。红衣主教团推举年轻的枢机主教阿尔多布兰迪尼作为双方可以接受的候选人。这位克莱门特八世不是反西班牙的，但他已不再像他的前任那样依附于西班牙。他的政治观点是在西克斯特斯五世影响下形成的。正是后者把枢机主教的仪冠赐给了他，他不能立即撤销对"同盟"的援助，但是他也并不拒绝听取亨利四世密使的意见。那位国王应在教皇宽恕他以前表明他回到教会来的诚意。不过，重新和解的门已经不再关闭了。

腓力还能暂时地控制教廷，但他不能同样地控制他的其他同盟者。枢机主教波旁的死亡（1590年5月）把一大群法国王位的要求者召唤到战场上来了。萨伏依的夏尔·埃马纽埃尔和洛林公爵立刻勾销了他们对普罗旺斯和香槟境内一些王国领地的甚为有限的要求权的竞争，而派遣他们的部队进入了那些省份。马耶讷对法国王位有他自己的企图，不过在那个问题上他甚至与自己家族的意见也不一致。他不信任西班牙人，但如果没有他们的帮助他就不能有所作为。1590年3月，亨利在伊夫里将他击败，然后就开始第二次围攻巴黎。城内粮食耗尽，总计有1.3万人死于饥饿。但是"同盟"的传道士和十六人委员会的恐怖制度阻止了投降。9月，帕尔马公爵率领他的西班牙老兵解救了该城。西班牙军队如今已在布列塔尼和朗格多克作战。看来法兰西就要像尼德兰那样分崩离析。1592年，帕尔马再次干预，从亨利的威胁下解救了鲁昂。

马耶讷甚至不能控制他自己的"同盟"派。这位肥胖而又雄心勃勃的贵族，虽然比他的兄长较为诚实，也不那么富于幻想，却缺乏亨利公爵的个人吸引力和他那种既能获得同侪贵族的信任，又能博得"同盟"中的平民们的热烈赞扬的能力。"同盟"总委员会的贵族成员对十六人委员会的革命和民主政策越来越感到不安。反对任命"小商贩和一帮同盟派恶棍"去担任民兵队指挥官和高级市政官职的，并不只是莱斯杜瓦尔（L'Estoile）一人。1589年2月，马耶讷就已试图从巴黎的大资产者和法务院成员中任命14个人参加总委员会，以抵消其中的平民派势力。十六人委员会的回答是建立一个公安委员会，由他们自己选出的10人组成。1591年11月，他们打击了他们在巴黎最痛恨的敌人法务院。法务院院长布里松和两个审议官被逮捕起来，并以所谓的叛逆罪被处死刑。这一行动是以十足近代方式来辩解的：一是十分值得怀疑地声称，该法务院的其他成员是赞成采取那一行动的；再就是断言，反对民众的叛逆罪，如果合法手段不足以惩治，即使用非法手段也必须予以惩治。

这一行动导致了贵族同不妥协的十六人委员会之间的决裂。马耶讷于1591年12月逮捕了十六人委员会的几个成员，但拒绝采取反对传道士的行动或完全摧毁十六人委员会。然而，他想把"同盟"的贵族派和革命派拉拢在一起并保持平衡的尝试，就像奥兰治亲王10年前在佛兰德和布拉班特的同类形势下所作的类似尝试一样，是注定要失败的。

天主教阵线的分裂在1593年的三级会议中变得最为明显，这届会议是马耶讷在腓力二世的压力下极为勉强地召开的。西班牙的大使提出由西班牙公主继承王位的主张，认为由于需要阻止一个异端者继承王位，停止实行把继承权留给男性的萨利克法是有正当理由的。但是，马耶讷遭到了攻击，而三级会议的代表们持敌视态度。他们宁愿同亨利谈判。这位国王看准了能达到最佳效果的时刻，宣布他已决定重新皈依天主教。仪式于1593年7月25日在圣但尼举行。"同盟"的不同派别之间一条唯一有效的联结纽带，即对一个异端国王的恐惧，如今已经不存在了。正如同盟成员让·德·塔瓦纳所说，法兰西投入了那位国王的怀抱。亨利慷慨行事，向那些接受他的统治的司令官和城市大量奉送金钱、地产和官职作为贿礼。他对那位惊世骇俗的苏利说，这比征服他们要省钱得多。较低层的贵族由于缺乏诸侯和将军们的讨价还价的筹码，一些时期以来就开始把他们的儿子分别安插到每一个对立营垒里去，以谋求安全。

巴黎是孤立的。"同盟"的城市之间的联系组织，已经被马耶讷的阴谋和亨利于1594年发动新的进攻所破坏。马耶讷已经通过他的1591年的"雾月政变"暗中破坏了革命领袖们的立足之地。他们只剩下了一个唯一的盟友，就是天主教的独裁君主、西班牙的腓力二世。这就是革命的"反证法"，而它也是革命的终结。帕尔马已于1592年12月死去，当亨利第三次向巴黎进军时，驻在尼德兰的西班牙军队已经再也不能来予以拯救。他于1594年3月22日进入了他的首都，几乎未遇到抵抗。像在其他每一个场合一样，他对那些曾经那样激烈地反对过他的人们并未施加报复。只有一小批传道士和"同盟"领袖被处以短期流放。

16世纪革命运动的一个矛盾现象，就是领导革命的人们并不是革命者。孔代和那瓦尔、奥兰治、吉斯和马耶讷，都并没有创立他们的党派的组织。他们的目的，像他们之前的许多贵族造反者一样，在于夺取现存的国家政权，而不是去推翻社会秩序或从根本上改变其国家政治的，甚至宗教的结构。然而，他们发现他们自己被身为其领袖的党派远远地推上了政治革命和社会革命的道路。在所有这些运动中构成最积极成分的下层贵族同富裕市民和城市民兵队的穷困的工匠一起，是真正的革命力量。按他们的经济要求和宗教信仰来说，他们是真正的革命者。宗教是一种凝聚力，它把不同阶级的不同利益聚拢在一起，并给他们提供了一种组织和宣传手段，因而得以形成近代欧洲史上第一批真正的全国性和国际性的政党，因为这些党派从来也只不过吸收了组成它们的每一个阶级中的少数。正是通过宗教，他们才得以求助于最底层的阶级和暴民，驱使他们在狂热的抢劫和野蛮的屠杀中去发泄他们对穷困的愤慨和对失业的绝望情绪。社会和经济的令人不满的状况，是双方征集力量的肥沃土壤，而民众性的暴政就既出现在加尔文派控制的根特，也出现在天主教派控制的巴黎。

从长远来看，即使宗教也不能使贵族同民众专政相调和，于是一方或另一方便被驱使去同从前的共同敌人结成联盟。在任何场合下，其结局都是革命党派的分裂和民众运动的失败。在城市的贵族世家设法保持了他们对革命运动的控制权的地方，他们也设法达到了他们大部分的政治和宗教目的。但是，一旦站稳脚跟，他们就足以放手抛弃他们的大部分革命组织。只有在宗教领域，他们把他们的革命进行到了完全彻底的程度。然而，无论是荷兰的加尔文派还是法国的胡格诺派，其激进派都未能按照日内瓦的模式成功地建立起一种严格的神权政治。当这些党派丧失了它们的革命动力并抛弃了关于社会内容的说教以后，它们很快就失去了下层阶级的支持。"同盟"战争造成的破坏和法国农民日益增长的苦难，引起了越来越多的农民运动；那些运动反对领主和他们的地租，反对教士和他们的什一税，反对赋税征收者和他们的人头税（taille），但是他们并没有涉及宗教和政党。这些"扎克雷"运动逐渐汇集成为1594—1595年法国中部和南部的克洛堪运动。他们同一个领主联盟进行了一场对阵战，而那个联盟是单纯为了打败他们而组成的。这一运动和17世纪的许多类似的暴动表明了法国农村社会和赋税制度的黑暗，但是直到1789年革命为止那些运动一直未取得政治上的成果。

1595年1月，亨利四世向西班牙宣战。科利尼未能做到的事，他却取得了成功。那就是使统一的法国去反对它的外部敌人。9月，克莱门特八世在平息了对高卢教会（它曾声称它有权不经过教皇而宣布对亨利的宽恕）的愤怒之后，终于被说服去宽恕了亨利。这位教皇的宽恕，使剩下的大多数"同盟"成员转到了国王方面。马耶讷在10月采取了和解行动，只有梅尔克公爵在布列塔尼坚持到1598年。在国际关系方面，也像在法国国内事务方面一样，这场对西班牙的战争，是政略派把国家需要置于宗教需要之上的主张的胜利。欧洲的国家制度已开始形成特定的形态。仅仅在10年以前，荷兰人还一直在寻求一个外国的元首。如今，尼德兰的联省共和国已被法国国王和英国女王（后者有点勉强）当作一个平等伙伴接收到一个联盟里来。实际上，西班牙已不再致力于镇压一场起义或干涉一场内战，而是致力于反对西欧主要强国的公开战争。

这种战争的压力表明西班牙的财力是承受不了的。卡斯蒂利亚的国会虽然没有什么权力，却是直言不讳的，它早在1588年就要求知道，如果西班牙穷一些，法兰西、佛兰德和英格兰是否就会好一些。五年以后，他们的讽刺甚至更为尖刻了，当时，他们请求国王从尼德兰和法兰西撤回他的军队，认为那样做就会使那些拒绝接受神圣的天主教信仰的人们受到最有力的惩治，"因为，既然他们想堕入地狱，那就由他们去吧"①。1596年，腓力的政府陷入第三次破产，而这场危机再次遍及欧洲的所有金融中心。不过影响是暂时的，来自美洲的白银输入量还在增加，有这个基础，腓力就还能继续借债。只要西班牙的军队能得到军饷，他们就能表明自己还拥有战术上的优势。他们夺取了加来，而亨利四世和伊丽莎白都曾为它的占有权而激烈争吵（1596年4月）。一年以后，他们拿下了亚眠。这使亨利耗费了六个月的最紧张的努力去夺回该城。现在双方都体面地满足了，而教皇的使节得以议定韦尔万条约（1598年5月2日）。西班牙放弃了加来，而在其他大部分方面则恢复了卡托—康布雷奇和约规定的条件。1559年法国人曾把那项和约视为一次重大的失败；而在1598年，他们却把韦尔万条约说成是"法国在500年间缔结的最有利的条约"。那是腓力二世统治期间西班牙人的势力在欧洲引起的恐惧的一个标志。

伊丽莎白埋怨亨利同西班牙缔结那项条约是背信弃义，正像荷兰人埋怨她在1586—1588年同腓力的谈判一样。英格兰和法兰西都有某些理由互不信任，但是教皇使节希望法兰西—西班牙结成反英格兰的同盟，却是过于乐观了。亨利保持了他对英格兰的宽宏大量的中立，并继续暗中支持他的荷兰盟友。

无敌舰队溃败以后，英格兰与西班牙之间的战争在双方都无重大进展的情况下进行下去。英格兰人在1589年和1596年对伊比利安大陆的进攻（埃塞克斯进攻加的斯的著名远征）是颇为壮观的，但在

---

① C. 桑舍斯·阿尔博诺斯（C. Sanchez - Albornoz）：《西班牙历史之谜》第2卷（布宜诺斯艾利斯，1956年），第346页。

战略上却无实际意义。在这些年代里，英格兰人在诺曼底对亨利四世的冒犯和想要控制布列塔尼以反对西班牙人的企图，妨碍了对西班牙的进攻。腓力于1596年和1597年派遣了新的有威力的舰队入侵英格兰，但它们被风暴击毁了。英格兰的舰长们能够在加勒比海或亚速尔群岛附近海域进行合算的劫掠，或者像格伦维尔指挥"复仇号"时所做的那样，打出以寡敌众的漂亮仗。但是，西班牙人重新组织了他们的海军，并使他们的舰只适应于对付英国人的战术。他们对通往西印度的海上航线的控制权保持下来了。英格兰人能够夺取一些孤立无援的船只，但是运载大量金银的护航队都能安全通过。

1601年，西班牙人在他们可望得到当地援助的地方尝试着向英格兰发起了一场更大规模的进攻。西班牙人在爱尔兰进行一次登陆这并不是一个新想法：在为无敌舰队的远征做准备时，就曾进行过认真的考虑。蒂龙和奥唐奈的起义提供了一个绝好的机会。这两位爱尔兰领袖同西班牙保持着联系。他们在1596年就请求阿尔贝特大公做他们的君主。爱尔兰的起义成了英格兰政府的一个日益严重的问题。本来可用于反对西班牙的海战的金钱和部队被挪用了，就像在早些时候被挪用于援助亨利四世一样。不过，像往常一样，西班牙人的行动过于迟缓，而且兵力不足。芒斯特和康诺特的起义已经失败。西班牙人未能冲出他们1601年9月在那里登陆的小港金塞尔。蒂龙和奥唐奈从阿尔斯特南进，去与他们会合，但被代理总督蒙齐伊打得惨败。1602年1月2日，西班牙人在体面的条件下投降。

西班牙人发现同爱尔兰人的合作并不轻松。双方现在都为失败而互相指责。因为对双方来说，那都是他们的希望的终结。奥唐奈逃到西班牙，蒂龙则向代理总督屈服。爱尔兰至少是暂时平定下来了。詹姆斯一世于1603年继承王位后不久，就提议同西班牙谈判，那时，腓力三世抓住时机结束了他已不可能指望取胜的那场战争。伦敦条约（1604年8月19日）标志着西班牙企图摧毁英格兰新教的尝试的结束。但是它成功地保住了葡萄牙，抵抗住了英格兰人想要推翻腓力二世的继承权的一切努力，它还完整地保持了它对西印度殖民地及其贸易的垄断权。像韦尔万条约的情形一样，双方都保全了体面。

腓力二世曾经设想，他的英格兰计划或法兰西计划如能取得成功，就意味着对尼德兰反叛省份的讨伐必定成功。身居布鲁塞尔的帕尔马更接近于事态演进的所在地,他也看出了那些政治问题之间的相互联系,但得出了相反的结论:腓力的英格兰计划和法兰西计划都将失败,而随着那些计划的失败,也就会失去征服荷兰和泽兰的一切指望。他仅仅是极为勉强地率领他的军队去解救巴黎和鲁昂,明知他这样做会致命地削弱自己抵御荷兰人的北方战线。他从鲁昂返回时已是一个行将就木的人了。帕尔马是腓力最优秀的将领,而且直到最后他仍然是未曾被击败过的人。他以他的坚定和温厚帮助国王的事业免于道义上的破产;而腓力的不宽容、阿尔发的恐怖和唐·约翰的野心却把它推向了那种破产。但是腓力无视他外甥的劝告,而且最后抛弃了他,就像他曾抛弃他的许多最忠实的仆人一样。帕尔马在宫廷里的政敌们利用了他对国王政策的反对态度。他们把无敌舰队的失败归罪于他。尼德兰的西班牙将领们讨厌他们那位意大利籍的司令。他在一个恰当的时刻死去了(1592年12月2日或3日)。他还不知道,丰特斯伯爵已经启程去取代他的职务,并要把他送回西班牙。这位公爵曾请求允许他退隐到意大利,腓力就连这一点也不愿信任他。

丰特斯是阿尔发公爵的内弟,他解除了帕尔马任命的意大利籍和佛兰芒籍的顾问们的职务,任命了西班牙人;那是直接违背阿拉斯条约的。年迈的阿尔绍公爵和比利时贵族再次提出抗议,但没有结果。马蒂亚斯的兄弟恩斯特大公,在他那短暂的总督任期内也未能改变这一形势。但是,西班牙人再也不可能在两条战线上进行一场成功的战争了。年轻的拿骚的莫里斯已经重新组建了联省共和国的军队。他已经稳扎稳打地把西班牙人从格罗宁根、上艾瑟尔、海尔德兰和他们在莱茵河、马斯河以北的桥头堡赶了出去。在1590年到1595年之间,正当国王的军队在法国作战时,他摧毁了针对荷兰和泽兰的有利的进攻阵地,而那是帕尔马以极大的努力和匠心建立起来的。

从那以后,战略形势还是稳定的。1600年,莫里斯进攻佛兰德;但佛兰芒人没有起来支持他。1604年,西班牙人再次在一个意大利人、热那亚的安布罗吉奥·斯皮诺拉侯爵的率领下,攻占了奥斯坦德。此后,他们也未能取得更大的进展。如今北方和南方都已构成了适度的防御前线。

在尼德兰的这场漫长斗争的首倡者们中间,没有一个人预见到那会导致这个国家的永久分裂。尽管各省极力保护本省的地方权利,但它们曾经感到它们在一个共同的统治者之下有着共同的命运。然而，到腓力二世的统治结束时，30年的战争岁月已经使得宗教方面、社会经济结构方面和政治常规方面的差别加大了，以致北方和南方不仅已被士兵和堡垒的界线分割开来，还被一条互不了解和冷淡旁观的不可逾越的鸿沟分割开来。腓力在临死之前把尼德兰交给了他的侄子阿尔贝特大公；他是皇帝鲁道夫二世的兄弟，也是马蒂亚斯大公和恩斯特大公的兄弟；腓力还把他钟爱的女儿伊莎贝拉·克拉拉·欧亨尼娅公主许配给了他。大公和公主夫妇的君主地位（这对夫妇已开始被那样地称呼）是受到秘密协议严格限制的，国王保留着最高权力。然而，实际上他们享有很大的独立；而且，腓力三世的软弱的政府往往更多地听从他们的领导，而不是领导他们，犹如它的那些在意大利和德意志的副王和大使们所处的情况一样。① 大公和公主再次把瓦隆贵族拉回到政府里来。在1598年和1600年，他们两次获得南方各省三级会议的支持，去敦劝北方诸省恢复他们原来的忠顺，答应它们完全自治并信仰它们自己的宗教。由于马德里不愿让南方的流亡者回去，还由于北方诸省对西班牙人意图的不信任，这些尝试失败了。正如奥尔登巴内费尔特看到的那样，最根本的是个权力问题。当大公和公主拒绝三级会议就增税提出的抗议，并无视它关于监督政府财政的要求时，这一点就变得极为清楚了。南方的三级会议直到1630年时未曾再度召开过。省的等级代表会议继续举行。贵族、城市和团体保留着他们许多原有的特权——这足以使他们对大公和公主的统治感到满足，而不愿为了同北方统一去冒一场起义的风险。具有自己的传统和忠心的比利时，已开始崛起了。

在北方，大家如今都很自信而且乐观。经济发展与军事胜利并驾齐驱。阿姆斯特丹开始取代安特卫普的地位而成为国际贸易和金融中心。从南方来的避难者带来了新的工业手艺和商业联系。联省共和国经济意义最大的贸易在欧洲。然而，最为引人注目的发展，是荷兰船只在印度洋的出现。尽管在打仗，西班牙如果不利用荷兰人的商品和船运，就连它在尼德兰的军队的供应也无法提供。这一贸易遭到交战双方的猛烈攻击，但它却是极为有利的。1595年腓力二世下令禁止

---

① 关于腓力三世统治下的西班牙帝国的内政史，参见第4卷第14章。

荷兰船只进入西班牙和葡萄牙港口，并在里斯本没收了一批荷兰船只。但是，早在这一打击临头之前，荷兰人已决定绕过伊比利安半岛的各港口而直接从西印度群岛贩运他们的香料。16世纪末年，一批竞相争抢东印度贸易的公司建立起来。奥尔登巴内费尔特主要出于政治上的理由劝它们联合起来。1602年，令人难以置信的"东印度联合公司"开办起来了——在将近200年间，它是世界上最成功的商业冒险事业之一。荷兰人如今已在损害葡萄牙和西班牙的情况下开始建立他们自己的帝国。他们再次用实力取得了西班牙不允许其忠顺的臣仆取得的东西，因为比利时仍旧被完全排除于西班牙帝国的贸易之外。政治独立的好处不可能显示得更加明显了。联省共和国如今已进入它的"黄金世纪"。

　　但是战争还不得不进行到底。英格兰—西班牙条约已使得联省共和国没有一个真正的盟邦。西班牙政府也遭到了又一次破产（1607年）。如果战争继续进行下去，斯皮诺拉每月所需要的3万杜卡特，已经无法筹集。大公和公主开始进行和谈。经过40年战争岁月以后，困难是巨大的。在北尼德兰，莫里斯和在战争中发了财的阿姆斯特丹商人们唯恐丧失他们的权势和利润。腓力三世不愿使联省共和国的天主教徒失望，也不愿承认叛逆者的主权。斯皮诺拉和大公与公主在宫廷里必然会有的那些敌对势力反对议和。荷兰人则要求封闭斯海尔德河并自由出入西印度群岛，这就威胁到了西班牙帝国本身的经济生存线。亨利四世作为调解人而行事，但他对联省共和国的宗主权有他自己的打算。就这样，经过两年艰难的讨价还价，达成了一项妥协。荷兰人达到了他们大多数目标，但只是以12年为期的一项协定（1609—1621年），到它期满以前，欧洲已卷入另一场一代人的战争。

　　1598年、1604年和1609年的三个条约，标志着腓力二世宏伟计划的失败，那一计划原是要通过在西欧确立西班牙的政治霸权来击败新教。他开始时并未怀有任何那样的抱负。不如说那是一种政策，一种在他统治的最后20年间从他在一系列比较局部性的问题和时机上所做出的反应中形成的政策。为了它的实现，他牺牲了西印度群岛的金银和他的西班牙臣民的鲜血与财产。当他于1598年9月13日死去时，西班牙政府的债务约达1亿杜卡特。这笔债款的利息大约要耗去全部岁入的1/3。西班牙政府的财政从来未曾完全恢复元气，而在17

世纪，因为摇摆于货币的膨胀和紧缩之间，又陷入了新的破产。西班牙经济的根本弱点是无法补救的。① 加于平民身上的毁灭性的赋税负担，阻碍了投资和经济增长。军人、教士和文官的社会权势，把居民中最富于进取精神的分子从农业和工业生产中吸引了出去。一小批商人和金融家的成功，并不能抵消这一趋势。经济学家兼伦理学家塞洛里戈在1600年写道："这些王国看来想要变成一个生活于事物的自然秩序之外的、着了魔的人们的共和国。"由于西班牙人自己不能向他们的殖民地供应它们所需要的而且乐于用优质白银付款的纺织品、武器和其他加工产品，他们就不得不从他们的盟邦、对手甚至敌人那里输入这些产品。西班牙人虽然热心地捍卫了同他们的殖民帝国之间的贸易垄断权，却不能阻止欧洲的其余地区分享它的利益。

　　腓力二世没有看到这些问题。他在一个接一个的危机中生活下去，把赌注压在波托西银矿的日益增加的产量上，总是期望取得政治上的重大胜利，以为那就能使他的国库和他的臣民得到一个长久的休养生息机会来恢复元气。不过，牺牲并不是完全白费的。他在地中海击败和牵制了强大的奥斯曼帝国的攻势。他击退了对意大利的进攻从而使它保存下来，并给了它一个长久的和平时期。在伊比利安半岛，他继续进行了天主教国王们已经开其端绪的统一事业：在他继承下来的王冠之外，又加上了一顶葡萄牙的王冠；还抑制了阿拉贡的过分的自由权利。尤为重要的是，在他看来，他已为天主教会赢得了巨大的胜利。的确，英格兰和苏格兰是丢掉了，尼德兰的北方七省也是那样，虽然他希望那并不是不可挽回的。但是，他在布拉班特和佛兰德看来也要丢掉的时刻拯救了它们。他阻止了异教在西班牙和意大利的传播。或许他还拯救了法兰西，因为难道不是他的干预才迫使亨利四世用一台弥撒去购买巴黎吗？在欧洲各地，他都增强了教会对新教进攻的抵抗力，并帮助它们去夺回已经失去的阵地。处于"黄金世纪"的西班牙，同时在绘画、文学、宗教和伦理思想方面也取得了它的令人惊叹的成就；那是一个充满自信的社会，一个把自己视为正统基督教的道义领袖的社会；一个由于意识到它的国王是欧洲的仲裁者、它的军人从土耳其人和异端者威胁下捍卫了基督教世界、它的水手和传

---

① 参阅第2卷，第320页及以下各页。

教士为西班牙和基督征服了一些大陆,因而感到自豪的社会。

与尼德兰不同,法兰西维护了它的政治统一,不过只是勉强做到了。胡格诺教徒是失望的,并为他们的领袖改变信仰而吃惊。他们强化了自己的政治和军事组织。议论着重开内战:3500个胡格诺绅士仍然能够把25000名战斗人员推到战场上去。亨利四世看到他们的威胁性姿态可能并不感到忧虑,因为那可以使他较为容易地说服天主教徒相信需要达成一项和解。他向双方做出了互相矛盾的许诺,不过他公开地而且经常地确认他对原来的党派负有的义务和他决心不用暴力强迫任何一种宗教。经过反复磋商而制定的南特敕令(1598年4月或5月),是以前那些许诺有限的宗教宽容在敕令形式下的延续。新教徒被赋予信仰自由和可以在他们从前举行礼拜仪式的地方举行礼拜的权利,只是巴黎市内及其周围地区除外。他们还被给予担任任何公职的权利。在巴黎的法务院还设立了一个专门的审议厅,在那里,10位天主教审议官和6位新教审议官审理一切涉及新教徒的案件。为了保证这一敕令得到遵守,他们被允许在几百个安全保障地点驻军防守,由王国的国库支付经费。作为这些让步的回报,天主教徒的礼拜仪式被允许可以在新教徒从前阻止它举行的地方去举行。

它是一次未使任何一方满意的妥协。法务院拒绝认可这一敕令。国王不得不做出某些让步,还不得不去进行劝说、诱骗和威胁,直到他们最后同意。他表明他在处理这一危机方面是极为出色的。克莱门特八世大发雷霆,极力反对。他威胁说,他在宽恕亨利时所做的"越过鸿沟的一跃",还可以跃回去。但是他在为教皇国获取费拉拉方面需要法国的援助,而且像法国的天主教徒一样,他终于很不体面地屈服了。

胡格诺派未能使法国改奉新教。他们由1562年时的2000个会堂减少到不足800个。北部和东部各省对于他们来说几乎是完全丢掉了——那是"同盟"的明显成就之一。不过,在南方,从吉耶讷经朗格多克到多菲内,他们仍然是强大的。那是一个国中之国,而且是存在于那样一个时代,那时没有什么人相信宗教宽容,只不过把它看作是一种无可奈何的必要;那时几乎人人都确信,一个健全的国家必须是在它的国界以内没有竞争者。从本质上说,南特敕令可以被看作是宗教宽容史上的一座里程碑。对于大多数同时代人来说,它只是把两种宗教信仰并存于一个政治实体之内从而把问题暂时搁置了起来。

亨利四世在1598年面临的最迫切任务,是法国的经济和政治重建。① 大多数同时代观察者都一致认为,法国从内战最后阶段的可怕破坏中恢复得惊人得快。这个国家最大的财富——其肥沃的土地,没有被毁掉。艰苦的劳动恢复了已被荒芜的田园,重建了被烧毁的房屋,到1609年时,法国出口了大量的谷物,以致英格兰大使在报告中说,它"夺走了西班牙从西印度群岛弄到那里去的全部白银和黄金"。国王的胡格诺老战友苏利重新组建了王国财政管理机构。它变得比较有效率而且稍许廉正一点儿了,但赋税只比内战期间略有减轻。苏利并没有从根本上改变法国赋税制度。人头税越来越变成了一种农民的税。贵族不交这项税,而且越来越多的资产者获得了免税权,其途径是当官、购买贵族证书,或干脆通过窃取。苏利设法使大约3000万利弗尔的财政预算中达到了一年100万利弗尔之多的盈余,连亨利也夸耀他的充盈的国库。但是,国库的储存夺去了这个国家急需的资本,而沉重的税率,如诺曼底等级代表会议所抱怨的那样,使这个国家在和平时期承受的沉重负担就像它仍处于战争时期一样。政府用于大肆夸耀的道路、桥梁的重建和用于海军的费用,只是王室的花销的一小部分。对于大多数法国农民来说,过上亨利希望于他们的"锅里有鸡"的日子的人家,是寥寥无几的。

亨利那巨大的王室开销实际上也并非全是无聊的挥霍。他不得不花费大量金钱去酬劳贵族,吸引他们到他的宫廷中去,确保他们对自己的忠诚。内战只是法国贵族的经济和社会危机的一种暂时解决方式。许多人已经在为这一派或那一派效力中花光了他们的财产。物价还在上涨,而又很难调整地租使之跟上物价的上涨。年轻的儿子们难以得到眷顾。在教会里还可以谋取前程,但教会也在内战中丧失了大量财产,而且天主教的舆论如今也开始要求它的教士达到较高的标准,而那是许多半文盲的乡绅难以达到的。他们视为荣耀的暴力和掠夺的嗜好,如今已由于国王维护的和平而无法施展。他们在干犯国王敕令的决斗中找到了某种补偿,那种决斗往往被组织成为街头对阵战,在那些对阵战中,他们每年可互相杀死数以百计的人。

---

① 参阅 E. 拉维斯《法国史》第6卷,第2页(1905年)中所引的 J. H. 马里埃热的话。

上层贵族，城市和法务院那样的高贵团体，面临的问题甚至更大。亨利是不难抛开三级会议的。在1593年的最后一次三级会议上，它与其说是为争取一种永久性的政治体制而抗争，毋宁说是为争取实行一项与一个外国联合起来的宗教政策而抗争。因此，亨利的胜利使得三级会议在国内得不到力量或支持去反对他的专制独裁。重建起来的王权并不那么显得是对古老权利的一种压制，而更像是对一个外国的胜利。同时代的政治思想，特别是法学家们阐发的政治思想，那时几乎一致地支持国王专制制度。在尼德兰，反天主教派就必定是反保王派。因此，它的胜利就导致了立宪政府在联省共和国的确立。在法国，两个极端派别都在某种程度上是反保王派，因而也是立宪派。保王的政略派于是也就成了反立宪派，这一点在"同盟"抨击君主制时特别清楚。因此，政略派的胜利也就是专制制度和神圣王权的胜利。亨利曾对勃艮第省等级代表会议说："人民可以拥有的最大特权，本应在于享有他们的国王的洪恩。"

但是，实际上并没有那么简单。瓦卢瓦王朝的最后几代国王，已经由于恩赐和单纯的篡夺而丧失了许多国王权利。亨利四世本人在换取"同盟"派的贵族和城市的支持时，也不惜牺牲朝廷权利。有一些城市，而且不止是胡格诺派的城市，他的军队不能进入，他的公文只有取得当地市政长官的许可才能在那里生效。各省的总督攫取了王室官员的任命权。亨利的老盟友、朗格多克的蒙莫朗西·当维尔和多菲内的莱迪吉耶尔像君主一样统治着他们的省区。恢复国王权威的捷径是没有的。亨利通过经常地施加压力，巧妙地利用个别场合下的有利条件，逐步地把它夺取回来。大领主被严格地排除于他的顾问会议之外。苏利虽然被封为贵族，却是出身于小贵族家庭，而且是个胡格诺教徒，因此在天主教徒中没有拥护者。总之，他很不得人心。亨利的其他一些顾问大臣出身于长袍贵族，就是英格兰大使所说的那种"笔墨绅士"，他们从前是亨利三世或"同盟"的官吏，如今又热衷于为新国王效劳。上层贵族，特别是保王派和政略派贵族，由于被排除在权力之外而心怀不满，他们确有某些理由感到，国王对他从前的敌人比对待那些在他改奉天主教时支持过他的朋友更为慷慨。亨利在位时期发生的两次最危险的阴谋，都是以他的老盟友比隆元帅和布荣公爵为首进行的。

朝廷甚至未能完全控制它自己的官吏。没有任何其他国家有法国那么多的官吏：从最高层的法务院审议官，到司法总管辖区和大法官辖区的官员，直到卑微的行会与市场官员。朝廷按照这些官职的岁入及其赋予为官者的地位来出售这些官职，而且还不断设立新的官职。这些官职的数目估计达5万以上。内战期间，官职的出售和任命变成了贵族庇护方式的一部分，"同盟"的诸侯们巧妙地利用它来争取城市里的支持者。当亨利四世的王位继承权已经肯定下来时，"同盟"任命的官员们为了使他们的地位合法化，就背弃"同盟"而转向国王。这一变动清楚地显示了1593—1595年决定性的政治胜利的原因。1604年，苏利推行官职税，即按官职价格每镑征收4先令的年税，这项赋税的交纳使官职变成了世袭职位。征收这项赋税的最初目的大概是出于财政方面的考虑，但是它取得了削弱官员们依赖上层贵族任命权的效果，而且由于这个原因，它后来受到了黎塞留的保护。它还使得有产阶级中的一大部分同这个国家的君主政体和政府联系在一起。正如英格兰大使在1609年所写：国王"……同教士、贵族、绅士和司法官员一起分享从老百姓那里夺来的战利品……至少在和平时期他们可以靠着它称心如意地过下去；不过，一旦时过境迁，那就难免没有危险"。①

厌战情绪和亨利的聪明与果断，再加上他那巨大的个人魅力，使得朝廷在许多方面恢复了曾经失去的地位，但是政治形式仍旧是不稳定的。正像许多观察者已经预见到的那样，国王的去世以及一次新的国王冲龄期，使法国君主制的命运再次陷入摇摆不定之中。

亨利四世同西班牙缔结了和约，因为他需要和平以进行重建工作，还因为他已经达到了直接的目标，即法国国界的恢复。然而，由来已久的敌视依然存在，因为对西欧的支配权这一根本问题还没有得到解决。由于任何一方都经受不起公开的战争，双方现在都把其政策的目标指向法国周围的一些小国：萨伏依、瑞士诸州、洛林和莱茵河沿岸的德意志诸侯国。这里有一条战略要道，即著名的西班牙大道；西班牙通过那条大道使它同意大利和尼德兰之间的交通联系畅通无

---

① G. 卡鲁：《谈谈法兰西的国家》，载于T. 伯奇《英格兰、法兰西和布鲁塞尔各宫廷之间的谈判的历史述评》（1749年），第462页。

阻。当荷兰人和英格兰人封锁海峡时，除了在更远的东边有一条通过瓦尔泰利纳的通道，就别无其他通道了，但是那条通道被认为政治上既不安全，地理上也不方便。因此，双方都用尽一切外交手腕，力图夺回或取得西班牙大道的控制权，还时时力图争夺瓦尔泰利纳通道的控制权。只有一次，它们不知不觉地陷入了公开交战。当夏尔·埃马纽埃尔未能归还他于1588年占领的萨卢佐时，亨利侵入了萨伏依。西班牙的威胁性姿态，驱使他缔结一项急迫的但也并非不利的和约。他放弃了萨卢佐，换得布雷斯、比热和热克斯这样一些罗讷河以西的讲法语的萨伏依人土地（里昂条约，1601年1月17日）。这意味着法国人至少暂时退出了意大利，并使夏尔·埃马纽埃尔腾出手来去进行他最后一次夺取日内瓦的不成功的尝试（1602年）。但是，西班牙大道现在在一个重要地段上压缩成为萨伏依人领土的一个狭窄咽喉地带，即谢兹里谷地内的蓬德格里辛（Pont de Gresin），变成了萨伏依和西属弗朗什孔泰之间的一个联系环节，法国人随时可以很容易地切断这一环节。①

西班牙同英格兰的和约以及同联省共和国的休战协定并未缓和法兰西与西班牙之间的紧张关系。当围绕着尤里尔、贝格和克莱沃等公国的继承权而引起一场争端，并涉及皇帝和新教联盟时，亨利四世决定进行干涉，以阻止哈布斯堡势力向莱茵河下游延伸。外交形势是不利的。英格兰和联省共和国不愿同西班牙决裂。德意志新教诸侯并不热情对待法国在德意志的干涉。夏尔·埃马纽埃尔由于眼盯着米兰，怂恿亨利干下去，但是他过去的经历不能使人们相信他的实力和可靠性。不过亨利看来已决心摊牌。他征课了新的而且极不得人心的捐税，军队已处于战备状态。他对布鲁塞尔和马德里的态度越来越具有威胁性。他同大公和公主有一桩私怨。他曾追求年轻的孔代亲王的漂亮的妻子。孔代带着他那不太情愿的夫人逃到了布鲁塞尔。大公和公主使他们的体面得到保证，并拒绝把他们送回法国。亨利的无忧无虑的恋爱又一次引起一场严重的政治转折。孔代正是这样一个人，他的名字唤起了广大胡格诺派的回忆；除了亨利与玛丽·德·美第奇所生

---

① 我要感谢杰弗里·帕克先生，他向我提供了本节包含的许多材料，还促使我注意到有关西班牙大道的详尽文献。

的孩子以外，他是最有资格继承王位的人，而要抨击那些孩子的合法地位，总是可以找到根据的。即使那样，战争也还不能肯定就要爆发。已经不是第一次，亨利利用他的恋爱来掩盖更微妙的政治企图。他的真正意图仍然是一个谜。他正要离开巴黎去集合他的军队时，拉瓦亚克的匕首把他刺中了（1610年5月14日）。像刺杀亨利三世的凶手一样，拉瓦亚克深信自己是在完成一桩虔敬宗教的功业。亨利的长子路易十三世还不满九岁。他的母亲玛丽·德·美第奇的摄政政府立即同马德里达成了协议。

亨利四世的死亡推迟但未能阻止新的欧洲战争的爆发。卡托—康布雷奇条约签订以后的50年间，许多问题已得到解决。法国仍旧是信奉天主教的国家。英格兰维护了它的独立和具有自己印记的新教。北尼德兰赢得了自己的独立，至少已暂时做到了这一点。但是，16世纪中期巨大的政治危机还没有得到解决；无论是西欧各国的内部结构方面，还是它们的相互关系方面，都是如此。在下一个50年里，它也没有得到完全解决。

（庞卓恒　译）

第 十 章

奥地利哈布斯堡家族和帝国[①]

1555年的奥格斯堡和约标志了德意志事业的短暂停顿，结果是查理五世皇帝既不能在帝国境内建立有效的君主制度，又不能镇压路德宗异端。由于不愿成为双重失败记录的当事人，查理把为履行和约颁布法律的权力交给了他的兄弟斐迪南——一个君主世家的开创者，其统治权力将要在德国的东部边陲持续大约三个半世纪。斐迪南的权力的基础乃是他的兄长让与他及其后裔的土地：历来属于奥地利大公领地的"恩斯河流域上下"两部分，从蒂罗尔和福拉尔贝格伸展到施蒂里亚、卡林西亚和卡尼奥拉的阿尔卑斯诸省以及古代哈布斯堡家族在士瓦本和沿上莱茵的一些分散的残存地产。除此以外，由于同亚盖沃家族的嗣女结婚，斐迪南获得了对波希米亚和匈牙利连同其属地提出王位要求的权利。这一要求经过以后这两个王国里议会的选举表决而加强了力量，尽管在波希米亚有些人反对，在匈牙利则有很多人反对。这样一来，由他直接宣称拥有统治权的领地，就令人瞩目地扩展到了中欧的大片地区：从阿尔萨斯到喀尔巴阡山，从西里西亚和北德意志平原的卢萨蒂亚，向南到亚得里亚海。1558年他正式当选为皇帝，继承了他兄长的王位。因此，不仅额外地获得了对德国其余地区，也获得了对意大利北部、现在的法国东部和尼德兰部分地区的不可争议的统治权。不幸的是，斐迪南可以指望行使的真正权力比他的庄严地位可能提供的要少得多。我们将会看到，帝国的组成结构是多么支离破碎。他那些次要的属地——匈牙利的大部分，不是掌握在特

[①] 编者注：作者在本章中用的是"Reich"（德语：帝国、王国）和"Kaiser"（帝王）两词，而且希望照那样印入本书，但为了统一用语，同意换用"Empire"（英语：帝国）和"Emperor"（皇帝）两词。

兰西瓦尼亚王公的手里，就是掌握在土耳其人的手里，后者从1541年起就占领了首府布达和该王国的中部。波希米亚及其相邻省区成了强悍有力而且难以驾驭的贵族们活动的场地。甚至在自己固有的世袭领地上，各个等级也不那么顺从。最严重的是，教会的衰败和异端的渗入，到处使现存的问题复杂化。这些就是斐迪南、他的儿子马克西米连二世（1564—1576年）和他的孙子鲁道夫二世（1576—1612年）所面临的总形势。

历史学家们对这三位君主的评论是苛刻的，然而，在那些把权力建立在变化不定的遗产上的统治者中间，斐迪南和马克西米连至少表现得比多数人好。这些统治者没有谁成为杰出的政治领导人。不过，斐迪南是一个机敏灵活、在某种程度上颇有吸引力而且比他兄长稳重的人。而马克西米连则快活热情、禀赋聪明、具有独立思考的气质，而且深谙如何妥协、善于结交，并避免了宗教偏见的极端倾向。这个家族对艺术的敏感尤以马克西米连和鲁道夫为甚，但是后者表明，对于加诸于他的那些令人生畏的要求，他的不堪胜任是灾难性的。他在维也纳接受了等级会议的效忠以后，退居到布拉格的赫拉德琛。在漫长的当政时期，他越来越不愿离开这个僻静的山顶宫殿。他在与各式各样的学者、空谈家，从开普勒、第谷·布拉赫、约翰·迪伊到最臭名昭著的江湖骗子的交往中，在搜集古董和艺术品中寻求乐趣。他对天主教的全心全意的支持使他失去了他的顺应潮流的父亲得自新教徒的许多尊敬。但他的行动变得越来越迟疑，他对科隆战争——他在位期间最严重的一次德意志危机——的干预，拖延得如此之久，以至于毫无效果。1594年后他不再出席帝国议会。1598年底以后，他的精神恍惚不定。从1600年以后他依靠卑微的臣仆同外界保持联系。他被长期以来不断发作的忧郁症所折磨，在这期间停止履行公务；不仅他的大臣们无法接近他，甚至外国使节们也发现很难受到接见。由于病势日重，他越来越少地意识到自己责任的迫切性乃至现实性；越来越被怀疑和迷信所压倒，顶多不过任性地干预一下政务。政府停止了运转。这个王族的其他成员终于被迫采取一致行动废黜了他。就这样，斐迪南一世和马克西米连二世所体现出来的皇帝对德国事务的亲自关心，在鲁道夫二世统治时期冷淡下来了。在他任皇帝时，帝国逐渐变成了只不过具有一个行政机构的幻影。

哈布斯堡家族每一代政治上的衰弱由于家族地产的分配和再分配而加深了。查理五世传给弟弟的,只不过是他们的祖父马克西米连一世从祖先那里继承来的那些省份。整个勃艮第的遗产,虽然大部分在帝国版图内,却转归他的儿子——西班牙的腓力,还把米兰公爵领地(同样是皇帝的一个采邑)也传给了他。查理好像确实考虑过某些安排,以便把皇帝的头衔在斐迪南死后传给腓力。这样一来,这个头衔便可由家族的两个分支轮流继承,不过幸而没有试图完成这一计划。尼德兰曾是查理五世的财政支柱,其收益的丧失成了奥地利哈布斯堡家族深切感到衰弱的根源之一。斐迪南曾经继续进行其祖父马克西米连开始的努力,在世袭领地中把政权集中于政府,甚至计划把它们建成一个单一的王国。可是他逐渐连这个不确定的通往宪政统一的方法也放弃了,并通过遗嘱在三个儿子中间分割了他的地产。二儿子斐迪南大公,于1564年分得了德意志西南部领地以及蒂罗尔和福拉尔贝格这两个阿尔卑斯省份,前者拥有通往意大利之路的战略地位、宝贵的铜矿和银矿。三儿子查理大公分得了阿尔卑斯的其他省份:施蒂里亚、长林西亚和卡尼奥拉。大儿子马克西米连二世对波希米亚、匈牙利和帝国皇位的继承在斐迪南生前已作好安排,但除此之外,他仅仅继承了奥地利大公在多瑙河流域的领地。因此,他没有足够的财源以维持皇帝的尊贵排场和保护基督教世界的东翼不受土耳其人的侵犯。马克西米连二世又有六个儿子,但到这个时候,哈布斯堡家族的土地被轻率地分割的做法停止了。他的大儿子鲁道夫二世,继承了他所有的领地,并于1578年用金钱成功地赎取了他五个兄弟对土地的要求。

毫无疑问,为了补偿由于分割哈布斯堡领地带来的损失,每一代人中都存在着家族团结的强烈感情。它把马克西米连二世和他的兄弟们、斐迪南大公和查理大公联系在一起,正如它曾把查理五世和他的兄弟斐迪南一世结合在一起一样。存在着一些私下的家庭协议,并且时常以内部通婚来重新维系每一代堂(表)兄弟姐妹的关系,并显示王朝联系的力量。例如,马克西米连二世娶了他伯父查理五世的女儿,随后他又成了他的堂兄弟、西班牙国王腓力二世的岳父,从而成了腓力三世的外祖父;腓力三世也娶了奥地利哈布斯堡家族的一位公主为妻。西班牙支系由于断断续续出现的没有男性继承人这一威胁而处于不利地位。在1568年唐·卡洛斯去世和1578年未来的腓力三世诞生之间这10年中，马克西米连成了西班牙和勃艮第领地的推定继承人。这种前景使他有理由在对自己领地内的异端表示有限的同情时犹豫不决。甚至当唐·卡洛斯还在世时，这一前景就驱使他把包括他的继承人鲁道夫在内的两个儿子送到西班牙去完成他们的学业。没有必要进一步探讨哈布斯堡家族近亲结婚与协商的密切方式，重要的是联姻的不断更新有助于在每一代人中重新建立家族的团结。从查理五世起，这种团结一直指导着每个王子的行动。

但是，要阻挡住土耳其人不断的威胁，仅靠家族团结是不够的。土耳其人业已在匈牙利中部牢牢站稳脚跟。这个时期奥地利的哈布斯堡家族由于处在保卫基督教世界东翼反对异教徒的地位而处境严重不利。正式的战争在1562年已由斐迪南一世结束，但所订和约却把他的战利品留给了敌人；并且皇帝不得不每年支付一笔屈辱的贡金。和平未能持久，1556年由于特兰西瓦尼亚王子的阴谋诡计，导致了苏莱曼一世亲率大军出现在匈牙利，对奥地利的入侵似乎迫在眉睫。这次行动由于年迈的苏丹去世而作罢，1568年签订的另一个协定重申了六年前已达成的条约。从1593年到1606年又进行了13年全面的战争。1606年，苏丹和皇帝在齐特瓦托罗克签订了一项重要条约。[1] 皇帝支付了赔款（名义上称"礼物"），以有利于土耳其的方式调整了边界，但停止缴纳年贡。以后半个多世纪里没有发生进一步的正式冲突。在伊斯兰教和基督教世界的前沿地区，正式的战争与和平之间的区别总是非常模糊。苏丹的权威从来不足以制止他的地方指挥官劫掠勒索，认为一次大规模入侵实际上不在酝酿中的看法是很不可靠的。16世纪后期在匈牙利西部和克罗地亚曾有一个荒凉的乡村开阔地带，在这个地区进行着永无休止的冲突。在基督教一方搜集到的叙述当地的英雄行为和勇士业绩的民间故事和史诗中记载了这些冲突。在前线的后面，故事就显得消沉了，描写的是从哈布斯堡世袭领地的农民中征集士兵；对已被榨干血汗的人民征集税金；以及残暴的雇佣军很少顾及与之相处的乡亲们是朋友还是敌人。在更高的阶层中，则是捉襟见肘的皇帝，他或者没完没了地向奥地利的各个等级以及匈牙利和波希米亚的议会索要金钱，或者向他的那些统治阿尔卑斯各省的

---

[1] 参看后面第360—365页。

叔伯们、兄弟们寻求帮助。除此以外，他甘冒加剧德国政治紧张局势的风险，召集德意志帝国国会要求津贴，以资助防务。在更深刻的背景上，形成了从波兰到波斯的一张外交网和一条把他和他那无比富有的西班牙堂兄弟连接在一起的金色链条。

把土耳其人对斐迪南一世和他的两个继承人的不断威胁说得很严重是不会言过其实的。在评价他们的德意志国内政策时，那是一个不容忽视的、最重要的外部因素。第二个严重的弱点在于他们声称要用家族的纽带去治理的那些领地的分散性和离心力。遗产分割已经阐述过了，在这里必须进一步讨论他们在宗教方面时常不得不采取的权宜政策。的确，他们如何对待自己领地上的新教臣民的历史提供了一个衡量他们的虚弱程度的可靠的尺度。匈牙利也许是个例外。它无疑是帝国范围之外的一个独立王国，只有它的西陲处在哈布斯堡权限之内，但就在这里也很难阻止先是路德宗、然后是加尔文宗甚至反三位一体的教义的传播。1606年，鲁道夫二世最终不得不默许（虽然十分勉强）路德宗和加尔文宗在他的第三个属国中享有充分的信仰自由，① 但波希米亚仍然很难约束。它同样是一个独立的王国。关于它是否处于帝国之内，法学家们一直争论到18世纪。在15世纪，它曾是异端的发源地，而下一个时期内异端教义很快就在这里扎下了根。16世纪下半叶，路德宗在波希米亚取得了支配地位，但也有各种形式的饼酒同领派、波希米亚兄弟会和加尔文宗。当时，正统的天主教徒减少到成为瓦解中的少数，而耶稣会的宣传进展也很慢。曾经选举斐迪南一世做他们统治者的桀骜不驯的捷克地主们亦不害怕接受一位具有专制思想的外国人登上王位，他们对自己的权力有充分把握。哈布斯堡国王们对他们的钱包的依赖（这些钱包只有在布拉格召开议会时才打开）确保了他们的自由。的确，使布拉格寡头统治者们保持忠顺的需要，不仅时常影响斐迪南一世的大政方针，也时常影响马克西米连二世。

在奥地利和阿尔卑斯各省，哈布斯堡王朝的活动范围比较自由。虽然从16世纪20年代起路德宗的观点在这里很容易被接受，但这里毕竟不是新教教义的发源地。教会的抵抗力十分薄弱。教会财产被课

---

① 参阅第4卷。

以重税以支付抵抗土耳其人的费用，亦时常成为贵族劫掠的目标。教区内的教士们经常被拖欠薪金而且他们愚昧无知，修道院的房屋破烂不堪，那些对其教士的困境至少负有某种程度的责任的主教们常常是一些远方的高级教士，他们对其辽阔的主教管区所知甚少。教会在多瑙河大公领地内的明显的弊端主要出现在帕绍主教和萨尔茨堡大主教的管区内，他俩都是帝国的权贵，统治着位于边界以外的他们自己的公国。甚至在16世纪的后期，他们也并不总是十分热心，由于他们的地位如同外国人一样，结果使奥地利的宗教权威人士和世俗权贵之间总是很容易产生一些带有政治色彩的摩擦。哈布斯堡世袭领地上的宗教改革运动主要是由贵族们引进的，只有蒂罗尔除外，这里的农民受影响最大。改革的进程表现在以下方面：经常被召开以投票解决土耳其战争的经费问题的等级代表会议要求自由地宣讲《圣经》；容许路德宗牧师在地主们的城堡里举行新的礼拜式并教育他们的子女；最后，给农村的生灵们派去在教义上持怀疑态度或彻头彻尾的异端牧师。到16世纪的第三个25年，在所有哈布斯堡的世袭领地里，特别是奥地利上恩斯河地区，许多农村都已背离了传统的宗教信仰。历史上著名的奥地利家族，如斯塔勒姆贝格、温迪施格雷茨、特劳特曼斯多夫，现在多半是新教徒了。只有在居民的政治势力比地主小得多的城镇里，政府才能阻碍——虽然无法制止——路德宗思想的发展。还有可能根除再洗礼派运动和更为狂热的异端的最初的萌芽，因为奥地利贵族不像波希米亚和摩拉维亚的贵族那样，对它们不予支持。

面对异端的这一攻势，斐迪南一世行事谨慎。他自己的信仰没有发生动摇，这无疑要部分归功于他所受的西班牙教育。但是他所拥有的军事力量使他甚至在镇压贵族中的异端分子时，也无法从保卫东部边界的任务中分出兵力。他采取措施去阻止教会生活的进一步腐化，除此以外他只能寄希望于路德宗异端像它的先驱者们那样，在适当的时候自行衰落并灭亡。对于他那个时代的人来说，这种态度是十分明智的。他感到及时的让步会加速路德宗衰亡的过程，因此他在特伦托宗教会议上的代表坚决主张教会改革，主张给予教士结婚的权利并允许俗人在圣餐中饼酒同领。至于马克西米连二世的观点就不那么简单了，他的头脑对于新思想并不那么排斥。路德宗信徒在他的随从中占据了一些有影响的地位，不过他自己在何种程度上接受了他们的观点，则被他小心翼翼地隐瞒起来了。他不愿意像他的堂兄腓力二世疏远尼德兰贵族那样疏远自己的贵族。他接受了宗教分裂这一事实，虽然并不宽宥过激派分子，但仍不偏不倚地鼓励复兴天主教教会生活并建立官方的奥地利路德教会。他在这方面走得那么远，甚至从北德意志招来了两名路德宗的神学家来组建官方的奥地利教会并为它制定礼拜的仪式。1568年他在原则上允许奥地利贵族在一定限度内信奉奥格斯堡信纲，1571年又承认他们有权不仅在其城堡里，而且在他们的领地上举行新的礼拜仪式。这是一点有限的自由，但这一让步却足以激怒天主教徒。直到鲁道夫二世继位之后，才停止执行允许对路德宗宽容的政策，并且逐渐变得对他们的宗教活动限制越来越严。同时，查理大公在1578年被迫对他的路德宗贵族和市民让步。在1596年他的儿子斐迪南成年之前，他一直无法有效地着手铲除施蒂里亚、卡林西亚和卡尼奥拉的异端。斐迪南大公在蒂罗尔的任务十分轻松，因为他所面对的反抗显然要软弱一些。到16世纪末，由于大多数人的皈依和对少数倔强分子的驱逐，异端就这样处于被挤出阿尔卑斯领地的过程中，只有在少数遥远的山区，农民得以安静地坚守其新教信仰。

虽然哈布斯堡的君主们（也许除马克西米连二世以外）全是教会的忠诚的儿子，但是天主教在他们家族领地内最终取胜只能在一般程度上归功于他们的支持。无论斐迪南一世还是马克西米连二世，除了限制路德宗的发展以外，并未打算直截了当地做更多的事，而鲁道夫二世在他遥远的布拉格的宫廷里所能做的也只是解除新教徒在朝廷中和执政部门里的官职，施行限制路德宗礼拜仪式的法律，并对复兴天主教的领导人扩大他的圣职授予权。哈布斯堡世袭领地内的反宗教改革运动的进展，跟德国其他地区一样，是一种值得注意的社会运动。其开端为耶稣会士以及其他宗教团体的传教活动和教育工作。最高指令来自罗马，1552年在这里建立了培训教士的日耳曼学院（Collegium Germanicum）。革新的罗马教廷想要更多地重视德国事务，从格列高利十三世起，教皇在德意志设置了四个使节，每个地区一个。他们的职责除了在天主教诸侯的宫廷中代表教皇以外，还包括监督地方教会组织、监视主教和其他职务的选举以及全面嘉奖虔诚者。为了在罗马建立一个对所有这些活动统一指挥的机构，1573年设置了德意志信徒会议。在德国本地，天主教复兴的最富有创造力的中心是巴伐利亚的因戈尔施塔特大学，它当时处于耶稣会的影响之下；尽管斐迪南一世早在1541年就曾邀请耶稣会士到维也纳来，但他们定居在那里不如因戈尔施塔特学院那样有影响。一代新的信徒和受到教育的天主教徒逐渐形成，从他们中间，在适当时候可以选拔很多热心的教士和主教从而着手按特伦托会议上神父们的精神恢复教区生活。到16世纪的最后25年，天主教的复兴已经获得了足够的力量去对异端进行最后的打击。分析运动的内在的原动力，是一项常被历史学家遗忘的任务，他们只能指出像彼得·迦尼修这类耶稣会圣僧的勤勉生活，或者记录学校和大学的开设以及虔诚活动的恢复等。

天主教复兴运动在奥地利的领导人是梅尔希奥·克勒斯尔，一个维也纳新教徒面包师的儿子，他在青年时期被一个耶稣会会士改变了信仰，随后升任大学校长、主教，最后当了枢机主教。他的最有影响的职务是从1580年起在哈布斯堡领地内担任的帕绍主教区的代理主教，直到1602年他当上维也纳的主教。晚年，他被卷入上层的政治活动中，在17世纪初政府和哈布斯堡家族事务中，他所扮演的角色并不是十分可喜的。但正是在他的指导下，到16世纪末，维也纳和奥地利的小城镇明确地恢复了天主教。然而，在乡村地区，天主教的攻势和宣传起初毫无进展。再加上1593年土耳其战争重新开始而带来的财政方面和其他方面的压力，促成了第二年的农民暴乱。这次血腥的暴乱（1594—1597年）把包括路德宗信徒在内的地主们推入了政府的怀抱。指挥将暴乱镇压下去的戈特哈尔德·冯·斯塔勒姆贝格本人就是一个新教徒。他的胜利反而为天主教重占农村开辟了道路；因此，到17世纪初，这位贵族跟他城堡中的路德宗小教堂成了异端攻势唯一值得注意的残余，而这种攻势曾一度几乎席卷了奥地利；由于农民与他疏远了，而政府的政策又越来越严厉，他的地位也岌岌可危。在匈牙利和波希米亚必须有决定性的军事胜利才能使异端贵族们最终就范。但是到1600年，路德宗在阿尔卑斯领地中几乎快被消灭了，而且甚至在奥地利，它也被天主教的复兴所紧密包围。由于宗教上的这些变化，一个曾经把各地反对大议会的三个等级联合起来的危险的纽带消失了。这样一来，哈布斯堡家族由于他们领地内反宗教改革运动的发展而获益匪浅。不过，他们一直缺乏力量和人才去充分利

第十章 奥地利哈布斯堡家族和帝国

用那样形成的有利形势，甚至完全不能坚定不移、始终如一地坚持一项政策。

帝国的称号体现了一个很古老的观念，直到16世纪末它们拥有巨大的号召力和某些权威。但是，帝国的诸侯们以皇帝的封臣的名义曾经一致决定，绝不容许德意志按照英国或法国的模式发展成为一个可能剥夺他们长期拥有的自治权的统一国家。然而，也存在着一个确实的帝国宪法的框架，它的组成部分是有活力的；在16世纪，从马克西米连一世直到马克西米连二世，人们曾多方努力试图找到一个一致的基础，以便使构成帝国宪法的各部分更具功效。虽然这些努力成效甚微，但在16世纪最初的25年里，或在1555年宗教和约缔结以后，奇妙的帝国制度在有限的范围内发挥了一定作用。从前那种世界主义的隔离物大部分被悄悄地抛弃了，帝国的结构与德国统治阶级的需求吻合得更加密切了。当时，在官方文件中，帝国已被一致称作"德意志民族的罗马帝国"。预示这个新国家地位的是斐迪南一世和他的继承者们既不在罗马加冕，也不由教皇加冕，只是在法兰克福由美因茨大主教加冕，简单地称作"德意志国王"，然后再进一步取得法律上容许的称号"当选的罗马皇帝"。从前，他们的权威得到认可的领域超过了使用德语的地区。对北意大利古老的宗主权至多不过是外交辞令，洛林的公爵们从1542年起已经转向法兰西，而不是转向东方，由于波希米亚的地位实际上等于一个外国，所以几乎没有斯拉夫人生活在帝国范围内。另一方面，尽管公认没有实效，马克西米连二世仍关注着使非德意志的边沿地区归回到他统治下的问题——不管1552年以后法国人已占领了梅斯、图勒和凡尔登三个主教区，也不管从1558年起利沃尼亚成了敌对的邻居们争夺的猎物。

皇帝的职位由选举产生，不过事实上，在16、17世纪里，人们同意皇位在奥地利的哈布斯堡家族内代代相传。为了能够顺利地继承，形成了一个惯例，每个皇帝在生前就确立其长子当选并加冕为"罗马人国王"。虽然法学家们把罗马皇帝的广泛的权力归于他，但是他的职位实际上有各式各样的约束而受到了极大的限制。从查理五世起，所有的皇帝在他的正式当选前都必须签署一个自由特许状（Wahlkapitulation）；这些文件一次比一次更为详尽，从而事实上把皇帝变成一个宪法意义上的君主，只能在德意志帝国议会、或至少在选帝侯们同意的条件下行使权力。选帝侯包括三个僧人：美因茨、特里尔和科隆的大主教；以及四个俗人：莱茵的巴拉丁伯爵、勃兰登堡侯爵、萨克森公爵和波希米亚国王。他们拥有的特权有可能把他们与帝国境内其他的诸侯们截然分开，不过这些诸侯们则小心翼翼地维护着他们基本的平等地位。这个诸侯等级为数约80人，50个僧人，30个俗人。其次是帝国的中等贵族，大概有150人，其中有些人，例如奥尔登堡伯爵或者东弗里斯兰伯爵，不亚于大多数诸侯的统治者。在他们之下的是一群五花八门的帝国骑士，人数大概有2000人，或更多一些。他们每人都直接占有属于皇帝的领地，虽然那也许不过是一座山麓有几间农舍的山顶堡垒。因此，他们中很多人同应该效忠于这个或那个帝国诸侯的大贵族们相比，权势较小而且钱财较少。最后，帝国还有66个自由城市，这些规模不等的小城市共和国有的是像吕贝克或纽伦堡那样巨大的经济中心，有的仅仅是在黑森林地区的筑垒乡村。并不是所有的德国城市对帝国都是完全自由的，许多城市在中世纪晚期已经丧失了它们的独立地位，而一些最为著名的城市则坐落在这个或那个诸侯的领地之内。

　　各个等级根据宪法规定的地位主要通过帝国的国会，即德意志帝国议会来体现。议会在德国历史上很少或者说从来没有像现在这样重要，因为主要由于土耳其的威胁，皇帝时常发现自己不得不召开议会以求筹得金钱。这样，它就成了各个等级发泄愤懑的场所，特别是在宗教问题上。议会还是讨论德国普遍利益问题的场所。它在某个自由城市开会，通常在雷根斯堡，并在三个院举行。第一院仅由六个选帝侯组成（波希米亚国王只在选举新皇帝时出席），他们孤高地傲然而坐。第二院里是帝国的其他诸侯，每人有一票表决权；那个时代有一种倾向，即当某个诸侯家族的领地被分割时拒绝再额外增加选票，不过它未曾严格地实行过。中等贵族的三个代表也获准在这个院里占有议席，帝国的骑士们在帝国的议会里没有任何发言权。第三院包括51个自由城市的代表；不过，对于它在立法问题上赞成权或反对权是否合法的问题仍有争议。对帝国具有约束力的法令经美因茨大主教促使前两院同意其措辞时，这些法令便是制定了；经皇帝批准以后，这些法令便从皇帝和三个等级之间的协定的形式予以颁布。然而，还有一种颁布法令的古老形式被保存下来了，根据这种方法，法令就像皇帝的敕令那样简单地予以公布——这类敕令的一个典型例子是，限制教会保留权利的法规，它曾构成了宗教和平的一部分。① 帝国议会还有权批准皇帝收税。通过投票决定的税收以其特殊的名称"罗马月"著称于世，因为它最初被用来支付皇帝到罗马举行加冕礼的旅行费用。现在，它有助于维持帝国军队，不使土耳其人逼近。

在1555年以后大约一代人的时间里，帝国议会一直维持着富有成效的立法活动。它能反映出一种处于萌芽状态中的经济政策，在其极盛时期，它是创立德国政策的场所。派遣代理人的习惯虽有所发展，但尚未变得如此普遍，以致使会议无法为私人的接触和非正式的讨论提供机会。它能够把复杂的或者有争议的问题委托给一个人数不多的工作委员会（Deputationstag），这个委员会在议会休会期间开会，并能采用比全体会议更有条理的方式进行商议。不幸的是，帝国议会的会议在弥合敌对的宗教信仰之间的鸿沟时显得越来越无能为力。新教徒在马克西米连二世统治期间富有首创精神，但是1576年的帝国议会为一个坚定的天主教党派的出现提供了机会。一旦在公开声明的路线上形成明显的分裂时，显然第二院里的天主教徒可以指望获得多数票，而在第一院里，萨克森选帝侯和经常追随他的勃兰登堡同侪的态度通常较为缓和，并赞成皇帝支持的任何政策。这样一来，较为好斗的新教徒最终被引向反对多数裁定原则从而破坏会议工作的地步。帝国议会召开时的正式议程主要是给予皇帝金钱、为皇帝反对土耳其的防务拨款；可是，会议一旦召开，诸侯们立刻便对执行关系到宗教和约的安排而争执起来。在16世纪最后若干年，每次会议的争执都比上次尖锐，建设性的立法实际上已不可能。在1594年的帝国议会上，天主教徒的观点经投票得以通过，而皇帝也得到了补助金。三年以后，在另一次帝国议会上，选帝侯巴拉丁伯爵和他的盟友们——"一致的诸侯们"拒绝承担由多数代表投票通过的支付一笔补助金的责任。无论这件事的正当理由是什么——政治观点并非无关紧要——它无异于在其最重要的职能之一上否定了帝国议会的权威，而历史学家们通常认为它是通向战争的里程碑。不过，它并没有破坏帝国议会以后各次会议的职能。

---

① 参阅后面第337—338页。

帝国不但有一个行政院和一个立法院，而且拥有法院。公认的帝国法院是德国最高法院（Reichskammergericht）。它是15世纪后期改革运动的产物，其最后形式确定于1555年。它只是一个意义有限的德意志上诉法院，因为它仍是为帝国的贵族和自由城市服务的；帝国的臣民们的问题只有在罕见的情况下、当据认为本地不能为他们主持公道时才会由它审理。尽管如此，它在维持罗马法原则的一致性和牢固性上对德国法律程序仍有一些影响。它是德国三个等级的而不是皇帝一人的创造物。皇帝只任命院长，并在另外24名法官中任命4名法官。它设在中莱茵的施派尔，距奥地利的哈布斯堡家族的领地有一定距离。直到1588年，它的诉讼每年都由德意志帝国议会任命的受理上诉委员会（Visitationskommission）加以复审。德国最高法院的缺点时常是明显的，而且缺点在不断增多。法官们的薪金理论上由三个等级缴纳的税款支付，事实上从未完全付足过。因此，法官们的总数通常少于编制，其中有经验、能力强的法官常常会被别处薪金更高、更有保障的职位所吸引。向法院提起的诉讼很多，而案件却往往一拖再拖。例如，富耳达男修道院院长对符茨堡主教的著名的起诉被搁置达25年之久，到1602年才做出裁决。[①] 因此，皇帝试图用既更有效率又听他指挥的法院来代替这个像蜗牛一样的机构就毫不足怪了。这一目标由斐迪南一世在1559年实现，当时他把自己的宫廷会议变成帝国法院——德国枢密院；这个机构无疑效率较高，但因它完全附属于皇帝而不受信任。它与德国最高法院同时行使裁判权。它的受理范围从16世纪80年代起显然地扩大了。

既然帝国不仅有一位皇帝，而且多少有些立法机构和法院，也许有人会问，能够指靠什么样的行政和军事机构去实施法令或合法的裁判呢？回答只能是：没有一个能指靠得上。马克西米连一世在位期间的宪法改革的确从法律上认可了一批地方治安组织的机构，它们被称作"连环"（Circle），按照帝国以自助维持治安的模式组织起来；但是"连环"只在士瓦本、法兰克尼亚和莱茵兰有效地起过作用，这些地方的小封建领主们能够合作而不必担心一个强大的邻居利用"连环"作为统治他们的工具。1555年精心制定的安全法令（Execu-

---

[①] 参阅后面第339—340页。

tionsordnung）的一个目的在于发动"连环"和帝国的各种组织机构来对付破坏治安者，但是贯彻这一法令则是一件很缓慢很困难的事。近代国家的一整套行政和强制机构，在英、法两国早已有治安官和法官与之相联系，而在德国，这种机构根本不是与帝国的古老而不健全的制度相联系，而是与名义上属于它的领地相联系，特别是与那些被强有力的、有进取心的家族统治的地区相联系。然而，帝国的体制结构仍然很重要。无疑，有朝一日某位有雄才大略的皇帝找到办法取消各等级的自由，从而在德国建立统一的君主政治的可能性是存在的。但在当时，现存法律和惯例只勾勒出一个轮廓，在其中诸侯、骑士和城市互相争夺，各行其是。在皇帝与各个等级之间，大小诸侯之间，新教徒和天主教徒之间，甚至在法律和混乱之间，都存在着一种稳定的力量均衡，在标志着查理五世统治末期的那场内讧之后，没有人愿意再冒风险去打破这种均衡。正如帝国体制所允许的那样，这场游戏的规则有时可能被忽视，或者在极端的情况下被公开否认，但是几乎每个人都对这些规则说些动听的话，它们的存在毕竟比弱肉强食的原则提供了更多的安全。

16世纪晚期，在帝国的边界以内，有几个欧洲重要的公国常常被那些也许产生于新教或天主教的宗教复兴的人们所统治着，这些人比他们的祖先更为率直、更为勤勉，他们不常以武力谋求权力，而是靠建立一种政府机构以使他们可对其臣民的生活加以全面的控制。因此，热衷于研究德国近代行政方法起源的历史学家必须转而注意内部的发展。例如，奥地利大公领地、巴伐利亚公爵领地、或者萨克森和勃兰登堡选帝侯领地内部的发展，而无须注意帝国的体制。比较大的诸侯们事实上是在向充分的自治发展。他们有自己的法律制度，而且由于禁诉特权（Privilegium de non appellando）保护他们免被其臣民在帝国法庭对他们提起诉讼。他们豢养着自己的军队（常备军尚未出现）。现在，他们在精心建立自己内部的行政体系了。1555年的宗教和约除了使他们的权力合法化以外，还使他们的臣民按照他们的指示尊奉路德宗或天主教。

尽管这些主要公国的行政程序很难概述，但某些共同的特征还是值得一提的。维护诸侯权威的最基本的武器在各地都是他们的议事会。在15世纪末以前，在最先进的公国里，议事会已经由律师和职业人员而不是由贵族来充任其工作人员了。因而在16世纪，诸侯们的议事会已发展成为行政官员组成的政府部门，他们精通最近采纳的民法原则，用它来判决法律案件并随时准备修改它来保护诸侯的权利以反对土地所有者、城市和教会。在很多公国里，由两三个心腹顾问组成的处理最高事务的核心集团已经逐渐形成。萨克森在1574年，巴伐利亚在1582年，勃兰登堡在1604年，都正式出现了这种"枢密院顾问官"。议事会还紧紧控制着教会。在信奉路德宗的州里，诸侯的最高权威毋庸置疑；即使在天主教的领地内，从巴伐利亚以下，诸侯也严密地控制着自己领地上教会的组织和人选，没有哪一个教皇敢反对他们。财政管理部门也逐渐发展成为诸侯政府的一个专门机构，有正规的审计人员和监督征收货物税、森林税和矿产税等的各种部门。16世纪，与管理传统赋税的诸侯议事会并行不悖，常常可见到一些地方上各等级的议事会，其目的在于监督经他们投票通过的用于特别需要的土地税和其他税。这种议事会的权力在大多数公国里日趋衰落。在巴伐利亚以及别的地方，议事会经常因为王侯的利益而被压榨，直到界限变得模糊不清并逐渐消失为止；不过，这样的发展尚不普遍。在培养职业的管理人员阶层和建立国家宪法结构的过程中，哈布斯堡家族在他们的世袭领地中时常领先，奥地利的政府模式常为德国各地所仿效。

近代意义的州拥有堪与西欧的那些现时仍在发展的机构相比拟的行政机构，哪些领地正在发展成这样的州呢？要列出一个明确的名单来是不可能的，不过可以这样说，除了一两处以外，它们都在内地和德国的东部。在这些地方，自由城市和规模很小的公国所起的阻碍作用比西部小得多。大多数小统治者没有力量采用新的管理方法，他们继续停留在简单的家长式统治方式上，一直到19世纪初被波拿巴所消灭。大概有一打左右的世俗公国有力量支撑结构更严密、效率更高的行政机构，并足以维持一种独具的政治特性。在这些世俗公国中，在16世纪晚期的政治生活中特征突出者除了已经叙述过的奥地利的哈布斯堡家族的世袭领地外，还有萨克森和巴拉丁选帝侯领地和巴伐利亚公爵领地。现在如果注意一下每一个都曾经起过重要作用的这些领地，将有助于弄清楚帝国政治生活的进程。

萨克森选帝侯统治了一半以上的中世纪萨克森公爵领地，他属于哈布斯堡家族中年纪较小的一系，或称阿尔贝特支系，同时他的堂兄弟恩斯特或年长的支系则统治了剩下的西部地区。查理五世不久前把选帝侯的爵位由年长的支系转给了年纪较小的一支，而使堂兄弟们分裂的怨恨还有许多。年长的支系——通常在提到时称"萨克森公爵"以区别于"萨克森选帝侯"——提供了一个由于每一代分割遗产而导致家族权势衰败的典型实例。由于其领地被逐渐分割，它沉沦为一群小公国。与此同时，萨克森选帝侯由于强制实行长子继承制的原则而保持了其完整性。厄尔士的矿产长期以来为萨克森选帝侯们提供了有用的财政支持（不过此时已在减少），如同奥地利的哈布斯堡家族曾得益于波希米亚、匈牙利、蒂罗尔和卡尼奥拉的金属生产一样。从1553年到1586年萨克森选帝侯领地由奥古斯塔斯一世统治，他是一个忠诚的路德宗信徒，一个新型的、井井有条的管理者。在外交事务中，他是一个谨慎小心、头脑冷静、稳健克制的政治家。他利用其地位吞并了领地附近的各种小片的教会土地。但是他也和历代皇帝保持友好关系，和马克西米连二世尤其密切。毋庸置疑，这种情况与他认识到自己的选帝侯身份得自皇帝的恩宠有关，但是与其邻居、宽容的波希米亚国王保持友好关系有百利而无一害。在危机时刻，萨克森选帝侯的影响力十分有利于达成妥协与和平；例如，当1569年发生于法兰西和尼德兰的事件似乎预示着德国将爆发一次新的宗教冲突的时候。

奥古斯塔斯晚年对加尔文宗领导下的新教极端分子产生了敌意。1580年，他试图通过公布深孚众望的神学家们起草的精确的信仰声明，即《教义条款》，① 来团结路德派。不幸的是，并不是所有的路德宗诸侯和城市都同意这样做。因此，在以后的年月中德国的新教徒分裂成三个集团——路德宗内支持或反对《教义条款》者以及加尔文宗。奥古斯塔斯的儿子和继承人克里斯提安一世放弃了《教义条款》，在他的大臣尼古劳斯·克雷尔博士的影响下，开始喜爱从前由腓力·梅兰希顿所发展的教义。他也改变了他父亲小心谨慎的对外政策，在他短暂的统治期间（1586—1591年），通过1591年帮助成立"托尔高联盟"（帝国内新教徒诸侯的同盟）这件事，偶尔显示了一

---

① 参阅前面第 82—84 页。

下他的选帝侯身份的关键地位。这个联盟是由于西班牙军队不断出现在莱茵兰所激起的。它的主要目的是派遣军队援助法国的亨利四世，但也很有可能把这样的军队用于德国。正是由于萨克森的调解之声消失了，使德意志诸侯形成两个鲜明的宗教阵营的分裂随时都可能发生，而克里斯提安的早逝现在就成了能否避免一场全面战争的重要因素。由于他的儿子和继承人克里斯提安二世尚未成年，所以萨克森选帝侯区由摄政政府管理。幸运的是，他们恢复了传统的、稳健的和顺应潮流的政策。克雷尔失宠了，后来被处死。

巴拉丁选帝侯的地位在当时的政治生活中与萨克森选帝侯一样突出，不过方式很不同。巴拉丁选帝侯的领地比较小，也比较分散。它包括界限分明的两部分：下巴拉丁，位于中莱茵，德国最动乱地区的中心；和上巴拉丁，恰好位于波希米亚的西部和巴伐利亚的北部。宗教改革运动直到不久前弗雷德里克三世（1559—1576年）继任为选帝侯才传入巴拉丁领地，他在领地内发现了一个自生自灭的各种宗教倾向的混合物。1562—1564年他开始推行一种新的方针，用加尔文宗的模式改造他的教会。这是使人大吃一惊的革新，根据帝国法律，这是非法的，因为宗教和约只允许诸侯们在路德宗和天主教之间作出选择。加尔文派进入莱茵河流域的巴拉丁领地牵动了各个方面。它不仅在帝国内给这个新奇的、偏激的教派以牢固的立足点，而且使选帝侯与法国和尼德兰的加尔文派反叛者发生了密切的接触。得到教皇支持的皇帝，尽最大努力开动1555年安全法规这个机器，但是没有成功，因为没有人愿意用武力反对选帝侯。因此，他走上了自己的路——一条大胆而又独立的路，它与他那认真而又狂热的信仰正相符合。在自己的公国里，他不偏不倚地驱逐了修士、修女和犹太人。在外面，他与天主教邻居们、施派尔主教和沃尔姆斯主教不断进行激烈的争吵。在西部，他开始实行前进的政策。在英国的资助下，他的家族成员指挥的军队时常被派往法国去援助胡格诺教徒，另一个从未实现的不可告人的目的是夺取法国人占有的梅斯、图勒和凡尔登主教区。弗雷德里克这些冒险的计划严重触犯了帝国的法律，它们在莱茵河流域造成了非常紧张的局势，但是没有任何办法使这些计划终止。在他儿子路德维希（1576—1583年）短暂的统治时期巴拉丁领地重新转向了路德宗，但是在他的年幼的继任者弗雷德里克四世统治时期，加尔文派又恢复了。同时，加尔文派向各处发展；拿骚-迪林根伯爵于1578年，自由城市不来梅于80年代初接受了加尔文宗。

跟莱茵河流域的巴拉丁领地一样，统治巴伐利亚公爵领地的是维特尔斯巴赫王朝的一个支系。不过，他们堂兄弟之间无论在政治上或宗教上都没有相同的思想。16世纪，巴伐利亚的领地是上多瑙河一片紧密相连、森林覆盖的地区，由于公爵的家族从1578年起采用了长子继承制，其领地的完整性得到了保证。其居民不足100万，大致相当于同时的苏格兰。我们在这里涉及的公爵是阿尔勃莱希特五世（1550—1579年）和威廉五世（1579—1597年），他们两人都是有文化素养的诸侯，对艺术家和音乐家尤其是对著名的作曲家奥兰多·迪·拉索提供了赞助。他们在奖掖艺术上的豪爽大方一直是财政困难的原因。他俩都是反宗教改革运动的坚定的领导者，威廉公爵个人的宗教虔诚是如此强烈，以至于最后退位并隐居到了修道院里。巴伐利亚同德国其他地方一样，宗教问题在16世纪中期带有明显的政治色彩。阿尔勃莱希特公爵遇到的问题是一个深陷于松散与混乱中的教会；同时，在他的三个等级中他必须和四五十个拥有土地的贵族打交道。在这些人中间，路德宗的思想已经取得了重要的进展——情况与他的邻居、皇帝斐迪南在奥地利所遇到的情况相似。也跟斐迪南一样，他力图取得教皇和宗教会议的让步，并且与帝国中某些新教徒诸侯关系友好，他喜欢追求艺术和学校甚于处理公务。有几年，他尝试着与他的贵族们妥协，但是，由于1558年任命了一个耶稣会的好朋友西蒙·塔杰乌斯·埃克做枢密大臣，他的政策变得强硬起来了。1563年他勇敢地抵制了等级会议并乘胜前进，占领了帝国的小飞地奥滕堡，其伯爵也是公爵领地内的一个地主、那里的一个突出的新教徒。公爵在这里发现了据说牵连到许多他的贵族们的证据，这些人立即被逮捕并受到审讯。等级会议依据宪法进行的对抗被粉碎，现在通向强制实行宗教统一的道路打开了。不久以后，公开宣称的新教徒被迫在放逐和改宗之间作出抉择；到16世纪末，望弥撒完全变成了国民义务。教会的改革照样进行，由耶稣会士指导，公爵则严加监督。

1563—1564年的政治危机是巴伐利亚历史的转折点。它不仅仅使公爵能最终彻底铲除异端，而且产生了重大的政治后果。此后，公爵的特权不再因等级会议的侵犯而受到严重的威胁，等级会议的召开越来越少，终于在下个世纪初停止召开。同时，行政改革为公爵领地内的宗教和政治的统一提供了支柱。这种内部的革新有助于公爵迈步向前，并且在帝国的政治生活中发挥主要作用。因此，16世纪末和17世纪初是以巴伐利亚的影响在德意志事务中达到于极点为标志的。公爵就在当地主持着兰茨贝格同盟，这是一个维护南德意志和平的公国之间的联盟。此外，宗教的分裂提供了一些新的机会：由于世俗的选帝侯有三个是新教徒，而且由于皇帝对自己所承担的义务感到烦恼以及按照其本性无论如何不能称职地担负真正的领导，巴伐利亚便代替皇帝成为帝国内天主教事业的无可怀疑的卫护者。在罗马，巴伐利亚的影响力是强大的。甚至与奥地利的哈布斯堡家族的关系也是密切而又友好的。几个世纪以来使慕尼黑和维也纳宫廷关系紧张化的苦乐参半的竞争暂时停止了。相邻的王朝被家族的纽带联结在一起，阿尔勃莱希特公爵娶了斐迪南一世的女儿，同时，他的女儿又嫁给了施蒂里亚的查理大公。对于他的岳父以及后来对于他的内兄马克西米连二世，阿尔勃莱希特公爵都是一个亲密的、可以信赖的顾问。未来的皇帝斐迪南二世与他的巴伐利亚堂兄弟们一起在因戈耳施塔特接受教育。

巴伐利亚权力扩张的最有成效的方面是帝国境内的教会的地产。我们将要看到，其中大部分为了天主教而营救下来了。许多世纪以来，帝国的教会地产为德国第一流家族的次子以下的孩子们提供了职业和馈赠。他们中并不是所有的人都会被选任圣职，但是由于现在新教徒对于大多数美缺丧失了被选资格，就为巴伐利亚和其他天主教家族留下了更多的机会。阿尔勃莱希特公爵充分利用这些增多了的机会，不倦地为他的幼子恩斯特聚敛了许多兼任圣职的薪俸。这个年轻人没有担任教士的禀赋，既非特别虔诚，更远非贞洁；但是他得到告诫，现在公爵的领地已是不可分割的，他只能指望从教会得到馈赠。由于明显的政治理由，任何一个教皇都不能拒绝慕尼黑宫廷现在所谋求的必要的特许和确认。恩斯特王子11岁时在萨尔茨堡以一个牧师会会员的职务开始了他的非凡的事业，后来他不仅担任了科隆大主教和选帝侯，而且陆续得到了弗赖辛、希尔德斯海姆、列日和明斯特的大主教职务。这样，不管他愿意与否，他成了德国西北部地区的大权贵，而且不仅他的父兄支持他，西班牙和教皇也是他的后盾。在以后

第十章 奥地利哈布斯堡家族和帝国

的若干代中常常出现这类主教兼职的情况；威廉五世的当务之急就是为他的幼子们准备有俸的圣职。家族的威望是以牢靠地保证巴伐利亚王朝的幼子们从1583年到1761年不间断地占有科隆选帝侯的职位。

16世纪德国普遍的政治紧张局势不能归咎于任何单一的原因。宗教的对抗起了很大作用。帝国结构内力量均衡的不稳定也有关系。还有在诸侯、伯爵、骑士和城市之间无休止的局部性的斗争；其根源各式各样，有宗教的、财政的、王朝的甚或纯粹私人的。不能企图在几页篇幅内充分评述这些根源造成的所有的不和或事件，但是有可能作出某种一般的评述，并勾勒出帝国作为一个有活力的政治实体其衰落过程的粗线条。1555年宗教和约对著名的"教随国定"原则的确认（尽管没有直截了当的确认），在世俗统治者所关注的范围内，使他们能够在自己的领地上按照他们的选择确定信仰——路德宗或者罗马天主教——而不发生法律问题。这无疑给德意志西部、北部的局势带来了稳定，这里的公国强大而且世俗力量占优势。没有任何巨大的障碍去阻止像勃兰登堡和萨克森选帝侯，或者巴伐利亚和梅克伦堡公爵这些权贵把他们的意志强加给他们的臣民。美因河与莱茵河流域的情况则不同；在这些地方，小块的诸侯领地、教会领地和自由城市拥挤在一起，这里在宗教和约颁布时，天主教和新教徒之间的疆界既没有划清，也不稳定。德国西部不安宁的另一个原因是和尼德兰及法兰西邻近。在尼德兰，从1568年起加尔文派反叛者为了生存而一直进行着战斗，在法兰西，内战尽管不完全与宗教有关，但仍有很大关系。在16世纪，欧洲的疆界往往是模糊不清的，帝国的西疆尤其如此。这些个别的战争汇成全面的大战的可能性总是不太遥远。法兰西和尼德兰两国的新教事业吸引来了德国的士兵，而加尔文宗则从两国向东渗入。当法国虚弱的时候，巴拉丁的诸侯们向法国扩张领土，正如亨利四世后来准备入侵德国以打击哈布斯堡王朝一样。从尼德兰来的西班牙军队被用来支持莱茵河流域的天主教的事业，这个地区无论如何都是连接热那亚和尼德兰之间交通的生命线的一部分。

当1555年宗教和约签订时，反宗教改革的力量在德国尚未开始动员。异端正在到处发起攻势。在较大的世俗诸侯中，只有哈布斯堡家族、巴伐利亚公爵和于利希-克莱沃公爵仍信仰天主教。几乎所有的自由城市都背叛了教会。特别不稳定的是教会公国的立场，我们现在必须对他们加以讨论。直接领有皇帝土地的主教们和修道院院长们首先经由多半出身贵族的牧师会会员和修道士的选举获得其职位，然后由皇帝和教皇批准。一旦掌握了权力，他们有时便成为辽阔的领地上的主人。他们受到了比他们更有权势的世俗邻居的压力，特别是在北方；但是在西部和南部，由于他们领地中各阶层的地方性的热忱，他们的独立地位得到了加强。路德宗诸侯们采取惯用的手法加紧控制附近的教区：他们仍按惯常的程序把自己的亲属或代理人推举出来，只是被选中的新教徒候选人不能指望得到教皇的批准而是作为终身的未被祝圣的"执政官"进行统治。一旦时机成熟，世俗邻居的公开吞并就会到来。斐迪南一世和德意志帝国议会在宗教和约签订的时候，曾试图借助于制定"教会保留圣职"的原则这一关键性条款使当时的局势明朗化。根据这一原则，一个决心改信路德宗的天主教高级教士必须依法空出其职位。路德宗的诸侯们反对这个规定，他们从未承认这个必将阻止他们吞并教会地产的原则的合法性。另一方面，斐迪南又企图用一个单独的宣告来安抚他们，即在那些路德宗已经立足其上的教会领地里，他并不希望打乱现状。由于帝国议会没有参与制定这个宣告，它的法律意义也就微不足道。这个没有任何人感到满意的妥协是否扼制了帝国内的教会公国进一步从这一教派向另一教派的转移是颇值得怀疑的。

这样，帝国的教会地产在1555年前途未卜。在以后若干年里，天主教徒们以无可奈何的沮丧心情关注着可疑的或公开的异端者被提名进入帝国北部的各个主教教区和修道院；例如，路德宗在1561—1562年强行进入马格德堡大主教区，在1564年又进入哈尔伯施塔特主教区。就这样，为把这些公国最终并入勃兰登堡选帝侯领地的道路正在铺设中。往南，在新教和天主教之间的边缘地带上，在法兰克尼亚和莱茵兰，有最富庶、最重要的教会领地。这些地方仍由天主教的高级教士统治，不过，无论它们的主教教堂牧师会，还是其各个社会阶层都不能免受路德宗的影响，前景是黯淡的。在这些神职诸侯中有美因茨、特里尔和科隆的大主教，他们作为选帝侯在帝国内占有仅次于皇帝的最高地位。此外，既然他们的四个世俗同僚中有三个现已成为新教徒，那么在选举团中维持天主教的多数就全靠他们了。他们中任何一人的背叛将不仅意味着异端在中莱茵战略和商业要道地区的得势，而且意味着新教徒当选为皇帝的可能性。所有这些，对欧洲政局的影响是不言而喻的。16世纪80年代，强制贯彻"教会保留圣职"这一原则的努力在德意志西部随着争夺科隆选帝侯职位的激烈斗争而达到了高潮。但是，在追溯这次决定性的冲突之前，有必要简短回顾一下出现于东方的，对帝国和平的两个其他威胁。

1555年和解后，在帝国内首次对和平的惊人破坏发生在法兰克尼亚。在这里，帝国的符茨堡主教区、班贝格主教区和其他教会公国近来无力保护自己免遭劫掠成性的邻居们的祸害，特别是勃兰登堡——库尔姆巴赫的侯爵阿尔贝特·阿基比阿德的祸害。这个野蛮的小诸侯一心要以损害上述主教区和教会公国为代价，在美因河流域为自己分割出一个公国来，这项事业仅仅由于1557年他的去世才告中止。他的追随者中曾有骑士威廉·冯·格伦巴赫，他现在转而服务于年迈的诸侯萨克森公爵。这个新的恩主企图借助法国的津贴利用格伦巴赫把他的堂兄弟萨克森选帝侯逐出其领地。由于1559年欧洲战事结束，这个计划无法实行了。但是，格伦巴赫已经开始了无法无天的活动：他侵入符茨堡主教区的领地，刺杀了其任职者。现在，他可以不受阻碍地把其劫掠活动扩展到符茨堡主教区内和周边地区。要贯彻皇帝所宣布的驱逐令是不可能的，安全法规所规定的机构也无法启动。法兰克尼亚"连环"的诸侯们因其脆弱的地位而战栗，难以自保。符茨堡的新主教又受到了严密的束缚。最终，萨克森选帝侯出于自卫而采取行动，他受命于皇帝，在1567年结果了这个祸根；格伦巴赫被捕获，处以死刑，他的恩主终身监禁。但是，花了八年时间才平息了骚乱，它在整个德意志引起了巨大的混乱，这充分说明了教会诸侯无可奈何的处境和帝国维护治安机构的软弱。

第二个事件也与符茨堡主教区有关，不过起源于其近邻——帝国的富耳达修道院。修道院院长是主教区西部的一个重要公国的统治者，在一代人的时间里，路德宗在这里已不仅仅是牢固地站稳了脚跟。少数余留的修道士放弃了隐居生活，在城里建立了单独的家庭。牧师们举行饼酒同领圣餐式并教授路德的教义问答手册，而公国的地主们则公开承认自己是新教徒。1570年，修道士们选举了巴尔塔扎·冯·德恩巴赫担任空缺的男修道院院长。他是个年仅20多岁的年轻人，据信为路德宗的同情者。他立刻发现自己必须做出鲜明的抉择：或者任凭路德宗信徒自由行动，其前景是使修道院最终世俗化，或者禁止他们的信仰。他选择了后一条道路，修正了他的宗教观点——他似乎很少或者根本没有经过神学理论训练——并且用皈依者们的全部热忱来信奉天主教。他恳求耶稣会的帮助，1573年在富耳达为他们建立了一所学院并给予资助；同时，他禁止在城中让俗人拜受圣餐杯，并不久即明确表示他的目的在于结束公国中路德宗的活动。这立即引起了皇帝的诺言是否有效的问题，因为皇帝曾应允，已经在教会领地上建立起来的路德宗不应受到扰乱。富耳达的修道士和贵族求助于邻近的新教徒诸侯，他们立即强烈要求修道院长放弃他的政策，解散耶稣会；但修道院长却转而倚靠他强大的盟友，其中包括巴伐利亚公爵。在1574年的一段时间里，似乎在德意志中部要发生一场严重的冲突。人们投诉于皇帝，他命令诸侯们不要干涉富耳达修道院。最后，由于总是通情达理的萨克森选帝侯决定不纠缠此事，一场战争才得以避免。教皇命令修道士们服从，修道院长继续自己的路线，危机渡过了。

修道院院长巴尔塔扎的激进措施并不是对富耳达新教徒挑衅的结束。但是如果没有第三者——他的邻居符茨堡主教尤利乌斯·埃希特·冯·米斯佩尔布鲁恩1573年意想不到的干预，他无疑在对手中会继续占上风。尤利乌斯主教也是一个年轻的高级教士，生于1545年，科隆耶稣会学院的学生，热诚的天主教徒。但他是一个狡猾的律师——并且是一个当选后耽搁了两年才接受按手礼和圣职授任仪式的野心家。他向修道院院长建议搞继承契约——一种独特的德国计谋，按照这种计谋，两人中的后死者将继任先死者的职位。这是要造成主教区和修道院永久合并，由此形成一个单一的、较大的和防卫较好的天主教公国。当修道院长巴尔塔扎拒绝这个诡计后，主教立即和富耳达不满的贵族和修道士结盟，侵入该公国，于1576年6月迫使修道院院长辞职。这是一个很好的实例，说明对领土的贪心甚至在天主教诸侯中也会引起烦恼。它也意味着天主教事业的一次失败，因为至少在此刻尤利乌斯主教不得不放松对富耳达的控制，以此回报他的同盟者们。在他头上的暴风雨比他可能预期的来得更快、更猛。修道院长巴尔塔扎向教皇和皇帝上诉，在德国最高法院告发了这位主教。诉讼拖了很长时间，25年后才做出有利于修道院院长的裁决，他在

1602年恢复了统治。这期间,尤利乌斯主教不得不从1577年3月起将富耳达移交给帝国的一个行政官,在他的统治下,反宗教改革运动再次向前发展。后来,尤利乌斯主教值得仿效的进展都集中于道义方面:他以铁腕统治符茨堡、驱逐异端的传教士,压制牧师会成员要求参加政府的希望,他与美第奇一样,奠定了诸侯专制的基础。他一直活到1617年,其长期统治的特征是天主教得到明显的复兴,以及通常认为是由于他的德政而带来的种种繁荣。最令人难忘的是:他是一个有鉴赏能力的艺术保护人、一所大学的创办人,还是法兰克尼亚那些样子奇特的著名的"尤利乌斯式"教堂和其他建筑物的勤勉的建造者。

为控制教会公国而进行的斗争在争夺科隆选区时达到了白热化。科隆既是莱茵兰也是帝国制度的堡垒。大主教选帝侯的公国范围很大,领地包括莱茵河沿岸和威斯特伐利亚两部分,前者与西班牙属下的尼德兰接壤。尽管天主教仍占优势,科隆本身——它不臣服于大主教,而是帝国的一个自由城市——驻扎着耶稣会的一个总部,但是异端已有某种程度的渗入了。公国里的各个等级都被一种休戚相关的地方意识紧密结合在一起,这有助于增强领地的独立精神。大教堂的24名牧师会员掌握了选举大主教的权力,他们在许多情况下因家族纽带而与当地的地主家庭联系在一起,并且一同组成等级会议的第一院。1562年牧师会选举了考特·弗里德里希·冯·维德担任大主教,他是一个守旧派牧师,仍旧相信通过明智的让步有可能诱使异端者回到传统的信仰,因此并不赞成特伦托宗教会议对教义的界说和颁布。这种态度使他与罗马教皇的使节科敏顿以及其他一些天主教诸侯发生了纠纷,1567年他以辞职摆脱了困境。牧师会选出的继任者是一个精力旺盛、好酒贪杯的年轻贵族——扎伦廷·冯·伊森堡伯爵。他是一个毋庸置疑的,甚至是残忍的天主教党人。他甚至达到这样的程度,曾作为一名领饷的雇佣军上尉与阿尔发一道在战场上服役。但是,他不准备改变自己的生活方式,甚至不准备接受圣职的授任。因此,他仅仅作为"当选的大主教"而颇为唐突地统治着科隆。在他的选帝侯任期内,人们普遍希望他不要长期驻留,不过有些新教徒邻居则试图劝说他结婚,并进而坚守他的公国。他使这些人失望了。1577年,人们长期盼望的他的辞职实现了,他隐退去管理得自父亲的遗产并娶了一个妻子。牧师会不得不再次选择一个大主教。

这一次，尼德兰的纠纷和天主教日益聚集的反动势力使选举具有不平常的政治意义。自弗里德里希大主教退职以后，巴伐利亚公爵的两眼紧盯着科隆选帝侯的职位，在西班牙腓力二世和教皇的支持下，他推举他的次子、恩斯特亲王——弗赖辛和希尔德斯海姆的现任主教——为他的候选人。为了迫使人们接受他的要求，来到科隆的不仅有罗马教皇的使节、皇帝的专员，而且有从马德里、布鲁塞尔来的特使以及从美因茨、特里尔等同类型的主教区来的代表。在大教堂牧师会中确有一个强大的天主教派，但这不是关键。科隆也和别处一样，牧师会与大主教历来不和，而且扎伦廷大主教的高压手段加深了双方的敌意。所以，牧师会会员对于任命一个拥有强大后盾的巴伐利亚王子当他的继任人表示冷漠。他们的动机根本不是政治上的需要，宗教上的要求也仅是次要的，他们主要关心的是自己的薪金和津贴，以及大主教区财产的管理。在他们中间事实上只有三个彻头彻尾的新教徒，他们与希望把选帝侯领地拉向异端的邻近的帝国诸侯们保持着接触。但是，不希望看到一个大诸侯家族的代表使他们屈服于特伦托戒律规范这一前景的人则要多得多，而且他们的选票起决定作用。以微弱多数当选的候选人不是恩斯特亲王，而是另一个年轻人格布哈德·特鲁赫泽斯·冯·瓦尔德堡，他是奥托·特鲁赫泽斯枢机主教的侄子，奥格斯堡的前主教和耶稣会早期的赞助人。他是一个无可怀疑的天主教徒，但在原则上并不太严格。在选举方面接受按手礼和授任圣职的仪式，不过，跟恩斯特亲王一样，他从未亲自从事任何教士的工作。经过一阵犹豫，教皇及皇帝批准了他的职务。

格布哈德大主教起初为人审慎，但自从1580年初他开始沉迷于与他所爱慕的一位修女结婚的想法以后，危险的形势出现了。他最初的想法是为了和她结婚，辞去大主教职务。但是，那曾经徒劳地诱惑他的前任既要结婚又要保住职位的同样的声音再次响起，这一次取得了更大的成功。地方上的因素十分有利：荷兰人在西边正为生存而战，拿骚伯爵和其他新教徒引诱者则位于他的东翼，在选帝侯领地里特别是威斯特伐利亚地区内已有一些异端。正是大主教区在帝国和国际政治中的重要性才使他的计划显得如此草率。1582年夏，格布哈德着手确立盟友，萨克森选帝侯和其他稳健的新教徒们踌躇不前。另一方面，由于恩斯特亲王在1581年当选为毗邻的列日的主教，使天主教一方的势力得以增强；而且在1583年1月，与其说出于宗教热忱毋宁说出于对大主教的一切行动的经常性怀疑，科隆大教堂牧师会通过召集选举区内的等级会议开始对这些行动进行抵制。与此同时，格布哈德正式容许新教徒的信仰自由，按照路德宗的仪式举行了自己的婚礼，然后退回到他的领地的威斯特伐利亚一带，准备自卫。3月，教皇免去了他的大主教职位，命令牧师会举行新的选举。这次，在教皇、皇帝和帝国的天主教诸侯的请求下，大教堂牧师会的成员们满足了恩斯特亲王的要求，不过完全是在给予他们普遍的年金与贿赂的馈赠之后。罗马教皇的使节后来承认，他从来没有碰到过这样好的财运。成功的候选人与他们是一丘之貉，他本来宁愿到其他地方去寻欢作乐，只是因为教皇的命令，他才断绝了新近的桃色关系，前往科隆。他的入城仪式结束了这一荒唐而又重要的事件的第一阶段。这里接着发生了长期的、举措失当的战争。在这场战争中，从尼德兰来的西班牙军队起了决定性作用。双方都不能按期给士兵发饷，他们靠蹂躏这个国家为生，城镇被洗劫，败兵遭屠戮，异端者被驱逐，这一地区陷入悲苦之中。直到1589年，格布哈德的最后一支守军才投降。但在此前很长时间里，恩斯特已被普遍承认为科隆的选帝侯。

天主教派在科隆的成功与帕尔马统治下西班牙势力在尼德兰的恢复，标志着德意志西北部如此广阔的帝国主教区历史的一个转折点。把不来梅大主教区从路德宗手中拯救出来的希望是渺茫的，因为那里到处都是异端并被新教徒的领地所包围。但是在某种程度上有可能挽救帕德博恩和奥斯纳布吕克主教区，它们和不来梅在1585年主教空缺；它们的牧师会的确拒绝了恩斯特亲王，但是帕德博恩选了一个靠得住的天主教徒，奥斯纳布吕克所选中的一个可靠性差一些。当恩斯特亲王当选为明斯特主教时，他就有能力在下一年得到第五个主教区。这些变动的结果不但给恩斯特亲王带来一个兼领圣俸的大公国，而且在莱茵河与威悉河之间，从波恩到距离北海仅几英里的这片数千平方英里的土地上保证了对天主教的鼓励和推行。这是天主教事业在全德意志令人振奋的发展。与此相反，远在莱茵河上游，科隆战争产生了另一种决定性的后果。格布哈德主教和他在科隆牧师会中的三个新教同盟者还是斯特拉斯堡帝国主教区的大教堂牧师会成员。当天主教牧师会试图开除那三人时，他们进行了抵制。而且因为这里的市民与科隆不同，他们是路德宗教徒，使那三人能够继续留在牧师会的会所中。牧师会此后分裂为二，当1592年主教去世后，出现了双重选举：路德宗信徒选举出勃兰登堡霍亨索伦家族的幼子，天主教徒则选举出洛林的枢机主教，他已经是梅斯、图勒和凡尔登的主教，而且在某种程度上相当于法兰西政治上取得新进展的先锋。多亏哈布斯堡在西德意志的世袭领地距离很近，皇帝在这里才能作为调停者进行干预。1598年洛林的枢机主教与皇帝最终达成协议，据此，他被承认为主教，同时指定利奥波德大公做他的继任者。既然使天主教徒们这样达成了协议，现在就有可能逐渐排除霍亨索伦家族提出的要求了。最后，一笔金钱使之收回了要求。这样，斯特拉斯堡主教区也脱离了异端，不过，其代价是容忍了法国的影响。

　　在德意志西北部和莱茵兰，天主教勉强获得的胜利在得到保证以前还有一个最大的危机，即于利希-克莱沃公爵领地（这个地区唯一的世俗大公国）的继承权问题。它的领地与科隆选帝侯领地及其他教会领地难解难分地混杂在一起，很难想象，这些领地落到天主教手中会不损害其邻居。各种势力对于利希-克莱沃领地继承权所提出的相互冲突的要求极为复杂，而且在这里不可能尝试对他们的权利进行充分的审核。这足以说明继承权问题在科隆战争后首先成了最紧迫的问题。威廉老公爵从1539年就开始统治，他现在衰老多病。年轻时他在宗教问题上反复无常。他四个女儿中的三个嫁给了新教诸侯；尽管异端远未占优势，但路德宗和加尔文宗毕竟已在他的公国里扎下了根。他现在是一个坚定的天主教徒，跟他唯一活下来的儿子约翰·威廉一样。但是1589年以后，约翰显然失去了理智，不适合执掌政务。有了一个年迈的公爵和一个疯癫的后嗣，一系列令人吃惊的、不仅动摇帝国的政治结构而且动摇欧洲政治结构的事件所需的背景形成了。当老公爵于1592年去世时，各方面都提出了摄政的要求，但经与公国等级会议协商，摄政权授予了疯子公爵的妻子，由帝国加以监督。她是巴伐利亚公主，尽管在私生活中不无丑闻，却是一个坚定的天主教徒。她在1597年被阴谋家们谋杀，但是情况允许约翰·威廉娶第二个天主教妻子，这次是一位洛林公主，她接着进行统治。当1609年疯子公爵去世时，属于勃兰登堡和诺伊堡家族的他的两个姐妹的新教代表获胜了——不顾皇帝、帝国的反对，也不顾令人畏惧的一次法国干涉的威胁；法国的干涉在最后时刻由于亨利四世被刺得以避免。同时，居民们恢复了对天主教的一致信仰，有时是由于来自尼德兰的西班牙士兵那残忍而又非法的"帮助"。于利希-克莱沃问题的最终解决有待于比较冷静的一代接受了新的观点，即诸侯与其臣民不一定要信仰相同的宗教。在此以前很长一段时间，反宗教改革运动在莱茵兰确实取得了胜利。

最后有一点值得一提。本章对德国政治领域的概括研究，使我们自始至终了解了对莱茵兰和法兰克尼亚的争夺情况。但是还有其他的、次要的线索，根据其中某些线索可以从一种不同的角度看到政治图像。[1] 帝国的自由城市也像教会公国一样动荡不宁，而且它们的历史也同样严重影响着政治事件的性质。当时的英国旅行家可能会对奥格斯堡或者纽伦堡这些著名地方的宫殿和石筑宅邸钦佩得目瞪口呆，为德意志人的富有而沉思。但是，他也会注意到附有整天有人守望的角楼的坚固的围墙，能立即发出响声的报警装置，储藏丰富的城市军火库，以及储备能够供应一年的粮秣的做法——所有这些都是政治极不安定的标志。16世纪中期，所有自由城市的政府，除科隆和亚琛以外，全属于路德宗，甚至这两地也有许多异端；与之平衡的是：在其他许多自由城市中也有数量可观的天主教少数派。公开的摩擦到处可见。在士瓦本的一些城市里，例如1569年在乌尔姆，天主教徒被从保留下来属于他们掌握的教堂中排挤出来。在科隆，由于驱逐不信国教者，异端被迫转入地下。在亚琛，从尼德兰逃难来的异端移民导致了一系列调解和妥协，到1598年为止，抱着相反信仰的信徒一直可以和平共处。最后，由于形势过于紧张，亚琛也像德国西北部多数地区一样完全恢复了天主教。在宗教方面，17世纪初，将看到自由城市多瑙沃特复旧。在这里，到1600年，耶稣会的传教工作将使天主教徒集结起一个人数增加、意志坚定的少数派。随后，在新教徒的市议会和天主教斗士之间发生的争吵导致了势力强大的邻居——巴伐利亚公爵作为皇帝的正式代理人在1607年进行了干涉。公爵随后吞并了这个城市以补偿进行干涉所花的费用，用宗教原则掩盖强权政

---

[1] 对于经济和社会情况的某些论述可以在这套史书的以后各卷中找到。

治，手腕之巧与在欧洲其他地方见到的一样。这一事件在帝国的政治生活中引起了巨大的不安，除了公然挑衅以外，它还说明了在自由城市长期衰弱的时代里诸侯权力则在不断增长。

这样，16世纪末的奥地利家族由于遗产权的转移和分割，还要努力对付土耳其的威胁，所以在帝国内缺乏维护自己权利的力量。它的统治者掌握着一个伟大国家的政治机构，这个国家基本上还是繁荣的，不过其实际权力主要操在分裂的诸侯寡头手中。在斐迪南一世和马克西米连二世统治期间，帝国的机构起了一定作用；但是，党同伐异，政治上缺乏现实精神，以及最后鲁道夫二世的真正的疯癫妨碍并毁坏了它的运作。科隆战争造成了一次从法律形式堕入完全靠暴力的危机。但是，德国政治生活恶化的基本原因在于围绕宗教仇恨产生的两极对立；一方为加尔文宗的新信仰，另一方为以耶稣会为先锋的天主教的复兴。在1555年宗教和解时期，加尔文宗并未在德国站住脚，当时耶稣会活动的意义也没有充分显示出来。天主教的复兴表现在它夺回了德国西北部，不过在天主教的领地中仍保留着异端的巢穴，17世纪初教派之间疆界划分的明朗化，在1555年，对于天主教徒来说，也许是非常乐观的。双方日益高涨的宗教热情主要在遍布德意志的教区、学校和大学里表现出来，在这一章里，公开冲突的历史是从政治事件和人物个性的角度加以描述的，因为这段历史是发生于这样一个世界中的事件：在这个世界里，帝国内诸侯之间的敌意和国家间的外交活动允许这段历史如此展现。这些因素造成了最终的、必然的模式，宗教争端就按照这一模式不断激化。

（王文定　译）

第 十 一 章
1566—1617 年间的奥斯曼帝国

在苏莱曼大帝统治时期（1520—1566 年），奥斯曼帝国的势力和声望曾达到了顶峰。然而，在他去世以后的一个时期，由于帝国内外的紧张形势和压力，奥斯曼帝国的国家结构发生了显著的变化。因此，如果不对苏莱曼苏丹统治时期的奥斯曼制度的某些主要特征加以最低限度的考察，就不可能理解 1566 年以后那些事态的总趋势。

苏丹皇室绝不只是一个满足皇帝私家需要的家务管理机构。它所包括的范围比帝国宫廷的机构和设施要大得多。在皇室组织内，包括有中央行政机构的成员和国家的高级行政部门的人员；省级行政机构的高级官员；还有中央政权机构的武装力量——近卫步兵，皇室的骑兵部队（有时被称为波尔特的西帕希）[1] 和诸如炮兵、工兵那样的各类特种兵团。这个皇室的众多人员，一般都具有"基尔曼"[ghulām (pl. ghilman)] 的身份。这个词译作"苏丹侍从"比译作"奴隶"为宜。因为它并不像"奴隶"一词的含义那样，具有地位低贱的意思。相反，它是在国家机构中拥有特权和威望的标志。招募皇室侍从人员所遵循的一条基本原则，是把苏丹的土耳其穆斯林臣属[2]排除在基尔曼行列之外。具有非穆斯林和非土耳其的出身，乃是进入这个居于统治地位的中坚集团所必需的资格。苏丹所能招募到的侍从，有这样几个方面的来源：在反对基督徒的海陆战役中擒获的战俘；进贡或购买而来的俘虏；此外，还有被称作"德伍希尔迈"（Devshirme）的儿童，即每隔一定的时间，从帝国的基督教臣属——就种族出身来

---

[1] 关于这个名词详见第 348 页注。——译者注
[2] 然而，帝国的伊斯兰教、法律和教育机构的控制权，还是专门保留给了苏丹的穆斯林出身的臣属。

说,首先是斯拉夫人和阿尔巴尼亚人——中征集的进贡儿童。由于从这些来源征集的人员年龄都不大,通常只是儿童或青年人,后来他们就改信了伊斯兰教。这不单是直接强制的结果,而且也是由他们所处的新环境的压力、榜样的力量以及为苏丹效劳的晋升前景所致。一个新成员的实际前程,在很大程度上取决于他是否具有高超的才智和身体素质。那些天赋最好的新成员,被送进宫廷学堂,在那里接受伊斯兰教、军事学、治国方策和行政管理的教育。经过多年训练以后,在他们风华正茂之时,其中最有才干的将被派遣为各省的总督(桑雅克贝伊)。他们中的有些人经过一段时间后可能擢升为管辖几个省的大总督(贝勒贝伊)。然后,如果他们官运亨通,还可以进跻大臣(维齐尔)之职,进入"帝万"(Diwān),即管辖帝国重大事务的国务会议,在那里占有一个席位。至此,最高的官职——首相(大维齐尔)的职位——已是可望到手的了。然而,在选到宫廷学堂受教育的这些比较幸运的人中,只有极少数能获得高官显职,大多数只能担任朝廷和中央行政机构的下层职位或皇室骑兵部队的下级官职。

没有被挑选到宫廷学堂的战俘和"德伍希尔迈"儿童,要在这个国家的辖地范围内,首先是在小亚细亚,从事若干年艰苦的体力劳动。这些人员——被称为"阿杰米奥夫兰拉"(ajemioghlanlar,外籍青年)——在适当的时候,就被召回到伊斯坦布尔。他们中的大部分人经过严格的军事训练后,照例被编入近卫步兵团。苏丹的皇室机构还包括波尔特的西帕希①。这种骑兵团,总共有六个。其中两个由出身于穆斯林的人组成,但他们是招自奥斯曼帝国范围以外地区的。其他四个团,一般是从宫廷学堂抽调的学员所组成的。在那些军械兵、炮兵和工程兵等特种部队的人员中,有战争的俘虏,有从"德伍希尔迈"中征召来的儿童,还有基督教徒出身的背教者。

在这里,必须着重指出这一体制的两个重要特点:第一,基尔曼的身份是不能继承的。这些隶属于皇室的人们的后代,一般都被排除在这个体制之外,而被融入帝国穆斯林的居民之中。第二,除某些例外,基尔曼所获得的赖以为生的不是地产,而是从中央政府岁入中定

---

① "波尔特的西帕希"这个名称,通常用以指皇室骑兵部队——它来源于意大利语的 Spahi di paga(有饷的西帕希),但不能和"封建"骑兵相混淆,虽然后者通常也被称为"西帕希"(有关他们的情况,见下面第373—374页)。

期用现金付给他们的固定薪俸。

然而,苏丹还控制着一个战士阶层,其数量比皇室的武装部队大得多,而且在地位上与他们也有区别——这就是称为西帕希的"封建"骑兵。他们驻扎在帝国的大多数省份中,但不是所有的省内。这些骑兵,根据苏丹的号令应召前来作战。作为履行这种义务的报酬,授予他们足以保持作战能力所需的采邑。一个采邑是由一块叫作"剑地"(Kilij)的核心地段和被称为"增补地"(terakki)的增添地段所构成的。"剑地"用以提供被认为是足够维持西帕希自身生活费用的最低收入。增补地每次增加一块,用来增加采邑收入的总额,以酬赏服役时间长而又有功的人。每个西帕希都必须自备作战装备——武器、帐篷、驮畜,等等。此外,当他的采邑产值增加时,他得按其收入的比例,自费供养和武装一个或更多的杰布里(jebeli)骑兵武士,并率领他们一同出征。

称为西帕希的"封建"骑兵的采邑,有两种主要级别:(1)提马尔,每年产值从2000—3000阿克切至19999阿克切;[①](2)齐阿迈特,每年产值从20000到99999阿克切。从前,提马尔和齐阿迈特的授予权属于大总督。然而,后来大总督仅保有最低级别的提马尔授予权,其他所有采邑一概由中央政权授予。每个西帕希都希望能通过忠于职守使其采邑从低等级别升为高等级别。

西帕希对构成其采邑的土地并没有绝对的所有权——这样的土地在法律上属于国家所有。他们只享有土地的用益权,即享有从在这块土地上居住和耕作的农民那里按规定领受以现金和实物缴纳的某些贡税的权力。西帕希的身份在一定范围内是世袭的。在通常情况下,其采邑可授予他的一个儿子——实际上有时不只是一个儿子可以得到小片采邑。如果某个西帕希死后没有儿子或其子没有能力履行一个兵士的义务,其采邑的"剑地"部分就可以归属为曾跟随死去的西帕希作战而最有功的杰布里。然而,可以进入"封建"阶级行列的人并不限于那些历史悠久的西帕希家族的成员和跟随他们作战的杰布里。例如,那些隶属于苏丹皇室并且有基尔曼身份的某些高级显要人物的

---

① 阿克切(akçe)或阿斯贝尔(asper)是奥斯曼的一种小银币;按照苏莱曼大帝时期实行的兑换率是60阿克切等于一个威尼斯金币杜卡特(ducat)。

儿子就有权得到一个提马尔或一个齐阿迈特，采邑大小依其父亲的职位而定；穆斯林志愿兵也可以得到一份采邑，作为他们在战场上作战格外英勇的奖赏；还有，宫廷学堂出身的人也常进入这个"封建"体制。

在帝国实行"封建"制度的每个省内的西帕希，从他们自己中间选举他们的官员。在这些官员中，最重要的是"阿列贝伊"。[①] 他们的职责之一是在出征时，召集省内的西帕希。阿列贝伊的职位是一个西帕希可能达到的最高职位。省级行政机构的高级职务——桑雅克贝伊和贝勒贝伊——只能由具有基尔曼身份的那个有特权的中坚集团的成员们担任。桑雅克贝伊和贝勒贝伊除必定负有行政和管理的职责外，还要在战争时期指挥本省的西帕希。这些高级官员享有被称为"哈斯"（特殊的）的大采邑的收益。这种采邑，每年提供10万阿克切以上的收益。按规定，桑雅克贝伊每年收入不少于20万阿克切；贝勒贝伊不少于100万阿克切——此外，他们供职的时间越长，分配给他们的土地的收益就越多，因为他们可以获得增补地。因此，首次就任桑雅克贝伊或贝勒贝伊时所获得的最小"哈斯"，相当于一个拥有提马尔或齐阿迈特的西帕希的剑地。每个桑雅克贝伊和贝勒贝伊也必须按照其采邑产值的比例装备若干杰布里，并要率领他们一同出征。这些大官员中的有些人所供养的骑兵武士，实际上比规定的多得多。不过，这种称为哈斯的采邑，是没有继承权的，连提马尔和齐阿迈特采邑那种有限的继承权也没有。哈斯采邑不属于个人，而是从属于桑雅克贝伊和贝勒贝伊这个职务，随着任职人员的更迭而易手。

在战争、政治和行政管理等领域中，奥斯曼的国家权力和特权在很大程度上掌握在"苏丹侍从"基尔曼的手里，这是显而易见的。虽然"封建"西帕希在各省的政治生活中实际上已构成一个特殊的贵族集团，但他们发现自己被排除在国家最高权力和显赫等级之外。被排除在外的人实际上包括苏丹广大的穆斯林出身的臣属，[②] 也就是说，排除在军事、政治和行政管理等方面之外。这种身份的划分很不合理，但是，只要帝国保持兴旺，只要这个体制总的来说能使穆斯林

---

① 阿列（土耳其语），意为排列成阵势的一队士兵。
② 参见前面第347页注。

和非穆斯林出身的成员,都得到明显的利益,这种划分就能或多或少得到普遍的接受。然而,当奥斯曼帝国事务的发展趋势开始进入相反的进程时,这种界限就变得模糊起来,以至逐渐消失。1566—1617年,奥斯曼人面临新的不利情况,这种局势使帝国的某些制度发生了深刻的变化。实际上,这种变化标志着一个长期而又缓慢的衰落进程中的最初阶段。

在奥斯曼人中,有许多人试图探索其衰落的原因。有一位乌利马[穆斯林的神学家和法学家,精通教律(沙利阿)①,即伊斯兰教的圣法],名叫哈桑·阿卡菲,是波斯尼亚人,他在1596—1597年间写的一篇论统治机构的短文中,对下列现象深表痛心:帝国中司法制度腐败;未经长期供职考验的无能之辈出任国家最高职务;奥斯曼军队昔日曾以服从命令、纪律严明和勇敢善战著称,如今已大为失色;苏丹已堕入安逸和放纵的生活之中;大臣们相互之间倾轧陷害;妇女对国事处理的影响已为众目所瞩,对武装部队及其装备无定期的检阅,兵士们常有侵犯帝国臣属居民的严重暴行,而在与伊斯兰教敌人作战时则由于未能采用最新的战争技术而遭到失败;玩忽职守,贪污腐化,任用宠信和贪婪财货,使奥斯曼政治体制有崩溃的可能。对于帝国所存在的种种弊端,科丘·贝伊提交给苏丹穆拉德四世(1623—1640年)的一份著名奏折,作了类似的分析。它比哈桑·阿卡菲那篇短文所涉及的方面更为广泛,而且更为详尽。科丘·贝伊提出的一些论点可以概括如下:苏丹已经不再率领他的军队出征,而且也不再出席国务会议;亲信宠臣获得了高位,而有才能有经验的人则得不到重用;阴谋诡计和贪污受贿已在各级大臣和中央行政机构的高级官员中流行成风,并且渗透到所有各级行政机构中;后宫往往对国家事务施加有害的影响;极其铺张和奢侈的生活,使帝国统治阶级的伦理道德逐渐沦丧。

哈桑·阿卡菲和科丘·贝伊这样一些人的批评是符合实际的。不可否认的是,苏莱曼大帝以后的苏丹们,除极其特殊情况外,他们既不在战时统率其军队,也不专心致志地为国家大事而操劳。他们的玩忽职守无疑助长了各种弊端的发展。后宫的妇女们,例如苏丹瓦利德

---

① 沙利阿(shariá)本意是"到饮水处的道路""康庄大道"。——译者注

(在位苏丹的母亲）和苏丹卡色基（给苏丹生过男孩的嫔妃），决定着那些获得或失去她们宠信的高级官员们的命运。而嫁给大臣或其他高官显贵的奥斯曼皇族的公主们，则拼命地抬高他们的丈夫的职位及其孩子们的利益。在中央行政机构权贵中盛行的拉帮派和搞阴谋的风气，往往决定着政府的政策，甚至决定着重大事件。过于频繁地任命、罢免或调动高级官员之类的弊端，意味着奥斯曼政府的行政管理职能不像以往那样有效了。然而，在现代历史学家看来，在哈桑·阿卡菲和科丘·贝伊的文章中占有如此重要地位的这些因素，只能当作一些症状，而不能当作帝国衰落的根本原因。科丘·贝伊确实较为详尽地探讨了一些意义更为深刻的细节问题，如近卫步兵数量的增加；让苏丹的穆斯林出身的臣民进入他们的行列中去；帝国"封建"体制和财政事务日益混乱。然而这些因素在一定程度上也只是一些表面的症状，而不是衰落的根本原因，衰落的真正原因还必须到其他方面去探索。

改变和破坏奥斯曼国家的"古典"制度、迫使它们朝着新的和不利的方向演进的各种力量中，最重要的或许莫过于旷日持久的艰苦战争所造成的紧张局面。奥斯曼帝国东征西讨的昌盛时期持续了将近三个世纪之后，到了1560—1617年间，在亚洲，特别是在欧洲，实际上已经结束了。其后果是巨大的。奥斯曼帝国建立在伊斯兰世界和拜占庭基督教世界之间；它存在的理由是圣战（吉哈德），也就是为了逊尼派即正统的穆斯林信仰的利益，而与异教徒进行的战争。对奥斯曼人来说，不论是战士还是经师，边境的推进除了可以获得物质的报酬外，还带来了对于他们的政治、宗教和社会生活的演进产生深远影响的精神气质和意志。奥斯曼的军事组织、行政机构、土地占有和税收制度，都只适应于国家在扩张中的需要。现在，当战争的推进缓慢下来的时候——在苏莱曼大帝晚年已经开始出现这种局面——这些制度就无法与正在稳定下来的边境所带来的那种新的不熟悉的紧张局势相协调。

谢里姆二世统治时期（1566—1574年），最主要的事件是征服塞浦路斯。这个小岛从1489年起就归威尼斯管辖。寻找对威尼斯重新开战的论据是不难的：例如，在亚得里亚海东岸沿威尼斯飞地边境存在的摩擦；国务议事会①未能对付所谓的乌斯科克（以达尔马提亚的塞尼为基地的海盗）；聚集在塞浦路斯的基督教海盗出没于黎凡特的海域中，他们袭击穆斯林的商业活动和从海路前往麦加的穆斯林朝圣者。穆罕默德·索科利首相力求防止战争的爆发，但是一些有权势的人物——其中有比里帕夏②、穆斯塔法帕夏和乌卢杰·阿里帕夏——使苏丹相信用不着花费过多的力量和费用，就能夺得塞浦路斯。谢里姆二世继任王位时曾于1567年正式恢复了土耳其政府和威尼斯政府之间已经存在的和平状态。这时穆夫提③阿布-苏乌德提出一项费特瓦（根据沙利阿的原则，即根据伊斯兰教的圣法提出的法律上的意见），宣称如果为了恢复曾经被穆斯林统治过的领土，如塞浦路斯那样的地方，就可以允许废除和平条约。威尼斯立法机构的一些成员，主张割让塞浦路斯以换取达尔马提亚、阿尔巴尼亚以及在奥斯曼帝国内的新的商业特权；另外一些人则主张向苏丹和奥斯曼帝国政府的高级官员赠以厚礼，和他们取得和解。但是，在威尼斯和在伊斯坦布尔一样，主战派占了优势。国务议事会深信：一旦发生武装冲突，必将得到其他基督教国家的援助。所以，在1570年春季当奥斯曼正式提出割让塞浦路斯的要求时，他们的拒绝是如此不可动摇，以致关闭了通向进一步谈判的大门。

1570年7月，穆斯塔法帕夏率领一支强大的奥斯曼军队在塞浦路斯登陆。此时，教皇庇护五世也正在尽力促成西班牙和威尼斯的联盟。然而，在他们的谈判过程中却充满了怀疑、拖延和钩心斗角的气氛。谈判达不成协议的原因，不久就清楚了。正像1537—1540年④一样，西班牙专心致志于在北非实现其野心和保卫西部地中海的利益不受来自阿尔及尔海盗的侵犯；而威尼斯则致力于维护其在黎凡特残余的主权，二者很难一致。西班牙腓力二世应教皇庇护五世的请求，终于同意派出一支分遣舰队去援助威尼斯。但是，直到1570年8月

---

① 国务议事会（Signoria）又称小议会，是威尼斯城市共和国的最高国务会议，实际上就是它的共和国政府。——译者注
② 帕夏（Pasha）是一种官衔，原为奥斯曼帝国军事统帅的最高称谓，后又用以称呼在他统治下的各省总督。——译者注
③ 穆夫提（Mufti）是法律顾问，苏丹在每一个城市和大镇都委任一个穆夫提，负责解释圣法。——译者注
④ 参阅第2卷，第519—520页。

底西班牙和罗马教皇的分遣舰队，才在克里特岛的苏达与威尼斯的舰队会合在一起。然而，由于基督教舰队高级将领意见分歧，仍然无法进行有效的战斗。当奥斯曼于9月9日攻陷塞浦路斯尼科西亚的消息传到离小亚细亚南部海岸不远的卡斯特洛里索时，他们的全部舰队在毫无重大战事的情况下，就驶回克里特岛，并由那里开往意大利海域。

在1570—1571年冬季及以后，西班牙、罗马教皇和威尼斯之间又进行了一系列的谈判。终于在1571年5月15日签订了建立正式联盟的协议，其目的是将作战范围从地中海东部扩大到北非。一支新的基督教舰队在1571年9月集结在墨西拿。但已经太晚了，来不及援救塞浦路斯。威尼斯在这个岛上的最后一个主要据点法马古斯塔在被围困了将近11个月之后，已于1571年8月1日向奥斯曼人投降了。然而，基督教舰队在奥地利的唐·约翰指挥下，却取得了一项显著的成就，1571年10月7日在著名的勒班陀战役中，实际上消灭了奥斯曼的全部舰队。虽然这次战役打破了自1538年普雷韦扎战役以来奥斯曼人所享有的海上优势；但是，勒班陀战役只能被看作是一个胜利的象征，而没有取得积极的实际成果。对于想乘胜扩大战果的基督徒来说，在地中海进行海战的时机还十分遥远，而且在勒班陀战役中他们的船只和水兵也损失惨重。在1571年的冬季和1572年的春季，奥斯曼人以最大的顽强的努力建立和装备了一支新的大型舰队。这支舰队在杰出的将领乌卢杰·阿里帕夏统率下，于1572年左右在距离凯里戈、纳瓦里诺和莫东不远的海域，挫败了基督教徒要赢得第二次而且是针对其穆斯林敌人的决定性战役的企图。基督徒舰队在1572年战役中，实际上未能取得任何重大战果。

威尼斯对于这次战争的结果甚为不满。这次战争耗费巨大而又未能取得胜利；而且还失去了它在黎凡特的商业，以及它习惯于从奥斯曼帝国输入的重要的粮食供应。于是它谋求与苏丹媾和，在1573年3月以割让塞浦路斯和赔偿巨额战费而与苏丹达成了和议。西班牙被剩下单独和奥斯曼人作战，于是把注意力转向了北非。查理五世皇帝早在1535年就在突尼斯建立了一个保护国。港口要塞拉戈莱塔成了西班牙统治这个保护国的主要的根据地。1569—1570年冬，乌卢杰·阿里帕夏率军由陆路从阿尔及尔进入突尼斯。西班牙所扶植的穆斯林亲王从那里逃往拉戈莱塔避难，帕夏攻下该城，并在城内驻兵。奥地利的唐·约翰从西西里驶往突尼斯，在1573年10月把它重新置于西班牙统治之下。这是一次辉煌的胜利，但也注定是不能持久的。1574年7月，乌卢杰·阿里帕夏率领一支庞大的舰队出现在突尼斯面前。经过短期的围困以后占领了这个城市和拉戈莱塔要塞。奥斯曼在1574年征服突尼斯具有一定的重要意义。实质上，它标志着西班牙和奥斯曼争夺北非的长期冲突的结束。这场冲突是为了决定究竟是将北非置于基督教统治下还是仍旧由穆斯林统治。依附于苏丹的阿尔及尔、突尼斯和的黎波里作为海盗国家即将进入它的黄金时代，这明显地标志着这场冲突的解决有利于穆斯林，而西班牙从卡斯蒂利亚的伊莎贝拉和阿拉贡的斐迪南开始的对非洲沿岸的征讨则已经以失败而告终。

塞浦路斯战争使奥斯曼人在尼科西亚、法马古斯塔和突尼斯战役中耗费了大量的金钱，在人力和武器弹药方面的损失也很可观。而勒班陀战役几乎摧毁了他们的海上有生力量；其后，他们不得不尽最大的努力匆忙地建立一支能与基督教舰队相抗衡的新舰队，这些都使他们付出了很大的代价。然而，奥斯曼人获得了很大的成果，拿下了塞浦路斯和突尼斯。可是，从1578年到1590年，与波斯进行的长期战争，使他们在人力物力上付出了更大的代价，而获得的却是一个性质不明确、时间不长久的胜利，这在后来的事态发展过程中可以看得出来。

苏莱曼大帝在反对波斯的战役中，已将伊拉克和小亚细亚的埃尔祖鲁姆和凡湖①周围的地区并入奥斯曼帝国。1555年在阿马西亚签订的和约，将这些征服地割让给奥斯曼人。奥斯曼帝国政府这时没有理由担心波斯重新向小亚细亚进行宗教和政治扩张，尽管萨非王朝创始者沙·伊斯梅尔（卒于1524年）统治时期曾因向小亚细亚扩张而名声大振。过去的紧张局势和不信任的因素，仍保持着许多从前的影响：把奥斯曼和波斯分开的仇隙是，前者属于逊尼派，即正统的穆斯林，而后者则笃信伊斯兰教什叶派；在奥斯曼控制的小亚细亚地区存在着许多亲什叶派的人们，所以被苏丹政府所怀疑；还由于奥斯曼和

---

① 参阅第2卷，第516—517、524—526页。

波斯的领土边界划分不明确而产生的地方争端，引起了无休止的刺激。此外，随着岁月的推移，这两个国家之间的对立变得更为复杂。苏丹和沙（波斯王）为了取得高加索山区各小公国的臣服关系而互相竞争，这些小公国有基督徒，也有穆斯林，这个广阔地区的西部处于奥斯曼的影响之下，而东部地区则属于波斯的势力范围。奥斯曼廷臣谋求和特兰索萨尼亚的乌兹别克土耳其人建立并加强一个有效的协议。这些土耳其人信仰正统穆斯林，是萨非政权的死敌，因为萨非王朝从他们手中夺取了对波斯东北部呼罗珊大片省区的控制权。与此同时，在欧洲政治意识中出现了一种很强的信念，认为沙的军队也许是可以用来阻止奥斯曼进攻基督教世界的有力工具。所以，奥地利、威尼斯和西班牙这些国家，便常常与波斯互派大使和进行外交上的交往，但由于交通上的困难，他们未能结成一个反对奥斯曼人的联合阵线。

在奥斯曼和萨非王朝争夺的这个广阔地区内，出现了一个新的因素，这就是俄国人向黑海、高加索和里海的推进。伊凡四世于1552年征服了喀山，四年以后又征服了伏尔加河口的阿斯特拉罕；俄国军队向南推进远达高加索高原稍北的捷列克河。沙皇所造成的这种局势，使奥斯曼帝国政府不能忽视。来自北方的穆斯林商人以及前往麦加和麦地那的穆斯林朝圣者，经常感到难以经由萨非王朝的波斯进入奥斯曼帝国。现在，这些穆斯林通往黑海沿岸的道路，也变得难以通行了。苏丹作为麦加和麦地那两大圣地的保卫者在伊斯兰教世界中享有很高的威望，他有责任保卫穆斯林宗教信仰的利益。此外，苏丹不得不考虑的是，俄国继续向前推进将给奥斯曼帝国在政治上和经济上带来明显的不利。1569年，奥斯曼军队试图征服阿斯特拉罕，但未能成功。这次战役未能实现的目的还包括在顿河和伏尔加河之间开掘一条运河。开掘这样一条运河，将使奥斯曼有一条由黑海沿着顿河经过伏尔加河一直到达里海的航路。毫无疑问，伊斯坦布尔的廷臣们所考虑的绝不仅仅限于将伏尔加河下游周围地区的土地置于奥斯曼控制之下。打通到达里海的通道，意味着可以同特兰索萨尼亚的乌兹别克可汗直接接触，并且可以把兵士、武器弹药运往高加索的中心地区和波斯北部。阿斯特拉罕战役的失败，确实使奥斯曼人不能利用顿河和伏尔加河向萨非王朝发动新的战争。可是，奥斯曼人并未因此而放松寻求通向高加索北部的其他通路的战略可能性的劲头。事实上，1578年开始的与波斯的大战期间，奥斯曼确曾打算让其军队从克里米亚跨过库班草原进军到里海海岸。

苏莱曼大帝的出征，已经显示了奥斯曼人在对波斯作战中所面临的困难的严重性：运输线太长，气候严酷，地形不利，可作战的季节太短，后勤问题严重，以及在人力、畜力和给养方面损失太大。① 这样一场战争对奥斯曼士兵来说，除了要冒死亡、负伤和疾病等通常的危险外，还要饱受酷暑严寒的折磨（一位德国人于1553—1555年在帝国旅行时，曾在伊斯坦布尔见过一些人由于在东部前线冻伤而失去了双脚）；并要在遭受萨非王朝破坏的地区忍受饥饿；有时还由于大部分骆驼、骡子和马匹死亡，不得不丢弃大量武器弹药和帐篷。此外，由于沙的军队惯于采用退却、骚扰和躲避战术，在城市中和土地上不给敌人留下可以利用的东西，因此奥斯曼人掠夺战利品的希望是极小的。当时史料记载表明，东方的几次战役，对奥斯曼军队的士兵是没有什么吸引力的，尽管中央政权想方设法刺激他们的士气，甚至让正统的逊尼派的乌利马以法律形式宣布：什叶派也和基督教徒一样，是他们真正的宗教信仰的仇敌，因此把战争中掠获的什叶派穆斯林作为奴隶出卖是合法的。如此偏激的措施注定得不到积极的响应。

沙的军队利用"焦土"战术，一般来说避免进行大规模正面作战；对奥斯曼军队进行骚扰后就撤退到自己领土的深处，因此，奥斯曼人很难迅速赢得决定性的胜利。奥斯曼人曾数次占领大不里士，随后又放弃，这样做收不到什么效果，伊斯坦布尔的廷臣们实际上面临着一种很困难的抉择：或是满足于东部边界的现状，或是在新的战争中扩大作战范围，使战争的性质升级。如果不想重复在早先几次战役中所经历的艰难的前进和疲惫的后退那种令人心灰意冷的过程的话，唯一可供选择的另外一条路就是：发动全面的进攻，并坚持下去，在奥斯曼的财力、人力和物力上不惜任何代价以获得彻底的胜利，并永久占领埃尔祖鲁姆和凡湖以外的广阔地区。

使奥斯曼人最后终于下决心重新发动战争的一个非常重要的因素，是沙·塔赫马斯普（1524—1576年）在位末期，波斯国家内部

---

① 参阅第2卷，第526页。

又增长了严重的危机。昔日从小亚细亚和叙利亚北部前来支持萨非国家创始人伊斯迈尔的土库曼人，已在波斯获得军人贵族的特权地位。① 在伊斯梅尔时期作为萨非运动的动力和团结因素的宗教热情已经开始冷却；土库曼部落之间的世仇暴露出来。此外，在伊斯梅尔的儿子塔赫马斯普统治时期，来自格鲁吉亚、切尔卡西亚、希尔凡和达吉斯坦的各类高加索人，已在国家的宫廷事务和武装部队中占有越来越重要的地位，从而对土库曼人的统治地位构成一种新的严重威胁。因此，在塔赫马斯普死后，土库曼各部落之间以及他们与这个政权内的高加索人之间所存在的紧张关系爆发为公开而又激烈的暴力行为。

土库曼人和高加索人这两个主要派别，都在利用王族内部的屠戮作为权力斗争的工具，因此，这两派人之争在表面上就成为王室纠纷。高加索派系企图同土库曼人的乌斯达克鲁部落结成联盟，来推戴自己的王位候选人登上王位，结果由于他们的被保护人塔赫马斯普的儿子海德·米尔扎在1576年5月被谋害而告失败。塔赫马斯普的另一个儿子伊斯梅尔在土库曼派系推戴下登上了王位。在他不到两年的短暂统治期间，几乎杀掉了萨非王室的全部男性成员，还把一些最有权势的埃米尔（王公贵族）和显要人物也都处决了。这种肆无忌惮的暴行增加了恐惧和不信任，使他的什叶派臣民怀疑他倾向于伊斯兰教的逊尼派，这就导致了他在1577年11月的倒台和死亡。

阴谋诡计和派别斗争的风气，仍然存在于整个穆罕默德·胡达班达统治时期（1577—1587年）。这位君主由于患病而半盲，他只不过是土库曼酋长们手中的工具而已。这种风气还影响着高加索的穆斯林和基督徒的小公国。其中有些小公国由于长期受萨非王朝的影响，已分别与沙的宫廷中的某个派别结合在一起，而且达到这样的程度，以至于他们在抗击奥斯曼人于1578年开始的进攻时，其士气不仅受战争实际状况的影响，而且随萨非政权派别斗争过程而变化。伊斯坦布尔的某些高级官员，如著名的穆斯塔法帕夏和锡南帕夏更认为，一劳永逸地解决与波斯的长期斗争的最好时机已经到来。苏丹穆拉德二世（1574—1595年）听从了他们的意见，尽管穆罕默德·索科利宰相为如此雄心勃勃的冒险事业的后果担心，因而提出相反的意见，苏丹还

---

① 参阅第1卷，第404—406页，萨非国家形成的简要说明。

是决定试图永久占据黑海和里海之间的广阔地带。

在波斯战争时期，埃尔祖鲁姆是奥斯曼人的主要基地，他们沿着陆路经过小亚细亚或是通过海路直达特拉布宗，可以把士兵和军需品等运到这个地方。1578年夏天，奥斯曼最高统帅穆斯塔法帕夏在这里集结了大量的近卫步兵和波尔特的西帕希，还有埃尔祖鲁姆、迪亚巴克尔和锡瓦斯的"封建"西帕希，以及祖伊卡德尔、卡拉曼和阿勒颇的"封建"西帕希。奥斯曼人的第一个主要目标是征服格鲁吉亚及与其相邻的领土。这个广阔地区此时已分为许多小公国：卡特利（包括第比利斯）、卡克提、伊米勒提、萨姆茨基，即默斯基亚（包括阿哈尔齐赫，即奥斯曼人所称阿尔通卡勒）；古里亚和明格列利亚等小公国。穆斯塔法帕夏于1578年8月在彻尔德尔湖附近打败了波斯人，就在这个月占领了第比利斯，并留下军队驻扎在这个地方。穆斯塔法帕夏随即向里海沿岸地区移动，在那里又战胜了波斯人，这一胜利使他能够强渡卡纳克河（或称阿拉赞河），然后占据了阿拉什。这个地方是一个具有重大战略意义的据点，因为它控制着从第比利斯通向希尔凡的沙马基（Shamakhi）和达吉斯坦的杰尔宾特的道路，也控制着通向甘贾、埃里温和大不里士的萨非诸要塞的道路。在阿拉什，穆斯塔法帕夏在撤退到埃尔祖鲁姆的冬季营地以前，对已侵占的领土的管理工作和未来的作战做了安排：把卡特利和第比利斯改为奥斯曼的一个省；卡克提仍由从属于苏丹的一个格鲁吉亚君主来统治；在苏呼米，由奥斯曼的一个帕夏管理黑海东岸地区的事务；将攻克尚未降服的希尔凡和达吉斯坦的任务交给奥斯曼帕夏统率下的一支独立部队来完成。在奥斯曼人向埃尔祖鲁姆撤退过程中，伊米勒提、古里亚和萨姆茨基的君主们表示愿意归顺穆斯塔法帕夏。奥斯曼人在这次最初的主要战役中，获得了很大胜利，但是离彻底的胜利还很远。为了巩固对格鲁吉亚的控制，他们于1579—1584年采取了艰苦而耗费巨大的行动：1579年在卡尔斯修建了一座大堡垒；1583年占领了埃里温，并重新修筑了防御工事，1584年在通往第比利斯的路上，如在哥里、托马尼斯和洛里修建了不太复杂的防御工事。此外，奥斯曼人为了"护送"人员和物资来支援第比利斯和其他地区的驻军，每年还必须进行大量的并且往往是艰苦的战争，因为他们时常遭到萨非人和他们的格鲁吉亚同盟者的封锁和骚扰。

这期间，奥斯曼帕夏在里海西岸地区进行了一连串辉煌的战役。虽然他于1578年在库拉河打败了波斯人，但他所统率的军队却未能夺取希尔凡。于是，他们便撤退到杰尔宾特，在这里可以控制位于达吉斯坦山脉和内海之间的一条大约6英里宽的狭窄的沿海通道。从1579年直到1583年，奥斯曼帕夏在与外界几乎完全隔绝和以寡敌众的情况下一直坚守在那里。1582年底，他终于得到足以发动反攻的增援，鲁美利的精锐部队从克里米亚的克法渡过库班河与捷列克河到达杰尔宾特。这次行军十分艰巨，几乎走了12个星期，沿途不断受到高加索北部的卡尔梅克部落和吉尔吉斯（切尔卡西亚）部落的骚扰和袭击。1583年，奥斯曼帕夏在萨穆尔河畔又赢得了一次巨大的胜利，从而把波斯人从达吉斯坦和希尔凡驱逐了出去，这里的沙马基和巴库两地不久就向这位胜利的将军投降。此时奥斯曼帕夏奉命将克里米亚重新置于奥斯曼的控制之下。这是因为鞑靼可汗作为苏丹的一个诸侯逃避义务，拒绝派遣骑兵到高加索去作战。奥斯曼帕夏穿过库班草原，等到乌卢杰·阿里帕夏统率的海军前来支援时，攻陷了克法并任命一个新的可汗即位，穆拉德三世在伊斯坦布尔迎接这位著名的将军，以表示对他的最高的尊敬和宠爱，而且在1584年7月将他提升为首相来酬谢他的无比的功绩。

奥斯曼在1585—1588年出征的主要目的，就是征服阿塞拜疆。奥斯曼帕夏战胜激烈的反抗，于1585年挨近到大不里士，占领了这个城镇，并在此设防。后来由于萨非军队持续的压力，他在艰苦的退却中死去。大不里士、第比利斯和埃里温这时必须对付波斯人反攻的压力，这些地方的驻防军虽然陷入极为困难的处境，但他们却一直坚持到奥斯曼东部前线新的最高统帅费哈德帕夏于1586年前来解救。1588年进行的最后一次大战役，奥斯曼人攻克了甘贾和卡拉—巴格的肥沃地带。同时，1587年以伊拉克为基地在西加拉-札德·锡南帕夏指挥下进行了协同作战，这位巴格达的贝勒贝伊，终于在波斯的西部边界占领了两个省——洛雷斯坦和哈马丹。

在这次战斗的后期，导致萨非政权分裂的部落世仇突然爆发成新的暴力行动。抗击奥斯曼人的杰出人物、沙·穆罕默德·胡达班达的儿子哈姆扎·米尔札被谋杀了。于是，穆罕默德·胡达班达于1587年6月被迫将政权让与他的另一个儿子阿拔斯（1587—1629年）。此外,在1588年和1589年特兰索萨尼亚的乌兹别克土耳其人侵入呼罗珊,占领了赫拉特、马什哈德和内沙布尔。由于急需克服国内派别斗争,并把乌兹别克人驱逐出去,沙·阿拔斯认识到必须不惜任何代价来结束与奥斯曼人的战争。在1590年订立的和平条约中,沙将大不里士和属于阿塞拜疆的甘贾与卡拉—巴格地区,以及希尔凡、格鲁吉亚、洛雷斯坦和库尔德斯坦的沙拉祖尔割让给苏丹。

在对波斯战争即将结束的时候,一场新的冲突在奥斯曼的欧洲边界开始形成。从1568年以来,虽然奥地利与奥斯曼帝国之间保持着和平状态,但是在沿着界线不明确的边境地区,穆斯林"加齐"们①与基督教边境地区统治者之间无休止的袭击与反袭击却持续不断地进行着,由此而产生的紧张局势随时都可能爆发成更为严重的战争状况。② 边境地区的"小规模战争",如1587年在科潘、布达和坎尼扎附近以及1588年在锡克索发生的冲突,其规模已使那种相互怀疑的和不稳定的和平有被破坏的危险。波斯尼亚的贝勒贝伊哈桑帕夏,于1591年和1592年两度侵入克罗地亚并包围了库帕河畔的锡萨克。同时,伊斯坦布尔的一些高级官员们,其中像锡南帕夏这样最有权势的人们,都极力主张苏丹对奥地利进行战争。就在这个时期,一个起决定作用的消息传来:波斯尼亚的穆斯林加齐们于1593年6月在锡萨克被击溃,伤亡惨重,波斯尼亚的哈桑也在被杀者之列。于是穆拉德三世终于接受了主战派的意见。

在多瑙河畔进行大规模进攻,对于奥斯曼作战的战术和人力物力是一个严峻的考验。与匈牙利人作战就像与波斯人作战一样,必然会遇到一些需要克服的时间和路程、气候、地形和后勤方面的巨大困难。③ 此外,与苏莱曼大帝早期统治时期的战争相比,此时的实际战争的机动性要小得多。奥地利的哈布斯堡王朝,力图建立强大的防御屏障来抵御奥斯曼人。奥地利的大公即后来的皇帝斐迪南一世(1558—1564年在位)鼓励日耳曼人和那些从奥斯曼统治下的地方逃出来的斯拉夫和匈牙利难民到基督教的边境地区定居,给予他们宗教

---

① 加齐(ghāzi),即"护教战士",一般意译为"击败异教徒的伊斯兰教勇士",因未能完全符合原意,故从音译。——译者注
② 参阅第2卷,第521—522页。
③ 参阅第2卷,第514—515页。

上和财政上的特权，作为对他们守卫边疆的报酬。由于采取了这些最初的暂时性措施，结果出现了克罗地亚和温迪施边区，从亚得里亚海沿着乌纳河和库帕河，一直延伸到萨瓦河和德拉瓦河上游地区，建成了一个防御体系，不久便配备了它本身的组织完善的军事设施，而且在1578年以后，其财政主要依靠卡尼奥拉、卡林西亚和施蒂里亚的税收。这些措施使基督教徒能够进行更加有效的抵抗，他们的边防逐步得到加强，而且斯拉夫和匈牙利难民不断被招募来充实边防力量。这就激起了波斯尼亚的加齐们的强烈反应，以致引起1593年的战争。维也纳政府还力求改善和加强仍由基督教徒控制的主要要塞，如坎尼扎、拉布、科莫恩和埃劳。同时还建立了一个小型的要塞网，保护比较重要的通路、河流渡口和进入大要塞城镇的入口。随着岁月的流逝，快速制胜的前景暗淡了，奥斯曼人不得不以其要塞为基础建立类似的防御体系，如贝尔格莱德、泰梅什堡、施图尔韦森堡、布达和埃斯泰尔格姆等要塞，每一个都控制着一些具有战略价值的小据点。这时，穆斯林和基督教徒隔着防御工事相互对峙，他们各自的统治地区就以这些工事为界。实际上，双方的边界沿着多少比较稳定的界线逐渐固定下来了。

奥斯曼人所面临的一个不小的困难，就是与他们对峙的军队的性质。哈布斯堡王朝的皇帝利用他在国际上的影响，能够把当时最精锐的一些士兵，如德国人、瓦隆人和意大利人雇佣军，招来为他服役。这些雇佣军如果薪饷太低确实是难以控制并容易骚动的，然而他们却是最精于作战技术的职业军人。哈桑·阿卡菲感到痛惜的就是基督教徒使用了新式手枪和大炮，而奥斯曼人迄今尚缺乏这类武器。因此，基督教徒与苏丹的军队相比，肯定已占优势。

此外，虽然宗教改革在欧洲引起了巨大变化，但是，从"基督教徒大家庭"这个古老观念中所产生的那种思想感情和信念，至今仍具有一定的影响。其宗旨是要使所有信仰基督教的国家，不分种族和语言，都忠诚地团结在一起。在同穆斯林仇敌作战的号召下，仍然有大量志愿兵应召前往匈牙利前线服役，其中既有天主教徒也有新教徒。一位基督教徒把1593年进行的战争说成是为祖国和宗教而战。皇帝鲁道夫二世宣布他的军队将是整个基督教世界的盾牌，这只不过是反映了同代人的信念。奥斯曼帝国引起了基督教徒的巨大兴趣，许多人去读分析奥斯曼帝国的实力和弱点的新的和老的著作;出现了许多有关的德文、拉丁文和意大利文报纸和专著,并译成其他文字。这些出版物论述了战争的过程和胜负,往往十分详细,并且是根据第一手资料写成的。这个时代的一位威尼斯作家拉扎罗·索兰佐,在论述1593年开始的战争时说,"这场战争是当今世界上最重大的事件"。① 这个评价绝不只是他一个人的看法。

继波斯尼亚的加齐们在锡萨克溃败以后,接踵而来的匈牙利大战又持续了13年漫长的艰苦岁月(1593—1606年)。在这次战争的大部分时间里,奥斯曼人不得不在多瑙河下游应付严重的局势。在此以前,那里是隶属于苏丹的,而在1594年,摩尔达维亚、瓦拉几亚和特兰西瓦尼亚举行了几次起义,并与奥地利联合起来。这三个公国的失控对于由伊斯坦布尔通往贝尔格莱德、布达和格兰的交通路线构成了严重的威胁,因为多瑙河是当时向匈牙利前线运送枪支弹药的十分重要的航道。同时,它还使奥斯曼人失去了从摩尔达维亚和瓦拉几亚那里取得的大量粮食、肉类、马匹和其他驮畜。所以,奥斯曼人就不得不用相当大的力量来保卫多瑙河这条水上通道。这对正在多瑙河中游作战的神圣罗马帝国的军队显然是有利的。然而,当时这三个多瑙河国家与奥地利所达成的协议,是建立在极不稳固的基础上的。特兰西瓦尼亚的君主西吉斯孟·巴托里,由于年轻时受到周围天主教耶稣会的影响,因而有雄心和热情去领导一场新的反抗奥斯曼人的战争。他还想恢复从前匈牙利对瓦拉几亚和摩尔达维亚的控制。这种愿望与瓦拉几亚有权势的大公米哈伊的意愿是背道而驰的。哈布斯堡王朝也抱有他们自己的目的;而且,作为古老的已在1526年的莫哈奇战斗中灭亡的匈牙利王国的继承人,哈布斯堡绝不会放过任何把特兰西瓦尼亚置于其直接统治下的有利时机。② 波兰也插手摩尔达维亚的事务,在战争过程中,屡次对摩尔达维亚进行武装干涉,从而进一步增加了问题的复杂性。西吉斯孟·巴托里,由于意志不坚定,放弃了特兰西瓦尼亚的王位而将它让给了皇帝鲁道夫二世,可是后来又重新登上王位,这样一来,就使多瑙河北部地区更加混乱了。瓦拉几亚的米

---

① 索兰佐:《奥斯曼帝国》(费拉拉,1599年),序论第4部分。
② 参阅第2卷,第512—513页。

哈伊自称代表皇帝的利益，在1599年占领了特兰西瓦尼亚，1600年又占领了摩尔达维亚。他的成功引起了波兰人在摩尔达维亚以及瓦拉几亚地区的干涉；此外，在特兰西瓦尼亚的匈牙利人和被派往援助他们的帝国军队也联合抵抗米哈伊。1601年米哈伊大公被谋杀。接着，神圣罗马帝国控制了特兰西瓦尼亚约有四年之久。在此期间，帝国采取了反对新教和当地士绅的措施，没收大贵族的一些财产以消除他们的影响。此外，还委派德国人和意大利人担任官员，充当中央集权制的哈布斯堡王朝政权机构的工具。结果，特兰西瓦尼亚终于在西吉斯孟·巴托里的一位最有才干的助手斯蒂芬·博奇考伊的领导下，放弃了与皇帝的联盟，并且重新谋求与苏丹的谅解。这种结盟的变化，对长期的匈牙利战争的进程产生了显著的影响；奥斯曼人的处境得到了很大的改善，他们的军队在战争的最后阶段收复了早些时候丢失给帝国军队的领土。这种结盟的变化还使特兰西瓦尼亚在与皇帝和奥斯曼苏丹的关系中得到了很大程度的独立自主权，而且不久便进入了一个短暂的黄金时代。

匈牙利战争的最初几年对于奥斯曼人来说是不利的。虽然他们在1594年攻陷了拉布大要塞，但是这次胜利不足以抵消1595年格兰（奥斯曼统治下的多瑙河中游最北端的要塞）向帝国投降所造成的损失；以及锡南帕夏领导下的奥斯曼军队在此期间向倒向皇帝一边的瓦拉几亚发动全面进攻时，在多瑙河下游的久尔久被击溃所招致的惨重失败。由于局势严重，穆罕默德三世（1595—1603年在位）不得不在第二年亲临战场。奥斯曼人选择了坐落在靠近狭窄走廊地带的匈牙利埃劳要塞，作为1596年战争的主要攻击目标，因为该狭窄走廊地带是通往特兰西瓦尼亚的帝国交通路线。在集结了强大兵力的帝国部队能够抵达并救援埃劳以前，这个要塞已在1596年10月12日向苏丹投降了。随后便是在那里进行了这次战争中规模最大的野战。起初，奥斯曼人被迫后退，几乎到了崩溃的边缘，但最后于1596年10月26日在迈泽凯赖斯泰什的殊死战斗中，奥斯曼人击溃了基督徒。这个战役虽然未能立即产生重大的结果（实际上进行战争的季节早已过去），但是已使帝国方面无法实现其迅速取胜从而把奥斯曼人从其所控制的匈牙利领土上驱逐出去的愿望。

这场战争已经变成了一场艰巨的围攻战，穆斯林和基督徒双方都需要消耗巨大的人力和物力。帝国方面虽然在 1598 年重新占领了拉布，但是他们决心夺取布达的企图失败了。奥斯曼人在这一年想要占领瓦拉日丁的打算也落空了。但奥斯曼人在 1600 年取得了一个显著的胜利，攻下了坎尼扎要塞，尽管这个要塞处于沼泽地带之中，几乎是无法攻破的。尽管 1601 年基督徒在企图收复坎尼扎要塞时被击退并遭受了严重损失，但他们包围并攻克了施图尔韦森堡，不过第二年又丢失给奥斯曼人。1602—1604 年的战争主要集中在布达和佩斯附近，前者是帝国方面企图攻占而未能得到的要塞，而后者则是奥斯曼想要重新夺回的要塞——它在 1602 年已被基督教徒所攻陷。直到 1605 年当特兰西瓦尼亚又倒向苏丹一边时，这场战争才进入决定性的阶段。在这一年中，奥斯曼人在这场战争最后的一次主要战役中，收复了格兰和几个小要塞，其中有维谢格拉德、维斯普雷姆和帕洛塔。

这时，维也纳也和伊斯坦布尔一样，要求和平的愿望已经占了上风。特兰西瓦尼亚起而反抗哈布斯堡王朝的控制，使战争的形势变得有利于奥斯曼人。情况清楚地表明，如果战争继续下去，奥地利不会有多大收获，甚至还确实可能遭受很大的损失。1606 年 6 月达成了一项协议，解决了斯蒂芬·博奇考伊和皇帝鲁道夫二世之间的分歧。苏丹早在 1605 年已将特兰西瓦尼亚许诺给予博奇考伊，并允许他继任匈牙利的王位。这项协议也规定博奇考伊及其继承人可以保有特兰西瓦尼亚。至于国王的称号，协议中只字未提。苏丹还迫切想结束多瑙河畔的长期战争。自 1596 年以来，小亚细亚就一直在燃烧着反叛的火焰。此外，1603 年波斯的沙·阿拔斯发动了一场新的反对奥斯曼人的战争，其目的是要重新占领在 1590 年割让给苏丹的大片领土。所以，不与奥地利媾和，奥斯曼政府就腾不出手来扑灭反叛的火焰并阻挡萨非王朝的推进。

1606 年 11 月，皇帝和苏丹之间签订了和约。长期战争使人清楚地看到一个基本事实，就是奥斯曼人尽管耗费了大量的人力物力，也未能粉碎哈布斯堡王朝的抵抗。他们那庞大的作战机构，已经延伸到他们有效控制的范围以外，在沿多瑙河中游的遥远而辽阔的平原上，几乎被拖得精疲力尽。举行和谈的地点，尤其是和约本身的条款，反映了自苏莱曼大帝黄金时代以来奥地利和奥斯曼帝国之间的均势发生了多么大的变化。这种变化有利于皇帝，而不利于苏丹。在此以前，奥地利想与奥斯曼达成协议时，不得不派遣使节去伊斯坦布尔。但是，这次和平条约的缔结与过去不同，一扫苏丹向求和的敌人开恩的那种架势。最后一次和谈会议是在匈牙利边界齐特瓦托罗克（Zsitra-Torok）的中立地带举行的，它位于基督教的科莫恩要塞和穆斯林的格兰要塞之间，齐特瓦河从那里流入多瑙河。奥斯曼人在那里接受的条款，与其说这是出于担心在小亚细亚所面临的危险，不如说是承认了从1593年开始的战争实际上以他们的失败而告终。对于皇帝来说，在一次付清总共20万盾的"礼物"以后，无须再向苏丹进贡，从而结束了他和他的祖先自从苏莱曼大帝时代以来所尽的义务。此后，苏丹在未来所有的外交往来中要给予皇帝应得的最高礼遇，亦即要平等相待。同时，每一方都保持了他们当时所控制的领土。所以奥斯曼人继续保有在1593年臣属于他们的匈牙利领地，只是增加了埃苏和坎尼扎两个要塞——作为13年艰苦战争的微薄报偿。

与波斯和奥地利进行的长期战争，除了它们的直接后果外，对于奥斯曼国家某些根本制度也产生了不利的影响。战争本身的性质是一个很重要的因素。为了永久占领高加索地区的大片领地，奥斯曼人就要建造许多要塞，并派驻能熟练使用火器和围攻技术的驻防军。奥斯曼在匈牙利前线的作战机构，承担着进攻要塞的艰巨任务，而这些要塞往往是由熟练掌握最新作战技术的有经验的职业军人来防守的。在这种情况下，苏丹的"封建"武士——奥斯曼的西帕希的作用不像以前那样重要了。这时，在东方前线（在西方前线则尤其是这样），最急需的是受过使用火器训练的步兵和诸如工程兵、炮兵等特种部队。"封建"西帕希是按照古老的奥斯曼传统训练的，因而不适应新的作战方式。由于作战方式的变化，不可避免地要大量增加奥斯曼中央政府机构的雇佣军，以及近卫步兵和帝国皇室的其他特种军团。

中央政府机构的武装部队在激烈的战争行动中经常首当其冲。在东方前线艰难的战争中，由于死亡、受伤和疾病而遭受的损失是惨重的，近卫步兵就是个例子。西方前线的情况更为残酷。一位基督徒说过，匈牙利的战争犹如"人类的屠宰场"，[1] 因而帝国皇室的精锐部

---

[1] A. 塔都希（Tarducci）：《战争机器，古今军纪与兵营》（威尼斯，1601年），第38页。

队在那里也不得不承受严重的损失。

既需要增加中央政府的雇佣军,又需要补充在这次长期战争期间遭受的巨大伤亡,这两个需要结合起来就造成了灾难性的后果。过了不久,人们就清楚地看到:传统的新兵来源根本不能满足这种双重需要。过去新兵来自战争中掳获的、赠送的或购买的俘虏;此外,还有德伍希尔迈,即从帝国基督教的臣属居民中征召来的进献男童。与此同时,由于战争急需而采取的应急措施,也只能满足一时的需要。例如,把外籍青年补充到近卫步兵军团,尚未完成训练就将他们投入战斗。面对这种状况,奥斯曼政府不得不支持另一种解决办法,这种办法混淆了甚至取消了当时尚存在于基尔曼与国内穆斯林出身的人之间的界限。于是,开始大量吸收穆斯林出身的人参加近卫步兵和中央政府的雇佣军,而且产生了一些新的团体,诸如"库尔卡尔达西"(Culcardasi)即"库尔兄弟"("库尔"就是"基尔曼"),这些人也同样是从穆斯林出身的人招募来的,并授予同"苏丹侍从"一样的特权和地位。由于背离了奥斯曼统治的"古典"体制,也就使基尔曼的传统精神遭到严重的破坏,这种传统精神讲求高超的战术和严明的纪律,它曾对奥斯曼国家的伟业起过巨大的作用。

1566—1617年间,对于奥斯曼人来说,在商业、经济和社会事务领域中,出现了新的因素和新的势力,其中有一些显然是不利的。在南方,遥远的红海、印度洋和波斯湾各水域,奥斯曼人和葡萄牙人之间断断续续拖了很久的战争正在接近于结束。1580年,奥斯曼舰队在阿里贝伊统率下,从也门驶往乌曼,袭击了葡萄牙管辖的马斯喀特。1584年,阿里贝伊沿着非洲东部海岸南下,直抵马林迪。1589年,阿里贝伊再次采取同样的冒险行动。但是,这次在舰队到达蒙巴萨时,被来自印度西部果阿的一支占有优势的葡萄牙舰队击败。奥斯曼对葡萄牙在印度洋水域的统治进行的最后一次挑战,就这样结束了。葡萄牙人并没有力量完全控制从印度经过伊斯兰教国家通向欧洲的那条古老的贸易路线,这是早就清楚了的。自从他们紧跟着瓦斯哥·达·伽马侵入印度洋以后,曾使经过红海和波斯湾到达黎凡特诸港口的极为有利的转运贸易中断了很长时间。然而,随着事态的发展,葡萄牙的力量和影响的局限性越来越明显,于是这一贸易又恢复起来:东方的香料和其他舶来品,此时不仅绕过好望角运来，而且重新通过苏伊士和巴士拉大量运到地中海沿岸。因此在 1550 年以后，阿勒颇实际上已经成为一个繁荣的商业中心，经营香料和人们渴求的波斯丝绸。同时，埃及的亚历山大港也繁荣起来，而且在相当大的程度上恢复了昔日的富有和重要地位。然而，这次复兴起来的古老的转运贸易，好景不长。因为比葡萄牙人强大得多的海上国家英国和荷兰随后进入了印度洋，不久就牢牢地控制了环绕非洲的海上通道。

英国人和在他们以后的荷兰人，现在开始侵入地中海。以前，英国人的商船队有时在诸如威尼斯和法国这些在奥斯曼帝国境内享有商业特权的基督教国家的保护下，曾冒险进入黎凡特海域。当时在伦敦和伊斯坦布尔之间还不存在发展密切而有利的贸易关系的条件。英格兰的商人还没有从苏丹那里获得特许权。他们在地中海的航行，在相当长的时间里仍是一项冒险的事业。在国内也没有强大的机构来保护他们的利益。直到伊丽莎白女王统治的中期，才出现比较有利的形势。这时，商人们已拥有特许股份公司这种适当形式的金融机构、比以往更多的资本，以及与黎凡特发展贸易的浓厚兴趣，因为经过中东的古老的转运贸易显然又恢复了。1578 年，威廉·哈伯恩作为伦敦商人爱德华·奥斯本和理查德·斯特珀的代表到了伊斯坦布尔。他得到苏丹穆拉德三世的恩赐和优惠，在 1580 年获得特许：在奥斯曼帝国享有与法国和威尼斯同样的商业特权。1581 年，奥斯本和斯特珀与他们的同伙于 1581 年获得伊丽莎白女王的特许，允许他们成立一个与黎凡特进行贸易的商业公司。在英格兰任命常驻奥斯曼政府的外交使节以前，1580 年从苏丹获得的特权，一直属临时性质。1583 年，哈伯恩成为黎凡特贸易公司驻伊斯坦布尔的首任代理人，同时，还是英格兰驻奥斯曼帝国的第一任"代表"，也就是大使。他任此职直至 1588 年。

法国和威尼斯都不愿看到同他们争夺利益的新竞争者插足于黎凡特。此外，如果苏丹允许英格兰在他的统治范围内独立经营贸易，就会使这两个基督教国家失去数量可观的领事签证手续费，以前英国船只有付出这种费用才被许可悬挂法国的或威尼斯的旗帜航行。因此，驻伊斯坦布尔的法国大使和威尼斯代表，不择手段地力图破坏哈伯恩的谈判，但是没有成功。1583 年，穆拉德三世将三年前他曾授予英格兰的贸易特权正式肯定下来。奥斯曼人无疑认识到,与英格兰这个基督教国家保持紧密的联系,可以取得经济上和政治上的利益,因为英格兰是海上强国,而且同奥斯曼人一样,也是与哈布斯堡王朝相敌对的。然而,哈伯恩在短短的两年时间里(1578—1580年),就克服了他在伊斯坦布尔所面临的一切困难,这仍然是使人感到惊讶的。下面谈到的一个因素,对他顺利完成任务起了重要的作用。

奥斯曼人因先后与波斯和奥地利进行了长期的战争,需要消耗大量的作战物资,致使这类物资奇缺。英国的商人有财力,而且也愿意提供这类短缺的物资。西班牙驻伦敦大使贝纳迪诺·德·门多萨曾在1579年指出,奥斯曼人从英格兰得到了大量的锡,这是制造青铜大炮必不可少的金属。从英格兰发运到奥斯曼帝国的其他货物,包括破碎的铜钟和铜像(在宗教改革过程中从英国教堂抢劫来的掠夺物)、钢铁、铅、铜、火绳枪、滑膛枪、剑刃、硫黄石、硝石和黑色火药等。一个英国人(从1603年至1605年是奥斯曼人的俘虏)曾写过,近卫步兵"除了从被征服的基督教徒那里得到的,或是从英格兰运来的以外,没有一粒能用的火药";而且英国人"在君士坦丁堡开设了三个销售武器和军需品的公开店铺……出售100磅黑色火药要23—24咪金诺,而在英格兰仅值3镑。锡在君士坦丁堡也是这个价格。一支滑膛枪卖5—6咪金诺;而在英国买一支普通的滑膛枪只用2马克,最好的仅值18先令"。①

贸易无疑是促使英国人到黎凡特去的原动力,但是,在英格兰驻奥斯曼政府首任大使威廉·哈伯恩任职期间(1583—1588年),政治上的考虑也产生了强大的影响。哈伯恩和巴顿为了英格兰和其他基督教国家的利益,曾多次要求奥斯曼人对西班牙发动海上的攻击。而且巴顿好像欢迎1593年以前的几年中奥斯曼帝国和奥地利之间的战争趋势。从他下面这段话或许可以看出他的真实看法:"据我的浅见,使上帝的一个仇敌反对他的另一个仇敌,使异教徒反对偶像崇拜者,这样做不会冒犯上帝,因为在他们争吵不和时,上帝的教民②就可以

---

① 《国家历年文献,西班牙部分》(1568—1579年)第609号,(1580—1586年)第256号;T.雪利(Sherley)爵士:《论土耳其》(E.D.罗斯编),拉姆登杂文出版社,第16卷,第7期,第9—10页。

② 即新教徒。

休息,并增强力量。"①

从事作战物资的贸易,败坏了当时英格兰的良好声誉。这种海上贸易违反了基督教世界古老的习惯法——禁止把作战物资出售给异教徒。那种古老的教义确实已几乎完全丧失了它的强制力,但是,以这种教义为基础的思想方式和感情,仍在新教和天主教的欧洲继续保持着,尽管此时已在衰退之中。所以,具有坚定宗教信仰的人们认为,这种贸易"对于整个基督教世界是一种可恨而且有害的邪恶的活动"。哈伯恩和巴顿试图在奥斯曼政府达到的政治目的,对于英国声誉的损害也不小。代表罗马教会写文章的宣传家们,(其中最著名的是从英格兰被驱逐的天主教徒,诸如威廉·艾伦、约瑟夫·克雷斯韦尔、托马斯·斯特普尔顿、威廉·雷诺兹、理查德·罗兰和威廉·吉法德)提出了各自的观点。他们有充分理由痛斥这两个大使和他们的女主人伊丽莎白女王是基督教的叛徒。托马斯·斯特普尔顿宣称,女王和他的仆人的最大的不虔诚,乃是煽动奥斯曼人进攻基督教世界。这种宣传取得了越来越大的效果,使伊丽莎白女王极为不安。因此,她不得不采取主动的措施,以消除此种宣传在英格兰国内和欧洲其他地方所激起的焦虑和不信任情绪。对女王最有害的指责之一,就是将奥斯曼人和奥地利人之间于1593年爆发的战争的责任归罪于她。当驻伊斯坦布尔的英国大使怂恿苏丹攻击西班牙这个最强大的天主教国家时,德国的新教徒很可能保持沉默。然而,他们却不会同意怂恿奥斯曼人向奥地利大举进攻。因为如果对奥地利的进攻成功的话,势必危及德国新教徒自身的利益。所以,伊丽莎白女王为了抵消逐渐增长起来的对她的不信任,在1593年派遣克里斯托弗·帕金斯带着她的指令到布拉格向鲁道夫二世申明她是无辜的。帕金斯特使圆满地完成了他的使命,皇帝郑重地表示,由于女王对于即将到来的匈牙利战争没有责任,这使他感到满意。可是,在匈牙利战争时期(1593—1606年),天主教的宣传仍继续不断,并且连遥远的俄罗斯都受到了影响。英格兰驻奥斯曼政府大使爱德华·巴顿陪同苏丹穆罕默德三世参加了1596年的战役。此战役使埃劳和迈泽凯赖斯泰什的基督徒蒙

---

① I. I. 波迪(Podea):《关于伊丽沙白女王的东方政策(1590—1593年)的探讨》,载于《通史杂集》第2卷,第9页(克卢日,1938年)。

受了重大的损失。他和苏丹一起出现在战场上,对那些在莫斯科的天主教代理人是很有利的。受罗马教皇和帝国宣传的影响,俄罗斯人(罗马教廷狡猾的情报部门这时已预见到俄罗斯是奥斯曼帝国的一个潜在的并将最后毁灭它的敌人)通知伊丽莎白女王,他们对于巴顿的行为以及运输作战物资的事情感到惊愕和担心。女王不得不再一次为她的声誉进行辩解。首先,她在1597年通过在俄罗斯从事贸易的一个商人做这项工作。后来,在1600年她又将理查德·李爵士派往莫斯科,诡称巴顿是被苏丹强迫到1596年战场上的;而且英国人并未卖给奥斯曼人武器或其他作战物资。直到事态发展表明西班牙无力征服英格兰,而且奥斯曼帝国也无力压服奥地利时,这场宣传战才开始沉寂下去;而且英国人在黎凡特所进行的争议较大的贸易,在国际关系中也不再那么重要了。

在与波斯和奥地利作战的年代里,奥斯曼政府面临严重的财政困难。奥斯曼帝国过去的币制一直是以银阿克切或称阿斯佩尔(asper)为基本单位的,国家的岁入和支出也都用它来计算。长期以来,奥斯曼人和欧洲各国人民一样,也为一再出现的金银不足而感到苦恼。这类贵金属的严重不足,不时威胁着奥斯曼帝国的银本位货币制度。为了应付这种困难和压力,历代苏丹乃将银矿控制起来,并鼓励进口银币和银块,而限制其出口;在国家商业方面,扩大以实物而不是以现金进行交易的那些部门;并在必要时降低硬币的成色。然而,大约在1580年以后,奥斯曼帝国开始感到严重通货膨胀的影响,上述情况随之发生了显著的变化。

美洲白银被认为是当时发生在欧洲的"价格革命"的主要起因。人们认为,白银数量的大量增加引起了长期的通货膨胀。白银从美洲流入西班牙,再从西班牙流入热那亚和拉古萨,然后渗入到奥斯曼帝国。当大量的白银通过国际商业渠道流向东方时,在流经的每一个国家都造成了类似的后果:物价猛涨、货币贬值和成色降低、伪造货币、投机倒把,等等。但是,这种强调流通手段突然大量增加的作用,单纯从数量上来看待"价格革命"的观点,近年来已受到很多的批评。近来的一些分析认为,物价的上涨不是由于——至少不是单纯由于——从新世界流入贵金属造成的,而是由作用相等或甚至更大的其他因素造成的。例如,现在已经注意到一个因素,这就是人口的增长比生活必需的物质生产的增长更快，从而导致社会生活的严重失调。确实有材料说明，当时奥斯曼帝国人口的增长，尤其是小亚细亚人口的增长，是相当可观的。因此，无疑应把"价格革命"归因于许多不同原因的相互作用，而不应归因于单独一个原因所起的作用。然而，要说白银向东方的流动与奥斯曼国家当时的通货膨胀无关也是很难令人相信的。从最低的估计来说，白银东流在奥斯曼人当时所面临的复杂而不利的局势中，是引起社会动荡不安的一个因素。再者，通货膨胀的发生，正是奥斯曼政府被迫不得不为先后对波斯和奥地利进行的长期战争筹集和支付巨额款项之时；同时也正是奥斯曼政府不得不大事扩充雇佣军和中央政权机构的工作人员，从而意味着进一步大量增加政府支出之际。

奥斯曼政府为了缓和当时财政上的困难，于1584年颁布法令，规定每个阿克切即阿斯佩尔的含银量由1/5迪拉姆（diram）减少到1/8。这一降低硬币成色的措施，使当时苦于应付对波斯战争巨大开支的政府，暂时获得了巨大的收益。但是这样做也包藏着严重后果。阿克切与杜卡特兑换率，由60比1下降至200多比1。外国的金币和银币开始排斥减了成色的奥斯曼硬币，甚至从其国内市场把它驱逐了出去。由于开支很大，货币又不断贬值，奥斯曼政府所采取的财政措施和所提出的要求就越来越苛刻，从而加剧了广大居民因物价上涨而感受到的艰难困苦。

通货膨胀猛烈地冲击着依靠固定收入的各阶层人们。在国家文职、行政和宗教人员当中，许多官员往往由于薪俸太低而且经常拖欠，难以维持生活，因而通过营私舞弊和贪污受贿来解决他们的困难。在帝国皇室的雇佣军当中，也出现了不安和危险的骚动情绪。过去不准参加而新近刚参加近卫步兵的人员，对于破坏这支著名部队所具有的服从和忠实的老传统，无疑起了很大的作用。然而，在近卫步兵中，以及其他领饷的军队中，纪律涣散现象的显著增长，还有一个十分重要的原因，这就是他们的薪给是以数目固定不变的现金支付的。由于物价的上涨，他们的薪给已经不足以支付他们的正常需要，因此他们要求发给大量的赠品和增加薪给。这种要求带有很大的威胁，是不能置之不理的。因为如果不予满足，最终他们就会起来反抗苏丹及其大臣们。1589年，当政府打算不是用旧的成色好的硬币，而是用新的降低了成色的硬币发给他们薪给时，近卫步兵发动了叛乱。三年以后，即在1592年，波尔特的西帕希也发生了兵变，因为他们的薪给没有发足。1603年，波尔特的西帕希再次发动的叛乱尤为严重。宰相哈桑帕夏诱使近卫步兵镇压了这次叛乱。他们毫不犹豫的干预——这是造成后来他们和帝国皇室骑兵部队之间的怨恨的一个根源——表明"苏丹侍从"以前那种联合一致的团体精神，在不利事态的影响下，消失得多么迅速而彻底。

价格革命也影响了"封建"西帕希，因为他们依靠来自其采邑的固定收入为生。甚至在此以前，这些"封建"骑兵就已感到远方的出征使他们在供应和装备方面担负的费用太重，而他们所获得的战争俘虏和掠夺物却愈来愈少。因此，不言而喻，通货膨胀对"封建"阶级的打击必然十分严重，而拥有低等或中等产量的提马尔的西帕希首当其冲。这样的采邑在小亚细亚似乎比在巴尔干半岛多得多。此外，由于在中央政权机构的人员中增长的阴谋诡计和贪污腐化，宫廷的宠信和大投机商获得了提马尔和齐阿迈特。伊斯坦布尔政府为了寻找更多的税收来源，将正常变动过程中空闲出来的大量采邑收回，故意不予重新授出，留作政府自己来使用。提马尔的数量从此开始逐渐缩减，而称为"喀西沙希"的苏丹领地则相应地增加了。

"封建"体制之所以日趋瓦解，还有一个很重要的因素，就是农民从其耕地上逃亡。这种现象意味着，由于缺乏劳动力，常使采邑的收成减少。甚至在苏莱曼大帝统治时期，正当帝国的权势和繁荣达到顶点的时候，卢特菲（Lutfi）帕夏在1541年被免去宰相职位后，在他写的题为《阿萨夫纳米》（Āsāfnāme）的短文中，就感到有必要提起注意农村人口减少的危险性，并建议向农民征收的税额不要过高，并防止农民遭受省政当局可能施加的压迫。

帝国人口的增长超过了耕地的增长。由于这个因素，再加上持续的通货膨胀、硬币成色降低，以及中央政权机构和省当局此时所施加的财政压力所造成的结果，逐渐出现了许多无业游民［称为"孤尔伯特太费希"（ghurbet tā'ifesi）或"勒亡达特"（Levendāt）］，尤以小亚细亚为最。他们都是被迫从农田上逃亡的人，其中有些人为了解除困苦而沦为强盗；另外一些人则流入当地城镇，成为漂泊不定、难以管理的无产者。只要遇到适当的时机，随时都会闹事。"勒亡达特"和"封建"西帕希所感到的抑郁和不满,到1553年时都集中在苏莱曼大帝的儿子穆斯塔法身上。穆斯塔法在那一年被处死以后,苏莱曼剩下的两个儿子谢里姆和巴耶济德为了奥斯曼王位的继承权问题发生了内讧（1558—1559年）。这两个王子都渴望建立自己的军队,设法获得了"封建"西帕希及其杰布里武士以及被迫逃离农田的穆斯林的支持。然而,为了取得这些人的支持付出了很大的代价。谢里姆和巴耶济德不得不授予这样招募来的大量士兵以一定的地位,使他们在身份和权势方面与中央政权机构的雇佣军和"苏丹侍从"相同。[①] 需要做出这样大的让步,表明在恶劣形势的压力下,帝国的穆斯林出身的臣民比过去任何时候都不愿接受他们自己被排斥在以往只有帝国皇室成员才能享有的国家最高权力和特权之外这种状况。显然,通货膨胀的袭击、中央政府苛刻的财政政策和"封建"体制的日趋瓦解,更加扩大和加剧了农民从其耕地上逃亡的现象,从而使帝国各省已普遍存在的骚动日益严重,甚至达到了爆发危机的程度。这时在小亚细亚出现了真正的威胁,那就是不满现状的"封建"阶级和农民可能会联合起来发动叛乱,来反对中央政权机构及其拥有特权的人员。而这是最难对付的叛乱,因为参与叛乱的将会有"勒亡达特",他们有许多人曾作为非正规兵参加过对波斯和奥地利的战争,并已获得了作战经验。这场叛乱还会得到有熟练的作战技术的"封建"西帕希及其随从的援助。

事态的发展确实如此。从小亚细亚征召来为1596年的匈牙利战争服役的"封建"骑兵,在迈泽凯赖斯泰什战役中消极应付。而且,应召前来作战的西帕希,有相当多的人不上战场。战后被晋升为宰相的西加拉-扎德·锡南帕夏采取严厉措施来对付这种局势。有关这个时期的奥斯曼编年史,把1596—1610年期间席卷小亚细亚的巨大叛乱浪潮,归因于上述严厉措施在"封建"西帕希中间激起的强烈怨恨和"勒亡达特"的日益增长的骚乱。奥斯曼人把这个运动叫做库卢吉-哲拉尔延（Khurūj-i Jalaliyān）,即哲拉尔叛乱。这次起义的主要组织者是一个叫作阿布达尔哈利姆（Abd al-Halīm）的人,被称为卡拉·雅兹吉（即"黑书记"）,还有他的兄弟德里·哈桑。他们进

---

① 参阅第2卷,第527—530页。

行掠夺的地区是从鲁哈（乌尔法）直到锡瓦斯和开塞利，从小亚细亚南部的阿尔比斯坦地区直到北部的贾尼克地区。伊斯坦布尔政府企图离间卷入起义高潮的两个组成部分。一部分是"封建"西帕希（他们大部分是被授予采邑的武士，但收入不多），以及站在他们一边的那些"勒亡达特"中最知名的人物；另一部分则是由于受经济和财政的压力而逃离农田的为数众多的无业游民。确实，一旦"勒亡达特"和起义民众失去西帕希的合作，遍布小亚细亚的不满情绪对中央政权机构的威胁显然就小得多了。奥斯曼政府用来达到这个目的的手段表明苏丹的穆斯林出身的臣属是如何坚决地闯进拥有显赫的权势和特权的领域，而在此以前，这个领域是属于拥有基尔曼身份的非穆斯林和非土耳其出身的人的。卡拉·雅兹吉接受苏丹的任命，当上了桑雅克贝伊，即省长；后来他的兄弟德里·哈桑被提升为贝勒贝伊的职位（管辖几个省的总督）。与此同时，卡拉·雅兹吉和德里·哈桑的一些最重要最密切的追随者，也得以进入"苏丹侍从"的行列。然而，这种措施赢得的仅是暂时的和部分的成功。在小亚细亚又出现了新的叛乱头目，例如，在艾金和萨鲁汗，在布鲁萨地区，在卡拉曼和西利西亚。因此，对叛乱分子采取坚决行动的必要性，一年比一年更为紧迫了。这一情况很能说明为什么在匈牙利前线的战况一出现有利于奥斯曼的局面，苏丹和他的大臣们就愿意与奥地利人言和。有才干有魄力并在齐特瓦托罗克（Zsitva-Torok）享有盛名的穆拉德帕夏，因在那里建树的重大功绩而被任命为宰相。在一连串的严酷战斗中（1607—1610年），他用欺骗、背信弃义和武力相结合的手段粉碎了这次起义。他残酷无情地扑灭了大部分的反抗，在这个已经遭受了几十年劫掠的国家，建立了某种程度的秩序。然而，经济和社会不满的基本原因仍然原封未动，并将在今后继续起作用。

与此同时，在1603年奥斯曼人和萨非王朝之间又爆发了一场新的战争。波斯的沙·阿拔斯（1587—1629年在位）在他统治的最初15年期间，征服了在萨非国内曾长期起支配作用的土库曼酋长们及其部族，把他们置于自己的无情控制之下。他扩充了从高加索尤其是从格鲁吉亚招募来的雇佣军，并在军队中推广使用火器。这些士兵已不再具有部落的特性，而只隶属于他个人，并构成了阿拔斯所征召的所有部队的坚强核心。这些部队被用来对付在1587—1597年间从特兰索萨尼亚一再侵入呼罗珊从而构成很大威胁的乌兹别克土耳其人；并在其后，在1598—1602年间，把乌兹别克人赶回他们自己的领土。这位沙在成为波斯的真正主人，并战胜了乌兹别克人的挑战后，立即把注意力转向重新征服在1590年被迫让与奥斯曼苏丹的那些地区。他通过英国人安东尼·雪利和罗伯特·雪利这样一些使者，力图和欧洲的某一个或更多的国家建立一个反奥斯曼帝国的军事联盟，结果失败了。然而，即便没有基督徒的援助，在黑海和里海之间的那些国家里恢复萨非王朝的统治的时机也已成熟了。因为奥斯曼在高加索的统治，实际上是一种武装占领，在这个广阔地区内，只是控制了交通干线和重要的战略中心。或许除了在长期受奥斯曼影响的某些西部地区以外，奥斯曼在高加索其他地区的统治时间太短，尚未建立巩固的基础，因而广大人民对奥斯曼的统治依然感到格格不入，而且其中大部分人还与萨非政权保持着昔日的密切关系。此外，奥斯曼帝国正在对奥地利作战并忙于应付小亚细亚的叛乱，这种情况也给沙·阿拔斯带来明显的有利条件。这种条件究竟多么有利，这在1603—1607年短暂的五年内就很清楚了。奥斯曼在高加索的统治本来就是一座摇摇欲坠的大厦，在此期间倒塌了，几乎完全变成一片残砖碎瓦。大不里士、埃里温和甘贾、杰尔宾特、巴库和沙马基、第比利斯，甚至卡尔斯也都相继落入沙的军队的手中。在结束对奥地利的战争并将小亚细亚的起义镇压下去以前，奥斯曼实际上腾不出手来发动真正的反攻。因而奥斯曼在这些年间只是进行了时断时续的抵抗，而且收效甚微。1605年，西加拉-扎德·锡南帕夏向大不里士推进，但是在这次战役中遭到了失败；由于损失惨重，撤退到凡城和迪亚巴克尔。穆拉德帕夏将小亚细亚的叛乱镇压下去以后，于1610年进军到大不里士并洗劫了这个城镇，因为沙·阿拔斯在这里并没有设防。然而，在这次战役中也只有这一仗值得称道，因为帕夏不久就撤退到埃尔祖鲁姆的冬季营地了。实际情况是：苏丹艾哈迈德一世（1603—1617年在位）和他的大臣们由于考虑到国外持久战和国内无法根绝的叛乱的巨大压力，都不想与波斯进行一场大战，因为这场战争很可能和1578年开始的战争同样艰苦和旷日持久，而所取得的结果也只能是暂时的。于是这两个国家在1612年媾和，奥斯曼人交出1590年割让给他们的大片土地。由于对协议条款的解释发生了争执，1615年再次爆发敌对行动。1616年奥斯曼人包围了埃里温，并重建卡尔斯要塞。但是，由于艾哈迈德一世于1617年去世和奥斯曼的一支军队于1618年在大不里士附近溃败，这场战争很快就结束了。1618年9月缔结的并于1619年9月批准的和平协议实际上重申了1612年协议的条款：奥斯曼人再次放弃了1590年割让给他们的土地，也就是同意恢复到苏莱曼大帝晚年时期存在的状况。

奥斯曼帝国在其几乎无力控制的各种力量的冲击下，在1566—1617年间从强盛繁荣的顶点坠落到明显的衰落状态，虽然还只是刚刚开始。对于奥斯曼人在这些年间的基本教训，总结得最好的或许是一位英国人，从1621—1628年任英格兰驻奥斯曼大使的托马斯·罗爵士。他作了很恰当的评价。他写道：奥斯曼帝国可能"存在下去，但是永远不能再崛起了"[1]。

(高仲君 译)

---

[1] 《托马斯·罗爵士于1621—1628年出使奥斯曼政府时的谈判活动》(伦敦，1740年)，第809页。

第 十 二 章

波兰和立陶宛

　　亚盖沃王朝在中欧和东欧统治了将近200年，它的最后一个男性后裔西吉斯孟·奥古斯都于1572年6月25日在他所喜爱的克内申乡间别墅逝世了。这位极为威严而又非常仁慈的君主，在语言学方面很有才华，并且是一位优秀的文体学家和演说家，也是一位艺术鉴赏家和热心的挂毯收藏家。他没有后嗣，却留下了一个庞大的王国，那主要是他生前建立的。这个王国是一种联盟，由从前独立或半独立的国家统一在亚盖沃王朝之下而形成。它包括波兰王国、立陶宛大公国及其罗塞尼亚人领地、马索维亚公国、王领普鲁士（但泽、波美拉尼亚）、公爵领地普鲁士、库尔兰（Curland）公国和利沃尼亚。这个庞大的联盟既被称为王国，又被视为"共和国"（Rzeczpospolita），正如西吉斯孟·奥古斯都过去经常说的那样，它是一个由不同的民族或国家组成的共和国。这就着重地指出，这个联盟虽然包含有几个在信仰、种族和语言方面都不相同的民族，但它却共同组成一个政治实体——在一个国王的统治之下，有一个中心议会和共同的对外政策。西吉斯孟·奥古斯都在其统治期间规划了联盟的思想，又在他的遗嘱中将其留给自己的国家。显然，这个方案在他死后能否继续下去，能否成为欧洲这个地区政治力量的源泉，在稍后的将来即可见分晓。

　　这个"共和国"在16世纪后半期大约有800万人口，而到17世纪前半期则有1000万以上。这个数字包括利沃尼亚的20万人、公爵领地普鲁士的30万人和库尔兰公国的12万人在内。如果不包括北部的（瑞典人的）利沃尼亚及北方公国，它的面积总计有99万平方公里，是当时欧洲最大的政治单位之一。它的人口分布极不均匀，西部密度较大。大波兰平均每平方公里为19人，小波兰为23人（克拉科夫伯爵领地）和12人（卢布林伯爵领地），马索维亚为24人，利沃夫区为10人，沃伦和波多利耶为7人，乌克兰为3人。在居民中有一种从居住很稠密的地区向东部迁移的趋势，有些人从马索维亚移居波德拉谢和立陶宛部分地区，还有些人从波兰的其他地区迁到波多利耶和基辅乌克兰。在1582年以后，利沃尼亚的人口也因移民的到来而有所增加。这些迁移，导致了有些地区的人口在血统、语言和宗教上混杂起来。

　　社会分化已相当严重。贵族构成最高的等级，并享有充分的公民权。他们认为本阶层所有成员是完全平等的。但无论理论上怎样，实际上并不平等。其经济地位就差别很大。几十个家族占有广阔的区域，有时候包括几百个村庄和一些小城镇，因而在公共事务上能产生重大的影响。一大批贵族每人拥有三个或更多的村庄，但许多贵族只有1—2个村庄。最后，一半以上的贵族和农民一样，除了一窄条土地外什么也没有；他们自己耕种着这块土地，只是由于他们的贵族身份和不依赖于地主而与农民有所不同。也有一些贵族由于种种原因丧失了土地而成为无地者（impossessionati）。他们常常从土地占有者（possessionati）那里租种土地或受他们雇用管理地产；其中也有些人进入城市与市民混杂在一起。富豪贵族和乡村贵族虽然在经济地位上差别很大，但他们都享有公民权，参加各伯爵领地的议会，并通过他们的代表参加国会。因而在选举产生的国会里可以看到：贫穷的农民贵族远道步行而来，而富豪贵族则由其臣属和随从前呼后拥，形成壮观的行列。

　　贵族散布在全王国的所有地区，但他们在全部人口中的比例各地不同。富豪贵族的大地产主要在王国的东部地区，尤其是在立陶宛、沃伦和乌克兰；在波兰本土只有少数大地产。贵族在人口中百分比最高的是在马索维亚和波德拉谢地区，在那里占20%以上。在立陶宛各地区的百分比大约也是20%。在整个共和国各地，贵族大致不到总人口的10%。然而，一半以上的贵族是乡村贵族，他们除了一窄条土地外一无所有。

　　在贵族中，除了经济上的差别之外，在教育和文化方面也普遍地存在差别。有些贵族在波兰的大学或在意大利、德国、法国等国外的大学受过教育。在政治首脑当中，例如国王政府大臣约翰·扎莫伊斯基曾经担任过帕多瓦大学的校长；波兹南伯爵斯塔尼斯拉夫·戈尔卡担任过维滕贝格大学的校长。有些权贵也像国王那样，在家中豢养着艺术家、建筑师和文学家。然而，多数贵族并没有受过教育，对比之下，他们举止粗野、眼界狭隘，尤其是那些必须在自己土地上耕作的贵族更是如此。

在贵族中存在的另一个差别，即在参议院拥有席位的家族和没有席位的家族之间的差别。参议院成员的资格虽然不是世袭的，但实际上是由一批数量有限而且权势较大的家族把持着；但是，国王偶尔也推荐一些可望更忠于他的政策的贵族进入参议院。

贵族们十分明白他们自己等级中的平等原则，根本不希望通过授予充分公民权而把这一平等原则扩大到其他等级。贵族们坚持亚里士多德的理论，认为下等阶层生来就不应在国家事务中起重要作用。这种主张并不适用于教士，他们仍享有中世纪的教会特权，虽然这些特权正被逐渐削弱；例如在1565年，教会法庭的"世俗之臂"（brachium Seculare，由国家协助执行其起诉状）被取消了，这大大削弱了教会的权力。同时，大主教、主教和许多大教堂牧师会的职务也总是落到贵族手里。到1607年，这种情况也适用于高等会堂、高级教士们了。不过，僧侣等级和整个贵族之间的关系始终是紧张的。

社会中人数最多的是农民，其中有些是土地所有者，也有些没有土地。在一个村庄里有土地的农户大约有12户左右，土地使用条件由习惯法或契约来规定。凡自己没有可耕土地的人们，总是在封建领主庄园或其他某个农民占有的土地上干活，报酬是实物，有时也支付现金。他们也可能拥有供自己使用的一间房舍和一小块土地，或是依靠他们的雇主供给食宿。

农民占有的土地与14和15世纪相比要少多了，通常是半个"兰"（lan）左右（约20又3/4英亩），有时只有1/4个"兰"，分别相当于15或7摩格（morgs）土地。农民被束缚在土地上，也有相当数量的非法迁移的人们继续寻找较好的环境，有时这些人要被依法追捕回来，有时则不加追捕。他们除了有提供实物贡品如鸡蛋或家禽的义务外，还要交纳货币地租，为雇主提供使用自己牲畜的劳役。16世纪时，货币价值跌落，这对农民是有利的。但是，这时封建主已扩大了他们的地产，因而对于劳役的需要也增加了。所以到16世纪末这些劳役地租的数额在全国各地变得极不相同,甚至连邻近的村庄有时也很不一样。一个占有半"兰"土地的农民一周要服2—3天的劳役,偶尔也受到甚至更多的勒索。而那些占有一小块土地的农民则只提供劳动人手。

劳役的增加被认为是地主方面破坏了契约,但它是逐渐形成的,还没有引起任何大规模的反抗。显然,地方性的反抗是有的。例如,1574年武科瓦、奥布沙、鲁赞耶斯和扎姆什的农民对劳役的增加和类似的压榨提出了抗议;1604年维普日和其他一些村庄的农民也提出了这样的抗议。随着东部各省的空旷地区被开拓为殖民地,在波多利耶、沃伦和乌克兰部分地区出现了许多新的村庄和小的城镇。它们的居民比波兰本土的居民享有较好的经济条件,通常在开始很长一段时间免交货币地租,并且实际上也不存在劳役。

王室领地的农民可以越过当地的庄园法庭向国王上诉,国王往往同意他们撤销不公平判决的要求。私人庄园的农民不能向国王上诉。他们完全隶属于其教会的或世俗的封建主,这些封建主为农民组织了法庭,有时颁布必须遵守的法令,有时则准许村社有一定限度的自治。

在16世纪里,城镇的人口虽然还没有西欧城镇的人口多,但已有了相当大的增长。到16世纪末,克拉科夫已经有28000多居民,波兹南大约2万,但泽超过7万,华沙大约有2万人;而卢布林和利沃夫各有1万多居民,塔尔布隆格、托伦和比得哥什的人口也达到这个数字。立陶宛最大的城市是维尔诺,大约有25000居民。波洛茨克大约有7500居民,布列斯特为6000,基辅为4000,弗洛基米尔(Vlodimir)为4000,格罗德诺为3500。在全国有一些小城市只有1000—3000人,不仅经商而且务农。一方面,一些小城市在17世纪初就显示出衰落的迹象,而较大的城市却在这个世纪中叶以前一直稳步地发展。大城市属于王室并享有自治的特权,而小城市通常为私人所有。大约有100个城市在此期间是由私人兴建的,包括扎莫希奇(1580年)在内,这座城市以其文艺复兴的建筑风格而著称于世。

市政厅是城市最重要的建筑,也是市政生活的中心。许多市政厅采用文艺复兴晚期的风格进行了新建或重建,但在小城市里市政厅皆为木材所造。许多新教堂是由市民或贵族兴建的。司法由特别市政法庭掌管，市议会掌管城市的行政和财务。城市通常装有输水管道并设有公共浴池。虽然这时在有些情况下已经吸收了一些下层市民团体的代表参加市议会，但这些市议会主要掌握在上层分子（富商和行会师傅）手中。私人城市的封建主和王室所辖自治城市的国王代理人对中介人不放心并自己规定价格，在市议会中强行贯彻他们的决定。这种不断增长的干预对城市经济的发展起了破坏作用。

在16世纪，许多城市都失去了它们在中世纪所享有的特权，只有但泽还继续保持着那些特权。但泽的市民能够通过他们对出口商品的控制全面影响价格，这对生产者极为不利；但泽垄断了与海外商人的贸易并且阻止了内陆城市和贵族同海外商人的任何直接联系。由于贵族成功地使自己被豁免了出售自己的产品或购买自己所需的物品时缴纳过境税和关税的义务，内陆城市的商人已经苦不堪言了，而但泽的这种特殊地位更在很大程度上造成了内陆城市商人的财政困难。

除了经济的和社会的差别外，全国居民还被宗教信仰造成深深的隔阂。欧洲的天主教和东正教之间的分界线正穿过这个国家；近来，新教各宗重新引起对宗教问题的兴趣，并从天主教和东正教中赢得了皈依者；同时争论性的著述也大量增多。不信仰基督教的居民以犹太人和卡拉派信徒为代表，还有定居于立陶宛的穆斯林。

除了宗教信仰的不同，在语言上也存在着差别。半数以上的人口说波兰语，他们主要居住在中部和西部的伯爵领地，与西部边境另一侧讲波兰语的居民紧密相邻。居住在人口稀少的东南部的是罗塞尼亚人（乌克兰人）和从其他省迁来的移民。在立陶宛东部的是白俄罗斯人，而北部则是立陶宛本地人。在利沃尼亚住有拉脱维亚人，其北部是爱沙尼亚人。使用德语的民族主要居住在公爵领地普鲁士、利沃尼亚的城市、王领普鲁士，还有大波兰的一些城市；在那里，使用德语的民族已经在一定程度上波兰化了。在整个王国，城市居民已经混杂在一起，其中包括犹太人、意大利人和苏格兰人，在东南部还包括亚美尼亚人。

在亚盖沃王朝时期选举国王已成惯例，但举行选举的方法从来没有得到真正的解决。1573年1月，当国会开会时，就曾决定反对任何代表制度，而采用个人分别直接投票的方法。人们非常看重的是选举的自由性和每个人都能完全自由地发表意见的必要性："起支配作用的，不应是暴力、金钱和欢呼声中一致同意；而是公正的辩论、共同的利益和坚定的信仰。"这个选举国王的国会是由参议院和各伯爵领地议会所组成的，参议院的成员来自王国各个地区，而实际选举则在各伯爵领地进行。各伯爵领地的议会由在国会中拥有代表的各个伯爵领地的所有贵族（包括参议员）和一些城市的代表所组成。选举人把写好的选票密封好，由伯爵领地议会送到参议院，那里是清点选票的地方。选举揭晓后表明，法国国王查理九世的兄弟瓦卢瓦的亨利以压倒多数获胜。少数派终于让步了，按照反对派领袖约翰·弗利吉的话来说，这是为了不使"我们的国家毁灭和我们自己成为导致流血的原因"。于是，他以王国政府司法官的身份宣布亨利当选为国王。

1573年的选举基本上是以纪律和良知为特色的。参加选举的大约有4万人，而且出版发行了大约70种各类小册子，包括1200多册法国大使的演说辞。除了一阵短期混乱外，司法官能始终维持选举的良好秩序，并且对10万人的食品供应也安排得很好。

然而，1575年和1587年举行的两届选举虽然参加的人数很少（1575年大约只有15000选民参加），但相比之下却是秩序混乱的。这在一定程度上是由于改变了选举的程序。贵族为了防止参议员从前在伯爵领地议会的影响，决定不要参议员参加而单独召开议会。这就导致了两个截然分开的派系，二者之间的协调行动很难实现。此外，贵族大议会实际上已不起作用，而标志首届选举特色的那种有秩序的辩论已被叫喊声和欢呼声所代替。由于国外的阴谋诡计、贿赂以及权贵武装侍从的到场而使整个形势变得更加紧张。少数派拒绝让步，以致在两次选举时，各有两个候选人被宣布当选为国王——1575年是特兰西瓦尼亚的君主斯蒂芬·巴托里和神圣罗马帝国的皇帝哈布斯堡王朝的马克西米连二世；1587年是西吉斯孟·瓦萨和哈布斯堡大公马克西米连。

这三次选举都受到国际形势的极大影响，这种国际形势在西吉斯孟·奥古斯都统治晚期就已显现出来了。西吉斯孟·奥古斯都在与瑞典（1568年）和土耳其达成相互谅解的基础上曾建立了一种政治制度。瑞典的约翰三世和西吉斯孟的妹妹凯瑟琳结了婚，西吉斯孟要约翰三世来帮助他反对俄国；不但要他援助利沃尼亚边界，还要封锁波罗的海,以阻止俄国得到武器弹药的供应。1568年西吉斯孟恢复了从前与土耳其缔结的条约,因为这时土耳其的东北部边界受到俄国的威胁,而在欧洲东南部又受到哈布斯堡王朝的威胁。西吉斯孟还谋求和法国友好,因为法国在1541年就与瑞典缔结了条约,并且在1572年又恢复了与土耳其所订的条约。有迹象表明,西吉斯孟设想由瓦卢瓦王室成员继承他的王位。从1566年以来他就公开奉行一条反对哈布斯堡王朝的政策,这是由于哈布斯堡王朝在匈牙利和靠近波罗的海的普鲁士和利沃尼亚的利益与他的利益相抵触。所以,西吉斯孟拒绝支持1571—1572年反土耳其同盟。在这种情况下,在前三次选举期间多数派选举人的政策是建立在这样两个主要基点之上的:反哈布斯堡的情感和与土耳其人和平交往的愿望。因此他们认为要支持某个哈布斯堡或俄国的候选人是不可能的;而法国、瑞典和特兰西瓦尼亚的候选人无疑应顺应这种国际形势。他们还认为十分重要的波罗的海问题,将由法国或瑞典候选人加以更为圆满的解决。忠于亚盖沃王朝的深厚感情也有利于西吉斯孟·瓦萨,他是西吉斯孟·奥古斯都的妹妹凯瑟琳的儿子,并得到西吉斯孟的另一个妹妹、巴托里的遗孀安妮王后的坚决支持。

在1573—1632年这段时间里,当选的国王们在其统治的年限以及统治的特点方面都有很大的不同。瓦卢瓦的亨利在位不到两年而在波兰则统治了不到五个月(1573—1575年);斯蒂芬·巴托里在位10年(1576—1586年);西吉斯孟三世瓦萨即位时年仅21岁,在位45年(1587—1632年)。无论这三个国王的统治方法有什么不同,有一点却是相同的,即他们作为波兰和立陶宛的君主却不能从其思想中消除对他们母国的关心,这对其国内和国外政策具有深远的影响。亨利为了确保他继承法国的王位而置波兰王国于不顾。巴托里常常制订反对土耳其人的计划,因为土耳其人正在威胁着他的母国特兰西瓦尼亚。西吉斯孟在其长期统治的全部时期内,使波兰和立陶宛的利益完全服从于他谋求担任瑞典国王这个压倒一切的愿望。这种态度必然会加深政治上的对立并扰乱国家的内部事务,在国王与国会的关系上尤其是这样,因而人们越来越觉得必须有一个本国的王朝。

经过三次选举,昭然若揭的是:每个空位时期都给这个国家的内部生活和国际关系造成了一次令人不安的动荡局面。那些在空位时期争夺王位的外国君主们，在选举结束后仍继续进行阴谋活动，谋取他们在这个国家的利益。新当选的国王不但要安抚这个国家，使内部事务得到控制，而且还面临着对付国外阴谋的艰巨任务，从而浪费了本来能够被用来实施更富有建设性的计划的时间和精力。

亨利得到全体一致的推选，没有竞争者，而且在国际上似乎也已建立起了十分令人满意的地位。然而，由于他竭力要收回曾对贵族做出的过大的让步却在国内遭到了困难，而正是这些让步才确保他得以当选的。[①] 在举行谈判时他还在巴黎，他拒绝了他的大使在选举时以他的名义承担的沉重的财政责任，而且还准备在抵达波兰时继续这场斗争。他打算从海路去但泽，英国伊丽莎白一世同意他和他的舰队以及将去参加利沃尼亚军事行动的 4000 名加斯科尼步兵从这条航路通过。但是，丹麦国王根据莫斯科的授意在途中设置障碍，而且他与莫斯科的停战协定一经恢复，就摆脱了他对一支军队的紧迫需要，于是他取道陆路通过神圣罗马帝国。跟他一起前往的是他的顾问们，其中有些是法国的主要政治家，如讷韦尔公爵、雷茨和皮布拉克地区的司法官。他于 1574 年 1 月在克拉科夫即位。他在加冕典礼的誓言中断然拒绝批准《亨利条款》，因为其中含有限制他的权力的某些条文，同时一些伯爵拒绝用他的名义来执行法律；亨利的行动引起了强烈的反对。由于 1574 年 6 月查理九世的去世，他为了不失去对法国王位的继承觉得必须返回巴黎，所以没有时间解决这些问题。法国人设想这两个王国在亨利的统治下联合在一起，但波兰人对于他的离去变得不耐烦起来并宣布了空位时期。亨利的当选对法国也有影响，因为这样一来他不得不为拉罗歇尔解围。此外，选举亨利的新教徒制定了《波兰宣言》，正如杜阿努斯所说的，其用意在于改善新教徒在法国的地位。然而，查理九世把它们看作试图对法国内政加以干涉，所以并不急于接受这些建议。

斯蒂芬·巴托里在 1575 年 12 月 15 日当选，并于 1576 年 5 月 1 日即位。他立即采取措施反对拒绝承认他为国王的但泽。这是一个经济问题。1570 年国会条例抑制了但泽所享有的独占特权，并把该城市纳入整个王国的经济生活中。但泽的市民趁空位时期恢复了他们失

---

① 参阅第 2 卷，第 474 页。

去的地位，而且以恢复其失去的所有特权作为承认斯蒂芬的条件。否则，他们将继续支持哈布斯堡的候选人，而且他们这样做得到了丹麦的支持。在使他们承认巴托里之前，只有进行武装干涉。但泽被迫支付一笔赔偿金，然而国王也答应在下届国会中将他们失去的特权提到议事日程上来。由于他的竞争者皇帝马克西米连在1576年10月12日早逝，整个政局已置于斯蒂芬的控制之下，这就使马克西米连的最后一批支持者承认了他的统治权。

西吉斯孟三世当选后的局势并不那么平静。他于1587年10月在但泽附近的奥利瓦登陆时，受到但泽市议会的欢迎，然后向克拉科夫慢慢地南下。这里的政局十分混乱。已故的皇帝马克西米连二世的小儿子哈布斯堡大公马克西米连越过西里西亚的边界，打算用武力为自己取得王位。然而，王国政府大臣、有才干的约翰·扎莫伊斯基迅速调动军队救援克拉科夫，在贝奇纳战役（1588年1月24日）最终歼灭了哈布斯堡军队。大公被俘并被监禁了将近两年。正如哥斯利基主教指出的那样：哈布斯堡遭到的这个灾难恰恰发生在西班牙无敌舰队覆灭的同一年。

然而，哈布斯堡王朝并未轻易放弃对波兰王位的要求。经过长期的谈判，在1589年3月19日缔结了一个和平条约。按照这个条约：哈布斯堡王朝，特别是马克西米连必须放弃对波兰王位的企望，还要停止在王国内策划阴谋。他们还得承诺决不帮助莫斯科反对波兰或瑞典。西吉斯孟三世、鲁道夫二世和哈布斯堡王室的大多数成员都先后批准了这个条约。人们希望通过国会在1589年对这个条约的批准给国内外带来最后的安定；但是，马克西米连出人意料的举动把混乱时期一直拖延到1598年。尽管由于国外的阴谋和国内选举制度（这种选举制度极易导致整个国家的分裂）而使国家处于困境，但是各民族仍忠于西吉斯孟·奥古斯都所建立的共有的共和国这一思想，而且他们之间在领土上的联系也显得更加牢固了。

波兰—立陶宛这时所接受的对于王权概念的解释揭示了王权的一些因素。当选的国王要由选举团的全体成员授予权力，这一点在1573年《选举国王宣言》中被明确地指出：“我们授予他波兰国王的称号……并把这个王国交给他治理。”另一方面，在加冕典礼仪式上当一位当选国王作为真正的国王和君主以"圣冠"加冕，并以"基督敷圣油于这位国王以授予其权力"为词敷圣油时，他就成为神圣职位的占有者了。此时国王被提醒要记住他的王国和权力乃是来自于上帝。正像加冕典礼誓言《契约》和《亨利条款》所表明的那样，还存在着一种中世纪的契约因素，其中所有的规定必须作为当选的条件来接受。在加冕典礼的誓言中国王要保证坚持和遵守王国的各项成文法和习惯法。《契约》宣布了国王本人的义务：如提供一支陆军，建立海军，使一定数量的青年接受教育和偿还一定的国债。1573年的《契约》是经亨利和法国的查理九世签署的，颇有国际公约的特点。不久这种国际特性就消失了，虽然它还保持着同样的名称和原有的形式，但在内容方面已成为与有关的候选人协商的结果了。《亨利条款》引出宪法改革的要求，这一改革实际上是为了限制王权。另外，国王还必须每两年召开一次国会的例会，而且未经国会同意他不得进行战争或征税。

虽然有这些限制，国王保有的权力还是相当大的，正如讷韦尔公爵在为亨利拟定的报告中指出的那样。而且，国王个人保持着至高无上的地位。《亨利条款》中的"非绝对服从条"威胁到国王的权力，亨利坚持以能够消除其直接危险的方式加以理解从而削弱了这个条款对于王权所造成的威胁。不过，虽然条款在宪法上的作用已被削弱，但对贵族心理上的作用还继续存在着。后来又规定：对于国王采取任何反对行动之前，都必须预先警告他三次，1607年和1609年，这一条款就以上述语句陈述了出来。实际上，这就把《亨利条款》中的重要内容几乎全都取消了。亨利在其短暂的统治期间，曾不顾反对，在王室领地实行将使他增加收入的财政改革，他心中还有其他各种改革方案。巴托里在国会辩论时毫不让步，而且有几次成功地强征了比从前允许征收的数额高得多的税金。当他被提醒应遵守契约关系时，他反驳道，各等级的人首先必须记住他们自己由契约所规定的责任和义务，一经被各等级的人选为国王，他决不想受制于任何人。在西吉斯孟三世统治时期，波兹南的城守奥斯特洛洛格也对贵族提出了同样的看法。西吉斯孟完全意识到自己的国王的尊严和特权，有时甚至到了使贵族无法忍耐的地步。不过，使西吉斯孟的地位遭受极大损害的，归根结底还是由于他的对外政策引起大多数贵族对他的不信任。

国王具有各种权力和特权。他是武装部队的总司令，掌握着最高的军事权力。既然他对王国的治安负有责任，未经他的同意而召集的任何集会都是非法的，其组织者要受到惩罚。在他的大臣之间不管发生什么争执，国王都是仲裁者。掌管印刷出版事务的权力也被授予他所选定的人。最重要的是，世俗的和教会的所有高级官职都由国王来任命，这是国王的势力的汹涌之泉。巴托里和扎莫依斯基及其追随者合作，被他授予职务的大部分人选自这一伙人，这就引起兹波罗夫斯基家族和其他人的不满。当西吉斯孟三世发觉与扎莫依斯基的合作不能令人满意的时候，他便指派自己的拥护者去占据参议院的席位。结果使得新教徒多少受到些冷遇，因为他们大部分追随扎莫依斯基，后来他们都拥护泽布尔茨多夫斯基并且支持他的反叛。巴托里于1578年在波兰，1581年在立陶宛建立了最高上诉法庭。1585年王领普鲁士开始处于波兰最高上诉法庭的管辖之下，乌克兰则于1589年被置于其管辖之下，但仍使用罗塞尼亚语。城市不在这些上诉法庭的管辖之下，因为他们有自己的法庭。国王用这样的方法将他不能处理的审判事务托付给法庭，而把一些比较重要的问题留给自己在国会法庭解决。国王在对外政策方面有决定性的影响。

对于国王权力的最大限制是，有些事情必须通过国会（Sejm）才能去做。实际上，如果没有国会的同意，国王不能对媾和、战争或征税等问题做出决定。斯蒂芬·巴托里和西吉斯孟三世两人都感到这是他们最大的困难。当他们需要征税以便继续进行战争时，他们要依赖国会的决定，如果国会反对，他们就不得不放弃或延缓其计划。两位国王都试图与国会合作；他们根据法律每隔一年召开一次国会，甚至有时还召集一次特别会议。巴托里像他的前任西吉斯孟·奥古斯都一样，能靠其讲演来影响下议院（众议院）并常常赢得议员们赞成他的计划，特别是在扎莫伊斯基及其同伙支持他的时候更是如此。西吉斯孟三世就不那么成功了，猜疑的情绪在他和国会之间逐渐加深，使得大多数贵族不与他合作，并且常常导致公开的分裂。国王在上议院（参议院）起着更重要的作用，而且往往能够支配国家的政策。当参议员提出意见时，他有权终止讨论。在任何情况下，如果国王不赞成两院的决议案，他都有权加以反对或否决。

1606年，西吉斯孟在国王拥护者的支持下，试图进行一些合理的和极其必要的改革，包括增加常备军，无须每次都经国会批准的固定的年度税收，还有国会本身及其程序上的某些改革。他建议坚决执行多数人表决通过的原则。这个原则并未被最近以前的几届国会所遵守，而且会议的进程也由于少数派的反对而中断了。他还想对演说时间给予某些限制，以便缩短辩论。国王的建议得到大多数参议员的支持。1605年的国会由于少数派决不妥协而陷于完全分裂的状态，齐兹科夫斯基主教在谈及这届国会时讽刺地问道："难道这就是自由吗？更确切地说，这是少数人压迫多数人。"他想要改革国会辩论的进行与停止的标准。王国政府法官米斯科夫斯基，立陶宛的大法官卢·萨皮哈，王国政府大法官普斯特洛康斯基和其他大臣表示赞成改革。他们坚信农民处于贫困的状态，因此也关心社会改革。他们认为贵族也应当纳税，因为所有的财政负担都落在"我们贫穷受苦的国民"——农民的肩上是不公平的。

然而，大多数贵族由于对哈布斯堡家族的反感并怀疑国王与这个家族相勾结，因而强烈地反对这些改革，他们怀疑国王可能还企图实行对他们不利的专制统治从而在国内事务中密谋反对他们。所以他们拒绝接受国王提出的所有改革。这两个因素的悲剧性的纠缠给王国日后造成了灾难性的后果。克拉科夫伯爵泽布尔茨多夫斯基是一个想在政治活动中扮演扎莫伊斯基角色的有抱负的天主教徒。加尔文教派的领袖贾努斯·拉济维乌大公，则利用反哈布斯堡的情绪在1607年发动了反对国王的叛乱。他们叛乱是为了保卫贵族的特权和自由，而为了享有这种特权和自由则不管国家要遭受多大的牺牲。例如，斯塔尼斯拉夫·斯塔德尼基曾说过，他最关心的是保持这样的原则——每个领主都应在自己的庄园里享有绝对支配权。国王在波兰指挥官斯塔尼斯拉夫·佐尔基耶夫斯基和查尔斯·肖德基耶维奇的支持下，在古佐夫战役中粉碎了这次叛乱，但是他没有利用军事胜利的机会将其观点贯彻到政治领域中去，于是改革再一次被拖延下来了。

可以说，巴托里和西吉斯孟都是能与国会合作的立宪君主。他们具有一种少有的美德：能够耐心地倾听那些极为冗长的演说，对这些演说的时间甚至连国会本身也不能加以缩短，而且这些演说往往使得辩论毫无结果。西吉斯孟三世并不打算取消国会，只是想要实行某些改革，以使其效率更高。然而政府的体制在这期间正在发生逐渐的变化，不过这并不是某些改革而是事态发展的结果。建立一个强有力政府的时机又错过了。国王渐渐地失去了他的权力,贵族开始召开国王无法控制的非法的会议了。

除了这些体制上的问题外,还有宗教方面的分裂,宗教改革大大加深了这种分裂,而且它占去了国会越来越多的时间。这时天主教会已开始进行内部的整顿,并转入对新教的攻势。在格涅兹诺和利沃夫这两个大主教区的管辖下,有16个主教区(1613年增加到17个),其规模和基金都大不相同。克拉科夫主教区辖地56000平方公里,像这样的一些主教区大得使主教难以有效地工作。又如克拉科夫及其牧师会拥有3850平方公里的土地和300多个村庄,像这样的一些教区都有很雄厚的基金。其他有些主教区,如基辅和卡缅涅茨则很穷。然而,天主教教阶组织的上层都具有巨大的政治影响。首席大主教——格涅兹诺的大主教不仅在教会的事务中是至高无上的;而且在空位期间作为摄政王召集国会,在某些其他场合有权召集参议院开会。主教们在参议院拥有席位,并常常被国王或参议院指派执行重要的使命。其他的天主教僧侣不能参加国会,只能主持地方的和主教区的宗教会议。这种情况在特伦托宗教会议以后屡见不鲜,该会议的决定在1577年被这里的天主教会所接受,国王则早在1564年便已接受了它。这些宗教会议有助于在全国僧侣中促成道德上的革新和宗教信仰上的复兴。

随着耶稣会的到来,引进了新的教育制度。在1564年和1610年间,耶稣会创办了大约20所或30所学院,在17世纪初几乎有1万名青年男子在那里学习。维尔诺大学就是受耶稣会控制的,其校长是彼得·斯卡尔加。1611年,他们打算在波兹南,后来还打算在克拉科夫创办高等院校,但为克拉科夫大学所反对,因为这所大学本身已在国内其他地方创办了几所学院。教皇把天主教的两所传教士学院交给耶稣会管理,这两个学院分别设在布拉涅沃(1578年)和维尔诺(1587年),专门为斯堪的纳维亚和利沃尼亚培养传教士。在这里培训出来的大部分是瑞典教士,还有少数英国教士。1580年,扎莫伊斯基在扎莫希奇创办了一所大学。

东正教的情况就不那么景气了。在基辅总主教管辖下,它的七个主教教区、修道院都有相当雄厚的基金,不过其基金的数额也是大不相同。然而,主教们并不是参议院的成员,其任命权也掌握在国王手中，对于各个保护人提出的推荐，国王通常还是应允的。实际上，康斯坦丁·奥斯特罗格斯基大公——基辅伯爵及有势力的东正教权贵——在1592年就从西吉斯孟三世那里取得了一项特权，即国王答应只有这位大公提出的候选人，才能被任命为主教。这位伯爵被认为是东正教的世俗保护者，在1597年他甚至从君士坦丁堡总主教那里得到主教特派使节的正式称号。奥斯特罗格斯基的信件表明，东正教由于缺少足够的受过训练的僧侣和领导人，这时正经受着严重的危机。1576年，他在奥斯特罗格创办了一所希腊—斯拉夫式的学院。在利沃夫和维尔诺的其他学校则是由一些世俗的慈善团体所创办的。卢卡利斯就是奥斯特罗格学院的一位教师，后来成为君士坦丁堡的总主教。然而，波西耶主教和特尔勒基主教以及某些显要的世俗贵族，却试图通过与罗马联合去解决问题并得到罗马教皇的使节波罗涅提的鼓励；同时，耶稣会也在为实现联合而行动。彼得·斯卡尔加在其《教会的联合》（1577年）一书中，曾设想保留东斯拉夫人的仪式，而且最终得到教皇的同意。奥斯特罗格斯基对此事似乎并无反感，但他的方式不同。这从他在1583年到1593年的信件中可以看出。他设想一种更为广泛的联合，这种联合将包括君士坦丁堡和莫斯科教区，以及摩尔达维亚的东正教会。但是，当时的谈判正沿着另一条路线进行着，主教们没有同他磋商，就把大家一致同意的联合条件送到罗马，而这些条件涉及的范围却比较有限。因此，奥斯特罗格斯基反对所有的联合计划，并与新教徒恢复了他在1584年的联系。他在1595年写信给克里斯托弗·拉济维乌大公，要求与新教徒共同反对联合的建议，于是新教徒和东正教徒在1599年组成一个"同盟"，以协调他们的行动。1596年，在布列斯特的东正教会议上，正式接受了与罗马联合的条件，但是东正教的两位主教在一些世俗人士（包括奥斯特罗格斯基在内）的支持下拒绝签字。那些不愿联合的东正教徒吃了不少苦头，直到1607年，国王才重新认可了这部分东正教臣民的权利。即使在这时候，他们的地位仍不完全令人满意。但在1606—1607年叛乱时期，东正教却给予国王以支持，这是意味深长的。

新教传播得相当广泛。在1591年大约有800个新教的教堂在活动，这还不包括王领普鲁士、公爵领地普鲁士和利沃尼亚的教堂在内，在这些地方路德宗占多数。大波兰的路德宗信徒较少，像奥斯特洛洛格、戈尔卡和托米基这样一些有影响的家族充当了他们的保护者。他们在贵族当中赢得了一些信徒，但主要活动在城市。立陶宛的情况也是如此。但泽和托伦的学院虽然实际上是为讲德语的路德宗信徒设立的，却吸引着全国各地的路德宗信徒。在博卡诺夫和维尔诺，有一些规模较小的学院。

加尔文宗此时已牢固地扎下了根。他们在小波兰的贵族和市民当中力量很强；在大波兰势力较弱；而在利沃尼亚又要强一些，那里的忧郁者拉济维乌大公成为加尔文宗的保护者，并且发起翻译了著名的布列斯特《圣经》。到16世纪末期，加尔文宗在小波兰大约有250个教堂，在立陶宛大约140个，而在平丘夫、塞西明、基耶丹尼和其他几个地方则建立了一些很不错的学院。

波希米亚兄弟会在1548年逃亡到波兰并定居在波兹南地区，到1570年他们在这个地区已有64个教堂，而且在莱茨琴斯基和其他一些人的保护下开展活动。莱什诺城成了他们主要的精神中心，特别是在简·阿莫斯·科门斯基担任他们的学校校长以后，情况更是如此。

在西吉斯孟三世统治时期，阿里乌教派的人数已有所增加，这个教派又称作反三位一体论教派或波兰兄弟会。他们内部又分裂成若干思想对立的派别，其中最大的是索齐尼派。拉库夫有他们的一所学院和一个印刷所，因而成为波兰阿里乌派的中心。他们的势力还扩展到许多省，特别是在建有几所学校的沃伦。小贵族和一些市民通常是他们的支持者。1612年他们有400名代表参加拉寇辛宗教会议。1618年，大约有460名代表出席了这种会议。会议由一些享有盛名的阿里乌教徒领导讨论，他们中的许多人在国际上的反三位一体运动中起过重要作用。阿里乌教派拥有像维尔诺城守约翰·基斯卡这样有权势的保护者。他们接受对《圣经》作自由的和唯理主义的解释。他们中有些人否认基督的神性，也否认基督徒有权携带武器或参加世俗政府。在社会方面，由于受到摩拉维亚的再浸礼教徒的影响，他们谴责奢侈的生活，谴责对农民的压迫和反对富人的特权。1605年出版的《拉寇问答》后来被译成许多种文字。

1570年，三个主要的新教教派在桑多梅日达成了一项协议。自从1555年以后，加尔文宗和波希米亚兄弟会就已达成了谅解，这时路德宗又参加了进来，于是形成了新教派的联合阵线，但阿里乌教派被排除在外。他们都同意和睦相处，但每个教派都保留着自己的组织机构和礼拜仪式。他们同意共同举行全体的宗教会议，并且起草一个共同的教义问答，但后一项计划始终未能实现。不过，在讲德语的路德宗信徒中出现了反对派，他们倾向于仿效德国路德宗采取的对加尔文教派不妥协的态度。由于这个原因，桑多梅日协议很快就失效了；1595年在托伦举行的最后一次全体宗教会议上，路德宗退出了协议。然而，在同一年他们又与东正教重归于好，从而在一定程度上加强了新教徒的地位。

天主教、新教和东正教之间的关系，是由空位时期1573年的华沙"同盟"通过的原则确定的，根据这个原则，人们一致同意各派宗教信仰之间应当保持和平并且避免流血事件的发生。人们对圣巴托罗缪大屠杀的恐怖仍然记忆犹新。这项"华沙和约"由新教、东正教和天主教的世俗贵族签了字，主教中只有弗朗西斯·克拉辛斯基一个人出于和平的美好愿望在上面签了字。亨利当选后批准了这个和约，其后继者无不认可，因而成为宗教政策的主旨。

1573年的和解，似乎含有"教随国定"的原则，但这仅是在拥有地产的等级内，从总体上并未影响宗教自由的国策。在领主接受了新教的那些地区出现了这种情况：天主教僧侣被驱逐，教堂也被封闭了，或是供改革后的宗教仪式所用，尽管为了举行这种仪式常常建立一些新的教堂。虽然旧教徒因逃避改革后的教会远走他乡去寻找旧教会好像有时受到了惩罚，但是强迫人们接受其领主的新教信仰的情况并不多见。雅各布·赛尼恩斯基抱怨拉济维乌强迫住在其领地上的阿里乌教徒参加加尔文教会；同样的怨怼有时也向着天主教地主而发。有时也会出现这种情况，因为改变了领主或领主改变了宗教信仰，某一教会在50年左右的时间里两次或三次改变了自己的宗教归属。在这一时期的后一阶段，这些变化往往有利于天主教会。但是，有些领主还是愿意尊重其农民或市民的宗教信仰。天主教徒扎莫伊斯基不仅允许在他的扎莫希奇和萨罗格罗德领地内建立犹太会堂而且允许建立亚美尼亚和希腊教堂；东正教徒奥斯特罗格斯基在其奥斯特罗格领地上帮助建立天主教和新教教堂，还帮助建立清真寺。

国王们也遵循同样的政策。巴托里虽然支持天主教会和耶稣会，但也任用新教徒,让他们担任顾问。在1571年特兰西瓦尼亚选举时,巴托里的最大竞争者和敌手科尔涅亚的加斯帕·贝克斯（1520—1579年）就是一个阿里乌派信徒;几年以后,他和巴托里取得了谅解,定居于波兰,并且成为国王最忠诚的顾问。西吉斯孟三世和他的婶母、已故国王的遗孀安妮,都与他的姐妹安妮·瓦萨保持着极为密切的关系;而安妮·瓦萨也是个新教徒,她在西吉斯孟三世统治早期是他最亲密的顾问。安妮·瓦萨在瓦维尔城堡有一个新教的小教堂,后来,西吉斯孟结婚时又把王室领地布罗德尼察和戈卢布赠予了她,她在那里建立了一个新教中心。而且,她经常充当新教徒的保护人。王室家族内的这种温和态度对于整个国家的生活也许不无影响。

在西吉斯孟·奥古斯都去世时,新教,特别是加尔文宗,对社会生活的影响已相当强大了。新教徒在众议院占大多数,在参议院的世俗成员当中,天主教徒为70人,新教徒为60人,东正教徒为3人。新教徒拥有24种印刷刊物,天主教徒有21种,而且许多新教学校也已经创办起来了;但是绝大多数农村居民几乎没有受到宗教改革的影响。与此同时,天主教徒终于着手巩固自己的地位。这种转机的出现可以归之于许多原因,其中包括多米尼克修会那种虽不引人注目但却很扎实的工作,宗教会议的决定所推行的种种改革,主教的乡村巡视,以及后来耶稣会的活动。因此,改奉天主教的人数增多了。

构成1573年"联盟"基础的原则,多年来起了良好的作用,虽然不时也发生暴力事件,但都是这一方或那一方的极端分子们造成的。在1574年和1587年,克拉科夫的加尔文宗教堂两次遭到破坏。国王谴责这种行为,并且下令惩罚这种罪犯。巴托里的立场尤为坚定,他说,他不准备看到任何信仰"靠暴力,靠火与剑,而不是靠教育和良好的榜样"来传播。但随着时间的推移,1591年在维尔诺和克拉科夫,1611年又在维尔诺和卢布林,发生了类似的暴力事件。另一方面,路德宗信徒在但泽、托伦、埃尔布隆格和里加对天主教徒发动过袭击,而且有时也对加尔文派进攻。这些事件逐渐导致一种互相指责的气氛。新教徒指责政府的司法程序太慢,因而要求实行1573年曾被允诺但尚未被国会通过的《联合审理法》,它规定建立特别法庭和审判程序以审理此类罪行。另一方面,没有任何迹象表明天主教徒已经甘心于他们60年来所遭受的损失——教堂及其附属的土地、任职权、什一税、教会司法权,等等。天主教会急于要至少收回一部分失去的特权,力图与贵族取得一致,并且还起草了一份文件——《地位互占法》,然而,总的来说贵族们却不愿意这样做。

几届国会都讨论了宗教问题,但天主教派是分裂的,一些人遵守较为严格的信条,而大多数人却在扎莫伊斯基的领导下与新教徒联合起来拥护华沙"联盟"的原则。他们与扎莫伊斯基一致认为,和平与秩序最为重要,包括宗教分歧在内的任何分歧,都应服从和平与秩序的需要。结果《联合审理法》和《地位互占法》都未被国会通过,因为不可能达成共同的协议,但在1593年和1596年却达成了短期的暂时协议。然而,某种《联合审理法》终于在1631年被国会所通过,这样,在这整个时期内就避免了宗教战争。

波兰—立陶宛的外交政策主要集中在利沃尼亚问题上,这个问题将在另一章中论述。这里只需要说明在这个时期的大部分时间里波兰与其波罗的海邻国的关系是以利沃尼亚问题为转移的。然而,波兰与俄国的关系,在西吉斯孟时重点已从利沃尼亚转移到立陶宛对斯摩棱斯克和锡维尔地区的要求上来了,这两个地区是16世纪初立陶宛丧失给俄国的。1582年,经过几个月的艰难谈判之后,在雅姆—扎波尔斯基签订了一个为期10年的停战协定;利沃尼亚和波洛茨克划归巴托里,而大卢基则划归俄国。俄国无意以这种条件实现真正的和平,只是准备通过重新停战来维持现状;它在1591年实现了为期12年的停战,在1601年又实现了为期20年的停战。然而,波兰与立陶宛的廷臣们由于面临着与瑞典关系不断恶化的问题,向俄国提出了一个影响深远的建议,这似乎有着十分重要的意义。这项建议是在伊凡雷帝死后于1584年首次提出,并在1601年又重新提起,这一次是由立陶宛大臣卢·萨佩哈专程前往莫斯科提出的。

这是一项关于波兰—立陶宛与莫斯科联盟的建议,包括一项友好条约,一项共同的对外政策,在两国所有地区定居和婚姻的自由,对天主教和东正教少数派实行宽容等类似的条款。这项建议设想:最初是二主并立,但是其中去世较晚的一位将成为唯一的共同的君主。俄国人在其反建议中,拒绝了所有比较自由的条款,而事态的发展更把所有的问题全部打乱。俄国进入混乱时期,一部分乌克兰和波兰的大贵族,既有东正教徒也有天主教徒,都对两个德米特里取得王位的要求暗中给予支持，后来西吉斯孟也以特维尔的尤利安的后裔这一身份对沙皇王位提出了要求。这些情况导致了17世纪第二个10年中俄国与波兰—立陶宛之间的长期战争，后者最终获得了斯摩棱斯克。

与哈布斯堡王朝的关系令人不大满意，尤其是在西吉斯孟三世统治的最初几十年内。马克西米连逃跑并越过国境以后就拒绝承担其誓言，这样，1589年的本津和比托姆条约也就失去其意义了。马克西米连及其家族的另一些成员再一次开始为哈布斯堡王室夺取波兰王位而策划阴谋，尽管这时西吉斯孟三世即位已经两年了。他们恢复了"奥地利"党在波兰内部为哈布斯堡王朝效命的活动；并且试图通过西吉斯孟的父亲、瑞典的约翰三世来劝说他的儿子放弃波兰王位而把全部精力转向瑞典；为了同样的目的，他们还开始与西吉斯孟直接谈判。但是，由于哈布斯堡家族内部的争执——至少有两个哈布斯堡家族的成员（马克西米连和恩斯特）争夺波兰王位——而使形势变得十分混乱。鲁道夫二世皇帝至少起初仍然信守1589年的条约，并不支持马克西米连的要求。对于马克西米连最强有力的支持来自西班牙的腓力二世，他不承认这个条约，而且不惜任何代价也要让哈布斯堡的势力在欧洲这个地区建立起来。与此同时，恩斯特设法与西吉斯孟保持接触，并以波兰—立陶宛王位的哈布斯堡候选人的身份暗中答应西吉斯孟，如果他放弃王位并返回瑞典，他将与瑞典签订友好条约，放弃对爱沙尼亚的全部要求，还付给西吉斯孟40万盾。西吉斯孟特别关心的是其瑞典王位的继承权不受威胁，这种关注之强烈使他在雷瓦尔与其父会见后曾考虑直接回到瑞典，但其决定则是相反的。马克西米连很快就发现了这些秘密谈判，并于1592年将它公布于世，这件事使波兰的哈布斯堡的支持者感到极大的忧虑，他们因恩斯特和马克西米连而分裂成两部分；同时，这件事在全国各地，尤其是在扎莫伊斯基的追随者中间引起极大的不安。他们认为"外国人在他们之间拿我们进行讨价还价"。反哈布斯堡王朝的情绪有所加强，舆论还转而反对国王对这件事的参与。在扎莫伊斯基的鼓动下，国会于1592年召开，对整个问题进行调查；所有卷入哈布斯堡阴谋活动的人们都受到了猛烈的抨击，同时国王的权力和尊严也受到很大的损害，国王和他的大多数臣民之间的感情留下了裂痕。反哈布斯堡家族的情绪和对国王可能与他们达成秘密谅解的担心，这两个因素与其他因素一起导致了几年以后泽布尔茨多夫斯基的反叛。① 扎莫伊斯基在1592年的国会上发言，极为强硬地反对哈布斯堡家族对王位的要求。他在1589年就曾试图通过国会的法令拒绝承认他们作为候选人。国王对此也发表声明说他并不打算离开王国。不过，虽然恩斯特很快就被腓力二世委派为尼德兰的总督，但是马克西米连直到1598年才放弃他的要求。

霍亨索伦家族设法从波兰—立陶宛在利沃尼亚和瑞典的战斗中得到了一些利益。阿尔贝特的儿子、第一位普鲁士公爵阿尔贝特·弗雷德里克在1576年向巴托里宣誓效忠，1578年，巴托里把继承普鲁士封地的权利授予霍亨索伦家族中的选帝侯系，如果安斯巴赫支系绝嗣的话。按照1525年的协议，继承这片封地的权利已经被限制在安斯巴赫的霍亨索伦家族内部，而这次的授予是打算满足勃兰登堡藩侯的愿望，因为巴托里考虑到他那即将到来的反对莫斯科的利沃尼亚战争，希望与霍亨索伦家族建立友好关系。阿尔贝特·弗雷德里克精神失常，因而巴托里任命选帝侯乔治·弗雷德里克作为他的公国的监护人和行政长官。1589年，西吉斯孟三世认可了巴托里的安排，包括对监护权的安排和对这片封地继承权的授予的安排。1603年，乔治·弗雷德里克去世，这为任命一位更加倾向于波兰利益的人提供了良好的机会，但西吉斯孟过于重视霍亨索伦家族在他与瑞典的查理所进行的战斗中的态度而没有利用这个机会，1605年，他任命约阿希姆·弗雷德里克为新的选帝侯。西吉斯孟的决定没有与国会磋商，贵族们普遍认为国王失掉了把普鲁士公国与王国政府更紧密地联结起来的好机会，特别是普鲁士各阶层由于不满勃兰登堡的统治，从1566年以来，曾几次向国王求助。他们在国会辩论时提出了这个问题并表示抗议，但是西吉斯孟不仅不可能、也不愿意改变他的决定。此外，约阿希姆·弗雷德里克的儿子约翰·西吉斯孟在1611年被授予普鲁士封地，这就使霍亨索伦家族中的选帝侯系获得了对公国的控制。然而，西吉斯孟三世制定的1605年和1611年法令也使他加强了对普鲁士的宗主地位（根据个人宗主权之扩张），这两个法令规定：对于某些问题可以从公爵领地法庭上诉到王室法庭；国王有权干涉公爵领地

---

① 参阅前面第388页。

的某些内部事务；公国每年要向王国国库缴纳30万兹罗提的年贡，每当在王国中征税时再缴纳相同数额的税款；波兰商人可以自由通过勃兰登堡领地在瓦尔塔河上航行；最后，如果霍亨索伦家族中的选帝侯系绝嗣，公国遂即并入波兰王国。

人们普遍要求与土耳其保持和平关系，巴托里于1577年重申了与土耳其的和平条约。然而，和平也曾屡次受到威胁，这主要是由于哥萨克侵入鞑靼人和土耳其人的领地所造成的。他们常常得到神圣罗马帝国皇帝的支持（例如1594年），皇帝想用这种方法在土耳其与波兰之间制造麻烦。鞑靼人通常施以报复，而土耳其人在1590年甚至打算发起战争。这场战争由于英国大使巴顿的斡旋（他不愿使荷兰失去波兰的谷物）才得以避免，而且在1591年又重新恢复了和平条约。土耳其、波兰和帝国之间在摩尔达维亚、瓦拉几亚和特兰西瓦尼亚的利害冲突有时发展得如此激烈从而导致武装入侵。① 这三个大国为了控制黑海地区并试图在那里建立自己的势力而展开角逐。他们反对并瓦解了瓦拉几亚的米哈伊为统一罗马尼亚诸邦所做的努力。扎莫伊斯基在1595年占领了摩尔达维亚并且违反土耳其人和皇帝的意愿，把杰里米·莫希拉安插为土耳其在这里的总督候选人。1600年，他的兄弟西蒙·莫希拉在瓦拉几亚就任；这样，波兰的势力就扩展到了多瑙河。扎莫伊斯基还要在特兰西瓦尼亚扩张他的势力，这又与土耳其人和皇帝的希望相抵牾。1615年以后，土耳其在摩尔达维亚提出了自己的候选人，因此将势力进一步扩展到北方。1621年波兰在霍京取得胜利之后，与土耳其签订了一个协定：土耳其人保证阻止鞑靼人进攻波兰，同时波兰也保证钳制哥萨克人对土耳其的袭击。与此同时，帝国的军队进入了特兰西瓦尼亚。

到了17世纪最初10年，亚盖沃王朝最后两代君主以后的国际形势已经完全变化了。1609年的俄罗斯—瑞典条约更加恶化了波兰—立陶宛与瑞典本来就在不断恶化中的关系。波兰—立陶宛与奥地利在1612年所缔结的条约表明敌视哈布斯堡的政策已被放弃。波兰—立陶宛卷入了与土耳其人的战争，卷入了连绵不断的与瑞典和俄国的战争。

---

① 参阅前面第11章。

西吉斯孟·奥古斯都在东南方的乌克兰和北方的利沃尼亚所承担的军事责任，是在这两个地区建立防卫组织以保护其人民免遭不断攻击的危险。这一责任之重大可以由以下事实看出：1572—1601 年间，鞑靼人在南方发动过 30 多次大规模的入侵，此外还有许多次小规模的进攻。

1564 年，国王和国会授权组织一支 4000 多人的常备军，但这实际上很不够用。征召封建贵族从军的办法已不能有效地施行，所以军队的主要来源，不论是步兵还是骑兵，都主要依靠雇佣兵。这些雇佣兵来自全国各地，还有些来自国外。巴托里使其军队现代化，在 1578 年他把来自各王室领地的农民用新的步兵编制组织起来。他还重新组织了炮兵和技术兵种，大大发展了军事绘图法。他还招募了一些哥萨克人组成一支特别分遣队，并且雇佣住在立陶宛的鞑靼人。成为负担的大片遗留地产，如扎莫伊斯基和奥斯特罗格斯基所建立的地产，在其契约中都包含有防卫事宜的条款。其收入的一部分被用于维持一支数百人的军队，修缮城堡和要塞，提供必需的武器装备。城堡周围的开阔地都分给骑士，他们必须准备好在需要时服兵役。

使用雇佣兵给国王带来了一些困难，并且增加了集结一支军队所需的时间。国家征集军队须经国会批准，而召集国会本身就需要很长的时间。如果国会批准，再去征税，而这又要费去几个月的时间。总之，建立起一支军队至少需要一年时间，有时甚至更长。17 世纪的国家机器笨拙不堪，国王要想推行任何帝国主义政策，实际上都是不可能的。

王国的经济主要依靠建立在劳役制基础上的农业，到 16 世纪末，劳役制几乎在各地都取代了过去的地租制。农产品，特别是谷物的产量每年都在增加以满足不断增长的出口需要。然而，这使得农民的经济地位更加恶化，因为越来越多的劳役压在了他们身上。主要在东部进行的垦荒加重了劳动力的短缺。在波多利耶、沃伦和乌克兰一些地区，与王国的其他地方一样，建立了许多村庄。东部开拓者的经济地位要比这个国家其他地方的农民好一些。扎莫伊斯基一人就曾建立了 60 多个村庄。

随着庄园制度的确立，骑士贵族的特征完全改变了，他们更像农夫而不像骑士；随着时间的推移，他们对农业越来越感兴趣。最初，他们采用从农民那里学来的传统的耕作方法；后来，一批提倡较好的耕作方法的手册出版了，其中要数安策尔姆·戈斯托姆斯基发表于1588年的手册最好。他们大多采用三圃制的耕作方法。主要的农作物是黑麦，但也种有燕麦、大麦和小麦；还种植大麻和亚麻，部分出口，部分供应给亚麻制造业。由于通往黑海的出口的丧失，而去里加的河道尚未完全开通，谷物的运输困难很大，这使畜牧业在王国东部有了很大发展。在喀尔巴阡山麓的南部和其他一些地区，畜牧业也兴旺起来。养蜂和池塘养鱼往往是农业的重要补充。奥斯威辛公爵领地就是最重要的鱼类养殖中心。

庄园制度给予封建主某些独占权作为其封建特权。一个封建主拥有磨坊，该地区的农民必须使用他的磨坊；他还垄断了酿酒坊并控制着酒的销售。这些特权加强了封建主的经济地位，使其所在地区的农民在经济上更加依附于他。封建地主与冶铁业也有着密切的联系。王国各地都有铁矿可以开采：主要是在琴斯托霍克，拉多姆和扎莫希奇。一般而言，小生产者要从封建地主那里租得开矿、冶铁和生产铁器的权利。采矿和建立炼铁工场、铸造工场所需的资金由一方或双方共同提供。租金要用现金支付，有时也可用实物支付。但是，制造铁器的工场通常规模很小，雇用的熟练或不熟练工人很少达到30个。他们的产品有铁条、铁器或专为农民所需的工具。克拉科夫、但泽、利沃夫和其他一些城镇建立了一些铸造工场，在那里制造为他们自己使用的和供军队使用的大炮、炮弹和枪支。人们还铸造钟来满足教堂的需要。

在此期间，书报的印刷量不断增长，为了满足这种需要，造纸业迅速发展起来。生产出来的玻璃、布匹、亚麻制品主要供应当地的市场。各种产品皆为城镇里的工匠和其他小生产者所造，他们都组织在当时仍然存在的手工业行会中，甚至还在建立新的行会。他们生产出来的物品满足了下等阶层、中等贵族和市民的需要。但是，富有的贵族和市民却去购买更为昂贵的进口货物，从而使国家的货币不断外流。为了制止这种情况，使国家的经济自给自足，扎莫伊斯基鼓励生产奢侈品。他在1605年的国会上指出：与其像现在这样出口原料，不如把他们用于国内生产还要好些。在扎莫希奇生产的摩洛哥皮、哥德华皮和其他种类的名贵皮革事实上比进口皮革的价格低得多。挂毯和高质量地毯的主要产地是马索维亚和扎莫希奇,后来还有布罗迪,后两个地方深受东方风格的影响。此外,还有专为军队生产的各种帐篷。需要精巧工艺的钟表和其他产品也制造出来了。在利沃夫已能生产昂贵的土耳其式的马鞍。在有些行业里,工匠们达到了相当高的水平。

有时,一些城市的议会,如利沃夫市议会,禁止进口那些当地产量充足的产品。巴托里曾把制造当时尚未生产的某些特殊产品的垄断权授予不同行业的人们。显然,当时人们倾向于自给自足的商业原则,虽然这种原则还没有被政府普遍采用,但在地方上已经实行了。然而,工业投资并不充足,这或许是由于下等阶层生活条件的恶化,各地对工业品的需求下降的缘故,至少这是一部分原因。

在奥尔库什和亨齐内有铅矿和银矿,并在那里建造了铸造工场。17世纪中叶以前,这里铅银产量一直稳步增长。16世纪初期,铅的年产量仅3000桑特纳(Centners,1 Centner大约等于50千克),在16世纪末期,达到2万桑特纳,到17世纪中期达到5万桑特纳。银在同时期内的年产量分别是250格尔兹纳(grzywnas,1 grzywnas等于200克)、1500格尔兹纳和6000格尔兹纳。小生产者逐渐消失,这有利于企业按资本主义方式经营。

采盐业主要是在维利奇卡和博赫尼亚一带。采盐业是在资本主义经营方式的基础上组织起来的。其年产量在20万桑特纳以上。整个行业雇用了1000多名工人和管理人员,每星期按照其能力发给工资。另外,在东南部喀尔巴阡山麓也有一批盐场,主要属于国王,但有时由私人小生产者开采。这些盐场组织成一个约有1000人的企业,按照资本主义方式进行生产,但也掺杂着一些封建因素。

在16世纪出现的一些大庄园,特别是东部各省的大庄园,在国家的经济生活中起着重要作用。最大的一些庄园分别属于拉济维乌、奥斯特罗格斯基、扎斯拉斯基和威斯尼奥维奇家族以及其他几个家族。其中有些是由遗产形成的。组织经营最好的大概是约翰·扎莫伊斯基的庄园了。除了自己的私有地产外,他还拥有部分王室领地的使用权,共有17479平方公里,其中包括23个小城镇和816个村庄。这些土地大部分位于扎莫希奇和贝尔兹地区,但也有一部分散布在其他各省。这些庄园组织得卓有成效,它有大量的管理人员和劳动人手，划分为一些较小的经济单位，但整个经营都置于扎莫伊斯基一人的监督指导之下。谷物的生产、牲畜的饲养和工业的发展都受到同样的重视。每年收获的谷物在满足了地产上非生产人员的需要后，还有大约3700拉斯特（Last）可供出口。出口的谷物大部分是用自造的大船沿维斯图拉河运送的，利沃尼亚出产的谷物部分运到里加，部分运往普斯科夫；大波兰出产的谷物沿瓦尔塔河运到什切青。饲养马匹是为了当地市场的需要，尤其是为了满足军队的需要；牛，特别是公牛的饲养是为了向农民提供牵引畜。有些出口了，有些则留给了当地市场。养羊主要是为了取得羊毛，这些羊毛在10个工场里被织成毛织品供地产内的农民穿用。110多个养鱼塘养殖的鱼在当地市场出售；还出产蜂蜜和蜜蜡。17个铸铁工场生产铁器，特别是农具。5家玻璃工场生产玻璃制品。有大约130个水力磨坊为农民使用，还有20个锯木场和漂白亚麻布的作坊。整个领地建立在自给自足的基础上，每年都有预算，强调经济效益和合理开支。

　　海上和陆地的贸易在16世纪后半期和17世纪初期都有相当大的发展，特别是海上贸易的发展更大。陆上的贸易路线是：从王国的东部出发，穿过南部的利沃夫或北部的维尔诺，再往西在波兹南或克拉科夫会合。从这里继续前进可达弗罗茨瓦夫或法兰克福，最后到达莱比锡和纽伦堡。另一个道路网是由南至北的：从匈牙利经新松奇、克拉科夫、华沙和托伦到但泽；从摩尔达维亚经利沃夫、桑多梅日、托伦到但泽；还可以从西里西亚到波兹南和但泽。

　　由于陆路运输费用昂贵，所以总的来说水路运输更为重要，尤其是对远程运输来说更是如此。水路甚至还可以用来运送军队。维斯图拉河及其支流是使用最多的一条河，这是当时但泽得以发展成为波罗的海最重要港口的原因。运输货物到什切青可经瓦尔塔河；在东北部，德维纳河是通往里加的航道。一旦国王们意识到他们不可能取得黑海的出海口，他们就竭尽全力地使整个德维纳河成为他们领土上的内河，以作为通往立陶宛的运输线，还可在接通第聂伯河后作为通往乌克兰的运输线。梅梅尔河在某种程度上也被用作通往柯尼斯堡的航道。当时，波兰—立陶宛吸引着波罗的海的绝大部分贸易，而其中的主要部分又集中在但泽。根据波罗的海海峡通过税的登记记录，从1562年到1574年从事波罗的海贸易的全部船只中到但泽的占59%，少数船只肯定是去波兰和利沃尼亚其他港口的，其余的才是到波罗的海沿岸其他国家去的。

但泽和其他港口的主要出口物是谷物，特别是裸麦。从1555年起，每年输出额大约是14000拉斯特，到17世纪初期年输出额有时竟达10万拉斯特以上（1618年的输出额是12.9万拉斯特）。同时还输出小麦、燕麦和大麦，但数量较少。仅次于谷物的最重要的输出品是木材及其副产品，还有造船用的柏油、树脂、索具和钾碱。在16世纪后半期，由但泽输出的钾碱较少了，大部分是由德维纳河和里加输出的。输出品中不仅有铜、铅、铁、钢，还有蜜蜡、亚麻、大麻、亚麻布、兽皮、皮革以及各类裘皮。

经波罗的海沿岸港口输入的主要货物，有上等织物、青鱼、盐、酒和南方的水果。在此期间，仅但泽一个港口营业额每年平均在1000万兹罗提左右。

在波罗的海上与波兰—立陶宛进行的贸易，主要掌握在荷兰和弗里西亚商人手中，其次是英国商人。1585年，在通过松德海峡来往于但泽的船只中，52%是荷兰船，24%来自东弗里斯兰，12%来自英格兰和苏格兰。正在和汉萨同盟各城市进行竞争的英国商人，开始与埃尔布隆格（埃尔宾）进行谈判，以争取新的市场。1579年建立了东方公司，在埃尔布隆格开设了一个销售英国货物的商业市场。商人们获准自由贸易而没有任何在但泽时所加的那些限制。这个措施得到了伊丽沙白一世的支持，并且也受到巴托里的鼓励，因为其目的就在于打破但泽的贸易垄断。1583年，埃尔布隆格与东方公司签订了一项条约，人们预期它将得到国王和国会的正式批准。但是，看到自己在贸易上的特权地位受到威胁的但泽竭尽全力阻止国王批准这项条约，并请求扎莫伊斯基在这个问题上施加影响。结果，国王没有正式批准这项东方公司与埃尔布隆格之间达成的条约。他不过是确认了英国商人从前与埃尔布隆格所商定的权利。但泽取得了胜利，其贸易垄断地位有了保障；因此，但泽于1585年同意把每年过境税收入的一半呈缴给国王。国王此时正忙于部署反对土耳其事宜，也希望在北方有个和平局面。

与德意志各公国、波希米亚和摩拉维亚的陆上贸易主要是公牛（17世纪初每年有60000头）、猪和马匹。此外，还有大量的亚麻、大量的各类皮革以及蜂蜜、蜜蜡。进口的物品有铁制品和一些纺织品。向土耳其的输出品，包括铅、武器、刀剑、裘皮和某些种类的纺织品；从土耳其输入的则有丝绸、地毯和一些昂贵的东方奢侈品。从俄国进口的有裘皮、东方货物（包括中国的茶叶），出口的则有铁器、纺织品和纸张。

到17世纪初期，对国外进口和国内生产的奢侈品的需要量不断地增长，但来自下层社会的需求却不断地下降。虽然大量的货币流往国外去换取奢侈品，而没有投资在国内的工业和其他事业上，进出口似乎还能保持平衡。另一方面，缓慢发展着的货币危机不仅使下层贵族的处境每况愈下，也使农民的生活更加恶化。

政府并没有承担起扶助贫困的责任；没有像莫德任斯基在1558年出版的《完美之国》中极力主张应由它承担的那样，而是把这个责任留给宗教的和私人的慈善团体去承担。乡村和城镇确实有一些医院，都是由修道院、地主或市民创办并维持的，但设备都不很好。在战争或饥馑造成的特殊困难时期，或农民因失火等灾难遭受损失时，通常可以在一段时期内免去他们的货币地租或实物地租。他们有时还可以得到货款或实物。

宫廷在国家生活中起着重要作用。巴托里曾说：宫廷应是"高尚的行为和讲求道德的生活的楷模和镜子"；在1566年，卢克·古尔尼茨基根据波兰情况注译并改编了卡斯蒂利奥内的《侍臣论》从而把一个完美朝臣的形象传播开来。虽然国王由选举产生，但宫廷总是保持着王室的尊严和荣耀。因为国王个性不同，宫廷的气氛也迥然各异。亨利的宫廷充满了法国气派，这和斯蒂芬·巴托里宫廷的朴素风尚以及西吉斯孟三世统治时期模仿西班牙宫廷那僵硬的规矩和豪华的礼仪形成了鲜明的对照。王室没有像亚盖沃王朝后期那样庞大，但是，使宫廷成为艺术和文化中心的传统却保持下来了，因而国王们都赞助艺术家和作家。

巴托里在克拉科夫郊外重建了沃布佐夫宫，西吉斯孟三世在那里设计了一个意大利风格的花园。除了其他建筑，他还在华沙修建了一座宫殿，是由阿布拉哈莫威茨设计的。西吉斯孟收集并委托制作的艺术品，同样以意大利风格为主，一些权贵和富有的市民也纷纷仿效。国内第一流的艺术家，如沃伊采赫·波尔茨莫夫斯基、克里斯托弗·

博古谢夫斯基、马丁·考伯（Kober）和意大利出生的托马斯·德拉·贝拉都深受外国流派的影响。在西吉斯孟·奥古斯都的宫廷里，瓦茨拉夫·萨莫杜尔斯基开创的音乐传统也被他的后继者们延续下来了，他们不仅组织了瓦维尔大教堂的唱诗班，而且组织了宫廷管弦乐队，后来又成为皇家歌剧院。在第一流作曲家中，尼古拉·戈莫尔卡和马丁·利奥波利塔在创作中仍保持了复音的风格，而尼古拉·杰林斯基则采用了新的"威尼斯式的应答唱法"。

在那些年里还出版了大量的历史著作，都是波兰文或拉丁文的，有的描写近代，也有的叙述遥远的过去。1582年，斯特里耶科夫斯基在有关波兰、立陶宛、俄罗斯的历史著作中，第一次描述了立陶宛的历史。1584年，巴托茨·帕普罗齐出版了关于波兰纹章学的著作。两位信奉新教的作家，斯维也托斯拉夫·奥泽尔斯基和赖因霍德·海登斯泰因分别于1572—1576年和1572—1603年描写了前两次空位时期的历史。保罗·皮亚塞斯基和斯塔尼斯拉夫·乌宾斯基著有西吉斯孟三世统治时期的历史。关于改革后教会的历史，有后来的安德鲁·韦杰尔斯基［雷根沃尔修斯］的著述。斯塔尼斯拉夫·卢宾耶齐论述了阿里乌教派。有些政论家和政治家试图从亚里士多德那里找到一种理论来论证社会不平等的合理性，但最频繁地被引用的还是西塞罗和他的关于公民权利和职业不平等的理论。许多作家对农民所受的压迫表示叹惜，例如，塞巴斯蒂安·彼特利希在其用波兰文翻译亚里士多德著作时所作的注释中，就表示了这种思想。彼得·斯卡尔加也曾说过："谁通过了不公正的法律并使非法行为合法化以便压迫穷人……谁就要遭到报应。"但是，几乎所有作家都支持选举制度，虽然他们也都认为改革是必要的。卢克·古尔尼茨基在《一个波兰人和意大利人的对话》中，建议用代表制度代替个人分别直接投票的办法。然而，坚决拥护牢固的君主制度和强有力的政府的克里斯托弗·沃尔泽维奇在其《贵族的自由地位》一书中（1598年出版），仍旧要求保留国会。但是他要求国会工作得更有成效，并且特别强调臣民的责任："某些人或许对立法感兴趣；但对所有臣民来说，服从并执行法律才是更为必须、更为有益的。"

（高仲君　译）

第十三章
瑞典和波罗的海

在16世纪中叶，把波罗的海沿岸的国家和那些地中海沿岸的国家进行比较，就会清楚地看到：那时北方国家的政治形势与其目前的情况大不相同。地中海沿岸的欧洲国家都继承了古代文化遗产，尽管继承的程度各有不同，而且近几个世纪以来已逐渐形成一种新的文化——文艺复兴，它与古典的古代文化有着自觉的联系。从前那种政治分裂的状态，在法国得到了部分解决，在伊比利亚半岛正在解决，而在意大利则仍然相当严重。在地中海东端，"铁幕"的另一边是东方文明世界。若干世纪以来，它在很多方面对南欧起过促进作用。现在这种联系已被破坏，欧洲与远东的绝大部分贸易已沿着新航路进行了。

同样，在16世纪中叶，波罗的海东、西两侧在宗教、教育、语言和风俗习惯等方面也属于不同的文化领域。主要分界线的一方是俄罗斯，另一方则是它的邻国瑞典—芬兰和波兰。然而北欧和南欧的差别也很大。与那些南方国家相比，北方国家的经济和文化是很不发达的。文艺复兴的精粹在当时的北欧只留下极少的痕迹，而且主要是在艺术方面。但是，宗教改革的纲领却迅速而有效地传到德意志北部、波兰和斯堪的纳维亚，只是在群众当中所起的影响没有在某些社会团体中特别是中等市民阶级和政界人士当中所起的影响那样大。反宗教改革运动在波兰获得成功，但在其他国家并没有获胜。宗教改革的胜利意味着摆脱了旧文化的束缚，并且结束了最重要的国际势力对北欧的控制——但尚无任何现成的东西来取代它。

经济方面的差别也相当大。除了德意志北部汉萨同盟诸城市和波罗的海沿岸城市以外，北方国家是不发达的农业国。瑞典的萨拉银矿很难与南方国家的源源不竭的贵金属相匹敌,而且其产量在迅速减少。斯堪的纳维亚的主要出口商品最初是兽皮和畜产品,它被汉萨同盟所垄断。此外,挪威还输出干鱼,瑞典输出铁和铜。瑞典的这两种出口商品到 16 世纪后半期和 17 世纪初有了很大的增长。

当东方和西方在南欧的边界关闭得越来越紧,并向其他方面开辟新的出路时,北方的情况却不是这样。这时,波罗的海东部和西部的国家在经济和政治上的交往已日益重要。与俄罗斯的贸易引起广泛的注意,甚至引起西欧的关注。各种方式的接触在尝试进行,试探紧跟着试探,一个计划又盖过另一个计划,尤其在与瑞典有关的地方情况更是这样。在早期(1557 年)俄罗斯进攻了利沃尼亚的条顿骑士团,并于 1558 年占领了注入芬兰湾的纳罗瓦河上的纳尔瓦城。[①] 俄罗斯因此扩展到了邻近波罗的海的地区。这样,一个新的政治局面出现了。

利沃尼亚条顿骑士团已不可能继续存在下去,俄罗斯已发出了第一次打击。结果,俄罗斯开辟了通往波罗的海的贸易路线。骑士团内部的恐惧在增长,条顿骑士们到处寻求外援。结果,所有邻近的强国不久都被卷入。波兰对于利沃尼亚的命运十分关注。丹麦也表现出极大的兴趣,它想使其国王弗雷德里克二世的兄弟马格努斯亲王得到爱沙尼亚沿海的厄塞尔(ösel)岛。爱沙尼亚的主要商业城市、属于汉萨同盟的雷瓦尔,向瑞典国王请求援助。古斯塔夫·瓦萨不愿介入骑士团的事务,但其子埃里克十四,于 1560 年即位后立即对雷瓦尔表示同情。这就播下了波罗的海国家大规模利害冲突的种子。

16 世纪期间,北海和波罗的海之间的主要交通线要通过厄勒海峡(松德海峡)。对俄国市场的输出路线通往芬兰湾和里加湾,对波兰和立陶宛市场的输出路线通往波罗的海东南各港口、里加湾和普鲁士城镇。更南方的来自东欧的商路是经由克拉科夫和莱比锡的陆路;就另一个角度来看,这些陆路也是非常重要的。英国商人冒险家在 16 世纪 50 年代开辟了一条从北方通往白海的新航路。

自中世纪以来,俄国的海外贸易一直控制在外国商人手中。最初,其贸易要通过诺夫哥罗德;后来参与控制的有爱沙尼亚的雷瓦

[①] 参阅第 2 卷第 18 章。

尔、利沃尼亚的里加和普鲁士的一些城市,主要有柯尼斯堡和但泽。西欧对俄国商品的需求量甚大,如大麻、亚麻、皮革和珍贵裘皮、蜡和牛油。瑞典历史学家阿图尔·阿特曼曾分析过当时俄国的市场以及它的产地和销路情况。雷瓦尔以谷物作为其主要的出口商品,其次是出口来自俄国内地的商品。里加出口的主要产品是俄国的亚麻和大麻。柯尼斯堡也主要出口这两种来自立陶宛和俄国的产品。但泽是波兰和立陶宛的大港,主要出口维斯图拉河流域的木材、沥青和谷物,俄国的产品还从爱沙尼亚和利沃尼亚港口集中到但泽运出。

这种经济战略形势在许多方面决定了那些北方王国的命运。丹麦在此居于关键地位。从作为古老的松德海峡统治者开始直到1658年,丹麦一直控制着松德海峡两岸。卡尔马同盟结束后,对这条贸易上的咽喉要道加以控制就更为重要了。特别是在16世纪,尼德兰在这个地区扩大了贸易,英国也开始关注这里的商业利益时,情况更是如此。此外,丹麦还占据了位于波罗的海中部的哥德兰岛,丹麦昔时的领地还包括自1658年以来成为瑞典领地的斯科讷、布莱金厄及哈兰等省区。布胡斯被划入挪威属地。当丹麦到达爱沙尼亚并占领厄塞尔时,瑞典被包围的态势就更加明显了。

瑞典必须跨过约塔河口周围的一窄条地峡才能进入西部海洋,所以要同西欧交往主要得依靠丹麦。瑞典王国的东部——芬兰正好延伸到俄国边境的诺夫哥罗德,所以瑞典此时对东方非常关注,而且,在整个中世纪期间,这种东方政策一直是这个国家外交政策的明显特点。

在本书论及的这一时期开始时,斯堪的纳维亚地区三位富有政治意义的人物去世了。象征着贵族占绝对优势的受制于人的丹麦王克里斯提安二世死于1559年;[①] 同贵族关系很好,并在贵族势力下进行统治的丹麦王克里斯提安三世也死于同年;瑞典国王古斯塔夫·瓦萨死于1560年。

决定丹麦新国王弗雷德里克二世权力的登基誓言把更多的权力给了政务会并承认了贵族的经济特权,政府的大权落到了贵族手中。瑞典的新国王埃里克十四即位以后,就总的情况来说没有引起体制和行

---

① 参阅第2卷第5章。

政机构的变化，但埃里克的地位倒确实发生了变化，他的异母兄弟约翰公爵和查理公爵在自己的领地上取得了某种实际的独立权。埃里克同他们的冲突由于约翰拥有的芬兰公爵的地位而加剧了。当约翰同波兰国王西吉斯孟·奥古斯都的妹妹凯瑟琳·亚盖沃妮卡结婚时，约翰对波罗的海东部的染指变得更为露骨了。

丹麦王克里斯提安三世和瑞典王古斯塔夫·瓦萨都建立起了新的行政制度，这使得他们国家的财政更加稳定，而且国王也能更好地管理国家。丹麦的国际地位是依靠雇佣军和一支强大的舰队维持的，其资金大部分来自对通过松德海峡的船只所征收的过境税。古斯塔夫·瓦萨不但建立了由瑞典士兵组成的陆军（这支队伍曾在1555—1557年同俄国的战争中经受考验），他还奠定了瑞典海军的基础。埃里克十四继续加强这种事业。当时，都在政务会领导下的贵族，丹麦的贵族的势力超过了瑞典的贵族。瑞典政务会的作用没有丹麦政务会的作用大，瑞典议会仍是十分重要的。在1560—1612年瑞典的历史中，王权和贵族之间的矛盾是一个不断出现的题目，因此，瑞典议会才有机会确立自身的权力。

概括地说，这就是将要叙述的事件进程的背景，这些事件是：瑞典在波罗的海建立了统治权，这个统治权在下个时期中将使瑞典成为一个强大的国家。

正是控制着松德海峡和吕贝克并最终决定着瑞典对外贸易的丹麦切断了瑞典与欧洲中部和西部的直接联系，古斯塔夫·瓦萨一直坚持认为：与隔离力量的另一边建立外交和商业的接触是至关重要的。但他仍然力图保持同丹麦的友好关系，1541年缔结的同盟加强了这种关系。

不过，他的儿子埃里克甚至在其作为王储并且驻节在瑞典西南的卡尔马城和城堡的时候，就注意到了他将用来包围丹麦的东西。埃里克特别注意丹麦在布莱金厄和斯科讷河口的城堡。在他继位之前，他也看到了自己的未婚状况在外交上可能会起的作用，并开始同英格兰的还未成为女王的伊丽莎白谈判缔结婚姻。此外，埃里克的父亲同俄国的战争和他兄弟约翰在芬兰的公爵领地曾把他的注意力吸引向东方。他心目中想要东西方联合，而且他派往英格兰的使节在向伊丽莎白力陈同埃里克结亲的有利因素时也公开说到了这种联合。俄国对纳尔瓦的征服和雷瓦尔向瑞典的求援，促使埃里克卷入了波罗的海事务中。在波罗的海东岸的一个强有力的立脚点，将会使他更有希望得到西方、南方、丹麦—挪威的另一边国家的援助，并且在同俄国的贸易关系中占据关键地位。

瑞典国内形势使埃里克更渴望这样做。约翰公爵（后来的国王约翰三世）正从其驻地奥博推行着一条他自己的积极的外交路线。作为给他内兄——波兰的西吉斯孟·奥古斯都一笔贷款的抵押物，他接受了一些利沃尼亚的设防城堡，它们正位于当时瑞典在北爱沙尼亚占领区的后方，这导致了公开的内战。埃里克出兵进攻约翰，1563年春俘虏了约翰并把他关押在格里普斯霍尔姆堡。此时，瑞典占据了雷瓦尔和爱沙尼亚的绝大部分地区（1561年），这就使外交政策变得更为复杂了。在争夺正在瓦解的条顿骑士团的过程中，丹麦和波兰都是瑞典的对手，这些国家同瑞典的关系急剧恶化。另一个纠纷是埃里克提出所有芬兰湾贸易都要归瑞典控制；他企图以此保持雷瓦尔作为航运俄国货物最重要港口的地位，并让芬兰的维堡城也保持这样的地位。他试图以封锁纳尔瓦来支持自己的要求，而纳尔瓦是汉萨同盟的商人可以直接同俄国贸易的地方。这种情况又引起了他同汉萨同盟的一些城市，特别是同吕贝克的冲突。瑞典对爱沙尼亚的占领就这样产生了天性乐观的埃里克难以预料的后果。

在瑞典同其邻国关系日益紧张的时期，埃里克企图在丹麦后方建立政治联系的计划也遭到了挫折。根据当时的政治传统，他为其计划采取了联姻谈判的形式，不仅在英格兰而且在苏格兰和黑森都采用了这种形式。但是，尽管向伊丽莎白的求婚由于他在她即位前即已开始而颇为有利，尽管英国的一些人很感兴趣地观察着此事，但它注定是要失败的。后来的人们认为这种结果是势所必然的，但在16世纪60年代初，当伊丽莎白利用她个人作为外交谈判诱饵的天才还未完全揭示出来时，这种结果并不明显。埃里克和他的使节提出的诱饵是通过瑞典控制大部分俄国的出口商品的可能性。自从英国商人把注意力转向白海航道之后，他们当然会受到这种前景的引诱。不幸的是，丹麦控制着松德海峡，特别是当时丹麦国王也正在向伊丽莎白求婚；但埃里克十四通过其大使指出：可以开凿一条穿过瑞典的运河（的确，大约300年后，这个计划实现了）。

第十三章 瑞典和波罗的海

然而，在伊丽莎白和她的顾问们看来，同瑞典联姻的好处还不够明显。仓促做出的向苏格兰女王玛丽提亲的努力又使埃里克一方显得不很严肃认真。在丹麦后方寻求重要盟友的第三次努力（1562—1563年）也一无所获。这次是向最重要的路德宗诸侯之一、黑森伯爵兰德格拉夫·腓力的女儿克里斯蒂娜提出的建议。当波罗的海地区的战火燃起之时，瑞典仍旧孤立无援。同样归于失败的是后来在洛林求婚以便获得支援的企图；那里的孀居的女公爵是丹麦克里斯提安二世的女儿，她对其父亲的王国仍保有继承权。

1563年秋，瑞典与丹麦爆发了公开的战争。根据传统的观点，这次战争是两个长期对立的北欧王国的年轻而又野心勃勃的国王通过武装冲突来发泄其感情的结果。那个时代被认为是一个注重象征物的时代，所以，两国的徽章之争无异于火上浇油的说法颇为人们所信。丹麦历代国王从未放弃自卡尔马同盟以来在瑞典的权利。1546年，克里斯提安三世在丹麦的国徽中并入了瑞典的国徽图案——三项王冠，这个在中世纪常见的谱系学图案使人联想起对初生基督顶礼膜拜的"三贤人"。为了对此表示抗议，埃里克十四在瑞典国徽的两个角落中并入了丹麦和挪威的国徽图案，并为自己辩解说挪威和瑞典曾在中世纪不长的一段时期中同属于一个国王，而丹麦的图案——三头狮子——并不代表丹麦，而是代表新近赢得的雷瓦尔。

关于国家标志的争端，从前被认为是1563年战争爆发的主要原因之一；但是如上所述，这场战争显然另有根源。丹麦对松德海峡的控制，瑞典力求通过波罗的海东部港口控制俄国贸易是两国政府深知的经济现实。当丹麦为了加紧这种控制而染指于崩溃瓦解中的条顿骑士团时，当瑞典试图同南方和西方外国势力组成同盟时，一场冲突就不可避免了。1563年9月，丹麦弗雷德里克二世向瑞典最薄弱的部位发动了进攻——这是瑞典仅有的通向西方的港口、斯卡格拉克海峡的埃尔夫堡（Elfsborg），其位置坐落在离现在哥德堡大港不远的地方，哥德堡港当时还未建立。埃里克和他的异母兄弟约翰的内战成了丹麦手中的武器，而且丹麦还有训练有素的雇佣军和经验丰富的军官这一优势。此刻，瑞典和吕贝克的战争也爆发了。吕贝克不能容忍瑞典控制俄国贸易的要求，并认为瑞典对爱沙尼亚的侵犯特别是同雷瓦尔的同盟威胁了它自己的东方贸易，这种贸易在许多年以来对它一直是生死攸关的。最后,波兰统治者也不得不对毁灭其妹夫约翰公爵命运的事件以及瑞典对爱沙尼亚的干涉做出反应。在这条战线上,冲突同样是不可避免的。就这样,通常所说的北方七年战争(1563—1570年)开始了。北方诸国的扩张目标不可避免地彼此相撞了。

在这里,不必对瑞典—丹麦战争的细节加以描述。这是一场可怕的悲剧,对每一个角落进行的野蛮破坏造成了双方前线上的怨恨情绪,而且加深了由于宣传和在卡尔马同盟内争斗100年所导致的普遍的敌意。在破坏时有一条野蛮的逻辑:双方都要使对方那些可用作军事基地的地区成为焦土;再者,瑞典还不得不冲出丹麦的包围。双方的高级将领都怀着令人恐惧的顽固意识去推行他们的计划。年轻的瑞典军队顽强地抵抗了弗雷德里克二世的雇佣军,瑞典的埃里克十四是一个称职的军队组织者和"总参谋长",不过他不能统率军队,因为他在面对敌军时总是丧失冷静。在瑞典,没有一个人能比得上丹麦的司令官丹尼尔·兰卓——一位祖籍荷尔斯泰因的天才战略家。

丹麦取得了最重大的战术上的成功,但瑞典以海上胜利弥补了在陆上所受的挫折。埃里克努力建设了一支近代化的舰队,这支舰队初期受挫之后,在能干的克拉斯·克里斯滕松·霍恩将军指挥下,已能够打通去往德意志北部的航路,并保证最基本的供给。因此,在一段长时期里,战争不分胜负,而敌对双方都显露出力量耗尽的征兆。

埃里克十四是个富有天才的人,但在权衡其政治目标时缺乏现实感。当时的瑞典人没有哪个像他那样熟谙欧洲文化,他是一个音乐家、作曲家,曾广泛地阅读过古典著作并通晓当时时兴的科学——占星术。但他重理论的思维使他难以理解政治乃是一种可行性的艺术。在他身上,也有瓦萨家族的通病——疑心过重,它时常以疯狂迫害的形式暴露出来。变化无常的情绪使他忽而妄自尊大,忽而万念俱灰。

埃里克的顾问们,主要是国务大臣约兰·佩尔松——一个牧师的儿子——通常以非常严厉的手段捍卫中央政府的利益,以此对抗行政官员和贵族阶层。国王和某些贵族集团之间产生了剧烈的冲突,这些贵族集团中有中世纪末期产生过一些摄政王的斯图勒家族,还有约翰公爵的其他支持者。1567年国王处死了几个最为显赫的人物;正是此时,人们才发现他精神处于失常状态。他病愈之后,正式娶长期与之私通的农家女卡琳·蒙斯多特为王后。约翰公爵在他的异母兄弟精神失常之时已被释放出狱，而现在（1568年）正值丹麦战争期间，约翰同他的弟弟查理公爵领导了一场贵族的叛乱。埃里克在斯德哥尔摩被俘，被废黜并投入监狱。他在狱中度过余生，1577年去世。

埃里克下台之后，贵族成为无可争议的统治者，约翰公爵当选为国王，瑞典议会加冕他为国王约翰三世。在确立了贵族特权之后，新国王的首要任务是寻求同丹麦媾和。1567—1568年的冬季，丹麦军队在兰卓的指挥下已经深入到瑞典的东部，而瑞典的军事行动却受到了内战的牵制。条约对瑞典是苛刻的，但由于丹麦与瑞典同样精疲力尽，使苛刻的程度有所减弱。1570年的什切青和约规定：瑞典必须为仍在丹麦控制下的埃尔夫堡缴付一笔可观的赎金，而且瑞典企图控制俄国的一部分贸易的计划也必须搁置起来。的确，瑞典保住了爱沙尼亚，而且此后与波兰的关系一直很好，因为瑞典的新国王是波兰国王的妹夫，情况自然如此。丹麦想在爱沙尼亚取得一个立足点的企图也未能成功。但是，埃里克十四的两个主要目标——打开通向北海的出海口并控制通往俄国的贸易路线——同样一无所获。纳尔瓦的贸易再次对吕贝克以及其他地区开放，而丹麦对波罗的海入口的扼制也未被打破。此外，在战争期间，松德海峡的过境税收于1567年从船只税改为吨位税和货物税。这意味着丹麦增大了经济收入，而且，征收过境税的埃尔西诺（赫尔辛格）成为控制波罗的海贸易的关键地区。

埃里克十四试图保持同俄国的可以容忍的关系，在一次危机时刻甚至透露他准备把约翰的妻子凯瑟琳·亚盖沃妮卡送给沙皇伊凡四世，因为伊凡四世曾向她求婚未成。因此，约翰三世和伊凡四世此时剑拔弩张并在信中相互谩骂也就不足为奇了。但是约翰并不打算放弃他兄弟企图控制俄国贸易的计划，他只是在寻找新的途径。在他的授意下，瑞典向东方的扩张矛头直指俄国，而且能指望波兰成为一支友好的力量。与波罗的海东部的贸易的重要性与日俱增，16世纪后期甚至波及北欧的价格革命也刺激了这一贸易的发展。越来越多的西欧商人前往波罗的海国家。对俄国市场传统的产品及波罗的海东南角出口的木材和谷物的需求量不断增大。而且，不仅英国的商人，还有逐渐增多的尼德兰商人也沿着挪威海岸另一条全新的道路抵达1586年新建的阿尔汉格尔港。

在这种情况下，瑞典自然继续向东方扩张。不久，约翰三世再次封锁了纳尔瓦并重提了过去提出的关于控制东方道路的要求,这一要求暂时与波兰一致,而丹麦不会干涉,因为尽管它垂涎于此,但无力付诸行动。然而俄国在东方先发制人了,它进攻了瑞典占领的爱沙尼亚。瑞典全靠艰苦的努力和巨大的牺牲才得以保全它的占领区,苏格兰人和日耳曼人雇佣军都被投入了这场战争。到16世纪70年代末,波兰新国王斯蒂芬·巴托里(1575—1586年在位)猛烈地反击了俄国人并最终占领了利沃尼亚;他也是约翰三世的姻亲兄弟(娶了凯瑟琳·亚盖沃妮卡的姐妹安妮)。波兰由此取得了通向里加的咽喉商道的控制权。波兰战争使瑞典的处境有所改善。法国出生的蓬杜·德拉加尔迪统率瑞典军队之后,取得了对俄战争中一系列决定性胜利。随着1581年对纳尔瓦的占领,所有芬兰湾的战略要地都控制在瑞典人手中,而且纳尔瓦的封锁亦能行之有效。但最终结果却是令人失望的,大部分俄国贸易仍能通过波兰港口进行,还有一部分通过阿尔汉格尔。1581年俄国与瑞典停战,第二年波兰同俄国签订了和平条约,该条约承认波兰对利沃尼亚的占领。瑞典与波兰虽然没有相互间的直接支持,但却都在另一方的政策中得到了益处。

  瑞典在东方发动战争是十分困难的。确实,瑞典某些极受欢迎的产品的出口量增加了。较为先进的炼铁方法使得条形铁取代了原始的奥斯蒙铁[1],而且在16世纪后半期,这种冶炼产品的出口量增加了1倍。铜的产量也在增加,特别是在16世纪80年代及以后,当时首先因为发现了新的矿脉,其次由于技术的改进,达拉纳(大科帕尔贝里)大矿的产量有了较大的提高。但是,在一个仍旧主要靠以物易物为其经济活动的国家里,要为正在推行的这种对外扩张的政策筹措款项并非轻而易举,瑞典政府每时每刻都要应付严重的财政困难。断送埃里克十四统治的内战暂时平息了,但贵族仍不满足于新特权带给他们的好处,他们也没有当时的丹麦贵族所拥有的令人羡慕的影响政府事务的势力。另外一个内部斗争的根源是古斯塔夫·瓦萨最小的儿子查理公爵,他声称独立地占有瑞典中部的一个公国,其中包括一些极为重要的产铁区。

  不过,约翰三世无意放弃他的对外政治计划,他从两个途径来实

---

[1] 以前从瑞典出口到英国等地的一种优质铁。——译者注

施其计划。第一，王朝的联合，即瑞典同波兰的联合，以此控制波罗的海东部；第二，设法控制那条通过阿尔汉格尔的俄国的贸易路线。

约翰同波兰公主凯瑟琳的婚姻使他产生了王朝联合的念头。当斯蒂芬·巴托里于1586年死后，约翰提出让他和凯瑟琳所生的儿子西吉斯孟作为波兰王位的候选人。早先，宗教改革在波兰取得了进展，但反宗教改革派进行了回击而且罗马天主教徒赢得了胜利。西吉斯孟在天主教环境中长大。仅在表面上同情路德宗信徒的约翰本人也曾起草过一部天主教祈祷书，希望能在瑞典推行开来。此外，16世纪70年代他开始了同天主教国家进行的一系列谈判，其部分目的是想从王后的母亲、米兰的博纳·斯福察那里得到一笔遗产。约翰的美学志向（主要表现在他修建了一些文艺复兴风格的巍峨的城堡上）同他对神学的兴趣是一致的。对他来说新教的瑞典同恢复了天主教的波兰实现王朝的合并没有什么不可能也没什么不好。1587年他成功地使有着古老波兰王室名字的西吉斯孟当选为波兰国王。在选举时，波兰曾提到爱沙尼亚同利沃尼亚合并的要求。这种合并将使波兰控制经过芬兰湾的俄国商路和一个有利的军事位置。然而，约翰不会接受这一要求，从他的外交政策来说，这是十分自然的。此事一直拖到西吉斯孟成为这两个王国的国王的时候。

如果说1561年获取爱沙尼亚以及1581年征服纳尔瓦被视为16世纪瑞典的波罗的海政策的第一阶段和第二阶段的话，那么，筹划瑞典同波兰—立陶宛之间人身的联合就可以称为第三阶段。西吉斯孟当选为波兰国王使瑞典更注重于东方，想象中的某种联合王国可能拥有强大的政治地位和商业地位。但这种联合也带来了新的问题。它们在西吉斯孟即位以后不久就出现了，仅仅几年之后，这些问题变得如此严重以致逐渐改变了瑞典对外政策的全过程。

约翰三世的与俄国贸易相关的第二个计划由于这条经过阿尔汉格尔的新路线的重要性不断增大而得到推动。这一时期丹麦在松德海峡征税的账目簿记表明，每年有2000条尼德兰船只，130条英格兰船只（以及数量更少的苏格兰船只）来往于松德海峡。1579年，英格兰成立了一个东方公司专营同普鲁士、波兰、波罗的海沿岸国家的贸易。至于白海贸易，引用的数字当然不会十分准确，但据估计每年有40—60条船驶入北方，其中主要是英格兰的，而且数字还在不断增加。这条路线的重要性因此也不断增加。而且,这条路线是自由的,未被控制的——尽管丹麦宣称它有权征收赔偿费以弥补过境税的损失,因为这些船只不是通过松德海峡而是驶向白海,穿过"丹麦王国的腹地",即沿挪威西部和北部海岸的水域航行。沙皇给予组成莫斯科公司的英格兰商人以北俄罗斯贸易的垄断权,但后来,在1586年他们失去了这种权利。北部的边境很难明确划定,约翰三世认为即使对此地他也有当然的领土权。一些野心勃勃的计划制订出来了,但又都归于失败。然而,瑞典向白海的扩张计划将会被重新提出,可见,这些计划制订得多么广泛而又周密。它们的目标显然是控制整个俄国同西欧的贸易。

前面已经提到的瑞典在16世纪80年代的内部冲突,在约翰三世统治的最后几年中变得更为尖锐。国家财政状况的虚弱,表现为货币不断地贬值,引起了广泛的关注。1576年,因为约翰力图使其新的祈祷书得到承认,导致了支持者与反对者之间严重的冲突。几名反对者被迫辞去圣职,激烈的宗教论争开始了。反对派的领导人是查理公爵,他严格地恪守"纯粹的教义",并在其公国内不给新祈祷书以任何立足之地;但他并不是没有加尔文主义的倾向。瑞典由此产生了三个相互冲突的集团:国王、查理公爵、贵族,冲突的中心是政务会议。新一代贵族已经成长起来,其中文化素养最高者都在欧洲大陆受过教育,他们对历史,特别是从前贵族所起的作用的历史感兴趣,并且熟知当时反君主的人们的政治信条,如法国加尔文主义者关于起义和人民拥有最高权力的理论。他们公开地同情中世纪的贵族立宪派,这个派别曾在卡尔马同盟时发挥过非常重要的作用。

在16世纪80年代,各派的成分不断变化。先是国王和贵族联合起来反对查理公爵。查理在自己公国内的权力受到了限制并被排除出政务会议成员之外,而政务会议在每逢未来的联合国王西吉斯孟驻留波兰期间,将要代行统治瑞典之权力。西吉斯孟在波兰即位后,感到处境艰难,因为瑞典显然无意放弃爱沙尼亚。西吉斯孟于1589年去雷瓦尔会晤约翰。因局势的恶化而信心丧失殆尽的约翰,要求儿子离开波兰同他一起回瑞典去。但出席雷瓦尔会议的瑞典政务会议的贵族成员们坚决反对此事,同时又抱怨约翰统治的政策。约翰不得不屈从,西吉斯孟又重新返回波兰。

这次雷瓦尔会议的结果使约翰同政务会议之间很快出现了裂痕。国王转而向查理公爵寻求支持。他取消了压制公爵的法令，兄弟俩此刻有了共同的理由去反对贵族。一些政务会议中的贵族被撤销职务。为了批准新政策，召开了瑞典议会。尽管此次议会无意完全批准国王的政策，但确实给了约翰和他的兄弟某些支持。他们之间的同盟关系一直延续到1592年约翰去世，在这段时间里他们始终未同被革职的政务会议中的贵族成员重新和好。

在新国王到来之前瑞典的形势十分复杂。以被革职的贵族为首的贵族阶层在集结他们的力量。大多数牧师开始反对新祈祷书和天主教。查理公爵也再次掌管了他自己那管理有序而又团结一致的公国，并且无意放弃在王国中半独立的亲王地位。

此时一位新的主角出现了，这就是西吉斯孟。他并不愿意让他在瑞典的世袭权力有所削弱，由于他从作为波兰国王的最初几年起，对于那些贵族就产生了不愉快的回忆，情况就更是如此。他和一批与他认识一致的顾问们还企图在瑞典恢复天主教。这些顾问中最突出的是罗马天主教使节、反宗教改革派的领袖人物马拉斯皮纳神父。约翰三世的通过王朝联合而扩张瑞典的设想造成了一个他没有预想到的局面。

西吉斯孟可以指望对他有利的广大民众的舆论的支持，也可以指望贵族特别是在芬兰的几名忠诚的贵族的支持。但是对其计划的抵制也属预料之中。1593年，所有的"异端"都受到了责难，同年3月，路德宗牧师在乌普萨拉召开了宗教会议，开始组织起来抵抗天主教可能采取的行动。查理公爵同政务会议平息了彼此之间的争吵，决心保卫他们的权力，抵制新的统治者为加强专制王权所可能采取的任何计划。1593年9月西吉斯孟的波兰舰队到达斯德哥尔摩群岛。1594年在乌普萨拉举行的他的加冕仪式上，查理公爵和一大批追随者都在场，国王在这里见到了他的臣民。

王权、公爵和贵族立宪派之间的斗争就这样集中到了宗教问题上：是国王按照自己的意图确立非路德宗教徒（主要是他的波兰臣属）公开做礼拜的权利，还是瑞典议会迫使国王应允他将与瑞典议会的宗教观点一致？政治问题同宗教问题以这一时期典型的方式交织在一起了。国王被迫让步，不得不聆听贵族们对绝对专制制度的激烈抨击,"……在瑞典至今还没有听说世袭国王成为专制的统治者"。在失望和沮丧之下,西吉斯孟不久即返回其波兰王国;在他离开瑞典期间,由查理公爵和政务会议——亦即贵族阶层——一同取得了瑞典国家的统治权。尽管人们提出了许多建议,但没有一种被作为最后的、确定的政府形式而接受下来。在这段时间里,公爵和政务会议同意在某种程度上采取一致行动捍卫国家权力,以反对西吉斯孟真实的或别人臆测中的为专制主义和反宗教改革而采取的行动。

但公爵和政务会议的同盟过于脆弱,难以持久。在1595年召开于南雪平的瑞典议会上,这个同盟就已开始破裂了。公爵比政务会议更偏激地坚持地方政府独立于国王,他还利用平民的支持来实现他的意图。内部矛盾很快就激化了。克拉斯·弗莱明、约翰三世的原公爵领地——芬兰的总管,拒绝接受查理公爵提出的这种政体。查理要求解决同弗莱明的矛盾,但政务会议动摇了。在查理的支持下,芬兰农民起而反抗弗莱明(1596—1597年),但遭到了残酷的镇压。公爵此时已经向政务会议挑战并求助于瑞典议会,议会于1597年在阿尔博加召开;在所有的政务会议成员中,仅有一人参加。从此,查理公爵和平民组成了反对西吉斯孟和贵族的统一战线。局势很快紧张起来,以至于几个政务会议的贵族逃到了波兰的西吉斯孟那里。他们于1598年同西吉斯孟和他的军队一起乘船回到瑞典。同查理公爵的军队发生了几次战斗,但未能起到决定性的作用。西吉斯孟突然退却,把那些叛逃的贵族交给了他的叔父,留下瑞典的政府问题悬而未决,率军返回了波兰。公爵占领了瑞典和芬兰仍旧效忠国王的城镇及城堡;审讯和流血随之而来。1600年在林雪平召开的瑞典议会上,由各等级组成的特别法庭判处了几名被指控的贵族死刑并执行了判决。贵族立宪派被暂时压服,西吉斯孟由于波兰事务缠身,也未能重新组织反攻。同波兰的同盟已不可避免地破裂了。约翰三世雄伟的计划所产生的结果与其原来的设想完全相反。

然而,最初的目标在一个方面有所进展。正当西吉斯孟和他的瑞典臣民的相互冲突变得明朗起来的时候,瑞典从它同波兰的联合中得到了巨大的好处。如上所述,瑞俄战争前期,即16世纪80年代初,瑞典由于波兰也同俄国作战而处于有利地位。1581年以后,瑞典与俄国之间一度停战,但1590年战事又起。瑞典的攻击目标直接对准诺夫哥罗德和普斯科夫周围对贸易至关重要的地区以及白海地区，以求取得对北方贸易路线的控制。但这些目标均未能实现。结果，1595年在条西纳签订了和约，由于瑞典与波兰的同盟仍然有效，从而使瑞典人的谈判基础十分有利。瑞典人没有达到他们的真正的目的，但保住了纳尔瓦；原则上双方同意在芬兰的维堡和在雷瓦尔可以进行自由贸易，但只有瑞典人可以同纳尔瓦进行贸易。波罗的海政策的目标似乎已经达到，而真正的收获比预期的要小一些。从此，俄国贸易将经过波兰控制的港口和阿尔汉格尔。不过瑞典在芬兰湾的地位牢固地树立起来了。

尽管同波兰的关系破裂了，但瑞典并未放弃其最初的计划。查理公爵（后来的国王查理九世）继承了他的兄弟们的计划；而且，在同俄国谈判中采取了积极的态度。但由于16世纪90年代瑞典的事件，这些计划变得更加广泛、更加冒险。埃里克十四曾对波兰采取对立的方针，但是对俄国却力求保持友好的关系，甚至不惜做出巨大的让步。约翰三世虽然不时地站在波兰一边作战，但俄国是他在东方的主要敌人。当查理九世成为瑞典国王时，瑞典同波兰的关系已明显敌对，现在的问题是同俄国的关系将如何发展。埃里克十四同丹麦发生了激烈的冲突，企图打破丹麦对瑞典的包围。丹麦和瑞典双方都战得精疲力竭，但冲突并未得到解决。瑞典不断向东方扩张，虽说没有直接向丹麦挑衅，但也使得两国关系复杂化了。特别是瑞典企图抵达北冰洋和白海的计划引起了松德海峡彼岸国家的担忧。查理九世将把其前任们的计划推进多远呢？

查理像他的兄长一样，具有一种迷人的但又多变的气质。从他父亲那里继承下来的演说家的鼓动天才——这种天才在埃里克十四和约翰身上是缺乏的——使他赢得了平民对他的政策的支持，这是一种行之有效的、令人信服的宣传的能力。在政治斗争中，埃里克和约翰都未能够完全利用瑞典议会去争取权力也没能够赢得它的支持，尽管埃里克在这方面做出了种种努力。无疑，查理把自己看作继承并完成了父业的人，而且尽管他的政治手腕有时是玩世不恭的，但他并没有摒弃何为正当以及何为瑞典政治传统的意识。虽然专横跋扈，但他的确想和瑞典议会合作，议会的权威也确实支撑着他的统治。最近的研究表明，他的政治观念一般说和贵族立宪思想并非格格不入，他个人同政务会议中的贵族的冲突也掩盖不了这一点。

瑞典议会再次开始在国家政治生活中扮演一个主要的角色。同从前一样，它包括四个等级：贵族、教士、市民、农民。它根据政治形势的需要不定期地召开，在17世纪最初10年中，召开的次数相对频繁一些：在1600年、1602年、1604年、1607年都曾召开。由于它在16世纪90年代的争吵期间所起的作用，以及国王必须把重要的问题提交给它，所以瑞典议会巩固了自己在国家机构中的地位。政务会议同样也恢复了它的一些重要作用：任命新贵族来充任那些被免职者的职位。政务会议和瑞典议会还要考虑外交政策问题，政务会议的态度有时相当审慎。

如前所述，查理九世力图继续他的两位兄长开始的向东方的扩张活动。同波兰既没有达成关于王位竞争的协议，也没有解决爱沙尼亚问题，波兰仍声称对该地区拥有主权。查理决定以瑞典的爱沙尼亚作为基地，进行对波罗的海东部的战争，因为雷瓦尔的市民和爱沙尼亚的贵族都是新教徒并都忠于瑞典。但在利沃尼亚进行的对波兰的战争中，瑞典受到了许多挫折。查理并不是一个善战的将军，而波兰骑兵则节节胜利。1601年瑞典军队曾向迪纳河（Düna）挺进，在这初步的胜利之后，1602年查理受到了利沃尼亚三个等级的拥戴，但波兰军队随后就开进了利沃尼亚，逐退瑞典军队并逼近爱沙尼亚。1605年查理再次进攻利沃尼亚，并开始围攻对俄国贸易最为重要的港口之一里加，但在克尔克霍姆兵败，被迫率残部回到瑞典。战争又继续了几年，仍未取得决定性的结果。在查理的战略中，一贯坚持计划并最有成效的部分无疑是他力求实现的对波兰港口的封锁。然而，战争很快转到了新的战场。

在俄国历史上，17世纪的开始是以内战、起义、党争为标志的。其表面原因是1598年古老的王朝伴随着费奥多尔（伊凡雷帝之子）一起灭绝所致。他的位置由他的妻兄、普希金戏剧和穆索尔斯基歌剧中的主角鲍里斯·戈东诺夫接替。伊凡四世的小儿子德米特里于1591年被杀，但1604年出现了一个自称德米特里的觊觎王位者。他得到了波兰和波雅尔①中反对鲍里斯的人们以及国民中很多团体的支

---

① 中世纪俄国社会中和国家政权机关中的上层分子。——译者注

持。波兰因此把对俄战争推进到了俄国领土上。鲍里斯死于1605年,不久后,他的儿子费奥多尔也被杀,伪德米特里也于第二年被杀。一位波雅尔、瓦西里·叔伊斯基当选为沙皇,但权力非常有限。在以后的年月中,两个新的伪德米特里先后揭竿而起,瓦西里于1601年被废黜。这些风暴式的事件构成查理九世对俄外交政策的背景。

鲍里斯·戈东诺夫曾主动于1599年同查理进行过数次谈判,而且谈判在此后几年中仍继续进行。鲍里斯拒绝承认条西纳和约,要求对它进行修改。查理为自己着想则极欲维护他在东方的既得利益,特别是纳尔瓦,但同时又想同俄国保持合理的友好关系。第一个伪德米特里和他的波兰支持者对鲍里斯的攻击使局势变得有利于瑞典,沙皇对查理变得较为顺从了。谈判一直进行到鲍里斯去世,德米特里上台后又继续进行,但毫无进展。查理认为形势处于转折点,正是此时他想到要力求与土耳其结盟来对付俄国,这一思想后来成为瑞典对外政策的传统。随着瓦西里即位成为沙皇,形势转变得又一次有利于瑞典,因为当时瓦西里和他的支持者们憎恨波兰。

查理九世实现其对俄政策有两种可能的途径,但哪一种途径都以同波兰的关系为转移,查理主要期望从新的反波兰的俄国政府得到支持,但俄国内部尖锐的纷争使他清楚地看到,在如此不稳定的环境中,不会有任何建树。他认为直接的干涉倒可能会带来更持久的成果。

在这里概述的瑞典外交政策的发展过程中,俄国的两个地区非常重要,即拉多加湖周围地区和芬兰湾的东部区域,以及北上白海的出海口。俄国内部的纷争或许为瑞典提供了机会,使之有可能在上述地区获得急欲获得的势力。在关于北冰洋的外交事务中,查理九世贯彻的是约翰三世的主张,因而同丹麦—挪威发生了冲突,这在下面将会看到。这就是查理九世决定直接干涉时的俄国局势:被内部争斗撕得四分五裂。1608年,当瓦里里惊悉第二个伪德米特里的成功而对与瑞典结盟表示关注时,新的一轮谈判又开始了。1609年新年伊始,双方达成了协议,是年2月签订了条约。它重申了条西纳和约,结成了同盟以反对西吉斯孟和波兰,一支由5000多人组成的瑞典军队将派往俄国,然后,凯斯霍姆省及其要塞将交割给瑞典人。这个省包括拉多加湖西岸和北岸,以此控制了俄国贸易路线的关键部位。根据这一条约，瑞典既打击了波兰，又实现了控制俄国出海口这一既定的传统目的。

这是瑞典外交政策所迈出的决定性的第一步。它对波兰的挑衅导致西吉斯孟立刻采取行动；瑞典军队及与之并肩作战的俄国人取得的胜利更加快了这一行动。当时，这支瑞典军队在雅各布·德拉加尔迪（1581年占领纳尔瓦的蓬杜·德拉加尔迪的儿子）的指挥下击溃了第二个伪德米特里的军队并从诺夫哥罗德向莫斯科推进。此时，波兰对俄宣战；波军对斯摩棱斯克进行了围攻并向莫斯科推进。德拉加尔迪在1610年6月的克鲁希诺村的战役中被打败，波兰人占领了莫斯科，沙皇瓦西里被迫下台。

俄国的波雅尔们形成了对立的集团，其中一个集团推举西吉斯孟的儿子弗拉基斯拉夫为沙皇的候选人。如果他当选，将形成联合的东方战线，粉碎瑞典的外交计划。然而，波雅尔中的另一派对波兰人非常敌视，不可能接受弗拉基斯拉夫作为候选人；再者，西吉斯孟对他儿子能否胜任沙皇之职也感到怀疑。俄国的反波兰派开始同德拉加尔迪进行谈判。当德拉加尔迪为了报答瑞典对他的帮助，要求新沙皇应该是一位不依附西吉斯孟的人时，查理九世的年轻的儿子古斯塔夫·阿道夫被推举为沙皇的候选人（1611年）。但是，德拉加尔迪对于候选事宜不抱多大希望；他所关心的是占领瑞典渴望得到的领土。他率军开往诺夫哥罗德，占领了这座城市并同地方当局商定：他们应置身于瑞典国王保护之下，他们应该做的则是在俄国大选中，把王位交给查理九世的一个儿子——古斯塔夫·阿道夫或更年轻的查理·腓力。尽管这是对波兰王朝合并政策的又一次令人惊讶的抵制行动，但德拉加尔迪进行谈判却是为了自己的利益，现在的问题是国内外交事务的领导人对这个雄心勃勃的计划反应如何呢？这些消息直到查理九世临死时才传到斯德哥尔摩。耐人寻味的是：这次王朝的合并同30年前约翰三世的波兰—瑞典合并计划十分相似，它曾一度使瑞典控制俄国贸易的梦想显得有可能实现，但它只是短暂的愿望而已。

查理九世的外交政策同他的兄长埃里克十四的政策在一点上相似，即像雪崩一样，一块松动即形成连锁反应。对诺夫哥罗德和北俄的征服将意味着传统计划中的那一部分的实现，王朝的合并将使这个计划最后完成。但是同埃里克时代那样，问题并不简单。最严重的问题是处理好同丹麦的关系,其中决定性的因素是由约翰三世制定并由查理九世推行的北冰洋海域政策。丹麦同瑞典虽于1570年达成和议,但两国的敌对状况并未因此而消除,形势并没有发生变化。埃里克想从丹麦后方取得支持的计划由查理继续推行下去,他寻求同各种新教力量的同盟——与汉萨,与德意志西部、北部诸侯,与荷兰和英国——但都未成功。对于那些认识到波罗的海贸易在其经济政策中日益成为至关重要的一部分的西欧国家来说,控制松德海峡的丹麦无疑是北方主要的力量。莎士比亚把《哈姆雷特》的场景放在埃尔西诺一事说明西欧普遍对这个过境税征收港感兴趣。

1588年以后,丹麦产生了新的统治者——克里斯提安四世,他到1596年才达到法定的国王的年龄。丹麦的外交政策仍遵循旧的路线。为确保对瑞典南部和西部出海口的控制,丹麦建立了一系列的要塞,从布莱金厄东部的克里斯蒂安努珀尔到瑞典北部通向北海的地峡的布胡斯。但查理九世在荷兰帮助下在瑞典西部地峡上建立了新城哥德堡,该城市民被授予同拉普兰的贸易、取道白海驶往俄国以及在北部海域捕鱼的特权。在这个对旧的计划的扩展中包含着一种连贯性和必然性,在瑞典取得对纳尔瓦贸易的控制而它又证明是令人失望的以后,下一步的方向就是白海。建立哥德堡是白海计划的一部分,在谈及对俄国的政策时,曾论述过这一计划。查理对北方海域的关注同在拉普兰和饲养驯鹿的利益是一致的——当他还是个公爵时就曾把驯鹿群送到德意志。在奥劳斯·马格努斯关于瑞典人种奥秘的伟大著作于16世纪中叶在意大利出版以后,拉普兰的异国情调吸引了许多人,但对查理来说,真正重要的还是政治上的考虑。

瑞典可能会在瑞属拉普兰建立一个基地,从而控制北冰洋沿岸和俄国北部出海口,这种想法对于一直声称对沿着挪威海岸通向白海的道路拥有主权的丹麦当然是一个刺激。瑞典向东方的扩张加剧了局势的紧张,因此丹麦主动向波兰提出一些建议。当时远方的北部地区还没有确定边境线,在条西纳同俄国签订和约之后,瑞典要求占有部分北冰洋海岸。丹麦认为这威胁到了丹麦对于"丹麦国王领土"的权利。丹麦、挪威、波兰(英格兰除外)这三个国家构成了《哈姆雷特》一剧的时代背景,这一事实反映了英国人眼中看到的北欧外交政治形势中重要的侧面。

查理九世即位之后，丹麦在同瑞典的谈判中仍有几个问题需要澄清。瑞典声称对纳尔瓦贸易有决定权，瑞典对波兰港口——尤其是对里加港——的封锁，以及其他有关贸易的战略决策都激怒了这个邻国，而且对查理九世作为合法的瑞典统治者的地位同样可以提出异议。进入17世纪后，各种谈判一直在进行，但都未达成协议。克里斯提安四世需要战争，主要因为瑞典的东方政策在1610年前后出现了转机，而且因为丹麦—挪威对北冰洋的统治势必阻碍瑞典的扩张。1611年初，丹麦国王向政务会议提交了对瑞典开战的计划，其充分的理由是查理不愿以谈判的方式解决问题。当时形势很像北方七年战争开始时的形势：即没有西部和南部的支持，在东部又存在着严重的、其后果难以预料的冲突的瑞典却面临着丹麦的进攻。丹麦仍旧占有地理和战略上的优势，并决心保持他在松德海峡和绕道挪威去往俄国之路的关键地位。1611年春，克里斯提安四世发动了进攻。瑞典当时正陷于其东方政策的复杂旋涡之中，这种政策紧紧缠住了瑞典最杰出的军事统帅雅各布·德拉加尔迪，而且瑞典的国王也倒在了病榻上。查理九世死于同年10月，丹麦的主攻方向直接对准重要的城堡和城镇卡尔马，它位于瑞典东南方，埃里克曾在这里登上公爵宝座。卡尔马的城防司令向丹麦人投降。瑞典的形势十分危急，这主要是因为查理和政务会议之间过去的不和所造成的。而且，瑞典国内的这种状况似乎成为克里斯提安四世偏在这个关键时刻发动战争的原因之一。查理一意孤行，不惜流血地执行他的兄长们的外交政策使瑞典走向了毁灭的边缘。8月初，卡尔马沦入丹麦人手中，德拉加尔迪于1611年7月底同诺夫哥罗德签订了条约，大约与此同时，形势在两条战线上都发展到了转折点。16世纪60年代的那种困境以更加糟糕的形式重现了。这使年轻的王位继承人古斯塔夫·阿道夫和瑞典的政务会议必须在继续进行已经开始的战争与放弃瑞典东部扩张所得而退却这二者之间做出抉择。这个决定对波罗的海地区以后数十年的历史有着巨大的影响。

当查理于1611年10月死后，根据1604年在诺尔雪平的瑞典议会上通过的继承法，查理的长子古斯塔夫·阿道夫继承了王位。作为国王，他称作古斯塔夫·阿道夫二世。此时他16岁，根据继承法规定，他将在18岁达到继承王位的"半"合法年龄，满24岁才达到完全的合法年龄。阿道夫是一个早熟的富有天才的孩子，从 10 岁起就开始旁听关于国家重大问题的讨论。1611 年底在尼雪平召开的瑞典议会上，虽然他很年轻，但被欢呼拥戴为全权国王。他的即位誓言决定了他的权限，誓言中说明，在未经政务会议和瑞典议会同意的情况下他不得对哪些事务做出决定。在制定法律、宣战、停战、结盟时都必须得到这种同意。未经咨询政务会议和被征税和征兵的措施涉及的那些人的同意，不许征敛额外的税收，也不得征召士兵。古斯塔夫·阿道夫按照 14 世纪以来的古老法律行事，所有等级的特权都被保留下来。对于贵族，在 1612 年列举了他们的特权的细节。贵族阶层对高级职务的独占权被确定下来，其经济特权也有所扩大。贵族领地上的农民除了交纳正常税收外，通常免除一切义务以及兵役，属于贵族主要领地上的或生活在这些领地附近的农民对国王没有任何义务，这些义务都转而由贵族履行。贵族阶层，特别是大贵族阶层，据此得到了自 16 世纪后半期以来就力求获得的政治、经济地位。同时，从埃里克十四时代的约兰·佩尔松直到最近的查理九世时期一直起着重要作用的国王的顾问大臣们丧失了他们的影响力。新一代的贵族在阿克塞尔·乌克森谢纳的领导下，在瑞典政治生活中发挥了重要的作用。他是首席大臣，这个职位属于其传统可追溯到中世纪的国家五重臣之一，它们分别是执法的高级总监（drots）、陆军元帅（marsk）、海军元帅（amiral）、国王政务会议首席大臣（kansler）和掌管国家财政的国务大臣（skattmästare）。所有这些职位都于 1611 年做出了安排。

瑞典政府这种调整和创立部分新机构的过程是在战争期间完成的。丹麦人的战果仍然相当可观。1612 年春丹麦占领了埃尔夫堡，因而同北方七年战争时一样，瑞典同北海之间的联系被切断了。不过，同年丹麦舰队占领斯德哥尔摩的企图失败了。随着时间的推移，瑞典并未像预料的那样很快被征服，为丹麦服役的德意志雇佣军的巨额费用又严重地削弱了丹麦的财政力量。因此在英国的调停下，双方开始了和谈，调停人也不愿意看到波罗的海的动乱，以及丹麦势力在那里进一步增强的前景。1613 年，丹麦和瑞典双方在克奈勒德签订了和约，其内容对瑞典来说是苛刻的。条约规定瑞典必须放弃所有对北冰洋沿岸的领土要求并允许丹麦船只在利沃尼亚和库尔兰诸港口特别是在里加港进行自由贸易。再者，丹麦将占有埃尔夫堡及其附带的大片领土，直到瑞典付清100万里克斯达勒（Riksdaler）赔款为止；这一赔款期一直延续到1619年，其数额相当于瑞典国家四年的总收入。因此，大约有10年期间瑞典完全同斯卡格拉克海域和北海断绝了来往。

同样严重的东方问题仍未解决。查理去世前不久，一个庞大的使团从诺夫哥罗德到达斯德哥尔摩，但瑞典政府对于如何对待德拉加尔迪出于私利而采取的王朝政策举棋不定。起初，古斯塔夫·阿道夫同意作为俄国沙皇候选人，但在1612年他决定把这个候选人位置转给他的弟弟查理·腓力，腓力曾作为两个候选人之一而在俄国被提起过。阿克塞尔·乌克森谢纳对于以这种方法向东方扩张深表怀疑，后来的事件证明他是对的。查理·腓力于1613年夏启程前往诺夫哥罗德，但停留在芬兰东部的维堡等待事态的发展。这期间，波兰人被驱逐出俄国，紧接着西吉斯孟又败于一次新的战役。1613年2月，米海尔·罗曼诺夫就在党争纷扰中当选为沙皇，5月他接管了莫斯科。1614年初，在明确看到俄国的新政府将存在下去以后，查理·腓力回到了瑞典。瑞典又重新回到了原来的起点。德拉加尔迪当时仍以一支有2000多士兵的瑞典军队控制着诺夫哥罗德，但对于一个同时要为埃尔夫堡筹措赎金的国家来说，要维持这种局面是困难的。

瑞典同俄国的和谈开始了，英国居间调停；中介人是莫斯科公司在伦敦的代办，熟悉俄国情况的约翰·梅里克。荷兰也一度参加了谈判，1617年斯托尔博沃和约的结果是俄国承认了沙皇瓦西里交出的凯斯霍姆省，而且还进一步割让了英格曼兰（Ingermanland）；这样瑞典据此不仅获得了环绕芬兰湾最里边整个海岸的控制权，而且获得了有利于芬兰的一段边境地区，实现了其东方政策的一个基本目标。古斯塔夫·阿道夫向瑞典议会强调了上述成就的经济意义。但是，这时的形势已不同于60年前了。从那以后，俄国的通过涅瓦河和芬兰湾的贸易已大为减少了，现在最重要的出海口在白海和属于波兰的里加港。瑞典企图控制白海未成，究其原因，一是由于丹麦战争，二是英国中介人为这条航路成为自由航路而努力。所以到目前为止，瑞典在实现其目标时，其东方的征服政策未能同其贸易政策协调一致。

1614—1616年波兰和瑞典曾一度休战，尽管在俄国问题上，两国处在间接对立的状态中。波、瑞曾进行过多次谈判，但都完全失败了，瑞典的企图是：一旦同俄国取得有利的和平，就对波兰边境发动进攻。1617年两国重新开战，不久，瑞典一方就露出了重蹈覆辙的迹象。不过，瑞典争夺东欧出海口霸权的斗争进程已属于史书中的下一个篇章了。

仍有待考察的是瑞典如何才能向丹麦偿付埃尔夫堡的巨额赎金。主要靠两条途径才有可能做到这一点：其一是稳固地提高大科帕尔贝里铜矿的产量，国际市场对铜的需求量愈来愈大；其二是同国际市场更为紧密地联系起来，主要得靠荷兰。丹麦在波罗的海地区的统治即使发生变化也是有所增强，荷兰对于这种统治以及松德海峡征敛过境税的负担深感不安；这种情况对瑞典很有利。如果波罗的海的主权落入一个扼守着唯一通道的国家手中，将阻碍他们努力扩大同波罗的海东部城市进行的获利日益丰厚的贸易活动。瑞典政府以一种垄断的形式收购本国的铜产品并且出口换回将用来偿付埃尔夫堡赎金的货币，1615年出口量约为1600吨。尼德兰发挥了中介人的作用并向瑞典提供了必要的贷款以按照规定偿付赎金。此外，还征收了沉重的赋税。国王和亲王们缴付了他们的年收入的将近1/3。一个农民付两个里克斯达勒，雇农付一个，女仆付半个。在关键时期，国王和他的亲属以及几个贵族献出自己的银两供铸造硬币。在关于埃尔夫堡赎金的记载中，留下了一幅描绘瑞典当时情况的宝贵的画面。赎金按照条约规定如期偿还，1619年初，丹麦将埃尔夫堡要塞以及同瑞典相连的地区交还了瑞典。这个国家同斯卡格拉克的直接联系所受到的威胁，这是最后一次。

同荷兰的关系也富有政治色彩。早在1614年，瑞典、荷兰就曾在海牙签订了一个共同防御协定。把它与吕贝克（也因丹麦的优势而感到不安）同荷兰之间更早些时候签订的共同防御协定联系起来看，它具有特别重要的意义。瑞典—荷兰协定的目标是保证在波罗的海和北海的贸易自由，并维护盟友在这个地区的自由和权利。这个协定的有效期为15年，瑞典最终获得了盼望已久的来自波罗的海以外地区的援助，它曾是埃里克十四同英格兰、苏格兰、黑森、洛林谈判的目的之一。这时，在波罗的海地区有最大的贸易利益需要保护的是荷兰，而且这种利益似乎受到丹麦的威胁。这就是瑞典希望看到的可以带给它援助的局面，促成这一局面的有利因素是，作为扩张的直接结果，瑞典在波罗的海东岸的势力增强了。这种势力还会不断增强。

处在17世纪初的瑞典王国基本上仍然是一个中世纪结构的农业国。然而耕地面积扩大了，芬兰移民已经开发了瑞典中部的森林地区。农民生活与季节的变换与播种和收割密切相连。农产品几乎满足了他们的全部需要，只有用来保存食物的盐是必须从外面得到的商品。其主要谷物是大麦和黑麦，主要食物是粗黑面包、咸肉和鱼，就着水、牛奶或麦酒咽下去。在夏天和屠宰季节，鲜肉调剂了单调的口味。城市居民人口仅占5%，有人试图部分地根据两次埃尔夫堡赎金的记录，对瑞典的人口加以估计。结果为：1570年前后是43万—83万人之间（不包括芬兰人口）；1632年达到85万人，外加35万芬兰人，这个数字并不精确，也许是其高限。

从古斯塔夫·瓦萨时代开始，这个王国就开辟了一种行政力量的源泉。地方政府的权力掌握在采邑管理人和治安官手中，他们一般没有贵族身份。他们的账簿要受到严格的审核。贵族在地方政府中的作用不断减少，他们为中央政府效力的报酬来源于国王赠予的土地和赋税收入。他们的经济特权也属于其中一部分。在这里，为标志着下一个时代的发展过程播下了种子；那时，贵族为国家的效力越来越多，只有迅速增加土地赠予和赋税收入才能满足偿付贵族之需。对于一个以物物交换为经济形式的国家来说，要向在国家的中央政府、外交部门和军队中最重要的供职者提供有效的报酬体系，那是唯一可行的方法。瑞典贵族在这个社会中正在取得新的地位。他们大多数人放弃了乡绅的地位，阿克塞尔·乌克森谢纳的同代人——甚至在一定程度上还有其上一代人——都把自己训练成为公共事务的职员或官员以及军官。在古斯塔夫·阿道夫关于贵族特权的文件中说：每个贵族都要"使自己的孩子在知识、美德和经验的熏陶中成长"。由于贵族阶层对重要的职位有先占权，加之新的酬劳制度，瑞典扩张的外交政策产生了意义深远的社会效果。

大约在1615年左右，瑞典面临着一个重大的抉择，是把外交政策置于陈旧的框子里并使国家再次变得在波罗的海事务中无足轻重；还是继续扩张，彻底征占俄国出海口并实现与丹麦的最终决战？前者曾使它在克奈勒德和约中不得不承认丹麦有权使用瑞典徽章，这在那个注重象征物的时代里乃是一个重大的让步。没什么可犹豫的。人们对政治权势和商业要地的渴求，以及对官场中锦绣前程的希望都与民族浪漫气质的复活结合起来了。这种复活表现在精神上，即为瑞典学者所称的"古老哥特"的精神，还表现在年轻的国王对国家和自己的潜力所抱有的坚定信心上。与波兰战端重开，直接目标就是要控制东欧最重要的商道之一——从迪纳河到里加。出口铜时令人鼓舞的经验以及在外交上实现的同西欧长期的接触，对于将来都是很好的预兆。瑞典为控制波罗的海主权的奋斗已进入决定性的阶段。

（高永生　赵进中　译）

第十四章
教育和学术

在考察宗教改革时期以后的教育成就时，不能脱离当时广泛存在的文化落后的社会背景。即便是在欧洲一些比较发达的国家里，也可能会有半数的男人和超过半数的妇女是文盲。至于维也纳以东和波罗的海以北的地区，人们的文化水平就更落后得多。虽说文盲的比例是农村高于城镇，妇女高于男子，穷人高于富人。但在社会的各个角落和几乎所有的阶层中都有文盲存在。如果有谁受到过某种程度的系统教育，那他准是幸运的特权者或者是非凡的不懈努力的求学者。

尽管如此，我们仍然有可能这样认为，这个时期青年们接受教育的机会还是比从前大大地增加了，而且青年人热情地利用了这些机会。为了论述方便，我们可以把这些教育机会分为三类来考虑，即普通教育、学徒教育和大学及中学教育。我们对其中的第一类了解甚少，而对最后一类了解很多，但它们对于欧洲的前途来说都是同等重要的。

在我们看来，普通教育可以被认为是挣脱拉丁化而获得的教育。其授业范围五花八门。虽然不识拉丁文的大多数人在其他大多数领域中也仍是一无所知，但有些人还是称得上颇有知识，至于能获得像帕利西那样的多方面学识的人则仅属个别例外了。几乎在所有的情况下，在其研究领域中有所造就的非拉丁学者们都是自学成才的。他们都是走自修的路。以各国的地方语为基础的教学仅限于某些初级课程：阅读、写作、简单算术及教义问答等。这种教学不抱什么奢望。并且，在当时各种类型的教育中，普通教育无疑组织得最糟糕。欧洲大陆的一些城市专门为那些将来不打算学拉丁语的孩子们兴办了一些学校；我们也时常听到有些私塾先生被市议会廉价聘请去教授阅读和计算。人们指望男孩子们在开始学习拉丁语之前应当学会阅读本国语言，许多文法学校也为此而开办了特殊的班级。但是除苏格兰之外，这些特殊班级通常还是招收那些有意于将来进一步攻读文法课程的学生们。在这类教育中，官方的努力成效甚微，人们是互助办学的。

为少年开办识字班已成为当时社会生活的普遍情况。有些教师情操高尚，义务教书。但是在更多的情况下，教师们是一些靠正当手段挣钱的清贫男女。他们中少数人受过适当的教育，但很多人本身就识字有限。我们还发现一些职业童师挂出牌子来招收年龄较大的学生，诸如那些其教育被忽略了的少女或学徒。这类教学有些可能是富有成效的，但也肯定有许多是浅薄并且敷衍了事的。不过，人口中有相当大一部分能够阅读、书写和计算，还就靠这些成千上万的贫贱教师们不成系统的、组织不善的努力。这种努力不仅为本国语言文学的普及，也为技术进步和一般知识的传播奠定了基础，但不坚实。

凡是希望自己的社会地位稍有提高的人们都在追求某种程度的初等教育。相对而言，学徒教育像拉丁语教育一样，其好处只能为很少的一批人所享受。在估量学徒教育的重要作用时，我们有必要记住，这种教育制度具有双重目的。现任师傅的子弟们可以不受那些外来者必须具备的财产资格的限制和不受那些把农夫和苦力的子弟拒之门外的条件的限制，这些都说明这种教育既要训练技艺娴熟的工匠的入门者也要对入门者的人数加以控制。而且训练的内容价值不等，对某些简单的手艺来说，这种训练只不过是要求掌握某些机械模仿的技艺以及按社会承认的模式形成学徒的工艺风格。但是，我们还是必须把学徒教育看作是教育的一个重要组成部分，因为在某些领域中这种教育远远超出了简单训练的范围。像比林古乔的《论烟火制造》（1540年）、迪格斯的《论角度测量》（1571年）和齐默尔曼的《检验手册》（Probierbuch，1573年）这些技术专著当时都以各种主要语言在各地出版。它们对加工方法产生了影响，而有抱负的初学者们肯定要从它们当中寻求帮助。购买、销售和记账在许多商业活动中是日常的工作，即使是它们的最简单的形式也要求具有一定的文化和一些简单的算术知识；至于大规模的商业活动，没有坚实的基础知识是无法进行的。早在15世纪，诸如卢卡·帕乔利的《算术》这类关于数学的一般著作就已经讨论了会计学的内容；在意大利商务界，关于如何书写具有法律和商业性质的信函的论文长期以来很受欢迎。100年之后，又出现了约翰·布朗的著作《阿维佐商人》（*Marchants Avizo*，1589年）。此书针对实业活动不仅提出原则汇编，而且有广泛的注释，因而得以一版再版。贸易界同时也站到了学习外语的前列。当时不少语法书和会话手册的前言中都表明了这一点。我们还知道，萨拉维亚主持的南安普敦法语学校的学生们的学习课程是非常广泛的。因而毫不奇怪，商人和其他手艺人都把他们的儿子送到文法学校学习知识以便为将来的学徒教育打下基础。职业教育的范围在迅速扩大，当时像托马斯·希尔这些人写了不少介绍综合知识的简易手册，内容从天文学到养蜂学应有尽有，在读者中最热心的正是那些学徒们。

当我们把视野从以本国语为基础的教育和学徒教育转移到以拉丁语为基础的教育上时，我们看到了一种大不相同的情况。在这里，我们所看到的不再是那些个别人士的无组织的工作；而是大批组织完好的机构。到1550年，这些机构正处于其漫长发展过程的中点，这个过程开始于14世纪，一直发展到19世纪。因此要想理解1550年到1600年之间中小学校和大学中所发生的变化有什么重要意义，我们必须对其过去和未来都加以考察。

中世纪的教育机构五花八门，类别繁多，而且没有人尝试将它们协调起来，因此我们不能说存在着某种类似统一的教育制度的东西。尽管如此，我们还是有可能从13世纪以后探索出一种模式，即使它从来不是普遍的，但却极为常见，足以被视为主导的教育模式。这个时期高等学校的数目成倍增长，并且提供了当时社会认为有价值的教育内容。它的最高层包括三大学科：神学、法学和医学；以下的一层是诸艺——逻辑学，或多或少地辅之以修辞学或数学。学习诸艺是为更高层的科目打基础，但它们同时也为大批级别较低的教士提供一般教育。一所大学一旦建立，它往往不仅要把邻近地区较高级课程的教学控制起来，而且还要开设高于初级阶段的语法课程。这样，教授基础拉丁语的工作就成了留给大学城内中小学校的唯一任务。同时，在许多情况下，语法内容被降低为既非古典语言又毫无文采的日用拉丁语。由于很少追溯到14或15世纪以前的时代，所以当学生们转向逻辑学之后，文法课就失去了早先形成的与文学的联系。逻辑就是教学内容，大学就是塑造人们思想的教学机构。

我们看到1550年以后出现了一个抵制上述模式的进步阶段。这种抵制是逐渐发展起来的。早在14世纪，意大利的人文主义者就曾指出：一般教育比职业教育更有价值，并且争辩说这种一般教育应当以文学而不是以逻辑学为基础。他们的纲领是：赢得对大学中修辞学课程的控制权，通过对其质量的改进提高这门课的地位。他们的见解逐渐支配了当时的知识界，但是百余年来，在有组织的教育中他们并没有产生重要的影响。教授修辞学的人文学者扩大了他们的授课范围，把古典作品也包括在内，希腊语在常规课程之外发展成了一门独立的课程，但逻辑学仍然是诸艺之首。在所有重要的大学中，专业科目的突出地位仍然不可动摇。直到15世纪末，当文艺复兴扩展到阿尔卑斯山以北地区时，才带来了更为根本的变化。

论述到这里，我们还必须注意到另一条明显不同的发展线索。中世纪的大学最初只不过是教学活动的中心，它们并不打算对学生们的道德修养进行指导。后来到了14世纪，人们开始认识到教育应当包括品德培养的内容。这种认识在新建学院对学生生活加以管束中得到制度化的体现。越来越多的大学生被置于这种管束之下；到了15世纪末，品德培养已经成为人文学者教学大纲中一个必不可少的组成部分了。

如果人文学者们一直都把精力集中于大学方面的话，尽管他们对上述观念的继承仍很重要，但不可能取得那么富有革命性的成果。在阿尔卑斯山以北，按人口比例来说，大学的数目比意大利要少一些。在某些地区，比如在尼德兰，中小学校在教育生活中起着重要作用。因此不可避免的是：随着人文主义传播到阿尔卑斯山以北，中小学校的改革立刻引起了人文主义追随者们的关注。他们在学校中增设古典文学的新课程，学院开始注重学生道德的培养，这些都使人文主义对更低年龄段的学生产生了影响。像代芬特尔学校、圣保罗学校和吉耶讷学院这样的院校，其重要性就在于它们所实施的知识和道德的培养，在一定程度上被视为生活的一种基础，因而，能够同那些以逻辑学为宗旨的大学课程分庭抗礼。

下一步改进是宗教改革的成果。对罗马的叛离使得人文主义者所带来的这些变化不仅在大学中而且在中小学中又获得了新的动力。在意大利，由于国家政权未能有效地在所有地方进行干预以促进改革，大学中的保守主义曾一度能够阻止新学术的冲击。但是相互对立的信仰之间的冲突一旦展开，各国政府又热衷于维持特殊的宗教信仰，那么国家政权的干涉就不可避免了。在新教的德国和天主教的西班牙，神学逐渐支配了大学生活。法学和医学丧失了以往的优势地位。而希腊语和希伯来语这些注释圣经的工具语言则在诸艺中建立了牢固的地位。再者，对亚里士多德持怀疑态度的新教徒，出于对布道的关心而十分重视口才，竟至于使逻辑学屈居于修辞学之下而把修辞学当作诸艺之首；而且由于新教徒的许多首领都是人文主义者，他们所倡导的修辞学是以模仿古典文学为基础的。在改革后的大学中，语言学和文学的教学都被用来服务于宗教论争的目的。如果我们承认这个事实的话，那我们在某种程度上可以把宗教改革看作是文艺复兴的继续和发展。然而在很多地方，由于那里对立的宗教信仰势均力敌，结果教派之间的斗争不是引起改革而是阻碍了改革，这就强化了学术上的保守主义，最后使大学在完成其使命时更加软弱无力。

我们绝不可由于梅兰希顿和希梅内斯的成就而抹杀这样的事实，即总的来说，天主教徒和新教徒都同样感到大学难以控制。由于文法学校的教职人员数量较少和素质较低，又是在有限的地区招收学生并且处于地方当局的严密控制之下，结果这些学校在人们希望年轻人沿袭父辈信仰的那些地方，成了便利得多的工具。新教徒们比天主教徒更早地意识到了这一点。一些加尔文派的教师（其中最著名的要数布坎南和科迪埃）曾经参与过人文主义者们最有抱负的实验，如吉耶讷学院的改革，即把中小学的课程与完整的诸艺科目结合起来。吉耶讷学院的改革（1534 年）后不久，斯图谟在斯特拉斯堡进行了完全新教内容的影响大得多的建设性工作（1538 年）。斯图谟采用了巴黎大学中蒙泰居等学院的做法，也吸取了他自己在列日的由共同生活兄弟会主办的人文主义学校中的经验，再现了新的教育法中常见的全部特点，比如使用古典拉丁语，增设希腊语，仔细地划分班级（最初定为 8 个年级，后来改为 9 个年级），坚持提拔贤能并注重学生们的道德培养。他还试图像吉耶讷那样在文法课程之后实行五年更高级的教育。为了这种教育，先在文法学校最后两年教授逻辑学和修辞学以作为入门课。可是他的名望并不仅仅建立在把人文主义的观念应用于新教的目标上。至少在两个方面他确然无疑地超过了前人。在斯特拉斯堡，人文主义者所倡导的道德培养采取了某种特殊的教派的形式。这种学校并不满足于仅仅培养出好人，它的目标是培养出好的新教徒。因而与此同时，各门古典课程中都剔除了那些属于异教的内容。这些古典课程的地位被降为仅仅教授古典语言和古典辩术。斯图谟改变了人文主义者在这个领域中的这种传统。而且他之所以应被人们缅怀是因为他的这一变革的效果使得文法学校成为完全适合当时宗教斗争需要的教育机构。各地的学校都迅速地仿效斯特拉斯堡学校的制度，这些地方有洛桑（1547年）、波兰的平丘夫（1556年）、日内瓦（1559年）、德国，后来又有英国。但是遵从斯图谟的表率成为最重要获益者的并不是与他属于同一教派的人。研究耶稣会的历史学家们一直认为罗耀拉并没有沿袭斯特拉斯堡学校的组织结构。至于他与斯图谟在纲领方面的相似之处，则是因为他们采纳了相同的人文主义模式。但是两人都以相同的方法来运用他们的模式，这一事实说明他们有着比较密切的联系。耶稣会的学校招收的学生是10岁而不是6岁，他们的学校分为5个年级而不是9个年级。他们从较低的年级就开设希腊语。但是从新教育法的两个基本特征来看，耶稣会的学院（第一所学院1548年开办于墨西拿）实际是斯特拉斯堡学校在天主教阵营中的翻版；那两个特征一个是把智力训练与宗教训练相结合，另一个是使历史知识和文学知识都从属于修辞学。

　　这样，到1550年，欧洲已处于一场教育革命的产前阵痛之中，这场革命的酝酿阶段已经基本结束。新体制的基础已经奠定，以后的发展主要是这些现有改革的传播和扩展，这是16世纪后半期的特征。这场教育革命到来的标志是：1561—1562年萨拉曼卡大学颁布的新校规，1566年斯特拉斯堡科学院被授予帝国特权，1575年建立了莱登大学，在新教的德意志和英国建立了大量的文法学校，最重要的是，耶稣会创办的学院令人惊异地大量出现。到1600年这类学院已将近250所。虽然我们可以认为这个时期的标志就是学校数量的增加，而且这些学校的主要特征在早些时候就已经确定下来，但是在这些学校的特征方面还是出现了一些尽管微小但仍然值得注意的变化。在1550年以前，这类新建学校所采用的教育方式仍然没有确定。1512年圣保罗学校和1528年在伊普斯威奇的沃尔西基金会学校的课程仅限于拉丁语会话、阅读和写作。1543年，萨克森的莫里斯雄心勃勃地设想普福塔、迈森和格里马的学校已增设了希腊语和逻辑学。1538年，斯图谟曾设计了一个14年一贯制的课程，可以学完为获取文科学位有关的全部知识内容；1552年，罗耀拉的《章程》曾认真考虑过一个相同的课程范围的可能性。至于从这种混乱状态中理出头绪，则只能是下半个世纪的任务了。

当斯图谟和耶稣会士们开始把他们的更广泛的计划付诸实践的时候，他们发现很难把学生们吸引到他们的高年级中来，因为他们不能授予学位。他们不得不把那些开设较高学科的机构单独编为一组从而为它们谋求获得大学的地位。与此同时，大多数纯拉丁语学校也都逐渐开始增设希腊语。所以到了1600年，中学教育的正规形式不外乎是两种，或者是单纯的"语法"课程：拉丁语、希腊语和修辞学；或者是"语法"课程之外再加上逻辑学、算术和宇宙结构学，所有这些课程都处于很低的水准上。这些课程都力求适应从6岁到16岁的年龄范围。与此同时，各大学也不再耗费精力去教授语法。大学生的平均年龄也开始提高，这样，中小学也就可以自由地支配他们所选定的教学领域了。

如果说13世纪是大学的时代，那么16世纪可以无愧地被称为是文法学校的时代，这些学校体现了人们对教育的希望已经从灌输人文主义转向适应宗教斗争的需要。他们的目标可以用伊拉斯谟的话表述为：雄辩加虔诚。更确切地说，他们有三个主要的目标：教授古典拉丁文，教授修辞技巧，激励宗教热诚；尽管这三者是互相独立的追求目标，但已融合成一门单一的学科。

文法学校的教育无疑是从学习阅读开始的。有些儿童在家里或在小型私塾里已经学过这些，但也总有不少学生没有受过这种初步教育，所以文法学校的校长总要为这些学生开设一个特别班。他们使用角帖书作为入门，这种书是包括一个字母表，一个音节表，再加上主祷文或者对这几样加以补充的选材更广泛的阅读材料，是包括使徒信条和圣诫的初级读本。这类书在大多数地区是以本国语言发行的，但也发行拉丁文版本，因为某些文法学校的校长坚持即使对初学者也要教授拉丁语。值得注意的一点是，无论使用何种语言，教科书的内容都是宗教性质的。关于16世纪的教育家们热衷采用的方法，这是一个粗略的例子。他们在任何可能的情况下，总是希望能一箭双雕，他们特别喜欢选择那些可以同时教授语言技巧和虔诚习惯的材料。

当儿童学会识字以后，就进入低级学校学习，在大多数情况下，这种低级学校的学年数占不到学制总年数的一半，在斯图谟的九年制中占四年，在伊顿的七年制中占三年，在耶稣会的五年制中占两年。在这种低级学校中，儿童们学习拉丁文法并掌握足够的词汇去写简单的作文和阅读较浅的拉丁文作品。到这个世纪的中叶，中世纪的流行读本实际上已经从西欧各国的课堂中绝迹：亚历山大·德·维勒迪约著的《教义》一书发行的 295 版当中仅有 9 版是在 1525 年以后发行的。由人文主义者实行的语法改革的第一个阶段至此便完结了。作为标准的正确用法已经确立起来。可是大多数的学校教师们仍然墨守早期人文主义者的文法，这些文法以消除不正确的拉丁语为第一目标，却为读者提供了一些定义不妥的语法规则和一大批不规则用法的表格。这场语法改革的第二阶段导致了以使读者易于掌握的形式出现的词法和句法。当 1540 年皇家宣布把利利语法的修订本作为英国学校的必读本时，第二阶段的改革才算开始。这本书是由科利特、伊拉斯谟和其他一些人最初为圣保罗学校编写的，它包括了明确的英文解析，并列表来帮助记忆。此书的权威化体现了新教学法的一项胜利。这种局面一直维持了很长一段时间。佩利森于 1535 年对迪斯鲍特利乌斯的著作所做的修订虽然在法国和意大利受到某种欢迎，但比 1510—1515 年的原作强不了多少。耶稣会学者多年来一直在寻求一种合适的语法，当他们在阿尔瓦雷斯的《规则》（1583 年）一书的简写本中找到答案时，却发现许多本教派的教师不愿意放弃原先流行的迪斯鲍特利乌斯或莱夫里哈的教本。在语法的教学中确有一些进步，但它出奇地缓慢。

低等文法学校中的作文都是采取简单造句的形式，或者翻译本国语或者将老师给出的原句加以改写。在这种初级阶段，学完语法之后最重要的学习自然就是阅读。像《多纳特》（Donat）和《教义》一样，中世纪一贯推崇的八位作者的著作都曾风行一时，特别是"加图"的著作曾多次再版。但是到 16 世纪后半期它们都被淘汰了。寓言中的功利主义道德观和"加图"著作中的斯多噶主义倾向都不符合宗教改革所倡导的伦理标准。它们的缺陷还不仅于此。如果说当时人们对基督教道德的需要很敏感的话，他们对于学习技巧的兴趣也比其前辈更加浓厚了。他们已经发现,一个人学习必须循序渐进,由简到繁,在试图教育年轻人时尤其如此。他们的目标就是用那些对于学生心智来说在内容的虔敬与程度的难易方面更加适合其发展的读物来取代中世纪的教科书。教义问答是学校教育的一项鲜明的内容。但是每个教派为了指导本教派的神学家而编撰的教义问答,对于课堂教学来说都过于复杂,因此又出现了一些简写本。诺埃尔教义问答的历史就很典型。此书编纂于1570年,它的拉丁文本有长、中、短三个版本。后两种版本都被译成了希腊文,而前两种版本都有英译本。如果再加上祈祷书的问答本,一共有了七种不同的版本。祈祷书的问答本相当于诺埃尔最短文本的英译本,因为从各方面看两者都很相似。在当时,似乎每个英国的学校都至少要读其中的四个版本,有的试图读完七个版本。

可是,无论这些教义问答读本如何简单,都无法作为语言教学的理想教材。如果要一个学生会讲拉丁语,那么就不仅要使之养成灵魂得救所必需的心理特性,还必须使之掌握符合其需要的词汇;认识了这一点,于是产生了这个时期典型的教科书——学校会话。这类教科书中最简单的要算是埃瓦尔都斯·加卢斯的《少儿对话》,只有这本书完全属于初级水平。该书出版不久即有了许多地方语言的译本,例如有一个匈牙利文版本(1531年)。此书的修订本直到1660年还被查尔斯·胡尔采用着。但是这本会话读本并非是同类教材当中的优秀范本,因为在单词学习的最初几个阶段中没有为教师提供多少机会来显示他们的技能,教师喜欢把他们的精力放在那些高于初等水平的教科书中。在这方面,沙德的《少儿箴言集》(莫塞拉纽斯〔Mosellamus〕,1518年)和伊拉斯谟的《会话》(1519—1530年)都是开创性的著作。沙德注重现实的内容,他的对话读本给我们展示出一幅德国学生生活的精彩画面。伊拉斯谟则写入了从意识形态角度对于时弊的批判,但是这两个人的作品对青少年来说是太艰深了,并且,都没有提供那种被认为适宜的道德教育。因此,实验仍在继续。1538年,比维斯提出了按难易程度分级教授对话的原则。1543年,夏泰永把圣经故事改写为对话,从而提供了与教义问答不同的宗教读物,它旨在为语言教学目的服务。到了1564年,一部对以前的教科书所有长处兼收并蓄的教科书问世了,它是优美拉丁文的范本,内容难度循序渐进，迎合青少年的兴趣而且还富有道德意义。这部《会话》的汇编是由新教徒校长马图林·科迪埃写成的，被译成法、德、英、荷多种文字后，在16世纪再版20次，17世纪再版64次，18世纪56次，19世纪27次，完全可以称之为中世纪以后最为流行的一部教科书。

此外，唯一像这些会话读本那样深受欢迎的古典原著就是西塞罗的各种书信选。在耶稣会的学校中这些书信选比当时的教科书更受欢迎，不过耶稣会最好的教师之一——斯潘麦勒（蓬塔努斯）曾编写了一些优秀的对话读本，这些读本对于天主教青少年如同科迪埃的读本对于新教青少年一样大有用处。新教学校在使用科迪埃或夏泰永的读本的同时，也使用斯图谟选自西塞罗的书信。至于其他的作者，比如泰伦提乌斯、"加图"、"伊索"（人文主义者的译本）也时而出现在低级学校的课程中，但他们不像我们前面提到的那些作者那样受欢迎。语法书、会话读本和西塞罗书信选是初级教材的主要内容。

对人文主义学者来说，写作课程的内容包括分析、记忆和综合，学校对于这三方面的每一个方面都有某种促进作用。

高年级的学生们要熟悉众多的拉丁文作者，比如西塞罗，他的《书信集》《论同盟》《论忧郁》《论伤害》，此外恺撒和萨卢斯特也备受推崇。可是也有许多课程都推荐查士丁、库尔提乌斯、李维的讲演，昆体良和西塞罗的《论区分》及《反论》。耶稣会学校特别重视西塞罗的演说词和《论演讲》。泰伦提乌斯、维吉尔、贺拉斯及奥维德的《变形论》和《哀歌》同那些著名的散文作家的作品一样，都是经常性的读物。上述作家在课程中出现的次数比别的古典诗人或那些人文主义者，如奥西亚特、托马斯·莫尔、曼图阿努斯和帕林吉纽斯等人要多得多；有时，后面这些作家的著作却被看作是文艺复兴时期的典型读物。

显然，对于校颁课程科目所提供的这些材料只能有保留地接受。一位作者被提到，并不证明他的作品被认真地研究过。在其教学效果方面各学校很不相同。温切斯特学校在著名校长克里斯托弗·约翰逊管理下，其四年级确实是把《田园诗》作为一个学年的课程来读的。在一些大型的耶稣会学院中，每一个年级都有一名教师，基本上能够完成官方规定的教学大纲。但是像1560年的伊顿学校，两个教师要负责七个年级的教学，教师所能支配的授课时间使他不可能在每个年级的规定教材中讲授超过30多页的内容。至于教材中所剩部分，必须靠男学生们自己去阅读——如果他们确实读的话。然而，我们可以确有把握地肯定，阅读总是为后来的写作打基础的。男学生们运用手中的笔记本，并被培养得注意所学文章的细节而不是其全部大意。我们不能指望一个学生借助伊拉斯谟的注释就能够通读整个古代文学。学生依靠自己的阅读所积不多，必须想法加以补充。因此，我们发现各学校都广泛使用一些手册，在其中选自古典作家们的语言学和修辞学材料被整理成了容易吸收的形式。

这些手册中最重要的是词典。人文主义学者对于词典编辑做了大量的工作，他们剔除谬误的注释典据，给当局提供参考资料，并删去那些本来更适于放到百科全书中去的材料。但是16世纪晚期的词典与15世纪词典的最明显的区别在于加上了本国语的解释。意大利人卡莱皮诺于1502年编辑的广为流行的多语词典一再扩大，直到1590年包括了11种语言。与此同时，还出版了许多用于特定国家的词典，比如安东尼奥·德·莱夫里哈编辑的《拉丁语—西班牙语词典》（1492年），罗贝尔·埃蒂安纳的《拉丁语—法语词典》（1538年），1531年劳赫富斯的《拉丁语—德语词典》，1538年埃利奥特的《拉丁语—英语词典》，该词典于1552年又被库珀所修订，并且，罗贝尔·埃蒂安纳1544年在法国，威索尔斯大约1554年在英国都出版了专门适合学校学生用的简明词典。

对词典的内容进行增补以便有助于查找恰当的词汇或成语词组，这成了当时风行一时的论文题目。此外，一些著名人文主义学者编的教科书也被广泛使用。比如洛伦佐·瓦拉的《风雅》（初版于1471年），1511年伊拉斯谟的《常用动词》，还有一些较晚近的作品，如1558年小阿尔多·马努齐奥的《美丽的鲜花》。与此同时，人们越来越倾向于不再模仿西塞罗式的作品，1535年尼佐利的《观察》的出版更加有力地促进了这种趋势，此书于1568年作为不朽的《西塞罗文库》而获得再版。

还有一些手册选辑并汇编了各种题材的内容，颇有裨益。如果你要对某个简单的概念精雕细琢，你可以从伊拉斯谟的《格言集》的拉丁文本和希腊文本中或从大量模仿他的作品中找到关于格言的材料。从1538年米兰都拉的《花朵》中可以找到诗歌的比喻，从1568

年纳塔利·科梅斯和 1556 年卡尔塔利的作品中找到关于神话故事的材料。另一个资料宝库是 1561 年查尔斯·埃蒂安纳的历史、地理、诗歌大词典。最新的研究表明，不仅在男学生们的作文中，而且在当时最好的文学作品中出现的许多古典参考资料都取材于这些杂集。难怪到文艺复兴结束时，热心的读者所得到的古典遗产已经过转抄、肢解并且按字母顺序分类排列了。

作文，即为了各种目的对自己的材料加以安排的做法，仍旧主要通过模仿来学习；在这方面，流行的教科书首先是伊拉斯谟、海根道夫和迪特尔的范文集，它们提供了书信的样板，然后是关于 4 世纪希腊修辞学家阿夫托纽斯作品的课程，这些作品包括了不同风格的散文的范例，1542 年由洛里克在其拉丁文译文中加以注释和扩充。

对模仿的这种偏爱甚至发展到了忽视正规地学习修辞学的地步，然而这种情况并不是没有受到非议。它在耶稣会学校中占统治地位。但是在耶稣会的控制范围以外，1543 年拉米斯的《论辩术》广泛地讨论了如何引出争论并驾驭争论，这本书首先是在法国，1580 年后在德国和英国逐渐流行起来。模仿法主要对拉丁学者有用，它有利于一种推想的方法，其结果可适用于本国语言的写作，因此，当新文学的重要性日益增长起来时，摒弃模仿法就是难以避免的了。到了下一个世纪，拉米斯派方法的胜利就是确定无疑的了。

教授希腊语的方法与教授拉丁语是一样的。尽管 1591 年以后耶稣会曾经尝试过同时教授这两门语言，但是希腊语在整个 16 世纪中一直只是中学高年级的一门课程。教学方法的改进仍很迟缓。斯卡普拉的《字典》是最早为学校教学而编写的字典，直到 1579 年它才问世，克莱那杜斯最先编写的语法书一直广泛流传于世，直到格雷策尔（1593 年）和卡姆登（1597 年）分别写出取代它的新著时为止。初学者首先要读希腊文的教义问答手册和西比斯的著作，一年之后再读伊索克拉底、狄摩西尼、普鲁塔克、卢奇安的作品，最后才能接触到荷马、修昔底德和柏拉图的作品。早期基督教著作家们的作品当然也不会被遗忘。巴西勒、克里索斯托、纳西昂的圣格列高利的作品在耶稣会学校和新教学校的课程中都可以找到。但是很明显，希腊语的教学不像拉丁语的教学那样完整。从教学时间来看，前者比后者要少些，在阅读希腊语作品时，也常常要借助于拉丁语的译文。直到

1575年前后许多学校才认真开设希腊语，它只是拉丁语的辅助学科，是从事拉丁语写作时的例证材料的一个补充来源。我们看到被偶尔提及的其他课程，其地位也确实如此。即使某些地方的高才生学了一些希伯来语，即使在某些较大的耶稣会学校或德国的新教学院的高年级里也曾尝试教授一些逻辑学、宇宙结构学和数学，这些学习也从未超出初级阶段，它们从未严重影响过16世纪学校注重修辞学这一特点。

学校从不开设今天支配我们思想的历史、社会和科学的课程；同样，尽管有其人文主义倾向，对于希腊—罗马人实际情况的介绍却也是极其有限的。学校课程的意向就是一种与基督教信仰完全一致的道德观。它提高会话与写作的能力。它使全欧洲所有受过教育的人都有一门共同的语言，一套共同的观念和关于人类利益正常发展的共同经验。把这个时期前后的历史联系起来看，这些成就足以使人相信教育是成功的。

当我们从中等教育转向高等教育的考察时将会发现，曾经促进了文法学校发展的宗教利益和国家利益，不是有助于而是有害于大学的发展。就中等教育而言，需要建立新的学校和适应时代要求的学科，曾对教育起了良好的作用。然而对于大学来说，情况就完全不同了。已经有众多的大学存在，没有多大必要去建立新的大学。而按照时代的要求改变体制，实际上意味着改变已经确立了的制度；而且这种改变在很大程度上是变糟了。

随着欧洲逐渐被划分成一些中央集权的政治单位和宗教单位，大学丧失了它们一贯具有的国际性。它们变成了地区性的中心，为它们坐落在其版图内的国家服务。1564年勃兰登堡的居民被禁止在奥德河畔法兰克福的大学以外的任何大学求学就是这种发展变化的一个极端的例证。这样一来，各大学的学生人数都下降了。在德国，如果一个大学能有20名教师和400名学生，那就算不小的规模了。就连牛津大学，在伊丽莎白统治时期，每年攻读学士学位的总人数也很少超过100人。

所谓国家控制，还意味着各国政府对于最关心的问题要给予特别注意，也就是说要维持某种恰好在当地居于统治地位的基督教信仰的方式。神学在各大学中都取得了支配性地位。在中世纪神学就曾是一门专门的学问，到这时仍被认为是对教士进行正规训练的一部分，因而它吸引了大批的学生。神学教授们的地位很高，而且常常对他们在大学中的其他学科的同事们的观点进行严格的监督。

神学地位的提高相应地引起了法律学和医学地位的下降，尽管如此，如果神学家们能趁此机会做些有益的事情，倒也无碍大局。然而论战的需要使天主教的辩护中充满了僵化守旧的倾向，并且在新教派中引起了剧烈的纠纷。① 惠特吉夫特和卡特赖特在剑桥的争吵乃是在大陆上导致大学分裂的路德主义者、加尔文主义者茨温利宗与反三位一体主义者之间的斗争的拙劣的翻版。在巴黎，天主教同盟的党徒们密谋要撤换他们的改革派同事。在这种环境下，根本无法促使真正的学术繁荣发展，谁也不打算宽容真正的改革。那些已经实施了的改革往往成为宗教冲突导致的敌对行动的牺牲品。在法兰西学院，拉米斯激发的对数学研究的兴趣被那些仇视他的新教立场的人们所断送。爱德华时期对牛津大学课程的重新编排被那些在伊丽莎白时期得势的温和派所否定。到头来，除了神学获得了新的地位以外，其他正式学科的状况在各地都仍然几乎是中世纪式的。

但是，我们也不能因此就得出结论说高等教育进入了一个衰落时期，因为多少还能看到一些进步的迹象。新教徒们除了他们在斯特拉斯堡、日内瓦和爱丁堡的学术机构最终都获得了大学的地位以外，还建立了耶拿大学（1558 年）、黑尔姆施塔特大学和莱登大学（1574 年）以及都柏林大学（1591 年），而 1593 年建立的马里斯卡尔（Marischal）学院则使阿伯丁再次兴旺起来。由于耶稣会士的努力，天主教派的建树还要多些，如墨西哥大学（1551 年）、利马大学（1551 年）、迪林根大学（1554 年）、杜埃大学（1562 年）、蓬塔穆松大学（1572 年）、维尔诺大学（1578 年）、符茨堡大学和罗马的格列高利大学（1582 年）和格拉茨大学（1585 年）。这些大学中有几所主要研究神学，而扎莫希奇的研究院所赞助的维尔诺大学和两所拉丁美洲的大学则面临着一个新问题，即如何把基督教的欧洲文化传播到陌生的地区中去。

另外，中世纪的课程科目虽然已经过时，然而却奇特地富有弹性。比如，人文主义教育曾被介绍为修辞学和哲学的一个当然的组成

---

① 参阅前面第 3 章、第 4 章。

部分，到 1550 年以后，它几乎在各地都得到了承认。甚至在考试制度仍沿用中世纪方式的牛津和剑桥，也都允许人文主义教育在其各学院中蓬勃发展，以至于逐渐在一般的大学本科学生的教育中占了统治地位。在四大学科①和传统医学课程的庇护下，科学也有了某些进步。深受传教经验鼓舞的耶稣会士鼓励地理学的研究。萨拉曼卡大学开设了天文学讲座，并把哥白尼的论著列为必修教材。意大利培养出了卓越的数学教授；英国值得夸耀的有凯厄斯、雷科德和一股科学热情，这种热情产生了汉弗莱·吉尔伯特的建立研究院和格雷沙姆学院（1596 年）的计划。解剖学在帕多瓦大学、波伦亚大学、巴塞尔大学、蒙彼利埃大学和萨拉曼卡大学都非常兴盛，动植物解剖已成为一项平常的实践活动。在迪奥斯科里斯的著作的推动下人们对植物的兴趣导致了若干植物园的建立。

　　宗教法规学者从新教派的大学中被驱逐出去，接着民法学者也引起了宗教裁判所的怀疑，这时，法学研究领域受到严重的损失。可是在这方面，低落的趋势再次得到缓解，因为在西班牙宗教法规有所复兴，而在布尔日大学、日内瓦大学和真蒂利上任后的牛津大学中进行着一些卓有成效的民法教育。尽管组织涣散，并且常常被权贵的私利所误导，但是大学的课程体系仍然足以反映出更广大的学术界的意向，即使仅仅从侧面加以反映，但毕竟是必不可少的。

　　教育与学术之间的差距，或者说对于人类知识遗产加以传授的努力与加以发扬的努力之间的差距在 16 世纪特别明显。各大中学校的课程甚至连人类知识的传统领域都没有全部包括进去，至于那些正从各方面加以开发的新兴学科能被包括进来的就更少了。当时许多有学识的人在教育界谋生，但也有不少学者与此无缘，而是靠职业收入、赞助或私人财产维持生活。在当时的情况下，能否在学问中做出巨大进步与课堂上讲授的知识并无多大联系。

　　通论 16 世纪的学术，当然是逐项考察最为便利。但是和教育的情况一样，必须首先论述某些一般的影响。在这些影响中，最重要的仍然是宗教论战。相互对立的教派总是指望学者们为他们的教义和主张提供论证，加以支持；这些教派对学者们施加的压力最终使得相当

---

① 中世纪大学中的算术、几何、音乐、天文。——译者注

多的精力被放在神学上和放在历史学和政治思想的某些分支方面。同时，宗教观点的分歧，意味着那些与宗教问题无关的学科有可能比以前较为自由地发展。研究这些科目的人们，已感到没有必要花费时间和精力使新发现的东西与某种官方的宇宙结构学吻合。教会当局仍然试图控制法学、哲学和科学思想，但这种控制的做法总是时紧时松，而且尽管这种控制在个别情况下可能造成灾难，但总体来说，它们已经丧失了教会在中世纪曾经行使的强制力量。

其他一些值得考虑的影响，其效果和范围要小一些。但是，民族主义的激情，人文学者所兴起的崇古热，日益增长的对于实际知识和技术成就的尊重，这些因素都有助于确定研究哪些问题和采用什么方法。它们影响了广大读者的兴趣；并且，随着书籍销售量的增长，这些兴趣此时第一次在形成学术模式方面发挥了重要的作用。

神学，不论其学生人数还是其著作数量，都居各科首位。除了应当属于政治思想范畴的关于教会政体的争论以外，最重大的论战就集中在上帝意志与人类愿望的关系问题上，天主教拼命论证恩宠的效应，而新教派则竭力鼓吹得救预定论。在这些问题上，对前一种观点，做出重要新贡献的是耶稣会士路易斯·德·英利纳，在第二种观点上则是荷兰神学家阿明尼乌。二人都要维护人类意志的自由，反对僵死的必然决定论。圣餐问题是这场斗争的另一个焦点。特伦托宗教会议确定了圣餐的救赎性质，而许多新教徒则表示反对。该会议还明确坚持变体论，反对从同体论直到索齐尼派主张的饼酒不过是纪念物这个范围内所有的圣餐观。最后，某些非正统的思想家试图推演出一个合乎理性的基督教。弗斯都·索齐尼倡导理智与宽容，并主张只保留那些对于确保个人的宗教利益必不可少的教义。这样，他就以反对教条主义和宗派斗争的面目出现了。他的教义在东欧得到明显的支持，杰出的波兰神学家西蒙·布德尼强调这些非正统的学说，他的作品显示出他已经远远地走在了他那个时代的前面。

在圣经的研究方面，自16世纪初以来人们一直投入大量的精力，而1540年罗伯特·埃蒂安纳的著名译本说明当时的学术界对于圣经文本所能做的工作已经有效地完成了。但是对这部译本中经文的修订及教义上的抵牾使人们希望有新的译本。在英国，1560年的日内瓦译本、1568年的主教译本和里姆斯的译本分别体现了加尔文主义、安立甘宗和罗马天主教的观点。勒费弗尔的法文译本在1582年被卢万的神学家们所修订。1570年布德尼的波兰文译本具有反对三位一体的倾向。对基督教初期的神父们的研究是阅读圣经和神学发展的必要补充。这项工作在由伊拉斯谟做出良好的开端以后，相对来说，进展不快。小弗罗本、莫莱尔斯（Morels）和小弗雷德里克·莫莱尔（Morel）的希腊文译本的出版填补了一个明显的空白。在乌克兰、奥斯特罗斯基（Ostrogskhi）聚集了一批学者，他们开始把希腊早期的神父们的作品译成斯拉夫语。但是，大规模研究这些神父的时代尚未到来。

在哲学方面，我们看到复杂的遗产有了多方面的发展。一个有影响的成就是耶稣会士弗朗西斯科·苏亚雷斯复活了经验哲学家的思辨哲学。他的折中主义著作《形而上学论文集》受到斯科特斯、奥康姆和阿奎那诸家的影响，比其他作品都更多地保存了作为欧洲思想中一股有生力量的经验哲学。他的思想活动不超出他的信仰和方法的界限，但在这个界限内则是自由地思考。他所表现出的多产与敏锐是他的那些较少正统思想的同侪们，比如切萨皮诺和扎巴莱拉等人所望尘莫及的；这两个人是意大利阿威罗伊（Averroist）派和亚历山大派的领袖，因畏惧教会的责难而缩手缩脚，这使他们仅限于指出困难之所在而不能提供解决的办法。另外一项重要的进展就是在巴黎进行的逻辑学的教学改革，这项复杂的研究工作刚刚开始从混乱中理出点头绪。中世纪七艺中的逻辑学曾经以12世纪皮特勒斯·希斯帕努斯的著作《逻辑学大全》为基础。它与现代的数学逻辑有亲缘关系，但是缺少一套适当的符号系统。它的解释者们曾陷于烦琐定义的纷乱头绪。反对它们的人文主义者们在15世纪积蓄了力量。莱茵兰学者勒洛夫·赫伊斯曼（鲁道夫·阿格里科拉，1444—1485年）把逻辑学当作修辞学的一个分支，他复活了人们对于盖然性和论题逻辑的兴趣，这实际上是一种记忆方法，有助于发现论证。他的追随者有在巴黎的斯图谟和皮埃尔·拉米斯（1515—1572年）。然而拉米斯所关心的与其说是逻辑学，还不如说是如何对知识进行系统的整理。他那受到大肆宣传的方法论在任何情况下都是先从广泛的定义开始，然后经过一系列的划分直到具体的事例，这种排列可以想象为空间上的金字塔，它把人们所必须掌握的知识减少至便于教授的一些形式，但却抹杀了各学科之间的严格区别。他的这种复杂体系的另一个特征就是把思想当作个人的活动，是性格的表露，因而是可加以图示的，可以定量的，而且同语言是相独立的。这种体系把思想的内容与其语言的外壳分离开来。拉米斯无力探索他的理论的哲学内涵。作为一个哲学家，他的地位并不高。但是他的方法论和他对非语言性思维的偏爱却具有强烈的影响。新英格兰的清教主义、教育大协会（Great Didactic）和皇家学会都带有拉米斯的烙印。

经院哲学和拉米斯主义都是从大学中诞生的。另一个重要的思潮从渊源上讲就没有这么尊贵了。它是从新柏拉图主义的推测中产生的，具有泛神论的色彩，并且经常与一些神秘的做法有关，这些迎合了 15 世纪的学者，而教会的反对则使这一理论的追随者们备受苦楚。泛神论对于自然科学发展的重要作用，我们将留到别处再讨论，但是被它所吸引的科学思想家们却易于受到大范围的迫害，帕拉切尔苏斯即是一例。类似的情况还有米雷，他通过文学接触到这个思想，在罗马（约 1565 年）他关于柏拉图的讲演遭到禁止。最著名的系统解释泛神论的是乔达诺·布鲁诺，他被监禁并于 1600 年被施以火刑。泛神论关于任何事物都是独一无二的并且都是上帝的一种直接表现形式的观点之所以招致攻击是因为它排斥了一般法则，或者说排斥了上帝与人沟通的可能性。它从根本上损害了基督教和有形教会的主张。

如果我们不把经院哲学的复活考虑在内，16 世纪晚期哲学引起我们兴趣的地方主要是它对经验主义的促进。特勒肖的略带空想的著作《论自然》（1565 年）与新柏拉图主义同出一源，他认为所有真知都来源于感觉的材料。尼佐利对亚里士多德学派的逻辑学的攻击，目的在于更新修辞学，但他坚持认为一般概念并不代表事物本质，此说有一种附带的作用，即把个别事物确认为真理的主要源泉。拉米斯主义则致力于整理这些事实并使之摆脱语言的障碍。关于个性独特的泛神理论支持了尼佐利的观点。怀疑主义对泛神论也有好处，它的发展与大学无关。它的主要阐述者是蒙田和图卢斯市的医生弗朗西斯科·桑切斯，他们否认真实知识的可能性，注重通过观察获得的近似的知识。这些理论从不同的前提出发，都为发展思维的科学模式创造了有利的气氛。

另一类不同的思想体系也引起了人们的兴趣，这就是新斯多噶主义，它在那些受到宗教战争影响最严重的国家里十分流行。但是像利普修斯和杜·韦尔这样的斯多噶主义者称不上思辨的哲学家。他们基本上是在艰难时世中寻求生活准则的道德家。

那些阻碍哲学发展的势力却促进了政治思想的发展。从前路德和加尔文都曾支持过文艺复兴后的国家所主张的专制主义观点，因为认识到不借助于强大的世俗势力，改革后的宗教是建立不起来的。现在，他们的继承者们又发现，如果不向世俗势力挑战，宗教上的少数派就无法生存下去。16世纪50年代人们的任务就是要重新评定统治者与被统治者之间的关系。他们所使用的概念都是从中世纪作家中借用的，但由于所强调的重点的变化，倒也有新奇之处。①

历史写作受到的影响与政治思想一样。但是在这里我们感兴趣的是史学方法的发展。有些人文主义史学家曾过高地重视写作风格，却忽视了准确性，或者说是过于欣赏战争情节和假想的演说。可是比翁多曾探讨过建立考古学的可能性；埃理阿斯·西尔维乌斯探讨了研究人种学的可能性。奎恰尔迪尼从古典史学著作中学会了如何分析政治阴谋。波利多尔·维吉尔在积累和筛选原始素材方面进行了大胆的尝试。人文主义学者是实验家，研究其著作的人们将会发现在这些著作中含有大量的建议。但是，这些著作未能形成一套连贯的方法学传统，因此我们对于宗教改革之后的这个时期还不能说历史编纂的一个"新学派"已经兴起了。这些人文主义者的继承者们造诣各不相同，本领日益增长，各自遵循其先辈指引的不同方向。在这段历史中只有缓慢的转化，而没有急剧的变革。

编年史是一个与中世纪相联系的史学形式，1550年以后不仅在俄国和土耳其，而且在瓦赞所在的法国和霍林希德所在的英国仍然十分流行。同样，我们看到波尔·克罗默在1555年，苏格兰人布坎南在1582年分别编写了国别史，这些著作成为他们的人文主义拉丁文杰作的标志。巴罗斯效仿李维的方法于1553—1565年编写了葡萄牙人在印度的历史。乌尔塔多·德·门多萨1572年的著作《格兰纳达战争》以萨卢斯特和塔西佗为样板。然而，通观这个时期的历史，不难看到，这些编年史和仿古作品只不过是由于流传广泛才得以保存

---

① 参阅后面第16章。

下来的幸存物。史学的其他方面也在日益发展。荷兰的律师斯莱丹受其新教同侪的委托，准备编写一部宗教改革纪实，此书成于1555年。布林格描述了宗教改革的开端，诺克斯于1566年描写了它在苏格兰取得的胜利。1554年克雷斯潘在法国，1559—1563年福克斯在英国为与其信仰相同的人们写成了一部殉教者列传。这些人从内心里渴望把新教事业最明白清楚地宣扬于世，因此他们被鼓吹者的技巧所吸引，在写作时叙述生动，旁征博引，使用的论证却没有严密的逻辑，尽是肤浅的说教。他们绝非不偏不倚，在核对自己的材料的真实性时常常是漫不经心。

上述这些特点也表现在某些以更遥远的过去为题材的同类作家身上。《马格德堡世纪史》（1559—1574年）的作者们立意证明罗马教会以往的短处；他们所采用的手法是罗列事实，企图通过大量的证据来使人信服。但是他们不加考证地接受了许多对他们的观点有利的材料，并且不惜剔除对自己不利的事实材料。梵蒂冈的图书管理员巴罗尼乌斯回敬了他们的指责。他手中拥有大量未公布的档案材料，这使他的作品集比对手们的更有说服力。十二对开本的《教会年代记》（1588—1607年）成为教会史资料研究的一座里程碑。可是在已经蔓延开来的宗派思想的熏染下，就连学识渊博的巴罗乌斯，尽管比马格德堡的那些合作者们更加勤奋、更有学问并且更加诚实，但也时常做些歪曲事实真相的手脚。

这些介入宗教争论的行为，虽然鼓励了宗派思想，但仍然可以看作是一股动力源，它促进了引用文献、加以分析和明确表达的好习惯。但是我们绝不能对它们估计过高，也不能忽略与此同时其他领域对史学方法的发展所做出的重要贡献。16世纪是崇古主义的春天，福谢、利兰、贝尔和斯托这些人在爱国热情和自发激情的推动下，对于几乎是未曾被人接触过的地方性历史遗迹进行了发掘和考察。他们为自己的理论寻找实际材料，而他们挖掘出的丰富资料在帕基耶的《法兰西研究》（1560—1621年）一书中和卡姆登的《大不列颠》（1586年）一书中表现了永久的价值。与此同时，随着历史学家们在越来越大的范围内不断寻求各种现象之间的联系，人们对于历史的全面理解得到了深化。在这方面，最重要的进步就是人们更加清楚地认识到了地理环境的影响。博丹在1566年出版的《获得历史真知的方法》一书中讨论了地理环境的影响,但还是西班牙人和葡萄牙人在描写其海外领地时第一次详细论证了气候和自然资源可以怎样地塑造一种文化。在这方面,游记文学,比如哈克卢特的游记选集,也做出了很大的贡献。

至于其他附属性的研究,影响就比较小了。但是人文主义学者们所写的关于罗马人的家庭、人民大会和法庭的专题文章,以及博丹、奥特芒和托马斯·史密斯对于中世纪的和当时的风俗制度的研究,都毫无疑问地有利于在更加坚实的基础上解释历史。瓦萨里所著的《意大利杰出建筑师、画家和雕塑家传》一书(1550年)之所以有价值,主要是因为它揭示了人类活动中的一个曾被忽视的侧面。而像里巴达奈拉的《罗耀拉》(1572年)这样的传记著作,像罗耀拉、卡丹、切利尼和圣·特雷莎这些人的自传著作,以及蒙田的《短文集》都反映了人们对单个人物的兴趣,这种兴趣后来导致人们摒弃了罗马人的静态心理学,并且为更细微地分析人物动机奠定了基础。

我们必须要提到另一个特殊的重要成就。古罗马人的《实录》(Fasti),于1546—1547年在罗马广场被发现。最早将其编辑出版者罗伯泰洛和西戈尼奥曾用它来修正李维的历史年表。此发现后不久,J. J. 斯卡利杰就在他的《年代考订》(1583年)一书中更加精密地完成了一部以年代顺序为基础的古代史编年纪要。

历史学家们也逐渐学会更好地行文。它可部分地归因于本国语写作风格的普遍改进,但同时也是文化传播的一个间接结果。到了16世纪末,未受过任何专门文化训练的社会活动家们能够提笔写出自己的个人经历,已经不是什么罕见的事了。这些未受过正规训练的写作往往非常真实而又生动。而且,它们作为同时代历史学家的原始素材,对正规的写作逐渐产生了越来越大的影响。历史学的内容和形式都不知不觉地发生了变化。

这个时期里,在法学研究方面同样也出现了一些重大变革。特伦托会议的法规以及在1564年被授权解释这些法规的枢机主教团的工作都为新法典奠定了基础,这就是近代时期罗马教会的以教皇权威至高无上、不容怀疑为内容的教会法规。新教派面对着使教会法规与既定教会的职责相符的难题,竭力从自身的立场出发推动改革,然而在很大程度上还是归于失败了。民法也同样由于中世纪秩序的瓦解而受到了影响。许多法律概念都随着封建主义的逐渐消失而变得陈旧了。人文主义者建议回到剔除了中世纪成分的《查士丁尼法典》，这条路被证明是行不通的，因为现存的社会秩序与古代根本不同。对于大陆法学家的工作，我们必须放到这样的社会背景下考察，他们先是力求把古代法典置于其原有的环境中加以解释，在正确解释之后，才从这些古代法典中引出一整套基本的法学原理。西班牙人阿戈斯蒂诺和法国教授蒂尔内布继承了人文主义者对古罗马法律制度的分析工作。居雅斯编辑了《狄奥多西法典》，戈德弗罗伊编辑了《民法典》。居雅斯在他的《法典简要注释》一书中，试图把法律的基本原理缩编成不言自明的公理。科克在英格兰也试图解决这个简化法理的问题，他像居雅斯一样依靠自己的历史感，但他是把习惯法而不是把罗马法作为出发点的。以上这些尝试没有一项取得完全的成功，但在使欧洲混乱的法律遗产适应近代社会需要这方面，它们起了很大的作用。

可是还有一个重要的问题是不能由一种科克式或居雅斯式的保守方法加以解决的。普遍的教会垮台以后，主要的民族国家彼此对峙却没有一个仲裁者，因而必须建立某种体系来调节它们之间的关系。这个问题曾经较早地引起过维多利亚的弗朗西斯的注意，但是这一时期对解决这个问题贡献最大的是意大利人真蒂利，他后来成了牛津大学的教授。他在《自然法》一书中为国际法奠定了基础，并指出了一些应用国际法的细节，从而为格劳秀斯的工作铺平了道路。

在古典研究方面，一个被称为伟大的学术时代开始了。伊拉斯谟的继承者们的主要活动就是校订原文并对费解的读物进行注释或修订。除费德鲁斯的作品于1596年被介绍以外，比较著名的拉丁作者和大多数比较著名的希腊作者的著作都已经出版。包括阿纳克里翁和朗吉努斯的作品（1554年）、马可·奥勒利乌斯的作品（1558年）、彼翁和摩斯科斯的作品（1565年）在内的24部书籍，如今填补了那比较明显的空白。但是许多类似《校订规则》的书都是草率编成的；而且即使对于那些较好的版本，由于新手稿的发现和评论方法的改进仍给校订者留下了广阔的余地。罗伯泰洛在1557年撰写了第一篇关于原文鉴定的论文，此后，发表各种杂文读物就成了获取名誉的捷径。这不仅为成熟的作家韦托里、同样也为年仅22岁的作家利普修斯和坎特带来了名望。各种新版本从出版社里大量涌现出来。朗班的

《卢克莱修》，韦托里的《埃斯库罗斯》和《亚里士多德》，利普修斯的《塔西佗》，约瑟夫·斯卡利杰的《马尼利乌斯》，卡索邦的《阿特纳奥斯》都被列为这个时代值得夸耀的主要著作。

相比之下，人文学者们所研究的其他领域进展很小。已经论述到的历史学和法学方面的某些著作具有传世的价值，但是除了斯卡利杰关于编年史的论文以外，没有一部具有头等的重要性。西塞罗主义仍然是活跃的课题，从前伊拉斯谟和本博所争论的那些要点，现在又被米雷、拉米斯、利普修斯和加布里埃尔·哈维重新拿来争论。那些除了西塞罗的词句以外不想引用任何其他作品的模仿者们的任务由于尼佐利的《辞典》的发表（1591年再版）而变得容易了，而且由于得到斯图谟和耶稣会的权威的支持，西塞罗主义在文法学校中获得了胜利。可是在这些学校之外，在严肃的作家中，西塞罗主义很快就失势了，我们可以从利普修斯摒弃西塞罗的句式转而喜爱塞内加的跳跃式风格中看到这一点。一旦我们认识到西塞罗主义对本国语言的发展产生了一种至关重要的设想，我们就不难理解人们为什么长期关注这场奇特的争论了。认为各种语言在其发展史上都要经历一个"古典"时期的理论（语言在这个时期发展得近乎完美），当它与人们认为拉丁语具有天然的优势的想法结合在一起时，就有可能使建立伟大的近代文学的希望破灭。因为当一门完美的语言就在某位作者手边时，他为什么一定要竭力使用另一种尚不成熟的语言呢？进一步说，承认西塞罗句式是一种理想的句式，就可能迫使像法语和英语这样的词尾不变化的语言采用与其自然结构不相适应的形式。最后还有一种观点认为，在16世纪的作文教学中，模仿法仍然主要是一种用来代替正规修辞学学习的方法，并且正如拉米斯所阐明的那样，本国语作家认为真正有用处的还是修辞学。这样，反对西塞罗风格的人们实际上是有意识或无意识地在为新文学而战。

人们在讨论亚里士多德的《诗学》时也抱着类似的兴趣。这篇曾被忽视的论文在16世纪中叶声誉鹊起，并在文学界而不是学术界广为流传。虽然这本书再版数次，但在它的影响下所产生的诗歌理论著作在数量上远远超过了此书本身的版本和注释。亚里士多德关于"艺术是普遍化了的经验"这一概念，筑起了一座理性的堡垒以便和那些诋毁想象文学中的虚构成分的人们抗衡；另外，亚里士多德对于叙事诗和悲剧的详细评论也帮助了那些希望在本国语言中引进这些文学形式的作家们。继卡斯特尔韦特罗之后的大多数评论家都希望从亚里士多德的普遍化概念中找出严格的规则，这是一种要求规范化的近乎独断的精神状态的标志，它表明人文主义的没落。才华出众的帕特里齐在1586年著有《论诗学》，他独自倡导着一种更加有机地看待文学和文化成就的观点。

对于人文学者的研究领域来说，最后还有两个值得提到的学科，这就是考古学和语言学。在考古学方面，人们对古代铭文给予了一定的注意，但主要感兴趣的却是罗马的古迹和雕塑。在这个时期，拉菲利、德·卡瓦来利斯和瓦卡对这些古迹首次给予了图示说明。因为罗马代表他们国家的历史，所以使他们得到鼓舞的可能主要是曾经引导过帕基耶和卡姆登的那种精神而不是人文主义的热情。在语言学方面，在众多研究语法和句法的学者中没有谁的视野超出了课堂教学的需要。但是这个时代有一项重大的进步值得赞扬：1572年亨利·埃蒂安纳出版了希腊文的《辞典》；并且，还应当提到一篇理论性的论文《诸种语言释疑》（1555年），作者格斯纳在此论文中采用了比较语言学的研究方法。

448

通观这个时期的古典研究，我们必定会注意到约瑟夫·斯卡利杰和卡索邦同伊拉斯谟和本博之间的差距。1500年时为首的人文学者都是知识界的先锋，并且其中许多人都有重要的社会地位。可是100年后他们的继承者们却是一些学究式的人物，与他们所处的时代的最富有实效的思考失去联系。这种使人能力降低的冷漠可能是几种原因相互作用的结果。当时，许多知识领域的发展都超过了古典时代曾经达到的水平。各学科的学者的兴趣不再像一百年前那样不自觉地被吸引到希腊文或拉丁文中去。并且，既然懂得盖伦、查士丁尼或阿基米德的原著已不再可能使人在医学、法学或科学研究领域中名列前茅，人文主义学者也就势必不再重视自己在这些方面的专长。使得古典著作成为打开各门知识宝库钥匙的条件已不起作用了，并且随着这些条件的消失，其他力量积极地促使人们进一步缩小了兴趣的范围。在那些为古典学者提供大学职位数额最多的国家里，对古典原著批判校勘的热潮也最为高涨。对专家地位的竞争使得人文学者们把精力集中在原文校订这一分支里，在这个领域中能够最有效地衡量出竞争者们的技能和勤奋。并且，宗教上的褊狭也促使人们乐于选择这个领域。帕莱亚里奥在罗马被指控为异端，利普修斯在新教派的莱登大学中也遇到重重困难。思考是危险的，做校订工作倒不大可能触犯章法。

对于希伯来语和其他东方语言的研究远远落后于古典研究。它们对于基督教的重要性确保其在大学和某些比较进取的文法学校中占有一席之地。但这些学校的学生却满足于一般水平的成绩，而这些语言中范围广泛的文学作品在多数情况下只形成简单的文法课。其他领域的著名学者们，像贝拉明和弗拉希乌斯，像法兰西学院教授本尼狄克·热内布拉尔那样的天主教徒，像洛桑大学的谢瓦利埃那样的新教徒，像斯坦卡利和特雷梅里奥那样的意大利流亡者，像科隆大学的约翰·伊萨克那样的犹太人，都尝试过解释希伯来语的基本要素的工作。还有少数学者如拉米斯的弟子之一帕尔马·卡耶和意大利的卡尼尼奥将工作范围扩展到对其他东方语言的研究上。但是对东方传统的认真研究大部分都留给犹太人自己去做。一些重要的犹太法典学者，如约瑟夫·卡洛和阿扎利亚·戴·罗西、历史学家约瑟夫·本·乔舒亚和神秘主义者以撒·卢里亚都属于这个时代。

由于正规的学术界忽视了对活的语言的研究，这方面只取得了缓慢的进展。一个想学习外语的人或想掌握本国语的正确用法的人可以求助于书籍。甚至像匈牙利那样偏远而又不幸的国家也有自己的语法书和词典。想当作家的人被鼓励使用本国语写作。亨利·埃蒂安纳撰写了论述法语优点的论文，托马斯·威尔逊试图对同胞们解释修辞学的奥秘，他们都可以借助大量的本国语著作。但是在这些实用性的成果与文学指导之间仍然有一道鸿沟，由于得不到大学的帮助，私人的努力要填平这道鸿沟进展甚微。那些对本国语研究的兴趣可追溯到但丁的意大利人，到15世纪已经在系统研究意大利语方面取得了某些进展；到16世纪，法国人也仿效他们的做法。1542年，梅格利发起了对拼写法的讨论。1578年，亨利·埃蒂安纳抨击了借用意大利语的做法。1583年布尔古安开创了对拉丁语系多种语言的比较研究。但是即使在法国，仍有大量工作尚未进行，其他国家也绝无例外。

关于科学另有专章论述。在这里，关于其成就无须多论，只想说明这些成就能使我们正确认识那些我们一直在加以讨论的不属于科学的著作所具有的重要性。16世纪后半期是墨卡托、伽利略、斯蒂文和维埃特的时代,血液循环的发现和第一架望远镜的制造就是在这个时期奠定了基础。这 50 年中科学的进步,对于未来世界概况的形成做出了显著的贡献。参照这种贡献去衡量另一些人产生的持久影响,无疑也会留下很深的印象。例如苏亚雷斯对于天主教徒的思想,胡克对于安立甘宗信徒的思想,真蒂利之于格劳秀斯,斯卡利杰之于本特利,弗里齐和博丹之于孟德斯鸠。更有启发意义的是把同时代的科学与神学的成就加以对照,进行比较。那时科学得到的赞助微乎其微,只有少数献身者们从事研究。他们所取得的成果对于今天的人们仍不可或缺。神学研究具有职位和权势的诱惑力,它吸引了一大批有抱负者的智慧和精力;但是,虽然占有一切有利条件,神学研究却未能给人类的知识遗产增添什么明显的成果。这一次上帝没有保佑阵营强大的一方。

为了方便起见,我们在讨论教育和学术时一直把欧洲作为一个统一的整体来对待,但我们现在必须对欧洲几大地区之间存在的某些差别加以论述。以本国语言为基础的初等教育在苏格兰组织得最好,在那里,诺克斯的卓越的规划,尽管由于缺乏资助而打了折扣,但在教区学校中仍留下了值得纪念的教学成果,这些成果为学生进入文法学校打下了良好的基础。在德国的新教地区可以感受到梅兰希顿的影响。在波希米亚,以本国语为基础的初等教育具有自觉的民族主义特点,在文化水平历来比较高的瑞士各州和尼德兰的情况也是这样。英格兰有些落后,拉丁诸国和斯堪的纳维亚半岛诸国也是如此。在波兰和在匈牙利的一些独立地区,本国语的教学基本上限于德国人定居地。在土耳其控制下的地区内,以及在俄国,就像伊凡四世所抱怨的那样,本国语教学实际上是不存在的。

拉丁学校曾被新教改革者和耶稣会复活。由于宗教冲突对教育热情有刺激作用,那些距离天主教和新教势力冲突点最远的地区,诸如苏格兰、斯堪的纳维亚半岛、伊比利亚半岛和意大利南部,到 1600 年时,教育基础也就最差。不过,甚至在法国,建议每个城镇都要设立一所学校的皇家文告也被普遍地忽视了。爱尔兰正与外国入侵者打得难解难分,匈牙利一度蓬勃发展的教育体制在土耳其入侵和新教派敌视的双重打击下完全崩溃了,这些都是教育受到极大忽视的特殊事例。在波兰东部地区(该地区大大深入到目前俄罗斯的版图内),来自西部的宗教竞争由于这里还有信仰希腊东正教的居民而变得更复杂了。在沃伦地区的奥斯特罗格，人们在1570年试图建立一个斯拉夫语、拉丁语和希腊语的三位一体的学会。1586年，东正教的升天兄弟会成员们在利沃夫创建了一所拉丁文学校，用罗马天主教的武器对付罗马天主教的压力。在更靠东部的俄国境内，除了在一些神学院里，中等教育和初等教育都根本不存在。1551年，伊凡四世说服一次宗教会议通过了一项决议，要求更有效地培训神职人员，但却从未实行过。

一般说来，宗教斗争对于大学都产生了不利影响，随着这一派或另一派稳定地得势，大学也逐渐从这种不利的影响下复元。虽然新教派内部的纷争减缓了这种复元的速度，在大不列颠、德国和瑞士毕竟出现了复元。宗教战争在法国最为严重，教育的衰落期持续到这个世纪的最后几年，其衰落期的开始也没有德国早。然而，法律的教学在外省却相当兴盛。意大利和西班牙的大学效果优于平均水平。意大利的大学是因为它们设法保留了某种程度的独立性，西班牙的大学则是由于诸如苏亚雷斯这样纯粹的正统派总能保证它们得到相当程度的自由。但是它们的权限都没有达到像卢万大学或新建的莱登大学那样高的水准。尼德兰人由于对贸易的兴趣，不拘一格的性格以及比较宽容的传统，从而为取得学术成就创造了一个比世界其他地方更为有利的环境。

教育体制的差异必须同学术活动的分布一起来考虑。神学家、政治思想家（特别是研究教会与国家之间关系的政治思想家）和历史学家在各国都大有人在。科学家、哲学家、法学家（教会法规学家除外）和最优秀的古典学者们除布拉赫和苏亚雷斯等少数例外，都来自一个包括意大利北部、瑞士、法国、尼德兰和英国南部的中心地区。这种普遍现象与大学的作用之间的联系是不难发现的。大学的课程表中没有历史课和政治思想课，历史和政治思想是在民族主义和宗派主义影响的推动下发展的，与学校教育的效能并无关系。当时的知识界做出贡献的其他知识领域都在大学的研究范围之内，对这些学科来说，一个学科能够获得普遍进展是与它受到当地高等教育中心有效的重视分不开的，各国都是如此。如果说在别列津纳河以西的欧洲各地都可以找到卓越的神学家的话，那是由于神学在各大学中都占有受尊崇的地位。如果说大多数的哲学家、法学家和科学家都出自我们前面所说的那个中心地区的话，那是由于这个地区的大学比周围地区的大学更加热心地致力于研究哲学（而不是经院哲学思想）、民法和科学。德国在以前的半个世纪中无论在自然科学还是人文科学方面都曾居于领先地位，如果说它的这些学科现在落后了，那是由于梅兰希顿改革见效之前德国大学的衰落以及这次改革后神学地位的提高。如果说西班牙学者们在经院哲学和教会法规方面的研究光彩夺目的话，那是由于西班牙一直在大学课程中保留了这些中世纪的学术重点。

有组织的教育活动与学术成就之间的相互关系肯定是值得注意的。但是此刻让我们把视野开阔一些，看一看这个时代各个阶级的文化生活（即使仅仅局限在欧洲这样一个比较狭窄的地理范围内），并且考察一下这一时期在欧洲人的心智普遍发展过程中所起的作用，那时我们就会发现，无论是在大学之内还是在大学之外学术研究所具有的明显的重要性丧失了。我们不可能认识不到人们对于本国语文学的发展和在教士阶层以外的文学的传播产生了更浓厚的兴趣。这是一个文化的普及比它的提高远为重要的时代。那些既煽动听众也教育听众的传道士们，那些宗教手册的编纂者们（在东欧某些地区，宗教手册是地方印刷厂的唯一产品），那些戏剧家、翻译家以及诸如希尔与米扎乌尔德这类编纂传奇故事的历史学家们，还有那些忙碌的各种各样信息的提供者，都是建造未来世界的有力的建筑师。

当然，在普及的进程中也会损失不少东西。神学家们微妙的语言再次出现时成了标语口号。新柏拉图主义者的推论被占星术士用来为其诡言增加骗人的深奥。到16世纪末，翻译家们已做了一项很有价值的工作，即至少可以从法语和意大利语的译文（常常也可以从其他语的译文）中读到最优秀的古典作品，只有某些抒情作品和戏剧作品除外。但是翻译并不体现古典文化遗产普及过程的最后阶段。《变形记》、特洛伊和金羊毛的故事，都以上千种形式被转述，到了社会最底层就变成了一些肤浅的简写本与通俗本。而且，对于众多的人，包括像匈牙利这样一些整个的民族来说，这些简略的故事正是他们了解古典的主要源泉。至于那些传播科学知识的人们，作为其资料来源的盖伦、普林尼、托勒密等人的著作本身就是陈旧过时的。

但是这些缺欠并不重要。欧洲中等阶级的教育不是经过一代、两代甚至三代所能完成的。在任何情况下，这种过程的初始阶段也只能是使书籍变得更为人们所熟悉并使教育变得不再完全是专家们的秘传。当时的使用本国语文写作的作品使这一点成为现实。这一成就意义重大。再过两个世纪之后，人文学者们所把持的古典遗产，科学家们的重大发现，以及苏亚雷斯所发扬光大的经院哲学，都融会进了突然崛起的中等阶级的文化中。同样，起初为了培养宗教的捍卫者而创建文法学校和改组中世纪大学的做法，成为导致后来的一些改革的步骤，这些改革建立起了产业革命的教育制度。在当时的观察者看来，反宗教改革这个时期似乎充满了各种计划和党派，它们正把人类拖向一些彼此完全相反的方向。这些观察者认为，未来属于牵引力最强的那些方面。然而我们发现各股力量的牵引方向完全一致，或者说在可能的情况下基本一致。溪水沿着一些方向迥异、蜿蜒迂回的河道奔流，但是最后它们都汇集在一个共同的河口。

（成冀邢　译）

第 十 五 章
科　　学

　　在16世纪前半期，各个领域都有重要的乃至革命性的新著作出版问世，其中最著名的要数哥白尼的《天体运行论》和维萨里的《人体结构》，这两本书碰巧都是在1543年出版的。除天文学和解剖学外，在其他领域也出现了一些新的观念和新的方法。还有许多其他的著作都是16世纪中叶以前完成的，比如帕拉切尔苏斯和费内尔的医学著作；贝隆和隆德莱的动物学著作；卡丹[①]和塔尔塔利亚的数学著作；努内斯、奥隆斯·菲内和格马·弗利修斯在航海学与制图学方面的著作。开普勒、伽利略和哈维的主要著作都是在1610年或更晚才开始撰写的。因此，16世纪后半期的科学家们，与其说是发明创新者，不如说是巩固继承者。除第谷·布拉赫和威廉·吉尔伯特以外，几乎没有出现名闻遐迩的人物和令人惊叹的创见。然而正是在这个时期，那些将要掀起17世纪科学革命的人们长大成人了，正是这个时期的科学家和科学文化的熏陶，使他们为革新受到了训练，做好了准备。阿卡邦当特的法布里休斯本人是一位可敬的二流科学家，人们常提起他，是因为他是哈维的老师而不是因为他本人的成就。但是，尽管16世纪后半期的科学家们一般说来很少成为观念转变的开创者，可还是发挥了重要的作用：他们以一种必不可少的而且颇有裨益的联系沟通了对权威的尊崇和对新奇事物的自觉意识，前者推动了16世纪早期的发明，后者推动了17世纪的创新。人们对古代文化的兴趣仍然十分强烈；事实上，直到1550年以后，希腊语的数学著作才完全变得可以吸收利用，其中阿基米德的影响尤为重要。希腊科学

[①] 此处原书错印为 Carden（卡登），应为 Cardan（卡丹），翻译时我们做了纠正。——译者注

仍能为学术研究提供出发点，但是无论多么缓慢，对古代的尊崇总在被对新奇事物的自觉意识所冲淡，这也许得益于通过探险展现出了一个古人从来不知道的新世界；并且，对权威的依赖掺杂进了可喜的和强烈的反偶像思想，它往往表现为文艺复兴那种滔滔不绝的激情和责难。

从某种意义上说，这个时期所有的科学不外乎数学、医学或巫术。在大学和新建的人文主义学院里以及在讲座上，数学更多意味着应用的和实践的数学，而很少意味着纯理论的数学：即理论天文学、航海学、制图学、力学、弹道学、城防、测量学乃至往往使数学的声誉被人怀疑的占星术。医学是一门大学课程，它包括植物学，后来又包括了化学、解剖学和生理学。在大学之外，还有外科学，这是一门管理严格的手艺；还有帕拉切尔苏斯首创的药物化学，讲述化学药品的制作和使用，并且还夹杂着其创始者的反偶像和反正统的思想内容。在这个时期中，巫术占有最突出的地位。这时的巫术已分为黑术、白术和自然法术三个类别，尽管黑术和白术并不是什么新奇的东西，然而神秘地研究自然作用力的自然法术却比浮士德的传说征服了更多人的心灵。自然法术比黑术和白术更受人崇敬，但它在总体上也带有一些非法巫术的魔力。在16世纪，尽管人们公开声称巫术和自然科学具有同等的重要性，但却清醒地意识到了两者之间的区别。自然法术是一种半神秘主义、半实验性的科学。自然法术学者们完全是严肃认真的而且有广泛的实践；这就使自然科学家的普遍的形象是半巫师半贤哲，这种形象至今仍未完全消失。当时没有一位实验科学家摆脱了巫术的诱惑，约翰·迪伊和第谷·布拉赫构成两个侧面。约翰·迪伊本人就是伊丽莎白女王的占星师，是一个有创见有才能的数学家，后来离开英国在欧洲大陆漫游；尽管摆脱不了环境的支配，他仍是一个坚定的唯灵论者。第谷·布拉赫则是一个最近代化的、推崇理性的、相信严格观测的天文学家，然而他也相信炼金术和占星术在探求自然的真正本质方面可以提供与纯天文学同样多的东西。到这个世纪末，开普勒仍然保持着这个传统，轻易地摇摆在数字神秘主义与精确的天文学之间，企图向人们表明自然法术本身并不必然阻碍科学的发展——尽管当时的"新"科学家们都正在转向敏锐的构成科学革命基本特征的理性主义。这样，自然法术就从神秘主义进入实验科学，并且继续发展直至最后与工程技术相结合，这一点自16世纪初就开始形成优秀的传统，并由列奥纳多·达·芬奇卓越地表现出来，这种传统在以后的钟表制造师、天文仪器制造师以及机械师的工作中得到了继承。

这个时期的鲜明特征之一是人们对于普及科学的兴趣大为增强，这种增强一部分是通过本国语著作，一部分是通过插图书籍吸引人们的兴趣，一部分是通过奇妙事物的力量，还有一部分是通过展示已经掌握的科学知识所具有的实用的一面。早先的学者们曾经把希腊文译成拉丁文，力求把古典的希腊科学介绍给高等学校里的但还算不上专家的读者们。现在，这些学者们又把拉丁文译成本国语，其明显的目的就是要把这些科学知识既送给工匠、航海家、工程师这些"实践者"，也送给绅士们，他们包括朝臣、外交人士和资助者，他们是能够影响学术界和实践界事件进程的一些人。这样，一部法文版的《欧几里得几何学》在1559年出版了，它是由人文主义学者、诗人、数学家佩尔蒂埃翻译的。这本书的英文版于1570年出版，它的意大利文版则在1575年问世，译者是科曼迪诺，一位有才华的数学家和学者。本国语版本的译者们不仅限于学者的范围，一些并非专家学者的人也在利用人文主义者翻成拉丁文的版本。例如，亚历山德里亚的海洛著的《气体学》一书在1575年被科曼迪诺译成拉丁文，因而首次广泛流传。此书的影响力在于它是最早讨论空气的物理性质的著作，并对于流体和气体的机器及玩具做了认真的描述。这本书的拉丁文本后来被一批实践者译成了意大利文，为首的是阿利奥蒂，他以此书为工具，宣传他自己的机械发明。这两类翻译者的目的都很清楚，那就是把古老的智慧介绍给当代的读者。人文主义最初可能是一场贵族的封闭的运动，为少数人所把持；而到了16世纪中期，至少科学界的人文主义者已经把那种激昂的离经叛道精神（所有人文主义者的特征）转到了广泛地传播学问的方向上来，并且几乎是以令人感动的精神渴望着教育那些不能自己教育自己的人们。这个时期几乎所有的应用数学和应用工程学的著作无论是用本国语或是拉丁语撰写的，都一方面指责"纯学术"著作本身没有实用价值，另一方面又抱怨海员、工匠、机械师和炮手这些普通人的愚钝，这些人固执地使用陈旧的单凭经验去做的方法，而不愿意接受那些过分急于传授知识的学者们所发现的新方法。罗盘制造者罗伯特·诺曼是第一个著书讲述磁学的工匠，他可能会抱怨说，吸收实践者的知识的学术著作实在是太少了；而一位博学的数学家在编写应用数学时，又往往会感到实践者们总是不愿意听他那无疑更为博大精深的理论知识。事实上，恰恰是在这个时期，学者和工匠们的互相接近开始初见成效了，尽管成效还不显著，但它是靠学者和普通人共同的积极努力实现的。

在这个普及知识的时代，有两个学科获得了被工匠与绅士同时注意的特殊优势，这就是工程学和制图学。工程学使得许多装帧精美的图书得以问世，这些图书中有各种真实的或想象的机械发明的插图，对于这许多代表着文艺复兴时代印刷装订技术的可爱的书籍，在那个新的机械时代，谁能不喜欢翻阅它们呢？这些书籍中有雅克·贝松的《数学和力学机械汇编》（里昂，1579年），配有精巧复杂的动力装置插图；有阿戈斯蒂诺·拉梅利的《设备与人力机械》（巴黎，1588年），以优美的法文和意大利文出版，配有几十种以水力、人力或风力推动的泵、磨、吊车、桥梁、喷泉及兵器的插图。丰塔纳写了《如何移动方尖碑》（罗马，1589年），描述他移动梵蒂冈方尖碑的过程，书中有精美的插图和有趣的文字说明。此外还有不少次要的著作，它们一部分以中世纪的传统为基础，一部分以文艺复兴时代晚期人们对复杂机械发明的喜爱心情为基础。这类书中有福斯特·维兰齐奥的《新机器》，在它的现存的一些版本里，不仅有拉丁文的，还有意大利文、西班牙文、法文和德文的对机械的说明。建筑师佐恩卡1607年在帕多瓦出版了《机器与建筑的新图解》。另一位建筑师布兰卡1629年在罗马出版了《机器》一书，还有弗朗塞斯科·马奇1599年在布雷西亚出版的《军事建筑》，它只是在风格上稍有不同。书名还可以列举许多。虽然意大利人在机器的发明与介绍方面处于领先地位，但是法国人和德国人到17世纪初也开始出版关于气体和流体装置的书籍。16世纪初，荷兰人和西班牙人在航海著作方面具有明显优势；到了16世纪后半期，英国人在这个领域中开始取代这两个国家，因为这时英国的船只正在公海中处于统治地位。这个时期关于航海和制图学的英文著作无论是在英国国内还是国外，无论是在数量上还是在普及程度上确实都是非常突出的。尽管荷兰仍然保持着地图贸易中心的地位，但是一流的制图商们与英国市场一直保持着密切联系。地图在一些国家，尤其在英国，流行的程度就像机械方面的著作在意大利那样。约翰·迪伊在为亨利·比林斯利的英文本《欧几里得几何》所撰的前言中写道：

> 某些人是用地图来装饰他们的门厅、客厅、寝室、过廊、书房或藏书室，还有些人需要地图是因为对于历史事件感兴趣，比如战役、地震和天气现象等史书记载的事件，由此势必形象地看到那地点、其周围地区、与我们的距离以及其他的情况。也有些人是想一目了然地看一看土耳其帝国的庞大版图、莫斯科帝国的辽阔疆域，也想了解一下确切知道的自觉信奉基督教的某一小片地方。至于抱有其他目的的人就为数不多了。有的为了指导自己在遥远国家的旅行或者为了弄清别人的游历。总而言之，人们都怀着各种不同的目的而喜欢、爱惜、寻求并使用地图、海图和地球仪。

确实，出版地图册的原始动机在于为国内的绅士们提供资料和消遣；海员有一张海图就满足了，这种海图往往是从一张印制的地图上透描出来的。事实上，工程师、绘制地图的理论家和航海家正在取代占星术师在中世纪享有的宫廷科学家的地位（不过约翰·迪伊成功地身兼这两种角色）。另外，数学在公众心目中的影响扩大了。

除了仍旧处于比较古老的传统状况下的自然史和植物志外，自然科学对公众的吸引力并不大。游记文学虽然广为流传（那时正是哈克卢特的大型文集——《英格兰民族重要的航海、航行和发现》发行的时代，此书于1589年出版，1598—1600年又出版第二集），但这类书比较注重的是对勇敢的冒险行为进行肤浅的描述和说明，而不是对新发现的地区的植物和动物的种类的介绍。尼古拉斯·莫纳德斯在16世纪早期出版了描述西班牙的新大陆的书，这部著作被约翰·弗兰普顿译成英文，并于1575年在一个诱人的标题——《来自新大陆的喜讯》下出版。这部书确实记叙了一些新的植物和动物，何塞·达科斯塔所著的《西印度群岛自然史和道德史》（这里西印度群岛指秘鲁和墨西哥）也作了同样的描述。这部书是1591年在西班牙出版的，1601年有了英文译本，1606年又出现了法文译本。雷利首次对弗吉尼亚探险时，队伍中不仅有数学家托马斯·哈里奥特，而且还有约翰·怀特，前者在1588年出版了《新大陆弗吉尼亚的实况简报》，生动地描述了这个地区的情况；后者所绘的该地区印第安人、植物和海洋生物的图画和写生，活泼可爱，引人入胜。

尽管许多学者们深知有必要把他们的学识加以普及，可是他们大部分的工作还是不自觉地投入到了发展自己学科的理论方面。在各个领域中都有大量富有学术价值的书籍出版，它们主要用拉丁文写成，内容涉及当时的数学家、天文学家、自然哲学家、医生和自然史学家们在各自领域里认为是主要的问题。这些书籍中有一些著作仅仅注意说明过去是如何停滞不前；而更多的著作，哪怕是试探性的，还是涉及了在更深入地弄清特定的问题的过程中所必不可少的步骤。

16世纪晚期，数学领域中最令人感兴趣的是它在天文学、航海、宇宙结构学和物理学领域中的应用。纯数学方面的进步尽管不引人注目，但也是不可忽略的。这个时期的数学研究可分为三个方面：第一，对先进的希腊数学的吸收和发展；第二，数学符号的改进和扩充；第三，类型越来越多的代数方程式的求解方法。

希腊数学对16世纪仍然有很大的作用，用新的和准确的拉丁文译本来取代或补充中世纪的版本具有重要的意义。这都是由一些有才能的数学家们完成的。比如，费德里戈·科曼迪诺（1509—1575年），他是乌尔比诺公爵的数学家，在利用阿基米德的分析方法确定固体的重心方面做了即使算不上重要的至少是有益的工作。他更大的名望在于他一系列优秀的译著，其中有：阿基米德的著作（威尼斯，1558年；波伦亚，1565年）；阿波罗尼奥斯的著作并附有对帕普斯和欧托休斯的评论（波伦亚，1566年）；帕普斯的著作（比萨，1588年）；除此之外还有许多非数学方面的论文。他的译著激励着他的弟子如吉多·乌巴尔多·德尔蒙特（1545—1607年）去研究关于阿基米德的问题。同样，当时最优秀的几何学家之一弗朗西斯科·莫罗利科（1494—1575年）对圆锥截面问题也进行了广泛而又精细的研究，他把圆锥截面当作锥形平面来处理。这项研究尽管与阿波罗尼奥斯的观点对立，但毕竟是在其激励下进行的。并且，他还把自己的数学发现应用到对光学的探索中去。1575年在巴塞尔出版了丢番图著作的第一部拉丁文译本，译者是克胥兰德，这对于代数学的研究是一个新的促进。

毫无疑问，代数学是16世纪数学中最有成果的一个分支。虽然现代的数学符号直到下个世纪才发展起来，但在这一阶段里，在寻求符号表达公式化方面有了很大的进步。每个数学家其实都在尝试使用新的符号。虽然这种趋势使得每一部新著作都难以阅读，它仍然是普遍的符号系统最终赖以产生的途径，因为它正把每一种具体情况下最好的表达方式融会到一起。在16世纪的前半期，德国的代数学者们（cossists）像米夏埃尔·施蒂费尔（死于1567年），就率先进行了统一数学符号的尝试。例如，他们创造了表示平方根的现代数学符号。在意大利首先使用这个符号的是克里斯托弗·克拉维乌斯（1537—1612年），他是一位严谨的但缺乏首创精神的数学家。人们在整个16世纪中不断地探索，试图为开方和乘方找到一个合适的表达符号，这反映出人们日益深刻地认识到这两种运算之间的关系。同样，西蒙·斯蒂文（1548—1620年）在小数方面发表了重要的著作《十分之一》（1585年），其重要性不在于它的新颖，因为人们早就认识小数了；也不在于它的符号，因为斯蒂文的符号极不方便。它的重要性在于令人信服地显示了在运算的简便与清晰方面，小数优于分数。上述研究工作的一个合乎逻辑的发展结果是对数的发明，发明人是纳皮尔（1614年）和布里格斯（1617年），这一发明使计算过程大为简化。

16世纪前半期对于某些类型的三次方程求解问题存在着普遍而激烈的争论，16世纪后半期，人们则较为关心如何使已知的各类方程的求解方法更为普units化。拉菲罗·博姆贝利于1572年出版了他的《代数》，当时只有他和极少数人承认虚根的存在，从而使他能够解决在此以前不可约简的方程，但是他真正成为有影响的人物还是下一个世纪的事。真正的普遍解法直到弗朗索瓦·维埃特（1540—1603年）的著作问世才得以完成，他在1591年出版了《解析技巧入门》，这是最早的真正的符号代数的著作。在这本书中，他首次使用符号表示已知数和未知数。这样就能够用公式表达真正普遍性的结果。维埃特在方程解析和探求简略的求解方法方面也做了重要的工作。托马斯·哈里奥特（1560—1621年）在代数上的贡献可与维埃特相比。他可能受到过维埃特著作的影响，但他在某些方面有进一步的发展，比如在把方程分解为其简单因式方面。但由于他不承认负根或虚根，他的研究缺乏真正的普遍性，他的《实践解析的技巧》一书是在他去世10年后才出版的。

这个时期的数学有一个奇怪的特征，它使人们很难去估价单个数学家的相对重要性，这个特征就是强烈的民族主义，这与科学是一个整体的特征极不相符。数学家们被分割成国家学派的一个原因是符号的发展状况，在这个时期，符号还不具有世界性。第二个原因是这个时期的研究成果只是到了后来的数学家手中才发挥出巨大的效力：比如维埃特的著作成为激励笛卡儿的源泉，而哈里奥特的著作则成了英国学派特别是沃利斯的渊源，因此他自然要大肆宣扬哈里奥特的首创之功，法国数学史学家们对此颇有訾议。当时有许多著作以手抄本流传，并直到作者死后才得以出版，因而出现上述情况是非常可能的。值得我们认识其重要性的是，16世纪后半期数学家们的贡献虽小，但确实为下一个世纪数学的蓬勃发展奠定了基础。

16世纪后半期的天文学在某些方面呈现出与数学不同的情况，这是因为哥白尼使希腊科学的激励作用荡然无存，天文学家们不得不去奋力解决一个非常棘手的问题。300年来日心学说在教育中不可动摇的地位常常使现代的人们无法理解哥白尼的理论在实质上几乎是不可能实现的事物。因为哥白尼不仅把天文学整个颠倒过来了，而且正如路德所断言的那样："哥白尼把人们习惯的世界观完全颠倒过来了。"托勒密的天文学是加以数学化的普通人的天文学。而哥白尼的天文学与日常的共同感知的天文学格格不入。这种普通人的天文学把以地球为宇宙中心的主张论得如此明确以至于初等天文学至今仍从这个毕竟是唯一能被我们的直观所认知的宇宙开始。因此难怪16世纪许多最优秀的天文学家都反对哥白尼的理论，他们不仅从宗教和物理的观点出发，而且也从共同的感觉出发。也难怪当时的哥白尼派学者们比较著名的是其神秘主义的一面而非其理性主义的一面。甚至哥白尼学派本身也承认新的理论不适于进行基础教育，米夏埃尔·梅斯特林（1550—1631年）和伽利略（1564—1642年）这样一些讲授天文学的哥白尼派学者也赞同罗伯特·雷科德在《知识的城堡》（1556年）一书中所下的断语：一个没有托勒密天文学作基础的学者就不具备理解新学说价值的天文学素养。如果一个人以这种观点来看问题，对于当时大多数天文学家都未能转变为哥白尼主义者就不会感到奇怪；值得奇怪的倒是：如此复杂并且在数学上如此深奥的理论居然得到那样广泛的传播，人们是那样经常地谈论着哥白尼的名字并且给以普遍的尊敬。实际上，许多引证哥白尼的人真正引证的都是哥白尼学派或普鲁坦尼星表（Prutenic Tables）中的材料，普鲁坦尼星表是伊拉斯谟·赖因霍尔德1551年根据哥白尼的理论编纂的，其实他本人并不属于哥白尼派。普鲁坦尼星表比原先的《阿方索星表》具有明显的优点。总体来说，科学家们在引证这些材料时丝毫也没有轻蔑或贬低之意，这无疑在一定程度上反映了对于新天文学的迫切需要，人们甚至在1500年以前就广泛地意识到了这种需要。

并非所有对哥白尼的赞扬都意味着接受了他的理论，因为所有严肃的天文学家们都承认哥白尼的能力，并且在欣赏哥白尼的观测技能方面，比愿意这样做的现代历史学家们更胜一筹。而且，直到这个世纪末，除了在极端的基督教原教旨主义者中间，已经没有多少理由从神学的立场出发去反对他的假说。虽然许多天文学家热衷于讨论甚至赞成这一假说，同时却感觉不到有必要公开尊奉这一终究仍是一种假说、未得到观测证实的理论，但是这种假说被引用的次数还是在一定程度上标志着人们讨论哥白尼理论的兴趣。实际上，一个相信哥白尼理论的人不得不抛开观测的结果来信奉这一假说。开普勒的老师、迈克尔·梅斯林尽管没有观测到任何恒星视差，可他仍然坚信哥白尼的观点。他是一个能干的天文观测家，是他首次正确地解释了地光反照现象。在坚持哥白尼理论的其他科学家当中，还可以指出下面这些人：克里斯托弗·罗特曼，他是黑森-卡塞勒伯爵威廉四世的天文学家，但他并未写出任何拥护哥白尼学说的论文。J. B. 贝内德蒂通过间接的知识非常赞赏哥白尼的理论，但他本人毕竟不是一个天文学家，他的主要贡献是在数学物理方面。在法国，关于哥白尼的讨论很少，只有本都·德·蒂亚尔（约1521—1605年）的论著讨论了这方面的内容，他是七星诗社的成员之一，在宗教战争的黑暗时期活跃于亨利三世宫廷内外的非正式的科学院对百科全书进行的讨论中，他受命负责科学部分。本都对于哥白尼主义产生共鸣倾向的部分原因与后来的乔达诺·布鲁诺一样，认为哥白尼主义与卢克莱修的宇宙多元论是一致的。当然还要提到开普勒（1571—1630年），他在1596年出版了《宇宙结构的奥秘》，此书宣称其作者为一个不妥协的哥白尼主义者，书中还有雷蒂库斯的《最初的故事》作为附录，他是哥白尼的最早的信徒。《宇宙结构的奥秘》一书还显示出其作者是一个有才能的数学家和令人信服的数字神秘主义者，因为书的中心论题是说各行星与太阳的距离值之间存在着一个几何关系，这种关系可以用五个规则的柏拉图实体的内接圆球和外接圆球来表示。毫无疑问，这种设想既令人信服，又表明了卓越的数学技能，这使年轻的开普勒引起了第谷和伽利略的注意。不过，与开普勒后来的努力相比，这只是小试锋芒。在这个时期，只有少数人主要以数学为根据来为哥白尼学说辩护，开普勒便是其中之一。

或许令人吃惊的是，以往在天文学方面业绩平平的英国对哥白尼的学说却产生了浓厚的兴趣，这种兴趣比欧洲大陆对哥白尼的兴趣更大。罗伯特·雷科德虽然认为哥白尼的学说对青年学者太深奥了，但他称赞哥白尼是一位"学识渊博、经验丰富、在观测方面极为勤奋的人"。[①] 约翰·迪伊（1527—1608 年）在为约翰·菲尔德的《1557 年日记》一书所写的序言中特别称赞了哥白尼的观测技能。爱德华·赖特（约 1558—1615 年）尽管只写过一些关于航海的书，也被同时代的人们誉为哥白尼主义者。真正的最早用英文（在所有本国语中也是首开纪录者）来解释哥白尼理论的是托马斯·迪格斯（死于 1595 年）所著的一部引人入胜的篇幅不大的著作，名叫《天体妙述》，这是他为他父亲的《永久的预言》1576 年版本所写的附录之一。此书为通过占星术的考察随时观测天气和灾祸编制了表格。哥白尼主义同神秘主义的这种结缘在这个时期也是不足为奇的。《天体妙述》一书作为《永久的预言》的一部分，到 1605 年为止再版七次，它实际上是哥白尼第一本书的绝大部分的英文译本。对此，迪格斯加上了一些简要的评论和一张宇宙的图解，有趣的是他宣称恒星的范围无止境地扩大，直到"幸福之城"也就是到苍穹，即神学意义上的天国。基督教神秘主义与这个关于哥白尼的宇宙无限性（这并不是哥白尼自己的理论的一部分）的最初的声明结合起来，使人们不禁怀疑乔达诺·布鲁诺是否确实没有受到迪格斯的影响。迪格斯知道这种对天体概念的放弃，意味着认为各星体由于距离不同，其体积必然

[①] 《知识的城堡》（伦敦，1556 年），第 165 页。

大小不等，但他发现不难想象很多星球一定非常之大。迪格斯很显然是一个彻底的哥白尼主义者。要确定威廉·吉尔伯特具有哥白尼主义的实质就比较困难。同时代的人把他划为哥白尼派，但是没有文字依据可以表明他是否曾用日心说的理论思考问题。他对于磁学的研究使他深信，亚里士多德只对天体赋予灵魂而不把灵魂赋予地球是错误的，因为他发现地球也有磁性，这说明地球同样也是具有活力的。1600年版的《磁学》的第六部分实际上是满怀激情地捍卫了地球按日自转的观点，因为既然地球也具有磁性，就一定也有运动能力。他说："相信地球每24小时围绕自己的轴心旋转一周，比相信包括太阳、行星和恒星在内的整个天空每24小时运行一周容易得多。"在他死后才出版的《我们的地上世界的新原理》（1651年）一书中多次提到这一论点。弗朗西斯·培根曾经指出：吉尔伯特从天然磁石中悟出了一条原理。因为吉尔伯特写作此书可能与《磁学》同时（他死于1603年）。他在《我们的地上世界的新原理》一书中指出：月球可能也有磁性，因此造成了潮汐，而且很可能也是由于磁的作用才使行星保持在各自的轨道上。这种观点有趣而又新颖，而且吉尔伯特关于磁灵的理论可能对开普勒产生过某些影响；但它不一定就是哥白尼的观点。

直到16世纪末，哥白尼学说并未遇到来自宗教方面的反对。毫无疑问，路德曾以《圣经》为根据抨击过这个假说，因为约书亚当初发令要其静止不动的是太阳而不是地球。并且路德的朋友和弟子梅兰希顿在《物理学要义》（1549年）一书中也声称日心说与圣经和自然哲学都是相矛盾的。这种强调把经典作为权威的做法除了对第谷外，对其他路德宗信徒也产生了某些影响，但是没有约束力。在这个问题上加尔文主义者和安立甘宗信徒都可以自由选择。直到1612年以前，天主教会也没有发表过任何正式的声明。实际上，在1600年以前，天主教神学家们对于这样做毫无兴趣，尽管特伦托宗教会议决议显示出对于圣经的权威越来越强调了。这样，西班牙神学家迭戈·德·苏尼加在1584年出版了《论职业》，在书中他轻易地证明了当时人们通常所称的毕达哥拉斯的理论与圣经并不矛盾。乔达诺·布鲁诺案件比任何其他事件都更强烈地使公众注意到哥白尼的假说面临着被打成异端邪说的可能性。布鲁诺并不是个科学家，没有广博的科学知识，但他是一位有创见而又非常正统的哲学家，他的泛神主义思想境界很高，超越了他所处的时代，将对后来的哲学家们产生极大的影响。他醉心于神力和自然力的统一，并且正是由于哥白尼主义提出了宇宙结构的统一，因而他才赞同这一观点。他还接受了卢克莱修关于宇宙无限性以及宇宙中有无数个世界的观点（他是第一个相信物质宇宙无限的哥白尼派学者，这与迪格斯的神学宇宙无限的主张不同）。由于他的泛神主义观点和异端邪说而不是由于他的哥白尼主义，罗马宗教裁判所把他监禁起来，然而八年的迫害并没有从精神上征服他，最后于1600年把他烧死于火刑柱上。此后，在宗教裁判所看来，哥白尼主义与异端邪说即使不是区分不开，也至少是密切相连的。

由于开普勒的成熟著作发表于这个世纪完结之后，我们说16世纪下半叶有创见的天文学家是第谷·布拉赫（1546—1601年），尽管他对哥白尼的理论很尊重，但他不是哥白尼主义者。确实，第谷作为一个天文观测家的名声比他作为一个天文理论家的名声大得多，不过他对于这一点并不介意，而且事实上他的观测工作也具有深远的理论意义。正如他在1598年出版的《天文仪器的更新》①一书中回忆说，他是在莱比锡学习古典文学时作为一种消遣而开始阅读基础天文学书籍的，目的是帮助自己培养更准确的观测能力。他发现，手头上的星表虽然对于恒星来说颇为精确（当然，他后来自己又制作了精确得多的星据表），但是在推算行星的位置时误差却很大，1563年他通过观测土星与木星的会合明确地证实了这一点，这使他感到困扰，被改变这种状况的愿望所激动；他添置了更好的仪器并逐渐埋头于科学探索中。他曾一度认为炼金术比天文学更有趣，直到1572年在仙后座突然出现了一颗新星，从此决定了他终生的研究方向。他在1573年出版了自己的观测报告《新星》，使他获得了丹麦国王的赞助，国王异常慷慨地封他为文岛的领主，他在那里建造了天文堡大天文台。从1576年到1597年他一直在这里工作，并配备有许多能干的助手和在当时来说种类齐全的第一流天文仪器。

---

① 此书由汉斯·雷德、伊利斯·斯特罗姆根以及布伦特·斯特罗姆根编译为《记第谷的仪器和科研工作》（哥本哈根，1946年）。

第十五章 科学

1572年出现的新星很自然激起了人们极大的兴趣，因为它位于人们很熟悉的一个星座当中，并且最初的亮度和金星相同。第谷、迪格斯和梅斯特林都认真研究了这颗新星，试图测出任何视差，由于什么也没发现，他们全都得出结论说它属于恒星之列。但并非所有的天文学家都同意这种说法，有些人坚持认为它确实在移动，这种移动是肉眼可以观察到的，还有人（包括迪伊）则认为，它一定正在沿着一条从地球延伸的直线远去，比那种认为它完全是一颗新星的观点更合理地解释了亮度的变化。第谷的研究最为彻底，他在这颗新星光亮减弱的过程中认真观察了它的颜色变化（新星皆有此特点），并且最坚定地认为这颗新星位于理论上讲不发生变化的天空里。这样第谷通过观测而走向反亚里士多德的立场。16世纪晚期对天文学家来说是一个黄金时代，当时出现的一连串用肉眼都能看到的天文现象是少见的。第谷使用他在天文堡建造的新型精密仪器，并采用他摸索出的新观测技术，从1577年到1596年观察到了六个彗星。在如此纷繁奇异的天文现象的刺激下，公众发生极大的兴趣以及通俗的天文学书籍蜂拥问世，就不足为奇了。这些书籍都预告将有和当时动荡不安的社会状况相应的大灾难发生，虽然第谷虔诚地信奉占星术，但他觉得还没有掌握足够可靠的观测证据，因而无法做出精确的预言，这也是他研究天文学的原因之一。尽管如此，做一些粗略的预测还是可能的，正如1574年他在哥本哈根大学的公开讲演中宣称的那样，这些预言对人类是有用处的，因为一旦有人理解了星球的影响，他就可以阻止和避免这些可能来临的祸患。迟至1598年，他把这一看法总结如下：

> 当我终于对天体的运行轨道有了更准确的知识以后，我也不时地重新研究起占星学，最后我得出的结论是，尽管门外汉和大多数学者甚至包括若干天文学家们都认为这门科学不过是无意义的闲事，但它确实比人们所想象的要更加可靠；它不仅在发挥气象学的影响和天气的预报方面确实可靠；而且，假设没有偏差地确定了时间，假设根据天空的实际情况利用了星体的轨迹和星体进入某一确定空域的路线，假若准确地知道了星体移动的方向和转动的次数，那么在用算命天宫图做出的预言方面，它也是确实

可靠的。①

由此可以清楚地看出，不管怎样说，第谷像他那个时代的普通人们一样相信占星术；但是平心而论，他对占星术的相信只不过使他对于天文观测以及合理解释这些观测结果的兴趣更加浓厚了。他把观测彗星的结果精心详细地叙述出来，其小心翼翼的程度不亚于他的观测，正是这些观测使他确信，由于彗星没有表现出视差因而说明它们不像亚里士多德所认为、他的追随者们所坚持的那样处在月下的范围，而是处在星际空间。它们实际上都是些普通的天体，运行的方式类似于行星。这种观点不但与亚里士多德的物理学相抵触，而且也引出了一个新的问题，因为如果说彗星围绕太阳运行，这必然意味着说它们与行星的轨道是横切的，如果行星处在水晶球层内，那么这是讲不通的。第谷宁愿放弃水晶球层这个观点，显然他并不担心会导致另外一个问题，即究竟是什么力量把行星保持在各自的轨道上？他的助手开普勒后来得出的结论是：把行星牵引向太阳的力量是一种"引起运动的灵魂"。

在主要论述彗星的《星空新发现》一文中，第谷首次描述了他自己的关于世界体系的学说，并宣称这个构思在五年前就已经完成了（这就产生了一个首创资格的问题，因为1588年一位默默无闻的天文学家尼古拉·雷默斯发表了他的《天文学基础》，提出了和第谷一样的学说体系，并且还加上了地球每日旋转的学说。一场激烈而又无法得出结论的争辩就此产生，第谷和雷默斯互相指责对方为剽窃者）。第谷接受不了地球运动的观点：因为没有观测证据来说明这种现象；物理学常识是与此相反的（因为他认为，如果地球是处于转动之中，那么从塔顶落下的一块石头就绝不会落到开始下落那一点的正下方地面上。这个问题将被下一代人争论不休）；并且圣经也是当然地反对这种观点（第谷是一位路德教徒）。第谷的体系以观测到的似乎真实的现象合理而且自然地取代了托勒密体系中的缺陷，同时保持了在第谷的观念中如此偏重的地心说，而摒弃了哥白尼主张的那种令人难受的大地在无休无止地运动着的理论。根据第谷的观点，所有的行星都

---

① 《天文学仪器的更新》，第117页。

在围绕着太阳的轨道上旋转,整个太阳系又围绕地球—月亮体系运转。这种学说从数学上讲与哥白尼的学说是相同的,只是更容易被人们接受,前提是人们必须愿意放弃水晶球层的观点。因为第谷学说的缺陷正在于,它认为围绕地球的太阳系轨道与火星和内层行星的轨道是交叉的,这种情况只有确实不存在水晶球层的情况下才能成立,第谷以前对彗星的研究证明了这一点。这种学说由于其简单明了合情合理而备受推崇,再加上一种第谷不肯接受的以地球自转代替恒星转动的观点,在 17 世纪前期得到了那样一些人的广泛欢迎,他们觉得托勒密的体系已经陈旧而哥白尼的体系又过于新奇使人没法接受。

天文学的重要用途之一就是帮助计算复活节的日期,许多世纪以来都是如此。自从 13 世纪以来,人们就不安地认识到儒略历不准确,这就是说,复活节的日期以及其他每年变动日期的宗教节日都与尼西亚会议做出的明细规定不相符了。复活节是从春分点之后的第一次满月开始计算的;在尼西亚会议时(公元 325 年)春分点已经从当初的 3 月 25 日移到了 3 月 21 日;到了 16 世纪,官方历与太阳历之间的差别已超过 10 天,而且只会越来越糟。各种宗教会议都曾讨论过这个问题,但在科学家当中一般都认为现有的天文学知识还不足以矫正这个误差。教皇格列高利十三世时期,终于出现了一种新历而且被采纳了。这个新历是路易吉·李利奥研究出来的,他是那不勒斯的一位医生,也是天文学家,他在新历被正式采用之前去世。新历的采用最后是在克拉维乌斯的监督下进行的,他编写了一个详尽的计算说明,发表在 1603 年出版的《对教皇格列高利十三世恢复罗马历法的说明》一书中。这项改革的基本内容是在每 400 年中去掉 3 个闰年,而只保留那些可以被 400 整除的年份作为闰年。也就是说,1600 年是闰年,但 1700 年、1800 年和 1900 年都不是闰年。对复活节的计算方法也重新作了调整,李利奥的计算方法依据的是"岁首的月龄",即根据每年 1 月 1 日的月象为基础,这是一种随意规定的方法,它迎合了文艺复兴时期人们对数字神秘性的偏爱,也满足了尼西亚会议所规定的条件。在天主教国家里,尽管大多数显得勉强,但很快就都接受了新历,而新教国家一般都是拖延到 18 世纪才接受。新历固然是技术天文学的一个成就,但更是教会管理效能的成就。

应用数学和应用天文学的最重要的同时也是最困难的领域就是航

海以及与航海有关的制图学。迫于大西洋航行的实际需要，航海方法有所改进，但是最首要的改进是在海员个人的技能方面，而不是在整个航海事业的理论和实践方面。对于应用科学来说，航海是一个可以创造大量明显成果的领域。但在16世纪的前50年里，像法国的奥隆斯·菲内、低地国家的格马·弗利修斯（1508—1555年）和葡萄牙的佩罗德·努内斯（1492—1577年）等人提出的推动改进的建议，其重要性主要在于影响了16世纪后50年里的数学实践者。这些人与他们的老师们不同，能够提出可以产生实际效益的建议。英国航海业引人注目的成就使英国的数学家和仪器制造商们对于用何种方式帮助海员们完成跨越无海图海域的壮举产生了极大的兴趣，而且使低地国家作为热衷于这种努力的中心的地位受到了英国的挑战。

16世纪前半期的作者们倾向于提出一些虽然基本正确但在当时的航海条件下却过于不切实际的方法。格马·弗利修斯曾建议使用时钟来测定经度；其他人也曾提出过一些参照恒星观测月球的晦暗、会合或移动以此确定经度的建议。海员们发现这些方法太困难了，不宜在当时的船上使用；而且没有一个水手尝试着安装雅克·贝松设计的那种复杂的为了观测平稳而配有水平环的座椅。[①] 罗伯特·休斯（1553—1632年）对这类发明统统做了激烈的抨击，他毕业于牛津大学，曾两次参加跨越大西洋的航行。他在1594年评论说：通过已经知道的月球的运动来确定经度的方法，

既不可靠又不容易。难以克服的困难很多。另外一些人则另寻出路；他们想通过观察两地子午线之间两分时刻的差数来确定经度，他们认为借助日晷、时钟或计时的玻璃沙漏、滴漏等装置也许能完成这种观测。但是经过长期严格而又精确的检验之后，所有的学者都放弃或拒绝了这些由来已久的奇想（至少比较成熟的评价都是这样）。因为它们都不可能发挥人们希望它们发挥的作用。但是尽管如此，还是有一批轻狂的骗子，他们公开兜售这些低劣玩具似的或者更糟的东西，而且大加伪装和吹嘘，以使某

---

① 《宇宙盘或宇宙仪，用于通过数学在天空、大地或海洋进行的所有的观测》（巴黎，1567年），在第29页有一幅这种设备的图画。

些有良好声誉和品质的人受骗、破费。而这些好人所拥有的也许是钱财多于学识和眼力。但在这里，我不想对这些仪器的毛病和不牢靠多做揭露；我只是想告诫这些因为上当才认清那帮家伙的人们，当他们为自己的钱财哭天抹泪（姑且这样形容）的时候，为那错买了的便宜货后悔就太晚了。应该远离那些轻狂的骗人的流氓。①

也不是所有的水手都反对天文定位方法；到 16 世纪中期，通过观测太阳在子午线上的位置或者通过观测围绕天极的星体来确定纬度的方法的确已经常使用了，以至于人们广泛地接受了与纬线平行的航行法。其做法是，第一步是尽可能快地找到所需要的纬线，然后再沿此纬线向东或向西航行，一直航行到目的地为止。尽管这种方法可能会增加航行距离，但是它比起尝试着利用那些确定经度的纯理论方法要牢靠一些。学者们可能会坚持认为采取大圆周航行的路线可以使距离缩短些，但实际上这种方法所缩短的距离是很少的，一般来说不足以抵偿它所引起的麻烦，并且这种方法还忽略了水手们凭经验已经掌握了的主流风向。约翰·戴维斯在他的《水手的秘密》（1594 年）一书中对背测竿做了描述。背测竿的发明使得确定纬度的工作比较容易了，特别是到了下个世纪，经过改进之后，它发展为戴维斯设计的象限仪。16 世纪晚期，有三种新途径被用来帮助水手们进一步弄清他们所在的经度，它们是测程仪的发明、磁差的研究和航海图的改进。测程仪和改进了的航海图使水手们可以利用船位推测法更加安心地航行下去，而且在那个时期，与其他任何可以用来在海上确定经度的方法相比，这种船位推测法要精确得多。测程仪是英国人发明的，并且在很长时期内为英国人所独占。最早记述但不是发明这种测程仪的是威廉·伯恩。他在 1573 年出版了《航海要求》，由于在 1600 年之前此书已经有了六种版本，所以虽然在 17 世纪早期以前别人谁也没有对这种仪器加以讨论，它却已经广为人知了。测程仪的使用，再加上它按照测量出的间隔逐点标出的航线，使陈旧的测量船速的方法得到了很大的改进。过去的方法之一是在一段定好的时间里盯住船边一块

---

① 《论地球仪之应用》，引自 1638 年英文版（1889 年为了哈克卢特协会而发表于伦敦）。

移去的漂浮物并在甲板上步测出距离。在实际操作中，航线上标出的各点之间的长度、用来计时的玻璃沙漏的刻度以及对一度地球弧线的估计长度（这些对于船位推测法的精确度是必不可少的）都是不精确的。如果水手们蓄意让船落在预定的位置后面，他们一般就会满足于这种不精确，正如他们所说：宁可离预定目标还有一天的航程也比哪怕只超过这个目标一发炮弹射程那么长的距离要好一些。爱德华·赖特是最早指出有必要精确测量地球大圆周弧分的学者之一。他是剑桥大学培养出来的数学家，曾于1589年陪同坎伯兰伯爵进行过对亚速尔群岛的远征航行。赖特根据天文知识对地球圆周进行了估计，然而对地球表面真正地进行测量则是到下一个世纪才开始的。

在大西洋上的航行引起了人们对罗盘的磁差现象的注意；因为在欧洲大部分地区，指北针都指示着比真正北极偏东一点的方向，而在大西洋西部海域，罗盘的磁偏角却是向西的。威廉·吉尔伯特在《磁学》一书中坚持认为荷兰人在新赞伯拉（Nova Zembla）发现的偏西磁差表明存在着一条沿东北方向穿过北极海面的通路，因为他相信磁差是由于罗盘指针受到大面积大陆吸引而造成的（他设定磁极是地球的极，而不是天极，因而自然地得出这样的结论）。并且，他认为如果东部方向存在大面积陆地的话，在高纬度地区是不可能存在偏西磁差的。由于16世纪早期人们就知道了磁差的存在，因而罗盘制造者们习以为常地使磁针在罗盘刻度盘上有所偏斜；这样，罗盘在制造时，磁针在刻度盘上就指向正北了。论述磁学和航海学的作者们都严厉指责这种做法，认为这样做使水手们在确定自己实际上所处的位置时会遇到不必要的困难。有许多人建议说，磁差可以被用来确定经度。实际上，西蒙·斯蒂文于1599年在荷兰发表的《识天术》（赖特同年出版英译本）中就集中探讨了这种设想。他认为：只要知道纬度和磁差，就可以推算出海上任何地点的位置。吉尔伯特认为各地的磁差恒定不变，因而同意斯蒂文指出的这种可能性。尽管如此，他并不认为这是一个适合于航海的好办法，因为他认为水手们没有能力进行足够精确的观测。所以吉尔伯特认为最好还是把磁倾角作为航海中的辅助参考。伦敦的一个罗盘制造者罗伯特·诺曼发现了如下现象：他习惯于在指针磁化之前就把它们装到罗盘上去，并且发现正是磁化作用造成指针总是倾向地面，如果指针比较长就不容易做到这一点。1581年，他在《新魔力》一书中仔细描述了这一观察现象，并使用了一个磁倾角计。吉尔伯特详细记述了诺曼的工作，并且相信，在天空布满云的情况下，测量磁倾角是推算纬度的简便方法。他这样写道：

> 我们可以看到这种方法与那种徒劳无益的磁学原理之间的歧异是多么巨大，它是多么顺遂人愿，多么有益又多么神奇！当水手们在连续阴天的气候中漂泊在海面上而且无法凭借任何天空中的发光体来判断他们所在的位置或区域时，只要稍微动一下手并使用一个小仪器就可以测出自己所在地点的纬度并安心航行了。[①]

但是利用磁倾角，就同利用磁偏角一样，注定是没有意义的，因为磁倾角在逐时逐年地不断变化，仅仅在吉尔伯特著述之后30年左右，这一现象就被发现了。

吉尔伯特的观察充分说明了这样一个事实：不管用什么方法或无论在哪里，他这个有学问的科学家总是极其渴望着去帮助实际工作者。为此，他经常用本国语写作，或把有用的章节译成当地语，特别是英语。法国人最先向英国水手提供了他们的《航海指南》，这是一本关于航程、靠岸、浅滩和潮汐等有用资料的手册。到1588年这本手册被另一本叫《舵手》的书所取代，它是从荷兰文翻译成英文的，荷文原名为《海员便览》，出版于1583年，作者是卢卡斯·詹斯宗·韦格纳尔，这是一部欧洲海岸线的航海图集。并标明可满帆航行的方向。书中还有新月以及日落的参照表、一个恒星一览表（约100颗）、关于制作测量天体角度的仪器以及复制海图的各项说明，还有计算太阳子午圈高度的若干公式。这本书对航海具有无法估量的价值，它多次再版，也证明其深受欢迎。

《舵手》书中的海图都是"平面图"，也就是说这些海图没有采用投影法来绘制，只是把地球假设为一个平面而不是球面。正如托勒密所知，如果不变形的话是无法将球面绘制成平面的，而且很显然，

[①]《磁学》[纽约，1958年，1900年，奇斯威克（Chiswick）印刷版的复制本]。

在两极地带这种失真最严重，因为子午线都收聚于两极。可是在平面图上这些子午线在各纬度上都是等距的。许多像佩德罗·努内斯那样的学者都对此提出了评论，其中努内斯提出了斜程海图的优点，在这种海图中，罗盘恒定指示方向的航线（罗盘方位线）是一条直线。能够沿罗盘方位线航行是相当称心如意的，可是斜程航线很不容易描绘到一个平面上，不过可以标记在球面上，因而常有人宣扬地球仪的作用并不时用作航海时的辅助仪器。要想绘制出一张真正的斜程海图，需要根据数学进行球面投影。努内斯无力完成此项工作的数学计算，实际上墨卡托也不行，尽管是他绘制了第一张斜程海图。墨卡托是一位数学家，在卢万大学受业于格马·弗利修斯。他利用自己的数学知识从事地图、海图和地球仪的绘制工作（在这方面，他和其同时代的奥特利乌斯［1527—1598年］不同，奥特利乌斯仅限于收集和出版地图，而对于地图和海图的绘制和镌版毫无所知）。墨卡托的制图技巧相当高明。例如，有一些地球仪制造者最早从理论上求出贴到地球仪上的那些三角形的正确的长宽之比，墨卡托即为其中之一。他把整个地球分为12个三角形，从两极起每个三角形剪去20度，再用另外两块圆形材料覆盖南北两极从而确保比一般方法绘制的地球仪与球面更加精确地相符。他发现，为了使平面图与球面保持一致，随着纬度圈离赤道越来越远，其间隔也应该越来越大，在1569年绘制"水手专用海图"时，他就是这样做的。但他没有说明自己用来推导出正确的间隔距离的理论是什么。这张海图用处很大，但是必须找到一种方法才能使其他人也绘制出这种海图。甚至墨卡托本人也没有再次采用这种形式；他在1588年、1590年和1595年分三部分出版了一本地图集（是他最初采用阿特拉斯［Atlas］这个词作为地图集的专门用语）。这个图集中的地图，有些是平面图有些则是采用了完全不同的投影方式。最后还是爱德华·赖特弄懂了圆柱投影法，解释了它的绘制方法和使用方法。他的解释是在1599年出版的《航海中的某些误差》一书中进行的。正如副标题所指出的那样，这是一些"由于海图、罗盘、测量天体角度的仪器以及日落数据表和恒星数据表制作不当或使用不当而造成的误差"，因而，他对所有这一切都进行了"检验"和"校正"。在这些误差中第一个误差就是使用平面海图，因而他解释了墨卡托投影法，提供了罗盘方位表，并指出如何在知道两个位置的经纬度的情况下使用表格和海图来计算由此到彼的距离，并教给水手们如何在新海图上标绘航线才能得到最大的益处。赖特确实是精彩地解释了墨卡托投影法：

> 想象一下要把一个上面绘有子午线、纬线、航程线以及所有水路标志的球形表面绘制到一个与之同轴的凹形圆柱的内壁上，先像吹任何膨胀体一样让这个球形表面膨胀起来，在膨胀过程中使它表面各部分都相等（也就是说经线和纬线都均等），直到球形表面围绕圆柱体内沿着两极的方向全都接触并贴附在圆柱体上；这期间，球形表面的每条纬线从赤道向两极依次增长，一直到纬线的直径与圆柱直径相等。结果子午线也在散开，直到彼此的间距与它们在赤道上的间距相等。这样，我们就能最容易地理解球形表面是如何扩展成为一个圆柱并因此成为平行四边形的平面了。①

赖特还实际绘制了一张地图来演示如何使用这种投影法，这张地图后来由他的朋友哈克卢特出版了，但是他的罗盘方位线图表和制图方法已经被荷兰的制图师乔多库斯·洪迪乌斯（1563—1611年）所采用。洪迪乌斯在英国居住时曾经接触过赖特的手稿，他许诺说未经赖特许可绝不会发表有关的任何内容，但是，正如他向数学家亨利·布里格斯所坦白的那样，"金钱动摇了我"。赖特终于出版了《航海中的某些误差》②这本书，其部分原因正是由于洪迪乌斯运用了他的成果。（除洪迪乌斯之外，还有些人也了解赖特的成果，提到过或运用过这些成果，比如布伦德威尔和哈里奥特就是如此。）正像赖特所指出的那样，墨卡托投影法已经成为更多的像威廉·布勒乌这样的数学绘图师所利用的作图方法。威廉·布勒乌（1571—1638年）曾与第谷·布拉赫一起搞过研究工作，在受荷兰三级会议委托编写一部完整的航海指南时，他第一次采用了新投影法来绘制海图，并于1612年出版了他的《航海指南》。最初，人们只在绘制海图时使用墨卡托投影

---

① 第1部分，第2章。
② 《航海中的某些误差》前言。

法；至于1600年以后大量流行的那些廉价的通常都是袖珍本的地图集，大都是非常陈旧的地图或海图的复制品。确实，如果说墨卡托投影法推广的速度十分缓慢的话，这主要是由于有能力绘制自己的地图的绘图师们数目仍然很少，像墨卡托、洪迪乌斯、布勒乌和克里斯托弗·萨克斯顿都属于这类绘图师。（克里斯托弗·萨克斯顿在1574—1591年间自行勘测了英格兰。）而绝大多数所谓的制图师，其实不过是地图复制者和出版商，他们只能缓慢地着手复制这种比较复杂的墨卡托式地图。然而，到17世纪中期，这种诞生于16世纪晚期的制图法还是牢固地确立了其地位。

精确的物理学在16世纪后半期是沿着它已经部分地经历过的道路发展的，即发展了前一个时代的动力学和久远的古代的静力学。在动力学方面，中世纪的动力理论曾经获得过改进，比如塔尔塔利亚在弹道学方面的成果；此时，J. B. 贝内德蒂（1530—1590年）进一步提出了一种严密的公开反对亚里士多德观点的理论。例如，他坚持认为两个落体的相对速度并不取决于两者的绝对重量之差，而是取决于两者的比重之差；物体下落的速度也不是取决于它的绝对重量，而是取决于它的相对重量。物体的相对重量等于实际重量减去介质阻力。而在亚里士多德看来，相对重量等于实际重量除以介质阻力。因此，对于亚里士多德来说，在没有阻力的介质中（即真空中）的运动是没有意义的；而贝内德蒂则意识到，在真空当中所有的物体都将以相同的速度下落，因而他认为真空这一概念从动力学角度讲是可以接受的。贝内德蒂的动力学还不是伽利略的动力学，但是他的动力物理学对年轻的伽利略产生了深刻的影响。在古代静力学的复兴方面，最杰出的人物就是阿基米德学派的西蒙·斯蒂文。斯蒂文在纯数学和应用数学领域中是最多才多艺的人物，他在重心和流体静力学方面的贡献已经远远超出了阿基米德的研究成果。斯蒂文对永恒运动理论的反对，对斜面上物体平衡状态的解释以及他发现的流体静压佯谬（流体对于某一固体所产生的压力是随着该固体的面积和流体柱的高度不同而变化的，而不是随着流体量的多寡而变化），都为诸如笛卡儿和帕斯卡等下一代科学家们对这些问题的进一步研究奠定了基础。

在一个非常现实的意义上，这个时期的自然科学是医学的副产品。植物学之所以有价值主要是因为它所提供的草药知识有助于医疗，而动物学则是因为它对于人体构造能够提供解剖学方面的启示。当然，这种惯例中也有一些例外，比如波伦亚的市议会成员卡尔洛·鲁伊尼在1598年发表了第一篇关于解剖某种动物的综合性的论文，题为《论马的解剖和疾病》，在马身上进行了维萨里曾经在人身上做过的试验，并且同样取得了成功。无论是谁，只要把鲁伊尼的精美的插图与早先出版的极其粗糙的马解剖图比较一下，就可以看出他是多么成功地达到了自己的目的。然而这并不常见。总体来说，甚至就连最长于鸟类解剖和胚胎学的动物解剖学家乌利塞·阿尔德罗万迪（1522—1605年）或他的学生沃尔克·科伊特（1534—约1576年）这样的学者也从不忘记这类工作的真正意义最终还是为医学服务。阿尔德罗万迪是波伦亚大学的药物学讲师，而通过对科伊特的描写中包括的那些肌肉解剖的内容也使我们看出，他认为他在人体解剖方面的工作最有价值。对草本植物和其他植物的研究也是如此，虽然反映文艺复兴时期愉悦地赞美自然的例子屡见不鲜，但仍然倾向于注重其实用价值，泰奥弗拉斯托斯就是这样做的。与以往时代一样，人们对动植物研究的极大兴趣仍然一方面在于解剖学和生理学，另一方面在于医药与手术实践。

　　在各个大学里，当然也是医学诸科拥有的教师人数最多。帕多瓦大学突出地保持了维萨里所奠定的这一传统。因此，甚至对于阿卡邦当特的法布里休斯（1537—1619年）这样的学者，人们知道较多的也是他在人体解剖而不是胚胎学方面的广泛研究。也许理应如此，因为在这个时期胚胎学的研究无论何等出色，也只是原有的传统科目的延续而已。研究者只不过是模仿亚里士多德的做法，逐日打开正在孵化中的鸡蛋，尽可能仔细地跟踪小鸡的变化过程。科伊特和法布里休斯二人都沿用这种方法并观察到了亚里士多德忽略了的许多现象，但因为没有显微镜，也就找不到任何对基本理论的要素进行修正的依据。法布里休斯还研究了关于人和动物胚胎的发展，并把自己的工作与当时人们普遍关心的血管、心脏和肺的研究联系起来。法布里休斯的前辈雷尔多·科伦波（死于1559年）曾经讲授过肺循环的学说，然而从法布里休斯关于呼吸的著作中和他最著名的（也是最短的）论文《论静脉瓣》（1603年）中可以看到还有许多东西有待发现。法布里休斯不是第一个注意到这种瓣的人，然而是他第一个认识到这些器官究属何物并且首次在出版物上对它们进行了详尽的讨论。法布里休斯确实把这些器官当作阀门并且看到它们的作用在于控制血液的流动，这极为清楚地揭示出当时常用的机械数量众多，而且机械的构造已在某种程度上使关于机械的概念成了科学意识的一部分。由于他确信血液在血管中沿着两个方向流动，因而他从未详细考察过这些瓣的真正的功能，而是设想它们只是在间歇式地工作以避免由于引力的影响而使所有的血液一下子涌到四肢中去。扩大这种与机械的类比，并且认识这些瓣确保血液沿着一个方向流动，即流向心脏，这个任务留给了哈维。

安德列亚·切萨皮诺（1519—1603年）处于这个主流之外，这有点不可思议，也许仅仅因为他属于比萨大学和罗马大学而不属于帕多瓦大学。他用颇为不同的方法对血液和肺的生理机能进行了研究。切萨皮诺曾是雷尔多·科伦波的学生（科伦波既在帕多瓦大学也在比萨大学任教），所以切萨皮诺肯定从科伦波那里学到了他关于肺循环的理论。他在1588年发表的《研究漫谈》一文中陈述了自己的观点。他热心地为亚里士多德的学说辩护，他急切地把心脏的作用抬到高于大脑（从意识的角度讲）或高于肝（从供血的角度看）的地位。在这部著作中，他详尽讨论了肺循环，第一次使用了"循环"这个术语，并且正确地显示，如果用一根绳子把一只手或脚扎紧，绳子上部的静脉就会胀起来。他得出结论说，当人们睡觉时（也就是情绪平静时），各条静脉就把它们所有的血都输送到心脏里去了；当人们醒来、因而情绪兴奋时，静脉中只有一部分血流入心脏。在他死后出版的《医术实践》（1606年）一书中，切萨皮诺明确指出：血液是从心脏的两侧流出来的。如果切萨皮诺对人体生理学的兴趣再大一些而为亚里士多德辩护的兴趣再小一些，他的研究工作也许会更加深入，他的思路也许会更加清晰。至于切萨皮诺对哈维有什么影响，已经无法确定，因为哈维从未提到过切萨皮诺的成果。切萨皮诺关于植物学的著作《论植物》（1603年）同样也是一个自己的创见与浓厚的亚里士多德思想的混合物。他对植物构造及其果实种类的分析研究尤为突出。

这个时期的医学和手术实践都发生了很大的变化，尽管总体来说还很难从医疗工作的角度来判断这种变化的价值。帕拉切尔苏斯在这个世纪早期就试图建立一个以神秘主义为基础的新型医学学校,摒弃正统的医学方法,引进化学药物。神秘主义就是极端的学说,而且甚至在16世纪也常常使较有理性头脑的人们眼中的原则变得模糊不清,正如英国外科医生威廉·克洛斯如实讲述的那样:"在这里我同样认为就帕拉切尔苏斯说点什么才好,但是我必须承认他的学说中有一种深刻地超出我的智力或理解力所能加以解释的含义。我只能根据自己的经验说,我运用了他的某些外科发明,感到它们都是出奇地高超并值得大加赞赏。"[①] 但是要消化吸收帕拉切尔苏斯的医学比理解其神秘主义所遇到的问题更多,因为对于化学药物的危险和剧烈,人们当然会抱有疑虑,特别是在使用化学药物的最初几年。甚至就连对于治疗梅毒确实有用的汞,使用过量即为剧毒,并且很难成功地掌握恰当的用量。锑是很受帕拉切尔苏斯及其弟子们欢迎的催吐药,但药力极为剧烈,它的化学性质也是直到16世纪结束时才弄清楚的。很少有哪位作者是彻底的帕拉切尔苏斯派;更多的是像亚历山大·冯·苏科顿或约瑟夫·杜·切斯尼这样的人,前者在他的《锑的秘密》(1575年)一书中对含锑药物给了过高的赞誉,但又急于表示,尽管他很敬重帕拉切尔苏斯,但他的知识更多的是依据自己的经验,而不是帕拉切尔苏斯的学说;约瑟夫·杜·切斯尼是亨利四世的御医,有时用一些灵验的处方为自己的亲帕拉切尔苏斯立场争辩。巴西尔·瓦伦廷1604年出版了《锑的凯旋车》一书,此后,人们才对锑的化学性能和医学性能有了彻底的了解。奥斯瓦德·克罗尔(1580—1609年)的著作《皇家化学》为编写医药化学教科书开辟了道路,该书首次发行于1608年,并在整个17世纪上半期内大量再版;而让·贝甘1610年出版的《化学入门》则为后来的所有化学教科书提供了模式。

把化学物质列入药品所带来的进步在16世纪充其量也是模糊不清的,但是毫无疑问,16世纪在外科手术实践方面取得了显著的进步。外科医生的地位更加重要了,他们受到更好的教育,对他们的需要也增加了,这种情况的部分原因在于出现了新的疾病——梅毒,它之所以归外科医生治疗是因为其早期症状是外部性的;另一个原因则

[①] 《1544—1604年的威廉·克洛斯文选》[F. N. L. 波因特(Poynter)编,(伦敦,1948年)],第46—47页。

是舰长们和将军们日渐需要更多的外科医生，他们需要作战时由私人外科医生陪同前往，医生们也因之而获得大量的经验。理发师兼外科医生在16世纪是最引人注目的职业，他们都受过军医训练。这些人的增多促使对于外科治疗新规则的产生和一个即使没有上过大学也仍然受过良好教育的阶层的兴起。特别是英国和法国，约在16世纪中期都改进了对外科医生的教育和管理。在英国，伦敦当局要求学徒们到理发师—外科医生学院去听课，这些课程都是由约翰·凯厄斯和威廉·克洛斯这样的学者们讲授的。在新经验的影响下，新的治疗方法发展很快。例如在1514年乔万尼·达·维戈曾宣传用烙铁来处理火器造成的伤口，因为他认为这种伤口都是有毒的。20年后，法国的外科医生昂布鲁瓦兹·帕雷（1510—1590年）撰文不遗余力并颇有成效地批驳了这种方法。英国外科医生托马斯·盖尔（1507—1587年）在他的著作《某些外科手术》（1563年）一书中劝告人们适度的包扎，而不要用烙铁。他也许是受到了帕雷的影响，也许是基于个人的经验。帕雷再次发现了在截肢手术中用结扎动脉来制止出血具有明显效果。这个方法在1594年由雅克·吉耶莫发表；仅两年之后，英国当时的科学权威威廉·克洛斯（1544—1604年）就率先发表了论述这种方法的著作，他在吉耶莫的书中读到这种方法，然后在自己的病例记录《观察必读的有利的书》中描述了这种方法。运用普通的概念和熟练的技巧来完成变化无穷的外科手术的可能性使得外科学在16世纪成为一个令人兴奋的奋斗领域，比直到19世纪才再次出现类似情况有过之而无不及。因此，这个时期较有进取心的外科医生们所写的病例书就是引人入胜的了，一方面由于他们展现出的技巧，另一方面则是由于它们对传统的医学和内科医师们进行的尖锐的批评。那时的内科医生们都充满猜忌地保护着自己的权利并拒绝让外科医生干预内科治疗。这些外科作者们绝非从前那些没文化的理发匠，他们之所以选择使用本国语来写作，一方面是借以表明他们反对内科医生使用的大学拉丁文，另一方面则是为了尽可能地获得最广泛的读者。

在17世纪和以后的几个世纪中被划归为实验科学的领域，其中，许多东西在16世纪时还是属于自然法术的范围。尽管弗朗西斯·培根对自然法术很欣赏，但它与经验哲学毫无共同之处，不过自然法术可能也有所启示；如果说自然法术兼有神秘主义与实验的特征倒更确切些。许多自然哲学家都急不可待地摒弃了传统的和比较缓慢的求知方法并把法术作为理解大自然的捷径。这些与浮士德同时代的人可能会与马洛笔下的浮士德一同高呼:"哲学令人讨厌而又晦涩朦胧,法学和医学都不过是雕虫小技,神学则是三者中最卑贱的,真正使我心醉神迷的是法术!"即使对于严肃认真的人们,大学的课程也显得贫乏枯燥,而性格比较热狂的人们转向一种虽然未必走得通但是毕竟希望较大的求学之道就不足为奇了。16世纪的人们把自然法术看得特别神秘和反正统,但认为它有用并值得研究,一个人可以把法术与理性的科学结合起来却一点不觉得调和二者有什么困难。约翰·迪伊是一个有才能的数学家,在航海方面做出了重要贡献,可他同时也是一个占星术士和唯灵论者。对他来说,把两者联系起来的纽带就是自然法术,他把这种法术叫作"喻旨术",并不遗余力地赞扬说:

> 这种自然法术告诉人们如何从实际的理性的经验中得出各种数学方法所探求的,真正的自然哲学所推断的一切有价值的结论。另外,一方面由于都是学问,而且靠它自己的正确的方法,自然法术扩展了数学和自然哲学的领域;另一方面,单就它自身而论,借助于数学和自然哲学,它又更深入地发挥了完美的经验的作用;在这方面没有哪一门学问能经得住正式的挑战。我可以称之为科学,而非法术,因为它所具有的优点和专长超过了如此众多、如此强大的法术和科学。而且由于它依靠经验而发展,依靠经验寻找因果关系并且把结论本身放回到经验中去,就应该称它为"实验科学"。①

迪伊相信,当词语和数学的论证不能达到目的时,"'喻旨者'就参与进来并领导向前。根据他的实验学说的顺序,经验是自然和数学这两门学问的主要的和最终的动力"。在迪伊和其他自然法术师们看来,要理解较难理解的自然力,关键就是经验或实验。尽管开普勒企图借助于毕达哥拉斯的数字神秘主义去窥探天体运动的秘密,大多数人还是认为:经验,无论感官的还是神秘的,都是真正的关键。自然

---

① 亨利·比林斯利翻译的《欧几里得几何》英译本前言(伦敦,1570年)。

法术仅限于那些靠逻辑和数学无法理出头绪的领域,即物质属性和自然力的奥秘得不到解释的领域。在炼金术、光学、占星术、气体力学、水力学、地质学、磁学和电学这些领域中充满着神奇的现象,并且无法用数学法则来解释其原因,因此就成了自然法术自称按照经验即可领悟的哲学范围。经院哲学对此一无所知是众所公认的,它只能甘拜下风。

然而,应当注意的是:尽管自然法术将会演变为实验科学,但当时仍然是属于法术和神秘主义。经验既有客观性也有主观性;炼金术一方面是对点金石的神秘探索,另一方面则是在理性地寻求有用的药物(尽管后者也带有神秘主义的色彩)。总之,自然法术是神秘的学问。J. B. 德拉·波尔塔(约1535—1615年)在他的定义中对这两者进行了谨慎的区分,他说:

> 有两类法术:一类是不光彩而且没好处的,因为它只能和恶鬼搅在一起,包括了妖言惑众和邪恶的好奇心,因而被称之为妖术……另一种就是自然法术,所有优秀的智者都承认并接受它,并且对它大加称赞和推崇;没有什么比它更受到学者们的高度评价和重视的了。[1]

不过人们还是猜想波尔塔的"自然奥秘研究会"是在寻求非法的神秘法术,这也可能确有其事。例如,这些神秘主义的内容说明了为什么迪伊不愿出版他的著作,因为他觉得科学知识仅仅是传授给初学者的。第谷·布拉赫对于自己的炼金工作的评论证实了这种感觉是怎样地浸染了当时的人们:

> 我也非常认真地进行过炼金术的研究,或者说是化学实验。而且,我之所以在这里时而提及这个问题是因为实验所涉及的物质与天体及天体的影响有一些类似之处,因此,我通常把这门科学叫作地上天文学……我将很乐意地与那些对此有兴趣并了解一些这方面知识的君王、贵族及其他要人和学者们坦率地讨论这些

---

[1] 《自然法术》第20卷(伦敦,1669年),第1—2页。

问题；并且，只要我确信他们出于善意并愿意保密，我将时而向他们提供一些资料；因为，让这些材料公之于众既没有什么用处也不理智；尽管许多人都装作理解了这些问题，可并不见得每个人都能按照自然的要求以正当而且有益的方法来恰当地对待这些秘密。①

然而，人们这时也正开始厌恶这些秘密，他们肯定已经认识到探讨这些秘密使得他们被怀疑是正从事比自己所愿意从事的工作更为低劣的事情。波尔塔的《自然法术》出版于1558年（全书共4卷），经过多次再版以后，于1589年又出现了一个内容扩充了的版本。这本书所讨论的题目显然通俗化了。它的范围所及，从动物的繁殖到妇女的美容，从仿造黄金到烹调技术，从钢的锻炼到光学、水力学、气体力学和天然磁石的奇妙。波尔塔颇为奇特地把迷惑人们感觉的骗术与一种严格的实验探索精神结合起来。他对事物的内容不感兴趣，他感兴趣的是其表现形式：所以他研究光学所涉及的就是如何使近物显得远些或者使远景显得近些，这正是他为什么描述光学镜头和照相机暗盒的原因。他对天然磁石的兴趣主要在于设计玩具，不过他对大蒜会影响天然磁石作用的迷信说法也进行了实验性的检验，并发现和他的怀疑一致，那纯属胡说。文艺复兴时期的人们对于知识的欣赏就是为了知识本身，或者说为了乐趣，由此而来的就是一种同样程度的对学识的炫耀。波尔塔引用阿基米德原著的热情，不亚于当时任何一位数学家。应该承认，这种通俗化的自然法术水平不高，但是炼金术、光学气动机械却在不同程度上被人们公开地叙述和讨论，它预示着将为下个世纪的实验科学大造舆论。

自然法术中科学的一面几乎与实验科学合为一体了。威廉·吉尔伯特关于磁学的伟大著作即是一例。吉尔伯特的《天然磁石和磁性物体论》一文是学者的科学而非大众的科学，不过他在考察磁学文献时并没有排斥波尔塔，实际上也没有排斥任何自然法术学者。他对于地球磁灵所做的近乎抒情的描绘，以及他对于磁力是一种赋予生命的并且无处不在的力量深信不疑，都使他的潜在的哲学思想与自然法

---

① 《天文学仪器的更新》，第118页。

术非常接近。同时这篇文章又是自13世纪以来第一篇开创性的磁学论文，第一次对电进行了细致的研究，使吉尔伯特成为第一位明确区分电与磁的学者。他论证了地球的磁性；证明了罗盘指示的是地极而不是天极；他宣称天然磁石不可能引起永恒的运动；他还论证了如何制造人造磁铁（锤打一根沿南北方向放置的铁条），他认为天然磁石与被地球磁力所磁化的铁矿石同属一类东西，而且还讨论了磁学在航海和天文学方面的用途。他的验电器在当时是一种有用的科学仪器，并且在自然法术中又是一种常见的、令人着迷的玩具。学者们都把这篇论文看作是一篇伟大而又重要的自然哲学论文；普通人则在此文中看到了自然法术的绝顶佳作。伦敦的铁匠很快就造出了一块大磁铁，能够提起24磅重的铁锚，这种奇妙的方法显示出一种奥妙的自然力量。像罗伯特·玻意耳（1629—1691年）那样的17世纪的物理学家们总想以纯粹物质的原因来解释这些神秘的力量；吉尔伯特则满足于演示这些神奇的奥秘的力量的存在和它们发生作用的情形。这就仍未跳出自然法术的窠臼，而不是不仅描述现象、还要理解现象的自然哲学。

显然，在自然哲学可以声称已经引发一场科学革命之前，还必须在实验物理学和数学物理学中产生出一种全新的观点。16世纪的科学家们急切地探索了许多领域并且欣喜地认为他们正在把所有的学问都纳入自己的研究领域。他们看到了古代人指出的方向并循此方向前进，也看到了古代人失败的地方并试图取得成功。但是他们尽管把古人的工作推进了一步，却很少以新的研究方法跳出其窠臼。这样，由于他们对机器的了解远远超过了古人，头脑的呆板也远甚于古人。尽管工程学兴旺发达，如此典型地代表着17世纪科学许多最佳成果的在机械方面的类推和关于机械方面的概括却很少被运用，法布里休斯的例子就说明在追求这种意向时多么犹豫。16世纪中具有真正独创性的成果，也许只有自然法术这一门，而且如果自然法术仍然名实相符，它就不可能是科学的。约翰·威尔金斯于1648年出版了《数学法术》一书，但它并不比戴维·布鲁斯特发表于1834年的《自然法术书信集》更接近于波尔塔的著作。自然法术在吉尔伯特那样的人手中几乎变成了实验的自然哲学，但没有完全做到这一点。吉尔伯特过深地植根于16世纪的土壤中，以致无法超越当时的思想和局限性，这个任务只有等待伽利略来完成。伽利略虽然受的是16世纪的教育，但和吉尔伯特相比毕竟属于年轻一代，并且他的著作《光明的信使》也是直到1610年才问世的，而在这时吉尔伯特已去世七年了。伽利略的确超越了当时的思想局限，这个事实也是其天才的标志。科学革命的本质并不仅仅在于其成就：它更多地体现在使这种成就成为可能的一个全新的思想体系里。

　　16世纪晚期与17世纪中期科学家们所采取的不同的联合形式也充分地揭示了这两个时期的差别。一般而言，16世纪中期以后才出现的16世纪的学者组织都是非正式的。这些组织常常分为三种类型：一种是旧式的文艺复兴时期的大师与弟子关系，这基本上是师徒的关系；另一种是赞助者与受赞助者的关系，即富人为了使自己得到教益、消闲或声望而供养或补贴学者；此外还有一种类型：秘密团体中新加入者之间互相怀疑和猜忌的关系。第谷的天文堡是第一种类型的好例子，青年学者们从欧洲各地聚集到那里受一两年的训练或从事研究。哈里奥特与雷利之间的关系属于第二种类型，因为哈里奥特是一些自然哲学家、法术哲学家和神学哲学家的首脑。可以作为第三种类型的一个例子是个松散的团体，据说是吉尔伯特组织起来的。另一个比较正规的团体是"自然奥秘研究会"，它是由德拉·波尔塔创建的，该组织由于被教皇怀疑在从事妖术而遭到镇压。在这些组织中，最好的是致力于教育者，最糟糕的是大搞神秘主义者，但它们共同的动机都是要使那些外行们了解掌握某一门知识的奥秘。那种以自由、平等地献身于独自从事或共同追求科学知识的精神汇聚到一起的组织形式当时根本不存在，那种科学知识是深邃的理性的知识，它与法术的、学究式的或神秘的学问势不两立，这种倾向如此鲜明地反映了17世纪上半叶的特征。

　　总体来看，我们可以说16世纪的学者们追求的是关于事物的知识，并且获得了他们所追求的东西，但仅此而已。这些知识是多方面的，是无止境地渴望知道，特别是知道自然界奥秘的结果。因此，总体来说，16世纪的科学是描述性和实践性的，而不是分析性的，更谈不上什么综合性。天文学家、解剖学家和自然法术家们都看到了问题之所在，但是无法找到明确的表达方式以促使问题得到解决。他们尚且未能找到一种方式来帮助人们以理性的和简单的术语来理解自然界的作用，也未能勾勒出一个世界性的体系（因为第谷的体系不是建立在基本原理之上，而是仅仅停留在事物的外表和可能性上）。这一任务留给了下一代学者，他们取得了如此辉煌的进展，以至于完全可以认为产生了一次革命。然而即使是革命，也不可能是无源之水，进行革命的人们直接地依靠了上一代人的成就。第一代革命的科学家当中有许多人都把前辈当中的某一个人当作自己的老师和师傅，认为是他指导并鼓励自己踏上了一条新的求知之路。尽管16世纪晚期的科学家们实际上未曾找到成功地研究自然界的线索，但他们已经开始摒弃旧的方法，并且指出了许多可能走通或绝无希望的途径。最重要的一点也许是，他们已经指出了可能获得的知识有多少，同时也就指出了有待探索的知识有多少。他们留给自己的学生一个坚定不移的信念，即自然界的作用是可知的，而他们的学生正是怀着这种坚定的信念找到了方法，获得了真知。

（成冀邢　译）

第 十 六 章
政治思想以及宗教宽容的理论与实践

在意大利以外，16世纪的政治思想集中于宗教改革引起的问题上。首先，普通的个人被迫处于一种全新的形势下。这是一种对其平静和安全充满极严重威胁的形势。一个个普通的人面对各种各样的宣称，第一次不得不为自己做出抉择：哪一个是真正的教会。诚然，中世纪就曾有过异端运动，但即使像英格兰的罗拉德派和波希米亚的胡斯派那样最重要的异端运动也是地区性的。它们对信仰没有构成全面的危机。对于大多数信徒来说，罗马是天主教信仰的堡垒，凡被它谴责的信条都被当做不容置疑的异端邪说而被毫不犹豫地加以摒弃。没有疑问也就无须做出抉择。但到16世纪，罗马本身的权威受到了挑战，路德宗、加尔文宗、安立甘宗和一位论派形成了，还有像再洗礼派这类人数较少的分支。迥然各异的神学理论发展起来了，尤为值得注意的是加尔文宗和一位论派的理论，对立的神学家们彼此厉声指责对方为异端或反基督的逆种。更严重的是，大部分教派都沿袭传统的观念，认为世俗的权力机构有义务镇压异端。对于这一世纪早期的大多数君主来说，出于各种复杂的个人目的，他们十分愿意履行这种义务。因此，任何个人，无论对自己的信仰和所皈依的教派做出的抉择多么暧昧都将使自己处于丧失性命、自由或领地这种极端惩罚的风险之下。许多人做出了这种抉择；而世俗统治者则发现自己被扑灭异端的企图所缠绕，但其失败又使他们的统治更加混乱。因此他们也面临一个最终结局的实际问题，即是否应该、是否能够在自己的领地之内扑灭异端？正是这些问题的直接性和急迫性导致了16世纪如此关键如此紧张的争论。

当时这些崭新而又陌生的困境决定了16世纪下半叶政治思想发

展的路线。神学家们的论战,如此众多的教派都自称独占真理,这种状况动摇了将真伪截然划分的武断的确定性,这种确定性曾使人们相信宗教迫害是合理的。在宗教宽容成为政治上的一种需要之前,人们对它加以原则性的讨论,并以信仰神圣的名义谴责对个人的强制行为。其次,完全因为君主们既在理论上也在实践上承认镇压异端义不容辞,原先只是私下的、个人的辨别真伪的问题成了决定一个人是否忠君爱国的公开的、政治性问题。它又形成了关于抵制权的争论。在臣民一方,那些已经感受到或担心自己也许将不得不感受惩治异端法令之威严的人以及那些不甘心做顺民的人通过重申权威来自群体的教义证明反抗的合法性。他们关心的是个人的权利。君主们出于自己的立场,因为认识到如果坚持竭力压制异端就可能瓦解其统治而感到震撼,发展出了君权至上的理论或者国家以独立、自治为其特征的理论。他们关心的是对秩序的需要。16世纪下半叶政治思想的争论就集中在这两个焦点上:宗教宽容和抵制的权利。

1542年7月21日,保罗三世颁发了《特许起始》敕令,重新组建了罗马的宗教法庭,使之成为整个西部基督教世界的权力中心。它有权审理堕落者、动摇者以及所有那些被视为拥护异端、赞助异端或为异端辩护的人。它有权判处监禁、没收和死刑,并能号召教会和世俗当局执行判决。当然,这项敕令并没有开创一项政策,它只不过是把在西欧各地执行的力度各不相同的一项传统的政策更有效地组织实施。例如在法国,自从1521年路德的著作受到谴责后,许多男男女女就已被施以火刑了,自从1537年的《公告》事件以后,迫害更加剧了。

宗教迫害与敕令序言中所肯定的原则相比,还算不上这一敕令最为重要的结果。序言简短地重申了阿奎那[①]提出的主张进行宗教迫害的观点。阿奎那把异端分子和异端行为同伪币制造者和叛国行为相比,用类推的方法争辩说,既然仅仅危及肉体和财产的世俗罪行应受到死刑的惩罚,那么危及灵魂的罪行应怎样惩罚才严厉得多呢?这个观点基于一系列假设:即在真伪之间存在着绝对的分界线,因此,只有教会的教义体系独一无二地代表着真理;所有其他的体系不仅是错

---

① 《神学大全》第二部分之二,论题11,第3条。

误的，而且是危险的错误，因为接受真正的教义是灵魂得救的唯一途径；接受真理是一个不可逆转的行为，因为一旦接受了它，就不可能忘却，而只可能故意否认它；教会是共同的整体，对其中任何一部分的损害就是对整体的损害。这些假设在1542年被如此普遍地接受，以至于无须在敕令中对它们详加论述。需要做的全部事情只是做出结论，为了维护基督教信仰使之免犯该诅咒的罪过，就必须镇压异端；对于冥顽不化者和故意堕落者必须用这样的方法处置，即不仅要消灭他们还要防止别人也犯类似的罪行。全部议论都是出自对教会的关心，而不管异端分子的艰难处境。

可是无论是这道敕令还是由产生这道敕令的观念导致的对异端的迫害都没有在天主教论著者中引起任何争论。保罗三世的行动是对人们普遍接受的原则的必然的运用，随之而来的是中世纪教会所确定的行为。

10年后，加尔文促成了对米歇尔·塞尔维特在日内瓦处以火刑，罪名是对三位一体的异端观点；这时，一个全新的形势形成了。在加尔文为了替自己的行动辩解而写于1554年的《答辩》中，他的观点与保罗三世的观点如出一辙。他认为对明显的、顽固的异端者必须当做对真理的反叛者处死，他们有可能诱使其他人陷入他们那样的可诅咒的境地。加尔文的价值观仍是传统的。他的目标是以一个武断的体系取代另一个武断的体系，二者主张的绝对性和封闭性毫无区别。他甚至可能更加强调世俗政权有责任充当教会之剑并在教会的指引下斩除那些不敬上帝的人。

但是与保罗三世的行动不同的是，加尔文的行动立即使宗教改革者舆论哗然。塞尔维特的死对新教徒的观念引起了剧烈的震动。他是应改革后的教会的要求而被烧死的第一个人。在此之前，改革者们怀着某种复杂的骄傲情绪，认为只有他们自己在为真理而受迫害。塞尔维特的死向人们提出了最纯粹的宗教迫害形式的问题，这不可能不引起重视。他的学说与任何类型的可以合理地将他作为秩序之敌加以打击的社会颠覆主张（诸如再洗礼派的主张）毫无关系。使他被处死的罪名是他对三位一体持有独特的观点。但他并未试图宣传这些观点；他用拉丁语在一本面向知识分子的书中晦涩地表达了这些观点；而且，正如卡斯特利恩指出的那样，在加尔文意识到为了进行反驳应对这些观点加以注意之前，即使那些知识分子也没有注意到塞尔维特所不得不说出的东西。对此事的义愤在改革者当中引起了争论，在这场争论中，所有有关的原则都被提了出来。无论其价值观如何古老也无论其意图如何保守，当加尔文和其他早期的改革者们将中世纪教会的专断体系置于他们自己的评判之下并为了一种认为个人判断或选择的经验能够拯救灵魂的教义而排斥中世纪教会的圣礼制度时，他们确实动摇了中世纪关于权威这一概念的基础。

第一批看出加尔文的行为揭示了异端问题的人是一些为数不多的名人，他们出于偶然或被吸引在16世纪中期的若干年中曾以不同的方式在巴塞尔逗留。最有影响的是塞巴斯蒂安·卡斯蒂莱，一位从前的加尔文信徒，他谴责因观点不同而进行迫害，从而挑起了这场争论；还有贾科莫·阿孔乔，一位以军事机械师的身份来到英格兰的意大利人，他就教义争论带来的祸害写了一本书，并进行了卓越的心理分析；以及一位论派的神学家弗斯都·索齐尼或索齐努斯。对于阿奎那提出的"要不要镇压异端"的问题，他们以坚决的否定做出回答。他们的观点明显一致，这使他们通过提倡宗教宽容而打开了一个新局面。导致他们这样做的原因是因为他们改变了传统的观点。他们关心的不是教会整体的安全，而是个别"异端分子"的艰难处境。

因此，人们看到基本的问题是真理问题，关于它，我们知道什么？如何得知？在其论著《可疑的科学》中，卡斯特利恩提出了知识与信仰的区别，从而奠定了反迫害论据的基础。我们所能认识的只能是真理，它有赖于经验的感知或"证明"，即通过可以接受的前提推导出必然的结论。但我们能够信仰并非真实的东西。信仰的基石不是证据或"证明"，而是"相信"，"相信"是有关的信仰者对被视为权威者的话不加怀疑地接受。信仰的开始就是知识的终结，因为是什么或可被确定是什么属于知识的范畴。所以，基督徒的信仰就是一种情操，因为它建立在愿意相信的行为上，而不是建立在不可避免的理性的结论上。在这场难见分晓的持续半个世纪的争论末期从事著述的博丹借他笔下的自然哲学家托拉尔巴之口以更加怀疑的语气谈论这个观点。神学家们多次试图把宗教划入科学的领域并试图显示宗教的原则从确定的前提到必然的结论都能得到证明。但他们总是失败；而一旦他们取得成功，信仰也就被这一行为本身毁灭了。因为正是根据这些神学家的说法，信仰是简单的顺从行为，无须用信仰者所知道的地上之事加以证明。

但是既然宗教的真理基于信仰而非基于知识，那些必须相信的东西又如何确定下来呢？这种简单的顺从行为必须献给哪个权威呢？提出上帝不是通过一个绝对可靠的教会进行启示而是通过给人以灵感的圣经进行启示的说法并没有解决这个关于权威的问题；它只是改换了形式，使之成为对圣经的解释问题。面对证据，许多人都不能同意加尔文在《答辩》中提出的圣经无须解释的观点。加尔文争辩说：认为圣经需要解释完全是渎神地提出我主万能的上帝欲揭示一切的意图失败了。那些既不能接受天主教的对一个绝对可靠的教会的信赖、又不能接受加尔文派的圣经观的人们，必然采取与二者不同的立场。他们声称每一个信徒有权根据自己内心的启迪和良知的指引为自己解释圣经。他们是16世纪典型的个人主义者，虽然和加尔文不一样，但是自觉而又谨慎。他们是自我满足的提倡者。

卡斯特利恩于1554年以马丁·比尤斯这一假名发表了《论异端或应被追究者》，因塞尔维特被烧死而对加尔文发起了攻击。这本书节选辑录了各式各样的作者，从圣奥古斯丁到诸如塞巴斯蒂安·弗兰克这样的当代改革家的文章论著。这本书是献给黑森的威廉的。在一篇很长的前言中，卡斯特利恩表述了自己的观点。他和所有后来赞同他观点的那些人的出发点都是否认加尔文主张的人类中存在着截然划分的前定的弃民和前定的选民这一教义，并把他们的论据建立在认为拯救全人类才是神的意旨这一基础上。他们坚持认为：这样一来，信仰必然是所有人内心的领悟，因而必然是单纯的，因为他们坚信每个人都肯定能在圣经中为自己找到它。他们争辩说基督的福音起初是讲给穷人和下等人听的，并被穷人欣然接受，然而律法师和法利赛人中的学者却拒绝它。由此出发他们争辩说未受教育者所领悟的东西以及基督徒中普遍认可的东西就是福音的道义内容，是基督宣示的生活方式。正是通过他们的"成果"而不是他们的信仰使我们得知真正的信徒有可能得知的东西。

从强调正确的操作而不是正确的观点到向那种专断的体系发起攻击只有一步之隔。索齐尼以巨大的能量和雄辩的才能发起了这一攻击。尤其在他的《论信与功》中。尽管他本人和因他的教导在东欧和低地国家形成的会众都被当时的人们认为以反对三位一体的学说而著称，他们自己则是把所有的教义都看作次等重要的。对于索齐尼来说，信仰的本质不在于人们应对上帝的性质有正确的认识——例如对基督两种特性所固有的形式的精确观念，而在于要用正确的心理倾向去领悟从基督身上体现出来的生活方式。福音的神示和信仰者的标志就是按那种方式生活。因此，无论是天主教的还是加尔文宗的神学家们推演出的独断的体系都受到了抵制，抵制的原因主要不是因为那体系是错误的，而是因为对于人们相信的灵魂得救来说，它不是必需的，因而是无关紧要的。"索齐尼派"认为基督教的神学内容与伦理学内容可以分开，这是他们的显著标志。对于绝大多数信徒来说，二者是互相包含的。

人们还对独断之见进行抨击，理由是坚持这种独断之见就会产生分歧，因为人们现在没有，过去也从来没有就福音的精确教义内容取得一致。卡斯蒂莱推论说那只是一个观点问题。阿肯西奥从论战导致分裂这一点对论战给予最有力的打击。1561年，他写了《魔鬼的谋略》，目的在于说明：劝诱一个人相信他在自己的臆测中找到了排斥所有其他人的真理，就是一种陷人于傲慢之罪的奸计。由此生发出愤怒、嫉妒和权力欲，所有的教义论战都说明了这一点。论战一旦开始，人们寻求的就不是真理而是自己观点的胜利。

这些原则削弱了任何人可因其信仰而受到合理的惩罚这一观念的基础，因为那种只有邪恶才会抵制绝对客观真理的基本假设被推翻了。真理是主观的，对于每个人来说，就是他可以相信的东西。阿孔乔说：我们必须做的事是谦虚地追求真理。谁都相信自己拥有真理，但无法表明他拥有真理，而且即使他拥有真理，他所相信的东西对于灵魂的得救也并非必不可少。

因此，知识与信仰的区别不仅引出了被显示为真理的东西与被当作真理接受的东西之间的区别，而且引出了可被客观地证实的东西与通过相信而在主观上领悟的东西之间的区别。因此"索齐尼派"必然坚决地把强迫人们信仰的行为谴责为反对光明的罪行。因为你相信只有你自己拥有真理就迫害那些与你看法不一致的人，你就与把耶稣钉死在十字架上的法利赛人犯了同样的罪过。

显然，当时的形势对于这一思想革命是有影响的。卡斯特利恩于

1554年能说出一个世纪以前不可想象的话：根本不存在可用来划分"异端"的标准。此处的真诚信徒到彼处即是异端分子，如果一个人到处旅行，并希望免遭迫害，他就必须像兑换他的钱币一样改变信仰。

这个论点逻辑上的归宿就是无论对什么样的信仰都要无条件地宽容。很少有人愿意走那么远，大部分论战者都认为存在着一种所有人都能接受的客观的终极的真理，检验的标准就是一致同意。由于思考没有超出基督教世界的范围，写作的对象又是基督教社会，这使他们能够做出这样的推论：既然人们在教义上的分歧是因为他们都相信耶稣是上帝之子，相信他的生活和教诲是一切美德的表率，这个事实说明上天的启示不言自明。当他们争辩说必须相信的正是福音的道德教诲而不是其教义内容时，他们信仰的根据不仅在于最单纯的人们都可以理解的福音的道德教诲这一面，还在于要求人们一致接受的只有这一面。

但是，博丹知道事情并非如此，他是以其所有作品都涉及范围广和结论有创见而著称的。在他的《共和六书》以及《西普塔普罗梅赫》（Heptaplomeres）两部著作中，他激烈地争辩说人必须有宗教信仰，无神论是人类最大的祸害。但他在后一部著作中论证，如果检验真理的标准是普遍一致，那么基督教的情况就并不比任何其他宗教的情况更好。在他的论述中不仅涉及天主教徒、路德宗和加尔文宗的信徒，而且涉及穆斯林、犹太人、哲学家和怀疑论者，因此，他把讨论的范围扩展到当时所知的所有信仰领域。因而当断言基督教的真理不言自明时，作为基督徒主要对立面的穆斯林则反对说它没有被人类的大多数所接受。更有甚者，在讨论将近尾声时他对耶稣生活模式所示范的神圣性进行了大篇幅的抨击；也就是说，恰恰抨击了被认为应当普遍接受的福音的那一面。理由是它对于许多人是无法接受的，与他们的英雄主义理想是背道而驰的。讨论结束时，他指出唯一能使人们一致认可的事情是：把摩西十诫当作基本真理的概述，这些真理不仅仅是观点问题，而且要靠直觉把握，因而具有普遍的真实性。犹太人、穆斯林和基督徒承认摩西十诫，因为在承认《旧约全书》是上帝感召之言这一点上他们是一致的；哲学家与怀疑论者承认摩西十诫是因为他们坚持认为有一种作为理性的东西而被所有人知晓的自然宗教，用哲学家引证圣保罗的话就是"写在异教徒心上的律法"，即可以退而称之为十诫的道德箴言。所有这些人最终都承认：一个人一旦超越了这一点，就没有与别人一致的地方了，而他也就不是处于真理的范围内而是处于观点的范围内了。观点是可以坚定地信守的，但除了与那些已经信守这些观点的人以外，它们最终是难以与人沟通的。怀疑论者说，如果第一诫得到信守，上帝得到崇敬，他自己准备以人们采取的任何形式这样做。

《西普塔普罗梅赫》这本书与众不同。在16世纪，人们在其他任何地方也找不到那种结合：一方面热诚地相信人必须信仰上帝，另一方面又极端地超脱那个信仰的表现形式。它很少表现16世纪的思想的任何方面，以至于博丹没有勇气发表它，直到他死后很久，这部著作才以手抄本的形式为人所知。[①] 它巨大的吸引力在于它是一个有创见的知识渊博的人做出的论述，他比正在进行争论的大多数人看得更清楚。如果把教会建立在人们对信以为真的事物意见一致的基础上，不可避免将产生无数的教会，因为宗教的真理没有数学那种可以迫使所有有理性的人取得一致意见的不证自明的力量。一旦承认了这一点，人们就不可能为任何具体的宗教形式要求特权。博丹个人所信的肯定常常是想象中的宗教。他把基督教列在自然宗教的范围之外，并认为它建立在信仰或对权威的服从上，但是能够把那些圣者所具有的知识传授给人们的权威是什么，他从未提起。

要使反对宗教迫害的观点被人们接受，根本的方法是抨击整个的关于异端的概念，但是大量的争论却集中在以镇压的方法对待异端这种政策是否适宜这一更为紧迫的问题上，他们满以为这些问题能够辨清。加尔文为了替迫害塞尔维特的行为辩解，把他的观点建立在说明上帝要求以色列人杀死渎神者和偶像崇拜者和上帝让以利亚消灭巴力教的预言家这一圣史神迹的基础上。但是卡斯特利恩排斥《旧约全书》，认为它对于生活在新的宗教制度下的基督徒来说已经不适用了，并从《旧约》转而求助于《新约》。因为基督教诲的目的在于养成人们的品行而不是形成他们的观点，在《新约》里就没有因为人

[①] 拉丁文译本于1857年由L.诺阿克首次发行，译文较粗劣，R.肖维利发行了早期的法文译本，加了评介（巴黎，1914年）。

们的信仰而对他们加以屠戮的要求。相反,我们必须原谅他人直到70乘以7的次数。关于莠草的比喻直接要求我们不要试图铲除不信上帝者,因为那样有可能同时毁掉相信上帝者。宗教迫害是危险的,考虑到所有人的判断都可能错误,被毁灭的东西就非常可能是真理而非谬误。

更为严重的是,正如人们鉴于当时大量存在的出于恐惧而决定信仰的例证所一再指出的那样:宗教迫害迫使人们犯下虚伪的罪过。与上帝之言背道而驰的宗教迫害产生了邪恶的后果。之所以必然如此是因为方法与结果并无必然联系。卡斯特利恩在献给爱德华六世的圣经译本的前言中,简明扼要地指出使用逼迫人的刀剑这种尘世的武器来进行只有用说服人的语言才能进行的精神上的战争是荒谬的。几年以后,在《论异端》中,他把路德的布道词《世俗政府》作为对这种效果的议论也包括了进来。路德从权力分割的教义谈起,认为有一个属于基督的上帝的王国还有一个属于法官的世俗王国,只有后者才有强制权。"异端是一种精神产物,刀剑斩不断,烈火烧不尽,洪水也淹不死。"暴力无济于事,因为精神是强力无法进入的。每个人对相信自己能做什么和必须做什么承担责任,其他人就像不能替他决定能进天堂还是下地狱一样,也不能替他决定应该做什么。如果一个人的信仰是错误的,"上帝的话就是驳斥异端的唯一根据;而如果这没有奏效,世俗的强迫仍旧无济于事——纵使把这个世界淹没在血泊中"。暴力只能禁锢人的手和口,并因此把人们推上万劫不复的道路,因为这是在强迫弱者违心说谎。值得注意的是,在阐释中世纪的权力分割教义时,路德和卡斯特利恩考虑更多的不是制度及其权限,而是两种不同的训诫及其正确应用。

这些观点首先得到文艺复兴后期的意大利人的拥护,他们本质上不是狂热的,却是喜欢刨根问底的。加尔文轻蔑地称他们是"尼哥底母派",因为他们为了逃避宗教迫害,表面上遵奉天主教信仰实际上对天主教教义漠不关心。《特许起始》敕令颁布以后,他们四处迁徙,这促成了这样一些教派的形成:它们的信纲基于尼哥底母派的教义并把宗教宽容当作其主要教条之一。这类意大利人中的大部分跟随莱利奥·索齐尼(莱利乌斯·索齐努斯)去往波兰,并在波兰和特兰西瓦尼亚建立了一位论教派组织。另一方面,在荷兰,针对加尔文神学的严厉性尤其是针对得救预定论的信条出现了自发的地方性的反抗。抗议者们通过他们的代言人科恩海特反对强迫性的信纲，理由是没有一种教义体系能够或者应该加以强制推行，他还批评加尔文信徒无视基督教所具有的精神特性和人性，这种特性要求心灵通过信仰自由地接受上帝的活的语言。

在所有的这类讨论中，议论都集中在为了维护真正的宗教而进行宗教迫害的伦理根据上。但实际形势不仅使宗教迫害赖以成立的基础性假设受到排斥，而且第一次产生了使宗教迫害在实践上难以进行的条件。1554年，卡斯特利恩已经向国王和诸侯发出警告：宗教迫害导致秩序混乱，对此，出于义务及自身利益，他们必须设法挽救。1562年，眼看着法国将要陷入一场看来毫无结果的混战，他编纂了《向荒凉的法兰西进言》，想以令人担忧的急迫感指出：宗教迫害不仅是罪恶的，也是无效的。对于双方来说，"铲除不敬上帝者"和剿灭对方的企图都不可能奏效，双方太势均力敌了。把法国从难以承受的悲惨境地中解救出来的唯一可行的办法就是接受彼此宽容的原则。博丹认为关于教义的争论是使国家衰弱的原因之一，由此产生的愤怒只能导致武装冲突。关于原理的争论吵不出个结果，因为它是得不出结论的，由此产生的怀疑则会导致无神论，而无神论会动摇所有的权威的基础。当博丹本人要编纂一部关于宗教争论的评述并着手写作《西普塔普罗梅赫》时，他还解释说那将仅限于学者中的私下讨论。

对于世俗的统治者，无论是德国的诸侯、法国的廷臣还是英国的国王或女王，无须提醒他们宗教争论会产生政治影响。他们关注的不是真理而是秩序，而且随着这一世纪的进程，日益明朗化的是任何响应天主教或加尔文宗的领导人的号召企图铲除不敬上帝者的行为都只能使已经分裂的社会陷入混乱。有责任感的统治者或迟或早总会决心拒绝履行这类义务。法国大法官米歇尔·德·洛皮塔勒在其著名的演讲中迈出了第一步，这次演讲是1561年在奥尔良三级会议开幕时发表的，那正是宗教战争的前夕。这次演讲之所以著名，与其说因为实际上讲出来的东西，不如说因为其言外之意。一方面，他默默地拒绝了天主教和加尔文宗主张的国王有义务确立并维护真正宗教的教义，另一方面也驳斥了路德主张的精神世界处于世俗统治者权限之外、对于这类事情世俗统治者不能采取任何行动的教义。德洛皮塔勒站在维护国家和国家利益的立场上。政治家的职责就是维护和平与秩序。只有他们有资格评价那里发生的事情并且只有他们有权力采取相应的行动。因此，任何力量也不能强迫法国政府尝试着靠暴力确立某种宗教，因为这种尝试显然会导致混乱。但是只要能够促进和平，它也可以不受限制地采取它认为适于对付宗教争端的行动。在1598年的南特敕令中可以看到对他的观点的清晰表述。为了恢复和平，亨利四世以其国王的权威允许在他的王国里两种宗教活动并存，并划定了使之得以并存的区域。

无论德洛皮塔勒意识到与否，他所说的话，还有法国政府通过1598年的行动所做的暗示，有着深远的意义。德洛皮塔勒是在断言：国家之生存在于它自己有保卫和平与安全的权利，在于它有不考虑任何把它当作工具的更高的精神权威而决定自己的行动的权利。14年后，作为国王的仆人和"政略派"成员并且赞同上述观点的让·博丹在他的《共和六书》中将国家主权原则的内容清晰地表述了出来。国家的鲜明标志是最高主权，这是一种本质上无限的、不可分割的、无条件的权力；因为，如果谁有权对他人施加限制或提出条件，这个事实本身就使谁（他或他们）成为真正的最高统治者。那些被赋予这种权力因而可以随心所欲地制定法律和政策，委任所有官职的人们是公理的源泉和公理所求诸的最后保障，他们有权要求臣民做出忠诚宣誓并要求臣民无条件地服从。的确，博丹要求他的统治者服从神律和自然法的指引。但他并不认为这种律法与任何有组织的教会的教义是一回事。对于他来说，这种律法是缩写在摩西十诫中的道义原则，他后来在《西普塔普罗梅赫》中着意展示了摩西十诫独有的绝对合法性。

如果说，在认识国家的生存在于它有自己的权利而且可以自行其是并成为其所有公民行动的准则，因而爱国主义就变成最高尚的情操这方面，博丹为了维护道德规则的优先地位而没有像马基雅弗利及其同时代的意大利人走得那么远，这种说法当然是值得商榷的。博丹笃信最深的是道德规则的优先性和普遍性。国家的目标就在于建立正确的体制以使其臣民不仅得到和平与安定，也得到公正与真理。但是一个不愿意这样做的统治者的权威与其说是无价值的，不如说是不合法的。博丹把暴政也包括进各种可行的国家形式之内并且否认暴君的臣民有任何权利进行武力反抗。他没有提到教会或君主与教会的关系。但是，显然他认为决定在宗教事务中奉行何种政策的权力属于君主，因为国家的生存有赖于统治者能否阻止争论造成的分裂。他奉劝君主全面禁止争论，因为它对宗教和秩序都是致命的威胁。这样，博丹的君权说就包括了一种政治自主的理论在内。他把国家视为有能力指引人们实现其目标的唯一组织。鉴于人们互相承认公正的原则，激发对上帝的崇敬，国家的职责就是创造使他们可以这样做的条件。这就是他说国家的法律必须与神规和自然法一致的本意。

法国将要陷入其中的无政府状态是试图强行确立真正的宗教的结果；显然，正是无政府问题迫使法国人创立了一种主权国家的理论。当马基雅弗利把统治者视为可以自行其是的人时，他只不过是把意大利人已经进行的他所熟悉的实践活动加以系统论述而已。而法国人需要的是思想和实践的革命。弗朗西斯一世和亨利二世接受了充当教会镇压异端的执行者的角色并且从而承认了精神目标的优先地位。而亨利四世则第一次给国家带来和平和秩序并据此原则来对待异端。

当然，德国的诸侯们依法确立那种他们所期望的宗教形式的权利，因为1555年在奥格斯堡接受"教随国定"原则而得到了正式的承认。但是那里的结果不如西方大君主国中明显。政治权力的分散化使每个诸侯有可能无视其臣民中为数不多的意见相左者的要求。他可以确立"真正的宗教"而无须冒世俗灾祸的风险，因为可以指望不服从者撤到某个邻近的与其信仰一致的侯国中去。因此，在德国也就没有产生以国家权力为题进行讨论的大量文献。在那里，主要的冲突不在诸侯与其臣民之间（除了像农民暴动或在明斯特发生的再洗礼派起义这类零星的事件），而在诸侯与皇帝之间，因而按照为数不多的统治者特殊的权利加以解决。

但是英国政府和法国政府一样，不可避免地必须努力解决宗教分歧问题。伊丽莎白及其谋臣们在世界观的世俗性与对秩序关心的专一性方面与"政略派"如出一辙。但他们的问题是以颇不相同的方式提出的。由于宣称国王对于"世俗的与宗教的所有人和所有事"都享有至尊地位从而靠法律确立了一种独特的公众的礼拜形式，在英国就形成了一种独一无二的环境。英国政府的行动在其内涵上显得比法国政府的任何行动都更加具有革命性，因为这些行动似乎驳斥了那种仍被普遍接受的传统观点，即教会与国家必须截然分开的观点。这些行动还提出了比法国的形势所能提出的任何要求都远为绝对的国家主权理论。法国的国王们仅只是规定了教会的法律地位，而教会的本源毫无疑问是独立的。

伊丽莎白的朝臣们确实企图通过坚持国家具有完全世俗的特征并把宗教排斥在政治以外来回避革命性的理论。但是他们仍然不得不做出自相矛盾的事，因为他们认为公众的礼拜仪式的一致是公共秩序的保障。惠特吉夫特高声问道："如果让每个人都抱着随心所欲地生活的幻想，这合适吗？"他进一步详细讨论了如果允许人们这样将会发生的"不可忍受的争论和极度的混乱"以及已经处于外部威胁下的国家将会面临的危险。因此，为了公共秩序，英国靠法律强制推行了一套审定过的礼仪，并以违者处以罚金的方法要求人们参加公共礼拜仪式。对望弥撒者的罚金增加了，而坚持定期的非国教教派的秘密集会则据1581年条例受到驱逐。但是异端不再是应予起诉的罪行，而且不得要求任何人对自己的信仰做任何声明——除了享有圣俸的教士，这在当时只是得到圣职的条件之一。在伊丽莎白统治时期，贯穿始终的是她力图促进庄重而又适当的表面秩序；同样贯穿始终的是她无意命令一个人应当信仰什么或者深入了解人们敏感的心灵。

1570年由教皇发布的废位敕令使得形成那样一种政策困难得多了，这种政策应该顾及信仰与行动的区别并且不触动前者。此后，作为一个罗马天主教信徒，事实上就等于要拒绝女王提出的把她作为王国合法君主加以服从的要求。根据1581年的保持女王臣民忠顺法，那些带头使臣民与罗马教廷和解的人可被判处叛国罪，因为这种行为被视为引导臣民改变其忠顺的立场。1583年，一份名为《在英格兰的公正执法》的小册子捍卫了上述法令，它坚持认为镇压耶稣会传教士不是因为他们的宗教而是因为危及女王的统治。它又补充说并没有采取任何行动，也不打算采取任何行动阻止任何人承认教皇在精神上的至尊地位，只要他不以此为根据拒绝承认女王的权威。对耶稣会士的非常严酷的措施，尤其在女王统治的最后10年中，总是采取以叛国罪进行审判的形式。无论某项具体的定罪是否公正，政府采取行动的原则正如洛克于一个世纪后在他的第一封《论宗教宽容的信札》中所指出的那样：国家只是在宗教信仰导致有损国家利益的行动时才干涉它，但在那种情况下，它可以采取它认为为了维护国家利益而必须采取的任何行动。

事实上，不可能使女王的许多臣民都确信在人们的信仰与表达信仰的方式之间可加以这样的区分。那些为数很少的、认为国家只应关心纯粹世俗事务的人们在原则上反对用法律确定宗教礼拜的形式。这些人是分离主义者，第一个系统表述其主张的是罗伯特·布朗。1582年，在他的《论宗教改革》一文中，他特别强调国家应对宗教不闻不问，并把所有代表教会制定条款的企图谴责为毁灭教会真正的特性。他坚持关于上帝的选择的教义，认为信仰是上帝与个人的灵魂之间关系的建立，靠这种关系，得到再生的人从罪孽深重的尘世中分离出来。教会就是这种个人自愿组成的团体。在《表白书》与《真实而简短的宣言》中，他详细阐述了"聚合教会"的思想。他吸引了一批追随者，他们根据聚合教会的原则行动并进一步为了做礼拜而组成了独立的小共同体。1592年，伦敦教堂的牧师弗朗西斯·约翰逊和他的53名会众因常去非国教徒活动的秘密场所而被驱逐出境。

正如布朗指出的那样，他的教义反对任何由国家建立教会的企图。任何以强制手段组建教会的努力必然是行政官吏的工作而不是圣灵的工作，因而也就根本不成其为教会。他毫无顾忌地指责硬性建立的教会是政治的工具，指责其中的主教没有神圣性。他的观点导致在原则上相信宗教宽容，因为既然人类再生是圣灵自由地发挥作用的结果而且教会是再生者的组织，那么必然的结论就是不仅绝不能在宗教事务上强迫或惩罚人们，还必须使他们在聚合和决定聚合的方式时同他们的信仰一样自由。值得注意的是，这种维护宗教宽容的方式与欧洲大陆的情况很不相同。强调的重点不同。布朗所关注的与其说是保持个人在追求真理过程中的完整性，不如说是清除当圣灵自由地发挥作用时遇到的所有障碍物。他比大陆上的伙伴们更加直接地面对随之而来的一个权威性教会解体为无数自愿的联合体这一结果。

女王的大多数臣民不同意布朗的观点。他们与女王一致，认为统治者与教会状况息息相关。但是极端的天主教徒和极端的新教徒都拒绝承认现在这个靠法律建立起来的教会的权威。他们认为它之所以没有约束力是因为那是女王自己设计出来为她自己目的服务的东西。她的责任在于建立真正的宗教，而什么是真正的宗教，就不应由她来决定了。国教教会的权威受到排斥,一方面因为它否认了教皇在基督教世界的精神领袖地位,另一方面因为它的主教组织与据称圣经指定的长老会形成的教会组织不一样。另外,尽管罗马天主教徒和清教徒都同样不愿意承认它,但还是关系到他们政治上是否忠顺的问题。罗马的废位敕令清楚地提到:世俗国家只有依照教会的要求形成其政策时,才能要求基督教臣民对它效忠。而且当清教徒卡特赖特在他的《再告国会书》中说"国家必须与教会一致,因而政府必须与教会组织一致"时,他所指的也只能是同样的东西。

因此,对女王政府的抵制集中到了她的宗教政策上,理由是她用她所选择的形式来建立教会或建立教会这一行为本身超越了她作为世俗统治者的权限。因而在英格兰,君权问题就成了国王至尊的问题。如果要斥责抵制行为,就必然要维护法律建立教会的事实以及这个教会的形式。安立甘宗的主教们首先进行了这种维护,他们立即发现自己卷入了全部关于世俗统治者权威的争论中。有必要说明:世俗统治者的权威扩展到了规定公众的礼拜形式的程度,使英国人关于国家主权的观点具有了独特的、"不可输出"的形式。

这场争论起初限于个人之间的论战。比尔逊主教在他发表于1583年的《基督徒的服从与非基督徒的暴乱之间的真正区别》一文的对话中回击了枢机主教艾伦的《为英国天主教辩护》,惠特吉夫特在他的《回答》与1572年发表的《为回答辩护》两篇文章中向卡特赖特发起了攻击。他俩采取的立场是反对极端的天主教徒和加尔文宗信徒所持的政治上的奥古斯丁主义,但并不反对把精神领域和世俗领域区分开的教义,也不反对涉及最终目标时精神的地位更加重要的教义;他们只是要对这些条文加以重新界说并在这样做的同时从两方面对权威的概念进行深层的修改。

比尔逊说:永远不会犯错误的真正的天主教会是全体信徒的合体,它的精神体现在"被所有虔诚的基督徒普遍接受的基督的教会那古老而又神圣的原则"里;或者,像惠特吉夫特认为的那样,体现在"被一切人在一切地方和一切时候所相信的经久的传统中"。最终的权威存在于直接表现出来的"一致的忠诚"里面。以这些为根据,早期的教会领袖们的著作以后的神学在中世纪教会里的发展被当做败坏信仰的最初的积淀而且没有得到普遍认可的事物而加以抵制。

这最初的积淀和普遍的认可就是惠特吉夫特在他的《为回答辩护》中称之为教会体制的实质和内容的东西,它被所有的基督徒,不分君王和其他人当做普遍的永恒的信条而完全接受。他和比尔逊都强调握有世俗之剑的君主对信仰的内容和圣礼的举行绝无管辖权。反之,他们的作用是"支援并保护"教会去反对其敌人。

但是在教会作为信徒集合体这层意义上说,比尔逊和惠特吉夫特都不承认另外的管辖机构。比尔逊说:教皇,甚至三级会议都不能约束教会。任何人或团体都没有赖以管理教会的神灵之剑的权威,它仅仅存在于圣经中。因此,惠特吉夫特把"已经得到充实的教会体制的实质和内容"与"获得这种实质和内容的方式区别开来"。既然前者是普遍的、永恒的,那么后者就应当根据"时间、地点、人物的状况而做出安排"。他俩一致认为,进行安排的人就是基督徒君主。比尔逊坚持极端的君权神授观。君主们是直接由上帝安排在其位置上的,他们从上帝那里得到代表权力的世俗之剑,不仅可以强制别人,而且可采取任何有效的行动。因此,它就是一种势必要不仅管理凡俗事务而且要扩展到教会事务上的力量。他认为:君主在教会里面负有一份与主教负有的同样大小的职责。君主必须通过惩罚所有的异端和阴谋来保卫教会,并根据主教和牧师们的劝告决定礼拜的方式从而使之井然有序。因此,惠特吉夫特在其《回答》一文中大胆地宣布了具有革命性的教义:应该认为,基督徒的国家与一个被视为一些组织机构的基督徒的教会是同一的。"我看不出国家与教会之间有那种可使它们被看作分属不同的法律和管理者的两个集团的区别,只除非教会与一个异教的崇拜偶像的国家并立。"

这个例外是重要的,因为"所有世俗国家的正确目标"就是建立普遍的基督教会,只有基督教社会中的基督徒君主能够在适当的时间和地点将这一目标具体化。作为一个基督的官员,他的义务就是这样做,而且他所做的必须与基督徒的信仰以及从教会的源头流传下来的做法一致。即使因为每个基督徒君主有权指定公众的礼拜方式而可能导致礼仪的多样化,这仍是可以接受的,那并不会破坏神圣的天主教和使徒们建立的教会的完整性,"因为圣者的教会不是靠表面的礼仪维持下来的。"

总的来说,安立甘宗的主教们不是欧洲大陆上那样的宗教改革

第十六章　政治思想以及宗教宽容的理论与实践　537

者。他们拒绝一切根据圣经的模式或任何其他模式组建新教会的愿望。对他们来说：英格兰的教会一贯就是历史上的天主教和正统教会的延续。因此，他们从未在拯救灵魂所必需的真理与个人可自行决定的那些事情之间进行区别。如上所述，惠特吉夫特认为让每个人都抱着按自己愿望生活的幻想是不适宜的。他们加以区别的是每个自称基督徒的人必须承认的教会在信仰内容方面的权威和每个臣民必须服从的基督徒君主在教会制度方面的权威——只要这种规定永远"不损害信仰"。因此，尽管把教会与国家认同为一，安立甘宗的主教们对神法高于俗法这一点比博丹要明确得多。他们把这一点看做历史上基督教会的信条和圣礼。

在这方面，有人主张不许抵制国王至尊，也不许抵制伊丽莎白时期将其付诸实现的方式。但是这个主张是武断地表述出来的，因而使英国所有论战者中最伟大者——理查德·胡克也感到不满。他论战的目的很普通，即揭露清教徒不求诸传统的教会而求诸个人良知的做法是错误的。但是胡克不满足于做出结论，他想揭示原因。因此，在《论教会体制的法则》一书中他开始着手在一般背景中考察当时的以及直接的形势，考察人们视之为理性事物的正确规则的原理。

他与清教徒之间激烈的冲突可以追溯到在如下观点的对立上：以个人堕落的形式表现出来的人类的境况是怎样的？对于加尔文和所有那些从他的神学派生出来的新教派别来说，人类的自由意志及其理性的洞察力皆因其堕落而遭破坏。意志和理性都屈从于情欲，因此，不靠启示人类就无由得知真理，不靠圣德的强行推动人类也就无由培养美德。对于如此堕落的创造物，可感知的上帝只是其不可知的愿望，上帝"根据自己的意愿"预先决定所有人的命运。因此，蒙圣恩之处，堕落的本质即行消失。只有少数选民和无罪者可获得真理；人类的绝大多数处于外围的黑暗中，沉陷于他们的无知与罪恶的天然状态中。

胡克的观点远远没有这么偏激。尤其是他比较相信人类在自己行为的范围内，靠理性的能力可以得到趋向真理和善行的正确指引，凭借这种能力所有的人都分享一种神圣的天性。因此，尽管堕落，所有的人都自然地追求真理，倾慕美德。卡斯特利恩在他的《可疑的科学》中指出了同样的观点，他不容商榷地断言，被堕落所败坏的只是人类的愿望，尽管由于愿望的错误的指引，感知能力和思维能力的健全发展受到了阻碍，但这种能力是败坏不了的。胡克把他全部的论据建立在这样一种推想上，即认为理性具有效力并且高于愿望。

因此，《论教会体制的法则》一开始就讨论觉察到的宇宙的合理秩序。它之所以是一种秩序因为它在永恒的规律的支配下有条不紊地运行，这规律是上帝为他自己以及他的所有创造物所遵循而创立的。因此，每一种创造物运行的特殊模式无不源于这种永恒的规律。它们是自然法，被它的各种对象必然地、不自觉地遵循着。唯一按照上帝的形象加以制造的人类，作为自愿服从的对象被理性的规律所支配。胡克关于理性的概念是托马斯·阿奎那式的。他不仅把理性看成是慎重考虑本质上不合理的达到目标的手段，还把理性看成是对价值的直觉认识。由于理性是人类赖以得知什么是真和什么是善的天赋，它就为愿望的趋向规定了目标。人类堕落本质的暴露与其说表现在愿望完全屈从于情欲，还不如说表现在主次的颠倒使他们追求直接的满足这种较低的善，而不是顺应上帝为他所有创造物指定的模式那种较高的善。罪恶不是为了邪恶的目的去追求邪恶；胡克认为任何一个有理性的人都不会这样做。天上和地上的一切都来自上帝，依其本性皆善。罪恶是通过混淆价值的等次，偏重较低的善而忽略较高的善以致引起的对于神圣的和谐秩序的破坏。

从这些前提中胡克推导出集体的权威高于个人判断这一结论。清教徒们争辩说只有上帝的选民才握有真理，这在他看来是不可容忍的傲慢和臆测。理性是上帝的，并给予所有堪称为人的人。任何事物的真实性得到普遍相信后就足以证明它的确真实。"在所有时代都为人所共知的东西肯定是天性告诉了他们……因为所有人的声音就是上帝本身的宣判。"胡克与博丹一样，把普遍的认可作为检验真理的标准，而且认为，由于上述原因，普遍的认可必然基于理性的洞察力。但他把这个观念用于一个十分不同的目的。博丹用它说明不确定性，因为在人们相信的大多数事情上很少有全体一致的情况出现。胡克则用它建立集体权威高于个人观点的学说。

把国家划入自然状况，胡克就能够做出结论说，国家同时既是神意的显示也是人类理性的产物。人类"自然地希望与他人交往"，这部分因为人类具有交往能力，部分因为要通过彼此的帮助满足需求。

因此,他们生活在政治团体中,这些团体又构成国家体制;也就是说,对于社会交往的本能推动产生了一种有意地、自觉地组织起来的努力。因此,法律和政府的形式是由人们设计出来并在人们一致认可下建立的。任何具体的政治团体都是"他们对于联合方式或共同生活方式的规则公开地或不公开地一致认可的表现"。而且由于人类就是这种堕落的创造物,他们就不仅需要一个有组织的政府,还需要实证法赋予理性的规律以"约束"或强迫的力量。然而,实证法与自然法不同,它受时间和地点的制约,因为它是由"各种具体的目标"形成的,但它的基础同那些政治团体的形式一样,在于人们的一致认可。"公众未认可不成其为法律",胡克据此驳斥了许多他同时代的安立甘宗信徒及其后继者认为的政府直接具有法理上的神圣性的观点。政府与法律的形式决定于人类的明智,因为理性是上帝赋予的手段,人们靠它可以在社会中指导自己的生活。

但是尽管胡克把国家以及所有的国家行为都建立在人们认可的基础上,他的教义并不是个人主义的。它不是源起于任何天赋权利的理论,也不包含人数的计算或多数裁定原则。他的内心世界与阿奎那比与洛克近得多。作为个体,谁也无权对任何他人提出要求。但是构成政治团体的人们的整体可以共同对这一团体中的每一个别成员提出要求。只有整体才大于部分而且部分被整体所决定。个人同意与否在整体对其成员的权威面前的作用如此微弱,以致法律和习俗无论多么陈腐,它们在人们一致同意加以改变之前仍被认为是立足于它们所约束的那些人的一致认可之上,因为直到改变发生之前,它们始终具有集体智慧高于个人偏见的权威。因此,胡克否认任何个人或个人集团有权抵制普遍赞成的既定的制度,或抵制经受住时间考验的古老的传统。

但是,胡克无疑是个13世纪类型的理性主义者,而不属于18世纪的类型。他认为:要达到人类的最终目标——与上帝的和谐,理性是正确的指南,但不是足够的指南。同阿奎那一样,他认为这个超自然的目标需要超自然的法律来指引人们去实现。一种不是基于理性的推动而是基于上帝的恩典的神法是存在的。但对他来说,如同对阿奎那一样,神恩并不取代天性,而是使天性臻于完善;理性的局限因启示而得到超越,愿望的混乱因神恩而得到澄清。

这些前提使得胡克可以认为清教徒的要求违背了英格兰关于公众

宗教信仰的法律。正是在这一点上他与圣托马斯·阿奎那以及像苏亚雷斯和枢机主教贝拉明这些当时的信奉阿奎那学说的人们分道扬镳。与比尔逊和惠特吉夫特一样，他把包括了所有因信仰基督而联合起来的人们的普遍的教会同一个被认为由这些人组成团体的教会区别开来。前一种教会是上帝的教会并且整个属于神法的范围；后一种教会则被他划入自然法范围。一个为了超自然的目的而存在的超自然的社会以及那个目的赖以实现的教义和教规正是神法适用的范围。不过，作为一个有组织的社会，其基础与政治团体的基础是一样的，即是说，这种基础是对于联合的自然趋向和对于联合的约束力的普遍认可。以这些为根据，胡克和惠特吉夫特得出结论说教会与国家是一体的。二者不可能因目标不同而分开，因为虽然自然与超自然的事物等差有序，它们也不能因组成它们的人不同而分开——在"全体国民皆信"的地方，这一事实本身使国家成为一个教会。①

在所有的基督徒联合成一个国家之前，"耶稣基督的教会就是这样一个在宗教方面蕴含着真正的基督教教义的政治团体"。为了秩序，一个一元的社会要求单一的政府。在英国，那个政府就是国会中的国王；作为一个基督教国家，它对管理宗教的关心同对维持秩序的关心一样强烈。

他的教义当然不是埃拉斯都主义的，而且没有在任何意义上提出政治自主的理论。他强调教会和国家都是人组成的社会，这些人为教会和国家的目标——实施更高级的法律付出努力。国家的法律和习俗只是在它们建立在理性的法律基础之上时才是有效的；教会的法律和习俗则只是在它们建立在神法的基础之上才有效。伊丽莎白政府在世俗事务中是否合法没有遇到争论，而胡克对此也未加留意。但有人对她建立的宗教提出了疑问，因此《论教会体制的法则》一书的中心部分对惠特吉夫特的断言的真实性进行了详细的证明；惠特吉夫特说："在英格兰的教会中，我们获得了拯救灵魂所必需的所有宗教观点……人们传授这些观点时的纯正和完美与使徒时代以来的任何教会都一样。"胡克的著作没有引起任何一个清教徒的重视，因为他们不

---

① 关于对《论教会体制的法则》一书的后面几部分的著作权问题的讨论，参阅 C. J. 西森的《胡克先生明智的婚姻》第 4 章（剑桥，1940 年）。

能接受他设想的理性的效力以及所有由此产生的观点。清教徒关于法律的观念是唯意志论的，而不是唯理论的；他们不在有理性的人们做出的集体评价中寻找真理，而是在开化的选民中寻找真理；他们不承认信仰与教会制度之间有任何区别，因为他们坚持认为在圣经中，提到所有这些东西时都毫无差别。

为了维护王室的最高统治权，安立甘宗的教士们一致同意官方的观点：王室至高无上的权威包括根据法律决定公众礼拜的形式的权威，他们还一致认为未经批准的礼拜形式是不可容忍的。但是他们做出结论的根据不同。他们与认为国家纯粹是世俗事务、仅应干预秩序而不可染指宗教的观点如此泾渭分明，以至于争辩说：一个基督教国家因此也就是一个普遍教会中的教会，而在基督徒官吏身上兼有管理世俗和宗教事务的权力。这里所包含的浓厚的主权意识由于人们非常普遍地相信君权神授观而得到进一步加强。反抗由上帝指定的统治者的造反行为不仅是世俗的罪过也是灵魂的罪恶。在把同意作为负有服从的义务之基础这一点上，胡克在他那一代人当中是独特的，不仅在英国人当中而且在整个西方人当中都是独特的。发布命令的权威建立在那些接受命令者的同意这一基础上，这种观点在任何地方都为抵制权造成借口。

在英格兰和法国，坚持主张权威和服从权威的义务是那些珍惜和平与秩序的人们对宗教纷争做出的直接反应。假如不存在按照其他的价值观生活的强有力的集团，这种主张就没有必要了。与向往秩序相对的是向往自由。它作为一种政治观念并不是由索齐尼主义者和那些在原则上相信信仰自由的人们建立的，矛盾的是，它由完全拒绝所有宗教宽容观念的加尔文宗信徒所建立。

加尔文本人在《基督教原理》的最后一部中论及世俗权力时，谴责抵制行为，全部理由是它陷入了与制度对抗的反叛行为中，而那种制度因为它存在就必然是神意的安排。官吏是"上帝的奉职者"，抵制他们就是抵制上帝的法规。同时，他主张官吏的第一义务是建立真正的宗教，惩罚邪恶者为其第二义务。但是处于少数派地位的坚定的加尔文宗信徒在法国、苏格兰和低地国家要求通过抵制保护自己，反对迫害，这种形势刚一形成，建立真正宗教的义务就被加以强调而对异端的或邪恶的君主仍须服从的义务就不再提起了。① 把建立真正宗教的职责扩展到普通民众身上就完成了这一转变。

在1579年出版的作者不详的《反暴君宣言》② 一书中,这一点得到清楚的阐述。作者大大发展了加尔文的观点。"实在的权力"不再被认为在所有情况下都直接代表了万能的上帝不可测知的愿望。世俗的国家被描绘成君主和人民在上帝面前为建立真正的宗教而订立的双方契约的产物。每一方都是对方的保证人。君主的责任是建立真正的宗教并惩罚异端和渎神者;人民的作用是通过抵制君主任何有损于这一目标的行为来迫使他这样做。当然,这要首先假定这些契约不会带来实践中的困难,因为加尔文宗的教会已经明确地传授了什么是真正的宗教。

从宗教上抵制的教义发展到政治上的抵制是很容易的一步,在16世纪最后25年里,加尔文宗的大部分领袖人物迈出了这一步。加尔文的简单的圣保罗式的教诲在两方面得到了升华。首先,君主的功能不再被认为仅仅是惩罚邪恶者,而是从积极的意义上说,还在于维持公正的秩序,这是相对于在精神领域建立真正宗教而言的世俗领域的职责。对加尔文关于臣民与君主关系的教义更具有瓦解作用的是第二方面:尽管实在的权力是上帝规定的,人民则以神圣的行动者的名义采取行动。在诸如狄奥多尔·贝扎这样的作者和《反暴君宣言》的作者身上,实现了从神权政治理论向用人民权利这一术语表达的世俗的国家理论的转变。

在1576年贝扎的《行政官员对其属民的权利》中可以首先见到这一发展。他认为所有的权利都来自上帝,因此,服从的义务也就是顺从上帝的义务。但是贝扎把职位与占有职位的人加以区别。一个职位所具有的权威是神授的,但是提供人选来充任这一职位的权利则属于人民。因而具体的统治者是人民任命的,因此应该就其权力运用的正确与否向人民负责。三年后,《反暴君宣言》的作者通过考察人民权利的基础进一步发展了这种观点。他追述了关于最初的自然的无罪状态那种非常陈旧的假说,但是在他对于这一题目的处理中有某种新

---

① 参阅前面第94—100页。
② H. L. 拉斯基以《保卫自由反对暴君》的标题翻译出版(伦敦,1924年)。

颖而又意义深远的地方,这使得与其说他向后看到了一种古老的黄金时代或伊甸园的概念,不如说他向前看到了未来的国家本质的概念。他说人类的本性是热爱自由和痛恨奴役的,因此他们不允许对自由的任何减损,除非带来某种利益,比如保卫和维持公正的秩序。当"我的""你的"这类词汇开始使用,围绕财产的纷争出现以后,这一步就不得不走了。因此,国王受命保卫作为一个整体的民众免遭外敌侵犯,保护其中的弱者免遭强邻的鲸吞。在人民与国王之间,一个契约由此产生,根据这个契约,国王无条件地保证进行公正的统治,人民则有条件地保证服从——只要国王的统治是公正的。国王与暴君之间的古老的区别——暴君根据自己独断的愿望施政而国王根据法律施政——被保留了下来。但是这种区别的含义改变了。法律的地位之所以优越,与其说假定它与公正的秩序一致,不如说因为这样一个事实,即它是人民为了共同的利益而做出的决议。人民不仅是政府的根基,也是法律的源泉,因为众人的集体智慧比任何个人的单独智慧总能更好地造福于公众。因此,国王从人民那里接受的不仅仅有他的职位,还有法律。他是法律的保障和工具;法律是一个贤明君主的灵魂并赋予他行动、意识和生命。他的加冕誓言庄严地要求他履行与他的人民订立的契约并根据他们制定的法律公正从事。

非常明显,这是一个政府契约而不是一个社会契约。它假定人类的自然状况就是社会的状况,而且正是群体的人推举一个国王并与之订立契约。从作者就抵制问题所说的话中,这一点是清楚的。对异端国王或暴君必须予以抵制和废黜,但是这种责任不属于任何普通的个人,而是属于担任公职的官吏,因为只有他们能够代表民众的整体采取行动并在国王面前对公共利益负责。"普通的单独的个人不能拔剑反对暴君,因为国王不是由单独的个人而是由全体人民拥立的。"如果官吏的行动失败了,个人除了祈祷、顺从或逃亡以外没有任何补救方法。贝扎同意这一观点。这两个作者都充分意识到这样的危险:一旦承认在契约遭到破坏而个人的义务要求他们抵制君王时每个人可以自行其是,就会造成无政府状态。

摆脱困境的出路在于假定所有担任公职的人都能作为政府官员分担君主的责任。如果作为最高官吏的国王未能履行义务,这义务就落到作为较低官吏的国王的臣属们身上。这是一个得到广泛接受的观点。在《反暴君宣言》中,作者描绘了对国王负责的国王官吏与对国家负责的王国官吏之间的区别。后者的权力来源于人民,他们有责任根据契约保持权利并在国王未能履行其关于宗教或公正的义务时以人民的名义举起抵制的大旗。博丹持有同样的观点。他争辩说,公职属于国家而不属于国王,国王只有提供公职人选的权力,因此每个担任公职的人都有责任使公正原则得到贯彻,而不能以服从王室的命令为理由替自己开脱。

在这一段论述中将讨论的是自由的概念。加尔文主张的人类原始的自由已因堕落而丧失,目前人类处于一种被罪恶和政府所奴役的状况的教义已全部被摒弃。生命与自由已经成为人类的不可剥夺的权利和标志:"自然法告诉并命令我们维护并保卫我们的生命和自由,以此对抗所有的伤害和暴力;离开自由,生命就索然无味。"政府不再被看作是对于罪恶进行神圣的惩罚和纠正的机构,而是各种权利赖以得到保障的手段。服从的义务不再是对神意安排的戒律的无限服从,而是对民众拥戴的统治者有限的服从,条件是他要为人们拥戴他的目的服务。这就是说,在政治术语中,自由被构想为应由政府加以保障的事物。但是显然,当贝扎和《反暴君宣言》的作者为了替抵制辩解而把人民权利作为权威的直接来源以取代神权时,他俩谁也没有把人民权利建立在任何一种个人天赋权利的理论基础上。他俩都谴责个人的抵制,认为自由是全体民众为了共同利益选择自己的统治者和制定自己的法律的集体权利。法国人的认识则是从全体加尔文主义者的公社出发,这种公社对法国的王权进行了共同的抵制。

然而,一位名叫乔治·布坎南的苏格兰人在其著作《苏格兰陪审员的权力》一书中预见到了后来的天赋权利说的所有基本内容。他从人类天生的社会性开始论述自己的观点。人天生是社会性的;与生俱有的要求即是上帝的要求;社会的最高形式——"那被称做国家的以公正原则联合起来的人们的集合体"——是上帝最喜欢的社会形式。政府是一个社会的先决条件,他进一步争辩说那个政府必须来自人民。这样一来,他主要强调的与其说是人们天赋的自由——如上所述,它也可看作集体的自由——还不如说是他们天生的平等,这是个人之间关系的基本内容。"根据自然法则,一个平等的人既不可能也不应该僭取凌驾于与他平等的人们之上的权威,因为我认为,在那些在其他方面与之平等的人们中间这是不公正的，对命令和服从的回报都是平等的。"如果所有的人生来平等，那就谁也没有天赋的权力去命令他人。但是不可能僭取的东西可被给予。在这个基础上，他说人民是一切法律的源泉，并可任命所有的公职，他们服从君主，遵守法律的目的在于保证共同利益和互惠互利。换言之，公正的秩序是个人之间平等的关系；尽管没有明说，但似乎包含了这样的意思：使国王得到任命的契约的参与制定者也必然是一些个人。这种暗含的意思在他采取不寻常的步骤——证明诛杀暴君为合法——时显得更清晰了。破坏契约的国王就是暴君和公众的敌人。推翻一个这样的国王是所有战争中最为正义的，这一使命不仅可由全体人民的公开行动来完成，也可由他们中间的任何个人来完成。鼓吹诛杀暴君的风险是十分明显的。但是，如果说乔治·布坎南的平等原则意味着他认为他那自由社会中的每一个成员都分别地有条件地同意拥立某一国王，契约的破坏也就破坏了与每个人的信义，因此可以符合逻辑地推论在这种情况下，每个人都有权采取行动。

布坎南的另一部不太深刻的著作有这样一种特殊的重要性，即在书中完成了把纯世俗的国家理论同其宗教来源分开的工作。此书同《反暴君宣言》一样，没有一个章节论及国王建立真正宗教的义务或者臣民方面抵制异端统治者的责任。作者悄悄地避开了16世纪国家的这一面。国家的建立以人类与生俱有的社会性为基础，民众的政府则以人民的天赋平等为基础。国家为保障利益而存在，而抵制则完全表现为抵制不公正的现象。

在下一世纪，继承这一代加尔文信徒的人们进一步从这些关于国家必要形式的前提中抽取结论并争论代议制度无与伦比的效能。这种要求在16世纪已经提出，不过不是在论及抵制权的文章中。16世纪下半叶国王们与他们赖以施政的政府机构之间的矛盾使人们自从古典时代以来第一次关心起政体的形式，尤其关心国王与其领土上的各个等级、与议会或国会的关系。因此讨论趋向于集中到具体的形式及其历史背景而不是泛泛的哲学概念。博丹开其先河，他根据自己的国家观念重新考察了亚里士多德对政体的六种基本形式的划分。因为主权是国家的象征，他只承认国家的三种体制：一个人进行统治的君主制、少数人共同统治的贵族政治和多数人统治的民主制。但他在国家的形式及其运作的方式之间，用他自己的话说，在国家与政府之间进一步做出了自己的区分。国家的任何一种形式都能通过正常地具备另外两种形式中之一种的特征的机构发挥作用。这种分析使他能对实际政体的多样化做出比亚里士多德简单的六种划分远为准确和透彻的说明。尤其是通过这种分析，他能将他对君主政体的强烈偏爱与他对某种等级代议制的信任调和起来，前者因为统一和灵活而成为唯一可信赖的有效的国家形式，后者因为臣民可以表达其意愿并诉说其怨言而增加前者的稳定性。因此他把法国和英格兰描绘成具有民主政治作用的君主国，并坚信这是应该选择的比其他所有形式更高级的政体，因为它最稳定。

博丹之所以偏爱这种我们应称之为立宪君主制的政体，纯粹出于权宜的考虑。对他来说，可能存在的各种政体形式都同样合法，所有现实的法律制度和习俗都是环境的必然产物。他距离认为民众的任命具有任何具体效力的观点如此遥远，以至于他坚持认为服从的义务与服从者的同意毫无关系。一切权力都来自上帝，无论民众的整体还是构成整体的个人在任命统治者和制定法律的过程中都不起任何作用，统治者的权威来自上帝，法律的权威来自统治者。因此，在一个立宪君主政体中各等级的作用仅只是提供咨询。

但是在16世纪的最后25年中，在这场讨论中也和在其他讨论中一样，没有哪位作者能够以博丹那种哲学的超然态度分析形势。他们中的大部分人都直接联系到具体的事件上，而且在对这一事件的印象加以详细解释时遵从某种先入为主的关于合理制度的理论，例如德西塞尔或迪·埃兰联系到了法国的君主制。在所有这类作者中，最有趣的是弗朗索瓦·奥特芒，他把某种等级代议制度与自由认作一体，并在这种意义上把自由看作合法国家的基本标志。他的论文《法兰克高卢》是暴政与自由的对比，暴政以恺撒对法兰克人的强行征服和后来罗马统治的普遍特征为例，自由的状况则流行于法兰克人中、希腊城邦里以及日耳曼人、英国人和阿拉贡人当中；这些地方通过民众大会对人民进行统治。对未来发展意义深远的是：在这里，暴政与合法政府的对比不是专制政府与法治的对比，而是一个建立在暴力的基础上实行压制的政府同一个以公众利益为宗旨的政府之间的对比；前者的存在是为了满足统治者的野心因而可以假定它与人民的愿望相悖，而后者之所以那样是因为它建立在人民愿望的基础之上并因此而靠人民的忠诚加以维护。奥特芒继续争辩说，只有这样的政府才是可靠的，在其中，拥立或废黜国王、宣战或媾和、制定法律、颁赠荣誉、任命官职这些最高权力都属于民众会议或三级会议。"自由的一个基本内容是：以自身的代价和危险使每件事情得以完成的那些人，还应该在这些事情的完成过程中具有权威、参加意见，因为关系到所有人的事应该得到所有人的赞同。"他认为自从 751 年丕平当选后，在法兰克人中远已成为古老的制度了，但随着国王专制权力的增长而被逐渐地侵蚀。这种情况已经由于下述做法的发展而显示出来：官职变得可以世袭，使法律得到批准和生效的权力从民众会议转到了最高法院，也就是说，转到了作为国王傀儡的律师们手中。他始终认为一个这样的政府是暴虐的，因为它专断。自由是制度合理的政府必不可少的标志，只有当政府掌握在等级代议机构或其前身——"民众会议"手中的时候它才是可靠的。奥特芒把"民众会议"等同于法兰克时代的民众集会，而且认为在卡佩王朝国王们的大会中，这种民众集会成为永久的形式。尽管弗朗索瓦·奥特芒只参与讨论了法国的政体，但是显然在他心目中自由就是以政治的术语表达的，而且等同于代议制。

在英格兰关于政体的争论迟至 17 世纪才开始，因为直到那时，曾在法国发生的国内动乱和冲突的情况才又在英国出现。当那场争论到来时，与法国的情况基本一样，一方是主张君权神授的专制主义者，另一方是主张民众权利的自由主义者，后者当中的霍布斯在把专制主义同关于权威必然具有代议制特征的理论结合起来这一点上显示了与胡克同样的特色（在其他方面则大不相同）。《反暴君宣言》、博丹的《共和六书》以及奥特芒的《法兰克高卢》都被译成了英文，法国宗教战争中的经验与文献在英国的争论中被大量引用，这一切并不奇怪。

16 世纪下半叶，关于政治上的义务，明显的中世纪观点让位于明显的近代观点。在 16 世纪中期，无论是天主教、路德宗或加尔文宗的作者们强调的都是统治者和臣民的义务，因为国家和所有其他的机构都是根据它们在拯救灵魂的设想中所起的作用为出发点加以评判的。它们的存在根据法理是神圣的，因为要贯彻教规。到 16 世纪末，强调的重点转到权利方面。国家日益被视为属于自然状况，是那些为了使某些利益得到保障的人们的产物。奥特芒和布坎南已经给自由赋予了绝对的价值，博丹则给自由和所有权赋予绝对的价值而没有把它们同灵魂得救的任何设想联系起来。关于国家的职能是保证个人享有其天赋权利的理论在17世纪以前尚未呈现为充分的意识。但是奥特芒、博丹和布坎南都认为尊重臣民的自由和所有权是制度合理的国家的标志。

这种改变是16世纪新出现的个人主义的一个侧面。胡克正在退回到出发点上，他认为整体决定部分，维持每个成员物质和道德幸福的政治集团高于其中个别的成员。而他的绝大部分同时代人则把个人视为一个完全自足的单位。这种观点首先在宗教问题上显示出来，如把个人信仰抬高到位于教会总体权威之上并肯定宗教宽容的原则。在16世纪结束以前，这种观点在政治问题上也逐渐显示出来。人与人之间生来平等的信条，再加上推论统治者的权威基于臣民同意的基础上以及他享有的权力局限在臣民赋予他的限度之内，这些都是在宗教事务中可以全靠个人信仰的主张在国家事务中的反映。二者都标志着陈旧的集体观的衰落。认为教会是一个组织为共同整体的圣会，享有对其全体成员发布指令的神授权威的这样一种观念正面临认为教会是一些联合体，它们由对于所奉的共同信仰取得一致的一些个人联合而成的观念的挑战。统一的民族国家克服了中世纪政治社会中团体生活的多元状况，它也是个人的联合体，是由一些对于自愿在其中生活的法律、习俗看法一致的个人联合而成。在16世纪，改革后的教会的组织原则是这样一些信纲，在这些信纲中，那些一致认为对于灵魂得救必不可少的信条被加以界说；所有未包括进来的教义和实践是每个成员私人的事情。人们普遍认为：17世纪国家的组织原则是一个契约，根据这个契约确定了一些目标，而政治团体的建立，以及由此而来的对契约各方义务的限定都是为了这些目标。对于教规以及由此而来的对于承认权威的向往让位于对于自由和保障权利的向往。在证明一个观点时，人们越来越少地到圣经中寻找反映上帝意旨的启示，并且越来越多地到历史中寻找人类经验的证据。

（施青林　译）

第 十 七 章
欧洲以外地区殖民地的扩张和国际的抗衡

一　美洲

在腓力二世登上西班牙和西印度的王位时，征服者的时代已经结束。大规模入侵活动的首领几乎都已去世。有的是由于受伤和劳累而过早地死去，有的则死于嫉妒的竞争者的刀下。也有少数人在令人心烦和争讼不已的退隐生活中度过他们的中年，科尔特斯就是其中的一个。没有任何人获准长期统治那些他们为王室征服的省份。到1558年，已经建立了世俗的和教会的行政机构，并在数量、效率和开销上迅速增加。征服者在他们自己的凶悍性格方面并没有继承者。米格尔·洛佩斯·德·黎牙实比在1561年着手征服菲律宾时，已是墨西哥的一位官员；他的取得巨大成功的入侵活动，以他的外交才干和组织能力著称，不是以他的作战技巧著称，而且的确几乎是兵不血刃地取得成功。弗朗西斯科·德·伊瓦拉是杜兰戈的征服者；西弗朗西斯科·德·乌迪诺拉建立了萨尔蒂洛，并在科阿韦拉定居下来，他们是上一代征服者的典范，虽然有时也惯用暴力，但还是开采白银和饲养牲畜的企业家、殖民地的组织者，而不是半野蛮帝国的征服者。实际上，已经没有帝国可供征服了。在北美，科罗纳多于1540年的远征一无所获，只是发现了一些贫瘠的丘陵和被大群"野牛"以及零零落落的同野牛一样野蛮的印第安人所占有的显然无边无际的草原；只凭武力或才智的人们在那里是没有生存余地的。虽然新墨西哥和亚利桑那的普韦布洛印第安人那繁荣的但相对来说面积不大的城镇拥有白银矿藏并可以为征服者提供战利品；但直到1582年埃斯佩霍（Espejo）勘探格兰德河上游时，这里才被人们所知。1598年，胡安·德·奥尼亚特率领的远征队"占领"了新墨西哥，但这次占领不过是一个仪式，在此后的100年中，实际上普韦布洛人的村庄几乎没有受到西班牙人的骚扰——除了方济各会的传教士。

在南美洲，智利南部潮湿的松树林和东科迪勒拉巨大的热带雨林，对探险者来说，确实是难以通行的严重障碍，因而这里没有明显的吸引力。1557年，加西亚·乌尔塔多·德·门多萨对智利的阿劳坎人进行了一次成功的讨伐，但从其结果及其意图来看，主要是一种带有惩罚性和军事性的保卫边界的措施。16世纪60年代和70年代，在安第斯山东部兴建了一些新的殖民地（著名的加拉加斯建于1567年），但马尔多纳多的目的是为了勘探亚马孙河上游地区并定居在那里，结果不出所料，彻底失败了。奥雷利亚纳著名的旅行是顺流而下，想通向靠近河口的殖民地，结果也没有成功。圭亚那沿海的沼泽地带，被想象为"金色王国"的门槛；但在16世纪后期，这只不过是少数耽于幻想的西班牙人的一种难以言状的梦想，诸如特立尼达的总督埃尔南多·德·贝里奥。他后来成为沃尔特·雷利爵士的俘虏，并把他的黄金狂传给了逮捕他的人。贝里奥建立了一些小堡垒；但西班牙在圭亚那或在特立尼达的殖民地都未遭受过严重的袭击。

在南美洲东部漫长的海岸线上，葡萄牙人稀疏地定居在他们的甘蔗园和小的乡村城镇里。他们的主要敌手不是西班牙人而是法国人。法国人对沿岸地区进行了几年的勘察并砍伐巴西苏木以后，在科利尼的支持下于1555年在里约热内卢湾建立了殖民地。这些移民顶住了葡萄牙人的攻击；直到1567年，16世纪最有才干的巴西总督门·德·萨终于把他们赶了出去，并在海湾岸边建立了圣塞巴斯蒂昂城。葡萄牙人可以从西非获取奴隶，因而要比其他欧洲人处于更有利的地位，到门·德·萨的统治结束时，按照"大家庭"的样子建立的奴隶居住区和甘蔗种植园已经建立并扩展开来，到1580年已有大约60个制糖厂投入了生产。居民大约有20000葡萄牙人、18000定居的印第安人和14000黑人奴隶。西班牙和葡萄牙王国的合并并未产生什么影响。1582年在里斯本发布的特许状中，腓力二世答应把葡萄牙殖民地的商业和行政管理权留给葡萄牙人，而且他大体上履行了这个诺言。因此在 16 世纪，对于住在巴西的葡萄牙人并未加以干涉；直到 17 世纪，那里食糖利润不断增大，才使西班牙人企图以官僚机构对其加以控制，同时也引起了荷兰人的入侵。

西班牙人对属于自己的沿海地区从不怎么关心，在 1580 年以后更不怎么重视，因为这时他们再没有理由惧怕葡萄牙人的入侵了。从 1537 年以来，布宜诺斯艾利斯地区不断地被占领，到 1580 年这个殖民地才被承认为永久性的共同基地；但是布宜诺斯艾利斯对走私者比对移民者更为重要。这里是通往秘鲁的后门，也可作为与巴西进行秘密交易的通道。自然，这在西班牙官方的眼中并无可取之处。布宜诺斯艾利斯没有得到利马或马德里的援助，所以多年来仍是一个乡村。在 16 世纪末期，另一部分殖民地在今天属于阿根廷的圣地亚哥—德尔埃斯特罗、门多萨、科尔多瓦、萨尔塔建立起来；但这不是由来自海岸的人而是由从秘鲁翻山越岭过来的人们建立的。这些移民都是朴实谦和的农业居民，他们的主要职业是给上秘鲁的矿山提供骡子、谷物和肉类。甚至最初由逆河而上的人们所建立的巴拉圭的亚松森同大西洋沿岸也只有很少的固定联系，而且这点联系还是秘密的。在 16 世纪晚期它失去了与布宜诺斯艾利斯进行的少许的贸易。所有这些小块殖民地都很难维持。它们没有矿山也很少有贸易，因为那时西班牙本土的航运还没有扩展到使用拉普拉塔河，而且也禁止到那里去。它们从未成为扩展或征服的重要中心，直到 18 世纪时，在其附近的那些尚未被征服的印第安人部落仍然是令人头痛的事，有时甚至是一种严重的威胁。

在腓力二世时，西班牙在美洲的勘探和扩张已渐渐停了下来，但这绝不仅仅是由于越来越确信那里已没有什么探索的价值了，因为关于这一点仍没有一个人能够证实；也不是由于征服者们后继无人。实际情况是，在任何殖民帝国扩展的进程中，雇佣兵的首领迟早必然要让位于政府公职人员，冒险军人要被资本家或移民者（或兼有两种身份的人）所代替，拓荒的传教士也要被教区的教士所接替。对西班牙帝国来说，这样的替换在查理五世后期已经开始，到腓力二世时已大体完成了。尽管如此，在西班牙和西印度群岛仍有很多冒险家，他们能够并且在另一种情况下愿意向帝国已知的边界以外地区进行探险、征服和殖民活动。贵金属已经不是必不可少的诱人之物了。西班牙人完全可以建立农业殖民地,他们在智利、安蒂奥基亚和中墨西哥的普埃布拉盆地成功地做到了这一点。扩张几乎停了下来,直到很晚以后在加利福尼亚、新墨西哥和佛罗里达才有移民,阿根廷尚不为人所知,弗吉尼亚则留给了英国人。所有这些情况,在很大程度上是政府的谨慎和人为的限制政策造成的。

从某种意义来说,所有征服者都已经成为国王的代理人。如果他们的权力没有得到王室的承认,或是他们的活动未经王室批准,他们就无法奖励部下或在他们杂乱纠合的军队中维持纪律。总有一些妒忌的对手和不忠诚的副职官员随时准备抓住一些领导人在指挥权限上的任何明显的过错。因而这些领导人小心地维持着一种奉公守法的外表。科尔特斯从不忘记这种教训,所以他能以一个富翁的身份寿终正寝。贡萨洛·皮萨罗虽然是一位能干而又有名气的将领,但他在其一生的关键时刻竟忘了这种教训,结果以丢掉脑袋而告终。没有一个征服者——特别是在腓力二世的绝对统治下——能够设想不经国王或国王的代表总督的批准就进行一次成功的入侵活动。在腓力二世统治时期,这样的批准很少见,而且应允的条件十分吝啬。此外,普通立法所制定的各项规定和条件也使从前那种残暴无情的入侵活动几乎不可能进行了。1573 年的《海外发现管理条例》是腓力二世为了征服者有所遵循而颁布的著名的仁慈法典。其中规定:"无论陆上或海上的发现者,均不得诉诸战争或进行征服;不许支持一派印第安人来反对另一派;不许卷入同当地人的纷争;不许对他们有任何伤害;不许拿他们的任何财产,除非是他们自愿送给的或以物易物换来的。"① 按照这些条款来衡量,没有人赶得上科尔特斯,更无法与皮萨罗或努尼奥·德·古斯曼相比。

这样审慎地制止武力扩张,多少反映了王室反对早期征服者的残暴行为的意识;这些残暴行为由于传道的托钵僧进行的持续不断的人道主义宣传已被公布于众了。多明我会的传教士拉斯·卡萨斯同世俗的人文主义者西普尔韦达关于印第安人的地位的轰动一时的争论,直到 1551 年才在巴利亚多利德结束。奉命裁决他们争论的一个由神学家和法理学家们组成的法庭并未对此做出确切的结论,但总的来说,

---

① 《关于西印度群岛上……未发表的文献集》(马德里,1864—1881 年),第 16 款,第 142 条。

拉斯·卡萨斯争得了荣誉。新的政策也多少反映了腓力本人的性格和信心。这位伟大而谨慎的国王自然是想先行巩固而后扩张，先观望再起步。他坚持要做其前任从未做过的事情，即最全面、最详尽地搜集他的帝国内各地区的情报资料。他知道西印度地区空虚的边界，知道已有移民的各省境内大片尚未开发和尚未勘探的地区，还知道就住在可对要害地区发起攻击的范围以内的野蛮而又顽强的部族，这些要害地区包括巴拿马地峡和从萨卡特卡斯向墨西哥和韦拉克鲁斯、从波托西向阿雷基帕、从库斯科向利马运送白银的驼队必经的山路。直到1561年，在新西班牙北部的萨卡特科和瓜基基利（Guachichile）印第安人中间还爆发过一次广泛而又危险的起义。印第安人的反抗并不是内部危险的唯一根源。西班牙首领们在秘鲁进行的一连串内战，到1548年以贡萨洛·皮萨罗被处死才告结束；但是要在所有总督的管辖地建立起秩序，则是一个漫长而又困难的过程。到1560年，总督才宣布南部地区已经得到和平，而殖民地的武装封建势力也已被镇压下去。又过了15到20年，在伟大的弗朗西斯科·德·托莱多时期，才终于把机构完整和效率较高的行政机构建立了起来。

　　为了安全起见，在现有的省份能够住上勤劳的西班牙人和定居的印第安人，并由有才干而又顺从的文官进行管理之前，腓力希望停止进一步的征服是自然的。但停止扩张最首要的原因，还是由于已经注意到西印度作为王室税收来源而日益增长的重要性。王室从一开始就从西印度群岛获得了一些收益；但关税和印第安人的贡品等，却是微不足道的。直到查理五世的统治结束以前，甚至王室对开采出来的、或对从印第安人那里抢劫来的少量贵金属所征收的"伍一税"，相对来说也是很少的。然而，到了16世纪中叶，在新西班牙北部的萨卡特卡斯和瓜纳华托以及属于今天玻利维亚的波托西，发现了大量丰饶的银矿。用各种方式大量生产天然的矿石迅速代替了原始淘洗的方法。为了从矿石中提炼白银建立了大型工厂（指那个时代的大工厂），并普遍采用天井或与汞混合来提炼白银的方法。一股真正的白银洪流开始流入西班牙，几年以后王室的银税（quinto）成为其税收的主要来源。被滚滚而来的白银所吸引的西班牙移民的人数增加了，而其他名目的税收也变得丰厚得多了。在腓力二世即位时，他从西印度获得的收益几乎是他全部岁入的10%，而且还在不断地增加。考虑到腓力的大量债务及其对欧洲所承担的巨大义务，下列措施必然要成为王室政策的主要目标：急剧地增加西印度的税收；把西班牙人的资本和才能以及印第安人的劳力集中到开采银矿和其他带来财政收入的活动中；坚持发展现有的有利可图的各省，而不允许在遥远的地区和投机性的新的入侵活动中耗费精力。

在查理五世时，包括行政、司法和财政在内的一整套管理制度已在西印度牢固地建立起来了。[①] 腓力二世在文官管理方面相对来说没做多少改进，他建立了三个新的王室诉讼法庭——查尔卡斯（1559年）、基多（1563年）、马尼拉（1583年）。在腓力统治时期，殖民地的官员人数有了很大的增加，之所以必然如此，一方面由于西印度普遍的发展，另一方面则由于国王坚持要求做到的琐碎而又详细的报告，并要保存记录以备查询。腓力还特别在西印度和中央都极其精心地制定了国库的机构和制度，以便清查王室的账目。他开始更加严密地由中央（实际上是由他个人）控制官职的任命，并且为了王室的利益把已经存在的出卖有俸官职的做法制度化。这种出卖官职的做法成为岁入的重要来源；到17世纪时，已扩大到出卖更高、更重要的官职而且成了一种流弊；然而在腓力二世时期，对此一直是加以限制并小心抑制着。国王常常拒绝西印度群岛会议的劝告，试图用许多其他的方式从新大陆增加他的收入，不受欢迎但有利可图的西班牙过境税（alcabala）在1575年推行到西印度，并成为可与银税相比的税收来源。尽管其行政费用不断增加，但从西印度所得的纯收入还是稳步地增加了。在1585年（公认为最高年份）来自西印度的收入几乎达到王国全部收入的1/4。

为了增加来自西印度的岁入而进行的这种不断的艰苦的努力最终要靠当地印第安人的劳动才取得成效。美洲大陆各王国固有的最吸引人的一个特点就是有大量组织严密的劳动力，所以西班牙殖民者在早期养成了过度浪费劳动力的习惯。然而，在整个16世纪，印第安人口的数量减少了；在这个世纪里，缓慢而持续的衰减过程又因三次或四次大范围的流行病所造成的灾难性的打击而更加严重，从而使其人

---

① 参阅第2卷，第572页。

口一蹶不振了。虽然这只是对中部墨西哥推算出来的不精确数字,①但毫无疑问,在所有印第安人与欧洲人有经常接触的那些省里,其过程大致相同。同时,西班牙人和被认为是西班牙人的梅斯梯索②的数量,则由于自然增长和外来移民而缓慢地但是稳步地增加。仅从新西班牙来看,在这个世纪中叶到末期,总计从大约 5 万人增加到超过 10 万人,但随着银矿、养牛场和欧洲型农业的发展,他们对印第安人劳动力的需要大大超过其增长的比例。所以,管理印第安人事务的那些常见的详细的立法条例,绝不仅是出于对印第安人福利的父亲般的关心(虽然这确是很真诚的),而且还出于需要以最经济和有效的方法来利用日趋减少的劳动力供应。1545—1546 年,天花病的流行使新西班牙和秘鲁都受到了传染,随后在 1549 年和 1550 年便以立法权力从私人手中强行征集被迫劳动者,并把他们交给公众事务部门。总督和王室诉讼法庭有权批准从印第安人村落招募成批的劳动者,他们被政府或私人雇主临时雇用和从事专门的劳动(付给工资),如采矿、食品生产、建筑和各种公共建筑工程。除此以外,"懒惰"的印第安人也被强迫从事有固定工资的职业。这时,秘鲁总督辖区仍处于混乱状态;但在新西班牙,这些并不太严格的做法,在以后的 25 年中发挥了很好的作用。这是白银生产最初的大发展时期。印第安的人口保持着相对的稳定;没有发生传染病,所以人口的衰减比较缓慢。印第安人的劳动力是由大量输入黑人奴隶来补充的,而且人口的一般情况还是比较好的。但是,在 1576—1579 年间另一种严重的传染病蔓延到新西班牙,而且与普遍的看法相反,事实表明,黑人对于疾病的免疫力并不比印第安人强。随后便是疯狂地寻找劳动力。"自由"劳动者的工资自然有极大的增长。在新西班牙,对于分派制劳工的招募已被当时的总督恩利克斯从临时的和偶然的招募变成定期的经常的招募了,而且对它的需求量也稳步增长起来。在秘鲁,这种改革更加剧烈。一次最厉害的传染病发生的时候正是波托西丰富的浅层矿脉已渐渐被采掘殆尽,需要更深的矿井去采掘矿石并需要更高的技术来分解矿石的时候。万卡韦利卡的大汞矿作为对波托西的一种补偿已经蓬

---

① 参见第 2 卷,第 583 页,注释①。
② 西班牙语 Mestizo 的音译,原指混血儿,在中美和南美指印第安人与欧洲人的混血儿。——译者注

勃发展起来。为了开矿，还为了把矿工们需要的食品和燃料运送到荒凉的波托西山地，都需要越来越多的劳动力。为了满足这些需要，弗朗西斯科·德·托莱多总督建立了米达制（mita），这一制度要求在任何一个时期的劳动力大约占这个省幸存下来的成年男性印第安人的1/7。每年大约有14000名劳工和他们的妻子儿女前往波托西，这些有期服役者是那些为了工资或者为了自己的利益来做工的自由矿工的补充，此外，还有奴隶；但奴隶也由于疾病传染而大量死亡。托莱多坚持要为有期服役者提供一所配有一位住院医生的医院，但是按照波托西当时的历史学家加普舍的说法，这些印第安人害怕医院更甚于害怕矿山。

自从1576年以后，对于分派制劳工的使用必须主要限于采矿和食品生产方面。在3/4个世纪里，曾经代表新西班牙特征的大规模的教堂建设几乎全部停了下来。自从征服以来第一次出现了食物的短缺。城里的市场要靠生产玉米、水果、蔬菜、家禽、饲料、木柴和许多其他必需品的印第安人提供；但印第安人的农村由于实行分派制而使其人口减少了一半，并被夺走了大量幸存的劳动力，因而难以养活自己，没有剩余可供出卖或贡献给委托地占有者。小麦是西班牙人雇用印第安人为西班牙人的消费而种植的，但由于缺少劳动力，产量也下降了，所以从1578年起政府就不得不开设有权强行收购和限定价格的国有粮仓。过去既便宜又丰富的肉类现在变得短缺并且昂贵了，不过此中还有其他原因。家畜，尤其是在公共牧区自由放牧的绵羊和山羊势必繁殖到其生存条件的极限，然后又势必破坏其生存条件。在墨西哥中部的广大地区和秘鲁的山谷，包括大片在征服以前曾种着庄稼的土地，第一次变成了公共牧场，继而又变成光秃秃的被侵蚀的荒野。结果，游牧的做法被更多采用，因而更加毁坏了印第安人的耕作，使被毁坏的土地越来越多。到16世纪末，在整个西印度（顺便应指出，也在西班牙）绵羊的头数以及繁荣的毛纺工业都急剧地衰落下去。牛对土地的破坏性比绵羊小一些，仍保持着原来的数量；但是牧场主将其迁移到离城市更远的新牧区，这就使肉类的供应越来越难以维持，而经营牧场的收益只能越来越依靠皮革和牛脂了。所以在1576年以后，这个世纪中叶的那种小康繁盛的局面已经不存在了。1596年，另一次灾难性的传染病使新西班牙的经济再一次猛烈低落。

第十七章 欧洲以外地区殖民地的扩张和国际的抗衡

从总督的报告中可以看到：在16世纪末，幸存的印第安人一直濒临饿死的边缘，而在歉收的年景里，一些西班牙人的城市也经历了近乎饥荒的情况。这种情况，在17世纪的绝大多数时间里经常出现。

印第安人人口的持续减少使西班牙人不得不自己生产食物，不再依靠印第安人的供应了。曾经像王侯采邑一样的委托地只能收取微薄的年金，几乎不够向国王交纳申请的费用。西班牙人拥有的并由其经营的自给自足的大庄园是食物短缺的必然结果，特别是在西班牙人集中的采矿区。分派制劳动对于这种形式的大庄园里的工作，临时性和不稳定性太严重，到16世纪末雇佣劳动已在乡村和矿山都日益普及起来。印第安人只有离开他们的乡村到西班牙人那里寻找工作，才能逃避分派制和贡税的负担，而这种负担随着乡村人口的减少自然地加重了。通过劳役抵债制，劳动力还越来越固定在地产上和矿井里，因为在萧条时期，印第安工人很愿意接受预付的食物、衣服和钱财并以自己的劳动来偿还。这些预付债务很难全部偿清；这就产生了一个新的阶层，他们的债务世代相传，永无穷尽。所有这些原因，使建立这种庄园的那些地方的古老的自给自足的印第安人公社迅速瓦解了。政府虽然有时通过立法来制止向印第安人放债，但从长远来看，对此也只能默认而已。这种社会状况和经济状况的变化也反映在王室的教会政策中。查理五世时，政府曾把在西印度传教和教会管理的任务交给托钵僧会的传教士，这些托钵僧认为他们自己和印第安人的利害关系大部分是一致的。他们和印第安人住在一起并用印第安语传教。他们的政策也和王室的政策一样，维护印第安人公社及其土地的完整，并且防止他们与世俗的西班牙人接触，但他们必须纳贡并提供有限的劳役。在这个方面，他们曾找到一种暂时解决的方法，即由委托地占有者控制的殖民地社会。但是，委托地占有者封闭的家长式统治终将成为经济和行政发展的障碍，也会刺激国王，正如委托监护制本身一样。在腓力二世时，王室的政策突然改变了。正如西普尔韦达和他的追随者们一直鼓吹的那样，印第安人不仅基督教化了而且西班牙化了。他们将学习西班牙语，而且将作为工匠和劳工融合在西班牙人的社会中。为了教会的目的，他们最终被置于直辖教区的管辖之下。由主教控制的并得到王室支持的1565年和1585年的墨西哥宗教会议，逐步地但是坚决地实施了特伦托宗教会议的敕令，即任何传教士如果不服从主教团的权威,他们对俗人就没有救治灵魂的管辖权。修道会的势力和特权越来越小,而那些教区僧侣的势力和特权则日益增强。教区僧侣的数量也增加了,这一方面是由于移民增多的结果,另一方面则由于克里奥尔人①教士阶层的出现,他们凭借大学(墨西哥大学和利马的圣马科斯大学都创办于1551年)的教育和宗教法庭(1572年建于西印度)的戒律而处于优势地位。教区里的官僚式的教士集团,其中一部分为克里奥尔人,对于偏远省区的传教事业毫无热情,也不关心保护那些极易受外界影响的印第安公社,使其不与世俗的西班牙人接触。那种以朴素单纯为基础的建立印第安人基督教的理想的目标从视野中消失了。培养土著教士的愿望也随之破灭。圣方济各会对印第安人进行高等教育的富有想象力的尝试大部分已被放弃。著名的圣地亚哥-特拉特洛尔科印第安人学院,是1536年在最初的两任总督和一些较为开明的委托地占有者支持下创办的,这个学院屡经变迁一直维持到1576年;但那年的流行病夺去了大部分学生的生命,教师们也丧失了信心,从此它再未恢复原状。到这个世纪末期,这个学院的校舍已毁坏得无法修复,只剩下两个房间成了梅斯梯索儿童的小学校舍。它的命运是注定如此的。新西班牙圣方济各会的编年史作家门迭塔在追述查理五世的统治时,将它描述为黄金时代,并将科尔特斯比做西班牙的摩西;如果那个狡猾的冒险军人读到这个描述,他一定会大吃一惊。只要印第安人还保持淳朴,托钵僧就是他们最忠诚的朋友。到16世纪末,这些托钵僧只剩下两条路可走了:或者安心地隐居在自己的修道院里,或者把他们的传教热情转到殖民地偏远地区的更不开化的土著中去,他们中有许多人最终这样做了。

在16世纪最后25年中,西印度就这样经历了一连串破坏性严重的人口、社会和经济的危机。这期间,西班牙本土也发生了一场经济的和人口的危机,直到18世纪开始以后才结束。西班牙无力吸收殖民地出口的皮革、染料、食糖和其他产品,对于西印度这些商品生产的下降起了很大的作用。同样,西班牙工业越来越不能以优惠的价格向美洲的西班牙城市提供足够数量的产品,这就更加深了殖民地生产因亏损所造成的困难。在西班牙经济上机会的减少加上生活条件的恶

---

① 在16—18世纪时指出生于美洲而双亲是西班牙人的白种人。——译者注

化，也促使更多的西班牙人（既有俗人，又有僧侣）移居到西印度，虽然那里的经济条件也不好，可是在整个 16 世纪末期和 17 世纪大部分时期里那里的食物比西班牙要充裕一些。因为殖民地社会的性质，这些移民对于西印度来说，如果不是根本没有增加劳动力，也是只增加了很少一些；相反，却增加了许多吃饭的人。最后，西班牙王室的财政困难亦迫使它不断地榨取更多的资金，即美洲的居民越来越难以提供而且几乎全部以白银提供的资金，同时也给西班牙的货币形势造成不良的后果。由于西班牙和西印度的经济和人口的危机正好是同时发生的，它们之间就这样相互激化了这两种危机带来的损失。

在这种国内困难日益严重的时期，虽然不得不改变政策，但政府的持续不变的方针和坚定不移的目的仍是把白银安全定期地运往西班牙。但是装运白银的船只反而成为战时的敌国私掠船与平时的海盗主要的攻击目标。直到 16 世纪最后几十年，西班牙的敌国一直很少考虑去夺取西班牙和美洲的土地。这个帝国看上去过于强大、过于遥远因而不能发起公开的进攻，而且进攻的代价也太高了。欧洲的其他沿海国家寻求更简便的方法阻止可作为军费的白银运往西班牙并据为己有，他们或在海上用武力夺取，或通过非法贸易获得。结果是新世界各国间的对抗长期集中在加勒比海路，通过此海路，西印度群岛的白银和热带产品运往东方，新世界的西班牙人为过舒适的生活所主要依赖的欧洲的酒、油、手工业产品运往西方。在查理五世与法国的长期争夺中，来往于西印度群岛的运输船一直是法国攻击的目标。1555 年雅克·索利对哈瓦那的劫掠引起了强烈的震动。此后，政府的一个当务之急就是修筑城堡以保卫港口和到西印度群岛的通路，用武装的船舰保护白银的运输。的确，在腓力的统治开始时卡托—康布雷奇和约以大部分有利于西班牙的条款解决了两个强国一直在为之公开争斗的问题。但西班牙人不相信和平会维持很长时间，也不相信法国政府能够或者甚至愿意控制那些私掠船的船长们为了自己的利益所采取的海盗行为。问题还不仅是海上的劫掠，根据当时的经济理论，非法贸易几乎成为一个具有同样危险性的威胁。

来美洲的殖民者们十分需要奴隶和各种制成品，他们有大量的硬币供其使用，但法律却规定他们只能与既贪得无厌又效率很低的特许商人打交道，这就为走私商提供了极好的市场，很值得冒险前往。在

16世纪60年代，外国商人的走私活动第一次成为西班牙政府在加勒比地区的严重问题。走私商大部分不是法国人，而是英国人。开始，这些走私商们的首领是机敏、多才的约翰·霍金斯。霍金斯于1562—1568年间组织了四次前往加勒比地区的贸易性远航，他亲自指挥了其中的三次。他在英国装上布匹和杂货，再到西非海岸装上直接从商人手里买来的奴隶，他打算把货物和奴隶卖给定居在西印度的西班牙人，然后把返回英国时装运的食糖、皮革和白银搞到手。这样，霍金斯的计划开辟了后来称之为三角贸易的航线，打破了葡萄牙和西班牙对这一地区的垄断权。但霍金斯并不满足于仅仅从事偷袭式的走私贸易，更不愿进行公开的海盗行为。他似乎已经产生了郑重的希望，要从西班牙取得特许证，使其贸易合法化。英国和西班牙和平相处，有着传统的友谊；霍金斯闻名于塞维利亚地区，在那里有朋友和商业上的顾客；他准备缴纳一切合法的税金；而且为了报答给予他进行贸易的特许证，他将作为私掠船主为西班牙国王服务，帮助国王清除西印度群岛水域的海盗和外国走私商人。特别是，他估计到了佛罗里达海峡在战略上的重要意义，而且知道法国试图由勒内·德·洛多尼埃在佛罗里达海岸建立据点，这将对西班牙的海上运输构成极大威胁。霍金斯希望把这个殖民地摧毁于初建时，以此显示他的服务的价值。

虽然作为商业冒险来说，霍金斯的前两次远航取得了很大的成功，但总的来说他的计划完全失败了。他认为西班牙殖民者和低级政府官员们很愿意与他合作，这是正确的。但在最后一次的返航途中，由于连续的恶劣天气，他不得不来到墨西哥湾，被迫在圣胡安—德乌卢阿的韦拉克鲁斯港避风。在那里他遇上了从西班牙驶来的一支护航船队。在随之而来的战斗中，他的船只大部分被击毁，他和仅存的15个同伴历经艰辛，于1569年1月才回到英国。这场战斗和其后对英国遇难者的虐待，在英国引起了反西班牙的情绪。整个事件清楚地表明，西班牙政府不容许任何类型的私商在美洲海域活动，任何外国人都被看作是海盗，如被抓获，就要受到如此之虐待。因此，西印度群岛的外国商人必须是秘密地前往或是很好地武装起来前往。同时，西班牙人在这个地区的新的部署表明，他们能够为自己做到他们不允许霍金斯为他们做的那些事情——这可能也是霍金斯失败的原因

第十七章 欧洲以外地区殖民地的扩张和国际的抗衡

之一。

　　加勒比地区的海陆联防，无论针对的是私掠船、海盗还是走私犯，都需要有统一的指挥。这个任务在 16 世纪 60 年代交给了佩德罗·梅嫩德斯·德·阿维莱斯，他是当时最为精明强干的海上指挥员之一。梅嫩德斯的第一项重要行动就是在 1555—1556 年间护送一支返航的船队。1561 年，他被任命为西印度航线舰队总司令，1562 年，他以总司令的身份率领这支当时已经横渡过大西洋的最大的船队出海并返回，这支船队有 49 艘帆船，其中有 6 艘是军舰。在此后的两年中，他致力于建议国王制定一部关于西印度群岛贸易的法规，这部法规于 1564 年和 1566 年间公布于世。他的建议有三个要点：（1）为横渡大西洋的船只强制护航；（2）在西印度群岛主要港口设防并建立军舰修造所；（3）组织以西印度群岛为基地的、以巡查主要商业航路为目的的巡洋舰分队。

　　自 1542 年以来，护航制便用于战时了。那时，西班牙每年横渡大西洋的单程船运总量达到约相当于现代容量的 10000 吨。从 1542 年到与英国的战争爆发以前，运载总量大约增长了 1 倍。许多船只是比较小的。尽管在整个 16 世纪里船只的平均吨位呈增长趋势，但是，最大的船也很少超过 600 吨。离开圣卢卡尔的船只的数量，每年差别很大；梅嫩德斯时代，平均每年为 60 到 70 艘。按照 16 世纪的水平，这要算是一支大船队了，它需要有相当的力量加以组织。梅嫩德斯全部给以强制护航，但是，对于那些航速快、武器装备良好的有可能得到特许例外的紧急航行则另当别论；而且，梅嫩德斯赋予护航制以固定的、有特色的例行法规，这项法规为人们遵循了一百多年。去新西班牙的船队，被安排在每年 5 月离开圣卢卡尔，并经常通过莫纳海峡进入加勒比海域。到达加勒比海后，去往洪都拉斯和大安的列斯群岛的船只就分道而行。大多数的船只通过伊斯帕尼奥拉岛和古巴南部，穿过尤卡坦海峡再跨过墨西哥湾，到达韦拉克鲁斯。霍金斯在圣胡安—德乌卢阿遇上的就是这样的一支船队。前往巴拿马地峡的船队于 8 月份离开圣卢卡尔沿着稍微偏南的航线，驶过向风群岛。部分船只驶向大陆上的小港口，船队的主要部分在农布雷—德迪奥斯抛锚（后来又在贝略港抛锚）。在农布雷—德迪奥斯，船队卸下给秘鲁的货物，装上白银。而后，在卡塔赫纳的避风港内停留。这两种船队都在西印度过冬。前往巴拿马地峡的船队于1月份起锚返航，它们沿着一条西北方向的航线行进，直到可以绕过圣安东尼奥角到达哈瓦那。通常讲，这是一段舒适的右舷风向的航行。与此同时，墨西哥的船队于2月从韦拉克鲁斯出发，经过3—4周的艰苦努力，迎着贸易风，于3月份到哈瓦那赴约。哈瓦那为航海船只扼守着这个唯一的方便的墨西哥湾出口。船队在此地整修、装贮食物，力图结伴而行并在初夏回到西班牙，为的是赶在飓风季节到来之前顺利通过热带水域。船队乘风破浪，穿过困难、危险的佛罗里达海峡，向北航行，直到可以赶上偏西风从而驶过大西洋。每次护航的任务都由战舰执行；根据国际形势和可供使用的船只的情况，派出2—8艘战舰护航，就靠这些战舰去抵御埋伏在巴哈马和亚速尔群岛的劫掠船。

哈瓦那是护航制度的中枢要地，至少对于回国航行是这样，因此西班牙的敌人对它最为重视。梅嫩德斯把哈瓦那建设成一个几乎难以攻陷的要塞，在200多年的时间里成功地抵御了敌人的进攻；他还在哈瓦那建起一座造船厂，不但能利用当地木材建造轻型战船，还可以整修各种类型的船只。他摧毁了引起霍金斯注意的法国在佛罗里达的居留地，并在那里建立了西班牙的圣阿古斯丁要塞；他在古巴加强了圣多明各和圣地亚哥的防御。但他的构筑防御工事和组建海军巡逻船队的计划，由于缺乏资金而经常拖延。直到1582年前，一直没有打算在加勒比海配置常驻舰队，在这一年，有两只桨帆并用舰扬帆划行横渡大西洋，从里斯本驶往圣多明各。其中一只在驶达后不久便失事被毁，另一只的水手们发生了哗变。无论是以圣多明各为基地，还是后来以卡塔赫纳为基地的桨帆并用舰都是效果平平，桨手难以补充，日常费用高昂。从这个世纪开始以来，国王的海军参谋们一再向他进言要在西印度群岛保持一支真正的帆船舰队，但是对此一直没有采取有效的行动；直到17世纪30年代由于海上灾祸屡屡发生，才痛苦地明确感到需要，但为时已晚。虽然西印度群岛对于西班牙至关重要，可是欧洲战事的危急导致不断地从西印度调走船只，因而只有梅嫩德斯的精神和毅力才能保证他们具有哪怕是防御的力量。

梅嫩德斯在西印度群岛度过的年代，是紧张活动的年代，而且全面地看，也是取得显著成效的年代。他死于1574年；但他构筑基地、训练和组建横渡大西洋的护航船队的事业，已由许多有才能和有精力的后继者（包括他的一个儿子和一个侄儿）继承下来，使西班牙的众多殖民地在经历了消耗巨大的长期海战之后完整地保存下来，而且与西班牙的交通联络并未中断。

梅嫩德斯在西印度群岛从事最伟大的活动的整个时期，对西班牙的大西洋航线加以保护并维持秩序的任务，困难愈来愈大，花费愈来愈高。虽然宗教内战的原因使法国暂时退出了国际战场，可是法国的海盗们却仍然为了他们自己的利益在活动，而英国的劫掠者也愈来愈大胆，宗教仇恨更加增强并扩大了他们的贪欲。不久，由于尼德兰的反抗和与英国的公开战争使这两个北大西洋最强的沿海国家把战船和私掠船派往加勒比海，并形成了可怕的力量，从而在针对西印度群岛进行独立指挥的报复性远航方面出现了另一个海上奇才——弗朗西斯·德雷克。

正如梅嫩德斯是保卫西班牙的西印度群岛的中心人物一样，德雷克成为攻击那里的中心人物。德雷克生前死后都被他的同胞看作是海军奇才和新教徒信仰的化身。他制造了以勇敢的海盗和富有而又无力自卫的西班牙人为内容的传说，这在长达几代人的时间里一直影响着英国在加勒比海的政策。他是英国大群贫穷的绅士们的英雄和模范，他们是一些小地主，迫于物价暴涨和社会变化而从事私掠活动，也可以说是"搞条船并果断地使用它"。对西班牙人来说，"德雷克"是用来吓唬小孩的名字。实际上，德雷克制订了一个完整的西印度战略计划，代替了许多分散的小股劫掠；他有效地贯彻了自己的计划，获得了很大的但并非彻底的成功；他造成了巨大的破坏，掠得了大量战利品，并严重地削弱了西班牙的战斗力，但并没有打破西班牙对加勒比地区领土占有的垄断权。

德雷克作为一个非法商人开始其与西印度群岛的关系，并在圣胡安—德乌卢阿结识了霍金斯。从这以后，他便基本上成为一个官方授权的私掠船船长，而他于1570年和1571年进行的两次远航兼有奴隶贸易和全面勘察的作用。在1572年，也就是西班牙大使被从英国驱逐后的第二年，德雷克扬帆开始了他的第一次重大劫掠；在这次只用两条船和70多人的著名的远航中，他突然袭击了农布雷—德迪奥斯，并劫获了由秘鲁满载银子越过地峡的三列骡马队。战利品足够德雷克一伙的每一个人终生富有。

在1574年，也就是梅嫩德斯去世的那年，英国和西班牙两国政府勉强地暂时和解了。但英国的船长们还继续"造访"加勒比地区，带着强制拘捕证同较小的居留地和逃亡黑奴们做生意，或从事小股劫掠的活动。他们中间谁也没有取得可与德雷克相比的成果。他们的政府任随他们去做海盗自谋生路，他们中间有些人——包括德雷克的朋友、于1576年鲁莽地袭击地峡的约翰·奥克斯南——被西班牙人捕获处死。梅嫩德斯已经成功地把加勒比海搞得即或说不上是西班牙湖，至少对单纯劫掠的人来说是一个危险的游弋海域。从未把自己看作海盗的德雷克在那些年里对西印度不闻不问。从1577—1580年，他撇开此事进行了他那次伟大的环球航行。他在这一次航行中完成了迪亚士、达·伽马和麦哲伦三人多年来分别完成的航行。这次航行的成就是巨大的；但除了夺取卡卡夫戈（Cucafuego）以外，它对美洲形势的影响是精神上的甚于物质上的，长远的甚于直接的。它大大提高了英国的海上威望；它发现了一条绕过合恩角通往太平洋的航线，这条通道比麦哲伦海峡危险少些，不过对于当时的舰船来说，危险也少不了许多；它打破了当时西班牙对于在美洲的太平洋沿岸海面航行的垄断；迄今为止，那一直是一种真正的而非仅仅法律意义上的垄断；由于地峡以及通过地峡运输的财富有受到两侧攻击的危险，从而大大增加了西班牙政府对殖民地的忧虑。

在1585年英国和西班牙开战的局面已经确然无疑之前，德雷克一直没有再在加勒比海露面。那年"出航西印度群岛"的行动已不只是劫掠，而是由20多只帆船组成的船队进行的一次大规模的海上行动。这个计划与30年前法国人所制订但从未实现的计划相似。这个计划的内容包括：首先攻击圣多明各和铁拉菲尔梅的港口城镇，特别是卡塔赫纳；而后与黑奴们协同从陆地攻击农布雷—德迪奥斯和巴拿马，以求控制经过地峡的陆路的两端；最后夺取哈瓦那。德雷克的希望是由英国的常驻军队固守哈瓦那和卡塔赫纳。如果成功就会使西班牙在西印度群岛的交通补给体系土崩瓦解。还有可能使西班牙在许多年内或许永远得不到在欧洲作战的资金，把西印度向英国开放并任其开发。到16世纪末，这个计划的构思已经证明了西印度群岛在欧洲国际对抗中的重要地位。在200多年的时间里，英国、荷兰和法国的海军将领及政府官员们多次制订了与德雷克计划完全相似或部分相似的计划。有些和德雷克一样，暂时取得了部分的成功；但是加勒比海确实太大，岛屿过于分散而又荒无人烟，不可能在一次战役中征服。更何况大规模水陆作战的指挥官所面临的士兵的健康问题，要比早些时候打了就跑的袭击者严重得多，因为他的大批官兵要在相当长的时间里在陆地上生活并作战，从欧洲来的海上和陆上的生力军由于热带战役可怕的死亡率而消耗殆尽。西班牙人、蚊子和气候一同挫败了每一次袭击。

西印度群岛和铁拉菲尔梅的行政首府圣多明各，是西班牙帝国最大的城市之一；它那石砌的建筑物和宽阔的街道与广场给人留下了深刻的印象。它有防御工事和为数不多的训练有素的士兵组成的守军。攻取这座城市可以说是英国指挥官在西印度群岛所企望的最为野心勃勃的战绩。德雷克夺取这座城市所采用的战术，与索利（Sores）早年在哈瓦那采用的一样，但使用的兵力却是索利那时的10多倍。给这座城市的繁荣景象带来的破坏是严重的，也是永久性的。所有主要建筑物都被掠夺一空，要塞炮台上的大炮和军需品都被拆掉，守岛船队的船只也在海港被烧毁。

德雷克的下一个主要目标是卡塔赫纳，这是一座比圣多明各小得多的城镇，但在战略上却重要得多，又因准备装运西班牙的货物和金银矿都在这里集结储存，所以它也可算是一个更有价值的争夺地。卡塔赫纳有坚固的防御工事，而德雷克却不顾它那组织良好的勇敢抵抗而对它发动了攻击；在德雷克进行的包括错综复杂的危险的领港工作和冒着汹涌澎湃的大浪同时登陆在内的全部两栖行动中，大概这是最辉煌的一次。然而，在战斗进程中，英国部队由于伤亡和疾病已由原来的2300人减员到大约800名健壮的人。由英国驻军守卫卡塔赫纳毫无问题。德雷克决定放弃进攻地峡的打算，转而进攻开曼群岛，之后又攻打了圣安东尼奥角，对他的船只进行整修并使人员恢复精力后，他想在那里截击从新西班牙来的船队。但是，5月的天气很坏，船队平安地偷偷溜过了。德雷克断定哈瓦那的防御太强大以致不能攻克，便于1586年6月启航回国，只在中途停下来摧毁了圣阿古斯丁正在建设中的防御工事，它们位于倒霉的法国人在佛罗里达的居留地。

这次"出航西印度群岛"虽然在更大的目标上是失败了，但却给西班牙领地在物质上造成巨大损失，并使西班牙的威望遭到更大损失。西班牙当局没有忽略他们失败的教训。在16世纪90年代，尽管在欧洲迫切需要船只和部队，还是把西印度群岛的陆上和海上防御进行了全面的加强。安东内利在这方面开了一个头，他是当时最好的军事工程师，他在波多黎各构筑了非常好的工事，成为加勒比海防御中的处于上风的棱堡；他这样做与其说是因为这个地方对西班牙人具有的直接的重要性，不如说是出于不使它被西班牙的敌人所用的关键性需要。与此同时，加勒比海各基地之间的交通联络也由于装备了快速急遣船艇而得到了改善。1595年，又一支庞大的舰队在德雷克和霍金斯的共同指挥下驶离英国；在这次将成为他们俩最后的远航西印度群岛的行动中，他们发现西班牙人早有准备并有能力抵抗。英国人在圣胡安—德尔波多黎各被挫败，但十分奇怪的是，三年以后，那位才能稍逊的坎伯兰竟夺取了这个地方，然而未能守住。他们放弃了再次攻打卡塔赫纳的计划，在地峡（西班牙人为了更易于守卫的贝略港而放弃了农布雷·德迪奥斯），一支由精选出来的750人组成的分遣队从陆路攻打巴拿马，但被一场暴雨和西班牙的伏兵赶回到他们的船上。在德雷克死于贝拉瓜沿岸海面以后，托马斯·巴斯克维尔爵士接替他指挥。他在佛罗里达海峡遭到佩德罗·梅嫩德斯·马尔克斯指挥的强大的船队的截击，不得不在一场连续的战斗中冲杀出去，这是在西印度群岛发生的正规舰队之间的第一次海战。这次战斗不是决定性的；但正值西班牙在欧洲遭到惨重的失败并且不可能拥有后备船只和兵员去增强西印度群岛的防御时，这次战斗扫清了加勒比地区的袭击者。

在16世纪，法国和英国总想打破西班牙对西印度群岛贸易和领土垄断的企图，总的来说就这样都归于失败了；即或有些成效也是暂时的。零散的袭击事件继续不断发生，要冒着危险从事的大宗的走私贸易发展起来了。新近来到加勒比海的荷兰人与西班牙的战争使他们在失去了葡萄牙的海盐之后，在这个世纪的最末几年才在委内瑞拉沿岸开始了有利可图的贸易。他们把制成的商品带来，再把从阿拉亚天然盐田挖掘出的盐以及烟草和皮革带回欧洲。但是，西班牙人仍有办法对付他们。在1605年，路易斯·法哈尔多在阿拉亚捕获了12只荷兰船，并一度中断了这种贸易。总之，委内瑞拉和附近岛屿毕竟是边缘地区；加勒比海贸易的主要根源地并未受到损害。

在 1596 年，根据海牙条约，亨利四世的法国以及英国和联省共和国结成了一个反对西班牙的同盟，它看起来强大得足以肢解西班牙帝国。一支英国和荷兰的联合舰队很快就消灭了加的斯港的全部美洲护航舰队，从而使西班牙与西印度群岛之间的交通联络中断几达两年之久。这个同盟也未能履行其条约；法国人退了出去并于 1598 年签订韦尔万条约单独媾和。根据后来的解释，亨利四世是想在这一条约中确保分享美洲贸易。在当时，没有任何证据可以证实这种企图；即或进行过这样的努力，它们也是不成功的。已经筋疲力尽的西班牙缺乏人力、船只和财力来负担其巨大的责任，可是仍不考虑公开准许外国商人进入其加勒比禁区。西印度群岛继续吸引着冒险家们，而且愈来愈多，但他们的事业仍仅限于走私和袭击，这种活动很容易自然而然地堕落为海盗行径。

出航到西印度群岛的利润和风险说明了长期以来英国和法国的冒险家们不愿意效仿西班牙人的做法到未被西班牙占领的地区去建立他们自己的定居点。在西印度群岛劫掠战利品的希望之大足以使到别处从事更富有建设性的冒险活动既缺乏私人资本又无国家援助；而那些自愿的定居者和商人面临的障碍是存在着被认为要对私掠船的袭击负责的危险。当然，这并不是唯一的原因。另外一层原因是这样一种观念，即认为既然西班牙人已把美洲最富裕和人口最稠密的地区全都占领并设防了，剩下值得冒险和花费去并吞的就没有什么了。事实是，这种观念并非确然无疑。雷利就是一个不相信这种观念的人，他看到自己有可能成为一名征服者；但雷利是个例外，在西班牙的委内瑞拉和葡萄牙的巴西之间的圭亚那——大河密布的无人地带——引起了一些幻想。在 16 世纪 70 年代和 80 年代驱使人们到北美洲沿岸探险的主要动因并未立即导致他们去建立殖民地。捕鱼业的价值的确是很有吸引力；但捕鱼的人并不考虑定居。从西北进入中国的通路带来的是贸易，不是殖民地。金银对于英国人的吸引力肯定像对西班牙人的吸引力一样强烈；但是就连伊丽莎白时代那些思想活跃的人们，乃至女王本人，都认为在一片辽阔的大陆上无目的地寻找是毫无希望的。在 1576 年、1577 年和 1578 年弗罗比歇的三次航行，由于带回的金子全是假的而宣告失败，这使探险家们的猎金活动推迟了许多年。

被殖民地本身的好处所吸引而在美洲开拓殖民地的新的兴趣首先在那些从爱尔兰获得了有关经验的英国人中间萌生出来。爱尔兰位于去美洲的路上,许多想在美洲建立定居点的英国西部人,如吉尔伯特、格伦维尔、雷利等,都是曾在爱尔兰建立定居点的重要人物,他们自然会想到把自己的经验在更有前途的环境和更容易控制的民族中间加以应用。土地在16世纪的英国是进行投机和投资的最大的唯一的出路,但是土地的投机生意使地价日益高昂而且许多地产已无利可图,因为占有土地期间管理十分麻烦,王室封建占有权加在土地上的负担也十分沉重。一些"爱尔兰"派认为,在美洲可望获得大片便于管理的地产,他们还可以用封建贵族的权力来支配。印第安人作为劳动力有可能(而且的确是)人数太少,过于落后,但是被从英格兰土地上赶走的那些人构成的自耕农移民,则可望使之相信生活在野蛮的印第安人中间比生活在爱尔兰的天主教徒中间还要好。

在1578年颁布给汉弗莱·吉尔伯特的特许证——建立英国殖民地的第一个特许证——中,对于发现和征服都有记载,但没有明确规定吉尔伯特探险的目的地。他的意图只能部分地根据后来的事件和部分地根据他的著作加以推测。著名的《发现通往中国的一条新路》一书,读起来像是给弗罗比歇的中国公司做广告宣传,也没有表现出对于开拓殖民地的兴趣;但是,虽然此书直到1576年方才出版,但其中大部分早在10年前就已写成,那时吉尔伯特还没前往爱尔兰。另一方面,他在1577年写的信件和呈文中包含了想象力丰富、内容广泛的建议,这不仅反映了他在爱尔兰的经验,还反映了理论地理学家们,特别是著名的约翰·迪伊对他的影响。吉尔伯特似乎想开拓两个定居地,一个在北美洲东岸的北部,另一个在南部。南部定居地将作为大规模袭击西班牙的西印度群岛的基地,北部定居地作为前往中国路上的驿站。此外,北部定居地的目标还在于尽可能控制班克斯渔场。构成这个设想的既有知识也有想象;在班克斯捕鱼的60年间,英国人在与葡萄牙人、西班牙人、法国人和荷兰人的竞争中因为缺少大量便宜的盐而受到了损失。这样,他们就不能在海上把湿着的鱼用盐腌在桶里,只能在岸上把鱼晾干。因此,虽然在班克斯海面捕鱼的英国人居于少数,但在纽芬兰海滩则人多势众,在那里他们建立了夏季营地和晾鱼场地。或许就是基于这种优势,他们取得了领土主权。

整个计划首尾一贯，非常周密。可以说，它是同年德雷克开始在太平洋完成的计划在大西洋上的翻版。它实际上收获不大。1583 年，吉尔伯特在他最后一次航行中"占领"了纽芬兰，既然没有人对这一宣称提出认真的质疑，纽芬兰就属于英国了；在当时，所谓"占领"只不过是形式而已，对渔民几乎毫无意义。在返回途中，吉尔伯特溺水而死。倘若他成功地建起了一个殖民地，印第安人就要受苦了；在爱尔兰，他对待被征服的民族始终是非常苛刻残忍的。

雷利马上就着手推行他的异母兄弟提出的计划。他把注意力全部都集中在北美洲海岸的南段。于 1584 年雷利得到特许证，被赋予更多的权力；同年他便出海远征探险。1585 年，由格伦维尔指挥的第二次远征在罗阿诺克岛开拓并建立了一个定居地，它位于卡罗来纳班克斯水湾与浅滩之间。这个地方很不适宜，没有深水抛锚地。也和早先那些冒险家一样，这些开拓者对定居者所需要的来自母国的给养和援助重视不够。不久以后这些定居者便失去了信心，所以当德雷克出航西印度群岛返国途经罗阿诺克时，他们便搭乘他的船回英国去了。几个星期后，当格伦维尔的接济性质的远征队到达时，发现他们都已走了。1587 年，雷利派遣了一支由 100 多名男女组成的新的移民队，令其前往切萨皮克湾，那里抛锚停泊的条件较好。但是，他们还是在罗阿诺克定居并自谋生计。1588 年年初，一次小规模的接济性远航由于被海盗袭击而未能渡过大西洋；无敌舰队造成的危机从中妨碍了格伦维尔以更强的力量出航；直到 1590 年一支远征队才到达罗阿诺克，发现殖民者已不见踪迹。至今无人知道他们遇上了什么事。这就是 16 世纪英国人企图在北美洲定居的结局。它们都纯粹是私人的企图。女王除了给弗吉尼亚命名外，对他们毫无帮助；当然，说句公道话，如果没有女王的支持，雷利根本就无法参与开拓殖民地的计划。雷利本人把注意力转移到了圭亚那。他对圭亚那的探险考察，以及为这些活动辩护的企图，给全世界留下了一部英语的散文杰作《辽阔、富饶和美丽的圭亚那帝国的发现》；在这部著作中，他附带赞赏了西班牙人的勇气、技艺和顽强精神。但是，在宫廷供职多年后的雷利不是一位征服者；在克服热带探险的艰难困苦方面，他也无法与其竞争者贝里奥匹敌。雷利在圭亚那根本没有开拓殖民地。他的同时代的人——利、哈考特、罗，虽然希望不是太高，只是热衷于烟草种植，而没有想要建立"金色王国",但结局亦不见得更好。结果,若干年之后,倒是荷兰人取得了成功。

对于所有拓殖活动来说,要想取得成功必须具备两方面的因素:一方面是私人自发的经济刺激;另一方面是政府的指导、保护和时而加以限制的政策。这两方面的因素同等重要;缺少一方,另一方就不会有什么成效。在16世纪,无论是法国还是英国,这两方面的因素都不够强大。绝大部分资助者、投机者、商人看不清海外殖民冒险活动对他们的好处。的确,英国存在着土地与劳动力的矛盾问题,而且愈来愈尖锐;但自耕农移民长期以来一直是到爱尔兰而不是到美洲去寻找出路。同时,与赚钱较快、红利较多的袭击活动相比,长期的、建设性的定居地政策对英国政府就毫无吸引力了。在英国,所谓政府的支持和组织,在16世纪从来不过是简单的呼吁,即每当西班牙在某处宣称拥有统治权时对它提出抗议。1577年,吉尔伯特提出了他的最有说服力的请愿书,名为《论女王陛下如何给西班牙国王制造麻烦》,主张对西班牙和葡萄牙的捕鱼船队进行无端的攻击。同样,到罗阿诺克的冒险活动,就政府的关注而言,也仅仅是攻击西班牙的侧面运动,并非头等重大的利害关系。法国在卡托—康布雷奇和约之后,对袭击西属西印度群岛或开拓美洲殖民地最感兴趣的人们,是来自大西洋港口的胡格诺派教徒;而在这个被宗教战争所分裂的国家里,天主教政府既不能也不愿意支持异端反对派的殖民活动。因此,在16世纪末仍和16世纪初一样,在美洲定居的殖民地还仅仅属于西班牙和葡萄牙,1580年后这两个国家在西班牙的王冠下实现了松散的统一。所有其他国家在开拓永久性居留地方面都一无所获,只有少数几个幻想家期待过某种值得获取的东西。

在17世纪最初的若干年里,无论是法国还是英国都出现了意义深远的变化。这时,欧洲人的居留地在北美大西洋沿岸开始扎根。私人资本和政府援助联合在一起,第一次使人们有可能在没有半开化易驯服的土著劳动力的地区开拓永久性的殖民地。这种态度变化的原因之一,是日益认识到过去对西班牙估计过高,西班牙的力量主要是一个靠它的威望和美洲的金银所维持的错觉。西班牙人缺乏舰船,他们的许多舰船都已陈旧。由于缺乏物资和熟练的技工以及在设计和制造方面的保守倾向,使西班牙在舰船和武器的发展上落后于英国和荷

第十七章 欧洲以外地区殖民地的扩张和国际的抗衡

兰。由于深陷于欧洲事务,他们还缺乏战斗人员、水手和士兵。西班牙人对他们的运银船队和这些船队途经的航路确实保护得很好,但正是由于把战船和守军集中于西印度群岛,才使得西班牙无力保护它在美洲其他地方独占的权利。更何况西班牙人对此已失去兴趣。1590年,他们花了很大力气去搜寻弗吉尼亚居留地以便予以摧毁,但却不知道它早已销踪绝迹。当时曾计划在切萨皮克湾建立居留地并构筑工事,以防英国人对这里再做打算。这些计划都落空了,机会也失掉了。到1602年,政府认为危险已经过去,再次限制扩张,负责的官员甚至认为他们自己在佛罗里达的殖民地也无保留价值而想放弃它。当英国开拓者力主在北美洲东部用不着攻击西班牙人时,他们是正确的,对西班牙人可不加考虑。

在英国,导致态度变化的第二个原因,是对于在西部从事种植业将取得的经济和社会效益有了新的估计。过去那种直截了当的对土地的欲望和对金银的追求,还是那么强烈;但是还考虑到了在美洲的殖民地能够出产其他英国迫切需要的产品:廉价的食品,特别是鱼;葡萄酒和干果之类的美味,它们一般从法国或地中海地区进口;烟草——一种在欧洲得到迅速普及的美洲产品;最重要的是木材、大麻和松脂一类战略物资,它们通常来自波罗的海地区,而且可能被敌人的海军所切断。另一方面,殖民地区将成为英国工场主独占的市场;就连印第安人也能学会讲究"斯文"并穿着绒面呢衣。开拓殖民地能转移(想象中的)过剩人口,使需要救济的穷人变成有用的劳动者或小自耕农,从而解决由于农业结构变化带来的普遍的失业问题。诚实的非英国国教徒,如不图谋反对国王,也会找到平平安安做礼拜的地方。天主教徒的首脑人物曾援助过吉尔伯特;反对国教的人后来就定居在新英格兰。殖民对每一方——政府、投资人、移民——都有好处。结果,出现了对大规模船运业的需要,这个行业平时是海员的职业,战时则是海军力量的来源。

宣传机构在创立这种新的乐观主义方面起了很大的作用。英国把兴趣集中于美洲在很大程度上应归功于小哈克卢特的毕生努力。他是地理出版业的主要创办人。我们所了解的早期的美洲航海路线,几乎全应归功于他。他是衔接两次弗吉尼亚探险热的继往开来的人物,第一次在16世纪80年代,以失败而告终;第二次在下个世纪开始以后，取得了永久性立足点。最早激发他的兴趣的是吉尔伯特的计划。他在早期的短文《论西部种植》中提出了大胆的主张：应该把到北美洲开拓殖民地作为国家以及私人的事业和资源去考虑。这种主张没有引起直接的反响，因为哈克卢特的意见未被女王和她身边的顾问们采纳；但是哈克卢特在将近40年的时间里始终不断地写作、报告、出版、进言。他结识了绝大部分主要的冒险家。他的《英格兰民族重要的航海、航行和发现……》是一部包括了历史研究以及对原始记录加以精心保留和科学编辑的不朽之作。其他的航海国家没有一个拥有这样的著作。对于哈克卢特同时代的人来说，这不仅是对过去成就的记录，也是对新的努力的激励。他的著作弥补了约翰·戴维斯那样的科学的航海家以及地理学家和数学家们著作的不足，其中包括优秀的可以直接谒见女王的约翰·迪伊。在哈克卢特之后还有一大批其他小册子的作者，他们中许多人都很有才能和说服力。后来，伊丽莎白时代晚期的诗人和剧作家接着进行宣传。英国有影响的人物、政治家、廷臣、财政家，逐渐地都接受了哈克卢特的思路。没有一个殖民地能比弗吉尼亚和纽芬兰得到更多的"好评"。

年迈的女王死后，从袭击向拓殖的转变加快了。詹姆斯一世于1604年与西班牙媾和，并坚决要求他的臣民维持这种和平——正如雷利从他的损失中觉察到的那样。许多颇有名气的船主十分善于在战争期间进行私掠活动，但在和平时期则不许他们从事海盗活动。相反，在另一方面，政府并不反对在尚未被占领的地方以和平方式开拓居留地。1604年，在伦敦条约的谈判中，詹姆斯宣布他愿意承认西班牙对它已经有效地占领的全部领土享有垄断权，但不承认西班牙对美洲尚未被占领的地区也享有权利。1609年，有效占领的原则，体现在荷兰与西班牙的战争暂时结束签订的安特卫普和约的一项正式条款中。这个原则成了一项国际法原则，被法学家们明确承认，也得到大部分沿海国家的默认。正如詹姆斯必然希望的那样，1604年的默认包括了从1606年起英国在弗吉尼亚进行的拓殖活动。

英国在美洲所有的殖民地都建立在那样一些地方，那里土著居民稀少，未开化，如果人多则构成威胁，但又过于野蛮而无法作为劳动力来雇佣。16世纪的失败使开拓者得出了教训，即他们迁移的社会团体必须有技术熟练的欧洲人作为劳动力。还必须采取某种方式诱使这些人移居。他们移居的费用,从英国向他们提供的工具、种子和装备都必须由开拓者偿付。无论是风险、责任还是花费,都是个别私人或小型合股所不能胜任的。拓殖活动要想成功,必须是联合股份的冒险事业,在其中,许多人可以投入他们的金钱而不必以身冒险。要成立这样一个既有对土地的合法权利和对移民的统治权威,又有要求海军保护的权利的公司,一份皇家特许证是必不可少的。在1606年、1609年和1612年授予弗吉尼亚公司的特许证,其形式主要应归功于托马斯·斯迈思爵士的毅力和才能,他是伦敦的大商人并成为公司的第一任财务管理人。这些特许证由一般用来授予贸易公司的那类特许证改写而成;它们在国王、为计划筹措费用的城市商人和移民之间建立了最初的、意义深远的协作模式。公司的总管理权委托给全体股东。一个人要想成为一名股东,可以通过两条途径:一条是投资,即购买股票;每股价值12镑10先令,这是安置一位移居者的预算。另一条途径是投入他本人,这也可使他成为股东,即自费携同家眷和仆人移居到弗吉尼亚。一个人相当于一股。在初期共同劳动之后,土地便按投资比例分配给各股东,不管他们是否移居者。移居的股东便成为耕作者或自由农,只向公司交付很少的免役税。最初他们自己组成,后来选举代表组成殖民地会议。在他们下面的社会等级还有合同仆人,亦即由公司或单个雇主出资移居来的人,他们必须在一定的年限里以劳动偿还,合同期满便有希望成为佃农或自由的持有土地者。

　　董事们,以及所有投资者,都希望从免役税、从他们本公司从事的贸易以及从对其他商人贸易的征税中抽取其红利。他们发了很多有关营利性农作物的种植法、开矿法和海军补给品贮存办法的指示。这些指示从未得到贯彻。在最初几年,移民们即使在英国的帮助下也难以解决吃、住和防卫问题。在他们到达几个月内就死亡过半。最初,如果不是约翰·史密斯的鼓舞人心的领导能力和他同印第安人的接触,不是那些最早的领导人物的特性(他们是一批老练的纪律严格的军人,靠着野蛮的纪律保证了他们的人去开垦、耕作而不是到森林中去打猎和寻找金矿),也许已经全部死掉了。移民们靠着种植单一的专为销售的作物——烟草,从接近于饥荒的只能维持生计的经济中挣脱出来。烟草的种植和烤制方法是在向圭亚那航行的途中从西班牙人那里学到的。烟草在弗吉尼亚很容易种植,也很容易卖给荷兰商人,他们再运到欧洲去卖。靠这种方法,于1607年5月在泰德沃特海滨上建立的小镇詹姆斯敦生存并成长壮大起来,这就是一个伟大的大西洋帝国的发端。

与此同时,在遥远的北方奠定了另一个完全不同的帝国的基础。自从卡托—康布雷奇和约以后,法国在美洲大陆的利益受到了限制,所以毫无成效;但是法国的深海捕鱼者却在班克斯捕鱼业的发展中占了突出的地位,在16世纪后半期来自比斯开港口的人们开始在圣劳伦斯湾和圣劳伦斯河口港湾就已开始从事赢利的捕鱼和捕鲸事业。法国的海员们到岸上找寻木材和水,晾干鱼或提取鲸油时,第一次发现同印第安人以物易物,用工具和小五金器具换取毛皮长袍的贸易可以赚钱。毛皮长袍是印第安人的主要衣着,也是他们唯一可供销售的财产。裘皮服装是地位和财富的象征,特别是海狸毛皮,作为一种很耐穿用的厚呢的原料,在北欧是价格昂贵的商品。卡蒂埃于1534年怀着抵达太平洋的希望进行首次勘察的那条大河,对于富有冒险精神的法国人来说,始终没有失去其吸引力。而现在又开始产生了新的经济上的意义。位于萨格奈河与圣劳伦斯河汇合处的塔杜萨克,已成为季节性的毛皮市场所在地,它的前景如此乐观以至于在1588年,国王被说服授予卡蒂埃的两个侄子一项贸易垄断权,以使他们保证建立一个殖民地。这个计划以及后来的一些计划,均未见成效。1598年,拉罗什在塞布尔岛开拓了一个短命的殖民地;1599年,沙文企图在塔杜萨克建立永久性殖民地,未获成功。加拿大因其严冬、花岗岩、冰冷的湖泊以及阴暗的枞树林,对于拓荒者来说真是片冷漠无情的土地。捕鱼人只在夏季同它打交道。

然而,鱼和毛皮毕竟具有越来越强烈的吸引力,法国人要想把这个地区的渔场和毛皮贸易有效地垄断起来,就必须在那里开拓永久性居留地。亨利四世继位以后,从王室得到首尾一贯的支持的前景有了改善。1605年,一位新的专利权获得者——德·蒙茨在阿卡迪亚湾沿岸即现今的新斯科舍成功地建立了居留地。像弗吉尼亚一样,阿卡迪亚在它最初的年代里也有一位常驻的历史学家,即精力充沛的马克·莱斯卡博,他记录了殖民地开拓的艰苦过程。它逐渐发展为一个由能吃苦耐劳、自给自足的捕鱼人和农夫组成的不大不小的村落。在1610年,它接待了最早的两位到达新法兰西的耶稣会传教士,他们

第十七章 欧洲以外地区殖民地的扩张和国际的抗衡

的到来意义深远。到 1613 年，这个居留地已牢固地建立起来，因而引起弗吉尼亚公司的妒忌和敌视。它将成为一百多年中争执的关键。

圣劳伦斯河流域是一个大得多的问题。撒母耳·德·尚普兰和被他激励的追随者们对这条大航道进行了系统的考察，它并不像他们希望的那样通向太平洋，而是进入美洲大陆的腹地。尚普兰刚好来自布鲁阿日，它是维持渔业的盐的重要产地。作为海员、绘图学家和科学家，他从不做发现一个北方秘鲁的黄金梦。他是 17 世纪最伟大、经验最丰富的探险家之一，在他的探险生涯中始终得到政府和他的商人赞助者的充分信任。通过他的一位曾在西班牙海军做过领航员的叔父帮助，他于 1599—1600 年在西属印度群岛旅行达两年之久；他对自己经历的公开报道第一次为他博得皇家的赞赏。从 1603 年直到 1635 年去世，他完全投身于探索北美洲的事业。从 1604 到 1607 年这三年时间，完全用于对芬迪湾和缅因海岸的细致考察。除此之外，他的注意力都集中于圣劳伦斯河流域。他是广泛应用印第安人的独木舟去做内河旅行的第一位欧洲人，这对未来是重要的指示。他最早发现了五大湖，并最早认识到在注入圣劳伦斯河的三条较小的航道——萨格奈河、渥太华河、黎塞留河——上进行贸易的可能性。在 1608 年，不顾塔托萨克地区的巴斯克人垄断者是否同意，尚普兰在 100 英里外的上游俯临狭窄河湾的悬崖上建立了魁北克，并利用没人可与他竞争的同印第安人的关系把毛皮贸易集中到了这个新的居留地。魁北克是一个贸易站而不是殖民地；它的居民不仅从法国运进商品，还运进大部分食品。他们与法国和内地的印第安人的交通联络，全是通过水路。奇怪的是，尚普兰从未意识到这个水上贸易站的战略弱点：哈得孙河谷像一支矛枪直指新法兰西的心脏。根据印第安人的传说，他肯定知道尚普兰湖有一个通向大西洋的出口。建立魁北克之后仅仅一年，即 1609 年，哈得孙发现了这个后来以他的名字命名的河口。不久，荷兰商人便开始从海边逆流而上开发这条河的贸易。然而，这对新法兰西的威胁还远在未来，长期以来魁北克一直是通往加拿大的要道。

法国在美洲发展的年表，与英国的历程极其相似。这两个国家的行动使人联想到棋盘上或者有意互相模仿或者进行战术对抗的情景。棋子的巨大变化和棋盘的漫无边际的尺寸，直到 1610 年以后很长时间才完全明朗；但在那时，这场竞赛的总貌还是能够辨认的。虽然并非毫无争议,西班牙人总之是得到了加勒比海和美洲的"腰部"。法国人在圣劳伦斯河、英国人在大西洋沿海新建立的小型居留地都已经扎根,并且由于对方在远处的存在而变得心怀忌恨。在安特卫普和约之后获得自由的荷兰人,也在海岸等待抓住有可能进行掠夺或运输的任何机会。在这个棋盘上,堂而皇之的武装对抗持续了 200 多年。

二 亚洲和非洲

直到 16 世纪末,除了西属菲律宾群岛外,在亚洲的大部分地区能够行使军事和政治权力并从事团体商业活动的欧洲人只有葡萄牙人。在葡萄牙国王保护下工作的官员、军队、移民和商人以及牧师,是欧洲在从东非到中国这片广阔地区的唯一代表。他们的东方帝国印度公司——亚洲舞台上一个确立起来的为人熟知的角色——说明如何在遥远的东方组建欧洲的企业问题第一次得到了解决。存在的问题是五花八门的,诸如:管理问题,即如何在本国和海外建立某种对空前遥远的地方实行有效控制的中介手段;航海、补给和防卫上的各种技术问题;政治问题,即如何处理与亚洲一些具有侵略性的不过常常相互敌对的国家的关系;商业问题,即确保香料贸易垄断权以及在欧洲适合东方市场的产品寥寥无几的情况下如何确保购买力以维持贸易的问题;以及把政治、贸易同基督徒义务结合起来的道德问题。那些首创性的解决办法,并非全都一样有效,但都很有趣,有些办法则被其他在亚洲的欧洲强国采用。

向海外扩张的原始动力来自王室,而印度公司在整个 16 世纪一直保持着皇家企业的性质。[①] 它的主要目的是经商,直接控制亚洲贸易并确保国王作为经纪人的利润。这种以经商为首的动机可能被大谈十字军反对穆斯林以及个人荣耀的编年史家们[②]或专为教化、激励信徒而写作的传教士们搞得模糊不清了,但印度公司依然是一个彻头彻尾的贸易性企业,而非征服和殖民的工具。

为了管理海外事务,在里斯本成立了许多新的机构,如:印度

[①] 参见第 2 卷第 20 章,第 601—604 页。
[②] 加斯帕尔·科里阿例外,他的著作《印度传奇》着重说明了经商目的,并论述了贸易和行政的机构组成。

院，负责海运、外销的货物和销售进口香料；军械处，负责招募船员，提供船长、领航员、航海图以及航海用的仪器和武器；高等上诉法院，任命海外的司法人员，制定海外的司法条例；道德军纪局，负责处理宗教事务。其中最繁忙的机构是印度院，它负责处理由海外运来的全部货物，一一登记，凡属私人物品则进行征税，凡属国王采购的物品则进行贮存以备销售。设在佛兰德的皇家代理店在16世纪前半叶的业务，以及后来增添的向商业辛迪加按合同供货的业务，也都由印度院监督。印度院还负责为开往国外的舰船备办货物，洽谈造船事宜，监督粮食给养的筹措，保存所有去往东方人员的花名册和全部来往信件的副本。

所有海外部门都由国王的五人枢密院监督和协调，而且，尽管它有许多任务，但在1569年以前一直没有专设印度事务大臣，而且这个职位在1578—1584年间也空缺了。随之而来的必然是机构运转发生故障。在1580年后，西班牙与葡萄牙两个王国的合并更加剧了复杂性。西班牙的腓力二世许诺尊重葡萄牙及其公司企业的独立身份和权益，这意味着从此以后所有海外部门的日常业务，统由新设的葡萄牙财政委员会、驻里斯本的葡萄牙总督和位于巴利亚多利德的葡萄牙议会中的印度事务大臣三方审查，然后呈送日理万机的国王。如果说印度公司因为国王直接关注而受益，它也因为相互掣肘的、常常是相互对立的上司过多而受损；它总是人员不足，永远陷于琐碎事务中。在这种管理体制中必然存在犹豫不决和拖沓耽延。

随着其胡椒、香料和其他东方商品赖以销售的市场体系的崩溃，印度院的负担更重了。这些商品曾是每年两次运往安特卫普的皇家代理店，在那里销售给主要来自德意志南部的商业辛迪加，从而在欧洲各地分销。这种体制一度运转良好；葡萄牙人能够半垄断胡椒和香料，而赫希斯泰特尔家族、韦尔瑟家族、曼利希家族和富格尔家族则可以供应德意志的白银和匈牙利的铜，这都是印度和非洲贸易所需要的。安特卫普作为国际商品和货币市场而日益发展，曾经进一步促进了业务的开展。但是到16世纪中叶，葡萄牙对亚洲胡椒贸易的控制被大大削弱了，而在欧洲，法国人对葡萄牙人开往安特卫普的船只的攻击，迫使国王不得不更多地利用外国的、特别是阿姆斯特丹的船只。与此同时，作为白银供应者的南部德意志人也受到美洲白银货流的冲击，他们对波罗的海贸易的控制也受到荷兰人日益增长的通过松德海峡的海运贸易的挑战，而他们的国内市场又因施马尔卡尔登战争横遭破坏。1548年，葡萄牙人在安特卫普的代理店关闭，有利可图的转运贸易被放弃，北方市场的卖主只得在里斯本直接从印度院采购。尼德兰对帝国财政要求的抵制愈来愈强，1557年西班牙政府破产以及德意志南方失败的连锁反应，继之以葡萄牙于1569年宣告停止支付然后是尼德兰的起义，对斯海尔德河的封锁和安特卫普被洗劫，所有这些都使再想恢复以安特卫普为基础的那种贸易方式已经不可能了。

退出北欧意味着国王失去了一份收益，但更严重的是黎凡特的胡椒和香料贸易的复兴。它在16世纪40年代就很明显了，而到50年代已构成了威胁。土耳其人的势力在1538年进入亚丁，1546年进入巴士拉，从而打开了通向印度洋的通道；奥斯曼帝国因1539年与法国的同盟以及于1540年与威尼斯媾和而重新打通了南欧之路。此后，古老的黎凡特地区与亚洲的贸易迅速复兴。富格尔家族把他们的黄铜出口转向威尼斯，到1558年他们不再在里斯本购买香料，而在亚历山大港购买香料的尝试取得了良好的结果。在同一时期，威尼斯驻阿勒颇领事把从巴士拉到阿勒颇的由商队进行的香料转运描绘成"我们的殖民地贸易的主要基础之一"。到16世纪60年代晚期，荷兰和英国的观察家们估计，欧洲的胡椒约有一半是经黎凡特航路运抵的。由于欧洲消费量的增长和普遍的通货膨胀，使得香料价格不可能大幅度下降，但葡萄牙人利润的削减仍然是惨重的。大型商业辛迪加的投机生意进一步影响了里斯本市场，到1569年国王在安特卫普宣告停止支付。1570年，国王塞巴斯蒂安被迫进行果断的变革，放弃了王室对胡椒和其他香料贸易的垄断。这时，他的所有臣民都可以经营这些货物，并把马拉巴尔诸港口向采购者开放。要他们承担的唯一义务是：必须把全部香料运往里斯本，并在那里向印度院缴纳税金。

这个措施等于承认：保卫北非以反对穆斯林、保卫西非以反对欧洲人并忙于开发巴西的负担使国王无力经营里斯本与果阿之间的全部贸易。黎凡特贸易的复兴同样表明：葡萄牙的力量在亚洲已过度紧张了。因为忙于应付当地人对马六甲海峡和摩鹿加群岛的猛烈攻击，再加上由于开辟了与中国和日本的贸易而进一步扩张，使得印度公司的海军舰队不能再定期扫荡红海和波斯湾里土耳其人的桨帆并用舰,也不能再封锁商人们在东南亚开辟的新的香料贸易线。此外,1557年国王约翰三世死后,在11年的摄政期内削弱了王室对东方官员的控制,从而敞开了纵容胡椒和香料走私的漏洞。正如威尼斯领事所解释的那样,运到开罗的香料"都是经葡萄牙士兵放行的,他们在红海控制着印度,为了自己的利益而不听国王的命令,因为他们要想在那个地区谋条生路,只能靠出卖肉桂、丁香、肉豆蔻、肉豆蔻干皮、生姜、胡椒和其他药材"。1569年,国王塞巴斯蒂安对印度公司的行政管理进行的改组,1580年后腓力二世的进一步强化,部分地挽回了在印度的局面;同时,阿拉伯半岛和也门反抗奥斯曼的起义,1570年威尼斯和土耳其之间重开战端以及谢里姆二世死后土耳其出现的混乱都更加严重地破坏了黎凡特商道。即使这样,在这个世纪结束以前仍有相当数量的香料继续运抵黎凡特。

1570年取消对香料贸易的限制,并未导致葡萄牙私人企业的增长。由于驱赶犹太人,本国的商人阶层被削弱了,他们无力从国王手里接管贸易,特别是因为国王还保有白银和铜的出口垄断权。因此,从1575年起,国王被迫不得不在印度和欧洲以签订合同的方式把香料的采购和海运以及在欧洲的分销都承包了出去。第一个印度合同一年提供30000公担胡椒的货源,承包人投资并由印度院为他所运到的货物付款。第一个欧洲合同,希望在其意大利领地上建立商业中心的腓力二世、托斯卡纳大公以及德意志南部集团老主顾都想签订;塞巴斯蒂安委托给政治上无害的德国的康拉德·罗特,他同意在里斯本一年购买20000公担,并为塞巴斯蒂安在北非的冒险活动提供大批直接贷款,可以用胡椒偿还。

几乎没有几份合同取得良好的效果。例如,罗特因为黎凡特货源的短缺而在1578年企图把印度合同纳入他的欧洲合同,从而实现对胡椒的囤积居奇。他想与萨克森的选帝侯奥古斯塔斯合伙,使莱比锡成为胡椒的北方销售中心,但这个目标正值英国和荷兰都在北欧海路上进行劫掠的时候,它过于庞大,到1580年罗特破产了。当时腓力二世已是葡萄牙国王,他再次想把胡椒市场由敌对的北方转移到意大利。他建议以优惠价格向威尼斯提供葡萄牙的胡椒,结果遭到拒绝,又想卖给米兰、热那亚和佛罗伦萨,结果都是徒劳。因此,从1591

年起，印度合同落入意大利人和在西班牙的富格尔家族之手，而欧洲合同落入洛威拉斯卡（Rovelasca）、韦尔瑟家族、富格尔家族以及西班牙和葡萄牙的同伙之手。无论印度合同还是欧洲合同，对参与者来说都是灾难性的。由于亚齐人对马六甲的攻击和1592年英国掠夺富饶的马德雷德迪奥斯，使得印度海运一年预定30000公担的数额只完成了一半。在欧洲，与英国和荷兰的贸易于1585年被禁止，后又发生了无敌舰队的覆灭，1596年加的斯港受到攻击和1598年塔古斯河被封锁。大约从1590年起，由于黎凡特贸易迅速复兴，即使在荷兰人和英国人尚未先后绕过好望角去往东方之前，葡萄牙与亚洲的贸易就已经陷入了严重的困境。

葡萄牙国王把管理果阿与里斯本之间的贸易以及里斯本与欧洲市场之间的贸易夺回手中的努力失败了。他被排挤出去往北欧的转运贸易。他企图摆脱富格尔家族、韦尔瑟家族和他们同伙的控制也未能成功。他甚至未能阻止外国人进入印度：总督和他的官员们由于授予印度承包人以优先权而承担着一种不得人心的责任，这些承包人的代理人、萨塞蒂、科龙等人都在果阿和胡椒港口牢牢地确立了自己的地位。葡萄牙在保护其印度贸易船的大西洋航线不受英国、法国和荷兰私掠船队攻击这方面，也存在很大困难。在亚洲，靠军队维持胡椒贸易的收益的努力也收效甚微。国王在那里能够动用的军队——护航舰队、要塞驻军、军事远征队——从来就规模不大。北非和西非、巴西和西班牙的战争机器的需要以及在亚洲出现的主要威胁都成为人口不多的葡萄牙的沉重压力。看来，继它在西方的衰落之后在东方的衰落也在所难免。

假如印度公司的生存要依赖与欧洲的贸易和本国所能提供的军队，那么它的衰落就肯定已是不可避免的了。里斯本与果阿之间的物质联系已衰弱到极点。一切运往印度公司的人员、钱财和货物，都要塞进4艘、5艘或者6艘船只组成的一年一次的船队里：在16世纪50年代每年约为5000吨，在16世纪结束的这一年最多增长到10000吨。大约有3000人可以随同一位新的总督上船——他的亲属、仆从和奴隶，还有上任就职的贵族、牧师、商人和士兵——在其他年份还要少些。但在这些人当中平均只有2/3能够平安抵达印度——或许到这个世纪末更少一些。为了追求最大限度的装货容积和利润，船体愈来愈大和愈来愈难以操纵,而改装时又马虎了事,这些使沉没船只的数量愈来愈多。国王无力预付资金也使得许多已经应该报废的舰船仍在航行。即使舰船平安抵达果阿,人员的损失也是骇人听闻的,因为许多士兵本来就来自里斯本的贫民窟,浑身是病,挤满船舱,船上的卫生设施和医疗条件都十分缺乏。每三年总有一大批贵族携带家属和奴隶离去回国,① 他们作为船长、经纪人等等的任期已经届满,因此本国出生的葡萄牙人每年在印度公司增添的总人数确实非常有限。

据估计,在任何一段时期,在印度公司辖区内的为军队服务的本国出生的葡萄牙人从未超过 6000 或 7000 人。在一些主要的要塞——莫桑比克、霍尔木兹、第乌或马六甲的驻军,只有几百兵员;在企图征服锡兰时,用了一支不到 1000 名葡萄牙士兵的军队,差一点取得成功。但是,除了这少数葡萄牙人之外,还必须加上在他们自己首领麾下参战的当地雇佣军;还有托帕斯(Topazes),即土生的欧亚混血基督徒;也有大批私家奴隶,其中有非洲人、马来亚人和日本人;参战的还有亚洲盟军,如科钦或蒂多雷;最后还包括卡萨道(Casados),即结了婚的葡萄牙移民,他们随时可应召参加当地防卫。这些卡萨道被国王分配给村庄居住,条件是以自费供养的战马和滑膛枪手应召服役。有这样一支混合的当地军队,以葡萄牙士兵为中坚,印度公司在这个时期不但站住了脚而且在一些地方扩大了它的领地。

作为沿海和岛屿的企业,印度公司的防卫最终要靠葡萄牙的海上兵力。但这支兵力也是很有限的并且从未圆满完成其复杂的任务。因此,当它在西方对付奥斯曼的威胁时马六甲就被危险地暴露在亚齐人的攻击之下,而当它把注意力转向东方时,奥斯曼又悄悄地洗劫了马斯喀特。但在整个 16 世纪,除了丧失摩鹿加以外,葡萄牙人在亚洲海域避免了任何永久性的败绩,他们为其大帆船和沿海船队保持了畅通的海路。这个成就并不是靠来自葡萄牙的舰队,而是靠在亚洲建造或购买的船只取得的,因为大帆船只是偶尔出航到东方水域服役。在果阿皇家造船厂,采用卡纳拉的柚木,伯塞恩的桅杆和圆材,马尔代夫群岛的椰皮纤维,古吉拉特的帆布建造了大批的大帆船。在 1555

---

① 迪奥戈·德·库托(Diogo de Couto)指出,在 1559 年去东印度经商返国的两只商船载有 1137 人;见《亚洲》一书,10 卷本第 7 卷,第 8 篇,第 13 章,第 262 页。

年由12艘舰船编成的果阿中队毁于大火之后，总督巴雷托在他任职的三年内能够用在印度建造的舰船将其全部替换。但是，除了远距离的直属王室的航行，诸如驶往莫桑比克、摩鹿加和中国以外，从不使用大帆船，而用多桅快帆船、带桨快帆船和轻便船只。这些船只和用来护航并保卫沿海的带桨帆船一样，也是在印度建造的。不仅船在当地建造，船员也在当地配备，无论海军舰队还是商船队，其船员的主要部分都是由阿拉伯人、马来亚人、爪哇人和日本人以及来自印度西海岸的渔民组成。正如林索登评论商船船队那样，他发现只有船长和领航员是葡萄牙人。葡萄牙人控制着亚洲的主要航路并且占据了陆上的关键据点，这在很大程度上是由于欧洲人驾驭并指引着亚洲人的工具、技艺和精神。正如英国利用印度士兵征服印度帝国一样，葡萄牙也是利用阿拉伯水手、非洲奴隶和欧亚混血的基督徒来保卫印度公司的生存。

作为军事和政治机构的印度公司在16世纪已经在很大程度上取得了自治。与葡萄牙本土的海上联系非常脆弱，而对像摩鹿加这样一些地区的官员能够实行的控制显然极为微弱，因为从果阿到那里需要一年半时间，而从里斯本到那里则需要两年半时间。从财政角度看，也必须在很大程度上把印度公司视为一个独立的单位。果阿与里斯本之间的胡椒和香料贸易，显然是非常重要的，它满足了欧洲消费量的一半甚至还要多些，但国王得到的利润却很难给在亚洲企业工作的欧洲人提供费用。官员、士兵和教士的薪金，维持护卫舰队和防御工事的费用，对在亚洲传教事业的支持，所有这些都需要从当地的岁入和利润中提取。部分税收是土地税，例如卡萨道缴纳的封地租金，还有从寺院土地征收的土地税，它转而支付给牧师们。但比这些远为重要的是关税收入，到这个世纪末，关税几乎占印度公司正常税收的2/3。因为贸易要往来于狭窄的航道，① 所以占有少数战略据点就可以在很大程度上控制亚洲各港口之间的贸易。另外，通往霍尔木兹、果阿或马六甲这些传统的货物集散地的正常贸易往来，由于强行对亚洲人的船舶实行卡尔塔斯（Cartaz）制，亦即安全通行证制而有所加强。安全通行证必须在葡萄牙代理店取得，而且要注明停泊的港口，这样就

---

① 参阅第2卷，第593页。

把贸易控制在葡萄牙海关官员手中。因为有特遣舰队游弋于东非海岸以及通往波斯湾、印度西部和马六甲海峡的通路，迫使大部分来往于西亚的海上贸易不得不或者以向印度公司缴纳关税的形式，或者以向葡萄牙官员行贿的方式缴纳通行费。

除了这些正常税收以外，还必须加上官员们以国王的名义从事贸易的利润，以及专为印度公司从事贸易的利润。这样，在东非的象牙贸易中就有一份扣在了莫桑比克监理的手中，阿拉伯的马匹贸易为霍尔木兹监理职务提供了报酬的主要部分，而在1587年，则把古吉拉特的靛蓝贸易权授给了建造印度贸易船的承包人。还有某些航行的收入，如每年去往摩鹿加的丁香船、去往班达的肉豆蔻船、或者获利甚丰的中国之行的收入，都可能或者分配给公家的专项目的，如装备一支舰队或一个城市的防御工事，或者赠给某个宠幸的官员，或者甚至公开出售。

还有一种十分活跃的私人手中的港口间贸易，由葡萄牙官员和定居者们单独经营，或与亚洲商人合伙经营。支撑着印度公司的大部分财富，就产生于这种与海上掠夺和滥用职权混杂在一起的商业过程中。从东非到中国到处都可以发现葡萄牙商业冒险家的小团伙，有时从葡萄牙国土内操纵市场，但常常在正规拓居地的范围之外建立起来，如在沿赞比西河逆流而上的地方，在阿比西尼亚，在东部印度沿海的内加帕坦、圣托梅（San Thomé）和胡格利，在沙廉或大城，在印度尼西亚各个港口和中国沿海地区。有组织的官方贸易的努力到处都遇到个人的小型企业与之匹敌，他们有的是商人，也有领航员和船长，从阿拉伯海到中国海一系列贸易地区都靠他们来沟通。

这些地区中首要的是连接着东非与红海、波斯湾和印度西部的地区。葡萄牙的影响早已在从索法拉到马林迪的阿拉伯和阿拉伯—非洲沿线岛屿上的居民点上确立起来；多亏了他们城邦之间的争夺，葡萄牙海军对东非海域的控制在这个世纪的大部分时间里几乎没有遇到挑战。莫桑比克是葡萄牙人最重要的拓居地，通过莫桑比克海峡驶向印度的大帆船就把这里作为补给基地，还把他们中间患有坏血病的船员和客商送到这里就医或埋葬，而返航回国的船队没有绕过好望角时也在这里避风。这里还是琥珀、乌木、奴隶、象牙和黄金的活跃的贸易基地。其中最有魅力的首推黄金。葡萄牙人发现在索法拉的阿拉伯人在从事来自马尼卡地区的砂金贸易，他们开始排挤这些中间人并在沿赞比西河上溯200英里的塞纳和帕泰建立了他们自己的前哨站，由挑夫组成的商队每年都到那里的莫诺莫塔帕帝国或马绍纳兰部落联盟的黄金市场进行以物易物的贸易，用念球和棉花换取黄金。在1583年，林索登估计，每年搜集到的黄金量是9吨。象牙贸易也很重要，主要是运往古吉拉特。从1559年起，莫桑比克的监理获准每年从中分得多达100条的长牙。① 最后，在莫桑比克和赢利较小的蒙巴萨的北方集市，有经常性的奴隶贸易，在好年景买个儿童只要几个先令，而在坏年景用很少量的稻米就行。买进的奴隶被运到印度再卖给殖民者和贵族，还有许多被送往马六甲和中国的澳门，有效地增强了那里的殖民地的战斗力。在果阿和莫桑比克之间，春季从果阿运走棉花、丝绸、某些种香料、小麦和稻米，而在秋季运回黄金、象牙、奴隶、乌木、蜜蜡和龙涎香；无论是官方贸易还是私人贸易，在16世纪末其重要性都在稳步增长。

官方禁止葡萄牙人从事掌握在土耳其人手里的红海贸易，而且有一支游弋的舰队以防止亚洲船只向那个地区偷运胡椒和香料。但是，走私却使官方的控制毫无办法，而且葡萄牙的个人也在这种贸易活动中得利，他们或是通过亚洲合伙人发送货物，要不然就默许违法行为从而索取贿赂。从红海运出精细的羊毛织品和丝绸、黄金和白银硬币、大受欢迎的阿比西尼亚奴隶，进入红海的有印度棉织品、靛蓝、香料和药材，还有许多到麦加朝圣的香客。

在南阿拉伯半岛，从盟友基申（Kishin）到葡萄牙人设在马斯喀特的代理店，提供马匹、驼毛衣料、糖和小粒珍珠，而从波斯湾的咽喉要地——霍尔木兹，除了运出大体相同的商品外还有染料、波斯丝绸和地毯。在葡萄牙人的所有殖民地中，霍尔木兹是最能赚钱的一个。在16世纪80年代，林索登描绘它是"所有印度、波斯、阿拉伯半岛和土耳其商品的集散地……而且那里通常住满波斯人、亚美尼亚人、土耳其人和各国人；还有威尼斯人，他们为了购买从印度大量运到这里的香料和宝石长住此地"。

---

① 加尔西亚·德·奥尔塔（Orta）在1562年形象地描述，莫桑比克的大象之多就像欧洲的母牛一样。

在印度本土出现了一些新的居留地,如北部的达曼和马拉巴地区的门格洛尔,但整个贸易方式并未发生重大变化。1572 年,莫卧儿大帝阿克巴征服了古吉拉特,给葡萄牙殖民地造成新的军事威胁,但其所建立的统一与秩序,以及把古吉拉特和马尔瓦与莫卧儿的中心地区——朱木拿河和恒河流域联系起来而对贸易的促进却是很有价值的补偿。再往南部,当德干高原的穆斯林苏丹于 1565 年推翻印度人的维查耶那加尔帝国时,葡萄牙人的贸易无疑遭到暂时挫折,因为维查耶那加尔每年要通过果阿输入多达 1500 匹的阿拉伯战马。它还购买大宗的黄铜、水银、朱砂、珊瑚和其他欧洲产的奢侈品,以及香料檀香木和中国丝绸,反过来,也为霍尔木兹的贸易乃至欧洲的贸易提供印染精美的棉布。到 16 世纪末,穆斯林的比贾布尔和戈尔孔达已经部分取代维查耶那加尔成为买主,但或许尚未完全取代。① 在马拉巴的胡椒和生姜产地,葡萄牙人可能也失势了,这是因为葡萄牙监理们的暴行导致了一连串持久的战争,把绝大多数沿海统治者都卷入了这一方或那一方,激起了一股至少持续到 1599 年的攻击葡萄牙人沿海船运的浪潮。从 1575 年开始,印度合同商每年从马拉巴得到的胡椒,比正常情况下 30000 公担的一半多不了多少,至少部分可归因于这些政治动乱。但总的来说,印度西部的贸易是否就此衰落,似乎尚难断言,据当时的观察家们描述,直到 16 世纪末,果阿一直处于繁荣的黄金时代。

环绕孟加拉湾出现了一些葡萄牙人的居留地,有些是正式组建起来的,有些则是海盗的隐蔽藏身之地,但全都不在印度公司的直接管辖之内。在最南方,内加帕坦的地位继维查耶那加尔衰落之后也大大下降,但现代马德拉斯附近的圣托梅却成为印度、印度尼西亚、缅甸和德林达依之间商业往来的一个活跃的贸易中心,并以其精美的印花棉布著称。其他一些居留地建立在奥里萨这一盛产稻米的地区,科罗曼德尔海岸的粮食就由这里供给;而在莫卧儿帝国统治下的孟加拉在恒河上的主要港口——胡格利,从 1580 年以后,就被葡萄牙人占领了一大片。这里也有大宗的食品贸易,如稻米、食糖、黄油和食油,

---

① 迪奥戈·德·库托(Diogo de Couto)坚持认为,维查耶那加尔的衰落是对葡萄牙人贸易的沉重打击。见《亚洲》一书,10 卷本第 8 卷,第 15 章。

还有达卡地区的薄纱织物贸易和来自恒河下游的丝绸贸易。在东部的吉大港和若开则是奴隶贸易，这些奴隶都是偷袭东孟加拉俘获的。在这里和在缅甸南部的葡萄牙人，正如林索登描述的那样，既无政府也无警察，"以野人一般的方式……"生活着。

在这一连串海盗据点以东，政府在马六甲重申了它的主权，这是在亚洲主要交通要道之一建立的巨大堡垒和商业中心。政府的目的是保卫和控制印度洋与中国海之间的海上贸易，因为在这里没有内陆商业，食品供应全靠海运并靠关税生活。虽然马六甲总是受到在柔佛的马来亚统治者以及在苏门答腊北部亚齐苏丹的敌视并受到二者在经济上的竞争，但它的自然条件保证了它在商业中的生存能力。运往这里的有来自欧洲和黎凡特的奢侈品、印度西部的鸦片、古吉拉特的素白布和花布、科罗曼德尔的印染布和孟加拉的粮食、马来亚的锡、东苏门答腊和西爪哇万丹的胡椒、中爪哇和东爪哇的稻米、帝汶岛和索洛群岛的檀香木、班达地区的肉豆蔻和干皮、安汶和德那地的丁香、婆罗洲的黄金和樟脑以及从所有经销中国货的印度尼西亚港口集中来的中国货，所有这些使其保持着最复杂的中介港的贸易结构。在马六甲的葡萄牙人经常受到亚齐、柔佛和北爪哇的贾帕拉的猛烈攻击，在半个世纪里共有10次或12次之多。也有人以不懈的努力来瓦解其贸易。当柔佛同印度的联系中断以后，马来亚的统治者们试图用武力夺取与东苏门答腊胡椒港口以及与班达、婆罗洲的贸易。同样，作为马六甲海峡以外的穆斯林势力的亚齐人在西苏门答腊开辟了胡椒种植场，并开辟了沿那条海岸经巽他海峡到香料群岛的航线，从而巧妙地挫败了葡萄牙人的控制。与此同时，亚齐与贾帕拉建立了联系，它的女王曾两次攻击马六甲，并且对穆斯林班达和安汶施加了很大的影响。据威尼斯人报道，在16世纪60年代中期，每年有多达50艘的亚齐人的舰船装运着胡椒和香料直驶红海；由此可以表明，亚齐人给葡萄牙人的垄断造成了多么严重的威胁。

但是，在马六甲、亚齐和柔佛之间的争夺形成了真正的鼎足之争，亚齐人与柔佛和东苏门答腊的马来亚人之间诉诸武力的争夺，对于此三强来说，比他们同葡萄牙人的敌对还重要得多。在这个世纪最后几十年，首先是马来统治者，其后是亚齐的苏丹都曾谋求与葡萄牙人结成军事同盟。他们在商业上的竞争，同样使马六甲作为贸易中心的地位没有遭到任何毁坏。如果柔佛降价来和马六甲抢生意，葡萄牙官员们就会聚集在这里低价收购。即使贾帕拉作为香料贸易地要抵制葡萄牙人对班达和安汶的攻击，它自己作为中爪哇稻米的出口口岸对马六甲所提供的巨大粮食市场又有着强烈的兴趣。葡萄牙官方贸易出于政治原因倾向于兴都东爪哇（Hindu eastern Java），而葡萄牙人私下却与穆斯林中爪哇的贸易往来十分活跃。万丹作为头号穆斯林之邦有可能支持穆斯林在香料群岛的抵制，但从1560年到1573年却签订合同：每年为果阿总督派来的船只提供10000公担胡椒。由于亚洲敌国间的争夺，以及东南亚各个贸易中心之间在商业上的相互依赖，使得在马六甲的为数不多的葡萄牙人能保住自己的权益。尽管战争以及马六甲官员的敲诈勒索、滥施权力，但从关税收益看，港口贸易在这个世纪的下半叶仍在增长。

然而，这种增长掩盖了葡萄牙人好运道的根本变化。马六甲原本是葡萄牙人的基地，他们从这里可向班达群岛、安汶和摩鹿加群岛这些上等香料的产地进发。在那里，他们曾利用当地的争夺，靠在安汶岛和德那地设防的基地，建立了自己的政治势力。这样，虽然由于香料生产随着欧洲人购买量的增加而广为分散，并由于在那片岛屿的世界里无法摧毁土著人的贸易，因而葡萄牙人从未取得过垄断权；但是，在用棉花、稻米换取丁香、肉豆蔻的贸易中，葡萄牙人毕竟一度取得了统治地位。

然而，德那地和安汶岛对葡萄牙人来说可算是海角天涯，从马六甲到那里需要一次季节风，而从果阿到那里需要两次季节风，这使得总督对葡萄牙的那些监理、代理店和贵族的控制总是显得极其微弱无力。王室每年两次贩运丁香和肉豆蔻的航行，其结果是给王室带来的收益越来越少，而给王室官吏们带来的收益却越来越多。因此，从1535年开始允许私人个体贩运，但仅限于丁香，条件是要把1/3的货物按固定价格卖给政府。私人对种植者的即时偿付多于王室的代理店，因而确保自己得到作物中最好的部分，把碎屑废物留给了王室。王室则以强迫的方式收购丁香，命令岛民进贡，而且在纳贡前必须把所有的丁香清理干净。但王室的困难还不止于此，因为在香料帆船抵达马六甲并把丁香换船转运时属于王室的1/3大部分都被当地官员挪用侵吞了，因此从1562年以后不得不严禁在马六甲换船转运。即使如此，王室的收益仍很有限，因为负责航运的贵族和在王室船中载有货物的或者与之同行的私商们都要在实际利润中捞一把。

这样一来，印度公司既没有能够维持住香料贸易的垄断权，也未能保住王室投资管理香料群岛和筹办每年香料航运所应得到的收益。但其控制不力的后果远不止此，更具有灾难性的是，由于这一地区地方官员的劣迹和暴政，以及传教士的褊狭，导致了1556年以后以穆斯林岛民为主的反抗葡萄牙人的浪潮，在德那地、安汶和班达的葡萄牙人要塞相继失守；只是由于蒂多雷和德那地之间的争斗，再加上马尼拉的西班牙人的帮助，才使葡萄牙人在损失了大量的人力、船舶和钱财后保住了香料群岛的据点。贸易并未中断，因为葡萄牙人提供的货物需求量很大，而且还有很多中介人，通过他们可以进行采购。尽管如此，要不是葡萄牙人在这个时期开辟了同中国和日本的经常性贸易，香料贸易所面临的动乱一定会使马六甲的商业遭到破坏，并且可能削弱它的军事力量。

在1514年，葡萄牙人首次到达中国南部，并在广州享有经常性贸易达七年之久。后来，由于不懂明朝用来指导中国国际关系的进贡制度，再加上葡萄牙监理在广州使用强暴手段，导致明朝在大约30年的时间里，严禁葡萄牙人同中国进行贸易。因此，从1521年起，葡萄牙人的贸易便成为在中国沿海岛屿进行走私和海盗兼有的活动了。正是在这些地方，葡萄牙人结识了日本人。他们在16世纪40年代以前接触的日本人是得到宽宥向明朝进贡的使团成员，后来则是与他们结成同伙的海盗，就这样他们又打开了通往日本的道路。

在这个时期，葡萄牙同中国和日本的贸易往来都掌握在个人手中，虽不是正式贸易但有时获利甚丰。在同中国或日本能够建立固定的贸易关系以前，必须在马六甲之外再建立某种较适宜的永久性基地。葡萄牙人最终在澳门建立起这样的基地。在广州的中国官员选定了这个半岛作为海关，这可使外国人远离广州。从16世纪40年代起，葡萄牙人就在这里秘密从事贸易；1554年，或许是作为在珠江近海帮助抵御海盗的回报，中国当局准许葡萄牙人在澳门建立永久性定居点。葡萄牙人在这里以及福建和镇江从事的贸易，开始时只是他们在马六甲、暹罗、爪哇岛和中国沿海同中国商人进行的贸易往来的扩展。这些贸易包括很少一些欧洲货物，如毛织品、金丝线和珊瑚，还有印度棉花和鸦片、非洲象牙和乌木、苏门答腊胡椒和摩鹿加香料以及帝汶的檀香木。葡萄牙人买回的货物有：丝和丝织品、瓷器和漆品、大黄、麝香、铜和金——所有这些都是在亚洲转口贸易中的大宗商品，现在也是销往欧洲的主要商品。但是，由于从澳门向日本的经常性贸易的开展，这种情况便发生了根本变化。

从16世纪40年代起，由于日本的暴力行为，明朝中断了日本同中国的正式贸易往来。结果导致走私活动猖獗，继而变成海盗行径。海盗从1545年起便大规模入侵中国沿海，最终洗劫了像南京这样一些重要的城市。中日正式贸易的断绝，给在澳门的葡萄牙人充当中间人以极好的机会。葡萄牙人以澳门为基地，利用可进入广州这个巨大市场的便利条件，同日本最西部岛屿九州的大名[①]建立了有利的贸易往来。已经致力于自己封地内经济的发展的大名，很欢迎葡萄牙人，于是葡萄牙人在大名管辖下的长崎建立了极好的据点。从这年起，澳门与长崎之间建立了正式的贸易往来。

中国的生丝和丝织品、日本的白银，是构成这种贸易基础的两种主要货源。在中国，白银按与黄金的比价计算，其价值是在日本或欧洲的两倍；由于中国对白银的渴求似乎不可遏止，葡萄牙人作为金银的中介商获益匪浅。有助于葡萄牙人获利的原因是：日本银矿的开采和冶炼在这个时期得到迅速的发展；另一个原因是：1545年发现波托西以后西班牙的美洲白银大量流入欧洲。到16世纪末，每年从里斯本运往中国的白银价值大约20万克鲁赛多（Cruzado），相当于葡萄牙人对欧洲胡椒的全部投资，还有每年从日本运来的价值10万克鲁赛多的白银以及经菲律宾运来的数量虽然不稳定但相当可观的美洲白银。这些白银用来在广州买进生丝或丝织品运往日本，运往亚洲其他地区进行转口贸易，还运往欧洲和西班牙美洲。中国还供应黄金，它在日本脱手有利可图，如若运到印度转卖得利更高，因为在印度，金银比价比在日本更为有利。除了以上这些主要货源外，还有一些特有商品，如麝香、大黄、瓷器和漆器，从日本输出的彩色屏风、兵器和铜。大约到1560年，明朝对中国人进行海外贸易的禁令放宽了，中国的商船主又恢复了他们的海外贸易，同时由于日本在织田信长和

[①] 当时日本各领地（名田）的最高长官。——译者注

545 丰臣秀吉时期得到统一从而出现了建立一支日本商船队伍的审慎的努力，使澳门的繁荣仍旧持续到这个世纪末。虽然葡萄牙商人未能在澳门、马六甲、印度和霍尔木兹垄断贸易，但由于他们与中国富商、与日本西部大名以及秀吉将军、与爪哇统治者、与印度科罗曼德尔和古吉拉特的商人结成同盟，从而为葡萄牙贸易的更大繁荣提供了基础，作为一个商业组织的印度公司，从来没有像在16世纪末那样取得如此大的成功。

亚洲市场这种互相联系起来的而不是单与葡萄牙联系起来的"国家"贸易的增长，使印度公司获得了自发的活力，它补偿了国王约翰三世死后葡萄牙对资助的削减。通过贸易获得的财富，常常被贵族们的暴行、鲁莽、傲慢和妒忌所消耗掉，如在马拉巴沿海和摩鹿加发生的那些战争所揭示的那样；但在16世纪下半叶，印度公司的防御能力甚至其继续进攻的能力都得到明显的证实。例如，这个时期在东非沿赞比西河上溯所发生的那次即使无效仍堪称重大的战役。又如1585年土耳其酋长米尔·阿里·贝伊利用阿拉伯人对葡萄牙监理压迫的不满情绪，激发了基卢瓦以北酋长们的叛乱，一支果阿远征队劫掠了法札（Faza）和蒙巴萨，迅速地压服了沿海地区。当米尔·阿里在1588年带着增援部队再一次出现时，从果阿开来的由20艘帆船组成的第二支舰队把他的部队围在蒙巴萨，在那里他们被津巴人（一群吃人生番）吞咽一光。其后，酋长们残酷无情地接踵而至，但在蒙巴萨的耶稣堡——一座宏伟的意大利风格的军事建筑的典范，保护了远征队在那里的生存。[1]

再往东方，虽然奥斯曼人沿红海推进，直达波斯湾顶部的巴士拉，劫掠马斯喀特，夺取巴林，围攻霍尔木兹，但葡萄牙人给以还击，接连三次摧毁了奥斯曼人的舰队，并在红海发起进攻，再次扫清了他们的海上航线。在印度，半个世纪以来，葡萄牙的权力在第乌得到了巩固，并扩展到达曼，实现了他们对坎贝湾的道路以及古吉拉特赢利丰厚的贸易的控制。在古吉拉特的苏丹领地四分五裂的一段时间里，他们甚至想把苏拉特作为庞大的战利品夺取到手。虽然由于莫卧儿人的进军捷足先登，但他们仍能保住达曼以对抗这个新兴强邻的所

---

[1] C.R. 博克塞和 C. 德阿泽维多：《耶稣堡和在蒙巴萨的葡萄牙人》（伦敦，1960年）。

有威胁。更加令人难忘的是，焦尔和果阿在唐·路易斯·德·阿泰德总督指挥下取得的成功的防御战，它延续了10个月，抵御了得到卡利库特王国海军部队帮助的比贾布尔和戈尔孔达的苏丹们的大规模联合进攻。与此同时，在马六甲也打垮了亚齐统治者的进攻，因此可以认为：1570—1571年是葡萄牙人的东方军事编年史上灿烂辉煌的一页。

在这个世纪最后的几十年，葡萄牙人还进行了一项新的重大征服活动——征服锡兰。他们与锡兰的贸易往来是一个长期的例外，即由设在科伦坡的不设防的代理店来从事。但是，由于低地的科特王国三个王子之间兄弟相争，导致葡萄牙人以雇佣军食品供应商的身份闯了进来。到16世纪中，葡萄牙人在与王子达马帕拉的联盟中已成为占支配地位的一方。这位王子在1557年改宗基督教，从而失去了僧伽罗人的同情和支持。这时葡萄牙人在政治上的冒险活动已被证明是格外地不成功，因为对立的王子玛亚杜恩和他的儿子拉贾辛哈很快就征服了所有低地，直抵科伦坡城下。在1582年，拉贾辛哈把他的权力扩大到高地的康提王国，并在1587—1588年以一次合围把科伦坡逼到了绝路上。葡萄牙人的对策是推出一个宣称有权享有康提王位的竞争对手，从而分散了敌人的注意力，直到1593年死亡结束了拉贾辛哈的事业。其后，葡萄牙人便以达马帕拉的名义迅速收复了低地王国，这是他们的盟友于1580年将它遗赠给葡萄牙国王的。1591年，葡萄牙人又把他们自己的提名者安插在贾夫纳——锡兰北部的泰米尔人王国。只剩康提有待控制。1594年，征服锡兰的第一任总监在得到从印度来的生力军以后，带领军队北上进入康提，并有真正康提家系的末代国王的女儿伴随。他们很快就夺取了首都，并立公主为王。在七年时间里，果阿总督一直在策划把这个幅员为葡萄牙的一半大的国家——锡兰的三个王国都置于他的控制之下，大部分地区由印度公司的地方军驻守。

但是，没过几个月，总监就与僧伽罗人民及其军队反目为仇；1594年10月6日他的军队在丹丘被消灭。于是，整个岛屿揭竿而起，一场低地的葡萄牙人与康提统治者之间持续50年之久的战争由此开始，双方都耗尽了土地和资源，最后得利的是荷兰人。不过，到这个世纪末，唐·哲罗尼莫·德·阿兹维达恢复了局势并且再次残酷压榨康提,同时,葡萄牙人把村庄当作封地加以分配,并开发了肉桂、槟榔、大象和宝石等有价值的贸易。如果说征服锡兰的企图是不明智的,那么为取得最后胜利进行斗争的这种顽强性,仍然是印度公司惊人活力的标志。

在锡兰以外更远的地区,在私人企业而不是在国有企业方面,葡萄牙人的冒险精神得到发扬。在印度东海岸的居留地,葡萄牙商人的业务与果阿的管理联系十分松弛。在吉大港和若开,葡萄牙人公开以海盗的面目出现,主要是贩卖从恒河三角洲掳掠的奴隶,同时,作为强大舰队的船长们,他们还威胁着若开王国的独立。葡萄牙冒险者和雇佣兵也常出没于缅甸和暹罗,最出名的一位名叫腓力·德·布里托,他受若开人的雇用,从因为战争精疲力竭的勃固王国手中夺走了沙廉,并成为沙廉的统治者。不久,他便不再效忠于若开人,自己单独统治了沙廉达14年之久,甚至还娶了为首的孟人酋长的女儿为妻。他的权力可以说是相当稳固的,因而在17世纪早期,果阿当局便在沙廉建立了海关。

在马六甲东面,葡萄牙人的命运在16世纪下半叶出现了剧烈的波折。在这个远及望加锡和摩鹿加的岛屿世界的某个角落里,许多个人靠做商人和小船长谋生。① 但是,由于派往摩鹿加的官员的贪婪和粗暴惩罚,不时在葡萄牙人中或针对他们的土著盟友发生暴力事件,导致在60年代爆发了当地人普遍的叛乱。巴布·乌拉——被杀害的德那地统治者的儿子——与爪哇、苏禄和棉兰老诸岛的穆斯林结成同盟,围攻葡萄牙驻军并最终把他们从德那地驱赶了出去。来自扎巴拉和格里西(Grisee,一个大型的穆斯林教育中心)的压力也使葡萄牙人从希图岛上的安汶堡中被驱赶出去,与改宗的基督教徒一起在莱替莫(Leitimor)半岛上避难。只是由于蒂多雷和德那地之间的敌对行动,加上在马尼拉的西班牙人的帮助,葡萄牙人在付出巨大代价之后才在摩鹿加保留了一个据点。也许,从果阿这么远的地方能够挽救下任何东西就是非凡之举。葡萄牙人仍能继续在澳门和长崎站住脚这也确实是非凡的。

16世纪下半叶,果阿以巨大的努力进行了传教活动,而这要耗

---

① 关于他们的活动,见 M. A. P. 梅林克-罗洛福斯《亚洲贸易和欧洲影响》(海牙,1962年)。

费印度公司的人力和资源,当人们认识到这一点时,印度公司的军事和商业成就必然显得更加非凡。从15世纪以后,历任教皇都承认葡萄牙国王在其海外帝国的教会管理和传播福音事务中有权授予圣职。在1534年,葡萄牙在亚洲活动范围的扩大因果阿被升格为主教区而得到承认,其辖区由好望角直到中国。1558年,果阿又被晋升为大主教区,并将副主教区设在科钦和马六甲。1576年,为了在中国和日本传教,在澳门建立了单独的主教区,而到1588年,日本也被开辟为单独的主教区。在这整个地区之上,国王以远东传教会的名义,保持着他的权力,而拥有大主教权力的果阿仍旧是大主教区的中心。

在16世纪30年代以前,教会的注意力主要放在监督在亚洲的葡萄牙人的宗教生活上。只是在1534年印度南部的采珠人——帕拉瓦人(Paravas)——以获得政治庇护作为交换条件接受了基督教,才第一次使方济各会打开了大规模传教的领域。以后,随着葡萄牙人向果阿北面推进,又取得更大成功;方济各会建立了许多宗教团体,开办医院、孤儿院和学校,还在果阿为当地的基督教徒子女设立了一所神学院。然而,还是在1542年耶稣会到来以后,传教活动才开始受到国王的全面关注和大力支持。在葡萄牙,耶稣会会士作为国王的听忏悔牧师和顾问主管了高等教育,并在科英布拉建立了一所培训传教士的学校。在印度,当局也提供了帮助,首先是向皈依者授予低级官职和财政优惠,后来则采取强迫手段,诸如摧毁葡萄牙占领区内的偶像、取缔异教节日、驱逐婆罗门教和穆斯林教的教长以及没收用于供养庙宇和清真寺的财产。这些手段中最苛刻的是:对于刚刚死去父亲的未成年者,虽然母亲还健在,仍要从其亲属处带走并培养成基督徒。[①] 1560年,主要由于方济各·沙勿略的推动,在果阿建立了宗教法庭,进一步强化了这些手段。宗教法庭的实际执行情况并不引人注目。从像阿方塞奎阿这样的宗教审判官之间的通信来看,他们更关心的是地位和薪水,而不是灵魂,但宗教法庭还是令人烦恼地坚持下来了。

耶稣会会士不仅使力量有了可观的增加——到1560年,他们在亚洲地区已有124人,他们还带来了训练有素的智能、热情和纪律。

[①] 告密者提供上述事实,可得到孤儿继承的遗产的一部分作为奖赏。

在这个世纪中，多明我会的会士也大量到来，1572年以后，又有奥古斯丁会的成员大量到达，所以在这个时期传教士的数量和质量都大大提高了。印度自然是首当其冲。方济各·沙勿略开始在仅仅名义上是基督教徒的帕拉瓦人中间住了两年，并与一个单独行动的耶稣会神父在荒芜的海岸上培训当地的传道师以继续这项工作。他还试图改变葡萄牙人自身的道德行为。他树立了一个教育儿童的典范，在果阿建立了一所学院培训各民族的青年让其在各自国家中传教，并着手把教义问答、信条和祷文翻译成当地语言文字。（在最后一项成就方面，他可算是一位典型的耶稣会会士，同所有其他僧团相比，耶稣会士付出了最大的努力去掌握当地语言，编纂了许多早期的字典和文法书，还对他们努力使之改宗的那些人的宗教信仰进行了一定的研究。）从16世纪60年代起，非常隆重举行的大规模皈依仪式，在果阿的旧征服地（北起伯塞恩，南至科钦）到处都在进行。同时，耶稣会和方济各会还兴建了大量学校和学院，以巨大的努力来巩固这种成果。今天存在于伯塞恩地区、果阿、马拉巴和锡兰的实力雄厚的罗马天主教会，就是他们事业的经久的成果。必须指出，虽然允许大批印度人成为寺院外的教士，但从不吸收他们进入正式的僧团。方济各会传教士则按照他们的会规禁止接纳皈依者，即使对于葡萄牙人，如果出生于当地，也不愿予以接纳。耶稣会也同样拒绝接纳皈依者，巡视员亚历山德罗·瓦利纳尼就直截了当地把所有的黑人，无论是非洲黑人还是印度黑人，统统划入"天生尽做坏事、被卑劣的本能所驱策并且被欧洲基督教徒所蔑视"的一类。

这个时期的另一特征是，企图把存在于印度的古老的圣托马斯教派暨叙利亚基督教徒组织置于葡萄牙人控制之下。方济各会修士早就想使他们靠近罗马，从1541年起就在格朗格努尔为叙利亚基督教徒的男孩子们开办了一所学院。在1551年和1555年，迦勒底的大教长们在罗马由教皇之手为他们举行了授任礼，而当东方联合教会的大教长指派的主教们抵达果阿时，耶稣会便想加快步伐把他们纳入远东传教会或置于国王庇护之下。主教马尔·约瑟夫被他们两次逮捕并作为异端送往欧洲，根本无视国王授予他的地位以及教皇庇护四世的命令：印度的叙利亚教派的管理权应保留在本派主教们的手中。耶稣会士们在进行了直接的攻击之后又要弄阴谋诡计，为了获准建立一个为叙利亚教士而设的神学院而支持马尔·约瑟夫。1585年，这个神学院的院长攻击这位主教为异端，并且在这位主教死后，果阿大主教任命了一名印度的基督教徒接替他，条件是承认罗马的最高地位并谴责迦勒底的大教长们。最后，1599年，在丹皮尔宗教会议上，在雇买来的科钦拉贾的世俗力量的支持下，这位大主教在叙利亚教派中引进了新的宗教形式，并把它正式置于宗教法庭和东方传教会之下，把在整个这一地区的教会管理权交给了耶稣会。

在南方，耶稣会会士似乎已取得显著成果；但在北方，一个更大的成果——说服莫卧儿帝国的阿克巴大帝信奉基督教——却落空了。在攻打苏拉特时，阿克巴遇到过葡萄牙人并留下了深刻的印象。在1579年，他写信给果阿，要求派"两位有学问的教士带着主要的律法书和福音书来"。果阿选派了三位耶稣会会士，意大利人阿奎维瓦、西班牙人蒙塞拉特和波斯人皈依者恩利克兹（Henriquez），组成第一个传教团去往莫卧儿。由于锡兰、马尔代夫群岛和马拉巴的统治者们早些时候的皈依，他们满怀希望地向阿格拉出发了。他们发现阿克巴是一个口头信仰但显然并不正统的穆斯林，他已经与印度教徒、耆那教徒及祆教徒进行着宗教讨论，现在三个基督教徒又加入了这种讨论。他们受到了良好的接待，拥有充分的布道自由。伟大的艾布勒·法德尔被指派教他们学习波斯语并筹备福音的翻译工作。王子穆拉德也被指定接受他们的教诲。尽管如此，他们并不了解皇帝的思想。而且，阿奎维瓦在没有能实现他那很高的期望后，于1583年离开了宫廷。1591年，阿克巴要求派遣第二个传教团和翻译福音，"我希望通过他们的神圣的教条，能够死而复生"。耶稣会会士再次北上，受到阿克巴的礼遇，并被允许开办学校。但是，穆斯林的敌对情绪非常激烈，皇帝没有任何准备皈依的表示，这次传教活动夭折了。在1594年，阿克巴第三次要求派遣传教团，总督担心莫卧儿帝国向德干高原推进，出于政治目的说服了耶稣会士答应这次要求。传教团由哲罗姆·沙勿略神父率领，他一直陪伴阿克巴到1605年阿克巴去世，死时仍未皈依基督教。在莫卧儿宫廷建立的永久性传教团，使耶稣会能够向欧洲介绍帝国高度发展的印度—波斯文化，这不无政治效果，但从未使耶稣会一度期待的宗教目标得以实现。

在西面，多明我会和奥古斯丁会的传教士在非洲酋长国和波斯湾这些难以开展工作的穆斯林地区一无所获，他们的主要任务成为劝说被运往果阿途中的奴隶们皈依基督教。耶稣会士对赞比西河的入侵以殉道告终，长期以来，他们为使信仰基督一性论的阿比西尼亚人服从罗马而进行的努力也终归失败。他们在这里的希望是：阿比西尼亚皇帝需要葡萄牙人的武装支援以阻挡奥斯曼帝国的推进，这将导致自上而下的皈依；但是尽管耶稣会的主教们得到了听众并在17世纪确保了统治者的忠诚，但由于第一任耶稣会主教热衷于攻击异端，从而导致民众的反对，致使传教士被驱逐。

在东面的香料群岛建立了相当多的基督教团体，但正如已经看到的那样，有许多毁于当地人为反抗官员暴政和传教士压迫而进行的起义。然而，耶稣会在日本通过统治阶级所做的努力，在半个世纪里取得了惊人的成就。方济各·沙勿略在他巡视整个亚洲传教地区时热情地报道日本人是"目前发现的最好的人"。他们是珍视荣誉的人，令人惊奇地自制、好客、好学，没有中国人那种仇外心理，虽然很贫穷，但常常有文化，对皈依基督教大有益处。对日本人来说，则发现葡萄牙贵族颇像日本的武士阶层，而耶稣会教规中的自我牺牲、对幸运的淡漠，也颇像武士道。

沙勿略在日本西部登陆，那里的军事领主岛津和大友已经取得统治地位并保持着安定局面，急于进一步加强其军事和经济力量。葡萄牙人的崭新的滑膛枪和帆船贸易，看来都很受欢迎，沙勿略在离开前，已使九州许多人皈依了基督教。

在他返回果阿后，又一批耶稣会传教士被派往这个有希望的新地区。起初他们人数很少——到1570年才只有20人，其主要工作是在日本西部贫穷农民中间进行传教。但是，自从与澳门的贸易变为每年一次用大帆船航行这种固定方式以后，就有可能向九州大名伸出贸易的诱饵，其中有些大名，如丰后的大友宗麟接受基督教主要是出于政治原因。在1569年，耶稣会从另一个基督徒大名大村那里得到作为赠礼的长崎，这里的整个行政管理权和港口税收都被委托给了耶稣会士。在府内也取得了很大成功，那里的一位已经加入了耶稣会的葡萄牙商人，用他的财产创建了医院，并用与澳门的贸易收入资助传教活动。

然而，耶稣会传教士急于到达首都京都。1550年沙勿略发现京都受到战争的破坏,直到1559年加斯帕尔·比莱拉在幕府将军的保护下才在那里确立了一个立足点,而这位将军可能是受了幕僚中皈依者的影响。在那里,以及在堺市的港口,有大批武士皈依了基督教。当1564年天皇下令驱逐耶稣会士时,他们可以躲避在那里。甚至在一些中部省份,也有一些贵族皈依了基督教,其中包括摄津的重要的大名家族,正是这个家族在1569年把日本的耶稣会士中最著名的观察家和书信作者路易斯·弗罗伊斯介绍给了正在崛起的织田信长,当时他正致力于征服整个日本中部地区。弗罗伊斯给信长留下良好印象是极为重要的,因为信长刚刚控制了京都,并将在1573年推翻将军从而成为日本最有权势的人物。他与参加内战的佛教各宗进行的长期的政治斗争,在1580年以摧毁伊香保城堡而告终,这使信长和在宗教上与佛教存在冲突的耶稣会的接触更加密切了。这就有利于耶稣会在京都地区的望族和权贵当中赢得大量的皈依者。到1580年摄津的人口中有1/3成为基督教徒,在中部各省大约有15000人信奉了基督教,因而在一些主要城镇出现了教会学校、神学院和壮丽的教堂。而且,他们皈依基督教绝不是出于任何对商业或政治利益的考虑。

1579年,耶稣会的巡视员亚历山德罗·瓦利纳尼到达日本后,更进一步促进了日本的传教活动。和在印度一样,他把主要力量放在彻底改变宗教信仰的准备工作上,在有马和安土开办了神学院,在臼杵开办了一个修道院,在府内开办了一个学院。他还强调为了传教进行语言训练的必要性,这是为了接受、适应当地的文化模式并在对等的基础上同日本的改宗者、神学院的学生和问答式教学者来往而做的准备工作;他还认为日本人"在整个东方最易于表现出高尚的基督徒的性格,而且事实上已经如此"。

1582年,织田信长遇刺身亡,丰臣秀吉继承他完成了统一日本的进程。由于中部各省的军事反抗已被粉碎,丰臣秀吉在若干年中主要致力于重建行政管理机构,大范围清丈土地,并建立了一个中央的官僚体制。在这段时间里,由于他还要扫除佛教反对派最后的残余,他仍然以友好的方式对待耶稣会士,甚至在他的宫中允许改宗。他本人则同样表示出很想赞助葡萄牙人的贸易。后来,他在1587年突然颁布命令:所有的耶稣会会士都必须在20天以内离境。关于他的动机仍然众说纷纭,但是看来很可能是因为耶稣会惯常在统治阶级中间争取皈依者因而暴露了他们的本来面目。秀吉在中央政权巩固以后，准备征服边远各省，他的首要目标就是九州。那里，耶稣会士与大名的关系已经开始带有鲜明的政治色彩。例如，在一个非基督教的部族萨摩构成征服九州的威胁时，副大主教加斯帕尔·科埃略（Coelho）就鼓励基督徒大名向马尼拉请求军事援助。而且，在1586年秀吉接待科赫并向他概述了针对九州的计划时，他鲁莽地答应给以海军援助，并提出把基督徒大名带到秀吉一边来。耶稣会士们这种关于政治权力的自供，或许很能说明那道驱逐令的原因。驱逐令本身还谴责葡萄牙人把日本人卖为奴隶，破坏神道和佛教的殿堂，怂恿大名强迫其人民信奉基督教。虽然科埃略最初的对策是武力抵抗，并呼吁大名和澳门来支援，但耶稣会士们不久便决定采用一种更圆滑的对策，即顺从。秀吉对此事并未抓紧，贿赂地方官也铺平了道路，而且耶稣会对人民又恢复了一种不强迫服从的牧师职能。驱逐令虽未撤销，但在1592年瓦利纳尼从果阿回来时，他受到很好的接待。而且到1592年时，已有几百位耶稣会士在日本工作，有的甚至在首都工作。到1596年，日本可能已有30万人皈依了基督教，从1587年以来，接受洗礼的不会少于6万人。

　　葡萄牙人试图进入的最后的大传教区是中国。很久以来，中国一直固执地拒绝外国使节、商人和传教士。甚至在同意商人们在严格限制的情况下进入广州以后，耶稣会的要求，诸如他们的会长佩雷斯在1565年提出的到内地讲学的要求，仍遭到坚决的拒绝；而从马尼拉或澳门擅自进入的企图，遭到了几乎是灾难性的失败。在澳门和马尼拉都出现了用武力强行入侵的倾向，但是瓦利纳尼决意用笔作为他的武器。根据他的指示，年轻的尼波利坦·鲁杰罗于1579年开始了读、写、说中文的学习任务。在没有得力的教师和帮助的情况下，要学会说中国的方言和官话是非常艰难的任务，但是，正如鲁杰罗本人认识到的那样，他必须不仅以商人的面目，而且以学者的身份出现在中国。

　　1580年以后，鲁杰罗可以出入广州了。在那里，他对中国礼节的注意以及他那恬静而又好学的习惯为他赢得了当地官员的赞赏。到1582年，他把译成中文的摩西十诫呈送他们。后来，一位新总督为调查澳门的情况，召集葡萄牙人到其驻在地肇庆府来说明他们的意愿。鲁杰罗是被派去的代表之一。他恰当地奉送了各式各样的礼品，从而使他的说明很顺利地被接受了。然后又有更多的礼品被发送到肇庆，1582 年 12 月，鲁杰罗再次登程前往省会，这次带着一座报时钟。他提出了希望获准作为中国臣民定居学习中国文化的请求，这个请求被接受了，寻求日久的入口找到了。1589 年以前，一组包括利玛窦在内的传教士一直居住在肇庆，他们知识丰富，用一些精巧的玩具贿赂地方官员，以富有同情心的启发谨慎地介绍他们的宗教，靠这些，他们赢得了信任。1589 年以后，他们获准访问其他一些省城，利玛窦来到江西省会南昌，并在那里开辟了另一个教会中心。同时，利玛窦用中文把欧洲的科学和基督教的教义编写出来，加以出版；他还研究中国的经典著作，从中为他的宗教获得了许多术语，他试图把基督教与中国风俗和儒家传统调和起来，这在后来引起了很多争议。最后，他在 16 世纪末到达北京，并被获准在那里定居，耶稣会在中国的伟大事业开始了。

但是，葡萄牙人在远东不可能不受干扰地独自发展他们的贸易和传教活动。西班牙人是在遭到三次巨大失败后才不情愿地放弃了他们对于香料群岛的要求，那是由麦哲伦远征队最先提出的。为了远征这个地方，西班牙从 1559 年起就开始进行更加认真的准备，到 1565 年，在海军上将黎牙实比率领下的 5 艘舰船和 400 名士兵从新西班牙抵达南菲律宾。他在宿务登陆，虽然那里的资源有限，还极可能受到来自棉兰老的穆斯林的攻击，但是这个经受住了葡萄牙人三个月围攻的拓殖地，因为与来这里的中国民间船只进行的贸易而受到鼓励，并在 1571 年成功地扩展到吕宋的北部，在该地区的马尼拉建立了一个新的首府。多明我会的影响使腓力二世命令黎牙实比不要用暴力和非正义的手段去开拓其殖民地。值得注意的是，这些指示在宿务和马尼拉都被成功地贯彻执行了。

西班牙的菲律宾在早期发展起来的殖民地社会组织，同葡萄牙的印度历来的情况相比，作为定居殖民地的色彩要浓重得多。从美洲移植来的根本制度是一种庄园，即委托监护制，接受委托的西班牙人向当地居民征收贡赋。所有成年男子都要以劳役、实物或香料的形式缴纳贡赋，而接受委托者则应该保护他们，为他们接受基督教做准备。例如，黎牙实比把他所控制的 2/3 的居民分散给私人委托地占有者，其余的1/3留给了国王。显然，这种制度很容易产生弊端，如贡赋征收者超额征收，使用暴力和敲诈勒索，甚至奴役菲律宾人。最后这项弊端被萨拉萨尔主教于1581年采取的行动所制止，他当时得到了一项教皇敕书的支持，1591年后又得到了王家立法的支持。但是，西班牙加在一个不发达的农业经济上的负担，由于与中国发展积极的贸易而确实减轻了。中国人把丝绸、瓷器、一些转口的黄金和奢侈品运到新西班牙，同时他们还把殖民者所需要的金属器具、五金器具、家具、牲畜和食物运来，并把大量手工业者和工人移居到他们自己单独的居住区——马尼拉城外的帕里安。他们为城市的发展提供了许多必不可少的服务性行业，如商业性菜农、面包工人和工匠，而对其帆船贸易征收的3%的税使菲律宾的岁入增加了很大一部分，到16世纪90年代初期多达岁入的1/5。他们人数的不断增加引起了治安问题，但他们提供的劳工和税收却使必须压在菲律宾人身上的负担有所减轻。到17世纪20年代已有如此众多的西班牙人定居在马尼拉并积极从事贸易活动，这就使私人委托地占有者的数量和重要性都减弱了，而且征收的贡赋实际上已成为有节制的人头税了。

　　西班牙人很早就与前来菲律宾的日本人有所接触，而一度如此致力于把他们排除在摩鹿加群岛以外的葡萄牙人，由于德那地和安汶岛的叛乱而不得不请求他们给予支援。但是，西班牙与日本和香料群岛都没有建立起重大的贸易往来：日本人并不需要白银，也不相信西班牙人的政治意图，菲律宾无法供给香料群岛的居民所需要的棉花和食物，而且西班牙人需要的香料也是有限的，因为从美洲到欧洲的贸易是独家经营的。因此，马尼拉的贸易就成了专门从事用来自新西班牙的白银向中国货物直接交换的贸易。早在1573年，就有两艘马尼拉大帆船把712匹中国丝绸和22300件精致的镀金瓷器和其他瓷器运到阿卡普尔科；到1600年，有40—50艘较大的适于航海的帆船一年一次由中国抵达那里。他们运来的货物是由一些与澳门同属一个体系的代办整批购进的，然后按照投资的多少分配给每个股东。虽然如此，也常常有人抱怨这些货物的价格。所以，自1575年起就试图与中国开展直接贸易，而且，特别是在两个王国联合起来以后，试图清除葡萄牙人的猜忌并扩大与澳门的贸易。这两项努力都未成功，中国船主们的控制依旧牢不可破。不过，与中国的贸易还是有利可图并继续发展的，尽管王室的规定打算限制白银从新西班牙向菲律宾出口。

菲律宾可以看作是一个商业中心，那里是美洲白银换取中国货物的地方，也是连接大西洋贸易与亚洲贸易的另一个港湾。但是，西班牙也把那里看作广阔的进行传教冒险的地方，为了支持传教事业，王国政府付出了极大的代价。在最初的 10 年间，在菲律宾岛上只有少数奥古斯丁会的传教士；但在 1578 年方济各会士到达这里以后又有多明我会士和耶稣会士到达，因而在第二个和第三个 10 年间来到这里的传教士总计有 100 到 300 人。到 16 世纪末，在西班牙统治下的 60 万菲律宾人中大约有一半人受了洗礼。

传教士的到来也带进了一股势力，根据拉斯·卡萨斯的传统，传教士们随时准备猛烈地抨击委托监护制的弊端，准备遏止奴役菲律宾人的倾向。牧师们还竭力消除当地的债务奴役制，它是当地酋长们权力的基础。然而，他们也把自己的意志强加给皈依者，要他们提供搬运、摇桨、建筑教堂的劳役；而且，由于他们也要在贡赋中分一份来维持自己，他们本身就可以说是剥削者。人们谴责托钵僧会为举行圣礼而过多索求，有一段时间，奥古斯丁会陷入混乱，许多会士利用他们掌握的精神权威无偿获得食物的馈赠并且低价获得可资贸易的货物。在分布广泛的教区中，要制止这些偶然性的弊端变得异常困难：那种通常用来维持纪律的集体生活常常不可能做到，甚至在经过严格挑选的耶稣会士中，由于传教地区的闭塞也导致了一些人的堕落。此外，尽管一道教皇敕书使腓力二世有权强制要求人们服从主教进行管理的权威，但是各僧团顽强地反对这种控制。由于缺少任何值得一提的世俗教区工作，传教活动就完全依靠修士，他们更有能力反抗主教。而且，在许多地区的农村只有他们是有效地出现在那里的西班牙势力，因而同样更有能力反抗行政当局。耶稣会的这种专制结构是某种保护措施，但是较为民主的、具有三年一选传统的托钵僧会士在一段时间里其风纪也明显地败坏了。然而，当传教范围在如此迅速地扩大着的时候，所有教派都苦于人力的短缺，因为他们几乎完全由西班牙人组成。当地人、克里奥尔人以及本地出生的欧洲人都被排斥在外。在 16 世纪 80 年代和 90 年代，既为了防止来自棉兰老岛的入侵者，也为了减轻牧师工作的负担，把皈依者像在墨西哥那样编组成更大、更严密的村庄的努力也失败了。就这样，在起初一些年里，菲律宾群岛被认为是一个难以开拓的地区。一种措施的确缓和了这种困难的形势：菲律宾被分为若干彼此隔绝的大语言区，每个地区各分派一个与别处不同的僧团；结果很好，使得传教士对语言和风俗的学习容易一些了。这样带来的一个后果是产生了关于当地习俗的法典，而这些法典只要不与基督教的基本信条和活动相冲突，就允许其继续存在。第二个后果是因为传教士具备了一定的语言能力，菲律宾人就免去了学习西班牙语之劳。

几乎直到16世纪末，从反方向绕地球的伊比利亚人一直几乎垄断地掌握着一条与亚洲联系的捷径。尽管如此，其他的欧洲人也忙于寻求通往东方的路，其中最不引人注意的是俄罗斯人的进展。在伊凡三世和伊凡四世的统治下，大俄罗斯完成了统一，于是开始向南、向东扩张。甚至在15世纪晚期莫斯科就与赫拉特和波斯互派使节了。1552—1554年在完成了对喀山汗国和阿斯特拉罕汗国的征服后，俄国人就取道伏尔加河以及里海与亚洲中部的许多汗国和萨非朝波斯建立了更加长久的关系。在这10年里，斯特罗加诺夫家族得到许可向东推进。到1581年，这个家族和他们的哥萨克部队越过乌拉尔山脉。在伊里克消灭了鞑靼汗国，这就为通过连接水系与水系之间的便利的陆路跨越西伯利亚打开了通道。到1604年，对珍贵的黑狐皮和紫貂皮等新物资的贪求把哥萨克人和皮货商吸引到托木斯克并在10年以后到达了中国边境。

在这由于向东方的推进才开始扩大的贸易中，国家开始占据支配地位。例如，皮货是国家与波斯进行商队贸易的大宗物资，在那里交换由波斯王室垄断的丝绸。皮货还由一批经过挑选的政府商人去阿斯特拉罕出售给前来那里的印度、波斯和土耳其商人。还有一些皮货在莫斯科出售给欧洲商人——在这些欧洲商人中，有经由钱塞勒于1553年发现的白海航路到达那里的英国商人。

这条白海航路的开辟正值英国人寻求一条能通向东方的道路之时，它既能避免同西班牙人、葡萄牙人发生冲突，又能为日益衰落的呢绒贸易开辟新的市场。于1555年合并成立的莫斯科公司旨在进行一次去往中国的旅行。这里发展起来的贸易包括鱼、鲸油、牛脂、亚麻和皮货，然而最初的意图始终没忘，因为在1557年的时候，安东尼·詹金森带着沙皇为中国之行所开的通行证，沿伏尔加河南下到达里海。在布哈拉他发现东去的道路被战争封锁了，然而他注意到了前往中国的商旅交通的细节。1561年他再次出访，这次是试探与波斯人做生意的前景。1562年他到达加兹温，受到沙·塔赫马斯普的冷遇后和印度商人进行了一次有希望的香料贸易谈判，然后带着一大批丝绸取道希尔凡回到俄罗斯。他在1564年和1565年两次去往波斯，主要是为了获取生丝，但是对香料仍念念不忘。1566年，沙赋予他们一项有利的特权，而且，还激起了用一种薄粗呢顺利地换取丝绸和香料的希望。他们进行了一次有限的贸易：1568年得到了400磅香料，1569年在波斯把数千匹呢绒卖掉后，购得了价值3万英镑的丝绸和香料。假如英国商队没有遭到伏尔加河地区的哥萨克的抢劫，这样一次返回肯定会推动与波斯进行更为活跃的贸易。相反，在1579年又进行了一次旅行之后，莫斯科公司对此不感兴趣了。

这部分地是由于英国人和黎凡特之间的贸易的复兴。安特卫普的衰落和阿勒颇、亚历山大港的复兴，在同葡萄牙、西班牙的贸易中日益严重的政治阻力，希望与土耳其政府结成即使不是军事的也至少是商业的联系，这一切导致了1580年与穆拉德三世达成新的条约。1581年，黎凡特公司在伯利和沃尔辛厄姆的支持下，得到了王室颁发的特许状。1583年，与土耳其政府达成的条约展期，在最初五年中，进行了大约27次商业航行，获得了可带来丰厚利润的货物，其中包括来自波斯和印度的生丝、香料和靛蓝。这样，在控制亚洲贸易并绕开伊比利亚人方面，黎凡特公司在俄国公司失败的地方取得了成功。

此外，黎凡特公司并不满足于仅从间接的渠道获得亚洲的商品，因此在1583年，公司派出一些商人从阿勒颇出发到了波斯湾和印度。拉尔夫·菲奇是其中之一，在1591年回到英格兰之前，他曾远达缅甸和暹罗的边界。伊丽莎白给黎凡特公司的第二个特许状更扩大了公司对菲奇所发现之地的垄断权。在俄罗斯公司面前忽隐忽现的亚洲贸易之希望，在黎凡特公司面前则闪烁着耀眼的光辉。

这一前景再次证明是海市蜃楼。詹姆斯·兰开斯特和本杰明·伍德企图从海上航行到印度的尝试失败了，而荷兰于1595年进行的首航却一举成功。1598年，至少有22艘船从尼德兰出发向东航行，到1599年已有4艘满载着胡椒和香料归来。有一段时间，黎凡特公司希望那些已经在黎凡特的荷兰人面对海路之风险和伊比利亚人的敌对行动从而意识到在黎凡特的贸易更为可取。然而，到 1599 年底，阿勒颇的英国人已在削减他们对香料的购买量，而在伦敦，人们正在计划成立一个东印度公司以继荷兰人之后绕过好望角。虽然这个计划因伊丽莎白出于政治上的考虑而被搁置了一年，在 1600 年快结束的时候，东印度公司终于得到了特许证，它的人员和总督似乎都是从黎凡特公司的海军力量中抽调而来的。

荷兰人直接介入亚洲贸易所采取的方式与英国人并无二致。就在英国因为葡萄牙在安特卫普的市场衰落而蒙受损失的时候，荷兰则确实有所增益，因为他们接过了大部分向北欧船运并分销香料的业务。但是荷兰人对于来自西班牙的敌视感受得更快更痛切，所以他们也一同寻找通向亚洲的经过极地的道路，并第一个跟着英国人走向白海，然后又走向黎凡特。同样，他们也加入到了大西洋上的私掠活动和对葡萄牙的西非殖民地发动的攻击中。但是到 1585 年以后，当腓力二世采取日益严厉的措施禁止和伊比利亚诸港口进行贸易时，在从事绕过好望角前往香料群岛这种充满风险的海上航行方面，荷兰人的准备比英国人更加充分一些。荷兰人在财政实力、管理技能和海上作战经验方面都处于领先地位，对于通向东方的海路和葡萄牙人在亚洲从事贸易的方式，荷兰人也知道得更清楚一些。从为印度承包人服务的荷兰人那里，从多年来就安插在印度公司的心脏为果阿大主教服务的林索登处，从里斯本的豪特曼处，他们搜集到了地图、常走的路线和内容详细的情报，这使他们在 1595 年能对准最薄弱的环节发起进攻，即巽他海峡和万丹港。豪特曼的第一次航行，虽然收获甚少，但安全返回，这就足以促使大批的公司急于进一步追求成功。在七年之中，有由八个独立的公司装备起来的 65 艘船出海航行，一些取道麦哲伦海峡，而大多数船只则绕过好望角前往爪哇和香料群岛。他们的命运各不相同，有的船只像范·内克指挥的远航那样，得到了极为丰厚的利润，而另一些则像豪特曼的第二次远航那样以悲剧告终。然而，很快就明朗起来的是：分散竞争的航行体制对于所有的公司都是有害无益的。沃尔维克在马都拉因为豪特曼所施行的暴力而蒙受损失；同样，范·凯登在亚齐也受到了损失；没有一个公司能够顺利地维持为成功的贸易所必需的永久性代理店；竞争使得价格上涨、货源不稳；

当老阿姆斯特丹公司在1599年派出一支舰队奉命像对待敌人一样对待竞争对手——荷兰公司时,葡萄牙人也最后决定用武力来驱逐这些入侵者。1597年,荷兰三级会议试图劝说荷兰公司和泽兰公司组织联军;1599年,阿姆斯特丹市的市长促成了阿姆斯特丹和北荷兰的公司的合并。但是到1601年,分裂之危险变得如此明显,以至于荷兰三级会议把所有公司的代表都召集到海牙,以讨论联合的各种条件。在争论和商讨之后,1602年3月组成了东印度联合公司,荷兰人将利用这个既从事商业贸易,又有武装力量的工具去摧毁那个在亚洲已有一个世纪历史的葡萄牙人的帝国。

(高仲君 译)

索　引

（此索引中的页码系原书页码，见本书的边码。）

Aachen，亚琛，8，345
'Abbās，阿拔斯，波斯国王，360，364，374—375
Abbots，修道院长
　世俗的，51
　领地上的，帝国境内，337
Abbruzzi，阿布鲁兹，强盗，255
'Abd al-Halīm（kara Yaziji），阿布达尔哈利姆（卡拉·雅兹吉），土耳其起义领袖，373，374
Aberdeen，阿伯丁大学，439
Abo，奥博，407
Abrahamowicz，阿布拉哈莫威茨，建筑师，402
Abul Fazl，艾布勒·法德尔，阿克巴的历史学家，550
Abūl-Su'ūd，阿布-苏乌德，穆夫提，352
Abyssinia，阿比西尼亚，耶稣会进入，539，540，550
Academy of the Secrets of Nature，自然奥秘研究会，476，479
Acadia（Novia Scotia），阿卡迪亚（新苏格兰），530—531
Acapulco，阿卡普尔科，17，554

Acconcio, Giacomo，阿孔乔，贾科莫，工程师，483，485
Accountancy，会计学，428
Achin，亚齐，535，537，541，542，546，558
Acosta, Josed'，阿科斯塔，何塞德，自然史学家，457
Acquaviva, Claudio，阿奎维瓦，克劳迪奥，耶稣会会长，65，549—550
Act, declaration, of Abjuration（Netherlands），宣称誓绝法令（尼德兰），99，279
Acts of Parliament，国会的法令，成文法（英国）
　上诉法（1533 年），51
　至尊法（1559 年），114，212
　统一法（1559 年），114，212
　织工法（1555 年），128
　徒工法（1563 年），128
　保持女王臣民忠顺法（1580 年），492
Addled Parliament，腐败国会，135
Aden，亚丁，土耳其进入，534
Adiaphoristic controversy，关于不置可

否论的论战, 78—79
Administration, 行政管理, 散见于 126—148
  西班牙帝国的, 238, 254, 507, 510, 511
  皮埃蒙特-萨伏依的, 260
  德意志诸公国的, 331
  奥斯曼帝国的, 347, 351
  瑞典和丹麦的, 406—407, 423, 425—426
Admiralty, Court of, 海事法庭, 167
Adrian VI (of Utrecht), 阿德里安六世(乌得勒支的), 教皇, 240
Adriatic Sea, 亚得里亚海, 197, 319
Adzuchi, 安土, 耶稣会传教士进入, 551
Aeneas Sylvius Piccolomini, 艾伊尼阿斯·西尔维乌·比科罗米尼, 见 Pius Ⅱ 条
Aerschot, Philippe de Croy, duke of, 阿尔绍公爵, 腓力·德·克罗伊, 268, 271, 275—276, 277, 310
Aeschylus, 埃斯库罗斯, 希腊剧作家, 版本, 446
'Aesop', '伊索'作品在学校中, 435
Affonsequa, 阿方塞奎阿, 宗教审判官, 548
Africa, 24, 160, 非洲
  东部, 366, 539—540, 545, 550
  北部, 191, 197, 251, 353—354
    葡萄牙人进入, 247, 534
  西部, 葡萄牙人进入, 534, 558
Agents, diplomatic, 外事代办, 151, 153, 162
Agostino, Antonio, 阿戈斯蒂诺, 安东尼奥, 法学家, 446
Agra, 阿格拉, 549
Agricola, Georgius, 阿格里科拉, 乔治乌斯,《冶金学》作者, 24
Agricola, Johannes, 阿格里科拉, 约翰内斯, 宗教改革家, 74, 75
Agricola, Rudolphus (Huysmann), 阿格里科拉, 鲁道尔夫(赫伊斯曼), 442
Agriculture, 农业, 36—38, 127
  产品的价格, 20
  在波兰, 397—398, 400
  在瑞典, 425
  在西属美洲, 513
Ahmed I, 艾哈迈德一世, 土耳其苏丹, 375
Aidin (Asia Minor), 艾金(小亚细亚), 374
Aigues-Mortes, 艾格莫尔特, 153
Ajemioghlanlar (foreign youths), 阿杰米奥夫兰拉(外籍青年), 奥斯曼帝国, 348, 366
Akbar, 阿克巴, 莫卧儿帝国皇帝征服古吉拉特, 540
  耶稣会士向他传教, 549—550
Akçe (asper), 阿克切(阿斯贝尔), 奥斯曼钱币, 349 页注, 370, 371
Akhaltzikhé (Caucasus), 阿哈尔齐赫(高加索), 358
Alay begi (officer of sipāhīs), 阿列贝伊(西帕希官员), 349—350
Alba, Fernando Alvarez de Toledo,

duke of, 阿尔发公爵, 费尔南多·阿尔瓦雷斯·德·托莱多, 243, 244, 290

以及血腥委员会, 6, 102, 291

书信, 7—8

会晤卡特琳, 154, 222, 225, 287

他的军队, 181

恐怖政策, 207, 274, 275, 310

向尼德兰进军, 229, 270, 287

他的困难, 232, 268, 271—274

征服葡萄牙, 247, 248

从尼德兰召回, 275

Albania, 阿尔巴尼亚; 和威尼斯 182, 353, 在奥斯曼帝国境内, 347

Albert, archduke, 阿尔贝特大公, 309, 310

Albert, duke of Prussia, 阿尔贝特, 普鲁士公爵, 395

Albert Alcibiades, 阿尔贝特·阿基比阿德, 勃兰登堡侯爵, 77, 338

Albert Frederick, 阿尔贝特·弗雷德里克, 普鲁士公爵, 395

Albistān (Asia Minor), 阿尔比斯坦 (小亚细亚), 373

Albrecht V, 阿尔勃莱希特五世, 巴伐利亚公爵, 334—335, 336

Alburquerque, duke of, 阿尔武凯克公爵, 米兰总督, 258—259

Alcabala (Spanish tax), 过境税 (西班牙税收), 136, 137, 147, 271, 275, 511

Alcalá, 阿尔卡拉, 大学, 66

Alcazar-el-kebir, 阿尔卡萨-厄-克比尔, 葡萄牙战败于此, 200, 247, 248

Alchemy, 炼金术, 454, 463, 476

Alciati, Andrea (Alciat), 奥西亚特, 安德列阿 (奥西亚特), 人文主义者, 435

Aldobrandini, 阿尔多布兰迪尼, 枢机主教, 见 Clement Ⅷ 条

Aldrovandi, Ulisse, 阿尔德罗万迪, 乌利塞, 解剖学家, 472

Alençon, duke of, 阿朗松公爵, 见 Anjou, Francis, duke of 条

Aleotti, Giovanni Battista, 阿利奥蒂, 乔万尼·巴蒂斯塔, 工程师, 455

Aleppo, 阿勒颇, 358

贸易, 262, 366, 534, 557

Alessandrino, 亚历山德里诺, 枢机主教, 258

Alessi, Galeazzo, 阿莱西, 莱亚扎, 建筑师, 257

Alexandria, 亚历山大港, 贸易, 262, 366, 534, 557

Algebra, 代数学, 458—459

Algiers, 阿尔及尔

土耳其军队在此驻扎, 175

贝伊的雇佣兵, 181

设防, 197

此地的海盗, 353, 354

'Ali Beg, 阿里贝伊, 奥斯曼军事指挥者, 366

Alkmaar, 阿尔克马尔, 牧师们, 105

Allen, William, 艾伦, 威廉, 枢机主教, 369, 494

Alpujarras, 织毯匠, 起义, 244, 246

Alsace, 阿尔萨斯, 158, 319

Altenburg, 阿尔滕堡, 辩论, 81

Althusius, 阿尔特胡修斯, 政治理论

家，99
Altun Kal'e，阿尔通卡勒，公国，358
Alumbrados，光照派，71
Alva, duke of，阿尔发公爵，见
　　Alba 条
Alvarez, Emmanuel，阿尔瓦雷斯，埃
　　马纽埃尔，学者，434
Amasia，阿马西亚，和约，355
Amazon，亚马孙，河谷，508
Ambassadors，使节，见 Embassies 条
Amber，琥珀，贸易，539
Ambergris，龙涎香，贸易，539
Amboina，安汶，541，542，543，547
Amboise，昂布瓦斯
　　阴谋，94，95，97，215，285
　　布告，95，268，286，287
America，美洲
　　殖民者进入，43；西班牙人，237，
　　　507—523；英国人，523—530；
　　　法国人，530—532；葡萄牙
　　　人，508
　　天主教传教士进入，54，56—57，
　　　507，510，514—515
　　北部，路德宗进入，84
　　宣称拥有主权，159—160
　　参见 silver 条
Amiens，亚眠，西班牙占领，308
Amiral，海军元帅，官职（瑞典
　　的），422
Amsdorf, Nicolaus von，阿姆斯多尔
　　夫，尼古劳斯·冯，宗教改革
　　家，76，79
Amsterdam，阿姆斯特丹，105，
　　270，274
　　银行，30，43，311

避难所，31
人口，34
贸易，37，311
航运业，533
老公司，558
Anabaptism，再洗礼派，5，74，
　　123—124，234，324，391，480
　　受迫害，100，123，265，482
　　和平主义，173
'Anacreon'，阿纳克里翁，出版其著
　　作，446
Anatomy，解剖学，研究，439，453，
　　454，472
Andalusia，安达卢西亚，摩里斯科人
　　迁往，247
Andelot, François d'，昂德罗，弗朗
　　索瓦·德，科利尼的兄弟，92
Andes mountains，安第斯山脉，508
Andreae, James，安德烈埃，詹姆斯，
　　学者，为路德宗的团结而写作，
　　82—83
Angermannus, Abraham Andreae，安格
　　曼努斯，亚伯拉罕·安德烈阿，
　　乌普萨拉大主教，87，88
Angers，昂热，加尔文教会在此建
　　立，92
Angus, Archibald Douglas, earl of，安
　　格斯伯爵，阿基巴尔德·道格拉
　　斯，223
Anhalt，安哈尔特，120
Animism，泛神论，442—443
Anjou, Francis, duke of (earlier duke
　　of Alençon)，安茹公爵，法兰西
　　斯（前阿朗松公爵），278，293
　　去世，98，294，295

成为尼德兰统治者，279，280，
293，294
与伊丽莎白一世，279，288，293
与胡格诺派，288，289，292
与政略派，291
Anjou, Henry, duke of，安茹公爵，
亨利，见 HenryⅢ条
Anna of Saxony，萨克森的安娜，奥兰
治的威廉的妻子，267
Anne（Jagiellon），安妮（亚盖沃），
斯蒂芬·巴托里的妻子，383，
392，411
Anne Vasa，安妮·瓦萨，392
Annecy，阿讷西，63
Ansbach，安斯巴赫，霍亨索伦家族
的，395
Antilles, Greater，大安的列斯群
岛，518
Antimony，锑，药用，474
Antinomianism，反律法论，74，91
Antioquia，安蒂奥基亚，509
Antiguarianism，崇古意识，404
Anti-trinitarianism，反三位一体论，
125，323，484
在波兰，390，391，441
参见 Socinianism 条
Antonelli, Batista，安东内利，巴蒂斯
塔，工程师，196，522
Antonio，安东尼奥，克拉图的大修道
院长，248，249，294
Antwerp，安特卫普，16
与英国的贸易，5，158，211，214，
232，269
作为金融中心，26，27，37，235，
275，533

人口，34
加尔文主义传入，101，137
遭劫，被西班牙人，103，176，
276，534
围攻与陷落，174，198—199，280，
295，296
防御，196，197
相对而言避开了宗教裁判，257
内部的动荡，270，277
停战，528
葡萄牙王室在此的代理店，533—
534
衰落，557
Aphthonius，阿夫托纽斯，希腊修辞学
家，437
Apollonius，阿波罗尼奥斯，希腊数学
家，457，458
Apprenticeship，学徒教育，428—429
Aquaviva, Claudio，阿奎维瓦，克劳
迪奥，见 Acquaviva 条
Arabia，阿拉伯半岛，535
马匹输出，538，540
Arabs，阿拉伯人，为葡萄牙服
役，537
Aracsh，阿拉什，土耳其占领，358
Aragon，阿拉贡，8，61，153
人口恢复，22
议会，139
议事会，238
副王职位，240，250
起义，244，250，251
摩里斯科人，246
Arakan，若开，541，547
Araucanians（Chile），阿劳坎人（智
利），507

Araya（Venezuela），阿拉亚（委内瑞拉）盐输出，39，523
Arboga，阿尔博加，瑞典议会在此召开，416
Archaeology，考古学，447—448
Archangel，阿尔汉格尔，17
　过境贸易，411，412，413，416
Archimedes，阿基米德，希腊科学家，453，457，471，477
Architecture，建筑学，13
　意大利的，262
　"尤利乌斯式"巴洛克，340
　瑞典文艺复兴，413
Arctic Ocean，北冰洋，见 White Sea 条
Arequipa（Argentina），阿雷基帕（阿根廷的），508，509，510
Argyle, Archibald Campbell, earl of，阿盖尔伯爵，阿奇博尔德·坎贝尔，212，224，227，228，229
Arians，阿里乌教派
　在波兰，390—391
　一段历史，403
Arima，有马，耶稣会传教活动进入，551
Aristocracy，贵族政治，503
　与战争，3，150，174
　与君主政治，130—134
　参见 Nobles 条
Aristotle，亚里士多德，希腊哲学家，403，446，472
　与新教徒，430
　《诗学》，447
　物理学，461，464，471
　论政治体制的类型，503

Arithmetic，算术，427
Arizona，亚利桑那，507
Armada, the Spanish，西班牙无敌舰队，9，154，177，525，527，535
　其炮火，204
　为之进行的准备和付出的款项，254，296，299—300
　失败，301
　重新组建，308
Armada de la Carrera de Indias，西印度航线舰队，518
Armadillas（cruiser squadrons），巡洋舰分队，518
Armenians，亚美尼亚人，波兰境内，381
Armies，军队，174—201
　胡格诺派的，96，97；荷兰的，178，181，183，185，194，280，298，310；波兰的，178，191，397；瑞典的，178，183，185，287，407，410；帝国的，183，361；葡萄牙的，181；法国的，183，192—194；西班牙的，183—185，193，238，246，275，280，305；土耳其的，175，184，356—357，365—366，371；波斯的，374；丹麦的，407，409，410
　军医，474
Arminianism（Remonstrants），阿明尼乌教派（抗议派），105，112，122，488
Arminius（Jakob Hermandszoon），阿明尼乌（雅各布·赫曼德松），

105，441
Armour，铠甲，使用及装饰，187—188，192，256
Arms (*armes blanches*)，武器（白刃），174，188—189
  参见 Firearms 条
Arquebuses，火绳枪，192，368
Arques，阿尔克，战役，9
Arran, James Hamilton, earl of，阿伦伯爵，詹姆斯·汉密尔顿，218
Arras，阿拉斯
  同盟，6，103，278
  会议，151
  条约，310
Arsenal (Lisbon)，军械处（里斯本），532—533
Articuli Henriciani (Poland)，《亨利条款》（波兰）384，385—386
Artillery，炮兵，在军队编制中，191，195
  参见 Guns 条
Artisans，工匠
  在法国，131，287，295，306
  在尼德兰，269，271，277，297
  与学者，455
Artois，阿图瓦，103
Arts，艺术
  战争与艺术，174
  在佛罗伦萨，261
  君主与艺术，320，334，335，410
  划分专业，大学中，429
Asia，亚洲，欧洲在这里的利益，532—558
Asia Minor，小亚细亚，372，373
  反叛，364

Asientos (loans)，合同（借贷），27
Asper，阿斯贝尔，见 *akçe* 条
Astrakhan，阿斯特拉罕，落入俄国人手中，355，356，556
Astrology，占星术，81，410，452，454，463—464
Astronomy，天文学，65，439，453，459—465
  与历法，465—466
  与航海，466—467
Asunción (Paraguay)，亚松森（巴拉圭），509
Ataide, Dom Luis de，阿泰德，唐·路易斯·德，葡萄牙总督，545
Atheism，无神论，486
Athenaeus，阿特纳奥斯，希腊作家，446
Atholl, John Stewart, earl of，阿索尔伯爵，约翰·斯图尔特，216，226，227，228，229
Audiencia，王室诉讼法庭，245—246
  在西属美洲，511，512
Aufklärung，启蒙运动，85
Augsburg，奥格斯堡
  和约，2，8，10，48，58，77，319，336，491
  信纲，73，74，77，83，86，87，120，324
  宗教会议，74，77，82
  临时敕令，75，76
  铠甲和枪炮输出，186，189
  银行危机，235
  宫殿，344—345
Augustine of Canterbury, St，坎特伯雷的圣奥古斯丁，57

索　引

Augustine of Hippo, St, 希波的圣奥古斯丁, 67—68
Augustinians, 奥古斯丁会, 在亚洲和非洲, 548, 550, 555
Augustus I, 奥古斯塔斯一世, 萨克森选帝侯, 333, 535
　与路德宗, 80, 81—82, 83
Aumdae, Charles of Lorraine duke of, 奥马代公爵, 洛林的沙尔, 221
Austria, 奥地利
　分离, 与西班牙, 154
　哈布斯堡家族, 与帝国, 319—346
　大公, 319, 322, 323—324, 326, 331
Avocats, 律师, 302
Ayala, Diego de, 阿亚拉, 迪耶戈·德, 法学家, 168, 169
Ayamonte, marquis of, 阿亚蒙特侯爵, 米兰总督, 238
Ayrault, 艾罗尔特, 法学家, 168
Ayuthia, 大城, 539
Azerbaijan, 阿塞拜疆, 奥斯曼推进, 359, 360
Azeveda, Don Jeronimo de, 阿兹维达, 唐·哲罗尼莫·德, 546
Azores, 亚速尔
　这里的法国舰队, 201, 294
　战斗, 204
　拦截西班牙舰队, 309, 519
　坎伯兰对这里远征, 468
Azpilcueta de Navarro, Martin, 阿斯皮利奎塔·德·纳瓦罗, 马丁, 学者, 18

Baab Ullah, 巴布·乌拉, 547

Babington plot, 巴宾顿阴谋, 162
Bacon, Sir Francis, 弗朗西斯爵士, 培根, 134, 148, 462, 475
Bacon, Sir Nicholas, 尼古拉斯爵士, 培根, 230
Baghdad, 巴格达, 贝勒贝伊, 360
Bahamas, 巴哈马, 519
Bahrein, 巴林, 奥斯曼人夺取, 545
Baius, Michael, 贝乌斯, 米歇尔, 神学家, 67—68
Baker, Matthew, 贝克, 马修, 造船主, 205
Baku, 巴库, 359, 375
Bale, Robert, 贝尔, 罗伯特, 古物专家, 444
Balearic Islands, 巴利阿里群岛, 197, 209, 242
Ballistics, 弹道学, 453, 471
Baltic Sea, 波罗的海
　贸易, 37, 401
　波兰, 382, 383
　瑞典, 404—426
　参见 Scandinavia 条及具体国家
Bamberg, 班贝格, 主教区, 338
Banco della Piazza di Rialto, 里雅图广场银行, 43
Bancroft, Richard, 班克罗夫特, 理查德, 坎特伯雷大主教, 110
Banda, 班达, 538, 541, 543
Bañez, Dominic, 巴内兹, 多米尼克, 学者, 66, 67
Banks, 银行, 30, 42, 43, 296—297
　国际破产, 235
Banks of Newfoundland, 纽芬兰海岸, 渔业, 525, 530

Bantam, 万丹, 541, 542, 558
Baptism, 洗礼, 123, 124
Baptists, 洗礼派, 124, 280
Barbary coast, 柏柏里海岸, 251, 252
Barber-surgeons, 理发师—外科医生, 474
Barcelona, 巴塞罗那, 27
  造船主们, 205, 249
Barley, 大麦, 生产, 36, 398, 401, 425
Baronetcies, 男爵的爵位, 出售, 143
Baronius, Caesar, 巴罗尼乌斯, 凯撒, 枢机主教, 12, 444
Barret, Robert, 巴雷特, 罗伯特, 军事著作家, 177, 194
Barreto, Francisco, 巴雷托, 弗朗西斯科, 印度总督, 537
Barros, João de, 巴罗斯, 若昂·德, 历史学家, 444
Barter economy in Sweden, 瑞典的物物交换, 412, 426
Bartolists, 巴尔特鲁斯学派, 166, 168
Barton, Edward, 巴顿, 爱德华, 英国驻伊斯坦布尔使节, 368, 369, 396
Basel, unversity of, 巴塞尔大学, 439
Basil St, 圣巴西勒, 作品在学校在, 437
Basil Ⅳ (Shuisky), 瓦西里四世（叔伊斯基）莫斯科的沙皇, 418, 419
Baskerville, Sir Thomas, 托马斯爵士, 巴斯克维尔, 军人, 523
Basra, 巴士拉, 这里的土耳其人, 366, 534, 545
Bassein, 伯塞恩, 537, 548, 549
Bates, John, 贝茨, 约翰, 商人, 135
Bathory, 巴托里, 见 Sigismund 条; Stephen 条
Baths, 浴池, 公共设施, 波兰城镇里, 380
Battalion, 营, 在军队编制中, 185, 194
Bavaria, 巴伐利亚, 334—336
  保持天主教信仰, 59, 337
  地产, 322, 335
  私人顾问, 331
  作为科隆大主教的幼子们, 336, 341—344
  吞并多瑙沃特, 345
Būyazīd, 巴耶济德, 苏里曼之子, 372—373
Bayonne, 巴约讷
  走私中心, 27
  卡特琳与阿尔发会晤, 154, 222, 225, 230, 287
Béarn, 贝阿恩, 胡格诺派在此, 290
Beaton, David, 比顿, 戴维, 枢机主教, 113, 223
Bedzin, 本津, 条约, 394
'Beggars' (*gueux*), '乞丐', 在尼德兰, 102, 269, 277
'*Beggars Sea*' (*gueux de mer*), '海上乞丐' 1, 103, 273, 275
  与加尔文主义一致, 6, 8, 234
  在荷兰和西兰, 272, 274, 288
  被从英格兰逐出, 289
'Beggars, Summons', "乞丐敦促书", 114, 212

Beglerbegi（governor-general），贝勒贝伊（总督），奥斯曼帝国内，348，349，350

Beguin, Jean, 贝甘, 让, 科学家, 474

Bekenntnis Unterricht und Vermanung（of Magdeburg pastors），《教义的讲授与规劝》（马格德堡牧师们的），98

Békés, Gaspar, 贝克斯, 加斯帕, 392

Belgium, 比利时, 311
  此地的天主教, 59, 104
  此地的加尔文宗, 100—101

Belgrade, 贝尔格莱德, 361, 362

Bellarmine, St Robert, 贝拉明, 圣罗伯特, 67, 68, 99, 105, 448, 498

Bells, 钟
  破钟出售, 从英格兰, 368
  铸造, 398

Belon, Pierre, 贝隆, 皮尔, 动物学家, 453

Belz, district of, 贝尔兹地区, 400

Bembo, Pietro, 本博, 彼得罗, 枢机主教, 447, 448

Benedetti, J. B., 贝内德蒂, J. B., 数学家, 406, 471

Benefices, 圣职
  俗人授予, 47, 51
  在苏格兰, 115—116
  与西班牙王室, 257

Bengal, 孟加拉, 541

Bentley, Richard, 本特利, 理查德, 学者, 449

Berg, duchy of, 贝格公国, 317

Bergen, Book of, 《贝尔根书》, 83

Bergerac, Peace of, 贝尔热拉克和议, '国王和议', 293

Berlaymont, count of, 贝尔莱蒙伯爵, 265, 271

Berrio, Hernando de, 贝里奥, 埃尔南多·德, 特立尼达总督, 508, 526

Berwick, Treaty of, 贝里克条约, 215

Besson, Jacques, 贝松, 雅克, 机械师, 455, 466 注

Beza, Theodore, 贝扎, 狄奥多尔, 加尔文主义者, 90, 95, 96
  《行政官员对其属民的权利》, 97, 500
  强调加尔文的教规, 108, 117, 122
  任命牧师, 282
  他的国家理论, 500, 501, 502

Bible, the, 圣经
  路德宗教义之源, 67, 97
  在阿尔特胡修斯的著作中, 99
  向苏格兰传播, 112
  翻译, 390, 441
  解释, 462, 483—484, 487
  参见 New Testament 条

Bijapur, 比贾布尔, 540, 545

Bilbao, 毕尔巴鄂, 158

Billingsley, Sir Henry, 比林斯利爵士, 亨利, 学者, 456, 476 注①

Bills of exchange, 流通汇票, 31, 43

Bilson, Thomas, 比尔逊, 托马斯, 主教, 论及真正的教会, 494, 498

Bion, 彼翁, 诗人, 著作的版本, 446

Biondo, Flavio, 彼翁多, 弗拉维奥, 历史学家, 443

Biringuccio, 比林古乔, 著《论烟火制造》, 428
Biron, Charles de Gontaut, duke of, 比隆公爵, 沙尔·德·贡道, 法国元帅, 阴谋, 316
Bishoprics, 主教职位
    新的, 在尼德兰, 266, 269
    出售, 在法国, 281
    帝国的王子主教, 337—343
    三主教职, 见 Metz, Toul, 和 Verdun 条
Bishops, 主教
    枢机主教波尔论及, 45
    义务与权限, 47, 49
    授任, 51, 337, 389
    伊丽莎白时代早期, 107—108
    有名无实的（苏格兰）, 117, 118
    布朗论及, 493
Bishops' Bible, 圣经主教译本, 441
Black, David, 布莱克, 戴维, 圣安德鲁斯学院牧师, 118—119
'Black Acts', '黑色法令', 118
Black Forest, 黑森林, 328
Black Sea, 黑海, 355, 396
Blaeu, Willem, 布勒乌, 威廉, 绘图师, 470—471
Blanche of Castile, 卡斯提尔的布朗歇, 285
Blekinge, 布莱金厄, 省区, 406, 407
Blois, 布卢瓦, 286, 293, 301
    条约, 288
Blood, 血液, 循环的发现, 449, 472—473
Blundeville, Thomas, 布伦德威尔, 托马斯, 作者, 470

Boccalini, Trajano, 博卡利尼, 特拉加诺, 讽刺作家, 256
Bochnia, 博赫尼亚, 附近的盐矿, 399
Bocskai, Stephen, 博奇考伊, 斯蒂芬, 在特兰西瓦尼亚, 363, 364
Bodin, Jean, 博丹, 让, 政治哲学家, 12, 22, 132, 138, 445, 449, 483, 497, 502, 505
    辩论, 与马尔斯特罗瓦, 18, 19, 29
    所著《共和六书》, 486, 489, 505, 506
    所著《西普塔普罗梅赫》, 486—487, 489, 490
    论及政体形式, 503—504
Boguszewski, Krzysztof, 博古谢夫斯基, 克里斯托弗, 艺术家, 403
Bohemia, 波希米亚
    新教在这里, 121, 156, 323—324, 326
    王室, 260, 319, 321
    国王, 作为选帝侯, 327
    金属生产, 333
    教育, 450
Bohemian Brethren, 波希米亚兄弟会, 59, 121, 323, 390
    在波兰, 390, 391
Bohemian confession, 波希米亚信纲, 121
Bohus, 布胡斯, 此处的城堡, 420
Bohuslän, 布胡斯, 省区, 406
Bojanów, 博卡诺夫, 路德宗学院在此, 390
Bokhara, 布哈拉, 556

Boleyn, Anne, 博琳, 安娜, 亨利八世的第二个妻子, 211
Bologna, 波伦亚
  特伦托会议转移至此, 46
  协议, 53
  大学, 439
Bolognetti, 波罗涅提, 教皇使节, 389
Bombelli, Raffaelo, 博姆贝利, 拉菲罗, 数学家, 458
Bonaparte, Napoleon, 波拿巴, 拿破仑, 332
Bonn, 波恩, 343
Books, 书籍, 贸易, 440
Bordeaux, 波尔多, 282
Borgia, St Francis, 博尔吉亚, 圣方济各, 55
Boris Godunov, 鲍里斯·戈东诺夫, 莫斯科沙皇, 418
Borneo, 婆罗洲, 541
Borromeo, St Charles, 博罗梅奥, 圣卡洛, 枢机主教, 米兰大主教, 48, 64—65
  向王权挑战, 258—259
Borromeo, Federico, 博罗梅奥, 费德里克, 米兰大主教, 259
Borzymowski, Wojciech, 波尔茨莫夫斯基, 沃伊采赫, 艺术家, 403
Bosnia, 波斯尼亚, 拉齐, 360, 361
Botany, 植物学, 439, 454, 471—472, 473
Botero, Giovanni, 博特鲁, 乔万尼, 论战争, 172, 175
Bothwell, James Hepburn, earl of, 博思韦尔伯爵, 詹姆斯·赫伯恩, 218, 224, 227, 229

与玛丽·斯图亚特, 226, 228
Botniensis, Nicolaus Olai, 波特尼昂西斯, 尼古劳斯·奥赖, 瑞典教士, 87, 88
Bouillon, Henri de la Tour d'Auvergne, duke of, 布永公爵, 奥弗涅的图尔的亨利
  阴谋, 316
Boulogne, 布洛涅, 亨利八世占领, 210
Bourbon, Anthony of, king of Navarre, 波旁, 安东尼, 那瓦尔的国王, 92, 94, 220, 221, 283
  死亡, 221, 286
Bourbon, Charles, cardinal of, 波旁, 沙尔, 枢机主教, 提出王位要求, 295, 300, 302, 303
  死亡, 305
Bourbon, House of, 波旁家族, 132, 138, 216, 220, 283
Bourbon, Louis de, 波旁, 路易斯·德, 见 Condé, prince of 条
Bourbourg, 布尔堡, 此处的英—西会谈, 154—155
Bourges, 布尔日
  国事诏书, 51, 53
  加尔文教会进入, 92
  围攻, 189
  在此传授法律, 440
Bourgoing, Francis, 布尔古安, 弗朗西斯, 学者, 449
Bourne, William, 伯恩, 威廉, 学者, 467
Bows and arrows, 弓箭, 废弃, 174, 188

Boyars（Russian nobles），波雅尔（俄国贵族），418，419
Boyle, Robert，玻意耳，罗伯特，物理学家，478
Brabant，布拉班特，省区，103
　赋税 264，272
　天主教，266，313
　三级会议，275—276
　城镇，277
　国际军队进入，280
　避难者离开，297
Bragadino, Marco，布拉加第诺，马可，炼金术士，1
Braganza, João, duke of，布拉干萨公爵，若昂，248
Brahe, Tycho，布拉赫，第谷，见 Tycho Brahe 条
Branca, Giovanni，布兰卡，乔万尼，建筑师，456
Brandenburg，勃兰登堡
　加尔文主义进入，120
　侯爵，选侯，327，329，337，395
　私人顾问，331
　吞并诸侯—主教领地，338
　霍亨索伦家族，343
Brandenburg-kulmbach，勃兰登堡-库尔姆巴赫，338
Braniewo，布拉涅沃，传教士学院，389
Braun, Konrad，布朗，康拉德，法学家，168
Brazil，巴西，508，534
Brazil-wood，巴西苏木，508
Brederode, Henry count of，布雷德罗德伯爵，亨利，269，270

Bremen，不来梅，120，334
　大主教区，343
Brenz, Johann，布伦兹，约翰，路德宗改革家，79
Brès, Guy de，布雷斯，居伊·德，加尔文主义者，101
Bresse，布雷斯，317
Brest-Litovsk，布列斯特-立陶夫斯克联合协议，59
　人口，380
　东正教会议，390
　圣经，390
Brethren of the Common Life，共同生活兄弟会，431
Brewster, David，布鲁斯特，戴维，《自然法术书信集》，478
Briggs, Henry，布里格斯，亨利，数学家，458，470
Brill（Zeeland），布里尔（西兰）
　海上乞丐占领，103，273，289
　用做英国基地，295
Brisson, Barnabé，布里松，巴尔纳贝，法务院长，305
British Isles，不列颠群岛，内部动乱，欧洲政治，209—233
Brito, Philip de，布里托，腓力·德，沙廉总督，547
Brittany，布列塔尼
　英国人远征，175，308
　西班牙军队进入，305，308
Broadsides，舷侧，海战中，202，203，204
Brodnica，布罗德尼察，王室领地，392
Brody，布罗迪，地毯产地，399

Brotherhood of the Assumption (Orthodox), 升天兄弟会（东正教），450
Brouage, 布鲁阿日，盐产地，531
Browne, John, 布朗，约翰，《阿维佐商人》，428
Browne, Robert, 布朗，罗伯特，分离主义者，492—493
Brownists, 布朗主义者，124，492
Bruce, Robert, 布鲁斯，罗伯特，爱丁堡牧师，119
Bruges, 布鲁日，272，277
Brully, Pierre, 布律依，皮埃尔，加尔文宗牧师，100—101
Bruno, Giordano, 布鲁诺，乔达诺，学者，442，460，461，462
Brusa, 布鲁萨，地区，374
Brussels, 布鲁塞尔，149，235，269，317，341
 惩治，271
 反叛，276，277
 被帕尔马攻陷，280
Bucer, Martin, 布塞尔，马丁，宗教改革家，100，106
Buccleugh, Lady, 巴克罗芙小姐，228
Buchanan, George, 布坎南，乔治，加尔文宗教师，431，444，505，506
 《侦破》，231
 《苏格兰陪审员的权力》，502—503
Buda, 布达，360，362，363，364
 土耳其人进入，319，361
Buddhism, 佛教，57，551
Budny, Simon, 布德尼，西蒙，神学家，441

Buenos, Aires, 布宜诺斯艾利斯，508—509
Bugenhagen, Johann, 布根哈根，约翰，宗教改革家，76
Bugey, 比热，317
Bulls, 敕令，见 papal bulls 条
Bullinger, Heinrich, 布林格，亨利希，宗教改革家，81，95，100，444
Bullion, 金银块，进口，在塞维利亚，25
 参见 Gold; Silver; Spain 条
Bure, Idelette de, 比尔，伊德丽特·德，加尔文之妻，100
Bureaucracy, 官僚体制，141—147
Burghley, William Cecil, baron of, 伯利男爵，威廉·塞西尔，142，146，222
 论服兵役，176，193
 其政策，214，230，231
 支持黎凡特公司，557
Burgundy, 勃艮第，150，320
 三级会议，315
Burma, 缅甸，541，547，557
Byczyna, 贝奇纳，战役，385
Bydgoszcz, 比得哥什，人口，380
Byrd, William, 伯德，威廉，作曲家，13

Cacafuego, 卡卡夫戈，夺取之，521
Cadiz, 加的斯
 德雷克袭击，299
 埃塞克斯远征，308，535
 护航舰队被消灭，523
Caen, 卡昂，埃尔贝被围困于此，221

Caesar, 恺撒, 军人对他的研究, 193; 学生对他的学习, 435
Cairo, 开罗, 香料贸易通过
Caithness, George Sinclair, earl of, 凯斯内斯伯爵, 乔治·辛克莱, 216
Caius, John, 凯厄斯, 约翰, 学者兼医生, 439, 474
Calais, 加来
 英国丧失, 154, 213, 220, 221, 236
 西班牙夺取与放弃, 308
Calderon de la Barca, Pedro, 巴尔卡的卡尔德隆, 佩德罗, 66, 243—244
Calendar, 历法, 修订, 465—466
Calepino, Ambrogio, 卡莱皮诺, 安布罗焦, 辞典编纂人, 436
Calicut, 卡利库特, 王国, 545
California, 加利福尼亚, 509
Calivers, 火绳枪, 188, 192
Calvin, John, 加尔文, 约翰,
 去世, 11, 72
 关于不置可否论的论战, 78, 79
 《原理》, 90, 91, 121, 499
 与法国, 91, 92—93, 282, 286
 与世俗权力, 95, 97, 155, 443, 499—500
 与尼德兰, 100, 265
 与英格兰, 106
 与诺克斯, 114
 《教理问答》, 121
 与孔代, 284
 与塞尔维特, 482, 483, 487
Calvinism, 加尔文主义, 12, 89—122, 480

路德宗的排斥, 5, 59, 81, 83, 84
传播, 5—6, 8, 58, 80, 337
在尼德兰, 5, 6, 58, 100—106, 156, 234, 265—266, 269, 270, 274, 276, 277, 279, 280, 297, 307, 488
在德意志, 6, 100, 120, 280, 333, 334, 345
在苏格兰, 12, 88, 106—107, 112—120, 156
在法国, 52, 58, 90—97, 122, 131, 156, 281—286
在波兰, 59, 121, 390, 391, 393
在巴拉丁, 80—81, 82, 120, 334
在斯堪的纳维亚, 86, 88
在英格兰, 102—112
在波希米亚, 121, 323
在匈牙利, 121—122, 156, 326
好战精神, 155—156, 269, 282
批判, 458①
Cambay, 坎贝, 海湾, 545
Cambrai, 康布雷
 会谈, 149, 153
 西班牙声称拥有主权, 295
Cambridge, university of, 剑桥大学, 439
 卡特赖特在此, 108—109
 惠特吉夫特在此, 109—110
 此地的神学家, 111—112
 诺克斯在此, 113
Camden, William, 卡姆登, 威廉, 古物专家及历史学家, 437, 445

----
① 有关内容不在458页, 而在485页, 疑为印刷错误。——译者注

索　引

Camoëns, Luis Vaz de, 卡缪思，路易斯·范斯·德，诗人，249
Campeggio, Tommaso, 坎佩基奥，托马佐，费尔特雷主教，45，73
Canada, 加拿大，530
Canals, 运河
　帕尔马的，从根特，199
　开凿建议，408
Canara, 卡纳拉，柚木来源，537
Caninio, 卡尼尼奥，学者，449
Canisius, St Peter, 迦尼修，圣彼得，48—49，54，63，326
Cannons, 火炮，种类，189—190
　西班牙海军的，204
Cano, Melchior, 卡诺，梅尔乔，多明我会士，62，66，67
Canoes, 独木舟，印第安人的，531
Canonisation, 谥圣，其标准，70
Canter, Dirk, 坎特，德克，学者，446
Canterbury, 坎特伯雷，教区，107
Canton, 广州，543，544，552，553
Capalupi, 卡帕卢比，作者，290
Cape San Antonio, 圣安东尼奥角，518，522
Cape of Good Hope, 好望角，24，366，558
Cape Horn, 合恩角，521
Capital, 资本
　开矿，24，296，398
　波兰工业，399
　香料贸易，535
Capoche, 加普舍，波托西历史学家，513
Caprarola, 卡普拉罗拉，197

Caracas, 加拉加斯，508
Caraffa, Gian Pietro, 加拉法，基安·彼得罗，见 Paul Ⅳ 条
Caravels, 多桅快帆船，537
Carberry Hill, 卡伯里山，战役，229
Carbines, 卡宾枪手，192
Cardan, Girolamo, 卡丹，吉罗拉莫，数学家，445，453
Cardinals, 枢机主教，会议，50，55，61
Carew, Sir George, 卡鲁，乔治爵士，驻法国大使，316
Caribbean Sea, 加勒比海
　这里的印第安人，54
　商船私掠，159，160，309，516—517
　贸易路线，518
　英国攻击，520—521
Carithia, 卡林西亚，省区，319，321
　新教传入，325
　岁入，361
Carlos, Don, 卡洛斯，唐，腓力二世之子，221，222，239，321
Carlowitz, Christopher, 卡尔洛维奇，克里斯托弗，埃拉斯都主义者，76
Carmelite Order, 圣衣会，54，71
Carniola, 卡尼奥拉，省区，319，321，333
　新教传入，325
　岁入，361
Carpathian mountains, 喀尔巴阡山脉，319，398，399
Carpets, 地毯
　波兰的，399

波斯的, 540
Carracks, 大帆船, 537, 551
Carranza, Bartolomé de, 卡兰萨, 巴托罗缪·德, 托莱多大主教
 宗教审判, 62—63, 257—258
 在英格兰, 257
Cartagena (Colombia), 卡塔赫纳（哥伦比亚）, 518, 519
 被德雷克袭击, 521, 522
Cartari, Vincent, 卡尔塔利, 文森特, 神话学家, 437
Cartazes (safe conducts), 卡尔塔斯（安全通行证）, 538
Cartier, Jacques, 卡蒂埃, 雅克, 探险家, 530
Cartography, 制图学, 397, 453, 455, 456, 466, 469—471
Cartwright, Thomas, 卡特赖特, 托马斯, 神学者, 117, 122, 493
 攻击主教制度, 108—109
 与惠特吉夫特的争论, 109, 439, 494
 入狱, 111
Casados (Portuguese settlers in India), 卡萨道（葡萄牙在印度的移民）, 537, 538
Casaubon, Isaac, 卡索邦, 以撒, 学者, 446
Casimir, John, 卡齐米尔, 约翰, 见 John Casimir 条
'Casket Letters', 首饰盒信件, 230
Caspian Sea, 里海, 355, 356
 土耳其人在附近的战役, 359
Cassander, George, 卡桑德, 乔治, 神学家, 86

Cassiopeia, 仙后座, 其中的一颗新星, 463
Castellion, Sebastian, 卡斯特利恩, 塞巴斯提安, 学者, 482, 485, 496
 反对宗教迫害, 482, 483, 484, 487—488
Castellorizo, 卡斯特洛里索, 353
Castelvetro, Lodovico, 卡斯特尔韦特罗, 洛多维克, 447
Castiglione, Baldassare, 卡斯蒂利奥内, 巴尔达萨尔, 外交家, 作者, 402
Castile, 卡斯蒂利亚, 161, 237—238, 242—243, 264
 法国工匠进入, 22
 宗教裁判所, 23, 61
 通货, 28, 29
 赋税, 137, 138—139, 235
 肥皂输出, 158
 摩里斯科人移入, 247
Catalonia, 加泰罗尼亚
 副王职位, 240
 与腓力二世, 249—250
Cataneo, Girolamo, 卡塔内奥, 吉罗拉莫, 论防御工事, 178
Catapults, 投石机, 攻城武器, 189
Cateau-Cambrésis, 卡托—康布雷奇, 条约, 2, 8, 139, 160, 209, 259, 267, 308, 516
 其决定作用, 14, 16, 149, 154, 234
Catechisms, 教义问答, 诺埃尔的, 学校用, 434; 阿里乌, 391
Catechismus Romanus, 罗马教义问

索引

答，50
'Cathay'，中国，524—525，556
Cathay Campany，中国公司，524
Cathedrals，主教座堂，俗人控制（德意志），51—52
Catherine（Jagiellon），凯瑟琳（亚盖沃）
　约翰三世的妻子，86，382，406，411
　西吉斯孟·瓦萨的母亲，383
Catherine de Medici，卡特琳·德·美第奇，法国王后
　在圣巴托罗缪之夜的屠杀中，8，63，289—290
　与吉斯家族，94，295
　作为摄政王，95，132，216，285
　与阿尔发会晤，154，222，225，287
　调解过程，220，235，285—286，292，293
　驱逐英国人，221—222
　商讨婚姻事宜，288
　影响的结束，301
　死亡，302
Catherine of Poland，波兰的凯瑟琳，瑞典的约翰三世的妻子，86
Catholic League（France），天主教联盟（法国），122，292—293，295，301—305
　外国盟友，6，7，59，60，300
　反对宗教宽容，122
　利益相悖，234，306，316
Catholicism，天主教，44—71
　与加尔文主义，6，8，156—157
　在波兰，6，388—390，391，392，393

特伦托会议上的，8，12，44—46，86—87
在西班牙，8，12，54—55；
在西属美洲，54，56—57，507，510，514—515
在德意志，8，51—52，58，59，83，337—344，345
在英格兰，12，60，493
在法国，52—53；参见 Catholic League 条
在尼德兰，59，266，269，270，273，276，277，280，292
在瑞典，60，86—87，412，414，415
在苏格兰，60，113，116，216—217，218
中世纪的，64，85，166，482
在意大利，263
在帝国，320，323，325—326，329，335
与英国和土耳其贸易，369
参见 missionaries 条以及具体的宗教团体
'Cato'，加图，作品在学校中，434，435
Cattle，家畜，饲养，398，400，401，507，513
Caucasians in Persia，波斯的高加索人，357，374
Caucasus mountains，高加索山脉
　土耳其与波斯的争夺，355，358，374，375
　俄国人挺进，355
　奥斯曼的统治，375
Cavaleriis, de，卡瓦来利斯，德，古

物专家，448
Cavalry，骑兵，182，184，191—192，195
Cayet, Palma，卡耶，帕尔马，学者，449
Cayman island，开曼群岛，522
Cebes，西比斯，作品在学校中，437
Cebu (Philippines)，宿务（菲律宾），553
Cecil, Robert, earl of Salisbury，塞西尔，罗伯特，索尔兹伯里伯爵，129，142
Cecil, William，塞西尔，威廉，见Burghley条
Cellini, Benvenuto，切利尼，班维努托，自传，445
Cellorigo，塞洛里戈，经济学家，312
Cereals，谷物，见grain条
Cerigo，凯里戈，354
Çerkes tribes (Caucasaus)，吉尔吉斯部落（高加索），359
Cervantes, Miguel de，塞万提斯，米盖尔·德，小说与剧本作者，13，252
Cesalpino, Andrea，切萨皮诺，安德烈亚，自然主义者，441，473
Ceylon，锡兰，葡萄牙人征服，537，546
Chablais，沙布莱，63
Chaldean，迦勒底，教长们，549
Chambre ardente，火焰法庭，92
Champagne，香槟，洛林公爵对王国提出要求，305
Champlain, Lake，尚普兰，湖，531
Champlain, Samuel de，尚普兰，撒母耳·德，探险家，431
Chancellor, Richard，钱塞勒，理查德，航海家，北海航行，17，556
Channel, the English，英吉利海峡
  作为西班牙海路，27，209，317
  海盗，296
Chao-Ch'ing，肇庆，553
Chapuys, Eustache，加佩斯，优斯泰奇，西班牙使节，157
Charcas，查尔卡斯，王室诉讼法庭所在地，511
Charlemagne，查理曼，57，149
Charles V，查理五世，皇帝，152—153，237
  广泛地参与，1，150
  分割遗产，2，48，237，319，320—321
  被萨克森的莫里斯打败，37，77
  与特伦托宗教会议，44，45
  与路德宗，58，75，77
  与英格兰，152—153，157，210
Charles Ⅰ，查理一世，英格兰国王，137，148
Charles Ⅷ，查理八世，法国国王，入侵意大利，150，153
Charles Ⅸ，查理九世，法国国王，289，385
  未成年时，95，216，285
  对让渡官职的行为征税，142
  与玛丽·斯图亚特，221
  死亡，292，384
Charles Ⅹ，查理十世，法国国王，见Bourbon, Charles条
Charles Ⅸ，查理九世，瑞典国王，88注，147，417—420，422

作为摄政王，87—88
死亡，292，421—422
作为南曼兰公爵，406，410，412，414，415—416
建立哥德堡，420
Charles，查理，施蒂里亚大公，211，321，325，336
Charles Emmanuel Ⅰ，夏尔·埃马纽埃尔一世，萨伏依公爵，260，301，305，317
Charles Philip，查理·腓力，瑞典查理九世之子，420，423
Charles the Bold，大胆查理，勃艮第公爵，在特里尔，152
Charters for colonisation，殖民特许证，529
Charts，图表，456，469—471
'Chase-about Raid'，到处追捕，225，226
Chasseneuz，沙斯诺，政治理论家，135
Châteauneuf, Claude l'Aubespine, seigneur de，沙托纳夫大人，克劳德·劳比斯潘，法国大使，162
Châteillon, Sébastien，夏泰永，塞巴斯提安，教师，435
Châtelherault, James Hamilton，沙泰勒罗公爵，詹姆斯·汉密尔顿，151，213，224
Châtillon, cardinal de，夏蒂永，枢机主教，见 Coligny, Odet de 条
Chaul，焦尔，保卫，545
Chauvin，沙文，殖民者，530
Cheçiny，亨齐内，矿区，399
Chemistry，化学，454，474

Chemnitz, Martin，克姆尼茨，马丁，路德宗神学者，82，84
Chenkiang，镇江，544
Chesapeake Bay，切萨皮克湾，525，527
Chevallier, Antoine，谢瓦利埃，安东尼，学者，448
Chile，智利，507，509
China，中国
贸易，17，534，538，541，543—545，554—555
欧洲钱币输入，28
人口，32
明朝皇帝，164，543，544
耶稣会进入，552—553
与菲律宾，554
Chittagong，吉大港，541，547
Chivalry，骑士，法庭，167
Chocim，霍京，战役，396
Chodkiewicz, Charles，肖德基耶维奇，查尔斯，388
Christendom Latin，拉丁基督教世界
习惯法，166
共同的目标和价值观，168
与伊斯兰教的边界，322
Christiam Ⅰ，克里斯提安一世，萨克森选帝侯，333
Christian Ⅱ，克里斯提安二世，萨克森选帝侯，未成年，333
Christian Ⅱ，克里斯提安二世，丹麦国王，406，408
Christian Ⅲ，克里斯提安三世，丹麦国王，406—407，409
Christian Ⅳ，克里斯提安四世，丹麦国王，420—422

Christina of Hesse, 黑森的克里斯蒂娜, 408
Christopher, 克里斯托夫, 符滕堡公爵, 82
Chronicles, 编年史, 444
Chrysostom, St, 圣克里索斯托, 作品在学校中, 437
Church and State, 教会与国家, 12, 51—54, 60—61, 105, 155, 258—259, 307, 480—506
  对于路德宗, 85
  对于加尔文宗, 95, 97, 118, 155, 443
Church of England, 英格兰教会, 12, 493, 495, 499; 参见 Supremacy, royal 条
Church, Orthodox, 东正教会, 见 Orthodox 条下
Cicero, 西塞罗, 罗马演说家, 172, 403, 435, 其作品在学校中, 435
Ciceronianism, 西塞罗主义, 447
Çildir, 彻尔德尔湖, 附近的战役, 358
Cilicia, 西利西亚, 374
Circassia, 切尔卡西亚, 357, 359
Circles (security organisations in empire), 连环 (帝国治安组织), 330
Cities, 城市
  人口与增长, 33—34, 35, 127—128
  胡格诺派的避难城, 97, 288, 292, 313
  防御工事, 197, 345
  帝国的自由城市, 328, 337, 344—345

波兰的城市人口, 380
Clairac, 克莱拉克, 宗教会议, 282
Classical studies, 古典研究, 446—447
Classis movement, 长老监督会运动, 110, 111
Clavius, Christopher, 克拉维乌斯, 克里斯托弗, 数学家, 458
  与历法, 465
Clement Ⅷ (Aldobrandini), 克莱门特八世 (阿尔多布兰迪尼), 教皇, 69, 259, 304—305
  赦免亨利四世, 307, 314
Clément, Jacques, 克列门特, 雅克, 刺杀亨利三世者, 303
Clenardus, 克莱那杜斯, 语法学家, 437
Clergy, 教士
  教育和训练, 49, 64, 65, 325, 429
  作为行政人员, 49, 141, 147
  在德意志, 58
  纳税, 在法国, 137—138
  国家控制, 在威尼斯, 263; 在帝国, 323; 在葡属印度, 538
  在波兰, 379, 389
  在西属美洲, 514
Cleves, 克莱沃, 公国, 317
Clocks, 钟表
  生产, 399, 454
  在航海中, 466
Cloth, 呢绒, 38—39, 40, 41
  西班牙的, 26—27, 38
  英国的, 38, 39, 40, 158, 211, 262, 269
  威尼斯的, 38, 39, 40, 41, 262
  荷兰的, 40, 41, 262, 269

意大利的，256，262
法国的，262
波兰的，398，400，402
欧洲的，在亚洲，544，557
Cloth staple，呢绒主要贸易中心，英国的，269，288
Cloth of Gold, Field of，金衣原野，152
Cloves，丁香，葡萄牙人从事贸易，535，538，541，542，参见Spices 条
Clowes, William，克洛斯，威廉，外科医生，473，474，475
Coahuila，科阿韦拉，507
Cochin，科钦，537，548，549
  主教区，547
Coelho, Gaspar，科略埃，加斯帕尔，耶稣会士，552
Cognac，科尼亚克，胡格诺派驻防，288
Coimbra，科英布拉
  大学，66
  传教士学校，548
Coinage，币制，28，29，30；银币，24，27
  英格兰的改革，10
  在奥斯曼帝国，29—30，370，371
Coiter, Volcher，科伊特，沃尔克，解剖学家，472
Coke, Sir Edward，科克，爱德华爵士，法官兼作者，446
Colet, John，科利特，约翰，教务长，433
Coligny, Gaspard de，科利尼，加斯帕尔·德，海军上将，95，220，273，508
  死亡，8，63，289，290
  皈依新教，92
  作为胡格诺派首领，284，286，287，288
Coligny, Odet de，科利尼，奥代·德，枢机主教，92，220
Collège de France，法兰西学院，439
Collège de Guyenne，吉耶讷学院，430，431
Colleges，学院，建立与发展，389，430
Collegium Germanicum，日耳曼学院，在罗马，325
Collegium Regium Stockholmense，斯德哥尔摩神学院，86
Colloques，协商区，胡格诺派的，282
Colloquies，对话，为学校所用，434—435
Cologne，科隆，8
  大学，66
  主教区，266，327，338；
  战争，320，336，340—343，345
  耶稣会学院，340，341
Colombo，科伦坡，546
Colonies，殖民地，10，16，17，43，55
  西班牙的，17，196，237，507—523，532，554—556
  葡萄牙的，249，508，537—538
  法国的，508，530—532
  英国的，523—530
Colonna, Marc Antonio，科隆纳，马可·安东尼奥，西西里副王，240，253—254

Colonna family, 科隆纳家族, 253
Columbo, Realdo, 科伦波, 雷尔多, 医生, 472
Commandino, Federigo, 科曼迪诺, 费德里戈, 数学家, 455, 457
Commendone, Giovanni, 科敏顿, 乔万尼, 教皇使节, 341
Comenius (Jan Amos Komenský), 科门纽斯 (简·阿莫斯·科门斯基), 390
Comes, Natalis, 科梅斯, 纳塔利, 神话学者, 437
Comets, 彗星, 463, 464
Commines, Philippe de, 科米纳, 腓力·德, 国家人员, 历史学家, 152
Commons, House of, 下议院, 见 Parliament 条
Communications, 交通状况, 128
  哈布斯堡王朝的体系, 242
Communion in both kinds for the laity, 俗人饼酒同领的圣餐, 48, 73, 324, 329
Como, 科莫, 作为纺织业中心, 256
Companies, 公司
  管理与合股, 43, 367
  军队组织, 184—185
  得到殖民特许, 529
Compass, 罗盘, 468—469, 477
Compositio inter status (Poland), 地位互占法 (波兰), 393
Compostela de la Guadalajara (Mexico), 孔波斯特拉·德·拉·瓜达拉哈拉 (墨西哥), 银矿区, 25
Compromise (Netherlands League), 妥协 (尼德兰同盟), 269—270
Comuneros (Spain), 康姆尼洛斯 (西班牙), 243
Conciliar Movement (fifteenth century), 教会会议运动 (十五世纪), 53
Concord, Book of, 条款书, 83
Concord, Formula of, 教义条款, 83—84, 85, 86, 120, 333
Condé, Henry, prince of (i), 孔代亲王 (ii), 亨利, 290, 291
Condé, Henry, prince of (ii), 孔代亲王 (ii), 亨利, 317
Condé, Louis de Bourbon, prince of, 孔代亲王, 路易·德·波旁, 胡格诺派首领, 94, 220—221, 225, 284
  被捕与获释, 285
  在第一次内战中, 286, 287
  死亡, 288
Conestaggio, I. de Franchi, 科内斯塔基奥, I. 德·弗朗基, 历史学家, 248
Confessio Belgica, 比利时信纲, 101, 104, 105
Confession, Scottish, 苏格兰信纲, 116, 216
Confraternity of Christian Doctrine, 基督教义协会, 65
Confucianism, 儒家思想
Congregatio Germanica, 德意志信徒会议, 在罗马, 325
Congregation, 会议
  最高法院枢机主教的, 50; 参见 Inquisition 条
  禁书目录的, 50

传信的, 55
咨询的, 69
奥拉托利的, 70
'Congregation, Lords of the', 圣约同盟长老团, 113, 114, 213—214, 216, 234
Congregationalism, 教会会议至上主义, 107
Congresses, diplomatic, 外交机构, 151—152, 153
Connaught, 康诺特, 此地的起义, 309
Conquista, 征服, 北非, 354
Conquistadores, 征服者, 54, 507, 509—510
Conscience and Military Orders Board of (Lisbon), 道德军纪局（里斯本）, 533
Consensus Tigurinus (1549年), 蒂古里诺协议（1549年）, 81, 95
Consistories, 宗教法庭, 加尔文宗的, 110
Constance, 康斯坦茨, 会议, 与胡斯, 46
Constantinople, 君士坦丁堡
  门德斯家族在这里, 31
  人口, 33, 34
  造船主, 205
  总主教区, 389
  参见 Istanbul 条
Constitutions, 政体, 关于其形式的讨论, 503—505
Consubstantiation, 同体论, 教义, 441
Consulage, 领事权, 得到, 367
Contarini, Gasparo, 孔塔里尼, 加斯帕罗, 枢机主教, 47, 105, 263
Contarini, Nicolò, 孔塔里尼, 尼古洛, 威尼斯政治家, 261, 263
Contracts, 合同
  军事的, 208
  香料的, 535
Conversos (Spain), 改宗（西班牙）, 61
Convocations, ecclesiastical, 教士会议, 108
Convoy system, 护航制度, 516, 518—519
Coolhaes, Gaspard, professor, 柯莱, 加斯帕尔, 教授, 104
Cooper, Thomas, 库珀, 托马斯, 字典编纂者, 436
Coornaert (Coornhert), Dirck Volckerstzoon, 科尼尔特（科恩赫特）, 德尔克·沃尔克斯宗, 政治家及神学家, 105, 488
Copenhagen, university of, 哥本哈根大学, 463
Copernicus, Nicolaus (koppernigk), 哥白尼, 尼古拉（哥白尼）, 天文学家, 459—462
  著《天体运行论》, 439, 453
Copper, 铜, 39, 540
  用于铸币, 30
  蒂罗尔的, 321
  英国的, 368
  波兰的, 401
  瑞典的, 404, 412, 424, 426
  匈牙利的, 533, 534
  日本的, 544
Coptic church, 科普特教会, 165

Cordier, Mathurin, 科迪埃, 马图林, 加尔文主义者, 431, 435
Córdoba (Argentina), 科尔多瓦（阿根廷的）, 508
Córdoba (Spain), 科尔多瓦（西班牙的）, 其纺织品, 27, 38, 39
Córdoba, Gonzalvo de, 科尔多瓦, 贡萨尔沃·德, 西班牙将领, 150
Coromandel (India), 科罗曼德尔（印度的）, 541, 543
Coronado, Francisco Vasquez de, 科罗纳多, 弗朗西斯科·瓦斯克斯·德, 探险家, 507
Corpus Christianum, 基督教徒大家庭, 观念, 361
Correa, Gaspar, 科里阿, 加斯帕尔, 编年史家, 著有《印度传奇》, 532 注
Corsica, 科西嘉, 209
Cortes, 议会
 卡斯蒂利亚的, 138—139, 243, 308
 阿拉贡的, 139, 250
 其衰败, 147—148
 葡萄牙, 248
Cortés, Hernando, 科尔特斯, 赫尔南多, 西班牙军人, 507, 509, 510, 515
Coruña, 科鲁尼亚, 英国人登陆, 9
Cosmography, 宇宙结构学, 研究, 437
Cossacks, 哥萨克, 396, 557
 在波兰军队中, 397
 东移, 556
Cossists (algebraists), 代数学者们, 458

Cottons, 棉花, 印度的, 539, 540, 541, 544
Councils, 委员会（或译作"会议"）
 血腥（恐怖）, 1, 6, 102, 271, 291
 教会, 44—50, 465; 参见 Trent, Council of 条; 西班牙人的, 西印度群岛的, 56, 511; 阿拉贡的, 佛兰德的, 意大利的, 238; 葡萄牙的, 239, 533
 十人（威尼斯的）, 263
 国务（尼德兰的）, 275—276, 297; 英国人在其中的席位, 294, 298
 十八人（尼德兰的）, 277, 278
 瑞典的, 407, 414, 415, 416, 417, 422
Counter-Reformation, 反宗教改革
 与特伦托宗教会议, 44—54
 进展, 59—71, 121, 325—326, 334—346, 404, 412
 与外交, 155—163
Counter-Remonstrants, 反对抗议宗, 105
Courland, 库尔兰, 377, 423
Court and Country, 宫廷与国家, 英国, 145
Courts, 法庭
 最高委员, 6
 宗教的, 166, 379
 海事, 167
 骑士, 167
 帝国, 329—330
 上诉（波兰）, 387
Couto, Diogo de, 库托, 迪奥戈·德,

历史学家，536注，540注
Coutras，库特拉，战役，300
Coxe，考克斯，船长，航海者，204
Cracow，克拉科夫
    此地的价格，22
    人口，377，380
    亨利加冕，384
    扎莫伊斯基救援，385
    主教区，388
    大学，389
    宗教动乱，392，393
    铸造场，398
    商路经过，400，405
Cranganore，格朗格努尔，方济各会在这里的学院，549
Cranmer, Thomas，克兰麦，托马斯，坎特伯雷大主教，75
Crato，克拉图，其修道院长，见Antonio条
Crécy，克勒西，战役，173
Credit，信贷，发展及效果，30—31，42，43
Crespin, Jean，克雷斯潘，让，研究殉道者的史学家，444
Cresswell, Joseph，克雷斯韦尔，约瑟夫，天主教宣传家，369
Crete，克里特，197
Crimea，克里米亚，356，359
Croatia，克罗地亚，322，360，361
Croll, Oswald，克罗尔，奥斯瓦德，药用化学的著述者，474
Cromwell, Thomas，克伦威尔，托马斯，埃塞克斯伯爵，政务家，147，153，231
Croquants（peasant rebels），克洛堪（农民起义者），307
Croy，克罗伊，家族，268，278
Cruzada（tax），圣战（税），259
Cuba，古巴，518
Cuenca（Spain），昆卡（西班牙），其纺织品，27，38
Cujas, Jacques，居雅斯，雅克，法学家，446
    《法典简要注释》的作者，446
Culcardasi，库尔卡尔达西，奥斯曼帝国内，366
Culverins，炮，189，195，204
Cumberland, George Clifford, earl of，坎伯兰伯爵，乔治·克利福德，468，522
Curaeus, Joachim，库里乌斯，约阿希姆，路德宗神学家，81—82
Curia，朝廷，教皇的，44，86
Curriculum，课程，学校的，435
Customs duties，关税义务
    英国的，136—137；包税，140—141
    卡斯提尔与葡萄牙之间关税的取消，248—249
    在里斯本对香料的征课，534
    印度公司的收入来源，538
    马六甲的，542
    中国在澳门征收的，543
Cuzco，库斯科，510
    格列高利学院，439
Cyprus，塞浦路斯
    被威尼斯割让给土耳其，253，354
    土耳其人针对这里的战争，262，352—354
Czechs，捷克人，与帝国，323

Czestochowa, 琴斯托霍克, 铁矿区, 398

Dacca, 达卡, 541
Dacre, Leonard, 戴克, 伦纳德, 反叛与失败, 233
Dāghistān, 达吉斯坦, 357, 358, 359
Dalarna, 达拉纳, 铜矿, 412, 424
Dale, Sir Thomas, 戴尔爵士, 托马斯, 弗吉尼亚元帅, 186
Dalmatia, 达尔马提亚, 182, 353
Damão (India), 达曼(印度), 540, 545
Dampier, 丹皮尔, 宗教会议, 549
Daneau, Lambert, 达诺, 朗伯, 教授, 104
Danture, 丹丘, 葡萄牙人败于此, 546
Danube, river, 多瑙河, 321, 396
土耳其人进犯, 360, 362—363
Danzig, 但泽, 377, 393, 400
人口, 380
贸易, 381, 384, 401, 405, 406
路德宗学院, 390
铸造场, 398
Darnley, Henry Stewart, earl of, 达恩利伯爵, 亨利·斯图尔特, 玛丽·斯图亚特之夫, 223—224, 226—227
死亡, 228—229
Dathenus, Peter, 达西努斯, 彼得, 荷兰布道师, 277, 278, 280
Dauphiné, 多菲内, 315
胡格诺派在这里, 282, 290, 314
Davis, John, 戴维斯, 约翰, 航海家, 467, 528
De Auxiliis (Congregation), 枢机主教(咨询会议), 69
De las Casas, Bartolomé, 拉斯·卡萨斯, 巴托罗梅, 多米尼克会士, 55, 510, 555
De l' Aubespine, Claude, 德·劳比斯班, 克劳德, 法国国务秘书, 147
De l' Estoile, Pierre, 德·莱斯杜瓦尔, 皮埃尔, 论天主教同盟, 300, 302, 305
De la Gardie, Jacob, 德拉加尔迪, 雅各布, 指挥官, 419—420, 421, 422, 423
De la Gardie, Pontus, 德拉加尔迪, 蓬杜, 指挥官, 412
De l' Hôpital, Michel, 德·洛皮塔勒, 米歇尔, 大法官, 132, 174—175
温和政策, 284, 287, 489
De la Noue, François, 德拉努, 弗朗索瓦, 胡格诺派军人, 177, 182, 200注, 286
De la Ramée, Pierre, 德·拉·拉米, 皮埃尔, 见 Ramus 条
De la Renaudie, Godefroi, 德·拉勒诺迪, 戈迪弗鲁瓦, 95
De la Roche, 德·拉罗什侯爵, 殖民者, 530
Deacons, 执事, 加尔文宗的, 93, 101, 116, 156, 282
Decalogue, 十诫, 其绝对效力, 486, 490
Deccan, 德干, 此地的穆斯林苏丹们, 540, 550
Declaration of Independence (1776

年），独立宣言（1776年），99

Declaration of the States（1581年），诸省宣言，见 Act of Abjuration 条

Dee, John，迪伊，约翰，数学家和占星士，320，454，461，463，525，528

被征引，456，475—476

Del Monte, Guido Ubaldo，德尔蒙特，吉多·乌巴尔多，数学家，457

Deli Hasan，德里·哈桑，土耳其起义领导人，373，374

Delight，"快乐号"，小艇，204

Della Bella, Thomas，德拉·贝拉，托马斯，艺术家，403

Della Porta, J. B.，德拉·波尔塔，J. B.，论自然法术，476，477，479

Delony, Thomas，德洛尼，托马斯，被征引，177

Demetrius，德米特里，伊凡之子，394，418

Demetrius, pseudo-，伪德米特里，394，418，419

Democracy，民主政治，503

在加尔文主义中，93，101，107

Demosthenes，狄摩西尼，学校课程中，437

Denmark，丹麦

饥馑，23

人口，33

奥格斯堡信纲，86

与瑞典的战争，269，408—411，420—423，425

与波兰，384

要求厄塞尔岛，405，406

得到埃尔夫堡的赎金，411，423，424

Denuntiatio electi regis（Poland），《选举国王宣言》（波兰），385

Deputationstag（Committee of Reichstag），委员会（国会中的委员会），329

Derbend，杰尔宾特，358，359，375

Dernbach, Balthasar von，德恩巴赫，巴尔塔扎·冯，富耳达男修道院院长，339—340

Descartes, René，笛卡儿，勒内，哲学家，66，459

Desembargo do Paço（Court of Appeal），高等上诉法院，里斯本，533

Despauterius，迪斯鲍特利乌斯，语法学家，433

Devaluation，贬值，银货币，29（表2）

Deventer，代芬特尔，298，430

Devshirme（child tribute, Ottoman empire），德伍希尔迈（作为贡品的儿童，奥斯曼帝国），347，348，366

Deza, Pedro，德萨，佩德罗，246

Dharmapala，达马帕拉，王子，546

Dhū'l-kadr，祖伊卡德尔，358

Dias, Bartholomeu，迪亚士，巴托罗缪，航海家，521

Dictionaries，辞典，436

Dieppe，迪耶普，114，220

Diether（von Isenburg），迪特尔（伊森堡的），大主教，他的范文集，437

Digges, Leonard，迪格斯，伦纳德，数学家，178，428，461

Digges, Thomas, 数学家, 171, 461, 463

Dillingen, 迪林根, 大学, 66, 439

Diophantus, 丢番图, 数学家, 其著作的译本, 458

Dioscorides, 迪奥斯科里斯, 植物学家, 439

Diplomacy, 外交, 2, 151—165

Discipline (Calvinist) of 1559, 1559年（加尔文宗的）教规, 93；修订, 96

Discipline, *Book of* (Scotland), （苏格兰的）《教规手册》

 第一版, 115, 216, 218

 第二版, 117

Discourse of the Common Weal, 《关于公共福利的对话》, 被征引, 18—19

Dissection, 解剖学, 439

Distilling, 酿酒坊, 在波兰, 398

Diu (India), 第乌（印度）, 537, 545

Diwan (Council of State Ottoman empire), 帝万（奥斯曼帝国的国务会议）, 348, 357

Diyārbekir, 迪亚巴克尔, 358, 375

Djerba, 杰尔巴, 西班牙人在此战败, 206

Dnieper, river, 第聂伯河, 401

Dogger Bank, 多格浅滩, 渔场, 38

Dominicans, the, 多明我修会

 与耶稣会的竞争, 68

 在波兰, 392

 在亚洲和非洲, 548, 550, 553, 555

Don, river, 顿河, 356

Donato, Leonardo, 多纳托, 列奥纳多, 威尼斯国务活动家, 263

Donauwörth, 多瑙沃特, 8, 345

Dordrecht (Dort), 多德雷赫特（多尔德）

 宗教会议, 105

 等级代表会议, 274

Doria family, 多里亚家族, 253, 257

Doria, Gian Andrea, 多里亚, 简·安德列阿, 海军将领, 202, 240

Douai, 杜埃, 耶稣会学院, 439

Douglas, Lady Margaret, 道格拉斯女士, 玛格丽特, 223

Douzain (coin), 杜赞（钱币）, 28

Dover, Straits of, 多佛海峡, 209

Drake, Sir Francis, 德雷克爵士, 弗朗西斯, 520—523, 525

 劫掠活动, 160, 201, 294, 299

Drama, 戏剧, 13

 反映战争, 172, 176

 意大利的, 256

Drava, river, 德拉瓦河, 361

Drenthe, 德伦特, 省区, 279

Dreux, 德勒, 战役, 175, 221

Drill, 操练, 在军队训练中, 193, 194

Drots, 贵族高级总监, 官职（瑞典的）, 422

Du chesne, Joseph (Quercetanus), 杜·切尼斯, 约瑟夫（克西塔努斯）, 医生, 474

Du Haillan (Bernard de Girard), 杜·埃兰（伯纳德·德·吉拉德）, 作者, 504

du Moulin Charles, 杜穆兰, 查理, 96

索引

du Roubay, 迪鲁贝, 苏格兰枢密大臣, 213

du Vair Guillaume, 杜·韦尔, 吉尧姆, 道德学家, 443

Dublin, 都柏林, 学院, 439

Duels, 决斗, 316
  被特伦托会议所禁止, 171

Düna, river, 杜纳河, 见 Dvina 条

Dundee, 邓迪, 114, 217

Duplessis-Mornay, Philippe, 迪普莱西-莫尔内, 腓力, 99, 182

Durango (Mexico), 杜兰戈 (墨西哥), 银矿, 25, 507

Dutch, the, 荷兰, 见 Holland 条; Netherlands 条; United Provinces 条

Dvina, river, 德维纳河, 400—401, 418, 426

Dyes, 染料, 贸易, 515, 540

Dynamics, 力学, 471

East India Company, 东印度公司
  荷兰的, 42, 311, 558
  英国的, 42, 43, 557

Easter, date of, 复活节, 465

Eastland Company, 东方公司, 401, 413

Eboli, prince of, 埃博利亲王, 见 Silva, Ruy Gómez de 条

Ebony, 乌木, 贸易, 539, 544

Ecclesiastical Causes, 宗教事务, 委员会, 110

Eck, Simon Thaddäus, 埃克, 西蒙·塔杰乌斯, 巴伐利亚枢密大臣, 335

Economics, 经济
  欧洲的, 14—43, 126—129
  波兰的, 379—381, 397—402
  斯堪的纳维亚的, 405—407, 412, 425—426
  美洲殖民地的, 511—514, 527—530
  印度公司的, 532—547

Edinburgh, 爱丁堡
  新教徒占领, 115, 116
  骚乱, 119
  条约, 215, 216, 217, 219

Education, 教育, 427—440, 450—452
  宗派主义的, 11, 12
  在天主教复兴中, 65—69, 389
  在日内瓦学院, 90
  对于西班牙的摩里斯科人来说教育的缺乏, 245, 247

Edward Ⅲ, 爱德华三世, 英格兰国王, 163

Edward Ⅳ, 爱德华四世, 英格兰国王, 152

Edward Ⅵ, 爱德华六世, 英格兰国王, 106, 112, 155, 210

Egmont, Lamoral, count of, 埃赫蒙德伯爵, 拉姆拉尔, 尼德兰人首领, 102, 265, 267
  在马德里, 268
  向国王起誓, 270
  被处死, 271

Eichstadt, 艾希城, 神学院, 65

'Eighty Years War', of Netherlands against Spain, 尼德兰人反对西班牙的"八十年战争", 103

Eisengrein, Martin, 艾森格赖因, 马

丁，教士，被征引，58
'El Dorado'，"金色王国"，508
Elblag (Elbing)，埃尔布隆格（埃尔宾），393，401
　人口，380
Elbœuf, Francis de Lorraine, duke of, 埃尔伯夫公爵，弗朗西斯·德·洛林，213—214，221
Elders，长老，加尔文宗，93，101，116，156，282
Electors (Empire)，选帝侯（帝国的），327，328，329
Electricity，电，477
Electroscope，验电器，478
Elephants，大象，贸易，546
Elfsborg，埃尔夫堡
　被丹麦占领，409，423
　瑞典赎买，411，424，425
Eliot, Sir Thomas，埃利奥特，托马斯爵士，辞典编纂者，436
Elizabeth Ⅰ，伊丽莎白一世，英格兰女王，1，154，210—211，235
　与清教徒，6，108，109，114，119
　维护新教，8，222
　俭约的行政管理，129，139，148
　与西班牙，158，211—212，232，308
　其代理人，162—163
　婚事谈判，211，279，280，407，408
　与苏格兰，214—215，220
　与玛丽·斯图亚特，219，221，223—224，230—231
　与法国，220—222
　与尼德兰，232，289，294，295—298
　截获阿尔发借到的款项，232，273
　支持与黎凡特的贸易，367；支持与波罗的海的贸易，401；支持与东方的贸易，557
　对天主教宣传的反应，369—370
　世俗的世界观，491
Elizabeth of Valois，瓦卢瓦的伊丽莎白，腓力二世之妻，234，236，239，287
Elsinore (Helsingor)，埃尔西诺（赫尔辛格），411，420
Embassies，使节，151，156，325，556
　常驻，153—154，156，165
　礼拜堂问题，157—158
　政治上的卷入，161—162
Embryology，胚胎学，472
Emden，埃姆登
　教会，99，101—102
　宗教会议，101
　英国呢绒贸易中心移往此地，269
　海上乞丐的基地，273
　参见 Friesland, East 条
Emigration，移居，22，33，516，524，527—529
Emmanuel Philibert，埃马纽埃尔·菲利贝尔，萨伏依公爵，259—260
Emperor (Holy Roman)，皇帝（神圣罗马帝国）权力与头衔，326—327
　选帝侯，327—328
Empire (Holy Roman)，帝国（神圣罗马人的），149，319—416
　土耳其人的威胁，59，150，183，

319，322；与土耳其人的战争，326，360—365，369

境内的宗教改革，130，314

同西班牙分离，184

与波斯的交往，355

Empiricism，经验主义，443

Employment，雇佣机会，要求，34

Encabezamiento（tax），户籍税（税收），137，275

Encomiendas（grants），委托（恩惠），241，514，554

Engineering，工程学，454，455—456，478

England，英格兰

经济，5，15，16，23，126，127，128；通货，10，28，29；人口，33；农业，127

贵族与君主政治，130—131；行政管理与税收，132—137，144—145，146—148；出售职衔，143

天主教，12，60，493；宗教变化，59，135，212；加尔文主义，106—112；加尔文宗避难者向这里，280；宗教与政治，160，491—499

王位继承的不稳定，209—224

使节，157—158，367，368；与西班牙的关系，158—159，209—212，232，293—294，295，296，299—301，308—309，317；与苏格兰的关系，210，214—215，219—220，221—224，230—233；与法国的关系，211，212，220—222，288；与尼德兰的关系，232，269，273，289，294，295—298；在波罗的海充当中间人，423

海军，202，203，206，214；侵入加勒比海，160，517，520—521；航海术与制图学，456，466—469，在美洲的殖民地，523—530

贸易，与西班牙，158—159；与地中海，191，367—368；与土耳其，368—370；与波罗的海，401，406，413；与东方，556—557

教育，431—432，450；学术，451，461

参见 Elizabeth Ⅰ 条

Enns, river，恩斯河，319，324

Enríquez, Martin，恩利克，马丁，总督，513

Enríquez family，恩利克家族，243

'Enthusiasm'，"狂信主义"，123

Épernon, Jean Louis de Nogaret, duke of，埃佩尔农公爵，让·路易斯·德·诺加利，300—301

Epidemics，流行病，在欧洲，23；在美洲，512，514

Episcopacy，监督制度

在英格兰，106，107

与苏格兰，116—118

与加尔文，121

Erasmianism，伊拉斯谟主义，62

在西班牙，67，244

在尼德兰，297

Erasmus, Desiderius，伊拉斯谟，狄赛德里乌斯，学者及神学家，67，79，175，265，447，448

与教育，433，434，436，437，441

Erastianism，埃拉斯都主义，48，

54, 61
路德主义中的, 85, 89
Erastus, Thomas, 埃拉斯都, 托马斯, 神学家, 120
Erfurt, 爱尔福特, 大学, 66
Eric XIV, 埃里克十四, 瑞典国王, 86, 406—410, 417
  其军队, 178, 183, 185, 410
  其臂章, 409, 426
Erivan, 埃里温, 要塞, 358, 359, 375
Erlau, 埃劳, 要塞, 361
  陷落于苏丹, 363, 365, 369
Ernest, 恩斯特, 大公, 394
  作为尼德兰总督, 310, 394
Ernest, 恩斯特, 亲王(巴伐利亚的) 科隆大主教, 336, 341—343
Errol, Francis Hay, earl of, 埃罗尔伯爵, 弗朗西斯·海, 118
Erskine, John, 厄斯金, 约翰, 212
Erzerum, 埃尔祖鲁姆, 355, 357; 作为奥斯曼人的基地, 358, 359, 375
Erzgebirge, 厄尔士, 矿产, 332—333
Escorial, 埃斯科里亚尔, 241
Escovedo, Juan de, 埃斯科韦多, 胡安·德, 唐·约翰的秘书, 250
Escudo (coin), 埃斯库斗(钱币), 28
Espejo, Eugenio, 埃斯佩霍, 尤金尼奥, 医生及探险家, 507
Espinoza, 埃斯皮诺萨, 枢机主教, 242, 243, 246
Esprinchard, Jacques, 埃斯普连夏, 雅克, 旅行家, 22

Essex, Robert Devereux, znd, earl of, 第二代埃塞克斯伯爵, 罗伯特·德弗罗, 133
  造反, 130
  远征加的斯, 308
Estado da India, 印度公司, 532—538, 543, 545, 546, 547
Estates, 各个等级, 帝国内, 319, 320, 322, 326, 328, 332, 335
Estates General (France), 三级会议(法国), 53, 94—95, 306, 315
  与税收, 134—135, 137—138
  在布卢瓦召开, 293, 301
Estienne, Charles, 埃蒂安纳, 查尔斯, 学者, 437
Estienne, Henri, 埃蒂安纳, 亨利, 语言学家, 448, 449
Estienne, Robert, 埃蒂安纳, 罗伯特, 学者, 436, 441
Estonia, 爱沙尼亚, 394, 405, 417
  瑞典夺取, 408, 411, 413, 414
Estonians, 爱沙尼亚人, 381
Eternal, or Perpetual, Edict, 永久敕令, 103, 276
Ethiopia, 埃塞俄比亚, 164—165
Eton, College, 伊顿学院, 433, 436
Eucharist, 圣餐
  其中的真在论教义, 47, 74, 79, 80, 81, 85, 107, 441
  与俗人, 48, 73, 324, 339
  "象征"说, 79, 100
Euclid, 《欧几里得几何学》, 译本, 455, 456
Europe, 欧洲
  经济, 14—23

社会与政治, 126—148
奥斯曼入侵的结束, 352
内部教育的差距, 450—451
文化的公布, 451—452
Evora (Portugal), 埃武拉（葡萄牙的）, 大学, 68
Execution of Justice in England, The (pamphlet),《在英格兰实行宗教迫害的合法性》(小册子), 492
Executionsordnung (security statute), 安全法令, 330

Fabricius, Hieronymus, 法布里休斯, 希伦尼谟, 解剖学家, 453, 472
Faith, 信仰
  唯信得救的教义, 46, 67, 72, 73, 78
  其本质, 483
Fajardo, Luis, 法哈尔多, 路易斯, 西班牙海军首领, 523
Falkland, 福克兰, 118
Famagusta, 法马古斯塔, 353, 354
Familists, the, 家庭派, 124
Famine, 饥馑, 38
  与物价, 18, 23
  在西属美洲, 513, 514
Farnese, Alexander, 法尔奈泽, 亚历山大, 见 Parma 条
Farnese, Ottavio, 法尔奈泽, 奥塔维奥, 264
Fasti, 实录, 罗马的, 445
Fathers of the Church, 教父们, 早期的, 68, 437, 441
Fauchet, Claude, 福谢, 克劳德, 古物专家, 444

Faust, 浮士德, 454, 475
Faza, 法札, 劫掠, 545
Field, John, 菲尔德, 约翰,《1557年日记》的作者, 461
Ferdinand, 斐迪南, 大公, 321, 325
Ferdinand Ⅰ, 斐迪南一世, 皇帝, 58, 320
  继承, 2, 48, 319, 320—321
  与特伦托宗教会议, 47, 51, 324
  宗教政策, 80, 324—325, 335, 337—338
  与土耳其订立条约, 322
  建立新法庭, 330
  起用避难者, 361
Ferdinand Ⅱ, 斐迪南二世, 皇帝, 321, 325, 336
Ferdinand, 斐迪南, 阿拉贡的国王, 54, 61—62, 151
Ferhād Pasha, 费哈德帕夏, 360
Fernel, Jean François, 费内尔, 让·弗朗索瓦, 医生, 453, 472
Ferrara, 费拉拉, 教皇国的, 314
Ferro (Canaries), 费罗（加那利群岛中的）, 159
Feudalism, 封建主义
  在英格兰的残余, 143—144
  关于土地的, 东欧, 145
  以战争为习的, 153
  奥斯曼帝国境内的, 352, 373
  波兰的, 398
  殖民地的, 510
'Fifth columus',"第五纵队", 7, 236, 237, 294
Figueroa, Cristobal, Suarez de, 菲格罗亚, 克利斯多巴尔·苏亚雷

斯·德，国事活动家，257
Figueroa family，菲格罗亚家族，243
Filmer, Robert，菲尔默，罗伯特，政治著述者，99
Fine, Oronce，菲内，奥隆斯，与航海，453，466
Finland，芬兰，404，406，407
  农民起义，415—416
  边境，424
  人口，425
Finland, Gulf of，芬兰湾，405，412，416，419，424
Firearms，火器，182，184，188—192
  引进的效果，2，9，10，11
  在意大利战争中，150
  对其非难，173
  在攻城战中，198—199
  在波斯军中，374
  参见 arquebuses, calivers, muskets, pistols 条
Firlej, John，弗利吉，约翰，波兰的少数派领导人，382
Fish，鱼
  北海与纽芬兰渔场的，38，524，525，530
  波兰的池塘喂养，398，400
  干鱼，挪威人的出口，404
  在俄国的贸易，556
Fitch, Ralph，菲奇，拉尔夫，商人，557
Flacius Illyricus, Matthias，弗拉希乌斯·伊利里库斯，马特西亚斯，路德宗改革家，76，78，80，81，448
Flanders，佛兰德，省区

加尔文宗信徒，103，270，277，297
议会，238
税收，264，272
落入西班牙人之手，280
莫里斯侵入，310
保持天主教信仰，313
Flax，亚麻
  波兰的，398，401
  俄国的，405，406，556
Fleming, Klas，弗莱明，克拉斯，芬兰总管，415
Flodden，弗洛登，战役，210
Florence，佛罗伦萨，149，162，535
  议会，50
  银行危机，235
  美第奇家族的统治，259，260—261
Florida，佛罗里达
  与西班牙，509，527
  法国人定居，517，519
Florida Channel，佛罗里达海峡，517，519，523
Florin，盾，28，29
Flour mills，磨坊，在波兰，398，400
Flushing，弗拉辛，英军基地，295，297
Foists (ships)，轻便船只，537
Fontana, Domenico，丰塔纳，多米尼克，建筑师，455—456
Forbes, John，福布斯，约翰，加尔文主义者，访问瑞典，88
Formula of Concord，教义条款，见 *Concord*, *Formula of* 条
Formularies，范文集，437
Fort Jesus，耶稣堡，蒙巴萨，545
Forth，福思，湾，214

Fortifications, 防御工事, 195—200, 253, 453

　帝国境内自由城市的, 345

　加勒比地区的, 516, 522

Foxe, John, 福克斯, 约翰, 殉教者史学家, 444

Frampton John, 弗兰普顿, 约翰, 翻译者, 457

Franc, 法郎, 28

France, 法兰西

　经济, 15, 126, 127; 饥馑, 23; 通货, 28, 29, 30; 人口, 33; 小麦出口, 37

　加尔文主义, 5, 6, 52, 58, 90—97, 122, 131, 156, 281—286; 与特伦托宗教会议, 45, 48; 天主教, 52—53 (参见 Catholic League 条)

　君主制与贵族, 130, 131—132; 税收, 134—136, 137—138, 142—143, 281, 284, 294, 314, 316; 破产, 235, 281; 与教皇的训谕, 258

　军队, 150, 175—176, 183, 192, 193, 194; 防御工事建筑的派系, 196

　宗教战争, 16—17, 127, 216, 236, 293, 505; 第一阶段, 58, 95, 219—221, 286; 第二阶段, 230, 287; 第三阶段, 230, 288; 第四阶段, 6, 274, 290—292; 天主教同盟的发展, 292—293; 天主教同盟与王位继承, 295, 300—306; 农民起义, 281, 307; 南特敕会, 313—314; 重建法兰西, 314—316; 宗教与政治, 489, 490

　对外关系, 与西班牙, 6, 7, 159—160, 209, 232, 236, 279, 288—289, 290, 292, 294—295, 306, 307, 309, 337; 与苏格兰, 112, 115, 210; 与土耳其, 163, 367, 382, 534; 与意大利, 210, 263; 与英格兰, 211, 212, 220—222, 288; 与德意志, 337; 与瑞典, 382

　教育与学术, 450, 451

　殖民地, 508, 530—532

Franche-Comté, 弗朗什孔泰, 154, 158, 209, 237, 317

Francis I, 弗朗西斯一世, 法国国王, 152—153, 283

　与1516年契约, 51

　统治期间的宗教迫害, 92, 490

　与伊比利亚人的垄断权, 159—160

　同盟关系, 与苏里曼, 163; 与皇帝和教皇, 210

Frances II, 弗朗西斯二世, 法国国王, 94, 283

　作为玛丽·斯图亚特的丈夫, 115, 213, 215

　死亡, 216, 285

Francis of Assisi, St, 阿西西的圣方济各, 72

Franciscans, 方济各会

　在美洲对印第安人的教育, 515

　在亚洲, 548, 549

　在菲律宾, 555

Franconia, 法兰克尼亚

　连环, 330

教会领地，338
Frank, Sebastian, 弗兰克，塞巴斯蒂安，484
Frankfurt-am-Main, 美因河畔法兰克福，400
　英国避难者在此，106—107，113
　皇帝加冕于此，327
Frankfurt-an-der-Oder, 奥得河畔法兰克福，大学，438
Frederick Barbarossa, 腓特烈·巴巴罗萨，149
Frederick Ⅱ, 弗雷德里克二世，丹麦国王，405，406，409
　与第谷·布拉赫，463
Frederick Ⅲ, 弗雷德里克三世，皇帝，在特里尔，152
Frederick Ⅲ, 弗雷德里克三世，巴拉丁选帝侯，倾向加尔文主义，80—81，82，120，334
Frederick Ⅳ, 弗雷德里克四世，巴拉丁选帝侯，82，120，329，334
Free will, problem of, 自由意志问题，79，80，496
Freising, 弗赖辛，主教区，336，341
Freudenstadt, 弗罗伊登施塔特，198
Friesland, 弗里斯兰
　省区，279，297，299
　商人，401
Friesland, East, 东弗里斯兰，327，401；参见 Emden 条
Frisia, 弗里西亚，123
Froben, Jerome, 弗罗本，杰罗姆，翻译希腊文者，441
Frobisher, Martin, 弗罗比歇，马丁，其航行，524

Frois, Luis, 弗罗伊斯，路易斯，耶稣会士，551
Fronde, the, 投石党运动，146
Frontiers, 边境
　帝国与土耳其之间，197，322，360，361
　常常不确定的，337
　奥斯曼与波斯领土之间，355
Frycz, 弗里齐，449
Fuentes, Pedro de Acevedo, count of, 丰特斯伯爵，佩德罗·德·阿克韦多，310
Fugger family, 富格尔家族，金融世家，24，27，533，535，536
　资本，296
　新对策，534
Fukien, 福建，544
Fulda, 富耳达
　反对修道院长的诉讼，330，339—340
　耶稣会在这里的学院，339
Funai (Japan), 府内（日本），551
Fundy, Bay of, 芬迪湾，531
Furs, 毛皮，贸易，401，402，404，405，530，556

Gabelle (salt tax), 盐税，294
Gale, Thomas, 盖尔，托马斯，外科医生，474
Galen, 盖伦，希腊医生，作为权威，452
Galileo Galilei, 伽利里奥·伽利略，[1]

---

[1] 以区别于其父"Vincenzo Galilei"。——译者注

天文学家与哲学家，66，179，449，453，459，460，471，478
Galleasses，桨帆并用舰，203，205
Galleons，大帆舰，203，205，537
Galleys，划桨战舰，203，205
 在加勒比地区，519
 葡萄牙人的，537
Gallicanism，高卢主义，53，307
Galliots，带桨快帆船，537
Gallus, Evaldus，加卢斯，埃瓦尔杜斯，《少儿对话》的作者，434
Gama, Vasco da，伽马，瓦斯哥·达，探险家，366，521
Ganges, river，恒河，540，547
Ganja，甘贾，要塞，358，360，375
Garrard, William，加勒德，威廉，军事作者，185
Gates, Geoffrey，盖茨，杰弗里，论述服军役，174，177
Gates, Sir Thomas，盖茨爵士，托马斯，弗吉尼亚总督，186
'Gathered Church', the，"聚合教会"，492
Gattinara, Mercurino，加蒂纳拉，莫库里诺，律师和大法官，236，240
Gelderland，海尔德兰，279，297，299，310
Gembloux，让布卢，战役，278
Gemma Frisius, Rainer，格马·弗利修斯，雷内尔，天文学家，453，466，469
Gemstones，宝石，贸易，540，546
Génébrard, Benedictine，热内布拉尔，本尼狄克，教授，448

General Assembly (of Scottish Kirk)，会众大会（苏格兰教会的），117，118
Geneva，日内瓦
 作为宗教中心，89—90，156，169
 高等学校，90，431
 法国的态度，97
 英国与之接触，106，108，109
 诺克斯在此，113
 与萨伏依的夏尔·埃马纽埃尔，260，317
 法律教育，440
Geneva Bible，日内瓦圣经，441
Genoa，热那亚，257
 瘟疫，23
 银行家，27，28，31，235，275，370
 贸易，37，255，257
 划桨舰队，202
 与西班牙，209，337
 从这里向阿尔发贷款，232，273
Gens de robe，法官，316，330
Gentili, Alberico，真蒂利，阿尔布利科，法学家，12，168—169，440，446，449
Geography，地理学，研究，439
George Frederick，乔治·弗雷德里克，勃兰登堡选帝侯，395
Georgia，格鲁吉亚，357
 土耳其人推进到此，358，359，360
 波斯人在此招募新兵，374
Germania，日耳曼尼亚，起义，128
Germany，德意志
 饥荒，23；白银生产，24，25，26，27，39，533

人口，33；通货，29，价格，332，334；与葡萄牙的香料贸易，533，534

"教随国定"的原则，2，10，48，77，490—491；加尔文主义，6，120，280，333，334，345；路德宗，6，82，84，333—334，337—339；天主教，8，51—52，58，59，83，337—344，345；宗教改革，129—130

防御工事的建筑派别，196；输出雇佣兵，287，337

帝国与德意志，319—346

教育，431—432，450

Gesner, Konrad von, 格斯纳，康拉德·冯，《诸种语言释疑》的作者，448

Gex, 热克斯，317

Ghent, 根特

 和平协定，6，103，276，278，279

 三级会议，101

 帕尔马的运河起点，199

 动乱，270，271，272，277

 奥兰治进入，278

 落入西班牙之手，280

 民众的暴政，307

Ghilmān (personnel of sultan's household), 基尔曼（苏丹王室侍从）347，348，349，350，366

Ghurbet tā, *ifesi*, 孤尔伯特太费希，见 *levendāt* 条

Giambelli, Frederico, 詹贝利，弗雷德里科，军事机械师，其"爆炸机"，174，199—200

Giffard, William, 吉法德，威廉，天主教宣传家，369

Gilbert, Sir Humphrey, 吉尔伯特爵士，汉弗莱，探险家，439，524—525，526，528

Gilbert, William, 吉尔伯特，威廉，物理学家，453，461—462，468—469，477—478，479

Giurgiu, 久尔尔，奥斯曼人败于此，363

Glasgow, 格拉斯哥，228

Glass, 玻璃，生产，400

Glencairn, Alexander Cunningham, earl of, 格伦凯恩伯爵，亚历山大·坎宁安，212

Globes, 地球仪，地理学的，456，469

Gnesiolutherans, "真正的路德宗"，78，79，81，82

Gniezno, 格涅兹诺，主教区，388

Goa, 果阿

 天主教在此，55，547，548，549

 防御设施，197

 驶离的葡萄牙舰队，366，537

 贸易，534，536，538，540

 防御战，545

Godefroy, Denis, 戈德弗罗伊，丹尼斯，法学家，446

Golconda, 戈尔孔达，540

 此地的苏丹，545

Gold, 黄金

 来自新世界，18，25

 来自非洲，24，25，539

 流通减少，26

 来自中国，544，554

Golden Fleece, 金羊毛，勋章团（尼

德兰），265，271
Golub，戈卢布，王室领地，392
Gomar, Francis，戈马尔，弗朗西斯，神学家，105
Goméz, Ruy，戈麦斯，路易，见 silva 条
Gomólka, Nicolas，戈莫尔卡，尼古拉，作曲家，403
Goodman, Christopher，古德曼，克里斯托弗，清教神学家，98
Good works，善行，教义，76，79
Gori，哥里，359
Górka, Stanislaw，戈尔卡，斯塔尼斯拉夫，波兹南伯爵，378
Górka family，戈尔卡家族，390
Górnicki, Luke，古尔尼茨基，卢克，波兰作家，402，403
Goslicki，哥斯利基，主教，385
Gostomski, Anzelm，戈斯托姆斯基，安策尔姆，其农业手册，398
Göta, river，约塔河，406
Gothenburg，哥德堡，其建立，409，420
Gotland，哥德兰，岛屿，406
Goulart, Simon，古拉特，西蒙，《法国状况论文集》编者，98
Goverment，政府
　活力增强，3—4，8
　来自宗教的挑战，5—10
　借贷，296
　政治理论，480—506（散见）
Gowrie conspiracy，高里谋反案，119
Grace，恩典，神圣的，教义，67—69，441，498；加尔文的观点，91，496

Grain，谷物
　价格，20，22
　生产，36—38；英国的，158；葡萄牙的，249；西西里的，254；法国的，314；土耳其的，354，362；波兰的，396，397，398，400，401
　波罗的海贸易，405，406，411
　在西属美洲，509，513
Grammar，语法，研究，429；利利的，433；参见 schools 条
Gran，格兰
　教区，59
　省区，361，362，363，364
Granada，格拉纳达，240
　反对摩里斯科人的军事行动，245—247，275，300
Granvelle, Antoine Perrenot，格朗维尔，安托万·佩罗内，枢机主教兼行政官员，240，294
　谈论作战，193
　在尼德兰，241，265，267—268
　在西班牙，247，248，268
Graz，格拉茨，大学，439
Great Didactic, the 教育大协会，442
Great Poland，大波兰，377，381，400
Greco, El（Dominico Theotocopuli），格列柯，埃尔（多米尼柯·狄奥托柯普洛），画家，13
Greek，希腊文，研究，429，430，431，432，437
Greenwich，格林威治，铠甲输出，187
Gregorian College，格列高利学院，罗马，439

Gregory Ⅰ，格列高利一世，教皇，57
Gregory Ⅶ，格列高利七世，教皇，155
Gregory ⅩⅢ，格列高利十三世，教皇，62，68
　与历法，465
Gregory ⅩⅣ，格列高利十四世，教皇，304
Gregory ⅩⅤ，格列高利十五世，教皇，55
Gregory Nazianzen, St，纳西昂的圣格列高利，其作品在学校中，437
Grenville, Sir Richard，格伦维尔爵士，理查德，309，524
　其建于罗阿诺克的定居地，525
Gresham Sir Thomas，格雷沙姆爵士，托马斯，商人，26，147，214
　学院，439
Gretser, Jacob，格雷策尔，雅各布，学者，437
Grey, Lady Jane，简·格雷女士，210
Grimma，格里马，学校所在地，432
Grindal, Edmund，格林德尔，埃德蒙，坎特伯雷大主教，109—110
Gripsholm Castle，格里普斯霍尔姆堡，408
Grisee，格里西，穆斯林教育中心，547
Grodno (Lithuania)，格罗德诺（立陶宛的），人口，380
Groningen，格罗宁根，省区，279，297，310
Grotius, Hugo，格劳秀斯，胡果，105，168，169—170，446
　《战争与和平法》的作者，165
　论正义与非正义的理由，173

Grumbach, Wilhelm Von，克鲁姆巴赫，威廉·冯，阴谋者，81，338—339
Guachichile Indians，瓜基基利印第安人，510
Guanajuato，瓜纳华托，银矿所在地，511
Guerrero, Francisco，格雷罗，弗朗西斯科，格拉纳达大主教，245
gueux，乞丐，见 Beggars 条
Guiana，圭亚那，雷利远征，508，524，526，528
Guicciardini, Francesco，奎恰尔迪尼，弗朗西斯科，历史学家，261，443
Guienne，吉耶讷，省区，那里的胡格诺派，282，290，314
Guilds，行会
　在法国，140，281，295
　在西班牙，140
　在尼德兰，277
　在波兰，398
Guillemau, Jacques，吉耶莫，雅克，医生，474—475
Guinea，几内亚，葡萄牙人在这里沿海，24
Guise, Charles de，吉斯，查理，洛林枢机主教，94，213，283，285，290
　在特伦托会议上 45，221
　参见 Guise, House of 条
Guise, Francis, duke of，吉斯公爵，弗朗西斯，94，95，213，220，283
　被暗杀，221，287

参见 Guise, House of 条
Guise, Henry, duke of, 吉斯公爵,
 亨利, 221, 289—290, 293
 阻碍亨利三世支持伊丽莎白,
 300—301
 被暗杀, 301
 参见 Guise, House of 条
Guise, Louis, cardinal of, 枢机主教
 吉斯, 路易, 被暗杀, 301
Guise, 吉斯, 家族, 215, 283
 与天主教, 8, 52, 131, 220, 292
 确立权势, 94
 与西班牙, 132, 295, 300, 301
 与玛丽·斯图亚特, 158, 217
 衰败, 216
 恢复鼎盛, 220—221
 与卡特琳·德·美第奇, 285, 287,
 289, 290
 与蒙莫朗西家族结盟, 286
Gujarat, 吉吉拉特
 贸易, 537, 538, 539, 541, 545
 莫卧儿帝国征服, 540
Gunnery, 射击术, 190
Gunpowder, 火药, 190, 191
 出口, 向土耳其, 368
Guns, 枪炮, 188—191, 195, 361,
 398
 海军的, 190, 204, 299
 参见 firearms 条
Guria, 古里亚, 公国, 358, 359
Gustavus Adolphus, 古斯塔夫·阿道
 夫, 瑞典国王, 422, 426
 作为俄国王位候选人, 419,
 420, 423
Gustavus Vasa, 古斯塔夫·瓦萨, 瑞
典国王, 87, 405
 常备军, 183, 407
 死亡, 406
Guyenne, 吉耶讷, 学院, 430, 431
Guzmán, Nuño de, 古斯曼, 努尼奥·
 德, 510
Guzmán family, 古斯曼家族, 243
Guzów, 古佐夫, 战役, 388
Gyllenstjerna, Nils, 于伦斯蒂纳, 尼
 尔斯, 瑞典王家事务总管, 87

Haarlem, 哈勒姆, 围攻, 181
Habsburgs, 哈布斯堡家族, 239,
 321—322
 与瓦卢瓦家族的斗争, 150, 236
 在奥地利的, 与帝国, 2, 59, 233,
 237, 319—346; 与意大利, 256;
 与土耳其, 322, 360; 与特兰西
 瓦尼亚, 362; 与波兰, 382,
 383, 385, 388, 394—395
haciendas, 大庄园, 其发展, 514
Hague, the, 海牙
 三级会议在这里, 105
 在此签订与瑞典的协定, 425
 条约, 523
Haidar Mīrzā, 海德·米尔札, 与波斯
 王位, 357
Hainault, 埃诺, 103
Hakluyt, Richard, 哈克卢特, 理查
 德, 地理学家, 445, 456,
 470, 528
Halberstadt, 哈尔伯施塔特, 主教
 区, 338
Halland, 哈兰, 省区, 406
Hamadhān, 哈马丹, 省区, 360

Hamburg，汉堡，23，28，232，233

Hamilton, John，汉密尔顿，约翰，圣安德鲁斯大主教，被监禁，218

Hamilton, Patrick，汉密尔顿，帕特里克，新教殉道者，113

Hamor, Ralph，哈默，拉尔夫，论军事法规，186

Hampton Court，汉普顿法庭，会议，118

Hamza Mirzā，哈姆扎·米尔扎，波斯沙之子，360

Hanse towns，汉萨城市同盟

　贸易，8，401，404

　关税特权，136

　与埃里克十四的冲突，408

Harborne, William，哈伯恩，威廉，英国驻伊斯坦布尔大使，367，368，369

Harcourt, Robort，哈考特，罗伯特，探险家，526

Hare family，黑尔家族，142

Harem，土耳其后宫妻妾，其影响，351

Harriot, Thomas，哈里奥特，托马斯，数学家457，458—459，470，479

Harvey, Gabriel，哈维，加布里埃尔，诗人兼修辞学家，447

Harvey, William，哈维，威廉，医生，453，473

Hasan, al-kāfī，哈桑·阿卡菲，著文论国政，351，361

Hasan Pasha，哈桑帕夏，大维齐尔，360，371

Havana，哈瓦那

　防御工事，197

　劫掠，516，522

　护航制度的枢纽，518—519

　夺取的计划，521

Havre，阿弗尔，见 Le Havre 条

Hawkins, Sir John，霍金斯爵士，约翰，远航，232，517，518，520，522

Hebrew，希伯来文，研究，430，437，448

Heere, Lukas de，希尔，卢卡斯·德，画家，174

Hegendorff，海根道夫，其范文集，437

Heidelberg Catechism，海德堡《教义问答》，88，105，120

Heidenstein, Reinhold，海登斯泰因，赖因霍德，作者，403

Helmstadt，黑尔姆施塔特，大学，439

Helvetic Confession（2nd），瑞士信纲（第二部），121

Hembyze, Jan van，亨比泽，让·范，277，278，280

Hemp，苎麻，贸易，398，401，405，406，527

Henriques，恩利克兹，波斯裔耶稣会士，549

Henry V，亨利五世，英格兰国王，莎士比亚笔下，172

Henry Ⅶ，亨利七世，英格兰国王，209—210

Henry Ⅷ，亨利八世，英格兰国王，2，152—153

　他对苏格兰的政策，112，210

　遗嘱，211，219

Henry Ⅱ，亨利二世，法国国王

与萨克森的莫里斯结盟，47，77
统治时期对新教徒的迫害，92，267，283—293，490
死亡，94，213，283
财政困难，139，281
与英国王位继承，211
Henry Ⅲ，亨利三世，法国国王
拒绝尼德兰王冠，279，294
作为安茹公爵，287，288，289
作为波兰国王，290，382，383—384，402
继承法国王位，292
与天主教联盟，293，295，300—302
被刺杀，303
Henry Ⅳ，亨利四世，法国国王（那瓦尔的亨利），303，489，490
在宗教战争中，6，9，300，305
变为天主教徒，34，59，63，96，303，306，313
统治，133，313—318
其军队，183，193，194
与威尼斯，263
婚姻，288，289
作为王位继承人，293，294，295
与西班牙的战争，307，308，337，523
被教皇所宽恕，307，314
被刺杀，318，344
Henry，亨利，葡萄牙国王，枢机主教，247，248
Henry，亨利，葡萄牙亲王，航海者，164
Heraldry，徽章
波兰的，403
丹麦与瑞典的，409，426

Herat，赫拉特，360，556
Herbals，植物志，456，472
Herbert family，赫伯特家族，131
Heresy，异端
被当作叛国罪，12，60，480，481，492
与特伦托会议，45
与加尔文，122
与法律，169
与宗教裁判，258
与哥白尼主义的联系，462
赞成与反对宗教迫害的观点，481—489
在英格兰不再成为可被指控的罪行，491
Hermandszoon, Jakob (Arminius)，赫曼德松，雅各布（阿明尼乌），神学家，105，441
Hero，海洛，亚历山大里亚的，希腊科学家，455
Herrings，青鱼，波兰人口，401
Hesse，黑森，新教在此，82，120，408，484
Hides，皮革，贸易，136，401，405，514，515，517，522
Hideyoshi, Toyotomi，秀吉，丰臣，日本将军，545，552
Heldebrandt, Franz，希尔德布兰特，弗兰茨，宗教改革家，75
Hildesheim，希尔德斯海姆，主教区，336，341
Hill, Thomas，希尔，托马斯，学者，429，452
Hinduism，印度教，57
Hispaniola，伊斯帕尼奥拉，518

Hispanus, Petrus, 希斯帕努斯, 皮特勒斯, 中世纪逻辑学家, 442
Historians, 历史学家, 443—445
　耶稣会的, 65
　与反对土耳其的战争, 362
　波兰的, 403
Hitu island, 希图岛, 547
Hobbes, Thomas, 霍布斯, 托马斯, 哲学家, 63, 99, 122, 505
Hochstetter family, 赫希斯泰特尔家族, 金融家, 533
Hohenzollerns, 霍亨索伦家族
　勃兰登堡的, 343
　其中的安斯巴赫支系, 395
　与普鲁士, 395—396
Holinshed, Raphael, 霍林希德, 拉菲尔, 编年史家, 444
Holland, 荷兰, 见 Netherlands (to 1579 年) 条; United Provinces (after 1579 年) 条
Holland, 省区, 103, 275, 276, 309
　三级会议, 264, 267, 274
　落入海上乞丐之手, 272, 273, 288, 289
　在乌得勒支同盟中, 279, 297, 298
Holy League, 神圣同盟, 庇护五世反对土耳其的, 252, 253, 353
　在法国, 见 Catholic League 条
Holy Roman Empire, 神圣罗马帝国, 见 Empire 条
Holy Union, 神圣联盟, 见 Catholic League 条
Holyrood, 霍利鲁德, 在此举行弥撒, 218
Homer, 荷马, 希腊史诗诗人, 其作品在学校中, 437
Hondius, Jodocus, 洪迪乌斯, 热多库斯, 地图绘制者, 470, 471
Hondschoote (Flanders), 翁斯科特 (佛兰德) 呢绒生产, 39, 40, 41 (图 4)
Honduras, 洪都拉斯, 518
Honey, 蜂蜜, 波兰生产, 398, 400, 402
Hooker, Richard, 胡克, 理查德, 神学家, 12, 79, 449, 506
　《论教会体制的法则》之作者, 111, 495—499
Hoole, Charles, 胡尔, 查尔斯, 教育家, 434
Hoorn, Philip de Montmorency, count of, 霍伦伯爵, 腓力·德·蒙莫朗西, 102, 265, 267; 被处死, 271
Horace, 贺拉斯, 罗马诗人, 其作品在学校中, 435
Horn, Klas Kristersson, 霍恩, 克拉斯·克里斯滕松, 海军将领, 410
Hornbooks, 角帖书, 433
Horses, 马匹
　土耳其人的供应, 362
　饲养, 在波兰 400, 401
　解剖, 472
　阿拉伯, 538, 540
Hospitals, 医院
　在波兰, 402
　在波托西, 513
　在印度, 548
　在日本, 551
Hotman, François, 奥特芒, 弗朗索

瓦，共和主义者，169，445

著《法兰克高卢》98，99，504，505，506

Houtman, Cornelis, 豪特曼，考尼利斯，航海家，558

Hradschin, 赫拉德琛，布拉格，320

Huancavélica, 万卡韦利卡，汞矿，513

Hudson, Henry, 哈得孙，亨利，探险家，531

Hudson, river, 哈得孙河谷，531

Hues, Robert, 休斯，罗伯特，论航海仪器，466—467

Hugli, Bengal, 胡格利，孟加拉，539，541

Huguenots, 胡格诺派

  对其实行宗教宽容的敕令，10，59，95，97，286，288，292，293，313—314

  其外国盟友，60，162，220，292

  对其屠杀，见 st Bartholomew 条，Vassy 条

  其组织，96—97，131，282—283

  变为正统派，98

  在新世界，160，526

  内部的利益分歧，234

  领导人，284

  在宗教战争中，286，287，288，290

  渗透，进入官府，287

  代表会议，291

  有限的成功，307

Humanism, 人文主义，65，448

  与战争，172

  其作品在学校与大学中，429—430，433，436，439，443

科学的，455

Hurniliati, 卑微派，宗教团体，64

Hundred Years War, 百年战争，127

Hungarian War, 匈牙利战争，362—365，369

Hungary, 匈牙利，59

  新教派在这里，121—122，156，323，326

  作为其王位继承人的哈布斯堡家族，319，321，362

  土耳其人在这里，322

  金属生产，333

  离开这里的避难者，361

  波兰在这里的利益，382

  忽略教育，450

Hunsdon, Henry Carey, baron, 亨斯登男爵，亨利·凯里，233

Huntly, George Gordon, earl of, 亨特利伯爵，乔治·戈登，118，213，216，218，224，226—227，228—229

Hus, John, 胡斯，约翰，宗教改革家，46

Hussites, 胡斯派，121，480

Huysmann, Roelof (Rudolphus Agricola)，赫伊斯曼，勒洛夫（鲁道夫·阿格里科拉）学者，442

Hveen, island, 汶岛，463

Hydrostatics, 静力学，471

Hymns, 赞美诗，在路德宗的崇拜仪式中，85

Hypocrisy, 虚伪，罪过，因宗教迫害而引起，487

Iatrochemistry, 医用化学，454

Ibarra, Francisco de, 伊瓦拉, 弗朗西斯科·德, 杜兰戈的征服者, 507
Île de France, 法兰西岛, 283
Illiteracy, 文盲, 427
Illuminists, 启示派, 244
Images, 圣像, 对其破坏
    在尼德兰, 102, 270, 274
    在珀斯, 114
Imereti, 伊米勒提, 公国, 358, 359
Impossessionati (Poland), 无地者 (波兰), 378
Incarnation, 道成肉身, 异端对此的观点, 124, 125
In coena domini (papal bull), "当我主晚餐"(教皇训谕), 258
Index, congregation of the, 禁书目录枢机主教会议, 50
India, 印度
    莫卧儿帝国的皇帝, 164, 540, 545, 550
    发自这里的商路, 366
    葡萄牙在这里的企业, 532—541, 545
India House (Lisbon), 印度院 (里斯本), 532, 533, 534, 535
Indian Ocean, 印度洋, 311, 366, 534
Indians (American), 印第安人 (美洲的)
    其权利, 55, 510
    普韦布洛, 507
    起义, 510
    人口, 512—514
    西班牙对他们的政策, 514—515
Indies, 西印度群岛会议, 56, 511
    参见 West Indies 条, Caribbean Sea 条
Indigo, 靛蓝, 贸易, 538, 557
Individualism, 个人主义, 政治思想中, 480, 506
Indonesia, 印度尼西亚, 539, 541
Industry, 工业, 38—42
    铠甲生产, 187—188; 火器生产, 189, 190—191, 398
    皮埃蒙特-萨伏依的工业, 260
    在波兰, 398—399
Infantry, 步兵, 184, 192—195
Inflation, monetary, 通货膨胀, 3, 18, 20, 24, 29, 235
    在英格兰, 126; 在法国, 291; 在西班牙, 312; 在奥斯曼帝国, 370, 373
Ingermanland, 英格曼兰, 割让给瑞典, 424
Ingolstadt, 因戈尔施塔特, 大学, 66, 325, 336
Innocent Ⅲ, 英诺森三世, 教皇, 54
Innocent Ⅸ, 英诺森九世, 304
Innsbruck, 因斯布鲁克, 77, 187
Inquisition, 宗教法庭, 罗马的 (最高法院枢机主教会议), 50, 61, 481; 与哥白尼主义 462
Inquisition, 宗教裁判所, 西班牙的, 23, 61—63, 67, 71, 157, 232, 243, 244, 245, 251, 268
    在西西里, 254
    在米兰和那不勒斯建立的企图, 256
    卡兰萨之案, 257—258
Inquisition, 宗教裁判所, 主教们的,

在尼德兰,265,266,268,270

在果阿,548

Intendant,总督,官职,143,146

Interims of Augsburg and Leipzig,奥格斯堡与莱比锡临时敕令,75,76—77,98,101,120

Ionian sea,爱奥尼亚海,197

Ipswich,伊普斯威奇,学校所在地,432

Iraq,伊拉克,355,360

Ireland,爱尔兰

造反,9,309

英国征服,165

忽略教育,450

在这里的殖民地,524,526

Iritch, river,伊里克河,鞑靼汗国在此,556

Iron and steel,钢铁

尼德兰的,191

英国的,368

波兰的,398,400

瑞典的,404,412

Isaac, John,伊萨克,约翰,希伯来文学者,448

Isabella Clara Eugenia,伊莎贝拉·克拉拉·欧仁妮娅,腓力二世的女儿,要求法国王位,303,306

婚约,310

Isabella of Castile,卡斯蒂利亚的伊莎贝拉,阿拉贡的斐迪南之妻,54,61—62,249

Isenburg, count, Salentin von,伊森堡伯爵,扎伦廷·冯,科隆大主教,341

Islam,伊斯兰教,57,350

皈依,347

什叶派,355,356,357

参见 Muslims 条

Ismā'īl Ⅰ,伊斯梅尔一世,波斯国王,355,357

Ismā'īl Ⅱ,伊斯梅尔二世,塔赫马斯普的儿子,死亡,357

Isocrates,伊索克拉底,希腊修辞学家,其作品在学校中,437

Istanbul,伊斯坦布尔,348,362

驻这里的使节们,163,164,367,368—369

奥地利的议和特使在这里,364

参见 Constantinople 条

Istruzione per i cavallegieri,《骑兵操典》,172 注①

Italian Wars,意大利战争,149—151,183,210

Italians,意大利人

在西班牙服务,240,253,266

在波兰,381

Italy,意大利,404

经济,16;瘟疫,23;通货,28,29;人口,33;进口谷物,37

新教派,59,60;教会改革,64—65

常驻外使节,153,154;境内不容新教使节,157

与法国,235—236;与西班牙,238,253—268,311;与帝国,319,327

设防术,196;舰队,202;教育与学术,429—430,449,450,451

Ius gentium,异教民族习俗,168,169

Ius naturae,《自然法》，446
Ivan Ⅲ，伊凡三世，莫斯科大公，556
Ivan Ⅳ，伊凡四世（伊凡雷帝），莫斯科沙皇，163，355，393，411，556
 与教育，450
Ivory，象牙，贸易，538，539，540
Ivry，伊夫里，战役，9，305

Jacqueries，"扎克雷"，307
Jaffna，贾夫纳，王国，546
Jageillon family，亚盖沃家族，319，377，381
Jalālī rebels，哲拉尔叛乱，奥斯曼帝国，373
James Ⅰ，詹姆斯一世，英格兰国王，见 James Ⅵ of Scotland 条
James Ⅳ，詹姆斯四世，苏格兰国王，209，210
James Ⅴ，詹姆斯五世，苏格兰国王，112，210
James Ⅵ of Scotland and Ⅰ of England，苏格兰的詹姆斯六世暨英格兰的詹姆斯一世，112，129，227
 与教会，6，118—119
 与天主教，60，67，116
 与庇护制，133
 出售职衔，143
 常驻外使节，165
 与西班牙媾和，309，528
Jamestown，詹姆斯城，弗吉尼亚，530
Jānīk，贾尼克，地区，373
Janissaries，近卫步兵，347，348，358，365
 衰落中，184
 允许穆斯林进入，352，366
 其武器，368
 哗变，371
Jansen, Cornelius，詹森，科尼利厄斯，伊普尔的主教，68
Jansenism，詹森主义，67
Janson, James，詹森，詹姆斯，68
January, Edict of，"一月告示"，286
Japan，日本
 与日本的贸易，534，543—545
 对华贸易，544
 主教区，547
 耶稣会士在日本，550—552
Japanese，日本人，服务于葡萄牙，537
Japara，贾帕拉，541—542，547
Jarnac，雅纳克，战役，288
Java，爪哇，541，542，545，547，558
Javanese，爪哇人，服务于葡萄牙，537
Jebeli（Turkish men-at-arms），杰布里（土耳其武士），349，350，373
Jedburgh，杰德堡，227
Jena，耶拿，大学，79，80，439
Jenkinson, Anthony，詹金森，安东尼，商人，556
Jerez，赫雷斯，产酒，158
Jesuits, the，耶稣会士，160，492
 在德意志，48，57—58，339，340，341，345
 在法国，53
 在帝国，59，323，325
 在波兰，59，121，389，392

其教育工作，65—66，325，389，
　　431—432，433，435，436，
　　439，450
在瑞典，86
被逐出威尼斯，263
在新法兰西，531
在亚洲，548—553，555
在非洲，539，540，550
Jews，犹太人
在阿姆斯特丹，31
被逐出西班牙，31，535；被逐出巴
　　拉丁，334
在西班牙，61，245
在波兰，381
作为学者，448—449
Jihād，圣战，352
Joachim Frederick，约阿希姆·弗雷德
　　里克，勃兰登堡选帝侯，395
Joachimstaler（coin），约阿希姆斯塔
　　勒（钱币），24
Joanna（'the Mad'），约安纳（'疯
　　人'），腓力一世的妻子，239
John Ⅲ，约翰三世，葡萄牙国王，
　　534，545
John Ⅲ，约翰三世，瑞典国王，60，
　　86，382，394，417
作为芬兰公爵，406，407—408，409
成为国王，410
与俄国的关系，411
其政策，412—413
在雷瓦尔会见西吉斯孟，414
死亡，414
John，约翰，瑞典查理九世的侄儿，
　　88注
John of Austria, Don，奥地利的唐·
约翰，250，278
作为尼德兰总督，103，239，276，
　　277
勒班陀的胜利者，239，252，353
在格拉纳达的指挥，246
占领拉古莱特，354
John Casimir，约翰·卡齐米尔，巴拉
　　丁的，82，120，287
John of the Cross, st，圣十字架的约
　　翰，54，71
John Frederick，约翰·弗雷德里克，
　　萨克森的，75，80，81
John Sigismund，约翰·西吉斯孟，勃
　　兰登堡的，被授予普鲁士领
　　地，396
John William，约翰·威廉，于利希-
　　克莱沃公爵，344
John William，约翰·威廉，萨克森公
　　爵，81
Johnson, Christopher，约翰逊，克里
　　斯托弗，温切斯特学校的校
　　长，436
Johnson, Francis，约翰逊，弗朗西斯，
　　牧师，492
Johore，柔佛，541，542
Joint-stock companies，联合股份公司，
　　43，367
Joinville，茹安维尔，条约，295
Joseph ben Joshua，约瑟夫·本·乔舒
　　亚，学者，449
Joyeuse, Vicomte, de，茹厄斯，维孔
　　特·德，朗格多克代理总督，283
Judaism，犹太教，伊比利安半岛上
　　的，61
Juliana of Tver，特维尔的尤利安，394

Jülich, Juliers, town of, 于利希城, 尤利尔, 181

Jülich-Cleve, 于利希-克莱沃, 尤利尔, 公国, 317, 337, 343—344

Julius Ⅲ, 尤利乌斯三世, 教皇, 重返特梭特召开会议, 46

Julius 尤利乌斯, 维尔茨堡主教, 340

Julius, 尤利乌斯, 不伦瑞克的, 82

Jumna, river, 朱木拿河, 540

Junks, 帆船, 菲律宾征税, 554

Justice, 公正原则
　卡斯提尔人的, 在葡萄牙, 249
　布坎南的公正观, 503

Justice of the Peace, 治安官, 146, 148, 330

Justicia, 正义法庭
　在阿拉贡, 250, 251
　在西西里, 254

Justin, 查士丁, 罗马作者, 435

Juxon, William, 贾克森, 威廉, 坎特伯雷大主教, 147

Kaffa, 克法, 359

Kakheti, 卡克提, 358

Kalmar, 卡尔马, 407
　同盟, 406, 409, 414
　丹麦人强攻, 421—422

Kalmyk tribe, 卡尔梅克部落, 359

Kamieniec, 卡缅涅茨, 主教区, 388

Kanak, river, 卡纳克河, 358

Kandy, 康提, 546

Kanizsa, 坎尼扎, 要塞, 360, 361
　落入土耳其人之手, 364, 365

Kansler, 首席大臣, 官职（瑞典的）, 422

Kara Yaziji, 卡拉·雅兹吉, 土耳其的起义领袖, 373, 374

Kara-Bagh, 卡拉-巴格, 地区, 被土耳其人占领, 360

Karaites, 卡赖特人, 在波兰, 381

Karamān, 卡拉曼, 358, 374

Karlstadt, Andrew Bodenstein of, 卡尔施塔特, 安得鲁·勃登斯泰因, 宗教改革家, 78

Karlstadt, 卡尔施塔特, 197

Kars, 卡尔斯, 要塞所在地, 359, 375

Kartli, 卡特利, 公国, 358

Kaysari (Asia Minor), 开塞利（小亚细亚）, 373

Kazan, 喀山, 俄国征服, 355, 556

Kazvin, 加兹温, 556

Kelley, Sir Edward, 凯利, 爱德华爵士, 炼金术士, 1

Kepler, Johann, 开普勒, 约翰, 天文学家, 320, 453, 460—461, 462, 464, 476

Kerestec, 刻利兹特斯, 战役, 175

Kerjean, 克依昂（布列塔尼）, 197

Kexholm, 凯斯霍姆, 省区, 419, 424

Khādim al-Haramain, 两座圣城（麦加和麦地那——译者）的保护者, 苏丹作为, 355

Khāss fiefs, 哈斯（特殊的）采邑, 350

Khāss-ī shahī (domain of sultan), 喀西沙西（苏丹领地）, 372

Khāsseki Sultans (consorts of sultan), 苏丹卡色基（苏丹嫔妃）, 351

Khlesl, Melchior, 克勒斯尔, 梅尔希

奥，主教兼枢机主教，326
Khurāsān（persia），呼罗珊（波斯的）355，360，374
Khurūj-i Jalāliyān（insurrection）in Ottoman empire，库卢吉一哲拉尔延（叛乱）在奥斯曼帝国内，373
Kiejdany，基耶丹尼，加尔文宗学院所在地，390
Kiev，基辅
  人口，380
  天主教教区，388
  东正教大主教区，389
Kilij（fiefs of fendal sipāhī），剑地（封建西帕希的采邑），349
Kilwa（E. Africa），基卢瓦（东非），545
King of the Romans，罗马人国王，327
King's Peace, the，国王和议，见 Bergerac, Peace of 条
Kings, election of，选举国王，波兰，381—382
Kingship，王权，见 Monarchy 条
Kinsale（Ireland），金塞尔（爱尔兰），西班牙人在此，309
Kirchner, Timotheus，基希纳，蒂莫修斯，神学家，84，168，169
Kirk o'Field，长老教会活动场，228
Kirkholm（Salaspils），克尔克霍姆（萨拉斯皮尔），战役，418
Kishin（Arabia），基申（阿拉比亚），540
Kiszka, John，基斯卡，约翰，维尔诺城守，391
Klushino，克鲁希诺，战役，419
Knäred，克奈勒德，和约，423，426

Knights of the Empire，帝国骑士，327
Knights of st John，圣约翰骑士团，252
Knox, John，诺克斯，约翰，宗教改革家，113—114，116，213，218
  在日内瓦和法兰克福，89，98，166
  著《苏格兰王国宗教改革史》，113，444
  其加尔文主义信仰告白书，216
  其教育计划，450
Knyszyn，克内申，377
Knyvett, Henry，尼维特，亨利，著《保卫国家》，182
Kober, Martin，考伯，马丁，艺术家，403
Koçu Beg，科丘·贝伊，其奏折，351—352
Komenský，科门斯基，见 Comenius 条
Komorn，科莫恩，要塞，361
Königsberg，柯尼斯堡，401，405，406
Koppan，科潘，360
Kotte，科特，王国，546
Kouwenstein dyke，库文斯登堤，199，200
Krasiński, Francis，克拉辛斯基，弗朗西斯，主教，391
Krell, Dr Nicholaus，克雷尔博士，尼古劳斯，萨克森大臣，333
Kristianopel，克里斯蒂安努珀尔，要塞，420
Kromer, Martin，克罗默，马丁，历史学家，444
Kron，科龙，在印度的代理人，536
Kuban, river，库班河，359

Kuban steppe，库班草原，356，359

Kulpa river，库帕河

Kura river，库拉河

Kyoto，京都，551

Kyushu，九州
 大名，544
 这里的皈依者，551—552

La charité，拉沙里泰，胡格诺派驻防，288

La Goletta（Tunis），拉戈莱塔（突尼斯），354

La Rochelle，拉罗谢尔
 宗教会议，96
 海上乞丐在这里的基地，273，288
 胡格诺派驻防，288
 围攻，290，384

Labour，劳动力
 流动性，22—23
 在美洲，512—514

Labour dues，劳役
 在波兰，379，397
 在新西班牙，512

Ladoga, Lake，拉多加湖，419

Lafreri, Anton，拉菲利，安东，古物专家，448

Lakes, the Great，五大湖，531

Lambarde, William，兰巴德，威廉，历史学家，127

Lambin, Denis，朗班，丹尼斯，学者，编纂卢克莱修的作品集，446

Lancaster, Sir James，兰开斯特爵士，詹姆斯其远航，557

Lancers，矛枪骑兵，192，195

Land，土地
 使用权，127
 投机，524

Lando, Alvise，兰多，阿尔维斯，威尼斯人，论那不勒斯，255

Landsberg League，兰茨贝格同盟，335

Landshut，兰茨胡特，铠甲输出，187

Langside，朗赛德，玛丽·斯图亚特败于此，229

Languages，语言学
 在波兰，381
 研究，428，448—449
 传教士与语言学，548，551，556

Languedoc，朗格多克，315
 出口小麦，37
 农民起义，281
 胡格诺派，282，283，290，314
 西班牙军队在这里，305

Lapland，拉普兰，420—421

Larum for London，《警告伦敦》，176

Laski John，拉斯基，约翰，宗教改革家，101—102，106，121

Lasso, Orlando di，拉索，奥兰多·迪，334

Latin，拉丁文
 使用，在路德宗的崇拜仪式中，85
 研究，427，429，432，433—437
 西塞罗的，447
 外科医生的抵制，475

Latvians，拉脱维亚人，381

Laubespine，劳比斯班，见 De l' Aubespine 条

Laud, William，劳德，威廉，坎特伯雷大主教，147

Laudonnière, René, de，洛多尼埃，

勒内·德，殖民者，517
Lausanne，洛桑，155
  学校所在地，431
Law，法律
  教规，44，368，440，445
  宗教法，路德与加尔文对此的态度，91
  "自然法"，99，126，168，171，446，490，497
  国际法，165—170，446
  战争法，173
  德意志的，329
  罗马人的，329，445—446
  研究，429，430，438，440，445—446，450
  民法，440，446
  习惯法，英格兰的，446
  作为法律源泉的人民，501，503
Lawyers，律师
  皇家的，在法国，53
  作为占有官职者，302
Laynez，Diego，莱奈茨，狄埃戈，耶稣会将军，58
Lead，铅
  使用，在提炼白银时，24
  生产，39；在英格兰，368；在波兰，399，401，402
League，同盟，见 Catholic League 条，Holy League 条
Learning，学术，440—452
  与战争，173
Leather industry，皮革生产，在英格兰，136；在波兰，399，401；在俄国，405
Lebrija，Elio Antonio de，莱夫里哈，埃利奥·安东尼奥·德，学者，434，436
Lefèvre of Étaples，埃塔普勒的勒费弗尔，其圣经译本，441
Legazpi，Miguel Lopez de，黎牙实比，米格尔·洛佩斯·德，葡萄牙海军将领，① 17，507，553，554
Leghorn，里窝那，28，37，261
Le Havre，勒阿弗尔，英国人在这里，220—221，286
Leicester，Robert Dudley，earl of，莱斯特伯爵，罗伯特·达德利，133，232
  与伊丽莎白，129，131，145，220
  在尼德兰，188，295，297—299
  议婚，与玛丽·斯图亚特，222，223
Leiden，莱登，见 Leyden 条
Leigh，Charles，利，查理，探险家，526
Leipzig，莱比锡，400，405，535
Leith，利斯，法国派被围困在此，213—215
Leitmor peninsula，莱替莫半岛，547
Leland，John，利兰，约翰，古物专家，444
Lennox Matthew Stuart，earl of，伦诺克斯伯爵，马修·斯图亚特，223，229
Leo Ⅰ，利奥一世，东罗马帝国皇帝（453—474年），研究其战术，193
Leonardo da Vinci，列奥纳多·达·芬

---

① 黎牙实比是西班牙海军将领，英文版此处有误。——译者注

奇，454
Leopold，利奥波德，大公，343
Leopolita, Martin，利奥波利塔，马丁，作曲家，403
Lepanto，勒班陀
　战役，202，205，239，252，289，353—354
　此战的经验，300
Lescarbot, Marc，莱斯卡博，马克，阿卡迪亚的历史学家，530
Lesdiguières, François de Bonnt, seigneur of，莱迪古耶尔领主，弗朗索瓦·德·博讷，多菲内的总督，315
Leslie, John，莱斯利，约翰，罗斯的主教，216
Leszcynski，莱茨琴斯基，波希米亚兄弟会的保护人，390
Leszno，莱什诺，390
Lettres de maîtrise（France），行东证书（法国），140
Levant，黎凡特，28，352
　贸易，366，534，541；纺织品贸易，39，262
　英国人在这里，367，368，557
Levant Company，黎凡特公司，43，557
Levendāt（rootless men），勒亡达特（流浪者），在奥斯曼帝国，372，373，374
Lewis William of Nassau，拿骚的路易·威廉，见 William Louis 条
Leyden，莱登
　纺织品生产，40，41（图4）
　大学，66，432，439，451

教会，104
抵制乞丐党人，274
Liberty，自由，概念，502，505，506
Licet ab initio（bull），特许起始（敕令），481，488
Liège，列日
　主教区，336，342
　学校所在地，431
Lilio, Luigi，李利奥，路易吉，天文学家，465
Lille，里尔，101
Lily's Grammar，利利语法，433
Lima，利马，510
　耶稣会学院，439
　圣马科斯大学，515
Limpieza de sangre，纯洁血统，61，245
Linen，亚麻，39
'Lines of Demarcation'，分界线，性质与效力，159—160
Linköping，林雪平，瑞典议会在此召开，416
Linlithgow，林利斯戈，119
Linschoten, Jan Huyghen van，林索登，让·惠更·范，航海者，537，539，558；被征引，540，541
Lipsius Justus，利普修斯，尤斯图斯，学者，443，446，447，448
　著《罗马的军事》，178
Lira，里拉，28，29
Lisbon，里斯本，16
　人口，33，34
　英国远征，175
　商人，247，534
　落入西班牙人手中，248

无敌舰队由此出发，300
没收荷兰船只，311
印度公司，532—533
富格尔家族离去，534
Literature，文学，13
反映战争，172，177—179，207
西班牙的，313
本国语的，428，451—452
反映殖民地，528
Lithuania，立陶宛，大公国，33，377，378
其城镇，380
人民，381
上诉法庭，387
新教，390
要求，针对俄罗斯，393
第一部史籍，403
Little Poland，小波兰，377
Liturgy，礼拜式
天主教的改革，50
路德宗，85，89
约翰三世为瑞典所订，86，412，414
针对奥地利教会的，324
参见 Prayer-book 条
Livestock，家畜，饲养，36，404，513
参见 Cattle 等条
Living-standards，生活标准，下降，20—22
Livonia，利沃尼亚，377，382，395，400
在这里的利害冲突，327，393，405，407
人民，381，397
波兰征服，411

战役，417—418
港口，423
Livre tournois，记账图尔币，28，29
Livy，李维，罗马历史学家，444，445
被法学家征引，169
为了战术而研究其著作，193
其作品在学校中，435
Łobzów，沃布佐夫宫，402
Lochleven, castle，洛赫利文城堡，229
Locke, John，洛克，约翰，哲学家，492
Lodi，洛迪，和约（1454年），153，154
Log，测程仪，航海的，467
Logarithms，对数，458
Logic，逻辑
改进教学，96，442
研究，429，431，432，437
Lollards，罗拉德派，113，480
Lombardy，伦巴底，197，255，256
London，伦敦，34
瘟疫，23
人口，33，126
呢绒输出，40
西班牙使节在此，162，165
城市数学讲座，179
条约，309，528
Londono, Sancho de，朗多诺，桑索·德，西班牙军官，被征引，184
'Longinus'，朗吉努斯，著作的版本，446
Longjumeau，隆瑞莫，条约，287，288

Longlée, 朗利, 法国使节, 162
Long Parliament, 长期国会, 138
Lopez de Legazpi, 洛佩斯·德·黎牙实比, 见 Legazpi 条
Lords, House of, 上议院, 见 Parliament 条
'Lords of the Congregation', 圣约同盟长老团, 苏格兰, 113, 114, 213—214, 216, 234
Lori, 洛里, 359
Lorich, 洛里克, 学者, 437
Lorraine, 洛林, 209, 317, 408
Lorraine, 洛林, 其枢机主教, 343
Lorraine, Charles de Guise, cardinal of, 洛林枢机主教, 吉斯家的查理, 见 Guise, Charles de 条
Lorraine, duke of, 洛林公爵, 305; duchess of, 女公爵, 408
Los Vélez, marquis de, 洛斯·贝莱斯侯爵, 244, 246
Louis XI, 路易十一世, 法国国王, 151, 152
Louis XIII, 路易十三世, 法国国王, 318
Louis XIV, 路易十四世, 法国国王, 133
Louis of Nassau, 拿骚的路易, 269, 273, 288
Louis of Savoy, 萨伏依的路易, 153
Louvain, 卢万
  大学, 66, 68, 451, 469
  神学家们, 169, 441
Low Countries, 低地国家, 见 Netherlands 条
Loyola, St Ignatius, 罗耀拉, 圣依纳爵, 68, 70, 431, 432, 445
Loyseau, Charles, 卢瓦索, 夏尔, 作者, 143
Lübeck, 吕贝克, 328, 411
  瘟疫死亡人数, 23
  与瑞典, 407, 408, 409
  与荷兰的协定, 425
Łubieński, Stanislaw, 乌宾斯基, 斯塔尼斯拉夫, 作者, 403
Lubieniecki, Stanislaw, 卢宾耶齐, 斯塔尼斯拉夫, 作者, 403
Lublin, 卢布林, 393
  人口, 377, 380
Lucan, 卢肯, 罗马史诗诗人, 172
Lucian, 卢奇安, 希腊作者, 其作品在学校中, 437
Lucretius, 卢克莱修, 罗马诗人, 446, 462
Ludwig VI, 路德维希六世, 巴拉丁选侯, 恢复路德宗, 82, 120, 334
Lukaris, Cyril, 卢卡利斯, 西里尔, 总主教及教师, 389
Lukowa (Poland), 武科瓦 (波兰), 379
Luria, Isaac, 卢里亚, 以撒, 神秘主义者, 449
Luristān, 洛雷斯坦, 省区, 360
Lusatia, 卢萨蒂亚, 319
Lutfi Pasha, 卢特菲帕夏, 土耳其的大维齐尔, 372
Luther, Martin, 路德, 马丁, 宗教改革家, 11, 67, 72—75
  否认教廷权威, 46
  反对瑞士的激进主义, 59, 78, 81
  其德意志本质, 84

著《论基督徒的自由》，91
与专制主义，443
反对哥白尼学说，462
论分权，487—488，489
Lutheranism，路德主义，72—89，480
与国家，12
与奥格斯堡和约，58
在帝国中，58，324—325
在波兰，59，390，391，393
在德意志，82，84，120，333，334，337—338，339
在斯堪的纳维亚，85—86
在尼德兰，100，265
在西班牙，244
在匈牙利和波希米亚，323，324，326
Luzou（Philippines），吕宋（菲律宾），553
Lwów，利沃夫，377
人口，380
教区，388
学校所在地，389，450
生产与贸易，398，399，400
Lycurgus，莱喀古士，斯巴达的，169
Lyons，里昂
银行危机，235
胡格诺派进入，286
条约，317

Macao（Macau），澳门，545，552
葡萄牙人进入，17，543—544，547
防御设施，197
运往这里的奴隶，539
教区，547
Macassar，望加锡，547

Machiavelli，Niccolò，马基雅弗利，尼科洛，政治家及作者，261，490
著《战争艺术》，178，181，193
Madre de dios，"修女迪奥号"，葡萄牙商船，203，535
Madrid，马德里，235，238，290
派出的使节，341
Madura，马都拉，558
Maestlin，Michael，梅斯特林，米夏埃尔，天文学家，459，460，463
Magdeburg，马格德堡
围攻，76，98
大主教区，338
Magdeburg Chroniclers，马格德堡编年史家，12，444
Magellan，Ferdinand，麦哲伦，斐迪南，探险家，521，553
Magellan's Strait，麦哲伦海峡，521，558
Maggi，Girolamo，马吉，吉罗拉莫，军事工程师，189，196
Magic，法术，454，475—477
Magnetism，磁学，455，461—462，468，477—478
Magnus，Olaus，马格努斯，奥劳斯，教士及作者，421
Magnus，马格努斯，丹麦亲王，405
Maha Bandara，玛哈·班达拉，德哈马帕拉的王子，546
Main，river，美因河，其流域的动荡，337，338
Maine（America），缅因（美洲），531
Mainz，美因茨
大学，66
大主教们，为皇帝加冕，327；作为

选帝侯，327，328，338
Maitland, Sir John, 梅特兰爵士，约翰，塞莱斯坦的，苏格兰大法官，147
Maitland, William, 梅特兰，威廉，莱兴敦的，215，217，225，227，228—229
  在英国的使命，219，221，222
Major, George, 马约尔，乔治，路德宗教授，76
Malabar, 马拉巴，540，545
Malacca, 马六甲，538，539，545
  亚齐人的进攻，534，535，537
  其重要性，541—543，547
Malaspina, 马拉斯皮纳，教皇特使，415
Malaya, 马来亚，输出锡，541
Malays, 马来人，服务于葡萄牙人，537
Malcontents, 马尔康坦，在法国，见 Politiques 条
Maldives, 马尔代夫，椰皮纤维输出，537
Maldonado, Lorenzo, 马尔多纳多，洛伦佐，探险家，508
Malestroit, Sieur, de, 马尔斯特罗瓦，西厄尔·德，与博丹的论战，18，19，29
Malindi, 马林迪，366，539
Malta, 马耳他
  土耳其人在此，188，189
  保卫，196，197
  围攻，242，252
Malwa (India), 马尔瓦（印度），540
Man, Dr John, 曼博士，约翰，英格兰驻西班牙大使，157—158，162
Manchester, 曼彻斯特，111
Mangalore (India), 门格洛尔（印度），540
Manica, 马尼卡，输出黄金，539
Manila (Philippines), 马尼拉（菲律宾），552，553
  贸易，17，554
  王室诉讼法庭，511
  西班牙人从这里援助葡萄牙人，543，547，554
Manilius, 马尼利乌斯，著作的版本，446
Manlich family, 曼利希家族，金融家，533
Manorial system, 庄园制度，在波兰，398
Månsdotter, Karin, 蒙斯多特，卡琳，埃里克十四之妻，410
Mantua, 曼图亚
  议会，152
Mantuanus, 曼图阿努斯，人文主义者，435
Manufactures, 工业品，38—42
  殖民地的需要，515，516
  参见 Industry, and individual products 条
Manuzio, Aldo, the younger, 马努齐奥，小奥尔多，著《美丽的鲜花》，436
Maps, 地图，见 cartography 条
Mar Joseph, 马尔·约瑟夫，主教，549
maravedi, 马拉沃迪，28，29
Marburg, 马尔堡

大学，66

会谈，81

Marcellus Ⅱ，马尔塞鲁斯二世，教皇，47

Marchi, Francesco, de，马尔基，弗朗西斯科·德，军事工程师，196，456

Marcus Aurelius，马可·奥勒利乌斯，著作的版本，446

Margaret，玛格丽特，苏格兰王后，亨利七世的女儿，209，223

Margaret，玛格丽特，弗朗西斯一世的姐姐，92

Margaret of Austria，奥地利的玛格丽特，265

Margaret of Parma，帕尔马的玛格丽特，尼德兰摄政，239，264—265

 其统治，102，235，270，285

 与腓力二世，240，268

 被阿尔发代替，271

Margaret of Valois，瓦卢瓦家族的玛格丽特，法国亨利四世之妻，288，289

Marie de Medici，玛丽·德·美第奇，法国亨利四世之妻，318

Mariner's Mirror，《海员便览》，204注，469

Marischal College，马里斯卡尔学院，阿伯丁，439

Marlowe, Christopher，马洛，克里斯托弗，诗人，475

Marnix, P. van，马尼克斯，P. 范，见 Ste Aldegonde 条

Maroons，逃亡黑奴，加勒比地区，520，521

Marriages，婚姻

 与特伦托宗教会议，44

 教士的，73，324

 对国王的义务，在封建制度下，143

Marseilles，马赛，23，28

 造船主，205

marsk，陆军元帅，瑞典官职，422

Martin Marpretate tracts，马丁·马尔普莱雷特小册子，110—111

Martini, Olaus，马提尼，欧劳斯，乌普萨拉大主教，88

Martyr, Peter，马特，彼得，宗教改革家，106

Martyrs，殉教者

 天主教的，在英格兰，12

 新教的，在尼德兰，100；在法国与英格兰，131

Mary of Guise (of Lorraine)，吉斯家族的玛丽（洛林的），作为苏格兰摄政，112，114—115，210，213，235注

 死亡，115，215

Mary of Hungary，匈牙利的玛丽，239，265

Mary of Lorraine，洛林的玛丽，见 Mary of Guise 条

Mary of Portugal，葡萄牙的玛丽，239

Mary Stuart，玛丽·斯图亚特，苏格兰女王，112，115，209—233，235注

 她的丈夫，（弗朗西斯二世），94，115，213，215；（达恩利），223—224，226—227；（博思韦尔），226，228

 与诺克斯，114，116

被囚，231，276，296
议婚，与唐·约翰，276；与吉斯家的亨利，293；与埃里克十四，408
向腓力让渡继承权，299
Mary Tudor，玛丽·都铎，英格兰女王，2，3，4，114
婚姻，与西班牙的腓力二世，157，209，210，237
死亡，210
Mashhad (Persia)，马什哈德（波斯），360
Mashonaland，马绍纳兰，539
Maskat ('Umān)，马斯喀特（乌曼），366
Mass，弥撒
其牺牲教义，48
在苏格兰被禁止，115，216
Massawa，马萨瓦，土耳其人占领，164
Mathematics，数学，65，453—454，457—459
在战争中，178—179
为通商，428
在学校中，437—438
在意大利，439
与地图绘制，469—470
Matthias，马蒂亚斯，大公，尼德兰总督，278
Maulbronn, Formula of，《毛尔布龙教义》，83
Maurice of Nassau，拿骚的莫里斯，联合省的军事统帅，104，298，310
战术，178，193，194
军队，181，183，185

作为联合省的总督，299
Maurice，莫里斯，萨克森选帝侯，75
与亨利二世结盟，47，77，155
他所建立的学校，432
死亡，77
Maurolyco, Francisco，莫罗利科，弗朗西斯科，几何学家，457
Maximilian Ⅰ，马克西米连一世，皇帝，320，330
Maximilian Ⅱ，马克西米连二世，皇帝，320，321
容忍路德宗，58，59，80，122，324，325
作为波兰王位候选人，382，384
死亡，384
Maximilian，马克西米连，大公
波兰选举，382
囚徒，385
逃跑，394
弃权，395
Mayadunne，玛亚杜恩，王子，546
Mayenne, Charles de Lorraine, duke of，马耶讷公爵，沙尔·德·洛林，302
与同盟，305—306
与亨利媾和，307
Mazovia，马索维亚
公国，377，378
地毯，399
Meat，肉类，在西属美洲，509，513，514
Mecca，麦加，352，355，540
Mechanics，力学，453
Mecklenburg，梅克伦堡，337
Medici, Alessandro de，美第奇，亚历

山德罗·德，260
Medici, Catherine de，美第奇，卡特琳·德，见 Catherine 条
Medici, Cosimo de，美第奇，科西莫·德，佛罗伦萨公爵，260—261
Medici, Ferdinand de，美第奇，斐迪南·德，托斯卡纳大公，261
Medici, Francis de，美第奇，弗朗西斯·德，托斯卡纳大公，261
Medici, Lorenzo de，美第奇，洛伦佐·德，访问那不勒斯，152
Medici, Marie de，美第奇，玛丽·德，见 Marie de Medici 条
Medicine，医学
  在战争中，175，174
  研究，429，430，438，439
  内容，454
  植物学对医学的附属地位，454，471—472
Medina，麦地那，穆斯林圣城，355
Medina Sidonia, Alonso Perez de Guzmán, duke of，麦迪纳·西多尼亚公爵，阿隆索·佩雷斯·德·古斯曼，被任命为无敌舰队总司令，300
Mediterranean Sea，地中海
  保卫，针对土耳其人，197，251—252
  英国人与荷兰人在这里，367
  与波罗的海相比较，404
Mehemmed III，穆罕默德三世，土耳其苏丹，363，369
Mehemmed Sokolli，穆罕默德·索科利，大维齐尔，352，358

Meigret，梅格利，拼写家，449
Meissen，迈森，学校所在地，432
Melanchthon，腓力，梅兰希顿，腓力，宗教改革家，72—79，333
  兴趣，对于占星术，81；对于天文学，462
  与教育，431，450
  著《物理学要义》，462
Melville, Andrew，梅尔维尔，安德鲁，加尔文宗信徒，117
  其纲领，118，122
Melville, Sir James，梅尔维尔爵士，詹姆斯，223
Mendes family，门德斯家族，金融家，经历，前往君士坦丁堡，31
Mendieta, Gerolamo，曼迪耶塔，吉罗拉莫，编写新西班牙的圣方济各会的历史，515
Mendoza (Argentina)，门多萨（阿根廷），508
Mendoza, Doña Ana de，门多萨，朵娜·阿娜·德，埃博利的公主，250
Mendoza, Don Bernardino, de，门多萨，唐·贝纳迪诺·德，西班牙大使，162，238，295，299，368
Mendoza, Diego Hurtado de，门多萨，迪戈·乌尔塔多·德，历史学家，444
Mendoza, García Hurtado de，门多萨，加西亚·乌尔塔多·德，探险家，507
Mendoza, Iñigo López de，门多萨，伊尼果·洛佩斯·德，见 Mondéjar, marquis of 条

Menéndez de Avilés, Pedro, 梅嫩德斯·德·阿维莱斯, 佩德罗, 西班牙海军将领, 518—520

Menéndez Marqués, Pedro, 梅嫩德斯·马尔克斯, 佩德罗, 西班牙海军将领, 523

Mennonites, 门诺派, 265

Mercator, Gerardus, 墨卡托, 杰拉尔多斯, 数学家, 449, 469—470, 71

Mercenaries, 雇佣军, 174, 181—183
 在英国军队中, 214
 在尼德兰, 287, 288
 在哈布斯堡家族的领地内, 322, 361
 在波兰军队中, 397
 在丹麦军队中, 407, 409—410, 423
 在瑞典军队中, 411
 在葡属东方, 537, 546

Merchant Adventurers, 商业冒险家们, 158, 233

Merchants of Paris, 巴黎商会, 其会长, 290

Mercoeur, Philippe Emmanuel de Lorraine, duke of, 梅尔克公爵, 腓力·埃马纽埃尔·德·洛林, 307

Mercury, 汞
 靠其提纯白银, 25, 511, 513
 药用, 474
 万卡韦利卡矿, 513
 贸易, 540

Mericke, Sir John, 梅里克爵士, 约翰, 莫斯科公司代办, 423

Meskhia, 默斯基亚, 公国, 358

Mespellbrunn, Julius Echter von, 米斯佩尔布鲁恩, 尤利乌斯·埃希特·冯, 维尔茨堡主教, 340

Messina, 墨西拿, 254, 353
 耶稣会学院所在地, 432

Mesta, 梅斯塔, 西班牙养羊者团体, 140

mestizos, 梅斯梯索人, 512

Metz, 梅斯, 诸侯—主教领地, 149, 154, 209, 327, 334, 343

Meuse, river, 默兹河, 295

Mexico, 墨西哥
 白银采掘, 25
 天主教会, 56, 515
 耶稣会学院, 439
 人口, 512
 土壤侵蚀, 513
 大学, 515

Mexico City, 墨西哥城, 510

Mezö-Kereztes, 迈泽凯赖斯泰什, 战役, 363, 369, 373

Michael (Romanov), 米海尔 (罗曼诺夫), 俄罗斯的沙皇, 423

Michael, 米哈伊, 瓦拉几亚大公, 362, 363, 396

Micronius, 米克罗尼乌斯, 瑞典的查理九世的宫廷牧师, 88

Middelburg, 米德尔堡
 宗教会议, 104
 围攻, 274

Middle classes (bourgeois, burghers), 中等阶级 (市民)
 在苏格兰支持新教, 113
 与君主专制, 134, 135, 139—140
 官僚队伍从中补充, 148, 302
 在尼德兰, 270, 273, 297

在法国，282，286，291，305，306，314
对其进行教育，452
'Mignons' of Henry Ⅲ，亨利三世的"嬖幸"，144，292
Milan，米兰
瘟疫死亡人数，23
人口，33，256
教会与国家，54，258—259
圣卡洛·博罗梅奥，64—65
在西班牙统治下，154，209，240，253，254，255—256，320，535
输出铠甲，187，256
与萨伏依公爵，317
Milton, John，弥尔顿，约翰，诗人，95
Mindanao island，棉兰老岛，547，553，556
Ming，明，中国皇帝，164，543—544
Mingrelia，明格列利亚，358
Mining，开矿，投资，24，296
在波兰，398
在西属美洲，511，513
Ministers，牧师，加尔文宗的，其任命，93，101，116—117
Mir Ali Bey，米尔·阿里·贝伊，545
Miranda, count of，密兰达伯爵，那不勒斯的副王，255
Mirandula，米兰都拉
《花朵》，437
Missionaries，传教士，44，54—57
在英格兰，12
西班牙的，在美洲，54，56—57，507，510，514—515；在菲律宾，555—556

为他们开办的学院，55，389
葡萄牙的，在东方，547—553
Mitayos（labourers in New Spain），有期服役者（新西班牙的劳工）513
Mizauld, Antoine，米扎乌尔德，安托万，编年史家，452
Modon，莫东，354
Modrzewski，莫德任斯基，著《完美之国》，402
Mohács，莫哈奇，战役（1526年），362
Mohyla, Jeremy，莫希拉，杰里米，摩尔达维亚的土耳其总督，396
Mohyla, Simon，莫希拉，西蒙，摩尔达维亚大公，396
Moldavia，摩尔达维亚
从土耳其转入帝国，362
波兰干涉，363，396
东正教会，390
Molina, Luis de，莫利纳，路易·德，神学家，67，68，173，441
Molucca Islands，摩鹿加群岛，534，537，538，542，547
战争，545
Mombasa，蒙巴萨，366，539，545
Mona passage（Caribbean），莫纳海峡（加勒比海区），518
Monarchia，主宰权（在西西里），258
Monarchomachs，反君主派，414
Monarchy，君主政治
在苏格兰，112
其财力的衰竭，129，139，147—148
与贵族政治，130—134

绝对权利与神圣权利的观点，135，
　　315，494
与外交，152—153
在法国，315
选举的，在波兰，381，385—387，
　　395，403
在瑞典，410，415—416，422
与人民之间的契约理论，501，503
立宪的，504
Monardes, Nicolas, 莫纳德斯, 尼古
　　拉斯, 著《来自新大陆的喜
　　讯》，457
Mondéjar, Iñigo López de Mendoza,
　　marquis of, 蒙德哈尔侯爵, 伊尼
　　果・洛佩斯・门多萨, 格拉纳达
　　总司令, 与摩里斯科人,
　　245—246
Money of account, 记账货币, 28
monfis（bandits），芒菲斯（强盗），
　　245，246
Mongols，蒙古人，黄教，57
Monomotapa，莫诺莫塔帕，地区，539
Monopolies，垄断
　　专卖带来的收入，4，137
　　与价格，18
　　伊比利亚人声称垄断与美洲和东方
　　　的贸易，159—160，312，516，
　　　521，528
　　托斯卡纳政府的，261
　　对香料贸易的垄断被威尼斯打
　　　破，262
　　但泽市民对贸易的垄断，381，
　　　384，401
　　在波兰，398，399
　　葡萄牙国王的垄断，对香料，534；

　　对白银与铜的出口，535
Mons，蒙斯，101
　　夺取与围攻，273—274，288，289
Monserrate，蒙塞拉特，耶稣会
　　士，549
Montaigne, Michel de, 蒙田, 米歇
　　尔・德，443
　　著《短文集》，445
Montaigu，蒙泰居，学院，431
Montauban，蒙托邦，胡格诺派驻
　　防，288
Montcontour，蒙孔图尔，战役，
　　181，288
Montesquieu, baron de, 孟德斯鸠男
　　爵，449
Montigny, Floris, Lord of, 蒙蒂尼的
　　领主，弗洛里，271
Montmorency, Anne de, duke of, 蒙莫
　　朗西公爵，昂恩・德，法国将
　　军，221，283，286，287
Montmorency, House of, 蒙莫朗西家
　　族，283
　　与吉斯家族的冲突，132，216
　　与吉斯家结盟，220，286
　　作为政略派，291
Montmorency-Damville, Henry, duke of,
　　蒙莫朗西・当维耶公爵，亨利,
　　朗格多克总督，291，315
Montpellier，蒙彼利埃
　　宗教会议，96
　　大学，439
Monts, Pierre de Guast, sieur de, 蒙
　　茨先生，彼埃尔・德・古阿斯
　　特，530
Moors，摩尔人，袭掠格拉纳达，245

Moravia，摩拉维亚，324，402
Moray, Lord James Stewart, earl of，莫里伯爵，詹姆斯·斯图尔特大人，新教贵族的领导人，212—213，215，218—219，221
    作为信使去见玛丽·斯图亚特，216—217
    退出宫廷并反叛，224，225
    返回并获得宽恕，226—227
    离开并前往法国，228—229
    作为摄政王返回，229
More, Thomas，莫尔，托马斯，人文主义者及大法官，147，435
Morel, Frédéric，莫莱尔，弗雷德里克，学者，441
Morelli, de Villiers, Jean，莫雷利·德·维利耶，让，95
Moriscos，摩里斯科人，在西班牙，244—247，249，288
    作为土耳其人潜在的盟友，237，251
Morocco，摩洛哥，191
    葡萄牙人败于此，200，247，248
Morrice, James，莫里斯，詹姆斯，伯利的幕僚，146
Mortars，臼炮，攻城武器，190
Morton James Douglas, earl of，莫顿伯爵，詹姆斯·道格拉斯，苏格兰摄政王，116，212，225，226—227，228—229
Moschus，摩斯科斯，希腊诗人，著作的版本，446
Moscow，莫斯科，163，369—370
    教区，389—390
    波兰人占领，419
    使节，556
Moslems，穆斯林，见 Muslims 条
Mountjoy, Charles Blount, baron，蒙齐伊男爵，查理·布朗特，309
Moura, Christóvão de，莫拉，克里斯托旺·德，腓力二世的代表，248
Mozambique，莫桑比克，539
    防御工事，197
    防守，537
Mughal (Mogul)，莫卧儿，印度皇帝，164，540，545
    与耶稣会士，550
Muhammad Khudabanda，穆罕默德·胡达班达，波斯的沙，358，360
Mühlberg，米尔贝格，战役，46，75
Mules，骡子，秘鲁矿山用，509，520
Mundt, Christopher，蒙特，克里斯托弗，外事代办，153
Munich，慕尼黑，宫廷，335，336
Munster，芒斯特，起义，309
Münster，朋斯特
    再洗礼派在这里的革命，5，123，124，128
    主教区，336，343
Murād III，穆拉德三世，土耳其苏丹，358，359，360
    允准英格兰的贸易特权，367，557
Murād IV，穆拉德四世，土耳其苏丹，351
Murād，穆拉德，王子，550
Murad, Pasha，穆拉德帕夏，大维齐尔，镇压起义，374，375
Muret, Marc Antoine，米雷，马克·安托万，人文主义者，442，447
Muscat，马斯喀特，被土耳其人劫掠，

537，545
葡萄牙人在此，540
Moscovy Company，莫斯科公司，17，163，413，423，556—557
Music，音乐，13；在法国，260；在威尼斯，262；在波兰，403
Muskets，滑膛枪，188—189，192，194，368，557
Muslims, Moslems，穆斯林
　在西班牙，61
　在奥斯曼帝国，347，350，373，374
　朝圣，352，355，540
　在立陶宛，381
　从葡属印度被逐出，548
　参见 Islam 条
Mustafā，穆斯塔法，苏里曼之子，被处死，372
Mustafā, Pasha，穆斯塔法帕夏，土耳其军事指挥，352，353，358
Mysticism，神秘主义，461，473，476
　关于数字，454，460，465，476
　帕拉切尔苏斯的，473
Myszkowski, Gonzaga，米斯科夫斯基，冈萨加，波兰政府法官，387

Nagasaki，长崎，544，547，551
Namur，那慕尔，被唐·约翰攻占，277
Nanch'ang (kiangsi)，南昌（江西），553
Nanking，南京，袭掠，544
Nantes, Edict of，南特敕令，10，96—97，313—314，489
Napier, John，纳皮尔，约翰，数学家，458

Naples，那不勒斯
　人口，33
　教会与国家，54，258
　在西班牙统治下，154，209，238，240
　沿岸设防，197，253
　所受的经济剥削，253，254，255
Napoleon Bonaparte，拿破仑·波拿巴，332
Narova river，纳罗瓦河，405
Narva，纳尔瓦
　俄国人占领，405，407
　瑞典封锁，408，411
　瑞典赢得，412，413；失而复得，416，420，421
Nassau，拿骚
　奥兰治的威廉在此，102，273
　转变为加尔文宗的，120
Nassau, Louis of，拿骚的路易，见 Louis of Nassau 条
Nassau, Maurice of，拿骚的莫里斯，见 Manrice of Nassau 条
Nausau-Dillingen, count of，拿骚-迪林根伯爵，接受加尔文宗，334，342
Nationalism，民族主义，4，161，506
　在数学界，459
Natural history，自然史，456—457
Naumburg，瑙姆堡，诸侯会议，80
Navarino，纳瓦里诺，354
Navarre，那瓦尔
　总督职务，240
　西班牙对法属部分的要求，295
Navarre, Anthony, of，那瓦尔的安东尼，见 Bourbon, Anthony of 条

Navarre, Henry of, 那瓦尔的亨利, 见 Henry Ⅳ 条
Navies, 海军, 202—206
　火器, 2, 9, 190, 204
　土耳其的, 201, 202, 252, 354, 355
　英国的, 202, 203, 206, 214
　威尼斯的, 202, 205
　西班牙的, 252, 353, 527; 参见 Armada 条
　葡萄牙的, 366, 534, 537
　丹麦的, 407
　瑞典的, 407, 410
Navigation, 航海, 453, 456, 466—471
Navy Board (England), 海军部 (英格兰), 203
Naxos, Mendes, duke of, 纳克索斯公爵, 门德斯, 31
Neck, van, 内克, 冯, 其远航, 558
Negapatam, 内加帕坦, 539, 541
Nemours, Treaty of, 内穆尔条约, 295
Neoplatonism, 新柏拉图主义, 442
Neostoicism, 新斯多噶主义, 443
Neri, St Pilip, 内里, 圣腓力, 70
Netherlands, 尼德兰
　经济, 15, 16; 饥馑, 23; 通货, 28, 29, 30; 人口, 33; 肉乳生产, 38; 铸造业, 191
　加尔文主义, 5, 6, 58, 100—106, 156, 234, 265—266, 269, 270, 274, 276, 277, 279, 280, 297, 307, 488; 路德宗, 100, 265; 天主教, 59, 270, 273, 276, 277, 280, 292; 再洗礼派, 123;

　新主教区, 266, 269
　西班牙大道通向这里, 209, 229, 287, 317, 337; 西班牙统治, 240—241, 247, 250, 264—269; 破产, 235; 金融危机, 267, 275; 抵制西班牙的征敛, 137, 147, 271—272; 起义, 反对西班牙, 99—103, 158, 268—278
　永久的分裂, 59, 278—279, 310
　与英格兰的关系, 232, 269, 273, 289, 294, 295—298
　关于 1579 年以后的内容, 参见 United Provinces 条; 以及 Belgium 条
Nenberg, house of, 诺伊堡家族, 344
Neva, river, 涅瓦河, 424
Nevers, duke of, 讷韦尔公爵, 384, 386
New England, 新英格兰, 442
New France, 新法兰西, 531
New Mexico, 新墨西哥, 507, 509
New Navarino, 新纳瓦里诺, 防御工事, 197
New Testament, 新约, 90, 94
New World, 新世界, 新西班牙, 见 America 条
Newes from Flaunders, 《来自佛兰德的消息》被引用, 172
Newfoundland, 纽芬兰, 528
　渔场, 38, 525, 530
　占领, 525
Nicaea, 尼西亚, 宗教会议, 历法, 465
Niclaes, Henry, 尼古拉, 亨利, 家庭派的创立者, 124

'Nicodemism',尼哥底母主义,100
'Nicodemists',尼哥底母主义者,488
Nicosia,尼科西亚,陷落给土耳其,
 353,354
Niemen, river,梅梅尔河,401
Nieuport,尼乌波特,战役,195
Nishāpūr,内沙布尔,360
Nizzoli,尼佐利,学者,436,443
Nobles,贵族
 在苏格兰,113,115,132
 在法国,130,131—132,281,282,
  286,305,306,316
 在波兰,130,147,378,383,386,
  388,391—392
 在英格兰,130—133,148
 在西班牙,240,249,250
 在意大利,240,254,259—260
 在尼德兰,265,266,268,278
 在帝国,324,326,327,335
 在瑞典,407,410,414,416,422,
  425—426
 在丹麦,406,407
 在俄国,418,419
Noblesse de robe,穿袍贵族,143,146
Nobunaga, Odo,信长,织田,日本的
 将军,545,551,552
Noircarmes, Jan de,努阿卡米,让·
 德,尼德兰贵族,271
Nombre de Dios,农布雷—德迪奥斯,
 518,520,521
Norfolk, Thomas Howard, 4th duke of,
 第四代诺福克公爵,托马斯·霍
 华德,145,231,232—233
Norman, Robert,诺曼,罗伯特,罗
 盘制造者,455,468

Normandy,诺曼底
 沉重的赋税,281,314
 英国在这里的侵犯,308
Norris, Sir John,诺里斯爵士,约翰,
 英国军人,201
Norrköping,诺尔雪平,瑞典议会召开
 于此,422
North Sea,北海,343,423,425
North-west passage,西北通道,514
Northern Rebellion (1569年),北方反
 叛 (1569 年),130,231—
 232,233
Northumberland, John Dudley, duke
 of,诺森伯兰公爵,约翰·达德
 利,2,210
Northumberland, Thomas Percy, earl
 of,诺森伯兰伯爵,托马斯·珀
 西,231,233
Norvegus, Laurentius,诺维古斯,劳
 伦蒂乌斯,耶稣会,86
Norway,挪威,404,421
Nova Ordinantia Ecclesiastica (Sweden),《新教规》,86,87
Nova Zembla,新赞伯拉,468
Novgorod,诺夫哥罗德,405,416
 德·拉加迪叶在此,419—420,423
Nowell, Alexander,诺埃尔,亚历山
 大,其教义问答,434
Nowy Sącz,新松奇,400
Nuñez, Pedro,努内斯,佩德罗,地
 理学家,453,466,469
Nürnberg (Nwremberg),纽伦堡,
 328,400
 造枪匠,189
 建筑物,344—345

Nutmegs，肉豆蔻，葡萄牙人经营，535，538，541，542
　　参见 spices 条
Nyköping，尼雪平，瑞典议会在此召开，422

Oats，燕麦，生产，36，398，401
Obsza（Poland），奥布沙（波兰），379
O'Donnell, Hugh，奥唐奈，休，起义及逃跑，309
Officers，军官，在军队中，180，183—184，185，238
Offices，职衔
　　出售，4，140—141，142—143，254，511
　　与监护制，133
　　指定，腓力二世的，240，241；在波兰，386
　　胡格诺派渗入，287
　　对职衔征税，在法国，316
　　贵族得到高级职务的权利，在瑞典，422，426
　　官职的责任（博丹），502
Officials，官吏
　　官僚阶层的发展，141—147
　　在奥斯曼帝国，347，351，370
Oláhus, Nicholas，奥拉胡斯，尼古拉，格兰大主教，59
Oldenbarnevelt, Jan van，奥尔登巴内费尔特，让·范，荷兰议长，105，298，299，311
Oldenburg，奥尔登堡伯爵，327
Olivares, count of，奥利瓦雷斯伯爵，西班牙大使，255，304

Oliwa，奥利瓦，384
Olkusz，奥尔库什，矿区，399
Omura，大村，日本大名，551
Oñate, Juan de，奥尼亚特，胡安·德，探险家，507
Opium，鸦片，贸易，541，544
Oporto，波尔图，陷落给西班牙人，248
Optics，光学，458，477
Orange, House of，奥兰治家族，299
Orange, prince of，奥兰治亲王，见 William the Silent 条
Oratory, Congregation of the，奥拉托利会，70
Ordenanzas sobre Descubrimiento，《海外发现管理条例》，510
Orellana, Francisco de，奥利雷亚纳，弗朗西斯科·德，探险家，508
Öresund，厄勒海峡；见 sound the 条
Orissa，奥里萨，541
Orléans，奥尔良，宗教会议，94，95
　　胡格诺派军队在这里，286
　　三级会议在这里，489
Ormuz，霍尔木兹，537，538，540
　　被围攻，545
Orta, Garcia da，奥尔塔，加尔西亚·德，539 注
Ortelius, Abraham，奥特利乌斯，亚伯拉罕，地理学家，469
Ortenburg，奥滕堡，被巴伐利亚所占，335
Orthodox Church, Easten，东正教会，44
　　联盟，在乌克兰与天主教会，59，389—390

在波兰，381，389—390，391，392，450

Orzelski, Swietoslaw, 奥泽尔斯基，斯维也托斯拉夫，作者，403

Osborne, Sir Edward, 奥斯本爵士，爱德华，商人，367

Ösel, island of, 厄塞尔岛，405，406

Osiander, Andreas, 奥西安德尔，安德烈阿，宗教改革家，74，75，83

Osman Pasha, 奥斯曼帕夏，土耳其军事指挥，359

Osnabrück, 奥斯纳布吕克，主教区，343

Ostend, 奥斯坦德，西班牙人的围攻与占领，199注，310

Ostróg, 奥斯特罗格

学院所在地，389，450

宗教自由，392

Ostrogski, 奥斯特罗格斯基，康斯坦丁大公，389—390，392

地产，397，399

Ostroróg family, 奥斯特洛洛格家族，390

Ostroróg, 奥斯特洛洛格，波兹南城守，386

Osuna, Francisco de, 奥苏纳，弗朗西斯科·德，方济各会士，著《礼拜初步》，71

Oświęcim, 奥斯威辛，公爵领地，398

Ōtomo, 大友，日本武士，550，551

Ottawa river, 渥太华河，531

Ottoman empire, 奥斯曼帝国，347—376

衰败，2，375—376；通货，29—30，370—371；人口，32，370，372；作用，347—352，365—366，371—374

对神圣罗马帝国的威胁，59，150，319，322；针对它的十字军，152；其军队，175，184，356—357，365—366，371；围攻马耳他，188—189，242，252；针对它的防御工事，197；其海军，201，202，252，354，355；武器贸易，与英格兰，368—370

战争，与西班牙，236—237，245，251—253，313，353—354，534，535；与威尼斯，253，254，352—354，534，535；与波斯，164，262，355—365，374—375；与神圣罗马帝国，326，360—365，369

关系，与波兰，363，382，396；与瑞典，418

Oudegherste, 奥德格尔斯特，建议，在西班牙帝国建立银行，296

Oudenaarde, 奥德纳德，加尔文宗政府，277

Overijssel, 上艾瑟尔，省区，279，297，299

赶走西班牙人，310

Ovid, 奥维德，其作品在学校中，435，452

Oxenham, John, 奥克斯南，约翰，海上首领，520

Oxenstierna, Axel, 乌克森谢纳，阿克塞尔，首席大臣，瑞典的，422，423

Oxford, Edward de vere, earl of, 牛津

伯爵，爱德华·德·维尔，133
Oxford，牛津，大学，438，439，440

Pacioli，Luca，帕乔利，卢卡，数学家，428
Pacta Conventa（Poland），《契约》（波兰），385
Paderborn，帕德博恩，主教区，343
Padua，帕多瓦，大学，179，378，439，472
Painting，绘画，13
　意大利的，262
　西班牙的，313
Palankas（small forts），小要塞，361
Palatinate，巴拉丁选帝侯领地，来因地区，333—334
　伯爵，作为选帝侯，327，329
　加尔文宗在这里，80—81，82，120，334
Paleario，Aonio，帕莱亚里，奥尼欧，学者，448
Palermo，巴勒莫，人口，34
Palestrina，Giovanni de，帕莱斯特里纳，乔万尼·德，作曲家，13
Palingenius，帕林吉纽斯，人文主义者，435
Palissy，Bernard，帕利西，伯纳德，陶工及自然史学家，427
Palladio，Andrea，帕拉第奥，安德烈阿，建筑师，262，
Palmanova，帕尔马诺瓦，模范的防御工事，196
Palota，帕洛塔，要塞，364
Pamphlets，小册子，笔战，尼德兰，279，299

Panama，Isthus of，巴拿马地峡，510，520，521，522
Papacy, the，教皇宫廷
　与西班牙，47，160，257—259，294，303—305
　与特伦托宗教会议，49—51，285
　与法国，53—54，292
　管理传教工作，55
　西班牙宗教裁判所的冒犯，62，258；威尼斯的冒犯，263
　至高无上的地位，155，445
　与声称要垄断贸易的伊比利亚人，159
　与英格兰，210
　玛丽·斯图亚特求援，225
　使节，在德意志，325
　参见各教皇条目
Papal bulls，教皇训谕，258，481，488，492，493
　与西班牙，54，257，258
　与法国，258
Paper industry，造纸，波兰，398
Pappus（of Alexandria），帕普斯（亚历山大里亚的），数学家，著作的译本，457
Paprocki，Bartosz，帕普罗齐，巴托茨，纹章学作者，403
Paracelsus，帕拉切尔苏斯，医生，442，453，454，473
Paravas（pearl fishers），帕拉瓦（采珠人），548
Paré，Ambroise，帕雷，布鲁瓦兹，外科医生，189，474
Paris，巴黎，34，131
　暴民，5，6，290，300

围攻，9，303，305，309
瘟疫死亡人数，23
人口，33
新教徒，92
慈善院，175—176
吉斯与蒙莫朗西进入，286
天主教同盟，300—301，302
接纳亨利四世，306
排除胡格诺派仪式，313
参见 parlements 条
Parker, Geoffrey，帕克，杰弗里，317 注
Parker, Matthew，帕克，马修，坎特伯雷大主教，107，109
Parkins, Christopher，帕金斯，克里斯托弗，被派往布拉格，369
Parlements，国会，505
在巴黎，53，305，313
外省的，292，302，315
Parliament（England），国会（英格兰）
与清教徒，108，109，212
与赋税，134—135
长期国会，138
其授职权，146
与亨利八世的遗嘱，211，219
与伊丽莎白的继承人，221，222
Parliament（Scotland），国会（苏格兰），与新教，115，117—118，216，218
Parliaments，国会
在意大利：（西西里），254（皮埃蒙特-萨伏依），259
在波兰，378—379，392，397；选举国王，381，403；与国王，386，387，395

参见 Estates General（France）条，Reichstag（Empire）条，Riksdag（Sweden）条，States General（Netherlands）条

Parma，帕尔马，公国，属于西班牙，209
Parma, Alexander Farnese, duke of，帕尔马公爵，亚历山大·法尔奈泽，309—310
解救巴黎，9，305，309
作为军队统帅，104，198—200，207
作为尼德兰总督，240，278，298
进行收复，280，297，298
与西班牙进攻英格兰，299，300，301
死亡，306，310
Parral（Mexico），帕拉尔（墨西哥）银矿，25
Pascal, Blaise，巴斯噶，布莱斯，哲学家及数学家，71
Paschalius，帕斯卡利乌斯，法学家，169
Pasquier, Etienne，帕基耶，埃迪耶讷，律师及作者，445
Passano, Gian Giacomo，帕萨诺，吉安·贾科莫，外事代办，153
Passau，帕绍
条约（1552 年），47，77
诸侯—主教领地，323
Pate（Africa），帕泰（非洲），539
patria，祖国，其概念，161
Patrizzi, Francesco，帕特里齐，弗朗西斯科，哲学家及科学家，447
Patronage，庇护，133

在地方上的社会里，145—146
Paul Ⅲ，保罗三世，教皇
　　与特伦托宗教会议，45—46
　　重新组建宗教裁判所，50，61，481
Paul Ⅳ，保罗四世，教皇，47—48，234
Paul Ⅴ，保罗五世，教皇，69，263
paulette（tax），官职税（赋税），142，316
Pavia，帕维亚，23，153，256
'Peace of the duke of Aerschot'，"阿尔绍公爵和约"，276
'Peace of Monsieur'，"大人和约"，292
Pearl, river（China），珠江（中国），543
Peasant nobles（Poland），农民贵族（波兰），378
Peasants，农民
　　在法国，136，281，307，314
　　起义，在奥地利，326
　　逃离，从土地上，在奥斯曼帝国，372，373
　　在波兰，379—380，387，397，403
　　起义，在芬兰，415—416
　　与瑞典国会，422
Peasants' War（Germany，1525年），农民战争（德国的，1525年），5，84，123，234
Pedro the Cruel，残酷者佩德罗，卡斯蒂利亚国王，163
Peele, George，皮尔，乔治，著《一篇告别辞》，207
Pegu，勃固，王国，547
Peking，北京，553

Peletier, Jacques，佩尔蒂埃，雅克，数学家，455
Pellisson, Jean，佩利森，让，迪斯鲍特利乌斯著作的修订者，433
Penry, John，彭里，约翰，清教徒，被处死，111
Pensions，年金，军人的，175，176
Peonage，服役，为偿债，在西属美洲，514
Pepper，胡椒，贸易，533，534，535，540
　　参见 spices 条
Perez，佩雷斯，耶稣会会长，552
Pérez, Antonio，佩雷斯，安东尼奥，国务秘书，139，242
　　阴谋与被囚，250—251
Perne, Andrew，珀恩，安德鲁，神职人员，110
Perpetual Edict，永久敕令，见 Eternal Edict 条
Persecution of heresy，对异端的宗教迫害
　　政治动机，60
　　主张与反对的观点，481—489
Persia，波斯
　　与之贸易，17，366，540，556—557
　　奥斯曼与之开战，164，262，355—365，374—375
　　外交接触，322，355，556
　　内部危机，357—358
Persian Gulf，波斯湾，366，534，538，540，550，557
Persson, Jöran，佩尔松，约兰，埃里克十四的国务大臣，410

Perth，珀斯，114，213，217
Peru，秘鲁，508—509，512—513
　　境内的银矿，25，257；参见 Potosi 条
　　内部战争，510
Perugia，佩鲁贾，166
Pescara, marquis of，佩斯卡拉侯爵，西西里副王，240
Pescara family，佩斯卡拉家族，253
Pest，佩斯，围攻，364
Petri, Laurentius，佩特利，劳伦蒂乌斯，乌普萨拉大主教，86，87
Petrycy, Sebastian，彼特利希，塞巴斯蒂安，学者，403
Pforta，普福塔，学校所在地，432
Phaedrus，费得鲁斯，罗马寓言作者，作品在学校中，446
Philip Ⅱ，腓力二世，西班牙国王，239，312—313
　　继承物，2，48，209，237
　　婚姻，与葡萄牙的玛丽，239；与玛丽·都铎，157，209，210，237；与瓦卢瓦的伊丽莎白，234，236，239，287；与伊丽莎白一世议婚，211
　　破产，1，14，139，235，275，308；被银行家所左右，297
　　作为天主教的卫护者，8；与特伦托宗教会议，46；50；与教廷，47，257—259，303—304；挫败新教之计划的失败，312
　　文牍工作，141，239，241—242；外交实践，163；在西班牙的统治，237—244，249—251
　　关系，与英格兰，158—159，232，293—294，295；计划入侵英格兰，254，296，299—301，308
　　关系，与帝国，149，394；与殖民地，196，508，509—510，511，533，535；与法国，220，236，288，290，292—295，306，309，与葡萄牙，247—249；与土耳其，252，253，353；与意大利，254—257；
　　离开尼德兰，264；派遣阿尔发到尼德兰，102，229，270；尼德兰政策，268—269，275，276，278，280；尼德兰否认对他的忠顺，99，279
　　参见 Spain 条
Philip Ⅲ，腓力三世，西班牙国王，240，257，321
　　破产，15
　　统治，304，311，312
　　接受詹姆斯一世的和议，309
Philip，腓力，黑森的领主，80，408
Philippine Islands，菲律宾群岛
　　西班牙的征服，507，532
　　由此增援葡萄牙人，543，547，554
　　西班牙在这里的政体，554—556
Philippists (Lutheran sect)，腓力派（路德宗派别），79，81，82
Philosophy，哲学，其发展，441—443
Physicians，医生，475
Physics，物理
　　数学的，471
　　实验的，478
Physiology，生理学，454
Piāle Pasha，比里帕夏，352
Piasecki, Paul，皮亚塞斯基，保罗，

作者，403
Pibrac, Guy du Faur，皮布拉克的领主，居伊·迪·福尔，384
Picardy，皮卡迪，283，301
Picquigny，皮基尼，152
Piedmont，皮埃蒙特，149，202
　法国重得这里的要塞，236
Piedmont-Savoy，皮埃蒙特-萨伏依，154，209，259—260
Pietist movement，虔敬派运动，89
Pigs，生猪，波兰出口，402
Pikemen，矛枪手，在战斗中，150，192，194
Pilgrimage of Grace，格雷斯朝圣者，147
Pinart, Claude，皮纳尔，克劳德，法国国务秘书，147
Pinczów，平丘夫，加尔文宗学院所在地，390，431
Pinkie，平基，战役，112
Pirates，海盗，201，262，352，516，520，543，544
　英国的，269，294，520
　阿尔及利亚的，353，354
Pisa，比萨，医疗学校所在地，473
Pistoleers，手枪骑兵，192，195
Pistols，手枪，189，192
Pitch，沥青，贸易，401，527
Pius Ⅱ，庇护二世（艾伊尼阿斯·西尔维乌·比科罗米尼），教皇，443
Pius Ⅳ，庇护四世（简-安吉罗·德·美第奇），教皇，48，50，62，64
　重新召集特伦托宗教会议，285

与叙利亚的基督徒，549
Pius Ⅴ，庇护五世（米歇尔·吉斯莱乌里），教皇
　改革礼拜仪式，50
　其宣传机构，55
　与卡兰萨，62
　谴责贝乌斯主义，68
　企图挑起英—西战争，160
　神圣同盟，针对土耳其的，252，253，353
Pius Ⅸ，庇护九世，教皇，258
Pizarro, Gonzalo，皮萨罗，贡萨洛，探险家，509，510
Placards，《公告》，在尼德兰针对异端的，265；《公告》事件，法国，481
Plague，瘟疫，在欧洲城市中，23，64，259
Plancius, peter，普兰修斯，彼得，105
Plato，柏拉图，希腊哲学家，作品在学校中，437，442
Pliny，普林尼，罗马自然学者，做为科学权威，452
Plutarch，普卢塔克，希腊传记作者，169，437
Plymouth，普利茅斯，设防，197—198
Pociej，波西耶，主教，389
Podlachia，波德拉谢，377，378
Podolia，波多利耶，377，380，397
Poissy, colloquy of，普瓦西会谈，95，285
Poitiers，普瓦捷，宗教会议，93
Poland，波兰，377—403

经济，17，378—379，397—402；物价，22，280；通货，29；人口，33，377，380；城镇，380—381

天主教，6，59，388—393；新教，59，121，156，390，391，393；索齐尼主义，121，390，488；东正教，381，389—390，391，392，450

贵族，130，147，378，383，386，388，391—392；军队，178，191，397；选举君主制，385—387；教育，450

插手匈牙利战争，362—363；关系，与土耳其，363，382，396；与瑞典，382，393—395，408，411，416—417，426；与俄国，382，384，393—394，402，419

大波兰，377，381，400

小波兰，377

Pole, Reginald，波尔，雷金纳德，枢机主教，在特伦托宗教会议上，45

Polish Brethren，波兰的兄弟会，390

Political thought，政治思想，440，480—506

politiques，政略派

在法国，53，216，279，285，291，293，307，315，316，489

在尼德兰，271，275—276，279

Polotsk（Lithuania），波洛茨克（立陶宛的），393

人口，380

Polydore Vergil，波利多尔·维吉尔，见 Vergil 条

Pomerania，波美拉尼亚，377

Ponet, John，波尼特，约翰，温切斯特主教，98

Pontà Mousson，蓬塔穆松，耶稣会学院所在地，439

Pont de Gresin，蓬德格里辛，在西班牙大道上，317

Pontremoli, Nicodemo da，庞特雷莫利，尼科代莫·达，外事代办，151

Poor, the，穷人

救济，在英格兰，10，176；在波兰，412

流浪，128

Population，人口

增长，5，9，11，32—34，126—128，370，372

在奥斯曼帝国，32，370，372

在米兰，33，256

在波兰，377，380

在瑞典，425

在西属美洲，512

Porcelain，瓷器，中国的，544，554

Portugal，葡萄牙

经济，16，24，247；人口，33；进口武器，191

在西班牙统治下，8，27，55，247，248—249，294；英国人登陆，9

声称帝国内商业垄断，159；葡萄牙帝国，在西班牙统治下，249，508；东方利益（印度公司），532—547；传教工作，547—553

Possevino, Antonio，波塞维诺，安东尼奥，耶稣会士，86

Postulata Polonica，《波兰宣言》384

Potash，钾碱，波兰出口，401

Potosí，波托西，银矿，3，25，40，313，510，511，513，544

Poullain，普兰，加尔文宗逃亡者，100

Pound sterling，英镑，28，29

Poznań，波兹南，378，386，389，400
  人口，380
  波希米亚兄弟会在这里，390

Pragmatic Sanction of Bourges，布尔日国事诏书，51，53

Prague，布拉格
  鲁道夫二世在此，320，325
  寡头政治，323

Prayer-book，祈祷书
  伊丽莎白的，78，107，108，212
  爱德华的，106，107，157

Predestination，得救预定论，教义，69，88，93，116，125
  《教义条款》的评论，83
  被阿明尼乌派否认，105
  剑桥神学家的批评，111—112
  围绕此说的争论，441，484

Pre-emption，先买权，137

Presbyterianism，长老会制度
  在法兰克福，106—107
  在英格兰，110—111
  在苏格兰，117—118

Presidios，要塞，掌握在西班牙手中的
  托斯卡纳的，154，209，261

Prevesa，普雷韦扎，战役，353

'Price revolution'，the，价格革命，3，10，11，20，370

Prices，价格，17—24，32—33，126
  在尼德兰，259，270
  在法国，281，314，315
  在德意志，332，334
  波兰城市中的规定，380
  参见 Inflation 条

Primogeniture，长子继承制，在德意志诸侯领地上，332，334

Principalities，诸侯领地
  帝国的，327，331—337；教会的，52，337—343
  多瑙河流域，362，363，396

Printing-presses，印刷所
  多种语言，传信学院的，55
  与公众舆论，160
  在波兰，386，390，392，398

Privateering，私掠船活动，159，160，201，232，296，309，516—517，520，523，536

Processus confederationis（Poland），《联合审理法》（波兰），393

Propaganda，传教
  在小册子中，279，299
  对殖民地，528

Propaganda College，传信学院，建立，55

Propaganda, Congregation of，传信会议，见 Congregation 条下，

'Prophesyings'，代神发言，被禁止，109—110

Protectors of Huguenot churches in France，法国胡格诺教会的保护人，282，284

Protestantism，新教，44—45，72—125
  其领导，5，8

在特伦托宗教会议上被代表，46
其革命性要旨，125，155—156
在帝国议会中，329
抵制新历法，466
参见 Calvinism 条；Lutheranism 条；Puritanism 条；Socinianism 条等

Provence，普罗旺斯，302，305
输出小麦，37
与意大利诸公爵，260，261，305
胡格诺派，282，290
为天主教同盟所做的声明，302

Prussia，普鲁士，382
粮食生产，36，37
王领（但泽波美拉尼亚），377，381，387
公国，377，381，395—396

Prutenic, Tables, 普鲁坦尼星表，460
Pskov，普斯科夫，400，416
Pstrokoński，普斯特洛康斯基，王国政府大法官，387
Ptolemy，托勒密，亚历山大港的地理学家，452，459，469
Public Safety, Committee of (Paris)，公安委员会（巴黎），305
Puebla Valley，普埃布拉谷地，509
Pueblo, Indians，普韦布洛印第安人，507
Puerto Bello，贝略港，518，522
Puerto Rico，波多黎各，防御工事，522
Puritanism，清教主义，107—111，493
在新英格兰，442
Purveyance，征发权，137
Pyrenees, Peace of the，比利牛斯和约，168

Qaro, Joseph，卡洛，约瑟夫，学者，449
Quadrant，象限仪，467
Quadrivium，四大学科，439
Quart d'écu (coin) 四分之一埃居（钱币），28
Quebec，魁北克，531
Quintilian，昆体良，罗马修辞学家，作品在学校中，435
Quinto (tax)，银税（赋税），296，511
Quitio，基多，王室诉讼法庭所在地，511

Raab，拉布，要塞，361，363
Radom，拉多姆，铁矿，398
Radziwill, Prince Christopher，拉济维乌，克里斯托弗大公，390
Radziwill, Prince Janisz，拉济维乌，贾努斯大公，388
Radziwill, Prince Nicolas，拉济维乌，尼古拉诸侯，125
Radziwill, Mikolaj (The Black), Prince，拉济维乌大公，米科拉伊（忧郁者），390
Radziwill family，拉济维乌家族，399
Ragusa，拉克萨，贸易，370
Rajasinha，拉贾辛哈，王子，546
Rakocin，拉寇辛，阿里乌派宗教会议，391
Raków，拉库夫
阿里乌派学院所在地，390
教义问答，391

索引

Raleigh, Sir Walter, 雷利爵士, 沃尔特, 479, 524
　论战争, 172
　论英国舰船, 204
　远征, 弗吉尼亚, 457, 525—526; 圭亚那, 508, 524, 526, 528
Ramelli, Agostino, 拉梅利, 阿戈斯蒂诺, 论述机械的作者, 455
Ramism, 拉米斯主义, 442, 443
Ramus (Pierre de la Ramée), 拉米斯 (皮埃尔·德·拉·拉米), 96, 439, 442, 447; 著《论辩术》, 437
Randolph, Thomas, 伦道夫, 托马斯, 大使, 224
Rantzau, Daniel, 兰卓, 丹尼尔, 丹麦军事将领, 410
Ratio studiorum (Jesuit), 《理性学习》(耶稣会), 65
Ratisbon, Colloquy of, 雷根斯堡会谈, 73, 155
Rauchfuss (Dasypodius), 劳赫福斯 (达西波迪乌斯), 学者, 436
Ravaillac, François, 拉瓦亚克, 弗朗索瓦, 刺杀亨利四世的人, 318
Real (coin), 里尔 (钱币), 28
Real Presence (of Christ in the eucharist), 真在 (圣餐中的基督), 教义, 47, 79, 81, 85, 107
Reason, 理性, 胡克对此的概念, 496—497
Rebellion, 反抗, 加尔文宗论这种权利, 97, 99, 第十六章
Recorde, Robert, 雷科德, 罗伯特, 数学家, 439, 459, 461

Recusants, 不服从国教者, 在英格兰, 60, 109, 133
Red Book (Swedish Liturgy), 红书 (瑞典祈祷书), 86
Red Sea, 红海, 366, 534, 539, 542, 545
Reformation, the, 宗教改革, 67, 79
　担忧, 60
　效果, 对于大学, 66, 430—431
　其世俗化倾向, 120
　"激进"运动, 123—125, 234
　其政治结果, 在德意志, 129—130; 在帝国, 324
　其政治问题 480—506
Refugees in Amsterdam, 在阿姆斯特丹的逃亡者, 31; 在日内瓦的, 90; 在法兰克福的, 106; 在亚琛的, 345; 定居在帝国边缘地区的, 361
Regensburg, 雷根斯堡
　主教区, 58
　会谈, 156
　帝国议会在此召开, 328
Regiments, 团, 在军队编制中, 184—185
Reichshofrat, 德国枢密院, 330
Reichskammergericht, 德国最高法院, 329—330, 340
Reichstag, 德国议会, 183, 320, 327, 337—338
　结构与权威, 328—329
Reindeer, 驯鹿, 饲养, 420—421
Reinhold, Erasmus, 赖因霍尔德, 伊拉斯谟, 天文学家, 460
reîtres, *reiters* (German cavalry), 德国

骑兵，189，287，288
Religion，宗教
　与政治，8，306—307
　主要关注的，11—12
　与科学（哥白尼），462
　个人意识，480，506
　自然的，486，487
Religion, Wars of，宗教战争，见France条
Religionsfrid，宗教和平，建议（1578年），103
Remonstrants（Arminians），抗议派（阿明尼乌的），105，112，488
Renaissance，文艺复兴，3，404，430，477
Rennenberg, count of，伦内贝格伯爵，297
Repartimiento，Labour，分派制劳工，在西属美洲，512，513，514
Requesens, Don Luis de，雷克森斯，唐·路易·德，米兰总督，259
　在尼德兰任总督，275
Retz, seigneur de，雷茨的领主，司法官，384
Reval，雷瓦克，394，414，416，417
　向瑞典求援，405，407
　被瑞典占领，408，409
Réveille Matin des Français，《法国复兴之始》，98
Revenge，复仇号，其行动，309
Reymers, Nicolas，雷莫斯，尼古拉，天文学家，464
Reynolds, William，雷诺兹，威廉，天主教宣传家，369
Rheims，兰斯，主教区，266

Rheims Bible，兰斯圣经，441
Rheticus（George Joachim），雷蒂库斯（乔治·约阿希姆），460
Rhetoric，修辞学，研究，429，430，431，432，433，447
Rhine, river，莱茵河，100；沿河的西班牙大道，317
　巴拉丁伯爵，327；参见Palatinate, Rhenish条
Rhineland，莱茵兰，319
　加尔文主义，5，8
　输出黄金，24
　"连环"，330
　动乱，337
　教会领地，338
Rhône, river，罗讷河，317
Ribadaneira, Pedro，里巴达奈拉，佩德，论罗耀拉，445
Ribagorza county（Aragon），里瓦戈萨郡（亚拉冈），250
Ricci, Matteo，利玛窦，553
Rice，稻米，贸易，539，541，542
Richelieu，黎塞留，枢机主教，法国政治家，97
Richelieu, river，黎塞留河，531
Riga，里加，393，398
　过境贸易，38，400，405，406，412
　与瑞典，418，421
Riga, Gulf of，里加湾，405
Ríjhove，赖霍夫，其首领，在根特，277，278
Riksdaalder（coin），里吉克斯达耳德（钱币），28
Riksdag，瑞典议会，407，417，422
　与国王，410，415，416，422，424

Rio de Janeiro bay，里约热内卢湾，508

Rio de la Plata，拉普拉塔河，509

Rio Grande，格兰德河，507

Rizzio, David，里齐奥，大卫，玛丽·斯图亚特的秘书，224，226

Roanoke island，罗阿诺克岛，525，526

Robortello, Francesco，罗伯泰洛，弗朗西斯科，学者，445，446

Rocroi，罗克鲁瓦，设防城市，198

Roda, Gerónimo de，罗达，杰罗尼莫·德，西班牙在尼德兰国务会议中的代表，276

Roe, Sir Thomas，罗爵士，托马斯，英国驻伊斯坦布尔大使，376

其美洲远航，526

Roger, count of Sicily，西西里的罗哲尔伯爵，258

Roman Empire，罗马帝国，与其界线一致的天主教与新教的分野，66

Roman Empire, Holy，神圣罗马帝国，见 Empire 条

'Roman months'（tax），"罗马月"（税收），328

Rome，罗马

人口，33

新发现物，50，325，439

尼利在这里的工作，70

古代的军事榜样，187，193

Rondelet, Guillaume，隆德莱，吉约姆，动物学家，453

Ronsard Pierre de，龙沙，皮埃尔·德，诗人，186—187，234

'Rossaeus'（William Reynolds?），"罗骚"（威廉·雷诺兹?），98

Rossi, Azariah dei，罗西，阿扎利亚·戴，学者，449

Roth, Konrad，罗特，康拉德，胡椒贸易合同的签订者，535

Rothmann, Christopher，罗特曼，克里斯托弗，天文学家，460

Rouen，鲁昂

帕尔马解围，9，305，309

胡格诺进入，282，286

建议将英国呢绒贸易中心移于此，288

Rovelasca，洛威拉斯卡，胡椒贸易合同的签订者，535

Rowlands, Richard，罗兰，理查德，天主教宣传家，369

Royal Society，皇家学会，442

Różaniec（Poland），鲁赞耶斯（波兰），379

Rudolf Ⅱ，鲁道夫二世，皇帝，320，321

继位，82，122

精神病，320，345

统治，323，325，362，364，369

与同波兰签订的条约，385，395

Roggiero, Neapolitan，鲁杰罗，尼波利坦，学者，在中国，553

Ruhā（Urfa），鲁哈（乌尔法），373

Ruini, Carlo，鲁伊尼，卡洛，解剖家，472

Ruiz family，鲁伊斯家族，296

Rumeli，鲁美利，其部队，359

Russia，俄罗斯

贸易，17，163，402，405—406，413

天主教代理人在此，369

关系，与波兰，382，384，393—394，402，419；与瑞典，396，411—412，416—417，418—420，423—424

扩张，向南方，355；向东方，556

国内战争，418，419

教育，450

Russia Company，俄罗斯公司，557

Russians, White，白俄罗斯人，381

Ruthenia，罗塞尼亚，377，381

Ruthven, Patrick, baron，鲁思文男爵，帕特里克，珀思的领主，114，225，226

'Rutters (Routiers)，常走的路线，468，558

Rye，裸麦，生产，31，37，398，401，425

Rzeczpospolita (Polish commonwealth)，"共和国"（波兰共和政治），377，385

Sá, Mem de，萨·门·德，巴西总督，508

Sable Island，塞布尔岛，530

Sacramentarianism，圣餐象征论，79，100

Sacraments，圣礼，告解与终傅，特伦托宗教会议与圣礼，47

Sadoleto, Jacopo，萨多莱托，雅各布，威尼斯宗教改革家，263

Safawid，萨非，王朝，波斯，355，356，357

Saguenay, river，萨格奈河，530，531

Ste Aldegonde, Philippe van Marnix, sieur de，圣阿尔德洪德先生，腓力·冯·马尼克斯，104，199

St André, Jacques d'Albon, seigneur de，圣安德烈先生，雅克·达尔邦，死亡，221

St Andrews，圣安德鲁斯，113，218

St Bartholomew，圣巴托罗缪，屠杀，1，8，63，96，274，289—290，391

St Dizier，圣迪济耶，协议，216，217

St Germain, Edict of Pacification of，圣日耳曼和解告示，288

St-Jean-de-Luz，圣-让-德吕兹，27

St Lawrence, river，圣劳伦斯河，530，531

St Mark's, Republic of，圣马可的共和国，见 Venice 条

St Paul's School，圣保罗学校，430，432，433

St Quentin，圣康坦，战役，259，281

St Thomas, Community of (Syrian Christians)，圣托马斯教派（叙利亚的基督徒），

Sainte-Foy，圣福瓦，宗教会议，96，282

Saints，圣者，作为圣者时代的16世纪，70

Sakai (Japan)，堺市（日本），551

Sala，萨拉，银矿，404

Salamanca，萨拉曼卡，大学，66，71，169，432，439

Salazar，萨拉萨尔，主教，554

Sales, St Francis de，塞尔斯，圣弗朗西斯·德，日内瓦主教，63，64

Salic Law，萨利克法典，306

Sallust，萨卢斯特，罗马历史学家，

索引

作品在学校中, 435, 444
Salt, 盐
　贸易, 39, 425, 523
　波兰的矿产, 399
　与英国渔夫, 525
Salta（Argentina）, 萨尔塔（阿根廷）, 508
Saltillo, 萨尔蒂洛, 507
Saltpetre, 硝石, 191
Saluzzo, 萨卢佐, 236, 301, 317
Salzburg, 萨尔茨堡
　大主教区, 323
　牧师公会, 336
Samtzkhé, 萨姆茨基, 公国, 358, 359
Samur, river, 萨穆尔河, 战役, 359
Samurai, 武士, 其中皈依基督教者, 551
San Agustín（Florida）, 圣阿古斯丁（佛罗里达）, 519, 522
St Antonio, cape, 圣安东尼奥角, 518, 522
San Juan del Puerto Rico, 圣胡安-德波多黎各, 522
San Juan de Ulúa, 圣胡安-德乌卢阿, 517, 518, 520
San Lúcar, 圣卢卡尔, 518
San Marco（Calabria）, 圣马可（位于卡拉布里亚）, 主教
San Marcos de Lima, 利马的圣马科斯, 大学, 515
San Thomé（India）, 圣托梅（印度）, 539, 541
Sanchez, Francisco, 桑切斯, 弗朗西斯科, 医生, 443

Sandalwood, 檀香木, 540, 541
Sandomierz, 桑多梅日, 400
　其协议, 121, 391
Sanjak-begi（governors）, 桑雅克贝伊（总督）, 奥斯曼帝国, 348, 350
Sanlúcar de Barrameda, 桑卢卡尔-德巴拉梅达, 这里的商人, 159
Sansovino, Francesco, 桑索维诺, 弗朗西斯科, 论威尼斯的音乐, 262
Santa Cruz, marquis of, 圣克鲁斯侯爵, 海军统帅, 242, 296, 299, 300
Santiago（Cuba）, 圣地亚哥（古巴）, 519
Santiago, Dr, 圣地亚哥博士, 土地委员会, 245—246
Santiago del Estero, 圣地亚哥-德尔埃斯特罗, 508
Santiago Tlatelolco, 圣地亚哥-特拉特洛尔科, 印第安人学院, 515
Santo Domingo, 圣多明各, 519
　被德雷克占领, 521—522
São Jorge da Minha, 圣若热达米纳, 要塞, 24
São Sebastião（Brazil）, 圣塞巴斯蒂昂（巴西）, 508
Sapieha, Lew, 萨皮哈, 卢, 立陶宛大法官, 387, 394
Saragossa, 萨拉戈萨, 这里的宗教裁判所, 251
Saravia, Hadrian à, 萨拉维亚, 哈德良·阿, 教士, 428
Sardinia, 撒丁, 197, 209, 260
Sarpi, Fra Paolo, 萨尔皮, 保罗修士, 263

Sarukhan, 萨鲁汗, 374
Sassetti, 萨塞蒂, 在印度的代理人, 536
Satsuma clan, 萨摩部族, 552
Sava, river, 萨瓦河, 361
Savoy, 萨伏依, 149, 292, 317
Savoy-Piedmont, 萨伏依-皮埃蒙特, 154, 209, 259—260
Sawmills, 锯木场, 在波兰, 400
Saxony, 萨克森领地
 境内的银矿, 24
  选帝侯的, 75, 80, 327, 329, 333, 337, 339; "私人顾问", 331
  公爵的, 80, 332, 338
  其教会的信纲, 121
Saxony, Maurice of, 萨克森的莫里斯, 见 Maurice, elector of Saxony 条
Saxton, Christopher, 萨克斯顿, 克里斯托弗, 绘图师, 471
Scaliger, Joseph, 斯卡利杰, 约瑟夫, 历史学家, 445, 446, 447, 448
Scandinavia, 斯堪的纳维亚, 7, 8, 404—426
 经济, 17
 人口, 33
 异教与基督教, 57
 宗教变化, 84, 85—89, 389
 教育, 450
 参见 Danmark, Norway, Sweden 条
Scapula, 斯卡普拉, 他的《字典》, 437
Schade, 沙德, 教育家, 434—435
Scheldt, river, 斯海尔德河, 199, 295, 312

封锁, 296, 534
Schenck, 申克, 宗教改革家, 74
Schleswig-Holstein, 石勒苏益格-荷尔斯泰因, 肉乳生产, 38
Schmalkaldic League, 施马尔卡尔登同盟, 60, 75
Schmalkaldic Wars, 施马尔卡尔登战争, 47, 155, 533
Scholasticism, 经院哲学, 66, 441, 442
Schools, 学校
 耶稣会的, 65, 389
 军事的, 174
 宫内的（伊斯坦布尔）, 348
 地方语言的, 427—429
 语法, 427, 429—438, 450
 教区的（苏格兰）, 450
 在印度, 548
Schutters (citizen guards in Netherlands), 民兵（尼德兰的市民武装）, 273, 274
Schwendi, Lazarus von, 施文迪, 拉扎鲁斯·冯, 军事著作者, 173, 183, 200, 201 注
Science, 科学, 439, 453—479
 进展的限度, 11, 12
 在佛罗伦萨, 261
 参见具体科目
Scotland, 苏格兰, 210—231, 334, 408
 加尔文宗, 12, 88, 106—107, 112—120, 156
 天主教, 60, 113, 116, 216—217, 218
 贵族, 113, 115, 132

同英格兰的关系，2，210，214—
215，219—220，221—226，
230—233

1559年革命，114—115，212—
213，215—216

教育，427，450

Scots，苏格兰人，在波兰，381

Sea Beggars，海上乞丐，见 Beggars 条

Sebastian，塞巴斯蒂安，葡萄牙国王，
其摩洛哥十字军，181，247

放弃香料垄断，534

组织印度公司，535

Secretary of State，国务秘书，职务
其普遍出现，141，147

家内保有，142

西班牙此职的重要性，242

Secymin，塞西明，加尔文宗的学院的
所在地，390

Segna (Dalmatia)，塞哥纳（达尔马
提亚），352

Segovia，塞哥维亚，纺织业，26，38，
39

Seine valley，塞纳河地区，黄金输
出，24

Sejm (Polish parliament)，波兰议会，
130；进一步参考 parliaments 条下

Selden, John，塞尔登，约翰，法学
家，168，169

Selīm Ⅱ，谢里姆二世，土耳其苏丹，
352—353，372，535

Selnecker, Nikolaus，泽尔内克尔，尼
古劳斯，84

Seminaries，神学院，建立，64—65，
69；在果阿，548

Sena (Africa)，塞纳（非洲），539

Senate (Poland)，参议院（波兰），
见 Parliaments 条下

Seneca，塞内加，罗马政治家及作
者，447

Separatists，脱离国教者，111，124，
492

Sepúlveda, Juan Ginez de，西普尔韦
达，胡安·吉尼斯·德，人文主
义者，510，514

Serfdom，劳役制
在皮埃蒙特-萨伏依，260

偿付债务，在西属殖民地，514，
555

Servetus, Michael (Miguel Serveto)，
塞尔维特，米歇尔
被施火刑，89，155，482，487

异端观点，125，482

Settsu (Japan)，摄津（日本），551

Setubal，塞图巴尔，39

Seven Years War of the North (1563—
1570年)，北方七年战争
(1563—1570年)，269，409—
411

Seville，塞维利亚，16
输入金银块，25—26，30

人口，34

过境贸易的流动，40，41，159，517

路德宗信徒在此，244

Seymour, Edward，西摩·爱德华，见
Somerset, duke of 条

Seyssel, Claude de，西塞尔，克劳
德·德，134，504

Sforza, Bona，斯福察，宝娜，米兰
的，412—413

Shahrazūr (Kurdistan)，沙拉祖尔（库

尔德斯坦），360
Shakespeare, William, 莎士比亚, 威
　廉, 剧作家, 13
　被征引, 4, 172, 173, 176, 178
　确定哈姆雷特的地点, 420, 421
Shamakhi, 沙马基, 358, 359, 375
sharī'a (sacred law of Islam), 沙利阿
　（伊基兰圣法）, 350, 352
Sheep, 羊
　对其征税, 在西班牙, 140
　饲养, 400, 513
Sherley, Antony, 雪利, 安东尼, 赴
　波斯使者, 374—375
Sherley, Robert, 雪利, 罗伯特, 赴
　波斯使者, 375
's Hertogenbosch, 斯海尔托亨博斯,
　起义, 277
Sherwan, 希尔凡, 557
Shimazu, 岛津, 日本军事贵族, 550
Shipbuilding, 造船, 205
　西班牙, 249; 尼德兰, 269; 哈瓦
　那, 519; 印度, 537
Ships, 舰船
　数量与吨位的增长, 40—42
　海军的, 202, 203, 205
　西班牙的, 527
　葡萄牙的, 536
Shirvān, 希尔凡, 357, 359, 360
Shoonbeke, Gillebert von, 舒恩比克,
　吉尔伯特·冯签订契约者, 198
Siam, 暹罗, 544, 547, 557
Siberia, 西伯利亚, 556
Sichem, 西舍, 守军被屠杀, 207
Sicily, 西西里
　防御工事, 197

在西班牙统治下, 209, 238, 253,
　254—255
　主宰权在这里, 258
Sidney, Sir Philip, 西德尼爵士, 菲利
　普, 军人及诗人, 177
Siegecraft, 攻城术, 198—200, 365
Sieges, 围攻, 对此后投降城市的处
　置, 207
Siena, 锡耶纳
　饥荒, 23
　被佛罗伦萨征服, 261
Siewiński, Jacob, 塞尼恩斯基, 雅各
　布, 392
Siewier, 锡维尔, 立陶宛要求主权,
　393
Sigismund II (Augustus), 西吉斯孟二
　世（奥古斯都）, 波兰国王, 377
　其统治, 59, 121, 382, 397, 407
Sigismund III (Vasa), 西吉斯孟三世
　（瓦萨）, 波兰国王, 382, 402
　加冕为瑞典国王, 但起了誓, 4,
　87—88, 414, 415—416
　统治时期的宗教, 59, 389, 392
　在波兰统治, 383—388
　与哈布斯堡家族, 394—395
　与普鲁士, 395—396
Sigismund Bathory, 西吉斯孟·巴托
　里, 特兰西瓦尼亚大公
Signory (Signoria) (Venice), 国务议
　事会（威尼斯）, 157, 352, 353
Sigonio, Carlo, 西戈尼奥, 卡洛, 学
　者, 445
Sikhs, 锡克族人, 96
Silesia, 西里西亚, 319
Silk, 丝绸

索引

做为地位之象征，128
对其征税，西班牙，245
意大利的，254，262
波斯的，366，540，556，557
中国的，540，544，554
Silva, Ruy Gómez de，西尔瓦，吕伊；戈麦斯·德，埃博利亲王，162，243，250，271
Silver，白银
　美洲输出，3，9，10，18，25—26，30，257，275，296，308，313，507，511，516，517，544
　在与中国的贸易中，17，544
　铸币，24，27
　德意志矿区中输出，24，25，26，27，39，533
　走私，27—28，249
　蒂罗尔输出，321
　在奥斯曼帝国中，370
　波兰输出，399
　瑞典输出，404
　日本输出，544
　参见 Potosí 条
Simeoni, Gabriele，西莫尼，加布里埃尔，作者，181
Simons, Menno，西门，门诺，再洗礼派，123—124
Sinān Pasha，锡南帕夏，358，360
　在久尔久被击溃，363
Sinān Pasha，锡南帕夏，西加拉-扎德，360，373，375
Sipāhīs (Turkish feudal horsemen)，西帕希（土耳其封建骑兵），348—349，350，358
　他们中的骚动，365，372，373

Sipāhīs of the Porte (household troops of the sultan)，波尔特的西帕希（苏丹王室部队），347，348，358
　哗变，371
Sisak，锡萨克，围攻和战役，360
Sitvatorok，齐特瓦托罗克，见 Zsitva-Torok 条
Sivas (Ottoman empire)，锡瓦斯（奥斯曼帝国），358，373
Sixteen (committee of Catholic league)，十六人委员会（天主教同盟的委员会），302—303，305
Sixtus IV (Francesco della Rovere)，西克斯特斯四世（弗朗西斯科·德拉·罗韦尔），教皇，与西班牙宗教裁判所，61—62
Sixtus V (Felix Peretti)，西克斯特斯五世（菲利克斯·佩雷蒂），教皇，160，263，303—304
Skagerack，斯卡格拉克，409，423，425
Skåne，斯科讷，省区，406，407
Skarga, Peter，斯卡尔加，彼得，维尔诺教长，389，403
Skattmästare，国务大臣，官职（瑞典的），423
Slaves，奴隶
　在美洲，508，512
　贸易，516，517，539，547
　保卫印度公司，537
　阿比西尼亚的，540
Slavs，斯拉夫人
　在帝国中，327
　在奥斯曼帝国中，347，361

Sleidan, Johann, 斯莱丹, 约翰, 律师, 444
Smallpox, 天花
  伊丽莎白一世患染, 221
  流行性的, 在西属美洲, 512
Smith, John, 史密斯, 约翰, 殖民者, 529
Smith, Sir Thomas, 史密斯爵士, 托马斯, 学者及国事活动家, 445
Smolensk, 斯摩棱斯克, 393, 394
  波兰人围攻, 419
Smuggling, 走私, 136, 540, 544
  从西班牙走私金银, 27—28, 249
  走私枪炮, 191
  在加勒比地区, 517, 523
Smythe, Mr Customer, 史密斯先生, 卡斯特莫, 关税承包者, 141
Smythe, Sir Thomas, 史密斯爵士, 托马斯, 商人, 429
Social services, 社会服务, 127—128
Society of Jesus, 耶稣会, 见 Jesuits 条
Socinianism, 索齐尼主义, 125, 441, 484—485
  在波兰, 121, 390, 488
Socinus, 索齐努斯, 见 Sozzini 条
Söderköping, 南雪平, 瑞典议会召开于此, 415
Sofala, 索法拉, 539
Solida Declaratio, 《明信详解》, 83
Solor (Indonesia), 索洛 (印度尼西亚), 541
Solway Moss, 索尔韦—莫斯, 战役, 210
Sombrete (Mexico), 索姆布列特 (墨西哥), 银矿所在地, 25
Somerset, Edward Seymour, duke of, 萨莫塞特公爵, 爱德华·西摩, 摄政王, 2
  平基战役, 112
Soranzo, Lazaro, 索兰佐, 拉扎罗, 《奥斯曼帝国》的作者, 362
Sorbonne, 神学院
  作为教义的权威, 53
  谴责亨利三世, 302
Sores, Jacques, 索利, 雅克, 劫掠哈瓦那, 516, 522
Soto, Dominic, 索托, 多米尼克, 学者, 66, 67
Sound, the (Denmark), 松德海峡 (丹麦)
  过境贸易的流动, 40—41, 401, 405, 413, 533
  封锁, 269
  丹麦的控制, 407, 408, 409, 420, 424
  过境税的改变, 411
Sovereignty, 主权
  人民的, 原则, 98—99
  君主的, 在英格兰凌驾于教会之上, 110, 493
  对新世界的, 159
  国家的, 169, 170, 481, 490, 491, 497
  其责任, 501
Sozzini, Fausto (Socinus), 索齐尼, 弗斯都 (索齐努斯), 神学家, 441, 483, 484—485
Sozzini, Lelio, 索齐尼, 莱利奥, 弗齐尼主义的创立者, 125, 488
Spain, 西班牙, 234—318

破产，1，15，139，235，275，308；需要金银，9，10，25—26，275，296，308，313，511，516，544；经济，15，16，26—28，42，126，129，297，312；通货，30；人口，33；工业，38，39；赋税，136，137，138—139，140，147，245，275

宗教裁判所，23，61—63，71，157，232，243，244，245；埃拉斯都主义的倾向，48，54，55；与特伦托宗教会议，46，54；宗教歧异，59，60；宗教教育，65

社会，128，313；出售职衔，143；国内政治，242—247；大学，450

军队，183—185，193，238，246，275，280，305；进口枪炮，191；海军（地中海的），252，353；海军（大西洋的）见 Armada；与土耳其的战争，236—237，245，251—253，313，353—354，534，535

关系，与法国，6，7，159—160，209，220，232，236，279，288—290，292，294—295，307，309，337；与英格兰，158—159，209—212，232，293—294，299—301，308—309，317；与爱尔兰，309；与教廷，47，62，160，257—259，294，303—305

统治，在葡萄牙，8，27，55，247，248—249，294；在尼德兰，8—9，99—103，137，235，239—241，250，264—281；在意大利，238，240，253—263

殖民地，在美洲，17，196，237，507—523；在菲律宾，532，554—556；与葡萄牙同在东印度，533，543，547，554；对香料群岛提出要求，553

参见 Philip Ⅱ 条

Spanish Road, the, 西班牙大道, 209, 229, 287, 317, 337

Spanmueller (Pontanus), 斯潘麦勒（蓬塔努斯），耶稣会教士, 435

Speckle, Daniel, 斯佩克尔，丹尼尔，军事著作者, 196

Speculation, 投机
  在土地上, 524
  在香料上, 534

Speier, 施派尔
  帝国法院所在地, 329
  这里的主教, 334

Spice Islands, 香料群岛, 554, 558
  这里的基督徒社团, 550
  参见 Molucca Islands 条, Ternate 条

Spices, 香料, 贸易, 262, 263, 311, 532—535, 540—543, 557

Spinelly, Sir Thomas, 斯皮内利爵士，托马斯，外事代办, 153

Spinola, Ambrogio, 斯皮诺拉，安布罗吉奥，总司令, 240, 257, 310, 312

Spinola family, 斯皮诺拉家族, 296

Stadnicki, Stanislaw, 斯塔德尼基，斯塔尼斯拉夫，波兰军官

Stahremberg family, 斯塔勒姆贝格家族, 324

Stahremberg Gotthard von, 斯塔勒姆贝格，戈特哈尔德·冯, 326

Stancari Francesco, 斯坦卡利, 弗朗西斯科, 学者, 448

Stångebro, 斯坦吉布罗, 战役, 88

Staper, Richard, 斯特珀, 理查德, 商人, 367

Stapleton, Thomas, 斯特普尔顿, 托马斯, 天主教宣传家, 369

Star Chamber, Court of, 星法院, 167

State, the, 国家

 与教会, 12, 51—53, 60—61, 105, 155, 258—259, 307, 480—506

 民族主义的发展, 122, 307

 主权, 169, 170, 481, 490, 491, 497

 世俗理论, 500

States General (France), 三级会议 (法国), 见 Estates General 条

States General (Netherlands), 三级会议 (尼德兰)

 与腓力二世, 101, 102, 268, 279

 与唐·约翰, 103, 276

 与赋税, 264, 267, 268, 272, 278, 284

States General (United Provinces), 三级会议 (联省共和国), 105, 162, 297, 299, 558

 与加尔文宗信纲, 104; 与阿明尼乌派, 105

States General (Southern Netherlands), 三级会议 (尼德兰南部), 311

Statutes, 法令, 见 Acts of Parliament 条

Stephen Bathory, 斯蒂芬·巴托里, 波兰国王, 382, 402, 411

 统治期间的宗教, 59, 392, 393

 其统治, 383, 384, 386—387, 397, 399

 关系, 与霍亨索伦家族, 395; 与土耳其, 396; 与英格兰, 401

Stettin, 什切青

 和约, 410—411

Stevin, Simon, 斯蒂文, 西蒙, 数学家, 179, 196, 449, 458, 468, 471

Stewart, Lord James, 斯图尔特领主, 詹姆斯, 见 Moray, earl of 条

Stifel, Michael, 施蒂费尔, 米夏埃尔, 数学家, 458

Stirling, 斯特灵, 114, 217

Stockholm, 斯德哥尔摩

 耶稣会进入, 86

 丹麦人进攻, 423

Stockholm archipelago, 斯德哥尔摩群岛, 415

Stolbova, 斯托尔博沃, 和约, 424

Stora Kopparberg, 大科帕尔贝里, 铜矿, 412, 424

Stow, John, 斯托, 约翰, 古物专家, 23, 444

Straelen, Anthony van, 斯特利兰, 安东尼·范, 银行家, 264

Strassburg, 斯特拉斯堡

 加尔文宗在此, 100, 120

 教区, 343

 学校, 431, 432, 433

Strategy, 战略

 军事的, 200—201

 海军的, 206

Strigel, Victor, 施特里格尔, 维克特, 耶拿的教授, 80

Strogonov family，斯特罗加诺夫家族，556
Stryjkowski，斯特里耶科夫斯基，历史学家，403
Stuhlweissenburg，施图尔韦森堡，要塞，361，364
Stukely, Thomas，斯蒂克利，托马斯，军人，181
Sture family，斯图勒家族，410
Sturm, John，斯图谟，约翰，教育家，431，432，442
Styria，施蒂里亚，省区，319，321
　新教进入，325
　岁人，361
Suárez, Francisco，苏亚雷斯，弗朗西斯科，神学家及哲学家，55，66，67，68，441，449，498
Suchten, Alexander von，苏科顿，亚历山大·冯医学作者，474
Suda (Crete)，苏达（克里特），353
Suez，苏伊士，366
Sugar，糖，贸易，508，515，517，540
Sukhum，苏呼米，土耳其人在此，358
Sulaimān I (the Magnificent, the Lawgiver)，苏莱曼一世（大帝，立法者），土耳其苏丹，163，322
　波斯战争，355，356
Sully, Maximilien, duke of，苏利公爵，马克西米连，306
　财政改革，129，314，316
　建立军事学校，174
　一次宽恕，207—208

Sultan of Turkey，土耳其苏丹
　王室，347—350
　本质的衰落，351—352
　作为穆斯林的保护者，355—356
　与神圣罗马帝国皇帝的地位拉平，365
Sulu island，苏禄岛，547
Sumatra，苏门答腊，541，542
Sunda straits，巽他海峡，558
Sunni (orthodox Muslims)，逊尼派（正统穆斯林），352，355，356
Superintendents，监督
　在苏格兰教会中，117
　在匈牙利教会中，121
Suprema，最高委员会，西班牙宗教裁判所的会议，62
Supremacy，至尊地位，王室的，凌驾于英格兰教会之上，
　与伊丽莎白，108，110，111，212，491，495
　与詹姆斯一世，118
Surat，苏拉特，545
　围攻，549
Surgery，外科，454，474—475
Surveying，测量学，453
Sussex, Thomas Radcliff, earl of，苏塞克斯伯爵，托马斯·拉德克利夫，230
Sutcliffe, Matthew，萨克利夫，马修，军事作者，173，204
Sutherland, John Gordon, earl of，萨瑟兰伯爵，约翰·戈登，216，218
Swabia，士瓦本
　哈布斯堡家族在这里的世袭财

产, 319
"连环", 330
Swabian Concord,《士瓦本协议》, 83
Sweden, 瑞典, 404—426
　经济, 129, 412, 425—426; 行政管理, 147, 422, 425—426; 出口, 404, 426; 贵族, 407, 410, 414, 416, 422, 425—426; 人口, 425
　宗教, 60, 86—88
　军队, 178, 183, 185, 407, 410; 进口枪炮, 191; 去往别国的雇佣兵, 287
　与丹麦的战争, 269, 408—411, 420—423, 425; 为埃尔夫堡偿付赎金, 411, 423, 424
　关系, 与波兰, 382, 393—395, 408, 411, 416—417, 426; 与俄国, 396, 411—413, 416—417, 418—420, 423—424
Switzerland, 瑞士
　激进的宗教在这里, 59, 78, 81; 对尼德兰的影响, 100
　出售职衔, 143
　投枪手, 150, 192
　去往别国的雇佣兵, 在法国服役, 192, 287, 301
　西班牙大道通过这里, 317
　教育与学术, 450, 451
Sword blades, 剑刃, 英国出口, 368
Synergism, 协作主义, 74, 79
Synods, 宗教会议, 391, 415
　加尔文宗的, 93—94, 96, 101, 105, 117, 156
　天主教的, 在波兰, 389; 东正教的, 390
Syphilis, 梅毒, 474
Syriam, 沙廉, 539, 547
Syrian Christians, 叙利亚的基督徒, 在印度, 549
Szamotulski, Wacław, 萨莫杜尔斯基, 瓦茨拉夫, 音乐家, 403
Szárogród, 萨罗格罗德, 这里的宗教自由, 392
Szikso, 锡克索, 在帝国边境上, 360
Szyszkowski, 齐兹科夫斯基, 主教, 387

Tabriz, 大不里士, 357, 358, 359
　割让给苏丹, 360
　沙收回, 375
Tacitus, 塔西佗, 罗马历史学家, 444
Tactics, 战术
　研究, 193—195
　海军的, 204—205
Tadoussac (Canada), 塔杜萨克 (加拿大), 530, 531
Tagus, river, 塔古斯河, 被封锁, 535
Tahmāsp, 塔赫马斯普, 波斯的沙, 357, 557
Taille (tax), 人头税 (税收), 138, 294, 307, 314
Taler (coin), 塔勒 (钱币), 24
Tallow, 牛脂, 贸易, 405, 514, 556
Talmud, 犹太法典, 研究, 449
Tapestries, 挂毯, 波兰的, 399
Tar, 柏油, 贸易, 401, 406
Tarducci, A., 塔都希, A., 军事作者, 365

索　引

Tartaglia, Niccolò, 塔尔塔利亚, 尼科洛, 数学家, 453, 471
Tartars, the, 鞑靼人, 359, 396
　入侵波兰, 178, 397
　被俄国征服, 556
Tasso, Torquato, 塔索, 托卡托, 诗人, 66
Tausendschön, 陶森茨舒恩, 预言家, 81
Tavannes, Jean, de, 塔瓦纳, 让·德, 天主教同盟的, 306
Taxation, 赋税, 散见于, 126—148
　英格兰, 134—137, 143—144, 148
　法国, 134, 135, 136, 137—138, 142—143, 281, 284, 294, 314, 316
　西班牙, 136, 137—139, 140, 147, 235, 245, 246, 275, 312; 对教士征税, 129, 259
　意大利, 254, 255, 256, 260, 261
　教皇有关训谕, 258
　尼德兰, 264, 267, 268, 271—272, 275, 278
　帝国, 328; 为同土耳其作战, 322, 323, 324, 329
　奥斯曼帝国, 372, 373
　波兰, 387, 388
　瑞典, 424
　银税, 在西属美洲, 511
Tea, 茶叶, 402
Telescope, 望远镜, 449
Telesio, Bernardino, 特勒肖, 贝纳迪诺, 443
Temesvár, 泰梅什堡, 要塞, 361
Tenasserim, 德林达依, 541

Tenth Penny tax of Alba, 阿尔发的什一钱税, 271—272, 275
Terraki (land allocations to sipāhī), 增补地（分予西帕希的土地）, 349, 350
Tercio, 团队, 在西班牙军队中, 184—185, 192, 193, 238
Terek, river, 捷列克河, 355, 359
Terence, 泰伦提乌斯, 罗马剧作家, 作品在学校中, 435
Teresa, St (of Avila), 圣德肋撒（阿维拉的）, 54, 70—71, 445
Terlecki, 特尔勒基, 主教, 389
Ternate, 德那地, 541, 542, 543, 547
Terranova, Charles de Aragon, duke of, 特兰诺瓦公爵, 查尔斯·德·阿拉贡, 米兰总督, 240
Terror, 恐怖
　做为阿尔发的政策, 207, 274, 275, 310; 帕尔马的政策, 207; 乞丐党某些领导人的政策, 274
　西班牙宗教裁判所造成的, 266
　在法国宗教战争中, 286
　天主教同盟在巴黎的, 302
Teston (coin), 退斯通（钱币）, 28
Teusina, 条西纳, 和约, 416, 418, 419
Teutonic Order, 条顿骑士团, 405, 408, 409
Textiles, 纺织品, 38—41
　参见 cloth, silk 等条
Theodore, 费奥多尔, 沙皇鲍里斯之子, 418
Theodore, 费奥多尔, 俄国沙皇, 418

Theology，神学
　　研究，12，429—430，438—439
　　对教士进行神学训练，49，65
　　在西班牙的复兴，55，67
　　在大学中的主导地位，430，451
　　有关著作，440—441
Theophrastus，泰奥弗拉斯托斯，希腊作者，472
Thirty Years War, the，三十年战争，9，16
Thomar，托马尔，议会，248
Thomas Aquinas, St，圣托马斯·阿奎那，481，497，498
Thomists，托马斯主义者，68
Throckmorton, Sir Nicholas，思罗克莫顿爵士，尼古拉，大使，162，214，223，226
Thuanus（Jacques-Auguste de Thou），杜阿努斯（雅克-奥古斯特·德·图），历史学家，384
Thucydides，修昔底德，希腊历史学家，作品在学校中，437
Tidore，蒂多雷，537
　　与德那地的竞争，543，547
Tierra Firme，铁拉菲尔梅，521
Tiflis，第比利斯，358，359，375
Tilbury，蒂尔伯里，在此检阅部队，117
Tīmār（fief），提马尔（采邑），349，350，372
Timber，木材，贸易，401，406，411，527
Timor，帝汶，541
Tin，锡，生产，39
　　英国的，40，136，368

马来亚的，541
Tintoretto, Jacopo Robusti，丁托列托，雅各布·罗布斯蒂，画家，262
Titian（Tiziano Vecelli），提香（提兹阿诺·维切利），画家，13，262
Tlaxcala，特拉斯卡拉，那里的主教，56
Tobacco，烟草，523，526，527，530
Toledo，托莱多，其纺织品，27，39
Toledo, Francisco de，托莱多，弗朗西斯科·德，新西班牙总督，510，513
Toledo García de，托莱多，加尔西亚·德，西西里副王，242，252
Toleration, religious，宗教宽容，与政治思想，480—506
　　确保宽容的问题，10
　　在乌得勒支同盟，31
　　反对，122，235
　　奥兰治的威廉所主张的，267，274，277，280
　　蒙莫朗西·当维耶在朗格多克实行的，291
　　南特敕令，314
　　匈牙利对新教徒实行的，323
　　在波兰，391—393
　　参见 Huguenots 条下
Tomanis，托马尼斯，359
Tomicki family，托米基家族，390
Tomsk，托木斯克，556
Topazes（Indian Christians），托帕斯（印度基督徒），537
Tordesillas，托德西利亚斯，条约，159
Torgau，托尔高

条款，82

教义，83

联盟，333

Torquemada, Tomás de, 托尔克马达，托马斯·德，宗教裁判总监，62

Toruń, 托伦, 393, 400

   人口，380

   路德宗学院所在地，390

   宗教会议，391

Toul, 图勒, 诸侯—主教领地，149, 154, 209, 327, 334, 343

Toulouse, 图卢兹, 27

   加尔文主义在这里，282

   宣布支持天主教同盟，302

Tournai, 图尔奈, 加尔文宗教会在此，101

Tours, 图尔, 加尔文宗教会在此, 92, 286

Trade, 贸易, 31—43

   发展，5, 10

   利润的增长，22

   与海上战争，205

   根据"万民法"，无处不自由，159—160

   为贸易进行教育，428

   非法的，见 Smuggling 条

   对贸易征税，见 Customs duties 条

   参见具体国家及货物

Trades-routes, 商路

   从印度，366

   穿过欧洲，400

   在西印度，518

Transhumance, 游牧，在西属美洲，513

Transoxania, 特兰索萨尼亚，此地的土耳其人，355, 356, 360, 374

Transport, 运输, 32, 400—401

Transubstantiation, 变体说, 教义, 见 Eucharist 条下

Transylvania, 特兰西瓦尼亚, 319, 322, 396

   索齐尼主义在这里, 121, 488

   与奥地利一同反对土耳其, 362, 363

   重新归顺苏丹, 363, 364

Trautmannsdorf family, 特劳特曼斯多夫家族, 324

Travel, 旅行, 文学的反映, 445, 456—457

Treason, 叛国罪

   异端即为, 12, 60, 480, 481, 492

   与信仰之敌谈判即为, 156

Trebizond, 特拉布宗, 358

Tremellio, Emmanuel, 特雷梅里奥, 埃马纽埃尔, 学者, 448

Trent, 特伦托, 宗教会议, 11, 44—50, 285

   斐迪南在会议上的使者, 47, 51, 324

   对会议改革的反应, 在德意志, 52—54, 341; 在法国, 52—54; 在西班牙, 54; 在意大利, 256, 258

   保留宗教法庭, 61

   会上的新教徒, 77

   与教皇的最高地位, 155, 445

   明确教义与异端, 234

   与卡兰萨, 258

   与圣餐, 441

   与圣经, 462

   与主教权威, 515

Trestrillo（Mexico），特雷斯特里罗，
    银矿所在地，25
Trier，特里尔，152
    这里的大主教，做为选帝侯，
    327，338
Trinidad，特立尼达，508
Tripoli，的黎波里，属于土耳其，
    252，354
Troyes，特鲁瓦，条约，221
Truchsess，Otto，特鲁赫泽斯，奥托，
    枢机主教，342
Truchsess von Waldburg Gebhard，特鲁
    赫泽斯·冯·瓦尔德堡，格布哈
    德，科隆大主教，342，343
Tübingen，蒂宾根，大学，66，82
Tunis，突尼斯
    土耳其的占领，202，253，354
    臣属西班牙的国王，252
Tunnage and poundage，吨税和镑税，
    136，137
Turcomans，土库曼人，在波斯，
    357—358，374
Turin，都灵，美术馆所在地，174
Turkey，Turks，土耳其，土耳其人，
    见 Ottoman empire 条
Turnebus，Adrien，蒂尔内布，阿德
    良，教授，446
Tuscany，托斯卡纳，154，261
    此地的大公，535
Twelve Years Truce，十二年停战协定，
    西班牙与联省共和国之间，15，
    105，312，317
Tyard，Pontus de，蒂亚尔，本都·
    德，学者，460
Tycho Brache，第谷·布拉赫，天文学

家，454，462—465
    与皇帝鲁道夫，320
    作为炼金术士，476—477
Tyndale，William，廷代尔，威廉，路
    德宗信徒，98
Tyrannicide，诛杀独裁者的人，503
Tyrol，蒂罗尔，省区，319，321，333
    新教徒在此，324，325
Tyrone，Hugh O'Neill，earl of，蒂龙
    伯爵，休·奥尼尔，309

Ukraine，乌克兰，377，378，380，
    387，397，401
    教会的合并，59—60
    学者们，441
'ulemā（Muslim theologians and ju-
    rists），乌利马（穆斯林神学家与
    法学家），350，356
Ulm，乌尔姆，天主教徒被挤走，345
Uluj'Ali Pasha，乌卢杰·阿里帕夏，
    阿尔及尔国王，252，253，352，
    354，359
Unemployment，失业，128
    贵族与缙绅，3
    在安特卫普，269
    与殖民，527
Uniat patriach，东西方联合教会大教
    长，549
Unitarians，一位论派，480，488
United Provinces（North Netherlands），
    联省共和国（尼德兰北方），162
    经济，15，31，43，191，208；接
    受西班牙的白银，28
    作为避难所，31；此处的宗教，59，
    104—106

索 引

拒绝忠于腓力二世，99，279；战役，279—280；提供王位，294；与莱斯特，297—299；加入1596年的三方联盟中，308；继承，310—311；与西班牙订立十二年停战协定，15，105，312，317

贸易，在尼德兰与敌人进行，298，311；与波罗的海，401，406，412；地图生意，456，466；与美洲，523，531；与亚洲，557—558

Universities，大学，11，12，429—431，438—449，450—451

与天主教复兴，66—67，69

在波兰，378

在西属美洲，515

参见有大学的城市名

Unna, river，乌纳河，361

Uppsala，乌普萨拉

教士的会议所在地，87

争论，88

宗教会议，415

Uraniborg，天文堡，463，479

Urban Ⅱ，乌尔班二世，教皇，258

Urban Ⅶ（Castagna），乌尔班七世（卡斯塔尼亚），教皇，304

Urban Ⅷ，乌尔班八世，教皇，55

Urdiñola, Francisco de，乌迪诺拉，弗朗西斯科·德，征服者，507

Ushant，乌尚特，158

Uskoks（Dalmatian corsairs），乌斯科克（达尔马提亚的海盗），352

Ustājlū，乌斯达支鲁，土库曼部落，357

Usuki，臼杵，耶稣会在这里的皈依者，551

Utraquists，饼酒同领派，323

Utrecht，乌得勒支，省区，279，297，299

同盟，6，31，103，279，281，294

莱斯特在这里，298

Uzbeg Turks，乌兹别克土耳其人，355，356，360

侵入波斯，374

Vacca，瓦卡，古物专家，448

Vacuum，真空，其概念，471

Val de chézery，谢兹里谷地，在西班牙大道上，317

Valdés, Fernando de，巴尔德斯，费尔南多·德，宗教裁判所总监，62

Valdés, Juan de，巴尔德斯，胡安·德，与信仰条款，125

Valencia，巴伦西亚，128，240

摩里斯科人，246，249

Valenciennes，瓦朗谢讷，101，288

Valentia, Gregorius de，瓦伦蒂亚，格里高利乌斯·德，神学家，173

'Valentine, Basil'，瓦伦廷，巴西尔，474

Valignano, Alessandro，瓦利纳尼，亚历山德罗，耶稣会巡视员，549，551—552

Valla, Lorenzo，瓦拉，洛伦佐，人文主义者，436

Valladolid，巴利亚多利德，157，510

大学，66

"路德派分子"，244

葡萄牙议会在此，533

Valois, House of, 瓦卢瓦家族, 3, 132, 210, 233
　与哈布斯堡家族的斗争, 150, 236
Valtelline, 瓦尔泰利纳, 与西班牙, 317
Van, Lake, 凡湖, 地区, 355, 357, 375
Van, Caeden, 冯·凯登, 商人, 558
Van Dyck, Antony, 凡·戴克, 安东尼, 画家, 257
Van Neck, 范·尼克, 商人, 558
Vandenbyssche, Alexandre, 范登比斯克, 亚历山大, 军事著作者, 178
Varaǎdin, 瓦拉日丁, 要塞, 363
Varchi, Benedetto, 瓦尔基, 贝内蒂托, 佛罗伦萨历史学家, 261
Vasa family, 瓦萨家族, 7, 410
Vasari, Giorgio, 瓦萨里, 乔尔乔, 著《意大利杰出建筑师、画家和雕塑家传》, 445
Vasquez, Gabriel, 巴斯克斯, 加夫列尔, 学者, 66, 67
Vassy, 瓦西镇, 屠杀, 58, 95, 220, 286
Vatican Councils, 梵蒂冈大公会议, 第一次和第二次, 44, 49
Vauban, Sébastien de, 沃邦, 塞巴斯蒂安, 法国将领及军事工程, 196
Vega, Juan de, 维加, 胡安·德, 西西里副王, 240
Velasco, Juan de, 贝拉斯科, 胡安·德, 米兰总督, 259
Velike Luki, 大卢基, 划归俄国, 393
Venezuela, 委内瑞拉, 荷兰与之贸易, 523

Venice, 威尼斯, 261—263
　瘟疫死亡人数, 23
　贸易, 28, 37, 296, 367
　人口, 33
　呢绒生产, 38, 39, 40, 41, 262
　对外关系, 153, 157, 252
　海军, 202, 205
　与土耳其的战争, 253, 254, 352—353, 354, 534, 535
Vera Cruz, 韦拉克鲁斯, 510, 517, 518
Veranzio, Faust, 维兰齐奥, 福斯特, 关于机械的作者, 456
Verdun, 凡尔登, 诸侯一主教领地, 149, 154, 209, 327, 334, 343
Vergil, Polydore, 维吉尔, 波利多尔, 历史学家, 443
Veronese, Paolo, 委罗内塞, 保罗, 画家, 262
Vervins, 韦尔万, 条约, 15, 183, 308, 523
Vesalius, Andreas, 维萨里, 安德烈阿, 解剖学家, 453, 472
Vestiarian controversy, 关于法衣问题的争论, 107
Vestments, 法衣, 路德论其穿用, 85
Veszprém, 维斯普雷姆, 364
Vettori, Francesco, 韦托里, 弗朗西斯科, 学者, 446
Viborg, 维堡, 408, 416, 423
Vicente, Gil, 维森特, 吉尔, 剧作家, 249
Vienna, 维也纳, 197, 320
　耶稣会在此, 58, 325
　克勒斯尔的活动, 326

Viète, François, 维埃特, 弗朗索瓦, 数学家, 449, 458—459

Vigenère, Blaise de, 维热内尔, 布莱斯·德, 军事改革家, 182

Viglius (Wigle van Zuichem), 维格利乌斯（维格尔·范·祖伊赫姆）, 法学家, 265, 271

Vigo, Giovanni da, 维戈, 乔万尼·达, 外科医生, 474

Vijayanagar, 维查耶那加尔, 印度帝国, 崩溃, 540, 541

Vikings, 维金人, 57

Vilela, Gaspar, 比莱拉, 加斯帕尔, 耶稣会士, 551

Villahermosa, duke of, 比利亚赫莫萨公爵, 259

Villedieu, Alexandre de, 维勒迪约, 亚历山大·德, 中世纪课本的作者, 433

Villeroy, Nicolas de Neufville, seigneur de, 维勒鲁瓦大人, 尼古拉·德·努菲叶, 法国国务秘书, 147, 165

Vincent de Paul, St, 圣文森特·德·保罗, 69

Vindiciae contra Tyrannos (Duplessis-Mornay),《反暴君宣言》（迪普莱西—莫尔内）, 98, 500—502, 505

Virgil, 维吉尔, 作品在学校中, 435, 436

Virginia, 弗吉尼亚, 186, 457, 509, 525—526, 527, 528
  烟草种植, 530

Virginia Company, the, 弗吉尼亚公司, 529, 531

Virtim method of voting in Poland, 在波兰的个人分别直接投票的方法, 381, 403

Visconti, Giangaleazzo, 维斯孔蒂, 詹加莱亚佐, 代理人, 151, 153

Visegrád, 维谢格拉德, 364

Visitationskommission (Empire), 受理上诉委员会（帝国）, 329—330

Vistula, river, 维斯图拉河, 400

Vitoria, Francesco de, 维多利亚, 弗朗西斯科·德, 教师, 55, 66—67, 446
  论新世界的主权, 159

Vives, Juan Luis, 比维斯, 胡安·路易, 学者, 435

Viziers, 维齐尔, 348

Vlodimir (Lithuania), 弗洛基米尔（立陶宛的）, 其人口, 380

Voisin, 瓦赞, 编年史学家, 444

Volga, river, 伏尔加河, 356, 556

Volhynia, 沃伦, 377, 378, 380, 397
  阿里乌教派在此, 390

Voralberg, 福拉尔贝格, 省区, 319, 321

Wagenhaer, Lucas, Janszoon, 韦格纳尔, 卢卡斯·詹斯宗, 469

Wages, 工资或薪饷, 17—24; 提高, 14
  在尼德兰, 269
  奥斯曼帝国军人的, 371

'Waggoner' (aid to navigation), "指北针"（有助于航海）, 468

Wahlkapitulation (Charter of liberties,

Empire），自由特许状（帝国的），327
Waldenses，韦尔多派，96
Wālide Sultan（mother of reigning sultan），苏丹瓦利德（在位苏丹的母亲），351
Wallachia，瓦拉几亚
　从土耳其人手中转入帝国，362
　波兰的干涉，373，396
Wallis, John，沃利斯，约翰，数学家，459
Walloons，瓦隆人，103，104
　充当雇佣兵，181，275，361
　贵族，278，311
Walsingham, Sir Francis，沃尔辛厄姆，弗朗西斯爵士，首席秘书，273，557
War，战争，7—10，171—208
　为战争而征课，147，148，235
　作为封建社会的习俗，150—151
　与基督教世界习惯法，166
　作为一场十字军运动，206—207
　法国人的特长，291
　与奥斯曼帝国，352，365—366
　军火贸易，368—369
Wards, Court of，监护法庭，142
Wardship，监护，封建权利，143—144
Warsaw，华沙，400
　人口，380
　"同盟"，391，392，393
　这里的宫殿，402
Warships，军舰，见 Navies 条
Warszewicki, Christopher，沃尔泽维奇，克里斯托弗，论国会，403

Warszewicki, Stanislas，沃尔泽维奇，斯塔尼斯拉斯，耶稣会法学家，86，168，169
Warta, river，瓦尔塔河，396，400
Warwijck，沃尔维克，商人，558
Waterlanders，水地派，124
Wawel，瓦维尔，大教堂唱诗班所在地，403
　城堡，392
Wax，蜜蜡，贸易，400，401，402，405，539
Wegierski, Andrew（Regenvolscius），韦杰尔斯基，安德鲁（雷根沃尔修斯），作者，403
Weimar, Confutation of，《魏玛驳斥书》，80
Welser family，韦尔瑟家族，金融家，24，533，535，536
Wesel，韦瑟尔，皈依加尔文宗，120
Weser, river，威悉河，343
West Indies，西印度群岛
　与之贸易，43
　控制，521
　参见 Caribbean Sea 条
Westminster，威斯敏斯特，评议会在此，230
Westmorland, Henry, Neville, earl of，威斯特摩兰伯爵，亨利·内维尔，233
Westphalia，威斯特伐利亚
　条约，165
　这里的土地，340
Whaling，捕鲸，530
Wheat，小麦
　价格，22

生产，36，37，398，401；在西属美洲，513

White, John, 怀特，约翰，弗吉尼亚的开拓者，457

White Sea, 白海，556
    通过此处的贸易，405，408，413，416，424
    瑞典与白海，413，416，417，419，420，421，424
    参见 Archangel 条

Whitgift, John, 惠特吉夫特，约翰，坎特伯雷大主教，110—111
    与卡特赖特的争论，109，439，494—495
    论教会与国家，491，498

Whittingham, William, 惠廷厄姆，威廉，神职人员，89

Wied, Count Friedrich von, 维德，考特·弗里德里希·冯，科隆大主教，341

Wieliczka, 维利奇卡，附近的盐矿，399

Wieprzec, 维普日，380

Wigand, John, 维干德，约翰，神学家，81

Wilhelm V, 威廉五世，巴伐利亚公爵，334—335，336

Wilkes, Thomas, 威尔克斯，托马斯，298

Wilkins, John, 威尔金斯，约翰，著《数学法术》，478

William, 威廉，于利希-克莱沃公爵，344

William Ⅳ, 威廉四世，黑森—卡塞勒的领主，82，460，484

William Louis of Nassau, count, 拿骚的威廉·路易伯爵，弗里斯兰的总督，193，299

William the Silent, prince of Orange, 沉默者威廉，奥兰治亲王，1，280—281，306
    退隐到拿骚，102，270；组织反抗阿尔发，273
    从德意志攻入，103，232，271，274
    与腓力二世，236，241，267，279
    受挫于阿尔发，274
    成为荷兰与泽兰的总督，在联省共和国中，274
    维护统一的失败，277，278，279
    与莱斯特，297
    死亡，280—281，294

Wilno (Lithuania), 维尔诺（立陶宛的），393，400
    人口，380
    大学与这里的学院，389，390，439

Wilson, Thomas, 威尔逊，托马斯，外交家及学者，134，449

Winchester College, 温切斯特学院，436

Windisch march, 温迪施边区，帝国的，361

Windischgrätz family, 温迪施格雷茨家族，324

Windward Islands, 向风群岛，518

Wine, 酒
    对酒征税，136，138
    来自西班牙的，158
    波兰进口，401

Winter, Sir William, 温特爵士，威廉，海军将领，214

Wishart, George, 威沙特, 乔治, 苏
  格兰宗教改革家, 113
Wisniowiecki family, 威斯尼奥维奇家
  族, 产业, 399
Wisselbank of Amsterdam, 阿姆斯特丹
  的维塞尔银行, 30, 43
Witches, 女巫, 280
Withals, John, 威索尔斯, 约翰, 辞
  典编纂者, 436
Wittelsbachs, 维特尔斯巴赫家族, 巴
  伐利亚的, 其宗教政策, 59,
  334—335
Wittenberg, 维滕贝格
  大学, 75, 79, 378
  路德在此, 78, 90
Wladislaw, 弗拉吉斯拉夫, 西吉斯孟
  德三世的儿子, 俄国王位的候选
  人, 419
Wolsey, Thomas, 沃尔西, 托马斯,
  枢机主教, 146, 152, 432
Wood, Benjamin, 伍德, 本杰明, 其
  远航, 557
Wool, 羊毛
  英国的, 127, 136
  西班牙的, 158
  波兰的, 400
  美洲的, 513
Woollens, 毛织品, 欧洲的, 面向亚
  洲, 544, 557
Working classes, 劳动阶级
  在尼德兰, 297
  与革命运动, 307
Worms, 沃尔姆斯
  路德在此, 156
  其主教, 334

Wright, Edward, 赖特, 爱德华, 科
  学家与数学家, 461, 468, 470
Wroclaw, 弗罗茨瓦夫, 400
Würzburg, 符茨堡
  其主教（Ⅰ）, 被刺杀, 81
  其主教（Ⅱ）, 被富耳达男修道院
    院长起诉, 330, 340
  主教区, 338—339
  耶稣会学院所在地, 439
Wyatt, Sir Thomas, 怀亚特爵士, 托
  马斯, 157

Xavier, St Francis, 沙勿略, 圣弗朗
  西斯
  在印度, 55, 56, 548
  在日本, 550—551
Xavier, Jerome, 沙勿略, 哲罗姆, 耶
  稣会士, 550
Ximénes, 希梅内斯, 枢机主教, 54,
  243, 431
Xylander, Gulielmus, 克胥兰德, 古
  利耶尔穆斯, 学者, 458

Yam Zapolski, 雅姆-扎波尔斯基, 393
Yemen, the, 也门, 366, 535
York, 约克, 128, 219, 230
Ypres, 伊普尔, 128, 277
Yucatán channel, 尤卡坦水道, 518

Zabarella, Francesco, 扎巴莱拉, 弗
  朗西斯科, 441
Zacatecas (Mexico), 萨卡特卡斯（墨
  西哥）, 银矿所在地, 25, 510,
  511
Zacateco Indians, 萨卡特科印第安

人，510

Zambezi, river, 赞比西河, 539, 545, 550

Zamch (Poland), 扎姆什（波兰），379

Zamośĉ, 扎莫希奇, 380
  大学所在地, 389, 439
  当地的宗教自由, 392
  生产, 398, 399

Zamoyski, John, 扎莫伊斯基，约翰，波兰王家大法官, 378, 385, 386, 387, 395, 396, 401
  建立大学, 389
  宗教宽容, 392
  产业, 397, 398, 399, 400

Zane, Matteo, 萨恩，马泰奥，威尼斯大使, 249

Zasławski family, 扎斯拉斯基家族，产业, 399

Zborowski, family of, 兹波罗夫斯基家族, 386

Zebrzydowski, Nicholas, 泽布尔茨多夫斯基，尼古拉，克拉科夫伯爵，其反叛, 386—387, 388, 395

Zeeland, 泽兰，省区, 103, 279, 297, 558
  奥兰治的威廉担任总督, 267, 274

反抗西班牙人的战斗, 275, 276
"海上乞丐", 272, 273, 288, 289

Zi'āmet (fief in Ottoman empire), 齐阿迈特（奥斯曼帝国的采邑），349, 350, 372

Zielinski, Nicolas, 杰林斯基，尼古拉，作曲家, 403

Zimba tribe, 津巴部落, 545

Zimmermann, 齐默尔曼，著《检验手册》, 428

Zótkiewski, Stanislaw, 佐尔基耶夫斯基，斯塔尼斯拉夫, 388

Zonca, Victor, 佐恩卡，维克多，建筑师, 456

Zonta (Venice), 松塔（威尼斯），263

Zoology, 动物学, 453, 472

Zouche, Richard, 朱什，理查德，法学家, 168, 169

Zsitva-Torok, 齐特瓦托罗克，和约, 322, 364, 374

Zuniga, Diego de, 苏尼加，迭戈·德，神学家, 462

Zürich, 苏黎世, 90, 125

Zutphen, 聚特芬，出卖给了帕尔马, 298

Zwingli, Huldreich, 茨温利，乌尔利希，宗教改革家, 11, 81

Zwinglianism, 茨温利宗, 74, 100